대한민국 사회 교과서

한국인이라면 꼭 알아야 할 대한민국 이야기

대한민국교원조합 교과서 연구회

YANG MOON

대한민국 사회 교과서

추천사
우리는 누구인가?

    50여 년 전만 해도 한국이 어디에 있는 나라인지 아는 사람이 거의 없었다. 외국에 나가면, 우리는 일본인이나 중국인으로 오해받기 일쑤였다. 그러나 요즘에는 우리나라를 모르는 사람이 없다. 한국 하면, BTS의 나라, K-Pop, K-Drama, K-Beauty의 나라, Samsung Galaxy, Hyundai Car의 나라, K-방산, K-원전의 나라, 원조를 받다가 원조를 하는 유일한 나라, 식민지에서 선진국이 된 위대한 나라, 세계 6대 강국으로 알고 있다. 외국에 나가면, 일본인이나 중국인들보다도 우리를 더 반길 정도다.

    온 세계 사람들이 다 알게 되었는데, 막상 우리만 우리나라를 잘 모르는 것 같아 안타깝다. 누가 대한민국을 세웠냐고 물으면, 더듬거린다. 건국의 아버지가 누구냐고 되짚으면, 갸우뚱하며 '김'하다가 만다. '김구'는 대한민국의 건국에 참여하지 않았기 때문이다. 누가 대한민국을 잘 살게 만들었느냐고 물으면, 망설이다가 '국'하고 말꼬리를 흐린다. '국민들'이라고 답하면 너무 추상적일 듯싶기 때문이다. 누가 경제 발전을 이끌어냈느냐고 되짚으면, 멀뚱멀뚱한다. 알 듯하지만 꺼리는 것이다.

    이승만은 자유민주주의의 나라로 대한민국을 설계했고, 태평양전쟁이 미국의 승리로 끝나자 건국 프로젝트를 성공시켰다. 박정희는 '잘 살아보자'는 일념에서 대일청구권자금으로 경부고속도로를 닦고 포항제철을 세우고 울산공업단지를 건설했다. 건국의 주인공은 이승만이고, 부국의 주인공은 박정희였다. 외국인들은 다 알고 배우려 하는데 우리만 무심한 것이다.

누가 어떤 사람인지 알려면 조상부터 살펴야 한다. 성경에서도 예수의 아득한 조상까지 대대손손 짚어준다. 마찬가지로 어떤 나라인지 알려면, 건국한 분이 누군지, 번영시킨 분이 누군지 알아봐야 한다. 그런데도 불구하고, 우리가 건국과 부국의 대표적인 지도자를 선뜻 꼽지 못하는 까닭은 친일파와 독재자라는 프레임이 씌워졌기 때문이다.

사실 우리 현대사에 이승만처럼 지독한 반일주의자가 없으며 박정희처럼 뛰어난 극일주의자가 없다. 물론 이들에게 독선적인 면이 없지 않았다. 그러나 북한 김일성의 전체주의 독재에 비하면 그야말로 새 발의 피다. 이승만은 전쟁 통에도 민주 선거를 치렀고, 박정희는 민주 정치의 선결 조건인 경제 발전을 이룩했다. 김일성은 악랄한 독재를 펴면서도 국민을 굶어죽게 만들었다. 민족의 원흉인 셈이다.

이제 친일과 독재의 프레임을 벗길 때가 되었다. 대한민국을 '태어나선 안 될 나라'로 치부했던 친북 주사파의 역사관은 고리타분하다. 세계에 북한과 같은 잔학무도한 독재국가는 없으며, 북한이야말로 '태어나선 안 되었던 나라'다.

때마침 뜻있는 학자와 교사가 모여 〈대한민국 사회 교과서〉를 썼다. 갈팡질팡하는 현대 정치에 절망하고 있는 후속 세대에게 자신의 정체성을 찾고, 희망의 이정표가 되기를 바라마지 않는다.

2024년 8월

김주성(한국학중앙연구원 이사장)

"대한민국 사회 교과서"의 출간에 부쳐

대한민국의 현대사는 세계사에 유래를 찾기 힘든 놀라운 성공의 역사였다. 제2차 세계대전 이후 신생국가 중에서 대한민국처럼 불과 두 세대 만에 산업화, 민주화, 선진화를 달성하고 나아가 문화 대국으로 우뚝 선 사례는 단언컨대 단 한 나라도 없다. 세계사에 빛나는 역사를 구현했음에도 초·중·고교에서 사용되는 대한민국의 교과서는 대한민국의 역사를 직시하지도, 제대로 평가하지도 못하는 듯하다. 문명사의 첨단에서 세계 10대의 경제 대국으로 성장한 대한민국에서 대체 왜 그러한 정신병리학적 문화 지체가 계속되고 있는가?

대한민국 지식계의 주류 집단이 낡고 어긋난 세계관, 잘못된 역사관, 편향된 인간관, 오도된 가치관에 빠져 있기 때문은 아닐까? 이 활달한 인공지능(AI)의 시대, 최첨단의 과학 기술을 자랑하는 대한민국의 인문·사회과학계는 왜 아직도 구시대의 낡은 이념과 집단적 확증 편향에 사로잡혀 있는가? 지난 30~40년 한국의 지식인들은 대한민국의 성공사를 폄훼하고 북한의 참담한 실패를 모두 바깥 탓으로 돌려 교묘하게 감싸고 도는 몰상식과 불합리를 보여 왔다. 바로 그러한 지식인들이 자라나는 미래 세대의 교육을 담당하고 있음은 대한민국의 커다란 불행이다.

한반도에서 자유의 역사는 이미 100년에 달한다. 1919년 3.1 운동 직후 경성(京城)에서 선포된 대한민국 한성임시정부 약법(約法)은 미국의 권리장전(權利章典, Bill of Rights)을 모태로 삼아 표현, 사상, 신념, 언론, 집회, 결사, 소유 등의 자유를 공민(公民)의 기본권으로 천명했다. 임시정부의 법통을 계승함으로써 1948년 제헌의회는 자유, 민주, 공화, 법치 등 인류적 보편 가치를 국가의 이념으로 재천명했다. 그 덕분에 대한민국은 자유 진영의 일원이 되었고, 바로 그 자유의 가치를 지키기 위해 6.25전쟁을 치러야만 했다.

이후 대한민국은 한미군사동맹의 엄호 아래 개방형 수출 입국 정책에 따라 파죽지세로 세계 시장을 향해 뻗어나갔다. 대한민국의 성공은 국경을 넘어, 언어와 문화의 장벽을 넘어 세계의 모든 민족과 어울려 함께 이룩한 접촉과 확산, 교류와 혼융의 성과다. 미국 중심의 세계 질서에 적극적으로, 창조적으로, 주체적으로 적응해간 결과다.

반면 북한은 어떠했는가? 스탈린식 전체주의 명령경제와 낡아빠진 민족 지상주의의 광기가 결합하여 인류사 최악의 사악한 전제 정권이 되어버렸다. 40년 전 중국이 개혁개방을 시작했음에도 북한은 고작 '수령 유일 체제'의 유지를 위해 수백만이 아사하는데도 핵무장에만 몰두해 왔다. 김씨 왕조의 주체사상이란, 결국 인민은 국가에 종속되고 국가는 수령의 사유물에 불과하다는 유치하고도 야만적인 폭압적 세습 전제 정권의 궤변일 뿐이다

한반도 현대사를 돌아보면, 결국 리더십이 한 국가의 성패를, 인민의 명운을 결정함을 뼈저리게 느끼게 된다. 대한민국의 성공은 자유주의, 민주주의, 개방주의, 무역 입국의 전략에 기초하고 있다. 북한의 실패는 1930년대 스탈린주의, 고립주의, 반서구적 종족 지상주의, 전체주의적 인민민주주의가 빚어낸 참혹한 결과다. 1950년대 한반도의 현실에서 서구식 자유민주주의야말로 번영의 정도(正道)이었으며, 소련식 공산주의야말로 패망의 사도(邪道)였다. 한반도 현

대사가 일깨우는 세계 시민의 상식이다.

대한민국 헌법에 명시된 자유민주주의는 인류의 보편 가치이자 문명의 기본 질서다. 대한민국의 기본 가치를 부정하는 집단적 퇴행에 맞서 이제 대한민국의 시민 사회가 자유주의 이념 투쟁을 재개해야만 한다. 바로 그 점은 100년 자유의 역사를 가진 이 나라 헌정사의 준엄한 명령이다. 이번에 출간되는 "대한민국 사회 교과서"는 바로 그러한 시대의 명령에 부응하여 인류적 보편 가치 위에서 낡은 이념과 편향된 관점을 넘어 대한민국 현대사의 발전 궤적을 있는 그대로 평가한 뛰어난 성과로 보인다.

이 교과서를 관통하는 기본 정신은 바로 대한민국 헌법의 바탕이 되는 자유민주주의이다. 제대로 된 자유민주주의 사회 교과서를 갖기가 왜 그토록 힘들었던가? 물질적 번영과 풍요를 위해 힘쓰는 과정에서 학교 교육을 낡은 세력의 손에 빼앗겨 온 탓은 아닌가? 바로 그 점에서 이 새로운 사회 교과서는 대한민국에 아직도 깨어 있는 지식인들이 살아 있음을 보여주는 증거물이다. 학교 현장의 교사뿐만 아니라 학부모까지 이 새로운 사회 교과서를 읽고 익혀서 자라나는 미래 세대에게 올바른 세계관, 건전한 역사관, 보편적 가치관을 심어줄 수 있어야 할 것이다. 그래야만 문명사의 절정에 달한 오늘날의 대한민국이 쇠퇴의 길을 피해 지속적 발전의 길로 들어설 수 있으리라. 이 교과서를 만든 모든 분께 힘찬 박수를 보낸다.

2024년 8월

송재윤(캐나다 맥마스터대학교 역사학과 교수)

젊은 세대에게 자부심과 희망을 심어줄 교육이 필요하다

세계 역사에서 시민혁명은 인류에게 자유와 평등을 가져다 주었다. 그러나 자유민주주의의 원조(元祖)격이라는 영국조차도 차별 없는 기본권을 모두가 누리기까지는 200여 년이 걸렸다.

대한민국은 건국 순간부터 어떤 차별도 없이 선거에 참여하고 자유를 누렸던 나라였음에 새삼 놀라게 된다. 진정한 자유와 평등의 나라였다.

나라가 출범할 때부터 자유를 천명한 것이 위대한 건국 대통령 이승만 덕분임을 말하는 것이 정치적 논리로 폄훼되고 있다. '건국'이란 단어조차 교과서에서는 '정부수립'으로 치환되었다. 우리의 당당한 건국 역사를 지우기에 바빴던 공교육의 교과서에 제동을 걸 필요는 분명하다.

인간이 부지런히 노력하며 열매를 거두고 소유하고자 함은 당연한 천성이다. 인간의 천성을 따르자는 것이 자유주의이며 이러한 자유주의는 대단한 결심이나 학문을 쌓아야만 하는 것이 아니다. 오히려 천성을 따르는 것이 훨씬 자연스럽고 정의롭고 효율적이다.

인간의 본성을 잘 알고 있는 지도자를 우리 현대사에서 두 번이나 만날 수 있었던 것은 대한민국에겐 행운이었다. 땅을 소유한 사람이야말로 천성대로 자신의 재산을 지키기 위해 최선을 다한다는 사실이 '농지개혁'을 통해 증명되었다. 빌어먹었던 사람들이 벌어먹고 살기 위해선 남다른 도약의 전략과 강력한 리더십이 필요함도 입증되었다. 위대한 역사적 사례들이 넘쳐남에도 우리 교과서에선 지워지고 윤색되고 심지어 거짓으로 덮어 씌워지기까지 했다.

역사로 증명된 이승만 대통령과 박정희 대통령의 업적들이 선명하게 남아있다. 또한 6.25전쟁의 폐허를 딛고 찬란한 대한민국으로 건설해 낸 기업인과 숱한 산업 역군들의 증거가 남아있다. 그러나 이런 역사를 감추고 반기업적, 반국가적 논리를 세우겠다는 억지로 점철된 것이 우리 교과서의 현실이다.

학교 현장에 직면하여 용기를 내어 외치겠다는 교수와 교사들이 의기투합했다는 이야기를 들었다. 마침내 책이 출간된다는 반가운 소식이 왔다.

이 책은 우리 교육 현장의 문제점을 지적하며, 독버섯처럼 교과서마다 스며 있는 잘못된 부분을 낱낱이 지적하고 있다. 저자들은 대한민국 현대사를 객관적으로 바라보고, 우리나라의 발전 과정과 성과를 정당하게 평가해야 함을 주장하고 있다. 특히 자유민주주의 가치와 중요성을 강조하고, 균형 잡힌 역사 교육의 필요성을 역설하고 있다. 또한 우리나라 경제 발전에 기여한 지도자들과 기업인들의 업적을 재조명하여, 젊은 세대들에게 긍정적인 롤모델을 제시하였다.

이 책은 우리 사회가 자기 비하나 편향된 시각에서 벗어나, 건설적이고 미래 지향적인 관점으로 나아갈 것을 제안하고 있다. 따라서 이 책은 교육자, 학부모, 우리나라 미래에 관심 있는 모든 분들에게 깊은 통찰과 새로운 시각을 제공할 것이다. 우리 역사를 있는 그대로 인정하고 배우며, 그 속에서 미래를 위한 지혜를 찾고자 하는 이들에게 이 책은 최고의 행운일 것이다.

2024년 8월

현진권(강원연구원 원장)

목차

I
들어가기

이 책을 펴내는 이유

우리는 전쟁의 폐허에서 한강의 기적을 이루고, 세계에서 손꼽힐 만한 선진국이 되었다. 이제 세계 정치 무대에서 책임있는 역할을 맡아야 할 때가 되었다. 우리 젊은이들은 벌써 세계무대에서 K-POP으로 청년문화를 이끌고 있고, 삼성의 휴대폰은 세계 1·2위를 다투고 있으며, 현대 자동차는 세계 3위에 올라섰다. 누리호 발사의 성공으로 우리는 이미 우주 강국이 되었다.

이렇게 훌륭한 나라가 되었는데, 우리는 과연 자부심을 가지고 있는가? 우리 스스로가 자랑스럽고 뿌듯한가? 우리는 우리나라에 대해서 얼마나 잘 알고 있는가? 어떻게 건국되었고, 어떻게 전쟁을 이겨냈으며, 어떻게 나라의 기틀을 세웠는지 알고 있는가? 그동안 어떤 어려움이 있었는지, 어떻게 극복할 수 있었는지, 어떤 지도자들의 결단과 분투가 있었는지 알고 있는가?

건국한 지 250년 되는 미국에서는 모두 45명의 대통령이 나왔다. 역대 대통령에 대한 선호도를 조사하면, 대부분 흑인을 해방한 링컨이 1위, 건국의 아버지 워싱턴이 2위, 세계 대공황을 극복한 루스벨트가 3위로 집계된다. 건국한 지 75년 되는 우리나라에서는 모두 13명의 대통령이 나왔다. 최근에 조사한 역대 대통령 선호도를 보면, 경제를 발전시킨 박정희가 1위, 부패 혐의로 자살한 노무현이 2위, 임기를 마친 지 얼마 안 되는 문재인이 3위였다. 선호도가 조사할 때마다 다르고 최근의 대통령이 높게 나온다는 것은, 우리가 길지 않은 우리의 역사도 잘 모르고, 어느 대통령이 어떤 중요한 일을 했는지도 잘 모른다는 뜻이다.

미국인들은 오래전 남북전쟁에서 승리하고, 국가 분열의 위기를 잘 극복해 낸 링컨의 업적을 가장 높이 꼽는다. 더 오래전 독립전쟁에서 승리하고, 세계 최초의 자유 공화국을 건설한 워싱턴의 업적도 높이 산다. 그리고 우리나라 역사보다 20여 년 앞선 세계 대공황을 극복하고 제2차 세계대전을 승리로 이끈 루스벨트의 업적도 잊지 않는다.

미국인들과 달리, 우리는 박정희 대통령을 빼놓곤 집권한 지 오래된 대통령에 대해서는 거의 모른다. 설사 알고 있더라도, 잘한 일과 잘못한 일을 공평하게 가늠하지 못하고 잘못된 면만 인상깊게 기억하곤 한다. '대한민국은 태어나지 말았어야 할 나라'라는 선동적인 말에 현혹되었거나 독재를 했다는 혐의를 두고 예전 대통령을 모두 싸잡아 나쁘게 보고 있는지도 모른다.

독재자라면 김일성, 김정일, 김정은보다 더 나쁜 경우를 이 세상에서 찾기 어렵다. 김일성은 6·25전쟁을 일으켰고, 김정일은 수백만 명 북한 동포를 굶어 죽게 했으며, 김정은은 핵폭탄으로 한반도와 세계 평화를 위협하고 있다. 그런데 이상하게도 북한이 대한민국보다 정통성이 높고, 도덕적으로 우월하다는 생각이 널리 퍼져 있다.

이렇게 된 까닭은 우리나라 사람이 머리가 나쁜 탓도 아니고, 교육 수준이 낮은 탓도 아니다. 우리나라 사람들의 IQ는 세계에서 제일 높다. 인구 대비 노벨상을 가장 많이 탔다는 이스라엘 사람들의 IQ는 우리보다 한참 뒤떨어진다. 교육 수준도 세계에서 제일 높다. 선진국들의 대학진학률은 대개 50%를 넘지 못하는데 우리는 70%를 훌쩍 넘고 있다. 2008년에는 83.8%라는 전무후무한 기록도 세웠다.

그럼에도 불구하고 잘못된 역사 의식이 널리 퍼져 있는 까닭은, 그동안 초·중·고등학교에서 전국교직원노동조합(전교조)의 교사들이 반 대한민국적 교육을 주도해왔기 때문이다. 전교조는 전국교사협의회를 모체로 하여 1989년에 창립되었다. 창립 전에는 참교육을 주장하면서 촌지 없애기 운동을 펼쳐서 호평을 받더니, 창립 후에는 점점 이념화되어 정부와 부딪치기 시작하였다. 노태우 정권 때 불법 노조로 강제 해산되었다가 김대중 정권 때 합법화되고, 박근혜 정권 때 법외 노조가 되었다가 문재인 정권 때 법적 지위를 회복하였다. 전교조를 두고 우파 정부와 좌파 정부가 정 반대의 정책을 폈던 것이다.

전교조는 교육 현장에서 '국가에 대드는 것'을 민주화라고 가르치고, 학생들을 촛불 시위에 나가도록 부추겼다. 역대 우파 정권을 모두 독재로 몰면서, 좌파 세력의 집권을 지원하고 정권을 잡으면 대놓고 옹호하였다. 더구나 창의 체험 학습을 한다고 교실에 김일성 사진을 붙여 놓고 북한을 선전하는 교육을 하는가 하면, 심지어 야외 학습을 한다고 빨치산 전적지를 탐방하기도 하였다.

더더욱 무서운 것은 교육 과정 심의에서 '자유민주주의'를 삭제하고 '민주주의'를 삽입하는 데 주도적 역할을 했다는 사실이다. 교과서 집필 기준을 이렇게 바꾸어 놓으면, 모든 검정교과서를 이에 따라 쓰게 된다. 그렇게 되면 어느 교과서로 배우든 전국의 모든 학생이 자유민주주의가 뭔지도 모르게 된다. 드물게 '자유민주주의'를 강조하는 교과서가 검정을 통과해서 나오게 되면, 그 교과서를 채택하는 학교에 찾아가 무지막지하게 데모를 해대기도 하였다.

전교조 교사들이 이렇게 반 자유민주주의적이고 반 대한민국적인 내용으로 교육을 하려 했던 까닭은 단순하다. 그들은 1980년대 주사파 학생운동권의 영향을 받고 교육 현장에서 '민주화 운동'을 펼치려 했는데, 그들이 신봉하는 정치 이념은 바로 '신민주주의'였다. 신민주주의는 마오쩌둥이 '프롤레타리아 독재'를 일컫던 용어였다. 따라서 그들은 민주 교육을 한다면서, 사실은 프롤레타리아 독재 교육을 하려 했던 것이다.

이런 속내를 감추려고, 전교조는 끊임없이 대중에게 '자유민주주의'를 연상시키는 '민주화'를 부르짖었다. 그러면서 대한민국의 성공한 역사를 숨기고, 전체주의 독재 체제의 북한을 옹호해왔다. 그럼에도 불구하고, '학생운동권'에게 부채 의식을 느끼고 있었던 자유 우파 교사들이나 학부모 또는 지성인들은 단호하게 시정을 요구해야 할 때 침묵하고 말았다. '독재 타도 운동'을 펼쳤던 대학 시절의 기억으로, 학생운동권의 희생으로 자유민주주의가 발전했다는 잘못된 생각에 젖어 있었기 때문이다.

이제 우리는 낭만적인 부채 의식에서 벗어나 그들의 비교육적인 잘못을 나무라고, 우리 후대에게 올바른 역사관을 심어주어야 할 절박한 시점에 와있다. 우리 교육 현장에서 더 이상 우리 현대사를 왜곡해서 가르치고 최근에 집권했던 좌파 정권만 선전하도록 놔두어서는 안 된다. 현대 역사는 자유를 위한 투쟁 과정이었다는 것을 분명히 가르치고, '자유' 없는 민주주의는 전체주의일 뿐이라는 것도 분명히 가르쳐야 한다.

우리는 건국의 이승만 대통령과 부국의 박정희 대통령을 비롯한 역대 대통령들의 업적을 풍부하게 가르치고, 이병철과 정주영을 비롯한 탁월한 기업가들의 업적도 폭넓게 가르쳐야 한다. 우리나라를 정치 질서가 잘 잡힌 나라, 기업하기 좋은 나라, 창의성과 배려심이 가득한 나라로 만들려면, 우리의 젊은 세대가 위대한 지도자들에게서 많은 영감과 지혜를 얻어야 한다.

우리가 걸어온 길은 결코 어둡고 축축하지 않다. 어려움 속에서도 용기가 넘쳤으며, 남 탓을 하기 전에 내 일부터 챙겼으며, 멀리 넓게 깊게 보며 씩씩한 발걸음을 내디뎠던 것이다. 우리의 현대사는 한 치의 어긋남 없이 앞을 향해 달려온 귀중한 기록이다. 전 세계가 우리의 성공을 보고 찬사를 보내고 있다. 그런데 우리의 역사를 축축하고 칙칙하게 가르치도록 놔두어서야 되겠는가?.

이 책 저자들은 우선 뜻있는 학부모들과 교사들이 이 책을 읽어주기 바라는 마음으로 집필하였다. 그동안 학교 교육에 불만을 가졌던 학부모들과 비이성적인 교육 현장에서 시달렸던 교사들께 이 책을 바친다. 그리고 나라를 잘 만들어 놓고 매번 되돌아보며 욕만 해대는 음울한 역사관에서 어서 벗어나, 밝고 찬란한 미래를 자신만만하게 개척하려는 늠름한 역사관에 목말라 했던 모든 분께 이 책을 바친다.

II
개념 바로 세우기

1. 개인과 사회

(1) 자유로운 개인

개인의 등장

개인주의는 매우 보편적이고 일반적으로 쓰이는 용어이지만 뜻밖에 사용된 역사는 짧다. 개인주의라는 용어는 유럽에서 19세기 전반에 나타났고 그때부터 대중이 사용하기 시작했다. 기나긴 인류 역사를 살펴볼 때 개인주의를 추구하는 새로운 경향성은 서양 사회에서조차 최근의 일인 셈이다. 우리 한국인이 개인주의라는 용어를 사용하게 된 역사는 훨씬 짧다. 개인을 중심에 두는 개인주의 사회가 우리에게는 아직도 생소한 느낌이다.

나는 누구일까? 이 질문을 받은 여러분은 자기 이름을 댈 것이다. 하지만 나와 똑같은 이름을 가진 사람도 있다. 그는 나와 같은 사람일까? 아니다. 똑같은 이름, 비슷한 키, 비슷한 얼굴을 갖고 있다고 해도 그 사람은 내가 아니다. 이 세상에 나와 똑같이 생긴 사람은 없다. 나와 똑같은 생각을 하는 사람도 없다. 지금까지 살다 간 수많은 인류, 앞으로 태어날 수많은 사람 가운데에도 '나'와 똑같은 사람은 한 명도 없다. 현재의 전 세계에서도, 인류의 전체 역사에서도, '나'는 유일한 사람이다. 그래서 '나'는 아주 독특하고 특별한 존재이다. 이런 '나' 한 사람 한 사람이 개인이다. 저마다 개인이라는 독특하고 특별한 존재들이 모여서 함께 살아가는 곳이 사회다. 프랑스의 철학자 데카르트(Descartes, 1596~1650)는 "나는 생각한다. 그러므로 나는 존재한다"라고 말했다. 생각하는 것이야말로 개인의 본질이라는 점을 잘 나타낸 말이다. 데카르트는 자신의 생각이 얼마나 확실한 것인지 확인하기 위해서, 다른 사람의 말은 물론 자기 자신의 느낌과 생각도 의심해 보았다. 그 결과, 모든 것이 의심되더라도 '내가 의심하고 있다는 사실, 다시 말하면 생각하고 있다는 사실'만은 의심할 수 없다는 결론에 이르렀다.

가족이나 가장 친한 친구들의 생각도 나의 생각과 같지 않다는 경험을 해봤을 것이다. 개인은 저마다 유일한 존재이기 때문에 개인들은 저마다 생각이 다르다. 개인들이 인간답게 살아가려면 강요받지 않고 저마다 자기 양심에 따라 자유롭게 생각할 수 있어야 한다. 사상과 양심의 자유는 '생각하는 인간(호모 사피엔스)'만이 누릴 수 있는 존엄성의 핵심 가치이다.

생각이 다른 사람들이 함께 살아가는 사회에서, 저마다 '나'만 옳다고 우긴다면 싸움이 일어날 것이다. 서로 힘을 모아 더 좋은 사회를 만들어 가려면 다른 사람들의 생각을 존중하고 이해해야 한다. 서로서로 상대를 인정하고 상대의 생각이 나와 다를 수 있다고 인정하면, 나의 자유와 다른 사람의 자유를 동등하게 인정하는 것이다.

내가 존엄하고 자유로운 개인으로 존중받으려면, 함께 살아가는 다른 사람들의 존엄성과 자유를 존중해야 한다. 자유롭게 생각을 발전시켜서 다른 사람을 설득할 수 있으려면, 다른 사람의 훌륭한 생각을 인정하고 받아들일 줄 알아야 한다. 그리고 나의 생각이 틀렸을 때는 틀렸다고 인정하고 고칠 수 있어야 한다.

개인주의의 이해와 오해

우리 사회에서는 개인주의가 자신의 이익만을 앞세우는 극단적인 이기주의와 같은 것으로 오해되는 경우가 많다. 이기주의(利己主義)에서 '이기(利己)'란 낱말은 자신을 이롭게 한다는 뜻을 가지고 있다. 누구나 자신에게 이로운 것을 좋아한다. 자신에게 해로운 것을 좋아하는 사람은 없다. 사람은 누구나 자신에게 이롭게 하려고 한다. 그것은 인간의 본능이다. 이로운 것을 좋아하고 해로운 것을 싫어하는 것은 칭찬받을 일도 아니지만 그렇다고 비난받을 일도 아니다. 그런데 자신에게 이로운 것을 좋아하는 이기주의가 나쁘다는 인식이 있다. 우리나라에서도 이기주의자라고 하면 대체로 나쁜 사람으로 여긴다. 왜 그럴까?

이기적인 행동이라도 남에게 해를 끼치지 않으면 나쁜 행동이라고 할 수 없다. 물론 칭찬받을 행동도 아니다. 남을 돕거나 남을 위해서 자신을 희생하는 행동이 칭찬받을 행동이다. 그런데 자신을 이롭게 하려면 남에게 해를 끼치지 않을 수 없을 때 문제가 발생한다. 이기주의는 남에게 해를 끼치는 것을 무릅쓰는 경우가 있기 때문에 비난받았다. 전통 사회에서일수록 도덕적으로 비난 강도가 셌다. 전통 사회에서는 자신의 이익을 추구하는 행동을 비난하고 남을 위해서 자신을 희생하는 행동을 찬양해왔다. 자기 자신을 위하는 이기적인 마음을 억제하고, 남을 위하는 이타적인 마음을 확장하려고 하였다. 그렇게 해야 서로 돕는 좋은 사회를 이룰 수 있다고 생각했기 때문이다. 우리 사회에는 전통적인 도덕 감성이 남아 있다. 그래서 요즈음에도 이기주의라면 나쁜 것으로 여기기도 한다.

그러나 이런 생각에는 문제가 있다. 남을 해롭게 하지 않는다면 이기적으로 행동할지라도 그 행동이 왜 나쁜지 설명할 수 없다. 남을 해롭게 하지 않고 내

건강을 위해서 아침 일찍 일어나 조깅하는 행동이 왜 나쁜가? 남을 해롭게 하지 않는 한 자기 자신을 위한 이기적인 행동이 왜 비난받아야 하는가? 그런 행동이 비난받아서는 안 된다는 생각이 근대 사회에 태어났다. 남에게 해를 끼치지 않는 한 나는 나를 위해서 무엇이든지 할 수 있다는 생각이 바로 개인주의이다.

개인주의와 이기주의

개인주의는 이기주의와 행동의 동기에서는 같다. 개인주의도 자신을 이롭게 하려 하고, 이기주의도 자신을 이롭게 하려 한다. 그런데 이기주의는 자신을 위한 행동의 동기만으로 구성되지만, 개인주의에는 이기적인 동기뿐만 아니라 남에게 해를 끼치지 않으려는 비이기적인 동기도 포함되어 있다. 그렇기에 개인주의와 이기주의를 같은 것으로 여겨서는 안 된다.

남에게 해를 끼치지 않는 이기적인 동기는 남에게 도움을 주려는 이타적인 동기와는 다르다. 우리는 누가 나에게 해를 끼치지 않는다고 고마워하지는 않는다. 그렇기에 전통 사회에서 개인주의의 이기적인 행동이 칭찬받을 수 없었다. 우리는 누가 나에게 해를 끼치지 않으면 미워하지도 않는다. 그런데도 전통 사회에서는 그런 행동을 좋게 보지 않았다. 이타심만 키우려 했던 전통 사회에서는 개인주의가 발전할 수 없었다. 개인들이 개성을 발산할 수 없었다. 전통 사회에서는 개인들이 활기찰 수 없었고 윤택할 수도 없었다. 현대 사회에 들어와 개인주의가 발전하자 사회 전체가 윤택하게 발전하기 시작했다. 많은 사람이 남에게 해를 끼치지 않는 범위 안에서 자신의 이익을 추구할 수 있게 되자 모두 열심히 일했다. 자기 자신을 위해서 살게 되자 모두 자신의 개성과 능력을 발휘할 수 있었고 덕분에 사회는 번화해지고 부유해졌다.

개인주의가 성장하게 된 까닭은 근대 사회에 들어오면서 삶의 주체로서 개인의 소중함을 발견했기 때문이다. 전통 사회에서는 자신을 희생해야 한다는 이타적인 도덕관 때문에 사람들이 자기 자신을 당당한 삶의 주체로 생각하지 못했다. 근대 사회에 들어와 사람들이 자기 자신이 삶의 주체라는 것을 깨닫게 된 것이다.

개인주의가 성장하자 사람들은 자신을 존엄한 존재로 여기게 되었다. 자기 자신이 존엄한 존재라면 다른 사람도 똑같이 존엄한 존재여야 한다는 평등사상도 발전하였다. 그래서 누구나 자유와 권리의 주체가 되는 정치 질서가 발전했고, 누구나 자유롭게 이익을 추구할 수 있는 자유시장이 발전하였다.

개인의 자유와 책임

누구나 자유와 권리를 무한정 누릴 수는 없다. 개인들은 다음과 같은 조건 속에서만 자유와 권리를 누릴 수 있다.

첫째, 내가 누리는 자유와 권리만큼 다른 사람의 자유와 권리도 소중하다는 것을 인식한다.

둘째, 자유라는 이름으로 다른 사람의 존엄성을 부정하거나, 다른 사람에게 해악을 끼치거나 사회 질서를 해쳐서는 안 된다.

셋째, 자유와 권리를 누리려면 누구에게나 책임이 따른다.

자유와 권리에는 이와 같은 제약이 있다. 자유로운 개인들은 이와 같은 조건을 지킬 때 서로 믿을 수 있고 서로 배려할 수 있다. 상호 신뢰와 배려 속에서 자유롭게 맺은 약속은 지켜야 한다. 약속을 지키지 않으면 약속할 이유가 없다. 약속이 지켜지지 않으면 사회생활을 할 수 없다. 약속은 사회생활의 기초이다. 자유로운 사람들끼리 무엇을 하자거나 어떻게 하자고 약속한 것이 바로 사회 규범이다. 도덕이나 관습 또는 법과 같은 사회 규범은 모두 약속에 뿌리를 두고 발전된 것이다.

사회 활동을 하다보면 개인들이나 집단들 사이에 다툼이 생기게 마련이다. 다투게 된 경우에 이와 같은 사회 규범을 기준으로 삼아서 자율적으로 해결할 수 있다. 자율적으로 해결되지 않을 때는 국가나 지방 정부가 개입하여 법에 따라 중재하고 해결한다. 사회 규범을 잘 지키면 사회적으로 인정받고, 사회 규범을 어기면 사회적인 비난을 받게 된다. 심할 때는 처벌을 받기도 한다. 사회 규범이나 법이 잘 서 있으면, 사람들은 다른 사람이나 집단의 행동을 어렵지 않게 예측할 수 있다. 그럴수록 사회는 안전해진다.

현대 사회는 모든 개인이 자유와 권리를 누리고 그에 따른 책임을 지며 살아가는 곳이다. 누구나 다른 사람의 자유와 권리를 존중하고, 합의된 사회 규범을 지키며 다 함께 힘껏 살아가고 있다. 표현의 자유와 양심의 자유가 있더라도 생각을 겉으로 나타낼 수 없다면 그것은 진정한 자유가 아니다. 사상과 양심의 자유는 표현의 자유를 전제하고 있다.

개인들은 다양한 방법으로 자신의 생각을 표현한다. 말을 하고 글로 써서 생각을 표현한다. 그림을 그리고 조각을 하거나, 노래를 부르고 악기를 연주하거나, 연극이나 영화를 통해서도 생각을 표현한다. 사회생활을 하는 개인들은 저마다 다른 방법으로 생각을 표현하며 살아간다. 사람들의 생각을 확인하고, 사람들에게 나의 생각을 알릴 수 있는 대표적인 표현 수단이 언론과 출판이다. 학문과 예술을 통해서도 생각을 널리 알리고 나눌 수 있다. 그래서 표현의 자유는 언론과 출판의 자유와 학문과 예술의 자유를 중심으로 발전한다.

신문, 방송, 책, 인터넷, 예술과 같은 매체를 통해서 서로 생각이 비슷한 사람들이 모임을 만들 수도 있고, 한 자리에 모여 자신의 주장을 소리 높여 외칠 수도 있어야 한다. 집회와 결사의 자유도 표현의 자유의 연장선에 있다. 누구나 생각을 자유롭게 표현하면, 서로 생각을 비교하면서 내 생각에서 부족하거나 틀린 점을 깨닫고 더 좋은 생각을 할 수 있다.

(2) 슬기로운 사회생활

나와 사회

나와 사회는 어떤 관계를 맺고 있을까? 흔히 '인간은 사회적 동물'이라고 한다. 인간이 혼자서는 살 수 없고 여러 사람과 어울려 살아야 한다는 뜻이다. 그러나 '나'라는 개인이 무시된다면 굳이 어울려 살고 싶지 않을 것이다. 누구에게나 자기의 삶은 자기의 것이고, 누구나 자기가 스스로 삶을 이끌어 갈 때 행복을 느낀다. 사회나 집단의 필요에 따라 개인의 욕망이나 개성을 억눌러야 한다면 누구도 행복해질 수 없다.

집단은 개인들로 구성된다. 사람들은 서로 다른 생각과 성격을 가지고 있다. 생각도 다르고 성격도 다른 개인들이 모여서 집단을 이루는 것이다. 개인이 사라지면 집단도 사라진다. 그렇지만 집단이 사라진다고 개인들이 사라지는 것은 아니다. 개인들은 흩어질 뿐이다. 흩어진 개인들이 다시 모여서 새로운 집단을 만들 수 있다. 그러기에 언제나 개인이 집단보다 우선하는 존재인 것이다.

집단은 개인들이 없으면 존재할 수 없다. 개인은 늘 존재하는 실체를 가지고 있지만, 집단은 그런 실체가 없다. 그러기에 '자유'의 주체는 개인이지 집단이 아니다. '개인의 자유'라는 말은 있어도 '집단의 자유'라는 말은 없다. 인간은 사회적인 동물이지만, 사회라는 집단의 궁극적인 기초는 실체를 가지고 있는 개인이다.

개인이 모인 사회 혹은 사회 속의 개인

나와 사회가 어떤 관계를 맺는 것이 바람직한가? 이 물음에는 두 가지 생각이 있다. 하나는 개인주의이고 다른 하나는 집단주의이다. 우리 사회에는 두 가지 시각이 공존하고 있다. 개인주의는 다음과 같은 생각에서 출발했다. '나는 집단의 부속물이 아니며, 집단의 목표를 달성하려고 태어난 것도 아니다.' 내 삶은 나의 것이고, 그러기에 내 삶의 목적은 나 스스로 결정해야 한다. 권력을 가진 어떤 집단이 내 삶의 목적을 결정한다면, 그런 삶은 이미 나의 것이 아니다. 그런 삶을 살면 나는 노예에 지나지 않는다. 나의 운명도 나의 것이다. 내 운명도 내 노력에 따라서 결정된다. 사회나 국가가 나의 운명을 결정해주면, 그런 운명은 이미 나의 것이 아니다. 그런 운명은 노예의 것에 지나지 않는다.

개인주의는 철저하게 자기 자신의 삶을 자기 스스로 개척하려는 삶의 철학이다. 개인주의자는 자기 자신을 사랑하고, 자신의 인생을 무엇보다도 귀중하게 여긴다. 나는 남에게 해를 끼치지 않는 한 나를 위해서 살 권리가 있다. 그렇게 할 자유가 나에게 있다. 국가를 위해서 무조건 나를 희생하라고 강요하는 것은 옳지 않다. 개인주의자는 주장한다. 국가는 개인의 자유와 권리를 보호하기 위해 존재한다고.

집단주의는 개인보다 집단이 중요하다고 본다. 모든 사람은 전체 사회의 필요와 요구에 순응하고 그 명령을 따라야 한다는 것이다. 전체 사회의 목적에 따라 비로소 자신의 삶의 의미와 가치가 결정된다. 그러기에 집단주의 체제에서는 전체 사회의 생각에 동의하지 않는 개인은 위험한 존재이다. 재산 소유의 자유와 사상의 자유 같은 것은 집단의 목표에 따라 얼마든지 제한되거나 박탈될 수 있다. 전체의 이익을 위해서라면 개인의 직업이나 거주 장소도 제한되거나 변경될 수 있다. 개인은 항상 전체를 위해 자신을 희생할 준비가 되어 있어야 한다. 집단주의 체제에서는 개인의 가장 큰 의무는 국가나 민족과 같은 집단을 위해 봉사하는 것이다. 그러기에 자신을 사랑하고 자신을 위해 사는 것은 비난받거나 처벌받아야 마땅하다. 모든 인간은 이기심을 버리고 전체를 위해 살아야 한다. 집단주의는 모든 사람이 이기적 삶을 살아서는 안 되고, 집단을 위해 희생적인 삶을 살아야 한다고 주장한다.

개인이 모인 사회로서의 가족

나와 사회는 어떤 관계를 맺는 것이 좋은가? 개인 우선적인 관계를 맺어야 할까? 집단 우선적인 관계를 맺어야 할까? 개인들이 모여서 이루어진 집단에는 여러 가지가 있다. 가족, 학교, 회사, 각종 단체, 지방 행정 조직, 나아가 가장 큰 집단인 국가가 있다. 집단들을 살펴보면서 생각을 정리해보자.

가족은 남녀가 만나서 결혼하고 출산을 해서 만들어진 혈연 집단이다. 가족은 사회를 구성하는 가장 기초적인 집단이다. 우리는 가족 생활을 하면서 먹고, 자고, 사랑하는 가장 친밀한 인간 관계를 경험한다. 가정에는 조부모, 부모, 자녀, 손자 손녀가 함께 사는 확대 가족도 있고, 부모 가운데 한 사람만 있는 편부모 가족도 있고, 결혼하지 않고 혼자 사는 1인 가구도 있다. 가정에서 우리는 언어를 배우고, 인생에서 가장 중요한 가치관도 배운다. 나에게 가장 큰 영향을 준 사람들은 대부분 부모, 형제, 자매와 같은 가족이다. 우리는 가족 관계에서 가장 깊은 사랑을 느끼고 가장 많은 사랑을 받으며 성장한다. 가족은 사랑과 성장을 함께 경험할 수 있는 사회 집단이다.

전통 사회에서 가족은 매우 견고하게 유지되었다. 하지만 현대 사회에서 가족은 여러 가지 이유로 약화되고 있다. 결혼율과 출산율이 지나치게 줄어들고 독신 가정이 계속 늘고 있다. 가족이 약화되면 전체 사회가 약해진다. 연애와 결혼이 자연스럽게 출산, 자녀 양육, 가족 사랑으로 이어져야 다음 세대가 튼튼하게 자라난다. 가족 관계가 약화되면 다음 세대가 허약해진다. 미래 사회가 걱정될 수밖에 없다.

최근 우리 사회의 결혼율과 출산율이 급속도로 낮아지고 있다. 가족 중심의 가치관이 무너지고 극성스런 자기중심적인 이기주의가 빚어낸 결과이다.

결혼율과 출산율 추이

건강한 공동체 가족을 기초 단위로 해서 확대된 공동체를 살펴보자. 많은 사람이 공동체가 개인보다 더 중요하다고 생각하고 있다. 공동체의 이익을 앞세우는 공동체주의는 선하고 개인의 이익을 앞세우는 개인주의는 악하다고 생각하고 있다.

그렇지만 공동체와 개인을 대립적인 관계로만 볼 수는 없다. 개인은 공동체와 떨어져 사는 별개의 존재가 아니다. 개인들도 공동체의 구성원으로서 공동체에 대한 도덕적 책임을 가지고 있다. 개인들이 노력하지 않으면 공동체가 유지될 수 없다. 따라서 개인의 중요성을 빼놓고 공동체의 중요성을 말할 수 없다. 공동체의 중요성을 과대평가하는 것도 문제지만, 개인의 중요성을 과소평가하는 것도 문제다.

어떤 공동체가 건강한 공동체일까? 합리적인 사고를 하는 독립적인 개인들로 구성된 공동체가 건강하다. 합리적이고 독립적인 개인이 많아져야 건강한 집단, 건강한 공동체, 건강한 사회를 만들 수 있다. 똑같은 생각을 가지고 눈치만 보는 사람들로 이루어진 공동체는 병든 공동체다. 이런 공동체는 맹목적인 집단주의에 빠져서 머잖아 전체주의 사회로 탈바꿈한다.

민족 공동체의 영광과 안녕을 추구하는 민족주의도 건전한 방향으로 발전

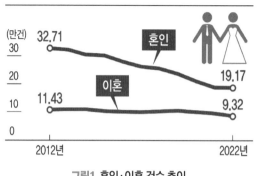

그림1 혼인·이혼 건수 추이

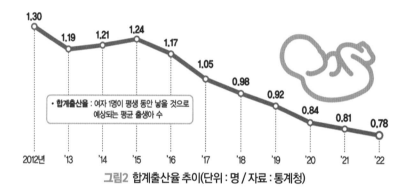

* 합계출산율: 여자 1명이 평생 동안 낳을 것으로 예상되는 평균 출생아 수

그림2 합계출산율 추이(단위 : 명 / 자료 : 통계청)

되어야 한다. '우리 민족'이 우월하다고 생각하고 다른 민족을 업신여기거나 증오하는 것은 병든 민족주의이다. 지나치게 반일감정을 조장하고 '우리 민족끼리'만 부르짖는 폐쇄적인 북한의 민족주의는 시대착오적인 구시대의 유물과 같다.

지난 70여 년 동안 급속도로 경제 발전을 이룬 우리나라는 벌써 선진국의 대열에 올라섰다고 평가받고 있다. 그렇지만 깊이 살펴보면 우리나라의 정치 제도가 아직도 충분히 발전한 것 같지는 않다. 우리나라의 정치 제도는 자유민주주의이다. 개인주의에 뿌리를 두고 발전하는 정치 제도다. 그런데 우리 사회는 아직 개인주의가 충분히 무르익지 않았다. 아직도 집단과 공동체의 가치에 대한 인식에 비하면, 개인의 가치에 대한 인식이 훨씬 여려 보인다.

학교에는 아직도 왕따 현상이 남아 있고, 사회에서는 갑질 현상이 사라지지 않고 있다. 자기와 생각이 다른 사람이나 자기보다 약한 사람에 대한 배려가 부족해 보인다. 자유민주주의가 깊이 발전하려면 타인의 권리를 존중하고 자신의 개성을 맘껏 살릴 수 있는 개인주의가 성숙해야 한다. 생각이 다르다고 왕따를 시키거나 약자에게 갑질을 해대는 생활 문화는 하루 빨리 사라져야 한다. 누구나 독립적인 개인으로서 자존감을 지키며 사회생활을 할 수 있어야 자유민주주의가 제대로 발전할 수 있다.

누구나 행복을 누리는 국가가 되려면, 먼저 건전한 개인주의가 충분히 성숙해야 한다. 공동체를 앞세우면서 개인의 소중함을 잊는다면, 어느새 북한과 같은 전체주의 국가로 전락할 수도 있다. 깊이 주의를 기울여야 한다.

개인주의와 시장경제

개인주의와 개인의 사적 소유를 알지 못하면, 시장을 제대로 이해할 수 없다. 개인주의의 발달사를 살펴보면서 이들의 관계를 알아보자.

르네상스를 지나 근대 사회가 열리면서, 17세기에 영국에서 처음으로 현대적인 의미를 가진 개인(individual)과 사회(society)라는 낱말이 생겨났다. 자본(capital)이란 말도 이 때 태어났다. 이때부터 사적 소유권이 자유의 핵심 요소로 자리 잡기 시작했고, 뒤이어 사적 소유권을 뜻하는 경제적 자유를, 선거권을 뜻하는 정치적 자유의 필수 조건으로 보는 시각도 많아졌다. 19세기에 들어와 개인주의(individualism)이란 용어도 나타나고, 자유민주주의도 크게 발전하였다.

자유시장이 발전하기 시작한 영국 사회의 특징은 개인주의와 자유주의가 밀접하게 연결되어 있다는 것이다. 영국 사회에서는 사적 소유가 개인적인 삶과 자유의 물적 기반으로 여겨졌다. 다시 말해서 개인이 재산을 가지고 있어야 누구나 대등하게 자신의 삶을 자유롭게 누릴 수 있다는 생각이 많았다. 영국에서는 전통적으로 소유가 자유 개념의 핵심 요소였다. 유럽에서는 영국에서와 달리, 사회를 위해서 개인들의 경제적 자유를 제한할 필요가 있다는 생각이 많았다. 소유와 자유를 분리해서 생각했던 것이다. 이러한 차이는 왜 영국과 영국의 식민지였던 미국에서 자유주의적 개인주의가 발달하고 세계적인 산업혁명을 주도해왔는지를 설명해준다.

최근에는 자유주의적 개인주의가 허약해지면, 어떤 사회적인 결과가 나타나는지에 대한 얘기가 자주 입에 오르내린다. 자유주의적 개인주의의 가치는 현대 민주주의의 정치 사회에서 수세에 몰리기도 한다. 종종 민주국가의 정치 시장에서 반 개인주의적인 감성의 정치 상품이 대중의 인기를 끌기 때문이다. 이런 사회에서는 보편 복지를 내세우는 사회주의적인 정치 상품이 열광적으로 팔린다. 그럴수록 국가 경제는 더욱 무기력해지고, 사회 구성원들은 착취와 억압의 구조에 더 쉽게 노출된다.

나라별로 경제사를 훑어보면 알 수 있다. 사회주의적인 정책이 상당 기간 시행되면, 국부가 탕진되고 국력이 허약해지는 경우가 많다. 이런 나라에서는 사회주의적인 정치 상품을 판매하는 정당과 열광하는 대중이 대부분 반자본주의적인 정서와 집단주의적인 평등사상에 기울어 있었다. 대표적인 예로 베네수엘라와 같은 남아메리카 국가를 들 수 있다. 베네수엘라는 석유 수출로 남부럽지 않게 잘 살던 나라였다. 21세기에 들어와 사회주의적인 복지 정책을 추진한 결과 국부를 탕진하고 빈곤에 허덕이게 되었다. 사회적으로나 문화적으로도 피폐해져서 국민이 탈출 소동을 벌이기까지 했다.

개인주의의 대척점에는 집단주의가 있다. 개인주의란 인생에서 성공하려면 부단한 노력으로 자기의 재능을 발휘해야 한다는 생각이다. 이와 달리 집단주의란 인생의 성공은 집단의 필요와 요구에 순응할 때 얻어진다는 생각이다. 개인주의의 모토는 '하늘은 스스로 돕는 자를 돕는다'라는 것이다. 그러기에 개인주의 사회에서는 개인들이 온 힘을 기울여 자기 삶을 개척해야 한다. 집단주의의 모토는 '당신의 가난은 당신의 책임이 아니다. 가진 자들의 책임이다'라는 것이다. 그러기에 집단주의 사회에서는 가진 자의 것을 빼앗아 인위적으로 못 가진 자에게 주려 한다.

집단주의 사회에서는 자유시장경제가 발전할 수 없다. 시장경제는 국부의 규모를 크게 키우면서 빈부 격차도 만들어낸다. 국부의 규모가 커지면 사회 전체적으로 윤택해지지만 빈부 격차라는 어두운 그늘도 생긴다. 누구나 시장의 경쟁에서 패배하면, 배고픔의 가난을 감수하지 않을 수 없다. 더욱이 경쟁을 하면 누구에게나 스트레스가 쌓인다. 경쟁에서 승리한 사람들의 환호 뒤에는 경쟁에서 패배한 사람들의 한숨이 깊다. 자유시장의 사회에는 환호와 윤택만 있는 것이 아니라 한숨과 가난도 존재한다.

한숨과 가난으로 고달파진 사람들에게 복음과 같은 정치 상품이 사회주의적인 포퓰리즘이다. 인간은 부의 평등을 누릴 권리가 있다고 설파하거나, 민중이 원하는 것은 무엇이든 민중에게 주는 것이 옳다고 주장한다. 그렇게 하는 것이 민주주의의 목적이고 역사의 진보라고 강변한다. 포퓰리즘에 빠지면 많은 사람이 집단의 힘으로 문제를 해결하려고 한다. 그것이 사회주의 혁명이다. 사회주의 혁명이 일어나면, 곧바로 시장경제를 철폐하거나 국가의 엄혹한 통제 아래 둔다. 시장경제가 철폐되거나 위축되면 국부가 사라진다. 가난한 사람들은 더욱 가난해지고, 지독한 집단 독재에 시달리게 된다. 이것이 공산집단주의의 역사 과정이었다. 옛날 소련이나 현재의 북한이 대표적이다.

시장경제는 무한 경쟁을 부추기고 빈부 격차를 심화시킨다는 비판을 받아왔다. 그런 점이 없지 않다. 그렇지만 시장에서 일어나는 경쟁은 그보다 훨씬 많은 장점을 가지고 있다. 인간은 경쟁을 통해서 보다 합리적이고 보다 개방적이 된다. 경쟁을 통해서 인간은 자기 자신을 개발하고 완성한다. 경쟁이 자유롭게 이루어지면 경쟁의 규칙이 어김없이 만들어진다. 경쟁의 규칙이 자리 잡으면, 신뢰가 쌓이고 사회가 안정된다. 신용 사회가 되면 시장경제는 더욱 발전한다. 그럴수록 개인들에게 자율성과 책임 의식이 커진다. 개인주의적 문화가 깊이 뿌리를 내리는 것이다. 시장의 역사가 오래된 영국과 미국을 보면 이런 모습을 뚜렷이 볼 수 있다.

자유시장에서 펼쳐지는 인간의 상호작용은 늑대처럼 서로 물고 뜯어 죽이는 소모적인 경쟁이 아니다. 흔히 시장 경쟁을 한정된 자원을 놓고 서로 상대의 몫을 뺏으려는 '제로섬 게임'으로 묘사하기도 한다. 하지만 그것은 피상적인 견해에 지나지 않는다. 본질적으로 보면, 시장 경쟁은 들어가는 자원보다 훨씬 큰 부를 만들어내는 '포지티브섬 게임'이다. 시장경제가 발전한 나라일수록 개인별 국민소득이 높고 사회가 윤택한 것을 보면 쉽게 알 수 있다.

전체주의를 넘어서

개인주의라고 해서 집단 자체에 반대하는 것은 아니다. 우리는 집단을 이루어 삶의 문제를 해결해야 할 때가 많다. 집회의 자유를 개인의 권리로 삼은 까닭이 여기에 있다. 개인주의가 반대하는 것은 집단주의이며, 집단주의가 정치화된 전체주의이다. 전체주의 사회에는 삶의 주체로서 개인이 없다. 그곳에는 개성을 가진 '나'는 없고, 개성이 숨 쉴 수 없는 '우리'만 있다. 개인주의 사회가 다양한 개성이 어울린 총천연색의 모습이라면, 전체주의 사회는 개성이 사라진 단색조의 모습과 같다. 생각이 다양한 개인들은 사라지고, 생각이 똑같은 군중만 존재하기 때문이다.

집단주의는 개인주의 사회에서 종종 민족주의의 모습으로 나타난다. 민족주의는 민족공동체의 명예와 안녕을 추구하려는 생각이다. 우리 모두는 민족공동체의 구성원이므로 민족의 명예나 안녕에 무관심할 수 없다. 민족 사랑은 자연적인 감정이다. 민족주의는 민족공동체의 발전에 긍정적인 역할을 해왔다. 그러나 민족주의가 민족 사랑을 넘어서 타민족 증오로 불붙는다면 크나큰 문제거리가 된다.

히틀러는 아리안주의라는 인종주의를 사용하여 독일 민족의 우수성을 과장했다. 나치주의는 독일 민족주의와 전체주의가 결합된 것이다. 처음에는 독일 민족의 우수성과 자부심을 북돋았다. 그러면서 조금씩 유대인에 대한 증오심을 부추겼다. 반발하는 독일인들은 처단하였다. 점차 반대자가 없어진 전체주의 국가로 바뀌자, 독일인들은 아무런 죄책감도 없이 수백만 명의 유대인을 가스실로 보냈다.

제2차 세계대전 당시에 군국주의 일본은 청년들을 세뇌해서 자살특공대 가미카제[神風]를 만들었다. 가미카제 특공대원은 폭탄을 잔뜩 실은 항공기를 몰고 미군 군함에 곧장 날아가 자폭하였다. 민족과 천황을 위해서 목숨을 바치라고 부추기자, 피가 뜨거운 청년들이 뭐가 뭔지도 모르고 자살 폭격기에 몸을 실었다. 비행사들은 일본 제국을 지키려고 가장 귀중한 생명을 버린 것이다. 이처럼 피비린내 나는 일본의 민족주의는 민족 집단의 명예를 지킨다는 명분을 내세웠다. 그러나 그 명예라는 것도 군국주의 권력 집단의 명예였을 뿐이었다.

한국 사회의 개인주의

우리 사회의 개인주의 개념은 서양의 개인주의 개념과 사뭇 다르다. 한국의 개인주의는 역사적으로 누적되어 온 집단주의적인 성향 때문에 충분히 성숙하지 못했다. 개인주의가 성숙하려면 자유주의와 씨줄 날줄처럼 촘촘히 엮여야 한다. 우리 사회에서는 그렇지 못했다. 우리는 아직도 내 엄마, 내 아빠라고 하지 않고 우리 아빠, 우리 엄마라고 한다. 집단주의적인 감성이 남아 있기 때문이다. 서구에서도 자유주의가 발전하기 전에는 우리와 비슷했다. 기독교인들이 기도할 때 '내 하나님'이라고 부르지 않고 '우리 하나님'이라고 불렀다. 자유주의가 발전하면서 비로소 '나의 하나님'이라고 바꾸어 불렀다. 우리 사회에서 자유주의가 발전하고 개인주의가 성숙하면 우리의 언어 습관도 달라질 것이다.

우리 사회가 근대 사회로 들어설 때, 개인주의의 성숙을 가로막았던 장애물은 전통적인 집단 의식, 다시 말해 민족주의적이거나 국가주의적인 집단 의식이었다. 그래서 '나'보다는 '우리'로 개인의 정체성을 나타냈던 것이다. 전통적인 집단 의식이 점차 퇴조하자, 최근에 들어와 나타난 장애물이 사회주의적인 집단 의식이다. 이렇게 된 데에는 민주화 운동의 일그러진 모습이 숨어 있다.

우리의 1960년대와 1970년대는 산업화 시대였다. 처음에는 경공업을 위주로, 뒤에는 중화학공업을 위주로 수출산업단지가 세워졌다. 당시의 산업화 전략이 성공하여, 우리 사회는 후진국형 농업 사회에서 선진국형 산업 사회로 탈바꿈할 수 있었다. 그런데 산업화와 더불어 전통적인 집단주의는 쇠퇴하고, 새로운 형태의 집단주의가 생겨났다. 산업 현장에서 노동자들의 노동 의식이 성장하고 있었는데 그때 사회주의의 영향을 받은 민주화 운동 세력들이 산업 현장의 노동 의식을 계급 의식으로 바꾸었다.

민주화 세력의 의식화 운동은 사회 전반에 새로운 형태의 집단 의식을 만들어냈다. 특히 1980년대에 들어와 전국 규모로 발전한 민주화 운동은 대학생을 중심으로 이루어졌는데 이때 대학가에 유행했던 것이 마오쩌둥의 신민주주의와 김일성의 주체사상이었다. 당시의 민주화 운동은 사실상 사회주의적 집단 의식과 맞물려 진행되었고 대중의 집단 감성도 사회주의적인 집단 의식에 젖어 들 수밖에 없었다.

민주화된 뒤 정치 사회에 등장한 정치 구호는 주로 대중의 집단 감성을 자극하는 포퓰리즘이었다. 예를 들어, 경제 민주화라는 정치 구호는 경제 문제를 단순화시켜서 선악의 구도로 몰고 갔다. 경제적 평등을 선으로 받들고 경제적 불평등을 악으로 몰면서, 대중의 집단주의적 욕망을 유도했다. 경제 문제를 선악의 단순 구도로 몰아가면 문제는 풀리지 않고 더욱 꼬이게 된다. 어떤 문제든지 단순 구도로 인식하면, 삶의 현실을 무시하고 비합리적이고 비현실적인 해결책을 원하도록 되게 마련이다.

삶의 현실은 평등과 불평등으로 촘촘히 짜여 있다. 자유 사회에서는 수많은 사람이 자유 의사에 따라 서로 다른 판단을 한다. 자유 판단의 결과들이 모여서 사회의 다채로운 모습이 만들어진다. 사람의 힘으로 통제할 수 없는 우연이란 변수도 작용한다. 이렇게 복잡한 과정을 거쳐서 만들어진 사회를 계급 평등의 잣대나 지역 평등의 잣대로 단순 판단하면, 삶의 현실을 배반하는 심각한 판단 왜곡이 일어난다. 사회주의적이고 포퓰리즘적인 정치 구호에 휩쓸리면 상식적인 사람들도 집단 감성에 휘둘리게 된다. 삶의 현실에서 벗어난 단순 판단이 많아지면, 개성과 창의성이 위축되어 결국 정치, 경제, 사회, 문화의 모든 면에서 활력을 잃을 수밖에 없다. 사회 전반에 걸쳐 개인들의 지적 수준이나 도덕적 수준도 떨어진다. 앞서 베네수엘라의 예에서 보았듯 사회가 피폐해지고 만다.

자유인의 삶을 향하여

요즈음 우리 사회가 풍요롭게 되자 오히려 극적인 갈림길에 서게 되었다. 사회주의적인 집단감성으로부터 과감하게 벗어나 자유 사회로 나아갈 것인가? 아니면 자유주의적 개인 감성을 억누르면서 집단 사회로 들어갈 것인가? 우리의 의식적인 선택이 요구되고 있다.

전체주의를 넘어서 남에게 지배받으며 살기를 원하는 사람은 없다. 나만이 나를 지배하기를 원한다. 우리는 누구한테 기대어 살아가기를 원하지도 않는다. 내 인생은 내가 스스로 책임지고 자율적으로 살아가고 싶어 한다. 살아가면서 내가 원하는 것을 이룰 수도 있고, 이루지 못할 수도 있다. 어떤 결과가 나오든, 우리가 원하는 것은 내가 하고 싶은 대로 자유롭게 살아가는 것이다. 자유를 포기하는 것은 인생을 포기하는 것과 같다. 자유민주주의의 사회가 유지되려면, 우리 모두가 자유롭게 살아가는 독립적 개인이 되어야 한다.

전체주의는 국가라는 초대형 공동체가 나의 의식주를 다 책임지고 해결해준다는 정치 이념이다. 독립적인 개인으로 살아가는 것을 포기하지 않으면 전체주의 사회에서 살 수 없다. 그런 사회에 살려면, 자유민주주의 사회에서 보장해주는 갖가지의 자유와 권리를 모두 포기해야 한다. 그렇게 하면 국가가 취직도 시켜주고, 먹여주고 입혀도 준다. 자신의 미래를 걱정할 필요가 없고 생활 걱정도 없으니 행복하지 않느냐고 물을 수 있다. 그런데 과연 그런 삶이 행복할까?

자유와 권리를 포기하고 국가가 시키는 대로 사는 것은 자유인의 삶이 아니다. 그것은 노예의 삶이다. 사실 내 삶을 내가 책임지고 혼자 힘으로 살아가기는 쉽지 않다. 하지만 그렇게 사는 것만이 인간답게 사는 길이다. 자유로운 인간으로 살아갈 수 있는 유일한 길이다.

개인주의는 개인의 권리를 강조한다. 그렇다고 개인주의를 편협한 이기주의로 오해하면 안 된다. 개인주의는 사회의 구성 단위인 개인이 가장 소중하다는 생각이다. 개인은 국가의 도구가 아니다. 국가는 국민 개개인에게 최소한의 안전과 생활만 보장하면 된다. 국가가 비대해져서 국민 개개인의 삶을 통제하거나 지배하면 안 된다. 자유롭고 평등한 존재인 개인들이 마음껏 살아갈 수 있는 사회가 좋은 사회이다. 그런 사회가 바로 개인주의를 바탕으로 삼고 있는 자유민주주의 사회이다.

2. 경제 생활과 시장경제

(1) 경제 생활

재화와 서비스

인간은 의식주 문제가 해결되지 않으면 정상적인 생활을 할 수 없다. 당연히 행복할 수도 없다. 따라서 인간에게는 최소한 음식과 집과 의복이 필요하다. 행복하게 지내려면 영화도 관람하고 음악도 듣고 스포츠를 즐기고 여행도 가야 한다. 그러려면 핸드폰도 필요하고, 자동차도 있어야 한다.

우리가 소비하는 것들은 크게 두 가지로 나눌 수 있다. 하나는 재화(물품)이고 다른 하나는 서비스(용역)이다. 옷, 집, 음식, 텔레비전, 신발 같은 구체적인 대상물을 재화라고 한다. 아플 때는 치료해주는 의사와 간호사가 있어야 하고, 머리를 손질하려면 미용사의 도움도 필요하다. 우리는 값을 지불하고 이런 도움을 받는데, 이런 것들을 서비스라고 한다.

희소성

인간의 욕구는 거의 무한에 가까워 보인다. 사람들은 되도록 많은 것을 갖고 싶어 하고 소비하고 싶어 한다. 그런데 사람들이 사용할 수 있는 재화는 유한하다. 자원은 인간의 욕망에 비해서 부족하게 마련이다. 이를 희소성의 원칙이라고 한다.

　자원의 희소성 때문에 우리는 선택을 해야 한다. 내가 가진 돈으로 무엇을 구매할 때, 무엇이 나에게 가장 큰 만족을 줄지 가늠한 뒤에 무엇을 살지 선택한다. 사회 전체적으로도 사회가 가지고 있는 자원으로 어떤 물건을 생산할 때, 무엇이 사회 구성원들에게 가장 큰 만족을 줄지 가늠한 뒤에 무엇을 만들지 결정한다. 결국 개인이나 사회나 모두 한정된 자원을 효율적으로 사용하려면 선택을 하지 않을 수 없다.

　경제를 가리키는 영어 '이코노미(economy)'는 그리스어로 집을 뜻하는 '에코(eco)'와 다스리기를 뜻하는 '노모스(nomos)'를 합쳐 만든 낱말이다. 집안 살림을 다스리는 일을 경제라고 생각한 것이다. 이코노미를 번역한 '경제'는 세상을 다스리고 백성을 구제한다는 '경세제민(經世濟民)'에서 왔다. 경제는 결국 세상을 움직이게 하고 사람을 잘살게 하는 문제라는 뜻이다.

합리적 선택과 소비

　자원의 희소성 때문에 우리는 소비 생활을 할 때 최선의 선택을 하려고 애쓴다. 예를 들어, 지금 내가 쓸 수 있는 돈 1만 원을 가지고 무엇을 해야 좋을지 고민하고 있다고 치자. 이 돈으로 영화를 본다면 치킨을 사먹을 수 없다. 치킨을 사먹는다면 영화를 볼 수 없다. 나는 돈 1만 원으로 영화를 볼지, 치킨을 사먹을지 선택해야 한다. 어느 쪽이 나에게 더욱 큰 만족을 줄지 판단이 서야 우리는 둘 중 하나를 선택하게 된다.

　선택의 기준은 무엇으로 해야 할까? 판사의 판결 기준은 '어느 것이 적법한 것인가'이고, 도덕적인 문제의 판단 기준은 '어느 것이 옳은가'이며, 예술가의 선택 기준은 '어느 것이 아름다운가'이다. 경제적인 선택 기준은 '어떤 것이 효율적인가'인데, 가장 효율적인 선택은 '가장 적은 비용을 들여 가장 큰 만족을 얻는 것'이다.

효율적이라는 말은 소비하는 개인의 입장에서는 어떤 재화를 소비해야 가장 만족할 것인가 이다. 생산자의 입장에서는 주어진 비용을 가지고 어떤 것을 생산해야 가장 많은 이익을 얻을 것인가이다. 인간은 언제나 최소 비용으로 최대 만족을 얻을 수 있는 선택을 하려 한다. 이런 선택을 '합리적 선택'이라고 한다.

누가 만들어 공급하는가?

생산이란 필요한 재화와 서비스를 만들고 공급하는 것을 말한다. 예전에 생활이 단순했을 때는 누구나 필요한 것을 스스로 만들어 사용하기도 했었다. 그러나 현대에 들어와 생활이 너무나 복잡해져서 필요한 것을 스스로 만들어 사용할 수 없게 되었다. 현대에는 생산하는 사람과 소비하는 사람이 다르기 일쑤다. 그렇다면 생활용품을 누가 어떻게 만들어 공급하고 있을까? 생선을 먹을 수 있도록 물고기를 잡는 사람이 어부이고, 밥을 먹을 수 있도록 농사짓는 사람이 농부다. 옷과 신발, 또는 스마트폰을 만드는 사람이 근로자이고, 그런 물건의 생산 공장을 운영하는 주체가 기업이다. 우리가 필요로 하는 재화와 서비스를 만들어 제공하는 활동을 생산이라고 하고, 생산 활동을 하는 사람들을 생산자라고 한다.

주로 생산 활동에 투입되는 경제 자원을 생산 요소(生産要素 : factors of production)라고 한다. 18세기 이전에는 토지와 노동만을 생산 요소로 보았으나 산업화가 진행되면서 자본도 생산 요소로 보게 되었다. 생산 요소는 생산 요소 시장에서 거래되며, 생산 요소를 사는 쪽이 기업이고, 생산 요소를 파는 쪽이 가계이다.

  바다 속에 사는 물고기나 땅 속에 있는 광물처럼 자연에서 저절로 만들어진 천연자원이 있다. 그런데 물고기나 광물을 잡거나 캐내야 우리가 사용할 수 있는 재화가 된다. 물고기를 잡거나 광물을 캐내는 일도 생산 활동으로 본다. 옷을 만들거나 스마트폰을 만들고, 또는 자동차를 만드는 일은 물론 생산 활동이다. 닭으로 프라이드 치킨을 만드는 일도 생산 활동이고, 프라이드 치킨의 재료인 닭을 키우는 일도 생산 활동이다. 우유를 만드는 일이나 우유를 배달하거나 공급하는 일, 또는 게임프로그램을 만들거나 배달하거나 공급하는 일도 모두 생산 활동이다.

  이렇게 생산된 물품이 소비되려면 시장과 편의점에 공급하거나 배달하여 판매해야 하다. 이런 유통과 판매의 일을 상업 활동이라고 한다. 상업 활동 덕분에 편리한 소비가 가능하다. 아플 때는 의사와 약사의 도움을 받아야 하고, 머리를 다듬을 때는 미용사의 서비스를 받아야 한다. 공부에 도움을 받으려면 학교나 학원에서 교육을 받아야 한다. 의료서비스, 미용서비스와 교육서비스는 의사, 미용사, 교사나 학원 강사가 제공한다. 이들이 서비스를 제공하는 일도 생산 활동이다.

  일반적으로 생산 활동은 개인(혹은 가계)이나 기업이 한다. 옛날에는 모두들 각자 생산 활동을 했으므로 효율성이 높지 않았다. 협동을 하거나 분업을 하게 되자, 같은 노력으로 훨씬 많은 생산을 할 수 있게 되었다. 그러자 협동과 분업을 체계적으로 조직하여 대규모로 생산 활동을 하는 기업[1]이 생겨났다. 처음에는 비슷한 일에 종사하는 사람들이 모여서 기업을 만들었다. 점차 기술이 발전하고 생산 규모가 커지자 많은 자본이 필요하게 되었다. 이때부터 기업이 주식회사의 형태로 발전하였다.

요즈음에는 전 세계의 자원을 모아, 전 세계의 소비자를 대상으로 생산 활동을 하는 세계적 기업이 많이 생겼다. 어떤 생산 활동에는 정부가 참여하기도 한다. 개인이나 기업이 할 수 없는 일을 찾아, 정부가 직접 하거나 공기업을 세워서 맡긴다. 국방과 치안과 같은 공공서비스는 정부가 직접 맡아서 생산하고 제공하는 대표적인 경제 활동이다.

예전처럼 단순한 사회에서는, 농부 한 사람이 농사를 짓고, 어부 한 사람이 물고기를 잡고, 한 사람의 수공업자가 짚신을 만들어 팔 수 있었다. 그러나 요즘처럼 복잡한 사회에서는, 구하기 힘든 자원을 마련하고, 규모가 크거나 정밀한 제품을 만들고, 무척 넓은 세계에 내다 팔려면, 다양한 자원을 모아 생산 공정에 투입시키는 것이 효율적이다. 이렇게 생산 요소와 생산 공정을 효율적으로 조직한 작업 단위가 바로 기업이다. 현대 사회에서는 기업이 생산을 주로 담당한다.

하나의 기업이 서로 다른 산업의 생산 활동을 동시에 담당할 수도 있다. 원양어선이 먼 바다에 나가 참치를 잡는 생산 활동은 1차산업(수산업)이지만, 잡은 참치를 배에서 통조림으로 가공하는 생산 활동은 2차산업(제조업)이다. 자동차를 만드는 생산 활동은 2차산업(제조업)이지만, 직영 대리점에서 자동차를 판매하는 상업 활동은 3차산업(유통업)이다.[2] 예전에는 국가 산업 가운데 농수산업과 같은 1차산업 비중이 컸지만, 산업혁명을 거치면서 2차산업의 비중이 커졌다. 오늘날에는 산업이 발달한 선진국일수록 3차산업의 비중이 큰 편이다.

어떻게 생산해야 하는가?

생산 요소 쌀을 생산하려면 농부의 노동력이 있어야 하고, 자동차를 생산하려면 노동자의 노동력이 있어야 한다. 이러한 노동력을 인적 자원이라고 한다. 쌀이나 자동차의 생산 과정에는 인적 자원 말고도, 햇빛과 물 또는 땅과 자연 자원이 필요하다. 그뿐만 아니라 비료와 농약도 필요하고, 경운기나 트랙터 또는 탈곡기와 같은 기계와 도구가 필요하다. 이처럼 사람이 만들어 사용하는 자원을 가리켜 자본 자원(또는 자본재)이라고 한다. 인적 자원, 자연 자원과 자본 자원을 생산 요소라고 한다. 생산 요소들을 모아야 생산을 할 수 있다.

생산에 필요한 것들

쌀이 어떻게 생산되는지 살펴보면, 봄에 볍씨를 뿌리고 모내기하고 가을에 익은 벼를 거두기까지, 많은 생산 과정에 다양한 생산 요소가 투입되는 것을 알 수 있다. 우선 햇빛과 물 또는 땅 같은 자연 자원이 있어야 한다. 다음에 씨를 뿌리고, 모내기와 김매기를 하고, 비료를 주고 수확을 하려면 사람의 노동력, 다시 말해 인적 자원이 필요하다. 그리고 밭을 갈려면 경운기가 필요하고, 모내기를 하려면 이앙기가 필요하다. 보리나 벼를 잘 자라게 하려면 비료와 농약이 필요하고, 거두기를 하려면 낟알을 떨어내는 탈곡기가 필요하다. 이처럼 비료와 농약이나 농기계와 같은 자본 자원(자본재)도 필요한 것이다. 거의 모든 생산 활동에 필요한 자연 자원과 인적 자원, 자본 자원을 생산 요소라고 한다.

생산 요소가 있다고 해서 생산이 저절로 이루어지는 것은 아니다. 생산 요소들을 결합하는 각 단계의 생산 공정을 모두 거쳐야 비로소 하나의 생산물이 완성된다. 완성된 재화와 서비스는 필요한 사람에게 제공되고 값을 받아야 생산 활동이 계속될 수 있다. 생산 활동을 하는데 경제적 또는 합리적 선택은 필수이다. 생산 활동의 경제성 또는 합리성의 기준은 '가장 적은 비용을 들여 가장 큰 이윤을 남기는 것'으로 표현된다.

오늘날 우리가 사용하는 대부분의 물건은 여러 사람이 협력해서 만든다. 비록 간단해 보이는 연필 한 자루를 만들려고 해도, 많은 사람이 협동 작업을 하지 않으면 안 된다. 연필은 연필심과 나무로 만들어지고, 끝에 고무지우개가 달려 있는 경우도 있다. 원료는 나무, 흑연 및 고무, 이렇게 세 가지로 되어 있다. 그런데 이런 세 가지 원료를 생산하려면 수많은 생산 과정이 필요하다.

우선 연필을 만드는 데 필요한 나무를 자르려면 톱이 필요하고, 톱을 만들려면 철이 필요하고, 철을 생산하려면 철광석을 캐내야 하며, 철광석과 흑연을 캐내려면 굴착 장비로 땅을 파야 한다. 고무를 생산하려면 열대 지방에서 고무나무를 재배해야 하고, 고무나무에서 고무를 채취해야 하며, 채취한 고무를 가져와야 한다. 또 고무로 지우개를 만들려면 여러 가지 화학 약품을 사용해야 한다. 그리고 연필에 칠해져 있는 페인트도 누군가 생산해야 한다. 아주 단순해 보이는 연필 한 자루를 생산하려 해도, 세계 각국에서 수많은 사람이 수많은 업종에서 협업해야 한다.

그렇다면 연필과 달리 부품의 숫자가 2만 개가 넘는다는 자동차를 생산하려면, 얼마나 복잡한 생산 과정을 거쳐야 할까? 얼마나 많은 사람이 얼마나 많은 업종에서, 얼마나 많은 생산과정을 거치면서, 얼마나 복잡한 협업을 해야할지, 상상이 안 갈 정도이다.[3]

산업 사이의 연관 산업들은 따로 떨어져서 발전할 수 없다. 서로 깊숙이 관계를 맺으면서 함께 발전한다. 예를 들어보자. 자동차 산업이 발달하면, 철강 및 타이어, 전기 전자 기기 및 각종 재료와 부품이 많이 필요하게 된다. 그러므로 자동차 산업과 더불어, 제철 산업과 석유 화학 산업 및 전기 전자 산업이 함께 발전한다. 자동차가 많아지면 석유를 많이 쓰게 되므로 정유 산업도 발전하고, 많아진 자동차가 다니기 쉽도록 길을 닦는 토목 건설 산업이 함께 발전한다. 자동차를 이용하는 서비스업인 교통과 운송 산업이 활기를 띤다. 최종 소비자가 자동차를 사려면 할부 구입도 필요하고 자동차 보험도 필요하므로 금융업도 활발해진다. 이런 관련 산업들이 잘 갖춰져 있지 않으면 자동차 산업이 건실하게 발전할 수 없다.

무엇을 생산해야 하는가?

생산 주체에 따라 무엇을 생산할지 다르게 결정한다. 개인이나 사기업이 생산 주체라면 당연히 가장 큰 이익이 남는 상품을 만들려고 할 것이다. 그러려면 소비자들이 원하는 것이 무엇인지를 잘 알아야 한다. 소비자들이 가장 원하는 것을 생산해야 이익을 남길 수 있기 때문이다. 그러나 정부가 생산 주체라면 사회에서 가장 기본적으로 필요한 재화를 만들어 제공하려고 할 것이다. 예를 들면, 국민 모두가 필요로 하는 도로나 전기 시설과 같은 공공재들을 말한다. 이런 공공재는 개인 기업이 맡기에 적합하지 않으므로 국가가 직접 제공하는 경우가 많다. 그리고 사회적으로 바람직하지 않은 재화는 개인이나 사기업이 생산하지 못하도록 정부가 막을 수도 있다. 예를 들면, 마약이나 도박 같은 것을 말한다.

교환과 화폐

옛날 옛적에는 필요한 식품과 의복을 스스로 만들어 썼다. 이런 활동을 자급자족경제라고 한다. 한 사람이 농사도 짓고, 물고기도 잡고, 옷도 만들자니 힘도 들고 잘 되지도 않았다. 그 뒤 보다 좋은 방법을 깨닫게 되었다. 사람마다 잘 만드는 것을 만들어서 다른 사람이 만든 것과 교환하면 물품의 질도 좋아지고 필요한 물품도 쉽게 얻었다. 한 사람이 여러 가지를 생산하는 것보다 한 가지만 집중적으로 만들면, 만드는 기술도 늘어서 더 좋고 더 많은 것을 생산할 수 있었다. 이렇게 남에게 팔기 위해서 생산하는 것을 상품 경제라고 한다.

상품 경제 초기에는 주로 물물교환 방식으로 거래가 이루어졌다. 내가 만든 물건을 직접 들고 가서 바꾸어야 하니까 매우 불편했다. 내 물건을 원하는 사람을 만나야 하고, 그 사람이 가지고 온 물건이 또 내가 원하는 것이어야 했다. 이를 욕망의 이중적 일치라고 부른다. 거래 당사자들의 욕망이 일치하는 경우를 찾기는 쉽지 않다. 이런 불편을 극복하고자 화폐가 만들어졌다.

사람마다 자기가 잘 만드는 것을 집중적으로 생산하고, 그것들을 서로 교환하면 서로에게 이득이 된다. 이것을 분업의 이득이라고 한다. 상품 경제가 확대되면서 분업의 정도도 점점 더 늘었다. 초기에는 옷이나 농기구 정도를 전문적으로 만드는 정도였지만, 오늘날에는 전문직업의 종류가 수만 가지로 늘었다.

화폐가 발명되자 욕망의 이중적 일치가 가져온 불편을 쉽게 극복할 수 있었다. 내가 생산한 물건을 원하는 사람에게 돈을 받고 팔아서, 그 돈으로 내가 원하는 물건을 가진 사람에게 돈을 주고 사면 되었기 때문이다. 이렇게 화폐는 물품의 교환을 편리하게 만들었다. 그러자 분업이 더욱 촉진되어 사회의 생산성이 높아졌다.

초기에는 물품이 주로 화폐로 사용되었다. 물품이 화폐 역할을 하려면, 화폐로 쓰이는 물품은 모든 사람이 원하는 것이어야 하고, 잘게 나눌 수 있어야 되고, 오래 두어도 잘 변하지 않아야 한다. 이런 성질을 가진 것으로 대표적인 것이 곡물이나 옷감이었다. 이런 물품 화폐는 무겁거나 부피가 커서 사용하기에 불편했다.

거래가 늘어나면서 점차 금, 은, 동과 같은 귀한 금속이 화폐의 역할을 하기 시작했다. 화폐의 사용이 늘어나자 왕과 같이 공권력을 가진 정치 권력자가 화폐를 주조하기 시작했다. 주조 화폐 역시 큰 거래를 하기에는 부피가 너무 크고 무거웠다. 그래서 작고 가벼운 종이로 지폐를 만들기 시작했으며 정부가 화폐 발행을 독점했다. 최근에는 지폐도 가지고 다니기 불편하다고 잘 사용하지 않는다. 신용카드나 스마트 페이와 같은 전자 매체를 사용하여 송금하고 결제한다. 더욱이 블록체인 기술을 이용한 암호 화폐(Cryptocurrency) 비트코인[4]까지 등장했다.

화폐는 시장에서 물품과 서비스를 교환할 수 있는 도구이다. 그것은 숫자로 표현될 수 있어서 물품과 서비스의 가치를 측정하는 수단이 되기도 한다. 그것으로 필요할 때 필요한 만큼 언제든 물품을 구입할 수도 있고, 은행에 저축했다가 나중에 사용할 수도 있다.

소비와 지출

일을 해서 벌어들인 소득(수입)을 사용하는 것이 소비(지출)이다. 벌어들인 소득(수입)은 무한하지 않기 때문에 지출할 때는 사려는 것이 꼭 필요한 것인지 언제나 따져보아야 한다. 그렇게 하지 않으면, 소득보다 지출을 많아져서 적자가 생기고 빚에 시달리게 된다. 합리적인 소비자라면 최소의 지출(비용)로 최대의 효용(편익)을 얻어야 한다.

지출할 때 합리적인 소비를 했더라도 벌어들인 소득을 모두 써버린다면, 합리적으로 소비생활을 했다고 볼 수 없다. 왜냐하면 우리는 예측할 수 없는 미래를 대비해야 하기 때문이다. 아무리 건강하더라도 병에 걸릴 수 있고 사고로 다칠 수도 있다. 그런 경우에 병원비로 쓸 돈이 없으면 낭패다. 더욱이 그런 경우에는 일을 제대로 할 수 없다. 소득이 줄거나 없어진다. 그러면 살기가 더욱 어려워진다. 이런 경우를 대비하여 돈을 모아두는 것이 저축이다. 저축은 불확실한 미래를 대비하는 것이다. 병이나 사고가 없으면 저축한 돈으로 여행을 가거나 사고 싶던 차를 살 수도 있다.

물론 소득이 없거나 부득이 소득보다 더 많은 지출을 해야 할 때도 있다. 그런 경우에는 은행이나 남에게 돈을 빌려야 한다. 빚(부채)[5]을 지는 것이다. 빚을 갚으려면 지출을 줄이거나 더 많은 소득을 올려야 한다. 그렇게 하지 않으면 빚을 갚을 수 없다. 빌린 돈을 갚을 때는 빌려준 것에 대한 대가로 이자를 지불해야 한다.

합리적인 소비

소비할 때는 반드시 기회비용이 발생한다. 1만 원으로 영화를 보는 것과 치킨을 사먹는 것 가운데 하나를 선택해야 한다고 가정해 보자. 만약 영화보기를 선택하면 나는 치킨을 사먹을 수 없다. 이때 나는 치킨을 기회비용으로 지불한 것이다. 반대로 치킨을 선택했다면 영화를 기회비용으로 지불한 것이다. 내가 소비를 함으로써 얻는 만족이 기회비용으로 지불한 만족보다 크면 합리적으로 소비 활동을 한 것이다.

기회비용이란 선택에 따른 비용을 말한다. 그것은 여러 대안 가운데 하나를 선택할 때, 선택되지 않은 대안 가운데 가장 좋은 대안의 가치, 즉 '차선의 가치'이다. 합리적 선택을 하려면 비용을 정확히 계산해야 한다. 비용이 과소평가되면 비용 대비 편익이 크게 나타나고, 비용이 과대평가되면 좋은 대안이 선택되지 않을 수 있다. 따라서 비용을 정확히 계산할 필요가 있는데, 이때 자주 언급되는 개념이 기회비용이다.

어떤 소비를 해야 할까?

언제부터인지 우리 사회에서 소비에 갖가지 수식어를 붙이기 시작했다. 착한 소비, 윤리적 소비, 공정한 소비와 같이. 그러나 편익과 기회비용을 고려한 소비보다 합리적인 소비는 없다.

2006년에 설립된 어느 신발 회사는 판매되는 신발만큼 제3국의 어린이들에게 신발을 기부하겠다는 '원포원(One for one)' 정책을 세웠다. '착한 소비'를 앞세우며 대대적인 마케팅을 펼쳤다. 인턴 직원 세 명으로 출발한 이 회사는 창업 10년 만에 전 세계 100여 곳에 매장을 가진 큰 기업으로 성장했다. 맨발로 다니는 가난한 아이들에게 신발을 신게 해주면 질병을 걸리지 않고 건강하게 학교에 다닐 수 있다. 소비자들은 자신의 신발 한 켤레를 사면 가난한 아이들이 혜택을 받는다는 사실에 감동하였다. 소비자들은 자신을 위해 소비를 하면서 타인을 돕고 있다는 자부심을 갖게 되었다. 착한 소비의 마케팅은 성공하였고, 회사는 번창하였다. 12년 동안 8,800만 켤레의 신발을 70여 개국의 어린이들에게 선물할 수 있었다.

그러나 회사는 2019년에 채권자들에게 넘어갔고 '원포원' 정책을 포기했다. '착한 소비', '착한 패션'과 같이 선행을 강조하는 마케팅 전략은 여러 가지 문제점을 안고 있다. 우선 기부 받는 지역의 경제가 나빠질 뿐만 아니라, 기부 받는 사람들에게 의존심을 키워준다. 더욱이 선행의 마케팅 전략은 단기적으로는 성공할 수 있을지 모르지만 장기적으로는 성공하기 어렵다.

처음부터 '기부'를 목표로 삼았지만, 신발 회사는 패션시장에서 경쟁하며 생존해야하는 '영리' 회사이다. 영리 회사는 계속해서 이익을 얻지 못하면 살아남을 수 없다. 시장에서 다른 회사와 경쟁하려면 좋은 제품을 만들어야 한다. 그래야 많이 팔 수 있고, 이익을 남길 수 있다. 새롭고 좋은 제품을 만들려면 끊임없이 연구 개발에 투자를 해야 한다. 그렇게 하지 않고 선행에만 호소하면 오래지 않아 소비자들로부터 외면받을 것이다.

빚을 지면, 다 갚을 때까지 지출을 줄이거나 더 많은 소득을 올려야 한다. 또한 돈을 빌려 쓴 대가로 이자도 지불해야 한다. 가계, 기업, 정부가 자신의 경제 능력과 소득 전망보다 더 큰 빚을 지면, 경제 생활에 부담이 된다. 만약에 빚을 다 갚지 못할 경우엔 사회 전체에 나쁜 영향을 끼칠 수 있다.

돈이 생기는 대로 다 써버리면 나중에 돈이 필요할 때 고생하게 된다. 그래서 사람들은 돈이 생기면 당장 써버리지 않고 남겨둔다. 남겨두는 것을 저축이라고 한다. 저축을 하는 이유는 미래가 불확실하기 때문이다. 미래에 어떤 일이 생길지 미리 알 수 없다. 혹시 사고를 당할 수도 있고, 병이 들 수도 있고, 무슨 일을 갑자기 하고 싶을 수도 있고, 어떤 것을 사고 싶을 수도 있다. 사고를 당하면 병원비가 필요할 뿐만 아니라 생활비도 필요하다. 병원에 입원하면 일을 할 수 없으니까 말이다. 어떤 좋은 사업거리가 생길 수도 있다. 그런 때에 돈이 없으면 아무 일도 벌일 수 없다. 갑자기 내가 꼭 갖고 싶은 것이 사장에 나올 수도 있다. 그 때 바로 사두지 않으면 앞으로 구하기 어려운 경우가 있다. 그런 때 돈이 없으면 아까운 기회를 놓치고 만다.

이렇듯 미래에 어떤 일로 돈이 필요할지 모르니까 사람들은 이런 경우를 미리 대비해두고자 저축을 하는 것이다. 사람들이 저축을 많이 하면, 나라의 경제에도 좋다. 저축이 늘어나면 은행에는 기업이 빌려 쓸 돈이 충분해진다. 기업은 은행에서 돈을 빌려서 새로운 사업을 하거나 제품 생산을 늘릴 수 있다. 그러면 일자리가 늘어나고 그에 따라 가정의 소득도 늘어난다. 나라 전체의 경제가 좋아지는 것이다.

그렇다고 생긴 돈을 모조리 저축하는 것은 슬기롭다고 할 수 없다. 여유 돈을 미리 가지고 있지 않았다면 생긴 돈으로 꼭 써야 할 곳에 써야 생활을 할 수 있다. 최소한 먹을 것과 입을 것을 마련해야 살 수 있으니까. 그러므로 슬기롭게 살아가려면 꼭 써야 할 돈과 쓰지 않아도 될 돈을 잘 구분해야 한다. 꼭 써야 할 돈이 아니면 저축해서 불확실한 미래에 대비해 두는 것이 합리적인 소비 생활의 첫걸음이다.

직업은 왜 필요한가?

직업이란 소득을 얻고자 자신의 적성과 능력에 따라 일정한 기간 계속하여 종사하는 생산 활동을 말한다. 만약 생산 활동을 통해서 돈을 벌려는 사람이 없다면 우리는 필요한 물건과 서비스를 어디에서도 얻을 수 없다. 목축업자, 물류업자, 의사나 과학자와 같이, 수많은 직업을 가진 사람들이 시장에서 자신의 생산물을 교환하면서 살아가고 있다. 소득을 얻으려고 생산하는 사람이 있기에 우리는 필요한 물품을 살 수 있다. 우리는 모두 소비자이면서 동시에 생산자이다. 다른 사람이 생산한 것을 구입하는 소비자이면서도, 또 한편 남들이 필요로 하는 재화와 서비스 만들어내는 생산자이다. 경제 생활이란 자기가 생산한 것들을 서로서로 교환해서 살아가는 것이다.

(2) 시장경제

경제 문제의 해결 방식으로서 경제 체제

자원의 희소성 때문에 모든 사회는 '무엇을, 얼마나, 어떻게, 누구를 위하여 생산할 것인가?'라는 기본적인 경제 문제에 부닥친다. 수많은 경제 주체는 나름대로 경제 문제를 해결하려고 애쓴다. 그렇기에 경제 문제의 해결 방식을 세워놓지 않으면 사회 갈등이 크게 일어난다. 모든 사회에는 경제 문제를 해결하기 위한 합의된 제도나 방식을 갖고 있다. 이것을 경제 체제라고 한다.

경제 체제란 경제 문제를 해결하기 위해서 희소한 자원을 어떻게 사용하고 배분할 것인지를 결정하는 방식이다. 경제 체제는 국가나 사회에 따라 다양한데 해결 방식에 따라 전통경제 체제, 계획경제 체제, 시장경제 체제, 혼합경제 체제로 구분할 수 있다. 전통경제 체제에서는 대부분의 경제 문제를 전통적인 관습에 따라 해결하고, 계획경제 체제에서는 국가가 직접 계획하고 명령하여 경제 문제를 해결한다. 시장경제 체제에서는 시장 가격에 기초한 개인의 자율적인 선택에 따라 경제 문제가 해결되며, 혼합경제 체제에서는 계획경제 체제와 시장경제 체제의 특성이 함께 나타난다.

전통경제 체제

오래전부터 내려온 전통과 관습에 따라 경제 문제를 해결하는 방식을 전통경제 체제라고 한다. 전통경제 체제에서는 무엇을 얼마나 생산할 것인지, 어떻게 생산할 것인지, 누구를 위하여 생산할 것인지를 오직 전통과 관습에 따라 해결한다. 구성원들은 이러한 해결 방식에 '왜?'라는 질문을 던지거나 별다른 비판을 하지 않고 받아들인다. 그러기에 어떤 것을 해결해야 할지에 대한 고민이 다른 경제 체제에 비해 상대적으로 적은 편이다.

전통경제 체제는 오늘날 태평양에 있는 조그만 섬나라의 원시 사회와 농업 사회에 남아 있다. 작은 섬인 트로브리안드(Trobriand)의 추장들은 얌감자 생산에 많은 노력과 시간을 투입한다. 이들은 얌을 타인 또는 분가한 자식들에게 선물로 줄 목적으로 생산하여 보내고 남은 것들은 창고에 보관한다. 선물을 주는 행위는 권위의 표지로 여기고 있다. 얌 창고는 추장들의 자부심과 부의 상징이다. 추장들은 창고에서 얌 감자가 썩어도 그대로 둔다. 얌이 썩어 있을수록 추장의 위세가 높다고 생각한다.

전통경제 체제에서 교환과 분배는 서로 이익이 되도록 물물교환의 형태로 이루어진다. 그러나 아무래도 자유로운 선택 행위가 제한되기 때문에, 구성원들의 다양한 욕구를 충족하기 어렵다. 그런데 요즈음에도 전통 사회에서는 전통의 계승이 강조되다 보니 합리적인 개혁을 해내기가 어렵다고 한다.

계획경제 체제

정부의 계획과 명령에 따라 경제 문제를 해결하는 방식을 계획경제 체제라고 하며, 명령 경제 체제라고도 한다. 계획경제 체제에서는, 정부가 생산 수단의 대부분을 소유하고 경제 문제에 대한 의사 결정을 내린다. 계획경제 체제는 생산 수단[6]을 국유 또는 공유하려는 사회주의가 주장한 것이다.

계획경제 체제에서는 경제 문제를 정부가 결정하여 국민에게 명령하기 때문에, 국가의 정책 목표를 효과적으로 달성할 수 있는 장점이 있다. 그러나 오늘날과 같이 복잡한 사회에서는 정부가 사람들의 다양한 욕구와 정보를 정확히 파악하기도 어렵고 합리적으로 의사 결정하기도 어렵다. 더욱이 생산 수단에 대한 개인의 소유권을 제한하거나 그 행사 범위를 제한하기 때문에, 경제 주체들이 자유로운 경제 활동을 할 수 없다. 따라서 다양한 경제 주체가 이윤 추구의 동기나 유인을 찾기 어렵고, 개인들의 창의적이고 자발적인 경제 활동을 기대하기 어렵다. 이런 이유로 계획경제 체제는 전반적으로 효율성이 떨어진다.

시장경제 체제

시장경제 체제는 민간이 모든 생산 요소를 소유하고, 무엇을, 어떻게, 누구를 위해 생산할 것인가를 결정한다. 3대 경제 문제를 모두 국가의 개입 없이 민간인들이 해결하는 사회 체제인 것이다. 시장경제 체제는 개인들의 이기심을 가장 중요한 경제 자원으로 삼는다. 사람들은 누구나 자기 자신을 사랑하고 자기 자신에게 이익이 되는 일을 하려고 한다. 이러한 자연적인 욕구가 바로 이기심이다. 이기심이 있기에 기회만 주어지면 누구나 더 나은 경제 생활을 하려고 한다.[7]

근대 사회에 들어와 사람들이 남에게 해가 되지 않는 범위에서 이기심을 발휘하면 누구나 잘 살 수 있다고 믿었다. 그럴 수 있는 경제 제도가 바로 시장경제 체제라고 믿게 되었다. 시장경제 체제에서는 민간인이 원하는 대부분의 것을 사고 팔 수 있다. 그렇게 할 수 있으려면 무엇보다도 모든 사람이 재산의 사적 소유권을 보장받아야 한다. 근대 사회에 들어오면서 사적 소유권이 확립되자 모든 생산 요소를 민간인이 소유하게 되어 시장경제 체제가 확립되었다. 시장경제 체제는 자본주의 체제라고도 불리는데, 자유시장이 확대되고 정부 역할이 최소화된 경제 체제이다.

시장경제 체제에서는 시민이면 누구나 경제적인 의사 결정에 참여한다. 생산자 또는 소비자로서, 기업가 또는 근로자로서, 저축자 또는 투자자로서, 또는 생산 요소의 소유자로서 경제 활동에 적극적으로 참여한다. 시장경제 체제는 되도록 많은 사람의 욕구를 충족시키기 위해서 개인들이 선택의 자유를 최대한 보장받도록 노력한다. 근로자들은 자신의 노동력을 제공하고 받은 임금 소득으로 상품과 서비스를 구입한다. 토지와 자본의 소유자들은 토지와 자본을 제공하는 대가로, 지대나 이자, 또는 배당금을 받아 상품과 서비스를 구입한다. 기업가들은 이윤을 기대하고 각종 사업을 벌인다. 기업의 소유주들은 배당 소득으로 기업을 크게 키우고자 새로운 기계 설비에 투자하기도 한다.

혼합경제 체제

순수한 시장경제와 순수한 계획경제는 존재하지 않는다. 순수한 시장경제 체제를 운영했던 영국에서도 18세기에 광산에서 사설 철도를 운영했지만, 19세기에 증기기관차가 발명되자 공공 철도로 운영 체제를 바꾸었다. 경제 사정에 따라 국가가 운영하는 것이 합리적이었기 때문이다. 순수한 계획경제를 창안했던 옛 소련도, 농민들에게 텃밭을 가꾸어 시장에 내다 팔게 하였다. 이처럼 계획경제와 시장경제는 혼합되고 있다.

우리나라는 박정희 대통령 시대에 국가 주도로 경제 발전을 이룩하였다. 당시에 경제기획원에서 경제개발 5개년 계획을 세우고 밀고 나갔다. 경제개발계획은 1962년부터 1996년까지 모두 7차에 걸쳐 이루어졌다. 경제개발계획은 크게 성공하여, 한강의 기적이 일어나 국민 모두 잘 살게 되었다. 그렇지만 우리나라에서는 재산의 사적 소유권은 확고했고, 기업들은 자유롭게 경제 활동을 할 수 있었다. 당시 우리나라의 경제 제도는 발전 국가의 대표적인 혼합경제 체제였던 셈이다.

최근 공산 중국에서도 우리나라를 본받아 명령 경제 체제에서 혼합경제 체제로 전환하였다. 경제 발전에 온 힘을 기울여 세계의 공장으로 불릴 만큼 공산 중국의 경제력이 빠르게 성장했다. 그렇지만 재산의 사적 소유권이 확립되어 있지 않아, 언제든지 국가의 통제를 받을 수 있다. 중국의 혼합경제 체제는 우리의 경제 체제보다 훨씬 명령 경제 체제에 가깝다고 보인다. 공산 중국의 경제 발전은 요즈음 주춤하고 있다. 중진국의 함정에 빠졌다고들 한다.

우리나라는 1997년의 외환 위기를 거치면서 순수한 시장경제 체제에 더욱 가까워졌다. IMF(국제통화기금)의 권고로 시장 규제를 완화하고 국가의 간섭을 줄여왔던 것이다. 그렇지만 그 뒤 정권마다 시장 규제를 강화하기도 하고 완화하기도 하고 있다. 시장 규제를 어느 정도까지 완화해야 하는지, 아직까지 사회적 합의가 이루어지지 않았다.

시장경제와 자유

시장경제 체제에서는, 가계와 기업이 자신의 이익을 추구하는 과정에서 시장 가격을 통해서 경제 문제를 해결한다. 생산 수단의 사유를 기본으로 하는 자본주의 체제이며, 가계와 기업은 시장 가격에 기초하여 자유롭게 의사 결정을 한다.

시장경제 체제는 정부의 시장 개입을 최소화하고 가계와 기업의 경제 활동을 최대화하려고 한다. 가계와 기업이 자유롭게 경제 활동을 할 수 있으므로 개인의 창의성이 최대로 발휘될 수 있다. 생산 요소의 소유자들이 모두 이익을 극대화하려고 노력하므로, 사회 전체의 생산성이 높아진다.

상품 경제가 가능한 이유는 자유롭게 물건을 교환할 수 있는 시장이 있기 때문이다. 초기에는 사람들의 왕래가 많은 교차로 근처에서 시장이 발달했다. 물론 그런 장소만 있다고 시장이 생기는 것은 아니다. 생산자와 소비자가 자신의 판단과 선택에 따라, 자유롭게 상품을 교환할 수 있어야 한다. 그러려면 먼저 개인이 재산을 자기 소유로 삼을 수 있어야 한다. 재산의 사적 소유제가 확립되어야 하는 것이다.

자유시장경제에서는 생산자들의 자유로운 경쟁과 소비자들의 합리적인 선택이 보장되어야 한다. 생산자들이 경쟁을 하면 물품의 질을 높아질 뿐만 아니라 값이 떨어진다. 소비자들이 합리적인 선택을 하면 최소의 비용으로 최대의 만족을 얻는다. 우리 동네만 보더라도 여러 치킨 집과 여러 종류의 피자 집이 경쟁하기 때문에 소비자는 좋고 값싼 것을 자유롭게 선택할 수 있다. 소비자들의 자유로운 선택이 보장되지 않으면, 더 좋고 값싼 재화와 서비스를 생산하고 공급하려는 경쟁도 없어진다. 자유로운 경쟁의 결과로, 소비자에게 선택받은 재화와 서비스를 공급하는 생산자가 더 많은 수입과 소득을 얻는 사회가 바로 시장경제 사회이다. 만약 기업이 만든 상품이 자유로운 경쟁 시장에서 소비자의 선택을 받지 못하면 기업들은 살아남을 수 없다. 그러기에 기를 쓰고 소비자의 선택을 받고자 질 좋고 값싼 물품을 생산하려고 애쓰는 것이다.

시장경제 체제는 다음과 같은 경제 제도로 구성되어 있다. 재산권 보호 제도, 자유 계약 제도, 기업, 은행, 노동조합과 기타 경제 관련 법률 제도들. 여기서는 시장경제의 기본 제도 가운데 재산권 보호 제도와 자유 계약 제도 및 기업에 대해서 살펴보자.

재산권 보호 제도

개인이나 기업이 소유하는 노동, 재화 및 서비스와 같은 것들을 사유재산이라고 부른다. 재산권이란 소유자가 남의 간섭을 받지 않고 자기의 재산을 자유롭게 처분하고 사용할 수 있는 권리를 말한다. 재산권을 보호하려면 법으로 그것을 보장해야 한다. 법으로 보장된 재산권을 가지고 있으면, 재산 소유자는 재산상의 침해를 받지 않도록 국가가 보호해준다. 예를 들어, 내 소유의 재산은 내가 허락하지 않으면 남들이 가져갈 수 없고, 나에게 금전적인 보상을 하지 않으면 국가도 강제로 수용할 수 없다.

개인이나 기업은 돈을 충분히 갖고 있으면 무엇이든지 살 수 있다. 자신들이 가지고 있는 재산도 필요로 하는 사람에게 마음대로 팔 수도 있다. 물론 마음만 먹으면 다른 사람에게 무상으로 줄 수도 있다. 이러한 경제 활동은 사유재산권이 보장되지 않으면 이루어질 수 없다. 사유재산권은 경제 활동에서 희소성이나 합리성에 못지않게 본질적이고 중요한 개념이다.

인간이 유목 생활에서 벗어나 한 곳에 머물러 농업 생활을 하면서 재산을 얻는 방법은 두 가지였다. 하나는 스스로 땀 흘려 재화와 서비스를 생산하는 방법이고, 다른 하나는 힘으로 남의 생산물을 뺏는 방법이다. 남의 재산을 뺏는 경우가 많아지면 열심히 일해서 재산을 불리려는 의욕이 줄어든다. 나아가 소유하고 있는 상품이나 서비스 또는 노동력의 교환 활동도 눈에 띄게 줄어든다. 시장에 가지고 나오면 뺏길까봐 두렵고 집안 깊숙한 곳에 감추어두는 것이 오히려 안심될 테니까. 따라서 사유재산권 보장 제도는 시장경제의 발달이나 국가의 경제 발전에 필수적이다.[8]

계약의 자유

경제 활동을 하려면 계약의 자유가 보장되어야 한다. 계약이란 개인이나 단체가 서로 지켜야 할 의무를 글이나 말로 정해두는 약속을 말한다. 경제적인 계약은 개인이나 단체들이 소유하고 있는 원료, 재화 또는 서비스를 사고 팔 때, 상호 의무를 정해두는 약속이다. 사유재산권이 확립되어 있는 사회에서는, 개인이나 단체가 소유하고 있는 생산 요소에 대한 권리가 계약의 대상이 된다. 계약에는 일정액의 금전을 지불하겠다는 약속, 어떤 생산 요소에 대한 소유권을 넘기겠다는 약속, 어떤 행동을 하겠다거나 하지 않겠다는 약속이 포함된다. 계약의 사례로는 공장 시설 및 주택에 관한 리스나 임대차계약서, 약관, 동의서, 차용 증서와 같은 것들이 있다.

계약은 법률적인 구속력을 가진다. 계약을 지키면 계약 당사자 모두에게 이익이다. 그런데 계약이 깨지는 여러 가지 이유가 있다. 계약을 지키지 않으면 오히려 큰 이익을 얻을 수 있는 경우도 있다. 예를 들어, 계약을 맺고 시간이 지나면 환경이 바뀔 수 있는데, 환경 변화로 어느 한 쪽은 전보다 유리하고 다른 쪽은 불리해질 경우가 있다. 계약을 맺을 때보다 유리해진 쪽은 계약을 깨고 싶은 유혹을 느끼게 된다. 새로 계약을 맺으면 지난 번 보다 더 좋은 조건을 내걸 수 있으니까 말이다.

이런 저런 이유로 계약이 잘 지켜지지 않으면 계약 당사자들은 서로를 믿을 수 없게 된다. 그렇게 되면, 어느 누구도 미래에 대한 계획을 제대로 세울 수 없다. 모든 경제 활동이 위축되고, 나아가 시장경제 자체가 위축될 것이다. 혹시 어쩔 수 없이 계약을 하더라도 상대방을 믿을 수 없으면 계약 조건에 추가적인 안전 장치를 마련할 것이다. 계약을 깰 경우에 벌금을 크게 내야 한다는 조건과 같은 것이다. 그렇게 되면 불필요한 사회적 비용이 늘어나 경제 발전에 걸림돌이 된다. 계약이 잘 지켜져야 경제도 발전하고 사회도 안정된다. 선진국일수록 계약이 성실히 이행되도록 법적 장치를 잘 갖추고 있다.

기업의 생산 활동과 이윤

기업은 소비자가 원하는 것들을 생산한다. 소비자가 무서운 영화를 원하면 공포 영화를 만들어 제공하고, 가볍고 조그만 자전거를 원하면 그런 자전거를 만들어 판다. 기업은 음식, 의류, 약품, 가구와 같은 필수품을 만들 뿐만 아니라, 버스, 택시, 항공기, 기차와 같은 운송 수단을 이용해서 고객을 원하는 곳에 데려다주기도 한다. 영화, 장난감, 꽃, 공연과 같이 삶을 즐겁게 해주는 기호품도 제작하거나 준비하여 제공하기도 한다.

상품과 서비스를 제공하는 기업들은 거의 비슷한 단계를 거치며 생산 활동을 한다. 생산 활동을 하려면 사람과 도구를 배치하고 회사의 자원을 사용해서 제품을 만들어야 한다. 그리고 제품을 어떤 시장에 내다 팔지, 어떻게 광고를 할지 결정해야 한다.

기업은 이윤을 얻으려고 생산 활동을 한다. 아이스크림 가게 주인의 예를 들어보자. 맛있는 아이스크림을 사람들에게 주고 싶은 마음도 있겠지만, 그의 무엇보다 중요한 목적은 돈을 버는 것이다. 돈을 벌지 못하면 가게를 운영할 수도 없고 자신도 살아갈 수 없다. 기업의 목표는 이윤인 셈이다.

이윤은 기업이 제품을 팔아서 남긴 돈이다. 생산한 상품과 서비스를 판매한 돈에서 생산하는 데 들어간 돈을 빼고 남는 돈을 말한다. 이윤은 판매량이 많을수록 증가하고, 생산 비용이 적을수록 증가한다. 이윤을 남기지 못하는 기업은 시장에서 살아남을 수 없다. 기업은 이윤을 얻고자 실패 위험을 감수하면서도 제품 개발에 투자하고 시장에 뛰어든다. 이윤은 기업이 상품이나 서비스로 소비자들의 욕구를 만족시켜 준 대가라고 볼 수 있다.

기업의 이윤은 어떻게 계산할까? 기업이 생산한 아이스크림을 판매하여 돈을 벌었다면, 이것을 수입이라고 한다. 그리고 아이스크림을 만드는 데 쓴 돈은 비용이라고 한다. 아이스크림 가게의 주인은 수입에서 비용을 빼고 남은 돈을 가지게 되는데, 이 돈이 이윤이다. 이처럼 이윤은 판매 수입에서 생산 비용을 뺀 액수인 셈이다.

이윤 = 판매 수익(총수입) – 생산 비용(총비용)

총수입 : 기업이 제품을 판매하고 받은 금액

총비용 : 기업이 생산 과정에서 투입한 모든 요소의 시장 가치

기업이 이윤을 극대화하려면 총수입을 늘리고 총비용을 줄여야 한다. 아이스크림을 만드는 기업이라면, 소비자가 좋아할 아이스크림을 많이 만들어 팔아서 판매 수입을 늘려야 이윤이 많아진다. 또는 인건비를 절감하고, 원료를 값싸게 확보하거나 신기술을 개발해서, 생산 비용을 줄여야 이윤이 많아진다.

기업들은 판매 수익을 늘리고 생산 비용을 줄이려고 온갖 노력을 다 한다.[9]

대부분 사람은 인건비, 물건비, 임대료, 지급 이자와 같은 현금 지출만을 비용이라고 생각한다. 아이스크림 가게의 주인이 아이스크림을 생산하는 데 한 달 동안 인건비 200만 원, 임대료 100만 원, 원료비 50만 원, 기타 비용 50만 원으로 총 400만 원이 들었다고 한다면, 이것은 현금 지출, 다시 말해서 회계 비용만을 계산한 것이다.

그렇지만 경제적 비용은 장부상의 현금 비용뿐만 아니라, 장부에는 기록되지 않았지만 다른 데 투자했으면 얻을 수 있었던 이득, 즉 기회비용도 포함한다. 경제학에서 기업의 생산 비용을 말할 때에는, 눈에 띄는 회계 비용만이 아니라 눈에 띄지 않는 암묵적 비용까지 포함한다. 예를 들어, 아이스크림 가게의 주인이 예전에는 의사였는데, 지금도 의사를 한다면 한 달에 700만 원을 벌수 있다고 치자. 그러면 지금 아이스크림 가게의 주인은 한 달 동안 700만 원을 포기하고 있는 셈이다. 이렇게 포기한 소득인 암묵적 비용도 기회비용에 포함시키는 것이다.

임금과 임금의 차이

우리나라에서 상위 10% 안에 들어가려면, 연간 가구 소득이 얼마나 되어야 할까? 우리 집은 몇 분위[10]에 속할까? 해마다 5월이 되면, 근로자들은 적정 수준으로 임금을 올리려고 경영진과 임금 협상을 한다. 기업들은 상품 가격을 올릴 수밖에 없는 이유로 높은 임금 비용을 들곤 한다. 임금은 근로자에게 가계 소득인 반면 사용자에게는 생산 비용의 하나이다.

임금의 두 가지 상반된 성격 때문에 임금 인상이 경제에 끼치는 영향도 상반된 측면이 있다. 가계 소득인 임금의 관점에서 보면 임금 인상은 가계 소득을 증가시키고, 그러면 수요가 많아져서 생산 증가로 이어진다. 한편, 생산 비용인 임금의 관점에서 보면 임금 인상은 생산 비용을 증가시키고, 그러면 제품 가격의 상승으로 수요가 감소하여 생산 감소로 이어진다. 이러한 임금의 이중적 성격 때문에, 노사 간의 임금 교섭에서도 근로자와 회사의 입장이 상반되어 항상 갈등이 빚어진다.

노동시장을 자세히 살펴보면, '비슷한' 노동력을 제공해도 산업별, 직종별, 기업 규모별, 지역별로 임금 격차가 나타난다. 다시 말하면, 어떤 사람이 제조업에 취업을 했느냐, 서비스업에 취업했느냐에 따라, 또는 같은 교육 서비스업이라도 교사를 하느냐, 학원 강사를 하느냐에 따라 임금 차이가 난다. 똑같이 학원 강사를 하더라도 대규모 종합 학원이냐, 영세 보습 학원이냐에 따라, 또는 그런 학원이 대도시에 있느냐, 지방 소도시에 있느냐에 따라 임금 차이가 난다. 우리나라의 경우, 실제로 대기업 종사자의 임금과 중소기업 종사자의 임금 차이가 확대되고 있기도 하다. 2005년 기준으로 10~29인 규모 사업체의 월 급여액을 100으로 놓았을 때, 500인 이상 사업체의 월 급여 지수는 127.8로 나타났다. 대기업과 중소기업 사이에 27.8%의 임금 차이가 생겼던 것이다.

임금 차이는 우리 사회가 해결해야 할 경제 문제일까? 동일한 노동에 대해선 동일한 임금을 지불해야 할 것 같지만, 엄밀한 의미의 동일 노동이 존재하기 어려운 것도 사실이다. 비슷해 보이는 직업에도 결국은 '차이'가 존재하게 마련이다.[11] 그래서 임금 차이를 꼭 해결해야 할 문제라고 보는 것이 도리어 문제를 일으키는 경우도 있다. 임금의 차이가 반드시 사회적 갈등을 유발하는 것도 아니다. 시장의 결정에 따라 형성되는 노동의 가격인 '임금'은 개인의 노력에 따라 달라진다는 사실도 염두에 두어야 한다. 세상에 똑같은 사람이 있을 수 없듯이, 똑같은 노동 역시 존재하기 어렵기 때문이다.[12]

사회적 기업과 협동조합

사회적 기업 육성법에 따르면, "사회적 기업이란 취약 계층에게 사회서비스 또는 일자리를 제공하거나 지역 사회에 공헌함으로써 지역 주민의 삶의 질을 높이는 등의 사회적 목적을 추구하면서, 재화 및 서비스의 생산·판매 등 영업 활동을 하는 기업"을 말한다.[13] '취약 계층'이란 자신에게 필요한 사회서비스를 시장 가격으로 구매하는 데 어려움이 있거나 노동시장의 통상적인 조건에서 취업이 특히 곤란한 계층을 말한다. '사회서비스'는 교육, 보건, 사회복지, 환경 및 문화 분야의 서비스, 그밖에 이에 준하는 서비스를 말한다.

사회적 기업(Social Enterprise)은 영리 기업과 비영리 기업의 중간 형태로서, 사회적 목적을 우선적으로 추구하면서 재화·서비스의 생산·판매와 같은 영업 활동을 하는 기업이다. 영리 기업은 주주나 기업 소유자를 위해서 이윤을 내는 것을 목적으로 삼는다. 그러나 사회적 기업의 목적은 취약 계층에게 사회적 서비스나 일자리를 제공하는 것이다.

사회적 기업의 등장 배경으로는, 1997년의 외환위기로 늘어난 취약 계층에 사회서비스 부문의 공급을 확대할 필요성이 증대되었다는 사실에 있다. 당시에 잠시나마 공공 근로 사업 및 자활 사업과 같은 정부 재정 지원 사업에 따라 일자리가 확대되었지만 안정적인 일자리로 연결되지는 못했다. 이에 따라 정부 재정 지원의 효과성에 대한 의문이 지속적으로 제기되고 있었다. 2000년대에 들어오면서 고용 없는 성장이 구조화되고 사회서비스에 대한 수요가 증가하자, 유럽에서 번성하던 사회적 기업을 도입하자는 논의가 본격화 되었다.[14]

사회적 기업에서 주목해야 할 사실은 일자리를 늘리는 '복지'와 이익 추구를 위한 '기업'의 속성이 공존하고 있다는 것이다. 다시 말해서, 사회적 기업은 사회적 가치뿐만 아니라 경제적 가치도 추구해야 한다는 것이다. 기업은 이윤을 창출하지 못하면 시장 경쟁에서 살아남지 못한다. 사회적 기업도 기업인 이상 냉혹한 기업의 운명에서 벗어날 수 없다. 아무리 국민의 세금으로 세웠다 하더라도 이윤을 창출하지 못하면 결국 폐업의 수순을 밟을 수밖에 없다. 일자리 창출에는 귀신이라도 이윤 창출에 젬병이라면 그런 비효율적인 사회적 기업을 어떻게 살려둘 수 있겠는가? 살려두면 사회적 기업의 도덕적 해이를 조장하고 국민의 세금만 축내는 꼴이니 말이다. 사회적 기업도 사회적 가치와 더불어 '경제적 가치'를 추구하는 '기업'이라는 것을 잊어서는 안 된다.

협동조합은 경제적으로 약한 지위에 있는 소생산자나 소비자가 서로 협력하여, 경제적 지위를 향상시키고 상호 복리를 증진할 목적으로 공동 출자하여 만든 기업이다. 따라서 협동조합의 직접적인 목적은 영리보다는 조합원의 상호 부조에 있다. 일반적으로 협동조합은 이용자가 소유하고 이용자가 통제하며 이용 규모를 기준으로 이익을 배분한다. '공동의 목적을 가진 5인 이상'이 모여 조직한 사업체로서, 사업의 범위와 종류에 제한이 없다. 그러나 우리나라에서는 협동조합의 사업 범위에서 금융 및 보험업을 제외하고 있다.

사기업과 다른 협동조합은 다음과 같은 원칙으로 운영되고 있다.[15] 첫째, 개방적 회원 제도-조합원이 되는 자격 요건은 비교적 개방적이며 가입은 자발적이다. 둘째, 민주적 관리-의결권은 주식회사의 1주 1표제와 달리 조합원의 권리가 동등한 1인 1표제로 행사된다. 셋째, 경제적 참여-조합원의 공동 출자로 조합의 자본을 조성하며, 발생한 잉여금은 조합 사업의 이용도에 따라 배당한다. 넷째, 자율과 독립-협동조합은 조합원에 의한 자율적 통제를 따르며 외부 간섭을 배제한다. 다섯째, 교육과 정보의 제공-조합원을 교육하며 조합원에게 최대한의 정보를 제공한다. 여섯째, 협동조합 사이의 협동-다른 협동조합과 국내외적으로 서로 협동해야 한다. 일곱째, 지역 사회에 기여-지역사회의 발전에 관심을 가지고 공헌해야 한다.

우리나라에서 대표적인 협동조합으로는, 농업 생산력의 증진과 농민의 경제적·사회적 지위 향상을 위해서 1961년에 설립된 농업협동조합을 들 수 있다. 회원 수가 200만 명이 넘고, 지역협동조합이 1,000개 가까이 된다. 농업협동조합은 그동안 농민의 복지에 기여하고 농촌 경제를 활성화하여 우리나라의 경제 발전에 크게 기여하였다.

그런데 협동조합은 원래 기존의 복지 체계에 회원의 참여를 확대시킨 조직이다. 사업체라기보다는 공동체와 비슷하다. 협동조합은 소규모 지역 단위로 구성될 때, 본래의 목적에 가장 적합하다. 오늘날 전 세계가 글로벌 경제로 통합되는 현실에서는 한계점이 없을 수 없다.

시장의 구조와 경쟁

1) 완전 경쟁 시장

경쟁이 있는 것이 좋을까, 없는 것이 좋을까? 도대체 시장에서 경쟁은 어떤 역할을 하는 걸까? 기업들이 경쟁을 하기 때문에 소비자는 더 싸고 더 좋은 제품과 서비스를 얻을 수 있다. 경쟁이 치열할수록 기업들은 적은 자원을 투입하여 더 좋고 더 싼 제품을 더 많이 만들려고 애쓴다. 경쟁은 기술을 발전시키고 생산성도 향상시킨다. 기술력과 생산성을 높지 않으면 경쟁에서 이길 수 없다. 경쟁에서 이기지 못하면 살아남을 수 없다. 자유 경쟁의 사회에서 기업이 발전한다. 기업 경쟁력과 노동 생산성이 높은 나라가 선진국이다. 부유한 선진국들은 모두 경쟁이 자유로운 시장경제 체제의 나라들이다.

경쟁은 사람이나 기업을 긴장시킨다. 경쟁 당사자들은 힘들지만 경쟁은 사회에 좋은 결과를 가져온다. 경쟁이 없으면 편할지는 모르지만 사회는 퇴보한다.

우리 주변에는 수많은 시장이 존재한다. 우리 동네의 재래 시장에서부터 대형 할인점, 케이블 TV 홈쇼핑, 인터넷 쇼핑, 카탈로그에 이르기까지, 시장의 모습도 다양하다. 그 곳에서 거래되는 상품의 종류는 더 많다.

시장에서 나타나는 경쟁의 정도를 기준으로, 완전 경쟁 시장과 불완전 경쟁 시장으로 나눌 수 있다. 불완전 경쟁 시장은 다시 독점 시장, 과점 시장, 독점적 경쟁 시장으로 구분할 수 있다. 시장마다 나타나는 경쟁의 정도는 서로 다르다. 경쟁이 가장 심한 시장은 완전 경쟁 시장이며, 경쟁이 거의 없는 시장이 독점 시장이다. 그 사이에 독점적 경쟁 시장, 과점 시장이 있다. 현실에서는 완전 경쟁 시장이나 독점 시장은 거의 찾아볼 수 없다. 독점적 경쟁 시장이나 과점 시장이 대부분이다.

수많은 떡볶이 가게가 곳곳에 밀집되어 있는 유명한 떡볶이 가게 골목의 예를 들어보자. 가게마다 파는 떡볶이의 맛은 똑같다. 게다가 똑똑한 손님들은 가게마다 떡볶이를 얼마에 파는지 잘 알고 있다. 떡볶이 가게가 잘 된다는 소문이 퍼지면, 언제든지 새로운 가게들이 들어올 수 있다. 이런 시장이 바로 완전 경쟁 시장이다.

완전 경쟁 시장에는 수많은 경쟁 기업이 존재한다. 경쟁 기업들이 제공하는 상품은 모든 면에서 똑같다. 뿐만 아니라, 완전 경쟁 시장에 있는 수요자나 공급자는 모두 똑똑하다. 시장의 가격 정보, 품질 정보, 공급처 정보와 같은 모든 정보를 꿰뚫고 있다. 시장에서 돈을 버는 기업이 많다는 소문이 퍼지면 언제든지 새로운 경쟁 기업이 진입할 수 있다. 완전 경쟁 시장은 이상적인 형태의 시장이라 할 수 있다.

완전 경쟁 시장의 조건을 모두 갖춘 시장은 현실에서 찾아보기 힘들다. 모든 경쟁 기업이 똑같은 상품을 공급한다는 것도, 시장의 모든 참여자가 중요한 정보를 손쉽게 얻을 수 있다는 것도 비현실적으로 보인다. 사실 원하는 정보를 얻기 위해서는 일정한 거래 비용이 들게 마련이다. 물론 인터넷이 발달하면서 상황이 많이 바뀌고 있다. 과거에는 상품의 가격, 품질, 공급처에 대한 정보를 얻기가 힘들고 비용도 많이 들었으나 요즈음 인터넷에 접속하는 사람들은 수시로 가격과 품질에 대한 정보를 얻을 수 있다. 이에 따라 시장에서 경쟁이 더욱 뜨거워지고 있다.

다시 떡볶이 가게로 돌아가 보자. 완전 경쟁의 상황에서 돈을 많이 벌려면 어떻게 행동해야 할까? 떡볶이 가격을 올리면 떡볶이 한 접시를 팔 때마다 수입이 많아질 수 있다. 하지만 똑똑한 손님은 다른 가게로 발걸음을 옮길 것이다. 그러니 가격을 올리면 오히려 손해를 볼 수 있다. 왜냐하면 떡볶이 가격은 치열한 경쟁으로 거의 생산 비용에 가깝게 떨어져 있기 때문이다. 결국 떡볶이 한 접시의 시세를 받아들이고 열심히 하기로 마음먹을 수밖에 없다. 시장에는 손님이 얼마든지 있기 때문이다.

우리가 앞에서 알아본 시장의 균형 가격이 결정되는 원리는 완전 경쟁 시장에서 일어나는 일이다. 완전 경쟁 시장에서 시장 가격은 시장 전체의 수요와 공급에 따라 결정되며, 개별 수요자와 공급자는 시장 가격에 영향을 줄 수 없다. 만일 어떤 경쟁 기업이 시장 가격보다 높은 가격을 요구하면 아무도 그 기업 제품을 사지 않을 것이다. 치열한 경쟁 때문에 시장 가격이 거의 생산 비용 수준으로 떨어져 있기 때문에, 시장 가격보다 낮은 가격에 상품을 팔면 손해 볼 가능성이 많다. 따라서 완전 경쟁 시장에서 개별 경쟁 기업은 수요와 공급에 따라 결정된 시장 가격을 받아들일 뿐이다.

완전 경쟁 시장은 좋은 시장일까? 경쟁의 원리는 바람직한 것일까? 완전 경쟁 시장이 '좋은' 시장인지, 경쟁의 원리가 '바람직한' 것인지는 단정지어 말하기 어렵다. 하지만 완전 경쟁 시장에서 경쟁을 통해서 시장 거래자들이 '최소 비용으로 최대 만족'을 얻게 된다는 것은 확실하다. 완전 경쟁 시장에서 수많은 경쟁 기업끼리 앞다투어 제품을 공급하면 시장 가격은 계속 내려간다. 결국 경쟁 기업이 생산할 수 있는 가장 낮은 가격까지 시장 가격이 떨어진다. 그 가격에서 생산할 수 있는 기업들만 제품을 생산하여 공급한다. 결과적으로 기술 수준이 높거나, 자원을 효율적으로 사용하여 생산 비용을 최대로 낮출 수 있는 기업이 경쟁에서 살아남는다. 그렇게 되면, 사회 전체적으로 그 제품은 최소 비용으로 생산할 수 있게 된다.

완전 경쟁 시장에서는 수많은 소비자끼리도 경쟁한다. 소비자들은 제한된 소득으로 가장 큰 만족을 얻으려고 경쟁한다. 경쟁 상황에서는 다른 소비자보다 더 높은 가격을 지불할 생각이 있는 소비자가 가장 먼저 상품을 살 수 있다. 그 소비자는 자신이 기꺼이 지불한 가격만큼 만족을 얻을 가능성이 높다. 다시 말하면, 여러 소비자 가운데 가장 큰 만족을 얻을 수 있는 소비자가 가장 먼저 상품을 소비한다. 결국 사회 전체적으로는 소비 활동을 통해서 최대 만족을 얻게 된다.

2) 불완전 경쟁 시장

소비자들이 원하는 재화를 손해보고 비싼 값에 사게 되는 경우는 언젠가? 우리 주변의 모든 시장에서 경쟁이 일어나는 것은 아니며, 때로는 경쟁의 정도와 형태도 다르게 나타난다. 만일 경쟁이 심하지 않거나 아예 없다면 시장에서는 어떤 일들이 일어날까?

세상에는 완전 경쟁 시장의 조건을 만족하는 시장보다는 오히려 경쟁이 제한적으로 일어나는 불완전 경쟁 시장이 많다. 불완전 경쟁 시장은 다시 독점 시장, 과점 시장, 독점적 경쟁 시장으로 구분된다. 시장마다 일어나는 경쟁의 정도와 개별 기업이 시장 가격에 끼칠 수 있는 영향력은 서로 다르다.

어느 동네에 떡볶이 가게가 하나밖에 없다고 하자. 주변에 떡볶이와 경쟁 상대인 튀김, 만두, 오뎅을 파는 가게도 없다. 게다가 가게 주인이 떡볶이에 대한 특허권을 가지고 있기 때문에 주인의 허락 없이는 누구도 떡볶이 가게를 열 수 없다. 이쯤 되면 주인 마음대로 떡볶이 가격을 정할 수 있다. 물론 터무니없이 높여 받을 수는 없다. 그러면 사람들이 떡볶이를 아예 사먹지 않을 것이다. 이런 시장이 바로 독점 시장이다.

독점 시장에서는 경쟁이 전혀 없다. 한 기업만이 상품을 공급하며, 그 상품과 경쟁할만한 대체재도 없다. 다른 기업이 시장에 못 들어오도록 가로막는 여러 가지 장벽이 있다. 이런 장벽이 독점 기업을 보호한다. 이런 상황에서는 독점 기업이 시장 가격에 영향을 줄 수 있다. 만일 진입 장벽이 없다면, 이윤이 발생하는 곳에 새로운 기업들이 계속 등장할 것이다. 독점이 유지될 수 없다. 우리 주변에서 볼 수 있는 지역 전력이나 도시가스 및 상하수도 서비스와 같은 것은 독점 시장의 예로 볼 수 있다.

진입 장벽은 여러 형태가 있다. 먼저 초기 투자 비용이 엄청나게 많이 드는 경우를 들 수 있다. 처음으로 사업을 시작한 기업은 막대한 초기 투자 비용을 지불하지만 사업이 자리 잡히면 추가 비용은 별로 많이 들지 않는다. 그리고 어느 순간부터는 많은 이윤을 얻게 된다. 그 뒤 시장에 새로 들어와 사업을 해보려는 신규 기업에게는 기존 기업이 겪지 않는 어려움도 있다. 엄청난 초기 투자 비용은 기존 기업도 지불한 것이다. 그런데 기존 기업과 가격 경쟁을 해야 하는 부담은 새로운 것이다. 만일 기존 기업이 가격을 낮추면, 이중고를 겪어야 하는 신규 기업은 시장에서 살아남기 어렵다.

정부가 법률적으로 신규 기업의 시장 진입을 막는 경우도 있다. 저작권이나 특허권이 이에 해당한다. 저작권이나 특허권으로 보호받는 기간에는 아무도 허락 없이 똑같은 상품을 생산해서 시장에 공급할 수 없다. 이 밖에도 또 다른 진입 장벽이 있다. 예를 들어, 어떤 상품을 생산하는 데 꼭 필요한 생산 자원을 특정한 기업이 소유한 경우이다. 다른 기업들은 필요한 생산 자원을 구할 방법이 없다. 상품을 생산할 엄두도 못 낸다.

독점 시장에서 떡볶이 가격은 어떻게 결정될까? 떡볶이 가게의 주인이 똑똑하다면 발이 닳도록 뛰어 다니면서 자기 동네의 떡볶이 수요를 조사할 것이다. 한 접시에 1,000원을 매기면 50명의 손님이 오고, 2,000원을 매기면 30명의 손님이 온다는 것을 알아냈다고 하자. 가게 주인은 떡볶이 한 접시 가격을 얼마로 결정할까? 1,000원일 때는 5만 원의 총수입이 생기지만 2,000원일 때는 6만 원의 총수입이 생긴다. 수입이 많은 쪽으로 한 접시에 2,000원으로 결정할 것이다. 물론 한 접시에 1,000원만 내겠다는 20명은 떡볶이를 사먹지 않을 것이다.

완전 경쟁 시장에서는 수요와 공급에 따라 가격이 결정된다. 하지만 독점 시장에서는 가격을 결정하는 방식이 다르다. 독점 기업은 상품의 유일한 공급자이므로 가격을 올려도 손님을 다른 경쟁자에게 빼앗길 염려가 없다. 그래서 독점 기업은 상품에 대한 시장 수요 조사부터 한다. 그런 뒤 가격과 수요량의 관계를 세밀하게 검토해보고 이익을 가장 많이 남겨줄 가격으로 결정한다. 이 과정에서 가격을 올리려면 어쩔 수 없이 생산량을 줄여야 한다. 아무리 독점 기업이라도 수요를 무시하고 터무니없이 가격을 높일 수는 없다. 소비자들이 지불하고자 하는 금액보다 가격을 더 높이면 소비자들은 사지 않기로 마음을 바꿀 것이기 때문이다.

독점 시장과 경제적 후생 독점 시장은 좋은 시장인가? 다른 것은 몰라도 독점 시장이 '최대 다수의 최대 행복'을 실현해주지 않는다는 것은 확실하다. 독점 시장은 '독점 기업의 최대 행복'을 실현해줄 뿐이다.

독점 시장은 완전 경쟁 시장보다 가격이 높고 생산량은 적다. 경쟁 기업은 거의 생산 비용에 가까운 수준의 가격으로 상품을 공급한다. 하지만 독점 기업은 수요를 조사하여 이익을 가장 많이 가져다 줄 가격으로 공급한다. 일반적으로 독점 시장의 가격은 완전 경쟁 시장의 가격보다 높다. 독점 가격이 높다는 것은 완전 경쟁 시장보다 생산량이 적다는 뜻이다. 결국 독점 시장은 생산량을 줄이고 가격을 높여서 '독점 기업의 최대 행복'을 실현한다.

과점 시장은 무엇인가? 우리 동네에 떡볶이 가게가 서너 개 있다고 하자. 이런저런 이유로, 새로운 떡볶이 가게는 우리 동네에서 문을 열 수 없다. 이런 상황에서 어떤 떡볶이 가게가 손님을 끌어들이려고 가격을 내리면 다른 떡볶이 가게도 손님을 안 빼앗기려고 가격을 내린다. 이제 떡볶이 가게 사이에서 '전쟁'이 일어날 수밖에 없다. 이런 전쟁을 피하는 방법도 있다. 떡볶이 가게 주인들이 모여서 떡볶이 가격을 1인분에 1,000원으로 통일하고, 튀김이나 만두를 서비스로 주지 않기로 '협정'을 맺을 수도 있다. 가격 전쟁도 가능하고 가격 담합도 가능한 시장을 우리는 과점 시장이라고 부른다.

과점 시장에서는 소수의 기업이 재화와 서비스를 공급한다. 자동차, 가전 제품, 석유 제품, 약품, 금융 서비스는 과점 시장의 예이다. 우리 주변에서 어렵지 않게 찾아볼 수 있다. 독점 시장만큼 강력하지는 않지만 과점 시장에서도 새로운 기업의 시장 진입을 가로막는 진입 장벽이 존재한다. 과점 시장은 소수의 기업으로 구성되어 있기 때문에 어느 한 기업의 행동이 다른 기업들의 의사 결정에 영향을 준다. 예를 들어, 어느 한 기업이 생산량을 늘리거나 가격을 낮추면, 다른 기업들도 이에 대응하려고 생산량이나 가격을 바꾼다. 이처럼 과점 시장에서는 소수의 기업 사이에 경쟁이 일어날 수 있다.

그런데 소수의 기업 사이에 경쟁을 피하는 방법도 있다. 경쟁으로 피해를 보기보다는, 서로 가격과 생산량을 협의하여 결정하는 것이 나을 수도 있다. 이런 행위를 담합이라고 한다. 과점 시장에서 담합은 카르텔이라는 결사체를 통해서 명시적으로 나타날 수도 있고, 암묵적인 합의에 따라 눈에 띄지 않을 수도 있다. 과점 시장은 경쟁이 나타날 가능성과 담합이 일어날 가능성을 동시에 가지고 있다.

여러분이 과점 시장에서 떡볶이를 판다면 어떻게 해야 더 많은 이익을 얻을 수 있을까? 먼저 다른 가게 주인들과 함께 떡볶이 가격과 판매 조건을 협의할 수 있다. 모든 가게가 협의 사항을 준수한다면 떡볶이 가격을 비교적 높은 수준에서 유지할 수 있다. 그러면 여러분의 주머니도 두둑해질 것이다. 하지만 누군가 약속을 어기고 가격을 내리면 일시적으로 그 가게에 손님이 몰릴 것이다. 이에 뒤질세라 다른 가게들이 가격을 따라 내리면 여러분만 앉아서 손님을 놓칠 수는 없다. 여러분도 떡볶이 가격을 내려야 한다.

과점 시장에서 가격이 결정되는 과정은, 앞서 알아본 경쟁 시장이나 독점 시장만큼 명쾌하지 않다. 우선 소수 기업 사이에 맺은 담합이 잘 지켜질지, 아니면 서로 피터지게 경쟁하게 될지 불분명하다. 만일 담합이 완벽하게 지켜진다면 과점 시장에서도 독점 시장처럼 높은 가격을 유지할 수 있다. 그러나 담합이 깨지고 서로 끝없이 경쟁하게 된다면 가격은 내려간다. 다른 기업들이 높은 가격을 받고 있을 때 가격을 내린 기업은 판매량이 크게 늘어날 것이고 수입도 증가할 것이다. 이를 지켜본 다른 기업들은 가격을 내리지 않을 수 없다.

그러면 시장 가격은 더 이상 이익을 남길 수 없을 정도까지 내려갈 것이다.

만일 과점 기업들이 서로 완벽하게 합의할 수 있다면, 독점 기업처럼 시장 수요를 파악하여 자신들에게 최대 수익을 가져오는 가격과 생산량을 선택할 것이다. 그러면 완전 경쟁 시장보다 가격은 높고 생산량이 적을 것이고 소비자들이 피해보게 될 것이다. 그러나 과점 기업들의 담합이 깨져서 서로 경쟁을 하게 된다면 담합이 이루어졌을 때보다는 가격이 내려갈 것이다. 하지만 과점 시장에도 새로운 기업의 진출을 가로막는 진입 장벽이 있다. 따라서 완전 경쟁 시장처럼 생산 비용 가까이 가격이 내려가지는 않을 것이다. 이 경우에도 완전 경쟁 시장에서 보다는 다소 가격이 높을 것이다.

또 다른 예를 들어보자. 우리 동네에는 떡볶이 가게가 무수히 많다. 새로 떡볶이 가게를 차리고 싶으면 얼마든지 차릴 수 있다. 그러다 보니 서로 손님을 끌어 모으려는 경쟁이 치열하다. 하지만 내가 즐겨 찾는 원조 떡볶이 가게는 특별하다. 떡볶이 맛도 일품일 뿐만 아니라 주인아주머니의 인심도 무척 좋다. 때문에 가격은 좀 비싸지만 찾는 사람이 많다. 다른 가게보다 좋은 재료를 사용한다고 한다.

상품을 공급하는 기업이 무수히 많으면 완전 경쟁 시장을 떠올리기 쉽다. 그렇지만 현실 세계에서 완전 경쟁 시장의 예를 찾기는 쉽지 않다. 까다로운 완전 경쟁의 조건을 모두 만족시키는 시장이 별로 없다. 특히 수많은 기업이 똑같은 상품을 공급한다는 조건을 만족시키기 어렵다. 기업들이 무수히 많고 언제든지 새로운 기업이 진입할 수 있지만, 개별 기업들이 자신의 제품으로 서로 차별화된 고객을 장악하고 있다면, 그런 시장을 독점적 경쟁 시장이라고 한다. 완전 경쟁 시장에서는 경쟁 기업들이 똑같은 상품으로 경쟁하기 때문에, 경쟁의 초점이 주로 가격 경쟁에 맞추어져 있다. 독점적 경쟁 시장에서는 기업들이 가격 경쟁뿐만 아니라 상품 차별화 경쟁도 해야 한다. 예를 들어, 무수히 많은 미용실이 있지만, 미용실마다 차별화된 서비스를 제공하고 있다. 미용실마다 단골이 생겨나는 이유다. 기업들도 미용서비스처럼 차별화된 제품을 개발하여 고객을 차별화하려고 애쓴다. 차별화 전략 때문에 기업마다 자신의 상품에 대한 충성심 높은 단골 고객을 확보하고, 단골 고객에게 어느 정도 영향력을 행사한다. 다시 말하면, 기업마다 차별화된 서비스의 대가로 단골 고객에게 어느 정도 높은 가격을 요구할 수 있다.

지금까지 알아본 시장 형태와 특징을 요약하면 다음과 같다.

	완전 경쟁 시장	독점적 경쟁 시장	과점	독점
시장 안의 기업 수	다수	다수	소수	하나
시장 집중	낮음	낮음	높음	매우 높음
상품의 종류	동질성	차별성	동질성 또는 차별성	-
시장 진입	매우 쉬움	비교적 쉬움	어려움	매우 어려움
가격에 대한 통제	없음	약간 있음	있음	있음

그림3 시장 형태의 특징

(3) 시장경제와 정부

자유시장경제에서 정부의 역할

자유시장경제에서 시장의 주된 역할은 가계와 기업으로 구성된 민간 부문이 담당한다. 그러나 시장이 잘 작동되려면 기본 질서를 정부가 유지시켜야 한다. 시장은 자율적인 조정 과정을 거치지만 정부는 법, 규제, 명령과 같은 강제 수단을 통해서 시장 참여자의 갈등을 조정하거나 중재 또는 심판한다.

가장 기본적인 정부의 임무는 재산권을 보호하는 것이다. 정부는 시장경제의 질서를 확립하는 데 필요한 법적 기초를 세워야 할 책임을 가지고 있다. 국민의 재산권은 법으로 보장되어야 하고 실질적으로 보호되어야 한다. 개인이 자발적으로 시장에 참여해서 자신의 이익을 추구하는 이유는, 노력의 대가를 얻을 수 있고 축적한 재산을 보호받을 수 있다고 믿기 때문이다. 정부는 국민의 사유재산을 보호해야 한다.

정부는 시장에 개입하기도 한다. 시장이 실패하는 경우에 그리하는 것이다. 시장의 실패[16]란, '보이지 않은 손'으로 결정되는 시장 가격이, 자원을 효율적으로 배분하지 못하는 경우를 말한다. 이런 경우에, 정부가 시장에 개입한다. 정부는 공무원들이 운영하고, 누가 업무를 담당하는지 눈에 보이기 때문에, '보이는 손'이라고 표현하기도 한다. 정부가 시장에 개입하는 대표적인 경우는 다음과 같다. 첫째, 독점과 같이 시장이 제 기능을 하지 못하는 경우이다. 정부는 시장에 개입하여 경쟁을 유도하거나 가격을 결정한다. 둘째, 국방, 치안, 방송 전파, 도로, 교량, 문화재 및 유적지와 같이 사회적으로 반드시 필요한 재화나 서비스의 경우이다. 이런 재화와 서비스를 공공재라고 하는데, 그에 대한 시장이 형성되지 않거나 시장 가격을 결정하기 어렵다. 공공재의 경우에는 국가가 직접 공급하거나 영리를 목적으로 하지 않는 공공기관으로 하여금 공급하도록 한다.

또한 대기 및 수질 오염, 소음, 진동과 같은 환경 문제는 대부분 시장 가격에 반영되지 않은 채, 사회적 비용으로 지불되는 경우가 많다. 환경 문제를 일으키는 기업이 만든 제품들이 대부분 환경 정화 비용이 포함되지 않은 가격으로 시장에서 거래되고 있다. 이 경우에 정부가 시장 가격에 포함되지 않은 사회적 비용 문제에 개입한다. 여기서 환경 정화 비용은 외부 효과 또는 외부성이라고 한다. 그런 외부 효과의 문제에 대해서 정부가 조정자, 중재자 또는 공급자로서 행동한다.

정부는 소득 재분배의 기능도 수행한다. 정부는 조세, 법률과 같은 수단으로 고소득자의 소득 가운데 일부를 환수해서 저소득자에게 재분배하기도 한다. 소득 분배를 개선하기 위해서다. 소득 재분배에 의욕이 큰 정부를 복지 국가를 지향하는 정부라고 부른다. '요람에서 무덤까지'라는 표현으로 대표되는 복지국가주의는 국민이 살아가는 데 필요한 재화의 최소량은 국가가 책임져야 한다고 생각한다.

정부 실패

시장이 제대로 기능하지 못해서 문제를 일으키는 것처럼, 정부의 개입으로 시장 실패를 교정하기는커녕 오히려 자원 배분의 효율성을 더욱 떨어뜨리기도 한다. 이런 경우를 정부 실패라고 한다. 그 이유와 종류는 매우 다양하다.

첫째, 정부가 제공하는 공공 서비스는, 서비스를 받는 사람이 부담하지 않고 국가의 세금으로 부담하기 때문에 낭비되는 경우가 많다. 세금을 많이 낸다고 해서 더 많은 혜택을 받는 것도 아니다. 오히려 소득 재분배 정책처럼, 세금을 적게 내거나 아예 내지 않는 사람이 혜택을 보는 경우가 많다. 공금은 주인 없는 공짜 돈처럼 여겨져 비효율적으로 낭비되는 경우가 많다.

둘째, 공무원은 국민을 위해서 일하는 사람이다. 그러기 위해서 여러 분야의 업무를 맡아서 수행한다. 그런데 공직자들이 이런 본래의 목적은 뒤로 제쳐두고 자기 부서의 예산이나 조직 및 권한을 확대하는 데 더 많이 힘쓰는 경우를 종종 본다. 예를 들어, 일부 지자체는 지나치게 호화로운 청사를 지어서 세금을 낭비했다는 지적이 나오기도 했다. 만약 민간 기업이 이런 식으로 일한다면 얼마 못 가서 시장에서 도태될 것이다. 그러나 공공 부문은 업무 자체가 독점적인 데다 업적을 평가하는 잣대도 애매하다. 책임 소재를 정확하게 찾아내기조차 어려운 경우도 많다.

셋째, 정책 관료들이 본업에 충실하더라도 인간 능력의 한계 때문에 나오는 문제도 있다. 좋은 의도로 경제 정책을 수행하더라도 부작용이 나타날 수 있다. 예를 들면, 주택에 독사가 자주 나타나서 문제가 되었던 이탈리아의 경우이다. 정부는 독사박멸법을 만들었는데 사람들이 독사를 잡아오면 보상을 해 주는 법이었다. 그랬더니 지하실에서 독사를 몰래 키우는 사람이 생겼다. 키운 뱀을 잡아다가 주택가에서 잡은 것처럼 해서 보상받으려 했던 것이다. 독사박멸법 때문에 독사가 오히려 더 많아지는 웃지 못할 부작용이 생겼다.

우리나라에서는 저소득층을 보호하려고 최저임금제를 실시한다. 그런데 최저임금제 때문에 저소득층이 손해 보는 경우가 있다. 최저임금을 갑자기 많이 올리자 저소득층을 고용하던 영세 자영업자들의 경영 상태가 나빠졌다. 자영업자들은 고용을 줄이고 가족 노동으로 그 자리를 메꾸었다. 이렇게 일자리가 줄어버리자 저소득층은 최저임금제로 오히려 고통을 받게 되었다.

마지막으로, 정책담당자가 불공정해서 재원 배분이 왜곡되는 경우다. 강력한 권력을 가진 정책 담당자가 불공정하면, 예산을 공공 후생의 증진을 위해서 공정하게 쓰지 않고 자신과 이해 관계가 있는 특정 계층이나 특정 지역에 혜택이 돌아가도록 쓴다.

국제 거래와 시장경제

우리의 일상 생활은 다른 나라와 밀접하게 상호 의존하면서 이루어지고 있다. 백화점에 가면 외국에서 수입한 옷, 디지털 카메라, 시계, 구두와 같은 것을 볼 수 있다. 거리에서는 최신 모델의 외국산 자동차를 쉽게 볼 수 있다. 재래 시장에서도 맛있는 외국산 과일이나 농산물이 쉽게 눈에 띈다. 나아가 외식할 때에 먹는 쇠고기나 포도주도 대부분 외국산이며, 종업원도 외국인인 경우를 많이 본다.

우리의 일상 생활에는 외국 상품들이 많이 들어와 있다. 국산품에도 원료와 부품은 외국산인 경우가 많다. 다른 나라의 사정도 우리와 별반 다르지 않다. 국제 무역은 요즈음 크게 늘었다. 재화와 서비스의 세계 교역량은 1980년에 4조 1,000억 달러였으나, 1990년에는 10조 달러를 넘어섰고, 2005년에는 20조 달러를 돌파했다. 세계 무역량은 25여 년 동안 연평균 16.3% 정도로 급속도로 성장하였다.

세계 교역량이 국내총생산에서 차지하는 비중도 약 40년 동안 세차게 올라갔다. 1960년대에는 10%에 지나지 않았으나, 1990년대에는 22% 수준으로 올랐고, 2000년대 초반에는 무려 40%에 이르고 있다.

국제 거래의 성장 요인

왜 국제 거래가 빠르게 성장했을까? 다음과 같은 이유가 있다. 첫째, 교통 수단의 발달과 인터넷의 등장으로 거래 비용이 낮아졌다. 항공과 선박같은 교통 수단의 발달은 수송 비용을 낮췄다. 인류 역사상 최대 발명품이라는 인터넷이 나오자 시간과 공간을 초월하여 거래할 수 있게 되었다. 이제 세계 어느 나라와도 교역할 수 있거니와 통신 및 각종 무역에 관련한 비용도 낮아졌다.

둘째, 보호 무역의 논란이 없지 않았지만, 세계 각국의 무역에 관한 규제는 완화되었고, 무역자유화 정책이 힘을 얻었다. 1960년대와 1970년대의 다자 간

협상과 1980년대의 우루과이라운드[17]를 거치면서, 많은 국가가 관세를 낮추고 각종 수입 제한 조치를 완화했다.

셋째, 다수의 지역 공동체가 형성되었다. 1990년대에는, 서부 유럽 국가들이 유럽연합(EU)[18]을 출범시키면서 단일 시장권으로 묶였다. 2004년부터 유럽연합은 회원국의 범위를 확대하여 동구권 10여 국가를 받아들였다. 캐나다, 미국 및 멕시코는 북미자유무역협정(NAFTA)[19]을 맺었다. 러시아와 중국 같은 사회주의 국가들까지 포함하여, 많은 나라가 자유 무역 협정을 맺었거나 활발히 추진하고 있다.

국제 거래의 중요성

국제 거래의 긍정적인 측면으로는 첫째, 국제 거래는 국내에 없거나 부족한 재화, 서비스, 자원, 기술 및 지식 등을 제공하며, 국내 경제 활동을 활성화시킨다. 예컨대, 우리나라가 원유를 수입하지 않는다면 국내의 생산 활동은 거의 멈출 것이다. 그리고 우리에게 부족한 기술이나 핵심 원자재도 수입할 수 없을 것이다.

우리나라 수입의 90% 정도가 원자재나 자본재이다. 원자재와 자본재가 수입되지 않으면, 우리나라 경제는 돌아가지 않을 것이다. 수입된 원자재나 자본재는 국내 소비용 제품뿐만 아니라, 수출용 제품을 만드는 데도 쓰인다.

값싼 외국산 원자재를 수입해서 품질 좋고 가격이 싼 제품을 만들면, 수출 경쟁력이 높아진다. 그렇게 되면 국내 고용이 늘고, 국내 생산 활동이 튼튼해질 것은 두말 할 필요도 없다.

둘째, 국제 거래는 국내 기업의 효율성과 생산성을 높인다. 자유 무역 체제에서는, 수출 상품을 만드는 국내 기업들이 외국 시장에서 외국 기업들과 경쟁

해야 한다. 수입 대체 상품을 만드는 국내 기업들은 국내 시장에서 외국 기업들과 경쟁해야 한다. 따라서 국내 기업들을 좀 더 새롭고 좋은 제품을 만들려고 기술 혁신이나 품질 관리에 힘쓰게 된다. 효율성과 생산성을 높이려는 것이다.

셋째, 국제 거래는 전 세계를 대상으로 하기 때문에, 반도체, 조선, 자동차산업에서와 같이 규모의 경제를 가능하게 만든다. 규모의 경제는 대량 생산과 생산비 절감을 통해서 수출 증대에 기여한다. 경제 발전의 원동력이다.

넷째, 국제 거래는 기술 이전을 촉진하므로 개발도상국의 경우에는 국제 무역을 통해서 선진 기술에 접근하기 쉽다. 특히, 정보 통신, 생명 과학과 같은 첨단 산업에 학습 효과가 클 경우에는 국내에서 기술을 자체 개발하는 것보다 효율적이다.

마지막으로, 국제 거래는 다양한 외국 제품이나 서비스의 선택 기회를 확대시켜 준다. 국민은 보다 질 좋고 다양한 제품을 소비할 수 있게 되어 생활 수준을 높일 수 있다.

국제 거래는 여러 가지로 유용하지만 국내 경제에 끼치는 부작용도 있다. 첫째, 국제 거래가 확대되면, 경쟁력을 갖추지 못한 특정 국내 산업의 생산 기반이 무너질 수 있다. 외국의 값싼 농산물을 수입하면 우리의 농업 기반이 흔들리거나, 국제 유가의 하락하면 국내 석탄 산업이 몰락하는 경우가 그런 사례이다. 물론 몰락하는 산업에 투입되던 일부 기계나 고급 노동력은 좀 더 효율적이고 경쟁적인 산업으로 이동될 수 있다. 그러나 해당 산업에 종사하던 대부분의 경영자나 노동자들이 생활 터전을 잃고 실업자로 전락하면 많은 고통이 뒤따른다. 국가 전체의 소득 분배 지수도 안 좋아진다.

둘째, 국가 사이의 상호 의존도가 높아지면 외국 경제가 국내 경제에 미치는 파급 효과가 커진다. 대표적인 예로는, 주요 교역 상대국인 미국, 중국 및 일본 등의 경기 악화가 우리나라의 경기를 침체시키는 것을 들 수 있다.

셋째, 국제 거래는 국내 경제 정책의 자율성과 독립성을 해칠 수 있다. 대형 차에 대한 세금인상처럼 우리 정부가 어떤 산업에 세금을 높이려 할 때, 이해 관계가 엇갈리는 외국 정부나 기업들이 반발하는 경우가 있다. 또는 특정 산업 에 대한 환경 기준을 낮추려 하면 흔히 국제 환경 단체들의 강력한 반대에 부 딪히곤 한다.

넷째, 국제 거래를 확대하면 국내 경제의 성장 기반이 무너질 수 있다. 예를 들어, 국제 거래로 소비의 모방 효과가 나타나면 국내에 과소비가 나타날 수 있다. 그러면 저축 기반이 위축되어 경제 성장의 기반이 약화될 것이다. 그럼에 도 불구하고 우리는 국제 거래를 통해서 국제 경쟁력을 확보해야 한다.

공정 무역

공정 무역은 1990년대부터 시작되었는데, 기존의 국제 무역 체계로는 세계 의 가난을 해결하는 데 한계가 있다는 생각에 기반을 두고 있다. 공정 무역은 생산자와 소비자 사이의 직거래, 공정한 가격, 건강한 노동, 환경 보전, 생산자 의 경제적 독립 등을 포함하는 개념이다. 가난한 나라의 생산자가 만든 환경 친화적 상품을 직거래를 통해서 공정한 가격으로 구입하면, 제3세계의 가난 극복에 도움을 줄 수 있다는 것이다.

한국공정무역협의회(KFTO)에 따르면, 공정 무역은 세계 무역 시장에서 불 공정한 무역 관행을 개선하려는 노력에서 시작되었다고 한다. 정의, 공정성, 지 속가능한 발전이 공정 무역의 핵심 구조이다. 공정 무역을 통해서 모든 사람이 생계를 유지하고, 개인들의 잠재력을 최대한 개발할 수 있게 만드는 것이 공정

무역의 목표라고 한다.

공정 무역을 강조하는 사람들은, 공정 무역을 하지 않으면 열대 지방의 커피 농장에서 변함없이 노동력을 착취당하며 비참한 생활이 이어질 뿐이라고 강조하고 있다. 그래서 '생산자와 소비자 사이의 직거래, 공정한 가격, 건강한 노동, 환경 보전, 생산자의 경제적 독립'을 지원하려면, 윤리적인 소비 운동을 벌여야 한다고 주장한다. 직거래가 '공정한' 무역이고, '착한' 무역이라는 것이다. 직거래로 마시는 커피가 노동자의 임금을 '착하게' 만들어줄 수 있으므로, '착한' 커피가 된다고 한다.

직거래가 확대되면 두 가지의 보이지 않는 문제점이 생긴다. 첫째, 중간 단계의 유통업이나 중간 단계의 생산 기업에서 일하던 사람들의 일자리가 완벽하게 사라진다. 직거래를 통한 농장 노동자의 임금은 올라가겠지만 그 농장의 울타리 밖에 있는 다른 일자리는 완벽하고 잔인하게 사라지고 만다. 둘째, 직거래 공정 무역을 하는 농장의 노동자에게 주어지는 일자리는 높은 임금이 보장되겠지만 노동의 진입 장벽이 높아져서 결과적으로는 노동의 일자리가 줄어들게 된다.

또한 착한 커피를 생산하겠다는 생각으로 노동력을 착취한다고 여겨진 농장의 커피를 매입하지 않는다면, 그 농장의 노동자들 대부분은 일자리를 잃고 만다. 그동안 낮은 임금이나마 받던 일자리마저 잃고 나면 마약 운반이나 구걸, 매춘과 같은 비참한 생활로 떠밀려 나간다. 이것이 '착한' 무역의 불편한 진실이다.

또 다른 문제는 시장의 교란이다. 직거래를 통해 인건비가 보장되는 농장이 생기면, 너도나도 공정 무역의 대열에 끼려는 농장이 늘어난다. 그러면 농산물도 커피, 카카오, 사탕수수나 고무와 같은 공정 무역 대상의 작물로 집중된다.

이제 이와 같은 농산물이 쏟아져 나오게 되는데, 직거래 기업에서 다 소화할 수 없다. 결국 시장에 나오게 되면 단일 재배의 농산물 가격이 불안정해진다. 만일 흉작이 발생하면 치명적인 소득 감소로 이어진다. 수요 공급에 따라 자생적으로 작물 재배를 하던 농장들마저 단일 재배를 하게 되면 발생하는 문제다.

게다가 선진국 자본이 투입되어 착취한다던 '플랜테이션'[20]의 경우, 과거와 달리 현재는 현지인이 직접 경영하는 경우가 많다고 한다. 더욱이 최근에는 기업의 대규모 단일 경작 농업보다는 개인이 소규모로 여러 작물을 재배하는 경우가 많다고 한다. 이렇게 선진국의 착취 구조는 사라지고 있는데도, 커피 농장을 향한 '착한 무역'은 여전히 예전의 선진국-후진국 갈등 구조에 기초하고 있다. 시대는 변화되고 있는데 고착화된 인식으로 '착해'질 것만을 주장한다면, 한 방향으로 왜곡된 시각을 강요하는 것과 다름없다.

그런데 억지로 착해지라는 무역으로 커피는 물론 가격도 착해지지 않는다. 그렇다면 '착한 기업'과 '착한 노동'을 강조하는 공정 무역보다는, 수요 공급의 균형 가격을 찾아가는 시장 메커니즘이 오히려 '착한' 방법이 아닐까? 수요와 공급에 따라 일자리가 만들어지는 세상이 진짜로 착한 세상이고, 정말로 공정한 세상이 아닐까 싶다.

폐쇄 경제의 위험

자급자족은 자기가 생산해서 자기가 먹는다는 뜻으로, 경제 생활의 황금률처럼 느껴질 때도 있다. 그러나 로빈슨 크루소처럼 외딴 섬이나 북극 또는 남극의 인적이 없는 곳에서 홀로 살려는 사람은 별로 없을 것이다. 이런 곳에서는 의식주를 혼자 해결해야 한다. 생활에 필요한 모든 것을 혼자서 생산하고 소비해야 한다. 그렇게 되면 생산량도 적고 물품의 질도 떨어져서 가난과 고달픈 삶이 이어질 것이다. 더욱이 외진 곳에 혼자 살면, 전기나 자동차, 비행기나 TV, 약 등을 혼자 만들 수 없으므로 원시적인 생활밖에 못할 것이다.

사람들은 한 가지 생산에 특성화하여 남들보다 더 싸고 좋은 제품을 생산하려고 한다. 좋은 제품을 만들어 시장에서 교환을 하면 손쉽게 이익을 얻을 수 있다. 특성화와 교환을 통해서 사람들은 더 좋고, 더 값싸고, 더 많이 생산할 수 있게 된다. 이러한 원리는 개인뿐만 아니라 국가에도 똑같이 적용된다. 어느 나라나 다른 나라보다 값싸고 품질 좋은 재화나 서비스의 생산에 특성화하여 국제적으로 교환하면 국민의 생활 수준을 높일 수 있다.[21]

국제 경쟁력이란?

국제 경쟁력이란, 주어진 국제 환경에서 경제 주체인 기업, 정부 및 국민 개개인이 다른 나라의 경제 주체들과 경쟁하여 이길 수 있는 총체적인 능력을 뜻한다. 따라서 국제 경쟁력은 기업 경쟁력, 정부 경쟁력, 개인 경쟁력으로 구성된다.

오늘날 국경 없이 벌이는 지구촌의 무한 경쟁 시대에, 국제 경쟁력을 결정하는 가장 중요한 요인은 기업 경쟁력이다. 기업 경쟁력이란, 좋은 품질의 상품을 값싸게 생산하고 많이 판매할 수 있는 기업의 능력을 말한다. 기업 경쟁력은 기업의 경영 철학과 경영 능력, 기술 수준, 지배 구조와 재무 구조의 투명성과 건전성 및 인사 관리 능력 등에 의해 결정된다.

그렇지만 오늘날에는 기업 자체의 능력만으로 국제 경쟁에서 승리하기는 어렵다. 정부는 기업이 효율적으로 경쟁할 수 있도록 사회 경제적 제도를 정비하고 합리적인 규칙과 공정한 정책을 마련해야 한다. 정부가 이러한 역할을 얼마나 잘 수행하느냐 하는 것이 정부 경쟁력이다.

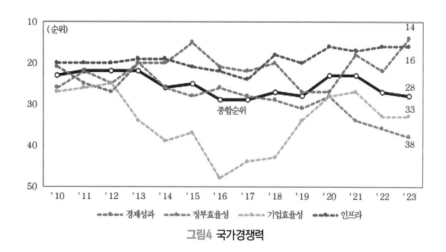

그림4 **국가경쟁력**

　한편 개인 경쟁력이란, 주어진 국제 경제 환경에 적응하고 이겨낼 수 있는 지식과 기술을 얼마나 갖추고 있느냐로 표현되는 개인의 능력을 말한다. 개인 경쟁력은 끊임없는 자기 반성과 재투자 및 교육을 통해서 향상될 수 있다. 그것은 기업 경쟁력과 정부 경쟁력의 밑바탕이다.

우리나라의 국제 경쟁력과 강화 방안

　우리나라는 스위스 국제경영개발원이 매긴 국가 경쟁력의 순위에서 2019년보다 5단계 오른 23위를 차지했다. 세계경쟁력센터가 발간한 2020년의 IMD 국가경쟁력연감에서는, 우리나라가 총 63개국 가운데 23위를 차지했다. 2011~2013년에 차지한 22위가 우리나라의 최고 기록이다. 1인당 국민소득이 3만 달러가 넘고 인구가 5,000만 명을 넘는 7개국 가운데, 우리나라는 미국과 독일, 영국에 이어 네 번째를 기록했다.

　IMD 국가경쟁력의 순위는 4대 분야, 20개 부문, 235개 세부 항목을 평가해서 매긴다. 2020년의 평가에서 1위는 2019년과 마찬가지로 싱가포르가 차지

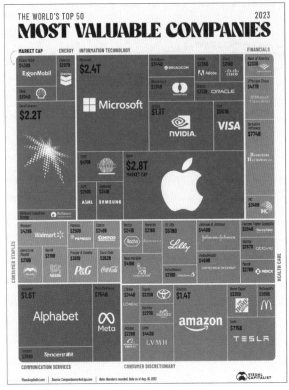

그림5 가장 가치가 높은 회사들

했다. 2위 덴마크, 3위 스위스, 4위 네덜란드, 5위 홍콩이 뒤를 이었다.

우리나라가 국제 경쟁력을 강화하려면 경제 주체들이 어떤 노력을 해야 할까? 우선 기업들은 예전과 달리 소유와 경영을 분리하여 유능한 경영자를 영입하고, 문어발식 경영에서 벗어나 기업 경영 구조를 선진화시켜야 한다. 그리고 고부가 가치를 창출하거나 전·후방 연관 효과가 큰 산업에 집중 투자하여 업종의 전문화를 이루어야 한다. 또한 재무 구조와 지배 구조를 개선하고 기업의 경영 정보를 공개하여 경영의 투명성을 높여서 시장의 신뢰를 얻어야 한다. 아울러 고용 인력에 대한 훈련과 재교육을 강화하고, 노사 관계의 안정을 통하여 생산성을 향상시켜야 한다. 연구 개발에 대한 장기적 투자를 확대하여 신기술, 신공정, 신제품을 개발하고 상업화하여야 한다. 최근 교토의정서의 발효와 더불어 환경의 중요성이 강조되고 있다. 따라서 친환경적인 생산과 경영도 해야 한다.

한편 정부는 기업 활동을 제약하는 각종 규제를 폐지하거나 완화하여 기업이 창의적이고 자율적인 경영 활동을 할 수 있도록 해야 한다. 만일 기업 경영의 환경이 지속적으로 나빠지면 기업들은 생산 설비를 외국으로 이전할 것이다. 이렇게 되면 실업이 증가하고 장기적으로 국내 산업의 기반이 무너질 것이며 궁극적으로 국제 경쟁력이 약화될 것이다. 정부는 정책의 일관성을 유지하여 시장의 정부 정책에 대한 예측성을 높여야 한다. 각종 사회 간접 자본, 특히 정보화 시대에 필수적인 제반 시설에 투자를 늘려서 기업의 생산 비용을 최소화하도록 해야 한다. 정보화시대에 능동적으로 대처할 수 있는 창조적 인력을 개발하려면 대학 교육에 대한 투자를 늘려야 한다. 이와 같이 정부는 국제 환경의 변화에 신축적으로 대처할 수 있는 제도와 정책을 끊임없이 정비해야 한다. 국제 사회에 대한 지속적인 홍보를 통해 국제 사회의 신뢰도 획득해야 한다. 마지막으로, 국민 개개인이 국제 경제 환경의 변화에 대한 대처 능력을 높이려면 건전한 소비 문화와 저축 정신을 가져야 한다. 외국의 영향을 두려워하지 않고 진취적으로 변화에 적응할 수 있는 유연성도 갖추어야 한다.

여러 분야에서 우리나라를 세계적으로 빛내는 사람들이 있다.[22] 이들은 거의 평범한 가정에서 태어났지만 창조적인 자아를 만들고자 끊임없이 노력하여 성공한 사람들이다. 세계 무대에서 경쟁을 두려워하지 않고 상황 변화에 적극적으로 적응하려는 용기와 유연성도 함께 길렀던 사람들이다

3. 자유민주주의와 대한민국의 정치

(1) 자유롭고 평등한 시민

인권이란 무엇인가?

인간에게는 마땅히 누구에게나 인간다운 삶을 살 권리가 있다. 인간다운 삶이란 인간의 존엄성을 존중받으며 사는 삶이다. 모든 개인은 인격적인 존재이므로, 절대적인 가치를 지닌 인간 그 자체로 대우받아야 한다. 따라서 모든 인간은 오직 인간이라는 이유 하나만으로, 인간의 존엄과 가치를 존중받고 행복하게 살아갈 권리를 갖고 있다. 이를 인권이라고 한다. 인권 의식이 어떻게 발전해 왔는지 알아보자.

절대적인 가치를 지닌 인격체로서 인간은 다른 목적을 위한 수단이 아니라, 그 '자체가 목적'이다. 인간은 인간에 합당한 존엄한 대우를 받아야 한다. 칸트의 인간성 정식은 인간을 대우하는 방식과 연관되어 있다. 그는 "오직 수단으로만 이용하는 방식"은 거세게 비난하면서, "목적으로 대우하는 방식"을 무척 강조한다. 인간성 정식의 이러한 명령은 도덕적으로 마땅해 보이며, 직관적인 호소력을 지닌 것으로 평가받고 있다. 다른 정식들보다 내용이 구체적이기 때문이다.

근대 이전에는 대부분의 사람이 왕 또는 극소수의 권력 집단과 지배 복종의 관계에 놓여 있었다. 산업혁명으로 생산 방식이 바뀌고 국민 교육이 펼쳐지자, 천부 인권 사상, 사회계약설, 국민의 주권 의식이 싹트게 되었다. 마그나 카르타가 서명된 후 두 차례의 주요한 혁명으로 영국에서는 시민 사회가 빠르게 발전하였고, 권리청원과 권리장전으로 인권 의식도 확장되었다. 독립운동 및 시민 혁명의 성격을 고루 갖춘 미국의 독립혁명 또한 자유롭고 평등한 시민 사회를 건설할 수 있는 배경이 되었다. 프랑스는 오랜 혁명 과정을 통해서 서구 유럽 사회에 대변동을 일으켰다.

미국독립선언과 함께 프랑스인권선언은 개인들이 국가 권력으로부터 자유롭게 살아갈 권리를 밝혀 놓았다. 주로 자유권을 강력하게 주장하였으며, 자연스레 평등권도 뒤따라 형성되었다. 이로써 자유롭고 평등한 시민의 의미를 되새길 수 있게 되었고, 뒤따르는 여러 기본권의 발전 과정에도 큰 영향을 끼치게 되었다. 우리나라에서도 갑신정변 이후 독립협회의 활동에 이르기까지 인권 의식이 싹트게 되었다. 이런 배경이 뒷날 헌법을 갖춘 자유민주주의 국가를 건설하는 데 토대가 되었다.

자유민주주의 체제의 발전 과정

자유민주주의가 일반화된 오늘날에는 '자유'가 얼마나 귀중한 가치인지를 잊어버리는 경향이 있다. 그러나 현대 사회에는 다양한 갈등 관계가 퍼져 있기에 '자유'의 의미를 다시 새겨보아야 한다는 목소리도 높아지고 있다. 역사적으로 볼 때, 자유가 천부 인권이며 인간의 본성을 나타내는 '권리'라고 인식한 것은 그리 오래되지 않았다. 왕이 '신(神)'으로부터 인간을 지배할 권리를 부여받았다는 왕권신수설이 주도하던 시기도 그리 멀지 않지만, 그에 맞서 새로운 '자유'를 위해 투쟁한 역사도 그리 오래되지 않았다.

자유민주주의의 여정을 살펴보자. 영국의 '명예혁명'은 서슬 퍼런 왕정의 어둠을 박차고, '입헌 군주제'를 탄생시켰다. 현대의 공화정체에 이르는 긴 여정을 시작한 것이다. '권리장전(1689)'를 통해서 의회 정치가 발전하였고, 영국 사회는 합리적인 정신으로 성숙하였다. 명예혁명 이전에, 찰스 1세로 대표되는 왕권신수설이 대세를 이루자, '마그나 카르타'를 기억한 이들은 새 시대를 요구하였다. '권리청원(1628)'이 탄생된 것이다.

하지만 한 해 만에 의회의 문은 닫히고 말았다. 찰스 1세의 거듭된 종교 통일의 의지는 영국 전역을 탄압하기에 이르렀다. 그러자 스코틀랜드와 아일랜드 등지에서 일어난 반란이 내전으로 이어지게 되었다. 의회와 반목하여 일어난 내전에서 의회파가 승리하고 찰스 1세의 왕권은 막을 내리게 되었다. '청교도 혁명'으로 대세를 잡은 크롬웰(호국경)은 엄격한 청교도주의를 강조하며 공화정을 표방했다. 그러나 신민들의 지지를 얻지 못하고, 너무도 빨리 크롬웰의 제국은 막을 내리고 말았다.

찰스 2세의 왕정 복고로 짧은 정치 실험도 끝을 향해 달려가는 듯했다. 찰스 2세의 후계 구도를 놓고 토리당(제임스 2세 수용파)과 휘그당(제임스 2세 배척파)로 나뉘면서, 절대 왕정으로 돌아갈 듯한 모양새가 되었다. 제임스 2세는 즉위하였지만 독실한 가톨릭 신도였던 두 번째 왕비 마리로 말미암아, 오히려 절대 왕정에서 영원히 벗어나는 역사적 아이러니가 연출되었다.

마리가 오랜만에 아들을 낳자, 의회를 지배하던 성공회파들은 앞으로 권력을 잃을 것 같은 불안감에 휩싸이게 되었다. 의회는 제임스 2세를 퇴위시키고, 성공회파인 큰딸 메리와 남편인 윌리엄 3세(네덜란드인)의 공동 통치를 이끌어냈다. '피 한 방울 흘리지 않은 혁명'에 성공한 것이다. '권리장전(1689)'으로 의회의 권한이 커지자, 의회는 입법 과정을 통해서 통치하기 시작하였다. 현대 입헌주의 및 법치 국가는 이렇게 모습을 드러내었다.

미국의 독립은 단순히 국가의 수립을 의미하기보다는, 자유의 갈망에서 비롯된 국가 체제의 혁명을 의미한다. 실제로 '독립혁명'으로도 불리고 있다. 1776년의 독립 선언과 1789년의 헌법 제정을 통해서, 국가의 통치 조직 및 운영에 대한 내용과 더불어 국민의 기본권 보장에 대한 명문화 과정을 최초로 보여주었다. 특히 미국 헌법은 근대 국가의 헌법으로는 가장 오래된 성문 헌법으로서, 7개 조와 27개의 수정조항으로 구성되어 있다. 비록 조항은 간소하지만 폭넓게 해석될 수 있도록 하여, 변화하는 사회적 상황에 따라 유연하게 적응할 수 있도록 하였다.

미국 헌법의 핵심적 가치는 개인의 '자유'이다. 모든 정부 기관은 헌법에 명시되어 있는 제한적 권한을 가지고 있을 뿐이다. 권력 분립이라는 정치 제도의 기본 원리를 바탕으로 상호 견제와 균형의 원리가 작용되도록 하고, 다수 독재의 위험성을 최소화하여 '자유'를 최대한 보장하고 있다. 어설픈 사회 국가적 방향성을 헌법에 무리하게 삽입하기보다는, 사회 구성원들 사이에 합리적 선택의 결과물로 노릇하도록 '자유'의 가치를 최대한 부각시켰다.

영국의 명예혁명이나 미국의 독립혁명이 이뤄진 시기에도 프랑스에서는 군주의 절대적인 실권이 펄펄 살아 있었다. 군주는 늘 신민을 위해서 선정을 베풀 것이라는 낭만적인 꿈에 젖어 있었던 것이다. 하지만 앞선 두 혁명 과정에 영향을 받게 되자, 프랑스에서도 새로운 기운이 싹트게 되었다. 1789년에 루이 16세는 '재정난 타개'를 목적으로 삼부회를 소집했다. 그런데 제3신분이 '국민의회'를 구성하자 새로운 국면으로 전환되었고, 이를 탄압하는 과정에서 바스티유 감옥이 습격을 당하였다. 국민의회는 프랑스인권선언을 발표하고, 신분제의 온상인 봉건제를 폐지하기로 공식화했다.

루이 16세의 처형과 함께 공화정이 수립되었지만, 그 뒤 150여 년에 걸쳐 공포 정치나 왕정 복고와 같은 우여곡절을 겪었다. 그러면서도 프랑스는 영국과 미국이 앞서갔던 길을 따라갈 수 있었다. 특히 '인간과 시민의 권리 선언'에서 인간은 자유롭고 평등한 권리를 지니고 태어났다는 현대의 인권 개념을 잘 표현하고 있다. 프랑스인권선언은 토마스 제퍼슨의 도움을 받아 작성되었으며, 현대 자유민주주의의 개념이 총망라된 인권 의식의 결정판이다. 뒤에 많은 나라에서 이를 헌법 및 인권 보장 조항의 모범으로 삼았다. 프랑스인권선언이 보여주는 것은 프랑스 혁명 역시 혼자 힘으로 이룩한 것이 아니라는 사실이다. 국민 주권의 원리, 입헌주의, 법치 국가, 사회계약설 등 새롭게 대두된 여러 사상이 혁명의 가치를 새삼 일깨운다. 프랑스 혁명은 '자유'라는 개념을 일반 시민들의 머리에 깊이 각인시키는 계기가 되었다.

자유민주주의 정치 체제는 개인의 인권 의식이 성장하면서 자연스럽게 성숙되었고, 빠른 속도로 인류의 보편적인 가치로 받아들여졌다. 물론 북한을 비롯하여 자유민주주의 체제가 아직 수용되지 못한 곳도 있다. 이런 불행한 현상을 단순히 체제 경쟁의 관점에서만 볼 것이 아니라, 개인의 '자유'라는 기본적이며 본질적인 가치의 관점에서도 보고 고민해야 한다. 개인의 '자유'는 그 어떤 것보다 중요한 본질적인 가치이기 때문이다. 전체주의 독재에서 신음하는 사람들에게 어떻게 하면 개인의 '자유'를 전해주고 누릴 수 있게 할 수 있을지, 그 방법을 우리 모두는 고민해야 한다. 그들도 우리와 똑같이 '자유'를 누릴 권리를 갖고 태어난 사람들이기 때문이다.

현대 민주주의

고대 민주주의와 근대 민주주의는 성격이 많이 다르다. 고대에는 국민이 나서서 직접 통치를 하려 했다면, 근대 이후에는 국민의 동의를 얻어서 통치하도록 하였다. 근대 민주주의에서는 홉스, 로크, 루소로 대표되는 사회계약론자들이 강조하는 개인의 자유가 중심 가치로 자리잡고 있다. 또한 국가란 국민이 합의하여 세워진 것이며, 통치의 정당성은 국민이 부여한다는 국민 주권의 원리가 뼈대를 이루고 있다.

현대 민주주의는 대의제의 원리가 지배적이다. 시민 혁명의 흐름에서도 볼 수 있었듯, 대의제는 영미권의 정치 시스템이 발전해 온 모습이다. 영국의 대의민주주의는 정당 정치를 통해서 발전하였다. 입헌군주제의 영국에서 토리당과 휘그당이 주도한 정당 정치는 보통선거로 향하는 여정이었다. 대표성에 관한 논의도 활발하게 전개되어, 양당제, 다수대표제 등의 의회주의 기초가 만들어졌다. 영국의 정치 경험은 프랑스를 비롯한 유럽의 대의민주주의로 퍼져나갔다.

〈페더럴리스트 페이퍼〉로 대표되는 미국 공화주의의 역사를 살펴보면, 수많은 사상가가 뜨거운 논쟁을 거쳤다는 것을 알 수 있다. 영국으로부터 독립하는 과정에서 유럽의 민주주의와는 또 다른 면모를 드러내었다. 공화주의적 대의민주주의는 국민이 직접 다스리는 것이 아니라, 소수의 대표자에게 통치의 정당성을 위임하는 과정에서 탄생했다. 대통령제라는 새로운 대표권을 설정했는데, 이는 현대 사회의 가장 전형적인 정치 체제로 발돋움할 수 있었다.

지구상에 이념 대결이 가장 치열했던 동북아시아에서 자유민주주의 체제를 채택한 대한민국은 공화주의적인 대의민주주의를 일찍부터 수용할 수 있었다. 이승만으로 대표되는 자유민주 진영과 김일성으로 대표되는 공산 사회 진영이 벌인 체제 경쟁은 시작부터 결과가 예정되어 있었는지 모른다. 무엇보다도 국민이 '자유'를 누릴 수 있느냐 없느냐로 노선을 달리했기에, 서로 다른 국가 노선 속에 이미 국민 경제의 성장과 도태가 아롱져 있었다고 볼 수 있다.

1980년대 말에 동유럽의 공산 국가들이 붕괴되었고, 종주국인 소련도 곧이어 무너지고 말았다. 공산 사회주의 국가들이 예정된 역사적인 운명을 다한 셈이었다. 시효가 지난 공산 사회주의는 동북아에서 중국처럼 시장주의와 결합하여 명맥을 이어가거나, 북한처럼 선군정치의 군국 체제로 목숨을 지키고 있다. 앞으로 이들에게 예정된 역사적 운명이 어디까지인지 눈여겨 볼 필요가 있다.

인권과 헌법[23]

제1차 세계대전 뒤 성립된 독일의 바이마르공화국은 헌법에 인간다운 삶에 대한 자유권적 인권을 명문화시켰다. 1948년 국제연합(유엔) 총회에서 채택된 세계인권선언에는 노동자의 단결권, 교육에 관한 권리, 예술을 향유할 권리 등이 사회권적 인권으로 명문화시켰다. 최근 카렐 바사크의 3세대 인권론은 인류가 보편적 인권을 꾸준히 누리려면 평화와 생태계를 지속시켜야 한다는 사상이다.

제1세대 인권은 자유권과 참정권을 말하는데, 본질적으로 시민적 정치적 권리이다. 그것은 국가의 자의적 간섭으로부터 개인의 자유로운 생활 영역을 보호하고, 개인들이 정치 과정에 참여할 수 있도록 한다. 이와 같은 자유권과 참정권이 확립되어 사람들은 정부의 속박에서 벗어나 자유로운 삶을 누릴 수 있게 되었다. 시민들이 오히려 정부의 권력을 통제할 수 있게 되자 압제적 정치가 사라지고 시민들의 경제 활동이 활발해져서 사회가 다양하게 발전하였다.

제2세대 인권은 평등과 관계되는데, 그것은 본질적으로 경제적, 사회적, 문화적 권리이다. 다시 말하면, 서로 다른 사람들이 대등한 생활 조건을 누리고 동등한 대우를 받을 수 있게 하려는 권리이다. 제2세대 인권으로는 공평하고 우호적인 조건에서 일할 수 있는 권리, 음식, 주택 및 의료 서비스에 대한 권리, 사회보장이나 실업수당에 대한 권리 등이다. 제2차 세계대전 뒤에 경제 붐으로 사회 전체가 부유해지자 그동안 돌보지 못했던 사회경제적 약자들에게 혜택이 돌아갈 수 있게 되었다.

연대권이라고도 알려진 제3세대 인권은 개인의 권리 차원을 넘어 공동체와 같은 집단 개념에 초점을 두는 권리들이다. 제3세대 인권은 '녹색' 권리라고 불리지만 아직 정식화되지 않았다. 그런 만큼 무척 넓은 영역에 걸쳐 있다. 예를 들어, 단체 또는 집단의 권리, 자치 권리, 경제 사회 발전의 권리, 건강한 환경에 대한 권리, 자연 자원에 대한 권리, 의사소통의 권리, 문화유산에 참여할 수 있는 권리, 세대 사이의 형평과 지속가능성에 대한 권리 등이 주장되고 있다. 제3세대 인권은 국경을 초월한 연대의 권리를 강조하고 있다. 최근에 제3세계 국가와 중심부 국가들 사이의 빈부 격차, 과도한 군비 경쟁과 핵전쟁의 위협, 또는 환경 파괴로 말미암은 생태 위기에 대응하고자 집단적 권리의 수준에서 주장되고 있다.

인권 보장이 세계의 보편적인 규범이 되면서 인류사에서 가장 살기 좋은 세상이 만들어졌다. 인류는 역사 이래 오늘날처럼 풍요롭게 산 적이 없다. 그렇지만 아직도 세계에는 인권의 사각지대가 넘쳐나고 있다. 그것은 해당 국가에 법과 원칙이 제대로 확립되어 있지 않기 때문이다. 특히 헌법적 가치를 존중하고 국민의 기본권을 보장해야 할 의무가 있는 국가가 그 책임을 지기는커녕 국민의 기본권을 탄압하고 있다. 슬픈 일이 아닐 수 없다. 북한이 국민의 인권을 탄압하는 대표적인 나라이다.

인권 사각지대에 대한 선진국의 관심이 크다. 미국만 해도 북한인권법을 여러 번 제정하였다. 연대권의 차원에서 북한 인권을 촉구하기 위한 법이었다. 우리나라도 북한인권법을 2016년에 제정하였다. 그런데 아쉽게도 북한인권재단이 친북 정치 세력의 반대로 아직까지 설립되지 않았다. 북한인권재단이 설립되면, 북한 인권을 촉진하기 위한 실질적인 활동을 해나갈 수 있을 것이다.

대한민국의 헌정사

헌법이란 법 가운데 왕이며, 최고의 법이라 할 수 있다. 헌법을 토대로 한 국가는 통일된 법체계를 유지한다. 헌법은 하위 법률의 정당성 및 위법의 판단 근거가 된다. 북한과 달리 우리 헌법은 헌법을 수호하고 국민의 기본권을 보장하기 위해서 헌법재판소(헌법 제6장)에 대한 규정을 두고 있다. 이러한 사법 시스템이 작동하기까지, '자유'를 위한 투쟁의 역사가 길게 드리워져 있다.

대한민국의 제헌 헌법은 해방된 지 3년밖에 되지 않았던, 1948년 7월에 제정된 건국 헌법이다. 왕조와 식민 통치에 익숙했던 우리에게는 헌법 개념 자체가 매우 낯설었다. 서구 사회의 역사적 흐름 속에서 만들어진 인권과 기본권의 개념, 국민 주권, 천부 인권 사상, 권력 분립, 기타 정치와 관련한 개념 또한 당시 국민이 받아들이기에 너무 생소했다. 그러기에 대한민국의 제헌 헌법은 그 자체로 위대한 혁명이었다.

왕조의 통치 대상일 뿐이었던 백성, 또는 식민지 통치의 지배 대상일 뿐이었던 황국 신민이, 주권을 가진 근대 국민으로 다시 태어난 것이다. 해방되자마자 우리는 어떻게 이렇게 혁명적인 헌법을 제정하고 자유민주주의의 기틀을 짤 수 있었을까?

근대적인 법치 국가의 개념은, 조선 왕조 말의 개항기에 여러 경로를 통해 한반도에 들어오기 시작했다. 이미 이웃 나라인 일본은 1889년에, 중국은 1908년에, 헌법을 제정하여 공포하였다. 우리에게도 헌법 수립에 대한 논의는 해방 전부터 끊임없이 진행되고 있었다. 특히 독립협회의 활동을 통해서 자유 민권 의식이 성장하고, 국민 주권에 대한 관심도 생겨나기 시작했다. 다양한 언론 활동을 통해서 여론도 형성되었다. 갑신정변의 14개조 정강, 갑오개혁의 홍범 14조, 대한제국의 대한국 국제 등은 모두 근대 국가를 지향한 통치 기관의 법제화를 시도한 것들이었다.

더욱이 고종이 물러난 뒤 시작된 헌정연구회 활동 및 최초의 공화제 국가를 추구한 신민회 활동은 민주공화제의 성립 가능성을 타진하는 계기가 되었다. 1919년 3·1운동 뒤에 상하이 임시정부에서 제정된 대한민국 임시헌장이나 통합 임시정부에서 제정된 대한민국 임시 헌법 등은 기본권과 국민 주권을 명시한 근대 국가의 헌법으로 손색이 없다. 이를 보면, 우리 헌정사적 배경이 그리 짧지 않다는 것을 알 수 있다.

1948년 5·10선거로 제헌 국회가 성립되자, '유진오-행정연구위원회 공동안'과 소위 권승렬 안을 참고하여 헌법 초안이 만들어졌다. 국회에서 열여섯 차례나 회의한 끝에 이승만의 주장을 받아들여서 내각제적 요소를 담은 대통령제가 탄생했다. 그동안 우리나라의 헌법은 총 아홉 차례에 걸쳐 개정되었다. 건국 이래로 우리 사회는 역동적으로 발전해왔고 이에 따라 헌법 또한 변화를 겪지 않을 수 없었다.

제헌 헌법의 요점들을 살펴보면 우리나라를 어떤 나라로 건국하려 했는지 잘 알 수 있다. 제헌 헌법은 자유민주주의와 시장경제를 채택한 민주공화국의 선언이었다. 모든 국민에게 기본적인 자유와 재산권이 보장되었고, 사회 정의의 실현과 균형있는 국민 경제의 발전이 국가의 임무가 되었다. 군주제의 조선왕조와는 지향점 자체가 혁명적으로 달랐다. 당시 대내외의 수많은 도전 속에서도 자유민주주의와 시장경제의 핵심적인 요소들을 지켜왔기에, 우리나라는 씩씩하게 발전하여 오늘날 선진국이 될 수 있었다.

헌법의 개정 과정은 시대적인 문제를 해결하려는 정치적인 노력과 맞물려 있다. 최고의 지성이 힘을 쏟아 만든 헌법은 제정되자마자 혹독한 정치 시련을 겪어야 했다. 6·25전쟁과 같은 거대한 전쟁을 겪으면서, 국가 존립 자체가 흔들리는 상황을 헤쳐나가야 했다. 우리의 헌법은 상황 변화에 적응하며 여러 차례 개정되었다.

대한민국은 건국하자마자 6·25전쟁의 거대한 소용돌이에 빠졌고, 뒤이어 전쟁 후유증으로 인한 사회 혼란이 끔찍했다. 전쟁과 사회 혼란 속에서 헌법은 정치 리더십을 둘러싼 권력 투쟁의 표적이 되었다. 제헌 헌법에는 정치 리더십을 간선제로 선출하게 되어 있지만, 전쟁을 겪으며 정치 엘리트들은 직선 대통령제파와 내각책임제파로 양분되었다. 헌법 개정 투쟁에서 직선 대통령제파가 승리하여 리더십 교체 문제를 해소한 것이 第1차 개정 및 第2차 개정이다. 1952년의 제1차 개정은 '발췌 개헌'이라고도 불리는데, 대통령제와 내각책임제를 조금씩 발췌하여 혼합했기 때문이다. 1954년의 제2차 개정은 '사사오입 개헌'으로 불리기도 하는데, 개헌 정족수의 계산법을 두고 갈등이 벌어졌기 때문이다. 당시는 건국 초기이고, 더욱이 전쟁으로 사회 혼란이 이어졌던 만큼, 정치 리더십의 안정성이 무엇보다 중요했다. 그러나 정치 엘리트들 사이에서 합의를 못 보고 험악한 권력 투쟁을 치르게 되었다. 당시에 압도적인 인물이었던 이승만이 헌법상의 무리를 무릅쓰고 상황을 주도하였다.

1960년에 제4대 대통령 선거와 제5대 부통령 선거가 있었다. 미국에서는 부통령이 대통령의 러닝메이트이기 때문에 따로 선거를 치르지 않는다. 그러나 우리나라에서는 당시에 따로따로 선거를 치렀다. 그때 야당의 대통령 후보였던 조병옥 박사가 선거 유세 중에 사망하였기에, 대통령 선거는 이승만을 단독 후보로 무리없이 치러졌다. 그러나 부통령 선거에서는 여당의 이기붕 후보가 야당의 장면 후보를 물리치려고 전국적으로 부정 선거를 감행했다. 이에 분노한 대학생들이 중심이 되어 4·19의거가 일어났다. 그러자 대통령제를 뿌리치고 의원내각제로 개헌한 것이 제3차 개헌이다. 뒤이어 소급 입법 개헌으로 불리는 제4차 개헌을 통해서 대통령의 하야와 정국의 혼란 등을 수습하였다.

내각제 정부 시절에는 사회 혼란이 굉장히 심했다. 이를 극복하고자 박정희 장군은 5·16군사정변을 일으켰다. 혼란을 수습하려면 강력한 리더십이 필요했으므로, 제5차 개정을 통해서 대통령제로 복귀했다. 1960년대에 수출 주도의 경공업 체제로 국가 경제를 일으킨 박정희 대통령은, 1970년대에 중화학공업을 육성하여 국가 안보와 경제 도약을 함께 이루고자 하였다. 경제 개발의 국가 비전을 성취하고자 국민의 반대를 무릅쓰고 한일 회담을 하였고, 유신 개헌을 감행하였다. 이 과정에서 3선 개헌으로 불리는 제6차 헌법 개정이 이루어졌고, 유신 개헌으로 불리는 제7차 헌법 개정이 이루어졌다.

유신헌법으로 말미암아 국가 권력과 헌법의 관계에 대한 다양한 비판적 논의가 일어나게 되었다. 산업화로 중산층이 커지면서 민주화에 대한 국민의 열망도 싹트게 되었다. 대통령 간선제를 도입한 제8차 헌법 개정을 거치며, 민주화에 대한 국민 논의는 더욱 일반화되었다. 결국 1987년에 일어난 6월항쟁에서 산업화의 일선에 있던 넥타이 부대들이 참여하자, 집권 세력은 6·29선언을 하고 한 발 물러섰다. 그러자 민주 헌법을 만들자는 헌법 개정 논의가 시작되었고, 합법적 절차에 따라 제9차 헌법개정안이 통과되었다. 제헌 헌법 뒤 긴긴 과정을 거쳐서 현행 제6공화국 헌법이 확정되었고, 지금까지 30여 년 동안 우리 사회를 떠받치고 있다.

북한의 헌법[24]

대한민국의 현행 헌법은 전문(前文)으로 시작된다. 전문에서 헌법의 역할뿐만 아니라, 헌법 제정의 과정이나 목적, 헌법의 제정권자, 헌법의 지도 이념이나 원리가 간결하게 언급된다. 이와 달리 북한의 헌법은 서문(序文)으로 시작된다. 총 열여덟 개의 문장으로 되어 있는데, '김일성'이라는 낱말이 스물두 번, '김정일'이라는 낱말은 열일곱 번 나온다. 조선민주주의인민공화국 사회주의 헌법이라는 이름으로 헌법적인 틀을 갖추고 있지만, 대부분의 내용은 일인 영도 체제를 강화하기 위해서 김일성과 김정일을 우상화한 것들이다.

북한 헌법에서는 민주주의도 우리와 무척 다른 개념으로 쓰이고 있다. 북한 헌법 제5조에 보면, 국가 기관을 민주집중제의 원칙으로 운영한다고 되어 있다. 그런데 민주집중제는 권력 집중의 절대 통치 수단일 뿐이다. 우리는 국민의 기본권을 보장하기 위해서 권력 집중을 막고 있다. 권력을 분립시켜서 서로 견제와 균형을 이루게 하여, 권력이 국민 탄압으로 가지 못하게 한다. 권력이 집중되면 권력은 절대화된다. 절대화된 권력은 반드시 부패하고, 국민을 탄압하게 되는 것이다. 민주집중제는 이름만 민주를 붙여놓았지 실상은 국민을 탄압하는 독재주의에 불과한 것이다..

북한 헌법 제3조와 제8조를 보면, 북한은 사람 중심의 사회라고 강조하고 있다. 여기서 '사람'은 인민 대중을 가리키며, 구체적으로 노동자, 농민, 군인, 근로 인텔리를 말한다. 자본가 및 상인은 '사람'의 범주에서 빠져 있다. 그리고 북한 헌법 제84조를 보면, 국가 재산과 사회 협동 단체 재산은 신성불가침으로 보호한다고 되어 있지만, 개인 소유의 재산은 그런 보호를 받지 못한다. 무엇보다도 개인이 소유할 수 있는 재산은 소비재로 제한된다. 개인들은 기능성 재산만 소유할 수 있을 뿐 자산성 재산은 소유할 수 없다.

북한 헌법에서 알 수 있듯이, 북한은 사유재산과 시장경제를 원칙적으로 금지하고 엄격한 중앙계획경제를 실시한다. 물론 1958년부터 개인들이 부업을 통해 생산한 농축산물에 한해서 농민의 시장에서 합법적으로 거래할 수 있게 했다. 농민의 시장을 통해서 계획 체계 밖의 상품을 물물교환하거나 판매할 수 있도록 했던 것이다. 1990년대 고난의 행군 시절에는 곳곳에 불법적으로 장마당이 서곤 했는데, 점점 규모가 커지고 장마당 형태도 많이 발전하였다. 2003년부터는 장마당을 합법화하기까지 했다. 그렇지만 여전히 북한은 세계에서 가장 철저한 시장 폐쇄 국가이다.

북한의 헌법에서는 신앙의 자유 및 언론 출판의 자유를 보장하고 있다. 그러나 북한의 최고 권력자와 주변의 극소수를 제외하고 대부분의 사람은 '자유'를 거의 누리지 못한다. 이와 같은 공산 착취의 시스템에서는 혁신과 신기술, 창의성과 개성이 발현될 가능성은 거의 없다. 우리 대한민국의 모습과 너무나 다르다. 대한민국은 처음부터 개인의 자유를 최대한 보장하는 국가로 출발했고, 이에 따라 시장이 폭넓게 발전했다. 산업화 이후에는 개인의 자유가 혁신과 신기술, 창의성과 개성을 꽃피게 하였다. 한강의 기적을 이루게 한 근본적인 힘이었다.

남북한의 상반된 역사 경험을 보면, 헌법에서 어떤 체제를 선택하느냐에 따라 국가의 흥망성쇠가 결정된다는 것을 알 수 있다. 헌법에 설정된 국가 통치 기구의 조직 및 운영, 국민의 기본권 보장 및 제한은 결국 개인의 '자유'와 국가의 권력이 어떤 관계에 있는지를 밝히는 것이다. 개인과 국가가 어떤 관계에 있게 될지는 주권을 가진 국민이 결정해야 한다. 현대로 접어들면서 체제 경쟁이 무의미할 정도로 정답이 가려지고 있다. 개인의 인권을 존중하는 헌법적 가치가 지구촌에서 보편적으로 받아들여지고 있는 요즈음에도 그런 보편 가치를 누리지 못하는 나라가 있다는 것은 슬픈 일이다. 인권의 사각지대가 되어버린 북한 체제에서 고통받고 있는 북한 동포를 생각하면, 서글프기 그지없다. 더욱이 북한인권법을 마련하고도, 친북 정치 세력 때문에 북한인권재단이 설립되지 못하는 정치 현실을 생각하면 더욱 안타까워진다.

법치주의

현대 민주국가에서는 통치 구조의 원리로서, 또는 국가 권력의 행사 기준으로서 법치주의가 강조되고 있다. 현대 민주국가의 존재 이유는 국민의 자유와 권리를 최대한 보호하는 것이다. 법치주의는 국회에서 제정된 법률이 없으면, 어떠한 경우에도 국민의 자유와 권리를 제한하거나 새로운 의무를 부과할 수 없도록 하는 것이다. 법치주의로 통치되는 나라에서는 어느 권력자도 자의적으로 국민의 자유와 권리를 제한할 수 없다. 이처럼 권력이 법의 노예가 되도록 만드는 것을 법치주의라고 한다.

플라톤은 최선의 지배 체제를 철인에 의한 통치로, 차선의 지배 체제를 법의 지배로 보았다. 그는 "법이 정부의 주인이고 정부가 법의 노예라면 그 상황은 전도유망하고, 인간은 신이 국가에 퍼붓는 축복을 만끽할 것입니다"라고 말했다. 아리스토텔레스는 법의 지배를 최선으로 보았으며, "가장 훌륭한 사람일지라도 욕망의 지배를 받을 수 있기 때문에, 법으로 하여금 지배하게 하는 것이 낫다"라고 주장했다. 법치주의는 아테네보다는 로마에서 크게 성공했다. 키케로는 "우리는 자유를 얻기 위해서 모두 법의 노예가 되었다"라고까지 말했다. 로마의 공화주의 전통은 현대 법치주의의 본보기가 되었다.

물론 합법적인 절차를 거쳐 제정된 법으로 통치된다고 해서 무조건 국민의 자유와 권리가 최대한 보장되는 것은 아니다. 법의 목적이나 내용을 고려하지 않은 채, 절차적 정당성만으로 법치주의를 달성했다고 볼 수는 없다. 절차적 정당성만을 확보한 법으로 통치하는 것은 법치(rule of law)가 아니라, 법에 의한 지배(rule by law)라고 하겠다. 히틀러의 독일에도 헌법이 있었으며, 현재 북한에도 헌법은 존재하고 있다. 그러나 히틀러나 북한의 헌법은 인간의 존엄과 가치를 존중하는 데 목적이 있지 않고, 오로지 권력의 지배에 목적이 있다. 이런 법으로 통치하는 것은 법치가 아니다.

실질적인 법치주의(rule of law)는 합법적인 절차에 따라 제정될 뿐만 아니라, 내용이나 목적 또한 인간의 존엄과 가치를 존중하고, 국민의 자유와 권리를 최대한 보장하는 것이어야 한다. 우리나라의 현행 헌법은 법치주의를 실현하기 위해 위헌 법률 심사 제도를 두고 있다. 법률이 헌법에 합치하는지 여부를 헌법재판소에서 심사한다. 만약에 헌법에 어긋난다고 판단되는 경우에는, 법률의 효력을 잃게 하거나 새로운 입법을 요구한다.

1988년 9월 1일 첫발을 내디딘 헌법재판소에서 현재까지 약 5만여 건의 소송 사건을 처리했다. 헌법재판소의 판결은 주로 국민의 기본권 또는 국가 통치 구조에 대한 헌법적 해석에 대한 것들이다. 현행의 권력 분립 체제에서 헌법 해석권의 사법적 우위가 실현되었다는 점을 눈여겨보아야 한다. 법치주의의 실현 과정에서 수많은 사법적 실험 과정이 있었지만, 현행 헌법에 짜여 있는 기본권 보장 시스템이 두드러지게 견고하다. 우리는 한 발짝 더 실질적 법치주의에 다가서고 있는 셈이다.

법치주의를 통해서 책임 정치가 구현되고, 통치 과정에서 국가 권력의 정당성이 확보된다. 현대의 대의민주주의가 법치주의를 표방하는 까닭이 여기에 있다. 그러나 북한의 정치에는 법치적 요소보다는 인치적 요소가 많다. 자연히 여기저기에서 자의적인 권력 행사가 벌어지기 때문에 북한 헌법에 보장된 기본권은 모두 유명무실하다. 북한에서는 책임 정치를 기대할 수 없고, 국가 권력의 정당성도 확보할 수 없다.

물론 우리 사회에도 법치주의를 위태롭게 하는 법조 관행과 시민 문화도 있다. 사법부에서 재판을 할 때, 법리에 따라 판결하지 않고 전직 판사 또는 검사가 변호사로 개업하여 맡은 소송에 대해 유리한 판결을 내리기도 한다. 이를 전관 예우라고 한다. 전관 예우가 작용하면, 그런 예우를 받지 못한 변호사를 둔 소송 당사자는 법의 보호를 받지 못하는 셈이다. 전관 예우가 사라져야 국민의 기본권이 모두에게 보호되고, 법리가 발전할 수 있으며 사법 체계가 선진화될 수 있다.

또한 어떤 특별한 경우에는, 국민의 정서에 따라 재판하라고 아우성치는 경우가 있다. 실정법보다 국민정서법이 우위에 있다는 생각인데, 이런 법 인식은 법치주의의 발전을 가로막는 것이다. 국민정서법이 실정법보다 우위에 선다면, 국가와 사회는 법으로 통제되지 않을 것이다. 우리 사회가 잘 정돈되어 있는 것 같지만 허점이 있는 구석도 많다. 법치주의를 발전시키려면 국민 정서에 기대는 여론몰이는 삼가야 한다.

(2) 민주 정치의 실현

권력 분립의 의의

일반적으로 국가의 공권력은 크게 보아 법을 만드는 입법부, 법을 집행하는 행정부, 법을 지키지 않는 사람을 단속하는 사법부의 세 축으로 이루어진다. 역사상 세 가지의 막대한 권력을 어느 개인이나 집단이 독점하면 국민의 생명과 재산을 위협하고 탄압하는 사례가 많았다. 이를 방지하고자 선진국들은 예외 없이 권력 분립을 채택하고 있다.

대한민국의 경우, 행정부 수반인 대통령은 국회가 만든 법률을 거부할 수 있고, 국회는 대통령을 해임할 수 있는 탄핵소추권을 가진다. 사법부는 행정부와 입법부의 위법 행위를 감시하고 처벌할 수 있지만, 대법관 및 검찰총장 등 사법부의 고위 공직자는 국회의 동의를 받아 대통령이 임명한다.

권력 분립과 상호 견제는 때때로 국정의 혼란과 비효율을 초래하기도 하지만 국민 개개인의 생명과 재산, 그리고 인권을 보장하는 핵심적인 안전 장치이다.

행정부는 국가의 3권 가운데 행정권을 행사하는 막강한 권력 기관이다. 흔히 정부라고 부르는데, 행정부의 실권은 주요 장관들로 구성된 내각에 있다. 행정부는 국정 전반을 운영하는 막강한 권력을 가지고 있으므로 행정부 수반을 어떻게 임명하느냐에 따라 정치 체제의 성격이 달라진다. 대표적으로 대통령중심제와 의원내각제가 있는데, 대한민국과 미국 등이 대통령중심제를 채택하고 있고, 영국, 독일 등이 의원내각제를 채택하고 있다. 물론 우리나라는 의원내각제적인 요소도 갖고 있어서, 대통령으로 권력이 집중되는 것을 사전에 차단하고 있다.

대한민국 헌법은 대통령의 직책과 권한을 정해놓고 있다.[25] 대통령은 막강한 권력을 가지고 있다. 국민은 다양한 수단을 통해서, 대통령의 권력이 독재 권력으로 변질되지 않도록 견제해야 한다. 하지만 행정국가화되는 현실에서 과도하게 견제하려는 입법부와의 갈등도 항상 존재하고 있다. 따라서 정국의 상황에 맞게 협치의 자세도 필요하다.

입법부는 법률을 제정하고, 수정하고, 폐기할 수 있는 국가 기관이다. 행정부 및 사법부와 마찬가지로 막강한 공권력을 가지고 있다. 국가에 따라 국회 또는 의회로 불리고 있으며, 국민이 선출한 의원으로 구성된다. 국가의 입법부는 법률을 제정하는 국회이고, 지방자치단체의 입법부는 조례를 제정하는 지방의회이다. 국회의 수장은 국회의장이며, 국회법 제15조에 따라 국회에서 무기명 투표로 선거하는데 재적의원 과반수의 득표로 당선된다. 의회의 결정을 의결이라 부르며, 다수결로 결정된다.

사법부는 국가의 법을 해석하고 적용하는 국가 기관이다. 재판을 통하여 위법 여부를 판단하고, 위법한 경우 형량을 결정하기 때문에, 사법부 역시 막강한 국가 권력 기관이다. 그러기에 사법부는 다른 권력 기관으로부터 독립적이어야 하며(헌법 제103조), 재판 내용을 반드시 공개해서 공정성과 인권이 보장되도록 하고 있다.

재판부의 판단이 항상 옳을 수는 없으므로, 사안별로 심급 제도를 둔다. 판결에 불만이 있을 경우, 여러 차례 재판을 할 수 있도록 보장하고 있다. 민사, 형사, 행정, 가사, 군사재판의 경우, 사건마다 1심(지방법원), 2심(고등법원), 3심(대법원)의 3회 재판받을 수 있는 권리를 보장하고 있다. 그밖에도 대통령과 국회의원에 대한 재판은 단심제, 특허 재판 등은 2심제를 원칙으로 하고 있다.

헌법재판소는 대한민국의 법률의 옳고 그름을 판단하는 기관이다. 그만큼 임무가 엄중하므로, 입법, 사법, 행정의 어느 기관에도 종속되지 않고 독립이 보장된다(헌법 제111조). 헌법재판소는 위헌법률심사, 대통령 탄핵, 정당 해산과 같은 국가 중대사를 결정한다.[26] 헌법재판관은 총 아홉 명인데, 대통령이 3인, 국회와 대법원장이 각각 3인을 임명한다. 어느 권력 기관도 일방적으로 영향력을 행사할 수 없도록 만들었다.

대한민국의 5대 권력 기관

① 검찰과 경찰

범죄자를 수사하고 재판에 붙일 수 있는 검찰과 경찰은 강력한 권력 기관이므로 엄격히 권한을 분리하고 있다. 일반적으로 범죄 수사는 경찰이 담당하며, 기소(재판 회부) 여부와 적절한 형량을 청구하는 구형은 검찰이 담당한다. 최종 판결은 판사가 결정하며, 불복할 경우를 대비하여 3심 제도를 운영하고 있다.

② 국세청

국가에 제대로 세금을 내지 않는 개인과 기업을 조사하고, 기소할 수 있는 국세청 역시 막강한 권력 기관 가운데 하나이다.

③ 감사원

감사원은 국민의 세금이 올바로 쓰이는지를 감찰하고, 위법 행위가 있을 때는 검찰에 고발한다.

④ 공정거래위원회

시장에서 독과점 및 각종 불공정 거래를 규제해서 소비자를 보호하는 기관이다. 위법 행위를 적발했을 때는 독자적으로 과징금을 부과할 수 있는 준 사법 기관이다.

위의 5대 권력 기관은 국가의 안녕과 공공질서를 위해서 반드시 필요하다. 그러나 자칫 필요 이상으로 비대해지면 선량한 국민의 생명, 재산 및 인권을 침해할 수 있다. 따라서 자유민주주의의 국가들은 예외 없이 감시와 규제를 통해서, 이와 같은 권력 기관들이 법의 테두리 안에서 제 역할에 충실하도록 관리하고 있다.

대한민국의 건국 과정

1919년에 3·1독립만세운동이 일어났다. 그러자 여러 곳에서 임시정부가 만들어졌는데, 9월 11일에 상하이에 통합 임시정부가 세워졌다. 통합 임시정부는 임시 헌법을 만들어 대한민국을 민주공화국으로 선포하고, 이승만을 초대 임시 대통령으로 뽑았다. 임시정부는 만주의 독립군과 함께 일본군과 싸우곤 했으나, 일본이 태평양전쟁을 일으키고 만주와 중국 대륙 곳곳을 점령하자 여러 곳으로 옮겨 다녔다. 미국, 영국, 소련의 연합국은 1943년에 카이로에서 만나 우리 민족을 적절한 시기에 독립시키기로 하였다. 1945년 초에 열린 얄타회담에서는 신탁 통치를 하기로 하였다. 이승만은 고종 임금을 물러나게 하려다 감옥살이를 하였고, 풀려나자 조선의 독립을 호소하러 미국으로 건너갔다. 프린스턴대학교에서 우리 민족 최초로 철학박사 학위를 받았다. 그가 쓴 『일본 내막기』는 미국에서 베스트셀러가 되었다. 이 책에서 그는 "일본이 1910년에 한국, 1932년에 만주, 1936년에 중국 본토를 삼켰다. 일본의 다음 목표는 미국, 장소는 알래스카 아니면 하와이가 될 것이다"라고 예언했다. 출판한 지 5개월 뒤에 일본은 실제로 하와이 진주만을 공습하였다. 그러자 소설가 펄 벅은 이승만을 선지자라고 불렀다. 이승만은 '미국의 소리' 방송을 하면서, 일본이 결국 패망할 것이며 우리는 반드시 독립할 수 있다고 외쳤다. 그리고 미국이 임시정부를 승인하도록 애썼다.

1945년 8월 15일에 일본이 항복하자, 태평양전쟁은 끝났고 우리는 해방되었다. 소련군은 8월에 평양으로 들어왔고, 미군은 9월에 서울로 들어왔다. 미국에서 활동하던 임시정부 외교위원장 이승만은 10월에 귀국하고, 중국에서 활동하던 임시정부 주석 김구는 11월에 귀국하였다. 모두 서울에서 독립 국가를 세우려고 해방 정국을 이끌었다. 소련군 육군 대위였던 김일성은 9월에 평양으로 들어왔다. 소련의 지시에 따라 공산국가를 세우려고 하였다.

미국 군정 사령관 하지 장군과 소련 군정 지도자 스티코프 장군은 미소공동위원회를 열고, 남북한 단일 정부를 세우고자 협의하였다. 그 사이에 북한은 1946년 2월에 벌써 '북조선 임시 인민위원회'를 구성하여, 사실상 단독 정부를 세워 놓았다. 이를 본 이승만은, 1946년 6월에 정읍에서, 남한에서도 단독 정부를 세워야한다고 주장하였다. 미소공동위원회는 시간만 끌다가 결론도 없이 끝났고 한반도 문제는 유엔에 맡겨졌다.

유엔 총회는 한반도 문제에 대한 결의안을 내놓았다. 한반도에서 인구 비례로 총선거를 하여 정부를 세우자는 것이었다. 유엔한국임시위원단이 총선거를 하려고 들어왔다. 하지만 소련이 북한에서 총선거를 못하도록 방해하자 유엔한국임시위원단이 망설였다. 이승만은 남한에서만이라도 총선거를 해야 한다고 설득하였다. 김구는 북한도 총선거에 참여하게 하려고 평양을 방문하였으나 실패하고 돌아왔다. 마침내 1948년 5월 10일에 대한민국의 제헌 의원을 뽑는 총선거를 치르게 되었다. 이를 방해하려고 공산주의 세력인 남로당은 제주도에서 4월 3일에 폭동을 일으켰다. 그 때문에 제주도는 총선거를 치르지 못했다.

국가 만들기 정치

5·10선거로 구성된 제헌 국회에서 1948년 7월 17일에 제헌 헌법을 공포하였다. 대통령 이승만은 8월 15일에 대한민국 정부 수립을 선포했다. 3·1운동의 독립 정신을 이어받아, 국민 주권의 민주공화국이 태어났다. 9월 9일에 북한에서는 공산주의 독재 국가를 세웠다. 유엔 총회는 대한민국 정부를 한반도에서 유일한 합법 정부로 승인하였다.

새로 생긴 대한민국이 국민 국가로 발전하려면 세 가지 조건을 갖추어야 했다. 첫째가 국가의 안전 보장, 둘째가 의무 교육 제도, 셋째가 독립된 국가 재정이다. 국가의 안전 보장은 6·25전쟁을 수행하면서 군사력을 키우고, 미국과 군사 동맹을 맺게 되자 튼튼해졌다. 초등학교를 많이 세워서 10년 만에 의무 교육 제도도 확립하였다. 그러나 국가 재정의 독립을 이루기까지는 20여 년이 걸렸다.

건국할 때 우리나라는 너무나 가난하여, 세금만으로 국가 예산을 마련할 수 없었다. 국민 대다수는 교육을 받지 못해서 글을 읽지 못했다. 6만여 명의 국군은 일본군의 낡은 무기로 무장하고 있었다. 탱크나 기갑 차량은 전혀 없었고, 정찰기 여섯 대가 전부였다. 10여만 명의 잘 무장된 군인, 수많은 각종 대포와 80여 대의 탱크, 90여 대의 항공기를 가지고 있던 북한과 비교하면 너무나 보잘것 없는 전력이었다.

북한의 김일성은 일찍부터 침략 전쟁을 준비하고 있었다. 세계를 공산화하려는 소련의 스탈린이 허락하고, 중국의 마오쩌둥도 돕겠다고 약속했다. 북한군은 마침내 소련제 탱크를 앞세우고 1950년 6월 25일에 대규모로 침략해왔다. 이승만이 즉시 군대를 파견해달라고 요청하자 미국은 자유민주주의를 지키기 위해서 참전하겠다고 약속했다. 북한군은 사흘만에 서울을 점령하고, 한 달만에 낙동강까지 내려갔다. 9월 15일에 맥아더 장군의 인천상륙작전으로 북한군을 물리치고 압록강까지 올라갔다. 그러자 몰래 압록강을 건너온 중공군이 총공격을 했다. 유엔군은 평택까지 다시 밀렸다가, 이듬해 봄에 38선을 회복하고 현재의 휴전선에서 맞서게 되었다.

북한군이 서울을 점령한 다음날 맥아더 장군이 도쿄로부터 날아와 한강 방어선을 살펴보았다. 그때 진지를 지키고 있던 국군 병사에게 물었다. "다른 부대는 다 후퇴했는데, 자네는 왜 여기에 있는가?" 그는 대담하게 답변하였다. "저는 군인입니다. 철수 명령이 없으면 죽어도 여기서 죽고, 살아도 여기서 살 겁니다." 감동한 맥아더 장군은 병사의 어깨를 두드리며 말했다. "내가 돌아가자마자 지원 병력을 보내주겠다. 그때까지 용감하게 싸워라!"

북한군의 기습 침략으로 낙동강까지 후퇴했을 때, 백선엽 장군의 육군 1사단은 경북 칠곡의 최후 방어선에 배치되었다. 미군과 연합 작전을 펼치고 있는데, 겁에 질린 한국군의 일부 병사들이 우왕좌왕하면서 도망쳤다. 미군 연대장의 연락을 받고 뛰어나온 백선엽 장군이 가로막으며 소리쳤다. "나라가 망하기 직전이다. 우리가 이럴 순 없다. 내가 앞장서겠다. 내가 도망치면 나부터 쏴라." 병사들이 감격하고 되돌아가서 목숨을 걸고 싸웠다. 한미 양국 군은 최대의 격전지였던 다부동전투에서 값진 승리를 얻고 반격의 교두보를 마련하였다.

유엔군과 공산군이 승부를 내지 못하고 서로 버티게 되자, 양측은 전쟁을 끝내려고 정전 회담을 시작하였다. 하지만 이승만 대통령은 반대했다. 한국의 안전이 보장되지 않은 상태에서 유엔군이 철수하면 우리나라는 또다시 공산군의 침략을 받을 것이 뻔했기 때문이다. 이승만은 북한으로 돌아가지 않겠다는 반공 포로들을 유엔군 몰래 석방하였다. 전 세계가 깜짝 놀랐다. 한국의 영향력을 인식한 미국은 한국과 군사 동맹을 맺기로 약속하였다. 휴전협정은 1953년 7월 27일에 체결되었고, 한국과 미국의 군사 동맹은 10월 1일에 체결되었다. 한미군사동맹과 당시 55만 명의 국군은 우리나라 안보의 뼈대였다.

건국 후, 모든 국민은 균등하게 교육을 받을 권리와 의무를 갖게 되었다. 그렇지만 교육을 받지 못한 국민이 여전히 많았다. 정부는 교육부 예산의 대부분을 의무 교육에 쏟아부었다. 그 결과 1948년에 50% 정도 되던 초등학교 취학률이 1960년에는 거의 100%가 되었다. 중·고등학교와 대학교도 거의 세 배

가까이 늘었다. 이렇게 해서 대한민국은 가난했지만 인재가 풍부한 나라가 되었다.

6·25전쟁으로 불타버린 국가를 다시 세우려면 많은 자금이 필요했다. 국민 세금으로는 턱없이 모자랐기에 미국의 엄청난 원조가 필요했다. 미국은 한국을 발전시켜서 자유주의의 성공 모델로 삼고자 했다. 자유주의가 공산주의보다 우월하다는 것을 증명하려는 세계 전략이었다. 총 27억 달러의 경제 원조를 받아 열심히 일했지만, 1960년의 1인당 국민소득은 79달러에 그쳤고, 재정 수입의 40%는 미국의 원조에 기댈 수밖에 없었다. 당시의 국민소득은 북한보다 적었고, 필리핀의 1/3 수준이었다. 국가 재정을 독립시키려면 경제를 발전시켜야 했다.

국가 세우기 정치

4·19혁명으로 장면 정부가 집권하였으나 혼란이 계속되었다. 끊임없는 권력 다툼으로 정치가 혼란했고, 경제 개발 계획을 세웠지만 아무 것도 하지 못했다. 데모가 2,000번이나 일어날 만큼 사회가 혼란스러웠다. 심지어 초등학생들이 '어른들은 데모를 그만하라'라는 데모까지 하였다. 이런 틈을 비집고 공산주의 세력이 들고 일어나 "가자 북으로, 오라 남으로"라는 구호를 내걸고 군중대회까지 열었다. 나라의 기틀이 크게 흔들렸다.

이에 조국의 근대화를 꿈꾸던 젊은 군인들이 박정희 장군을 중심으로 5·16 군사정변을 일으켰다. 윤보선 대통령은 '올 것이 왔다'라며 탄식했다. '반공을 국가의 신념으로 삼고 민족 정신을 바로 세우며 경제 발전에 온 힘을 기울이겠다'라는 혁명 공약을 내걸었다. 많은 국민이 이에 공감하였고 대학생과 지식인들도 환영하였다. 서울대학교 총학생회는 "4·19와 5·16은 같은 목표를 갖고 있다"라며 환영하였고, 유명한 언론인은 "한국의 군사 혁명은 후진국의 길잡이며 모범적으로 잘 할 것"이라고 기대감을 나타냈다.

박정희 정부는 경제 개발 계획을 세우고, 일반인과 기업의 경제 활동을 북돋았다. 경제 회의를 매주 열고 국내와 국외의 시장 움직임을 살폈다. 외국에서 자금을 빌려와 실적이 좋은 기업에 빌려주고 산업 역군을 키워서 주요 산업 분야에서 일하도록 하였다. 외국에서 살고 있는 한국인 과학자들을 불러들여, 연구하도록 특별 대우를 하였다. 이들이 개발한 과학 기술로 일반 기업들이 좋은 제품을 만들 수 있었다.

기업인들은 일본과 정상적인 외교 관계를 맺기를 바랐다. 그래야 우리나라의 풍부한 노동력과 일본의 우수한 기술력을 결합하여 우수한 제품을 만들 수 있었다. 박정희 정부는 오랫동안 끌어오던 한일 회담을 서둘렀다. 한일 회담은 1965년에 협정을 맺기까지 무척 여러 번 열렸다. 어렵사리 맺은 한일협정으로 우리나라는 총 5억 달러를 받고 식민지 지배와 관련한 한국과 일본 사이의 청구권 문제를 해결했다. 뿐만 아니라, 이를 계기로 세계의 자유무역시장에 들어갈 수 있었다.

1964년 대한민국은 베트남전쟁에 군대를 보내기 시작하여 1973년에 완전히 철수할 때까지, 매년 5만 명 쯤 베트남에 주둔시켰다. 베트남에 군대를 보낸 이유는 두 가지였다. 하나는 군사 안보 때문이었다. 전쟁이 치열해지자 미국은 주한 미군의 일부를 빼내어 베트남에 보내려고 하였다. 그러면서 조금씩 주한 미군이 철수하면 우리나라의 안보가 위태로워질 수 있었다. 이를 막고자 아예 앞장서서 국군을 보냈다. 다른 하나는 경제적인 이유였다. 국군을 베트남에 보내는 비용을 미국이 부담하고, 한국 기업이 베트남에 진출할 수 있는 기회도 얻었다.

1968년에 북한군이 침략하여 청와대를 습격하고, 미국의 군함 푸에블로호도 동해에서 납치했다. 그런데도 베트남전쟁에 싫증난 미국의 닉슨 대통령은 '아시아 사람은 스스로 자신을 지키라'라고 선언하였다. 한반도에서 전쟁이 일어나더라도 미군을 보내지 않을 것이 분명했다. 곧이어 2만 명의 주한 미군이 철수했다. 1972년에 닉슨이 베이징을 방문하면서 미국과 공산 중국의 사이는 좋아졌지만 베트남전쟁에서 남베트남이 밀렸고 북한의 도발은 거세졌다. 우리의 안보는 더욱 불안해졌고 우리 스스로 국방력을 키우지 않으면 안 되었다.

국방력을 키우려면 병기를 만드는 군수 산업을 일으켜야 한다. 그러려면 경제 구조를 경공업 중심에서 중화학공업 중심으로 바꾸어야 했다. 박정희 정부는 울산 및 포항을 비롯하여, 새로 여천, 창원 및 거제에 산업 단지를 세우고 중화학공업을 키웠다. 그리하여 각종 대포를 대량 생산할 수 있었고, 미사일과 구축함도 만들 수 있었다. 중화학공업과 군수산업은 함께 커갔다.

국가 키우기 정치

현대의 민주 정치는 누구나 좋아하는 소중한 정치 제도이다. 그렇지만 쉽게 자리 잡지 못한다. 민주 정치가 잘 되려면 국민 의식이 성숙해야 하고 경제적으로도 풍족해야 하기 때문이다. 우리는 미숙하고 가난한 상태에서 나라를 세웠다. 식민지에서 갓 벗어난 우리는 민주주의가 뭔지도 몰랐고 세계에서 가장 가난했다. 그런 만큼 민주 정치가 자리 잡기까지 많은 어려움을 이겨내야 했다.

이승만은 압도적인 인물이었다. 누구도 그만큼 국민의 존경과 신뢰를 받지 못했다. 제헌 헌법에 따라 국회에서 대통령으로 뽑히자, 이승만은 국민 국가를 완성하는 것을 자신의 소명으로 삼았다. 6·25전쟁을 잘 이끌어 국가 안보를 튼튼히 하고, 교육에 힘써서 국민 의식을 성숙시키는 데 성공하였다. 전쟁을 하면서도 선거를 치를 만큼 민주적인 지도자였지만, 국민 국가를 완성하려는 집념 때문에 종종 독선적으로 정치를 운영하기도 하였다. 하지만 전체적으로 국가를 세워야 하는 절체절명의 시대 정신에서 발로된 정치 판단이었다는 시대사적인 이해도 필요하다.

1960년의 정·부통령 선거 과정에서 대대적인 부정 선거가 이루어졌다. 당시 야당의 대통령 후보가 사망했기 때문에 이승만은 단독 후보가 되어 당선이 확실했다. 그러나 여당의 부통령 후보 이기붕은 당선이 불확실했다. 야당에 강력한 부통령 후보가 있었기 때문이다. 이기붕을 당선시키고자 자유당 정부는 부정 선거를 감행하였다. 4월 19일에 대학생들이 따지려고 경무대(지금의 청와대)로 몰려갔다. 경찰이 강제 진압에 나서면서 전국적으로 많은 사람이 다치거나 죽었다. 이승만은 하야했다.

박정희 정부는 경제 개발 자금을 마련하고자 일부 국민의 반대를 무릅쓰고 한일 회담을 추진하고 베트남에 파병했다. 1972년부터는 자주 국방을 서둘고자 강권을 동원하여 권력을 독점하였다. 그렇게 하여 국방을 튼튼히 하고 국민 생활을 윤택하게 만들었지만 종종 국민의 반발에 부딪쳤다. 1979년 10월 26일에 박정희 대통령은 김재규 당시 중앙정보부장에게 암살당했다.

대통령이 죽은 후 12월 12일에 전두환 장군을 비롯한 신군부는 정승화 계엄사령관을 체포하고 정치적 실권을 잡았다. 그러자 대학가는 군부 독재 타도를 외치며 매일 거리로 쏟아져 나왔다. 신군부는 전국에 비상계엄령을 선포하였다. 그런 가운데 5월 18일에 광주에서 계엄군과 학생들이 충돌했다. 시민들이 들고 일어나자 계엄군이 강제 진압하는 과정에서 사상자가 많이 나왔다.

전두환 정부는 물가를 안정시켰다. 마침 석유 가격이 낮아지고 달러 가치가 떨어졌으며 이자율도 낮아졌다. 이에 힘입어 우리나라는 1987년부터 1인당 국민소득이 3,000달러를 넘어섰고 생활에 여유가 생긴 중산층이 많아졌다. 현대 민주주의는 중산층을 토대로 발전한다. 드디어 대한민국도 민주 정치가 무르익을 때가 된 것이다.

1980년대 중반부터 학생, 야당 정치인 및 일반 시민들이 모두 한 목소리로 민주화를 외치기 시작했다. 국민은 '대통령 직선제'를 요구했다. 1987년 초에 고문을 받다가 숨진 박종철 사건과 시위 중 최루탄 파편을 맞고 숨진 이한열 사건으로 말미암아 국민의 분노가 치솟았다. 6월 10일에 전국 곳곳에서 시작된 시위는 오랫동안 계속되었다. 그러자 전두환 정부는 직선제를 받아들이겠다고 발표하였다.

1987년에 민주화된 뒤 10년 만에 정권이 여당에서 야당으로 평화적으로 바뀌었다. 그 뒤 10년 만에 또다시 정권이 평화적으로 바뀌었다. 대한민국은 민주 정치의 선진국으로 평가되었다. 2010년에 세계 강대국의 대통령들이 모이는 G20 정상 회의를 서울에서 열었다. 우리는 나라를 빼앗긴 지 꼭 100년 만에 강대국 대열에 합류했다.

우리나라 정치 제도 형성의 배경

정치 제도에는 군주 정치, 민주 정치 및 공화 정치 등이 있다. 군주 정치는 왕 한 사람이 권력을 독점하는, 가장 오래된 정치 제도이다. 민주 정치는 고대 아테네에서 처음 나타났는데, 다수의 시민이 직접 정책을 결정했다. 공화 정치는 고대 로마에서 가장 성공했는데, 어느 누구도 독점할 수 없도록 권력을 나누어 놓은 것이다.

200~300년 전에 입헌주의 군주 정치와 자유주의 공화 정치가 태어났다. 모

두 자유주의와 공화주의가 어우러진 혼합 정부 제도이다. 입헌주의 군주 정치는 영국에서 처음으로 나타났다. 왕은 있지만 통치하지 않고 국가 권력의 운영 원리는 자유주의 공화 정치와 같다. 지금도 일본이나 유럽의 여러 나라가 입헌 군주 제도를 지키고 있다. 자유주의 공화 정치는 미국에서 처음 태어났다. 모든 국민에게 자유를 보장하고 삼권 분립과 법치주의를 지킨다.

현대에 들어와 자유민주주의와 인민민주주의가 태어났다. 자유민주주의는 모든 국민에게 자유를 보장하고 보통선거를 실시한다. 자유주의 공화 정치와 민주주의가 어우러진 혼합 정부 제도이다. 민주주의 공화 정치로도 불리는데 주로 자유주의 국가에서 채택하고 있다. 인민민주주의는 아테네의 민주 정치를 노동 계급의 독재 정치로 탈바꿈시킨 것이다. 이는 공산주의 국가에서 채택하고 있다.

우리나라는 자유민주주의 국가 또는 민주주의 공화 정치의 나라이다. 헌법 전문에서 "자유 민주적 기본 질서를 더욱 확고히" 하자고 다짐한다. 헌법 제4조는 "자유 민주적 기본 질서에 입각한 평화적 통일 정책을 수립하고 이를 추진한다"라고 선언한다. 우리나라는 자유 민주주의 나라이고, 통일된 미래 한국도 그런 나라여야 한다. 또한 헌법 제1조는 "대한민국은 민주공화국이다"라고 선언한다. 우리나라는 민주주의 공화 정치의 나라이다.

우리나라의 정치 제도는 미국, 영국, 프랑스, 독일이나 일본과 같은 여러 선진국과 같다. 현대 국가는 대부분 자유주의, 공화주의 및 민주주의가 어우러진 혼합 정부 제도를 취하고 있다. 이를 자유민주주의나 민주주의 공화 정치로 부르기도 한다. 하지만 헌법상 '민주적 기본 질서'를 강조하고 있는 만큼 자유민주주의에 대한 강조가 가장 중요하다.

우리는 '모두 자유롭고 평등하게 태어났다'라고 믿고 있다. 이러한 믿음이 바로 자유주의 신념이다. 자유주의 신념은 300여 년 전 영국에서 처음으로 나타나 신분 차별이 사라진 평등한 현대 사회로 발전하는 데 원동력이 되었다. 자유주의가 나타나기 전에는 어느 나라에서나 귀족, 평민 및 천민과 같은 신분 계급이 존재했다. 그리고 신분 차별을 당연하게 여겼다.

누구나 자유롭고 평등하게 태어났으므로 '자유를 누릴 권리도 누구나 똑같이 가져야 한다'라는 것이 자유주의 정치 원칙이다. '내가 믿고 싶은 종교를 믿을 수 있는 신앙의 자유,' '내 생각을 마음껏 나타낼 수 있는 표현의 자유,' '내가 살고 싶은 곳에서 살 수 있는 거주 이전의 자유,' '내가 하고 싶은 일을 할 수 있는 직업 선택의 자유'를 똑같이 가져야 한다. '헌법 제2장 국민의 권리와 의무'편에서 여러 가지 자유를 보장하고 있다.

내가 자유를 가지고 있다고 해도 남에게 해로움을 끼쳐서는 안 된다. 예를 들어, 표현의 자유를 가지고 있다고 해도 극장에서 영화를 관람할 때 큰 소리로 떠들어서는 안 된다. 누구에게도 남에게 해로움을 끼칠 자유는 없다. 그런 자유가 있다면 싸움이 그칠 날이 없을 것이다. 그렇기 때문에 남에게 해로움을 끼치면 국가가 나서서 처벌하거나, 그러지 못하도록 강제한다. 이와 같은 중대한 이유가 없으면, 국가는 국민의 자유를 제한하거나 침해해서는 안 된다. 자유는 국가가 준 것이 아니다. 중대한 이유 없이 국민의 자유를 부당하게 제한하거나 침해하면 국민에게는 국가에 저항할 권리가 있다. 자유주의자들은 자유권이나 저항권을 하늘이 내려준 권리라고 믿고 있다. 이것이 자연권 사상이다.

존 스튜어트 밀은 "국가는 오로지 다른 사람에게 해로움을 끼치지 못하도록 국민에게 권력을 행사할 수 있을 뿐이다"라고 주장하였다. '다른 사람에게 해로움을 끼치지 않는 한, 누구나 절대적인 자유를 누릴 수 있다'라는 말과 같다.

우리나라는 공화 정치를 실현하는 나라이다. 삼권 분립과 법치주의를 지키는 나라가 공화국이다. 북한도 스스로 공화국이라고 일컫지만 삼권이 통합되어 있고 법치주의도 지키지 않는다. 그러니 공화국이라고 볼 수 없다. 우리나라는 입법권을 국회에, 행정권을 행정부에, 사법권을 법원에 맡기고 있다. 국회는 법률을 만들고, 행정부는 법률에 따라 국가를 운영하고, 법원은 법률에 어긋난 행위에 대해 처벌한다. 국가 권력을 나누어 서로 다른 정부 기관에 맡기는 까닭은 국민의 권리를 보호하기 위해서다.

권력은 뭉쳐 있을수록 부패하기 쉽다. 영국의 액튼 경은 "절대 권력은 절대로 부패한다"라는 유명한 말을 남겼다. 권력이란 뜻하는 것을 이룰 수 있도록 해주는 힘이다. 그러기에 권력이 크면 클수록 큰일을 할 수 있다. 국가 권력은 권력 가운데 가장 큰 권력이다. 그런 국가 권력이 부패하면 끔찍한 일이 벌어진다. 국민을 보호하기는커녕, 도리어 국민을 지독하게 탄압하게 된다. 그런 경우 국민은 자신의 권리를 빼앗기고 권력자를 섬기는 노예와 다름 없어진다.

국가 권력을 국민을 위해 쓰도록 만드는 방법을 찾고자 많은 사람이 고민했다. 조선 시대에는 국가 권력을 왕이 독점하고 있었다. 당시에 선비들은 왕이 국가 권력을 백성을 위해 쓰도록 하는 방법을 찾고자 고민했다. 찾아낸 방법은 왕을 착하고 슬기롭게 만드는 것이었다. 착하고 슬기로우면 백성을 위할 것으로 기대했다. 그래서 왕으로 하여금 마음을 닦는 공부를 하게 하였다. 왕이 유교 경전을 공부하고, 선비들과 정책을 토론하는 경연을 자주 열었던 까닭이 여기에 있다.

그러나 역사를 살펴보면, 착하고 슬기로운 왕은 별로 많지 않았다. 경연은 효과적인 방법이 아니었다. 300여 년 전에 새로운 방법이 시도되었다. 왕에게 집중된 국가 권력을 여러 개로 나누어 서로 경쟁하면서 감시하게 만들고자 하였다. 그렇게 하면 국가 권력이 국민을 탄압할 겨를이 없고, 결국 국민을 위해서 쓰일 것으로 기대했다. 이런 생각으로 국가 권력을 입법, 행정, 사법으로 나누어 서로 견제하게 만들었다. 이것이 바로 삼권 분립과 견제와 균형의 원리이다. 삼권을 어떻게 분립시키고 어떻게 서로 견제할지는 헌법과 법률로 정해 놓았다. 헌법과 법률에 따라 국가를 운영하는 것이 바로 법치주의이다.

삼권 분립과 법치주의는 공화 정치의 대표적인 정치 원리이다. 공화 정치는 몽테스키외라는 프랑스 법학자와 메디슨을 비롯한 미국 건국의 아버지들이 고대 로마의 정치 제도를 모범 삼아 만들었다. 고대 로마는 라틴어로 레스 푸블리카로 불렸다. 레스는 '어떤 것,' 푸블리카는 '국민의'란 뜻이다. 따라서 레스 푸블리카는 '국민의 것'을 의미한다. 고대 로마 사람들은 국가 권력은 국민의 것이어야 한다고 생각했다. 국민의 것으로 만들기 위해서, 고대 로마 사람들은 국가 권력을 누구도 독점할 수 없게 만들었다.

고대 로마 사람들은 국가 권력을 여러 개로 나누어 서로 견제하도록 만들었다. 왕과 같은 최고 권력자를 1년 임기의 집정관으로 바꾸었고 귀족들로 원로원을 구성했으며, 자유 시민으로 구성된 민회를 두었다. 집정관을 비롯한 주요 정무관들은 민회에서 투표로 선출했고, 집정관은 주요 정책을 결정하는 민회를 이끌었다. 귀족들로 구성된 원로원은 집정관에게 자문하고 민회에 충고를 할 수 있었다. 이렇게 국가의 권력 기관들이 서로 맞물려 견제와 균형을 이루자 고대 로마는 크게 번영하였다. 로마공화국은 조그마한 도시 국가로 시작해서 지중해 연안을 모두 정복한 초강대국이 되었다. 국가 권력이 국민의 것이 되자 모든 국민이 나라를 위해서 열심히 일했기 때문이다.

여러 형태의 민주주의

민주주의가 무엇이냐고 물으면 사람들은 대부분 미국 대통령 링컨의 게티

스버그 연설을 떠올린다. 링컨은 "국민의, 국민에 의한, 국민을 위한 정부는 지구상에서 영원히 사라지지 않을 것이다"라고 말했다. 그런 정부가 민주주의라고 말한 것이 아니다. 링컨이 말한 정부는 민주 정치와 공화 정치가 혼합된 좋은 정부이다.

'국민을 위한 정부'는 좋은 정부를 가려내는 기준이다. 국민을 위한 정부는 좋은 정부이고, 국민을 탄압하는 정부는 나쁜 정부이다. 국민을 위한 좋은 정부를 만드는 방법 가운데 하나는 고대 로마에서 시도되었던 공화 정치이고, 다른 하나는 고대 아테네에서 시도되었던 민주 정치이다. '국민의 정부'는 앞서 살폈듯이 공화 정치이고, '국민에 의한 정부'가 바로 민주 정치이다. '국민에 의한다'는 말은 '국민의 의사에 따라 국가를 운영한다'라는 뜻이다. 고대 아테네의 민주 정치에서는 국민이 직접 정책을 결정하고 국가 권력을 행사하였다.

고대 아테네에서는 자유 시민이면 누구나 국가의 주요 정책을 결정하는 민회에 참가할 수 있었다. 그리고 누구나 민회의 운영 위원이나 법정의 배심원 또는 도시의 행정관으로 선발될 수 있었다. 선발 방법은 제비뽑기였다. 국민이 직접 국가를 운영하던 고대 아테네는 강대국 페르시아의 침략을 두 번씩이나 물리쳤다. 위대한 정치가 페리클레스가 살아있을 때 찬란한 문명을 꽃피웠다. 당시에 아테네는 철학, 문학, 역사, 수학, 천문학, 연극, 조각, 스포츠의 중심지가 되었다. 그러나 30년에 걸친 스파르타와의 전쟁에서 패배한 후 시나브로 역사에서 사라지고 말았다.

아테네의 민주 정치와 같은 '국민에 의한' 정부는 좋은 정부일까? 아테네가 잘나가던 시절에는 좋은 정부였다. 당시에는 훌륭한 지도자가 국민을 잘 이끌었고 국민도 지도자를 존경했다. 그러나 스파르타와 전쟁하던 시절부터는 썩 좋은 정부로 보이지 않는다. 시민들은 선동가의 달콤한 말에 이끌려 하지 말아야 할 전쟁을 하거나 전투에서 이기고 돌아온 장군을 처형하는 어리석은 짓을 많이 했다. 고대 아테네에서는, 훌륭한 지도자가 존경받을 때는 시민들이 좋은 정책을 결정하다가 선동가가 활개를 칠 때는 어리석은 정책을 결정하곤 하였다.

위대한 철학자로 존경받는 소크라테스는 '국가에서 믿는 신을 믿지 않고 젊은이들을 타락시킨다'는 죄목으로 시민 법정에서 사형 선고를 받았다. BC399년에 아테네의 아고라 광장에서 소크라테스의 재판이 열렸다. 일생 동안 젊은이들을 가르치고 전쟁에 나가서도 용감하게 싸웠던 소크라테스는 당당하게 자신의 무죄를 주장했다, 그렇지만 시민 배심원들은 소크라테스가 건방지다고 생각하고 사형 판결을 내렸다.

소크라테스의 제자인 플라톤과 아리스토텔레스는 민주 정치를 어리석은 사람들에게 휩쓸리기 쉬운 나쁜 정치로 보았다. '국민에 의한' 정부라 할지라도 반드시 '국민을 위한 정부'가 되지는 않는다. 아테네가 멸망한 뒤 2,000여 년 동안 민주주의는 사람들에게 완전히 잊히고 말았다.

200~300년 전부터 영국인과 미국인들은 '국민을 위한 좋은 정부'를 만들려고 힘썼다. 그들은 자유주의와 공화주의를 혼합하여 자유주의 공화 정치를 만들었다. 자유주의 정치 원칙은 '모든 국민에게 평등한 자유를 보장하여야 한다'라는 것이고, 공화주의 정치 원칙은 '국가 권력을 누구도 독점할 수 없게 만들어야 한다'라는 것이다. 영국과 미국에서는 국민 모두에게 자유의 권리를 보장하고 어느 누구도 권력을 독점할 수 없도록 했다. 국가 권력을 입법, 행정, 사법으로 나누었고 국민의 대표를 뽑아서 국가를 운영하도록 하였다.

자유주의 공화 정치가 만들어지자 모든 사람이 자유를 누리게 되었다. 그렇지만 모든 사람이 선거에 참여할 수는 없었다. 재산이나 교양이 있는 사람들에게만 투표권을 주었기 때문이다. 재산과 교양이 없는 사람은 남의 말에 휩쓸리기 쉬워서 투표할 능력이 없다고 보았다. 그렇지만 점차 의무 교육이 실시되고 국민 의식이 성장하자 모든 사람에게 투표권을 주었다. 19세기 말부터 모든 성인이 참여하는 보통선거가 시행되었다. 선거 민주주의가 이루어진 것이다.

현대의 정치 제도는 자유주의, 공화주의와 민주주의가 어우러진 것이다. 자유주의는 헌법의 기본권 조항에 반영되었고 공화주의는 삼권 분립과 법치주의로 대표되었으며 민주주의는 보통선거권으로 나타났다. 현대의 정치 제도는 대의민주주의로도 불린다. 대의민주주의란 보통선거로 뽑힌 국민의 대표가 통치하는 정치 제도를 뜻한다. 자유민주주의로도 불리는데, 자유주의와 민주주의가 혼합되었다는 뜻이다. 그런 체제로 운영되는 나라를 민주공화국이라고 하는데, 이는 민주주의와 공화주의가 혼합된 나라라는 뜻이다.

최근에는 자유민주주의를 간단히 민주주의로 부르기도 한다. 1990년대에 자유민주주의가 인민민주주의와의 체제 경쟁에서 승리했기 때문이다. 유럽에서는 인민민주주의가 사라졌다. 그곳에서는 민주주의라면 누구나 자유민주주의를 떠올린다. 그러나 동아시아에는 아직도 인민민주주의가 살아있다. 민주주의라면 인민민주주의를 떠올리는 사람도 있다.

자유민주주의에서는 여러 정당이 선거에서 경쟁을 하고 선거에서 이긴 정당이 정권을 잡는다. 이와 달리 인민민주주의에서는 공산당이 정권을 독점한다. 정당이 한두 개 더 있기도 하지만 공산당의 지시에 따를 뿐이다. 대표자를 뽑을 때, 자유민주주의에서는 여러 명의 후보자가 경쟁하는 선거에서 표를 가장 많이 얻은 사람이 선출된다. 인민민주주의에서는 단 한 명의 후보자를 두고 찬반 투표를 한다. 대개 거의 100% 찬성표를 얻고 선출된다.

인민민주주의 나라인 북한에서도 선거에서 단 한 명의 후보를 두고 찬반 투표를 한다. 공개 투표 방식이다. 선거 벽보에 후보자 사진은 없고 "모두 다 찬성

투표하자"라는 선동 문구가 있다. 북한 주민들은 오로지 수령과 당의 지시에 따라 투표할 뿐이다.

자유민주주의 국가에서는 최고 권력자인 대통령을 선거로 뽑고, 임기도 몇 년 동안으로 정해져 있다. 그러나 인민민주주의 국가에서는 종종 최고 권력자인 수령을 세습시키고 임기도 죽을 때까지이다. 현재 북한의 최고 권력자인 김정은은 김일성의 손자이다.

자유민주주의 나라인 우리나라에서는 여러 명의 대통령 후보자 가운데 한 명을 뽑는다. 비밀 투표 방식이다. 국민은 어느 누구의 간섭도 없이 자유롭게 투표를 한다. 표를 많이 얻으면 당선된다.

인민민주주의 국가에서는 공산당의 지시에 따라 투표하고, 최고 권력자의 뜻에 따라 찬성표를 던진다. 이처럼 전체가 똑같은 생각과 똑같은 행동을 하게 만드는 정치 제도를 전체주의 독재라고 한다. 인민민주주의는 공산당의 전체주의 독재 이념이다.

사회 구성원 전체가 똑같은 생각과 똑같은 행동을 하게 만들려면 생각이 다른 사람이 있으면 안 된다. 공산주의 국가들은 그런 사람을 골라내기 위해서 사람들을 서로 감시하게 만들었고, 조금이라도 의심스러운 사람은 정치범 수용소로 끌고 갔다. 그곳에서는 공개 처형이 끊임없이 일어났고 수많은 사람이 죽어나갔다.

1945년에 제2차 세계대전이 끝난 뒤, 자유민주주의와 인민민주주의는 다투기 시작하였다. 자유민주주의 국가들은 미국을 중심으로 모였고, 인민민주주의 국가들은 소련을 중심으로 모였다. 양편 모두 핵무기를 많이 가지고 있었기 때문에 대규모 전쟁을 벌일 수 없었다. 핵전쟁이 일어나면 어느 누구도 살아남을 수 없다. 이 시기를 일컬어 냉전 시대라고 한다. 대규모로 불길이 솟아오르는 뜨거운 전쟁은 일어나지 않았지만 양측의 전쟁과 같은 대립 상태인 '차가운 전쟁'이 계속된 시기였기 때문이다.

냉전 중에도 독일과 프랑스 같은 서유럽 국가들이 훨씬 잘 살았기 때문에 동유럽 사람들은 불만에 가득 차 있었다. 서유럽의 나라들은 자유민주주의를 택했고, 체코슬로바키아나 불가리아와 같은 동유럽의 나라들은 인민민주주의 국가였다. 자유민주주의에서는 국가가 간섭하지 않아서 시장과 무역이 크게 발달했고, 인민민주주의에서는 국가가 모든 것을 통제하고 있어서 시장과 무역이 발달하지 못했다.

1985년에 취임한 소련의 고르바초프 공산당 서기장이 공산주의의 한계를 느끼고 개혁과 개방 정책을 펴기 시작했다. 소련으로부터 개혁의 바람이 불어오자 동유럽의 사람들은 기다렸다는 듯이 거리로 쏟아져 나와 공산 정권의 타도를 외쳤고 동유럽 공산 국가들이 줄줄이 넘어지고 말았다. 베를린 장벽이 무너지고 분단되었던 독일이 45년 만에 통일되었다. 마침내 소련의 공산 정권마저 뒤엎어졌다. 유럽에서 인민민주주의는 이렇게 흔적도 없이 사라졌다.

동유럽의 사람들은 1988년에 서울 올림픽의 중계 방송을 보면서, 고층 빌딩이 많이 서 있는 서울의 모습을 보고 깜짝 놀랐다고 한다. 6·25전쟁으로 잿더미가 되었던 대한민국이 자기들보다 훨씬 잘 살게 될 줄은 꿈에도 생각하지 못했던 것이다. 동유럽에서 민주 혁명을 일어날 때마다 누군가 거리에서 서울 올림픽의 주제가인 '손에 손잡고'를 불렀다고 한다. 그러면 어느새 사람들이 모여들었다고 한다.

유럽과 달리 아시아에는 아직도 냉전이 지속되고 있다. 인민민주주의의 나라가 남아 있기 때문이다. 북한을 비롯해 중국, 베트남, 라오스가 인민민주주의 나라들이다. 그렇기 때문에 아시아에서 민주주의는 자유민주주의도 가리키고, 인민민주주의도 가리키는 말이 되었다. 우리나라의 정치 제도가 무엇이 냐고 물으면 자유민주주의라고 대답해야 한다. 그냥 민주주의라고 대답하면 인민민주주의의 나라로 오해될 수 있다.

(3) 국제 사회의 탄생과 성립

국제 사회의 본질

국내 사회의 기본 단위가 가정이듯이, 국제 사회의 기본 단위는 독립된 주권을 가진 국가[27]이다. 국가란 일정한 영토를 토대로 그곳에 거주하는 사람들, 다시 말해 국민으로 구성된 집단이다. 국민은 같은 정치 이념과 정치 형태를 추구하며, 헌법을 준수하고 역사와 문화를 공유한다. 국가는 대외적으로 다른 국가에 맞서 독립적인 지위를 갖고 있다. 적국으로부터 '국가의 생존'은 물론 국민의 생명, 안전 및 재산을 지키기 위해서 전쟁을 수행한다. 국가는 무력을 소유할 수 있는 유일한 합법적인 조직[28]이다.

개인들이 교류하고 활동한 곳을 사회라고 하듯이, 국가들이 교류하고 활동하는 곳을 국제 사회라고 한다. 국제 사회에서는 국가들이 행위의 주체이며 구성원이다. 독립된 주권을 가진 국가들이 서로 밀접한 관계를 맺고, 국제 통상을 통해서 국익을 증진시키며, 문화를 비롯한 다양한 활동을 교류하는 곳이 국제 사회이다. 국제 사회에서 일어나는 모든 활동을 국제 정치라고 하며, 국제 정치는 국가들과 국제 기구들, 세계적인 다국적 기업들, 영향력이 강력한 지도자들의 모든 활동을 말한다. 유엔 가입을 기준으로 하면, 세계에는 193개의 주권 국가가 있다. 올림픽 참가를 기준으로 할 경우, 세계에는 206개의 주권 국가가 있다.

'국제 질서'(World Order)는 세계적인 정치학자 헨리 키신저가 사용한 개념으로서, 패권국이 주도하는 국제 사회의 규칙을 말한다. 제국주의 시대를 시작으로, 제1·2차 세계대전을 거치며, 패권이 여러 차례 바뀌어왔다. 팍스 로마나의 시대가 막을 내리고, 산업 혁명을 계기로 '해가 지지 않는 나라' 영국의 팍스 브리태니커 시대가 20세기 초까지 이어졌다. 제2차 세계대전 뒤 1950년대 중엽부터, 미국은 세계 최강국으로 국제 무대에 등장했다. 현재는 팍스 아메리카나 시대이다.

21세기 미국이 주도하는 국제 질서는 자유, 인권, 민주주의, 시장경제와 법치주의로 이루어져 있다. 현대 지구촌의 국가들은 자유, 민주, 평화의 깃발 아래 살아가고 있는 셈이다. 국제 사회를 다스리는 국제 질서는 국내 사회를 다스리는 윤리 규범이나 도덕, 또는 법과 같은 국내 질서와 사뭇 다르다. 국제 질서는 강대국이 주도하고 있다. 국제 질서를 따르는 국제 사회의 특성은 무엇인지 살펴보자.

국제 사회의 특성

(1) 자국 이익의 우선 : 국제 사회에서는 어느 국가나 자국의 이익을 최우선으로 삼고 있다. 국제 무역과 문화 교류를 하면서 협력을 하다가도 자국의 이익이 손상되면 상대국과 날카롭게 대립한다. 갈등이 커지면 분쟁으로 이어지는 경우도 있다. 그 결과 무역 분쟁이나 보복, 국경 부근의 소규모 전투, 또는 국교 단절에 이를 수도 있다. 이러한 상황들이 주변국에 영향을 끼치는 것은 물론이다. 갈등을 해결하려고 제3국이 중재에 나서기도 하고, 국제 기구에 제소하기도 한다.

(2) 힘(power)의 논리 : 국가마다 자국의 이익이 최우선이므로 국가 사이에

이익이 충돌하면 힘의 논리가 먼저 작동한다. 상대보다 힘이 우월한 국가가 강력한 영향력을 행사한다. 힘의 강약은 주로 경제력과 군사력을 기준으로 가늠한다. 물론 기존의 조약, 규약 또는 협약 등에 호소해서 문제를 풀기도 하지만 '힘의 원리'에 따라 문제를 해결하는 경우가 훨씬 많다.

현대 국제 사회에서는 국가마다 독립된 주권과 평등한 권리를 가지고 있다. 국가 사이에 서열이 있는 것은 아니다. 하지만 강대국의 힘과 영향력이 문제 해결의 열쇠가 되는 경우가 많다. 따라서 약소국들이 강대국의 영향권에 자동 편입되는 경우는 흔한 일이다. 국제 사회에서 패권국의 지위에 오르면 그 국가는 국제 질서를 재편하고 상당 부분, 그들이 원하는 방향으로 세계를 경영할 수 있게 된다. 강대국들은 언제나 패권국이 되려고 하고 기회가 되는 대로 패권국에 도전한다. 인류의 발전을 위해서 국제 사회가 빈틈없이 협력하는 경우가 없지 않지만 그것도 어디까지나 자국에 이익이 될 때뿐이다. 그래서 국제 질서는 '정글의 법칙'이라는 말도 있다.

⑶ 도덕 규범의 한계 : 개인은 가정이나 소규모 집단에서 도덕과 윤리 의식으로 문제 상황을 풀어간다. 그러나 개인이 큰 집단에 소속되면 도덕이나 윤리 의식이 흐려지고 행동 양식이 바뀐다. 개인으로는 할 수 없는 비윤리적인 행동을 큰 집단의 구성원으로는 쉽사리 해치우는 경우가 있다. 예를 들어, 성실하게 자기 역할을 다 하던 개인이 노조원으로 집단 행동에 참여하면 불법적인 행동도 서슴지 않는 모습을 볼 수 있다.

개인이 집단에 소속되었을 때와 소속되지 않았을 때의 행동 양식이 다른 것처럼, 국제 사회에서 활동하는 국가의 행동 양식은 국내 사회에서 활동하는 국가의 행동 양식과 다르다. 국제 사회에서 국가는 집단에 소속되었을 때의 개인처럼 자국의 이익을 위해서는 불법적인 행동도 서슴지 않는다. 국제 사회에서는 도덕이나 윤리 또는 사회의 규범이나 국내의 법규는 아무런 영향을 끼치지 못하는 경우가 많다.

⑷ 무정부 상태 : 왕권 국가의 정치 구조와 비교해 본다면, 국제 사회는 절대적 결정권자인 왕(王)이 없는 정치 구조인 셈이다. 국내 사회에서 개인이나 집단들 사이에서 다툼이 생기면 경찰이나 법원이 법의 절차에 따라 다툼을 중재한다. 또한 법에 따라 수사와 재판을 통해서 다툼 당사자들의 이익을 보호해준다. 하지만 국가와 국가 사이에는 다툼을 해결해 줄 법적인 기구나 조직이 없다. 치안을 담당하는 경찰이 갑자기 사라진 경우처럼 무정부 상태와 같다. 국내 사회의 사법부와 비슷한 역할을 하는 국제 기구가 있지만, 분쟁 당사국이 국제 기구의 결정에 따르지 않아도 제재할 특별한 방법이 없다.[29] 국제적인 분쟁 사항을 국제사법재판소에 제소해서 승소하더라도, 국내 사법부의 판결처럼 구속력을 갖고 있지 않다. 국제 사회에서는 자국의 힘을 키우고 유지하는 것이 최고의 행동 수칙이다. 국제 사회에서는 힘을 가진 만큼 자기의 뜻을 펼칠 수 있다.

국가 사이의 협력과 동맹

나라와 나라 사이에 군사적인 동맹을 체결하는 일은 고대부터 현대까지 계속 이어져 내려온 국가의 행동 양식이다. 동맹이란 공통의 적을 가진 나라들이 함께 군사적으로 대응하자는 약속이다. 이념과 목표가 같은 나라와 맺는 동맹은 서로에게 유익하고 결속력이 있으며 오래 이어진다. 예를 들어, 70년 역사의 한미동맹, 60년 역사의 미일동맹이 그것이다. 대한민국, 미국, 일본은 모두 자유민주주의의 이념과 시장경제로 국가 번영을 이루려는 국가 목표를 공통적으로 가지고 있다. 한국과 일본의 주변에 있는 북한, 중국, 러시아가 위협적인 존재인 반면, 거리상 멀리 떨어져 있는 미국은 전혀 다른 입장이다. 일단 대한 한국 영토에 대한 욕심이 없는 나라이다. 이렇듯 한국과 일본, 미국 세 나라는 다같이 자유민주주의와 자유시장경제 체제의 국가이므로 서로 상호 번영을 추구한다. 한미동맹과 미일동맹은 평화 유지를 목적으로 맺은 방어 동맹[30]으로서, 서로에게 유익하고 경제적인 상승 효과도 불러온다. 물론 세계화 시대에 들어서 우리는 이념과 체제가 다른 중국이나 러시아와도 외교 관계를 맺고 있다. 국가의 안보와 주권을 잘 지킬 수 있다면 이들과 교류하면서 경제적 이익을 얻는 것이 나쁠 리 없다.

동맹의 개념

예전부터 친분이 두텁고 교류와 협력을 해왔다고 해서 동맹이라고 하지 않는다. 동맹이란 우정의 관계가 아니다. 철저한 자국의 이익과 이해관계에 기초한 군사적 관계를 말한다. 국가 사이의 분쟁과 마찬가지로, 동맹도 독특한 정치적 현상이다. 전쟁이 일어났을 때, 공통의 적을 상대로 함께 싸우는 국가가 동맹국이다. 가치와 이념, 체제가 다른 나라와 통상이나 교류는 할 수 있지만 군사 동맹을 맺는 것은 특별한 경우가 아니면 불가능하다. 또 한 가지 바르게 인식해야 할 것이 있다. 동맹을 보통 친구의 경우처럼 '좋은 동맹, 나쁜 동맹'이라고 구별하는데, 이는 잘못된 언어 사용법이다. 선악이나 좋고 나쁨으로 동맹을 규정하면 국가 정책을 올바르게 세울 수 없다. 외교적 갈등을 불러일으키고 국가 정책 수립에 혼선을 가져오기도 한다. 동맹 정책은 '현재의 이익'과 '미래의 전략'에 초점을 맞추고 설계해야 한다. 동맹은 목적과 규모, 형태와 구성, 유지 기간에 따라 나눈다.

적이란 누구일까? '나'의 존재 자체를 인정하지 않고, 생명을 위협하는 상대가 적이다. 과거 6·25전쟁 때, 가족 사이에도 피를 흘리며 싸우고 헤어진 경우가 많았다. 정치적 이념의 차이로 전쟁이 불붙었을 때는 이념과 생각이 다른 사람들은 서로의 존재를 인정할 수 없기 때문이다. 동지는 이념과 생각이 같고 나의 존재를 인정해주는 상대이다. 국제 사회에서, 국가 사이에도 같은 원리가 적용된다.

⑴ 냉혹한 자국 이익의 우선 : 국제 사회는 감정을 제쳐두고 빈틈없이 타산적으로 행동하는 곳이다. 적과 동지도 냉혹하게 자국의 이익을 기준으로 나눈다. 외교 정책은 국익과 직결되므로, 현재의 이익과 미래의 전략에 바탕을 두고 설계해야 한다. 과거의 역사에 분노하고 집착하면 결코 국익에 도움이 안 된다. 그런 태도는 국가의 장래를 어둡게 할 뿐 아니라 족쇄가 되어 발전을 저해한다.

제국주의 시대의 군국 일본과 민주 국가로 자라난 지금의 자유 일본은 다르다. 우리는 군국 일본이 아니라 자유 일본을 상대로 외교 정책을 세우고 있다. 함께 국익을 증대하고 미래를 개척할 상대는 자유 일본이지 과거의 군국 일본이 아니다. 또한 과거에 집착하지 않아야 현재 진행되고 있는 국제 정세의 흐름과 방향을 정확히 읽어낼 수 있다. 그래야 재빨리 국익에 도움 되는 길을 선택할 수 있다.

미국은 200년 전에 관세 문제로 식민 모국인 영국과 전쟁을 벌였다. 그 전쟁에서 승리하여 독립을 쟁취했다. 국제 사회에서 현재 미국과 영국의 관계는 어떨까? 미국과 영국은 어떤 사안이든 전통적으로 지지하고 협력하는 동반자적 관계이다. 태평양전쟁을 치른 미국과 일본은 서로 어떻게 생각하고 있을까? 전쟁 당시 일본은 미국의 핵폭탄 두 발을 맞고 무조건 항복을 했다. 그렇다고 일본이 아직도 분노와 원한에 파묻혀 미국을 적대시하고 있을까? 그렇지 않다. 현재 지구상에서 미국과 가장 가까운 나라가 영국과 일본이다. 우리는 이 두 나라의 모습에서 무엇을 배울 수 있을까?

영국의 정치가 파머스턴 경[31]은 국제 사회의 적과 동지에 대해서 간명하게 정리하고 있다.

"영국은 영원한 동맹도 영원한 적국도 없다. 영원한 국가 이익이 있을 뿐이다."

국제 사회에서 적과 동지는 상황에 따라서 바뀔 수 있다. 그러나 바뀌지 않는 영원한 가치이자 목표는 국가 이익뿐이다.

제2차 세계대전이 끝날 무렵, 미국은 연합군의 이름으로 구 소련과 동맹을 맺고 독일의 히틀러와 제국주의 일본을 상대로 전쟁을 했다. 그러나 전쟁이 끝나자, 미국과 소련은 패권국의 자리를 두고 치열하게 경쟁했다. 구 소련이 무너진 1990년까지, 세계적인 냉전이 지속되었다. 예전엔 독일, 일본과 싸우려고 공산 세력인 구 소련과도 협력했지만 상황이 바뀌자 미국과 구 소련은 곧바로 적국이 되었다. 이렇듯 국익과 시대 상황에 따라 상대 국가는 적국이 되기도 하고 동지가 되기도 한다.

(2) 같은 속성을 가진 나라끼리[32] : 친구 관계에서도 비슷한 생각과 가치관을 가져야 잘 지낼 수 있듯이, 국가 관계에서도 비슷한 속성을 가지고 있어야 갈등 없이 지낼 수 있다. 지구상에 2백여 개 국가가 있지만, 우리는 같은 속성을 가진 나라끼리, 다시 말하면 자유민주주의와 시장경제를 추구하는 나라끼리 활발한 통상과 교류를 하고 있다. 이념과 정책 방향이 같은 나라끼리 모이면 시너지 효과가 나고 결속력도 강해진다.[33]

(3) 지정학적으로 먼 나라와 가까운 나라 : 국경을 맞대고 있지 않거나 먼 거리에 있는 나라는 자국의 안보면에서 안전하다. 침략할 의도도 여건도 없으므로, 자국의 생존이 위협당하지 않는다. 국제 사회에서 안보 문제로 마찰을 일

으키지 않으면 동지로 간주한다. 우리가 남미나 아프리카 대륙의 국가들을 적국으로 여기지 않는 이유이다. 그들은 오히려 교류를 넓힐 수 있는 우방국의 범주에 넣어도 좋다. 하지만 가까운 거리에 있으면서 자국의 영토에 대한 야욕을 가지고 있는 나라는 적국이다. 우리나라와 국경을 접한 러시아와 중국은 적국의 범주에 든다. 체제와 이념이 같은 일본도 가상의 적국으로 여길 수 있다.

21세기의 국제 관계는 자유민주주의 국가와 독재 전체주의 국가 사이의 대결 구도로 재편성되고 있다. 대한민국은 새로운 대결 구도의 최전방에 자리하고 있다. 그러므로 우리와 체제와 가치를 같이 하는 일본과 우호 관계를 맺고, 우리의 가상 적국인 북한과 중국의 위협에 맞서야 한다. 미국이 한·미·일의 삼각 동맹을 강조하는 이유는 우리나라에서 전쟁이 났을 때, 일본이 군수 기지의 역할을 할 수 있기 때문이다.[34]

이런 시기일수록 정치 이념이 다른 국가와 동맹 관계는 맺어지지 않는다. 표면상으로는 우의를 강조하며 동맹이라는 표현을 사용할 수는 있겠지만 국익이 문제되었을 때는 여지없이 본색이 드러난다. 현재 남중국해의 동향을 보자. 공산 중국이 힘의 우위를 바탕으로 주변 약체 국가들을 위협하고 있다. 주위의 작은 섬들을 서슴지 않고 점령했던 사실도 있다. 동북아시아를 중심으로 미국과 중국의 패권 다툼이 치열해지고 있다. 요즈음 같은 때에, 공산 중국의 선전공작이나 유화 제스처에 휩쓸려서는 안 된다. 차가운 국제 현실에서 대한민국의 국익이 어디에 있는지, 어떻게 지켜야 하는지, 명확하게 알아야 한다.[35]

⑷ 동맹 강화의 필요성 : 세계의 최강 국가들로 둘러싸인 우리나라는 지정학적으로 몹시 위험한 나라다. 북쪽으로는 세계에서 순위 안에 드는 넓은 영토를 가진 러시아와 세계에서 인구가 가장 많은 중국과 국경을 맞대고 있다. 남쪽으로는 경제력이 막강한 일본이 해협 건너에 있다. 세계의 강대국들이 대

한민국의 주변에 포진하고 있다. 이를 보면, 한국 혼자서 국가 안보를 지키는 것은 물리적으로 불가능에 가깝다.

사실상 세계 어떤 나라도 동맹 없이 혼자 힘으로 국가를 지키기는 어렵다. 어느 국가든 냉혹한 국제 현실에서 살아남으려면, 강력한 대상을 찾아서 동맹 관계를 군건히 해야 한다. 국제 사회에서는 국가 노선을 뚜렷이 하고 강대국을 우리 편에 두어야 한다. 약소국일수록 이념과 가치를 함께하는 강대국들과 손을 맞잡고 자기 세력을 군건하게 만들어야 국가 안보에 유리하다.

6·25전쟁이 마무리될 때, 이승만 대통령이 한미동맹을 그토록 주장했던 까닭이 여기에 있다. 당시 우리나라는 세계 최약소국이었고 미국은 세계 최강국이었다. 이런 두 나라가 군사동맹을 맺으리라고는 누구도 상상하지 못했다. 한국이 세계 최대 강국과 군사 동맹을 맺자 우리의 안보는 세계 어느 나라보다도 강력해졌다. 이 한미동맹 덕분에 우리는 안심하고 성장과 번영에 온 힘을 쏟을 수 있었다.

한미동맹

한미동맹(ROK & US alliance)이란 대한민국 안전 보장의 정치 및 군사적인 장치다. 공산 세력의 전쟁 야욕을 잠재우고 6·25전쟁으로 폐허가 된 나라를 재건하려면 우선 우리의 안보가 군건해야 했다. 세계 최강국인 미국의 힘을 빌리지 않고는 결코 우리의 안보를 보장할 길이 없었다. 마침내 한미상호방위조약이 체결되자, 대한민국은 미국과 정치적이고 군사적인 동맹 관계가 되었다. 한미동맹의 성립 과정과 내용과 효과를 알아보면 대한민국의 현주소를 알 수 있다.

⑴ 조약의 탄생 배경 : 동맹을 만들어낸 주역은 대한민국을 건국한 이승만 대통령이다. 6·25전쟁이 교착 상태에 빠지자, 미국을 필두로 한 국제 연합군(유

엔군)은 공산군(구 소련, 중공, 북한)과 휴전 회담을 시작했다. 휴전 회담이 막바지에 이르자 국가 안보를 염려한 이승만 대통령은 미국에 상호방위조약 체결을 요구했다. 그러나 미국의 반응은 차가웠다. 북진을 외치며 휴전 협정에 결사적으로 반대했던 이승만 대통령은 미국이 점차 전쟁에서 손을 떼고 철수하려는 속내를 간파했다. 제2차 세계대전이 끝난 후 동유럽이 구 소련의 영향권에 들며 점차 공산화되어가는 것을 눈 앞에 보고 있던 터라 이승만 대통령은 과감하게 승부수를 던졌다. 휴전 협정이 성사되면 한국은 6·25전쟁을 치른 것도 무의미하게 곧 다시 공산화의 수렁에 빠질 것이 뻔했다. 이를 우려한 이승만 대통령은 수감된 전쟁 포로 가운데 북한으로 돌아가길 원치 않고 자유 대한민국에 남기를 소망하는 반공 포로를 대규모로 석방[36]했다. 그 누구도 예상하지 못한 이 사건으로 온 세계가 충격을 받았다. 국내 정책에 큰 차질을 빚은 미국은 분노하며 이승만을 없애버리려는 계획까지 세웠다. 이름하여 '에버레디 작전(Plan Eveready)'이다. 영국도 이승만 대통령을 비난했다.

미국은 혼자 힘으로라도 북진 통일을 결행하려는 이승만의 강력한 의지를 꺾을 수 없다는 것을 알게 되었다. 결국 이승만 정부가 휴전에 더 이상 반대하지 않는다는 조건으로 한미상호방위조약을 체결했다. 우여곡절 끝에 맺어진 한미동맹은 탁월한 이승만 외교의 승리였다. 미국의 온갖 방해 공작에도 불구하고 국익을 위해서, 사랑하는 동포를 위해서 치열하게 싸워 얻어낸 결과물이다. 한미동맹은 자손대대로 대한민국 안보의 초석이 되었다.

(2) 조약의 효과(영향) : 휴전 협정 3개월여 뒤인 1953년 10월 1일에 약속대로 '한미상호방위조약'[37]이 체결되었다. 세계 최강국인 미국과 세계 최빈국 가운데 하나이며 최약소국인 한국이 대등하게 동맹을 맺은 것이다. 외교가에서는 '고래와 새우의 동맹'이라며 놀라워했다. 처음에 미국은 조약에 냉소적이며 무

반응이었다. 당시 신생 독립국이었던 한국은 미국의 태평양 지역 방위선에서 제외될 정도로 전략적 가치가 전혀 없었다. 미국 입장에서는 최강대국과 최약소국 사이의 동맹은 오히려 불평등 조약인 셈이었다. 그런 만큼 한미동맹 체결은 이승만 대통령의 위대한 승리, 그 자체였다. 한미상호방위조약은 외교의 신(神)이 국가와 민족의 미래를 내다본 위대한 포석이었다는 것을 알아야 한다.[38]

한미상호방위조약은 1953년 8월 3일에 협상을 시작하여, 1953년 8월 8일에 최종안을 만들어 서울에서 가조인했다.[39] 이날 이승만 대통령은 기뻐하면서 성명[40]을 발표하였다. 한미상호방위조약을 통해 한국과 미국은 동맹 관계가 되었다. 한미동맹 체결로 동북아 지역과 태평양 지역을 향한 공산권의 세력 확장을 억제하고 세계 평화를 유지할 수 있게 되었다. 한미동맹은 한국과 미국 두 나라 사이에 방위를 목적으로 한 군사 동맹으로, 전쟁을 일으키려는 공격적인 동맹이 아니고 전쟁을 막고 평화를 지키려는 방어적 성격의 소극적인 동맹이다. 이 동맹은 잠재 적국을 비롯하여 북한의 침략 야욕과 적화 통일을 방지하며, 전쟁 재발을 억제하려는 목적을 가지고 있다. 북한의 무력 침략을 막으려는 것뿐만 아니라 태평양 지역에 대한 무력 공격까지 방어하려는 목적이다.

한미동맹은 전쟁의 억제, 경제의 발전 및 주변국인 중국과 러시아에 대한 압박 효과도 동시에 지니고 있다. 한미동맹의 상징인 주한 미군[41]은 지금까지 70여 년 동안 대한민국 안보에 직접 공헌했다. 동북아 안보의 핵심축으로서 동북아에서 전쟁이 일어나지 않도록 억제 역할도 수행했다. 평화와 안전을 위한 제도적 장치로서, 성공적인 동맹으로 평가받는다.

국가 목표와 국가 이익

국제 사회에서 국가의 죽음은 생각보다 흔한 일이라는 연구 결과가 나왔다.

미국의 타니샤 파잘 교수[42]에 따르면, 나폴레옹전쟁 바로 다음 해인 1816년부터, 다시 말하면 국민 국가 시대가 성립된 뒤부터 2000년까지, 세계 207개 나라 가운데 30%에 이르는 66개국[43]이 지도에서 사라졌다. 이 가운데 50개국은 바로 이웃 나라의 무력 침략으로 없어졌다. 침략의 행태는 정복과 점령, 식민지나 합병과 같은 다양한 방식으로 나타났다. 강대국과 국경을 맞대고 있는 약소국의 운명이란 늘 불안하고 위태롭고 불안하기 마련이다.

대한민국의 지정학을 살펴보자. 주변에 강대국 러시아와 중국이 있고, 호전적인 북한과는 휴전선을 경계로 삼고 있다. 현재는 물론 역사적으로도 늘 안보 위협을 받아왔다. 대한제국 시절에는 일본 제국주의와 전쟁 한번 치르지 않고 총 한 방 못 쏴본 채 식민지가 되어 35년이란 세월을 보냈다. 이때 대한제국은 지구상에서 사라진 나라로 기록되어 있다. 그 뒤 해방을 거쳐서 1948년 8월 15일에 대한민국이 건국되며 지도 위에 다시 나타났다. 국제 정세를 파악도 못하고 이해하지도 못한 채, 국가의 생존과 안보 문제를 외세에 의존하려 했던 고종의 정책은 국가의 멸망을 초래했다. 국가의 생존과 이익은 스스로 지켜내지 않으면 안 된다. 국제 사회의 냉혹함을 제대로 인식해야 한다.

제2차 세계대전이 종료되자, 개별 국가의 사망이 뚜렷이 줄어들었다는 연구 결과가 있다. 국가마다 이념과 가치, 정치 제도와 경제 제도가 달라도 목표는 동일하다. 주변 국가의 침략을 받지 않고 평화롭게 생존하며 번영하는 것이 최고의 목표다. 그러려면 강대국과 동맹을 맺고 장기적인 전략을 세워서 군사력과 경제력을 키워야 한다.

국가 이익의 순위

국제 사회에서 펼쳐지는 국제 정치와 외교 활동의 궁극적인 목표는 국가의 이익을 극대화하는 것이다. 국가의 이익이란 무엇인가? 국가 이익에는 여러 가지가 있으며 그 우선순위를 잘 설정해야 번영과 발전을 이룰 수 있다. 국익의 최우선 순위는 국가의 존립, 다시 말해 국가의 생존이다. 국가란 인간이 만든 가장 큰 집단이다. 그런 국가가 멸망하면 구성원인 국민의 생명과 재산은 보호받지 못한다. 그러기에 국가의 생존 자체가 최고의 가치이자 목표이다.

국가는 안보가 든든할 때 국제 사회에서 주권 행사를 제대로 할 수 있다. 군사력을 통한 안보의 확보가 첫 번째 국익이 되는 까닭이 여기에 있다. 생존과 안전이 보장되면, 그 후 개별 국가는 힘(power)을 키우기 위해 노력한다. 군사력과 경제력을 포함한 국가의 힘이 강해야 국제 사회에서 뜻을 펼칠 수 있기 때문이다. 힘이 막강하면 강대국의 반열에 들어선다. 역사를 살펴보면, 지금까지 국제 사회에서 강대국은 시대별로 8개국 정도였다. 힘 있는 국가는 국제 통상과 무역을 통해서 번영을 누릴 수 있다. 국민소득의 증가로 국가가 부강해지면, 국민은 취미 활동이나 여행으로 여가를 즐기며 명예로운 삶을 살 수 있다.

이렇듯 중요한 국익에는 우선순위가 있다. 중요도에 따라 국익의 순위를 매긴다면, 안보(Security), 힘(Power), 번영(Prosperity), 명성(Prestige)의 순서이다. 이 네 가지를 순서대로 추구해야 국력이 기울지 않는다. 경제적 이익이나 명성과 명예를 얻고자 국가의 안보를 위태롭게 만들어서는 안 된다. 과거사에 얽매여 반일 감정에 휩싸이면, 명예를 얻고자 안보 이익을 소홀히 하는 셈이다. 슬기로운 생각일까? 공산 중국에서 경제이익을 얻고자 중국을 따르고 반미를 한다면, 경제 이익을 얻고자 안보 이익을 포기하는 셈이다. 현명한 처사일까? 국익의 우선순위를 늘 생각하며, 언론에 보도되는 내용과 정책의 올바른 방향을 살펴보는 버릇을 키워보자.

(4) 국제 협력과 세계화

세계화의 발단과 확대

세계화란 시장의 국경을 허물고, 전 세계가 통상과 무역을 하는 것을 말한다. 고속도로로 전국이 일일생활권이 되는 것과 마찬가지로, 세계화로 전 세계가 하나의 시장이 되는 것이다. 사회·경제적 공동체의 범위가 넓어지면서 전 세계가 하나로 통합되고 있으며 상호 영향력과 의존성도 커지고 있다. 세계화는 냉전 체제에서 자유 진영이 승리하자 사회주의 경제권이 무너지면서 나타났다. 본격적으로 미국 주도의 통상과 무역의 시대가 시작된 것이다. 그래서 세계화가 미국화 또는 신세계 질서라고도 불린다. 세계화는 외국 운송의 시스템과 정보·통신의 기술이 비약적으로 발전하자 급속도로 성장하고 확대되었다. 자본과 정보의 이동 또는 상품 교역을 가로막았던 국가와 지역 사이의 인위적인 장벽이 무너졌다. 온 세계는 하나의 거대한 시장으로 다시 탄생하였다.

세계화는 낯익은 용어일 뿐만 아니라, 현대 사회를 나타내는 용어이기도 하다. 하지만 일부 학자들은 선사 시대부터 좁은 의미의 세계화가 흔적을 남겼다고 주장한다. 그리스의 헬레니즘, 실크로드, 대영제국의 식민지 경영이 모두 좁은 의미의 세계화였다. 넓은 의미의 세계화는 제2차 세계대전 이후 파괴된 유럽을 재건하고자 미국과 유럽이 경제적으로 통합했던 것[44]을 말한다. 그동안 경제 위기를 거치면서 잠시 세계화의 흐름이 늦춰지기도 하였다. 정치사적인 관점에서 세계화는, 공산 진영의 종주국 구 소련이 몰락하고, 자유 진영의 맹주인 미국이 국제 질서를 통째로 주도하기 시작된 시점을 말한다. 1990년부터 30여 년 동안을 세계화 시대라고 할 수 있다. 구 소련이 무너지고 10여 년 동안, 미국의 단독 리더십으로 세상이 잘 돌아가고 있는 것처럼 보였다. 그러나 국내적으로나 국제적으로 문제들이 드러나기 시작했다.

세계화는 경제 영역에 국제 정치가 결합된 결과물로서 전 세계에 퍼져나갔다. 미국과 구 소련의 냉전 체제가 무너지자 미국의 승리로 세계화는 다시 시동을 걸었다. 세계 전체를 자유무역이라는 깃발 아래 단일 무역 질서로 불러모으며 하나의 거대한 시장을 만들어냈다. 미국은, 전 세계가 국경을 활짝 열고 통상과 무역을 하면 평화가 오리라고 생각했다.[45] 그래서 국제 거래에서 통용될 수 있는 국제 규범을 만들고, 무역 장벽을 없애는 제도도 마련했다. 가트(GATT)[46]와 우루과이 라운드(Uruguay Round)를 거쳐서 세계무역기구(WTO)가 탄생했다. 자유무역이 확대되면서 다국적 기업의 활동이 활발해졌다. 국제 교역량이 증가하면서 거래하는 상품의 종류도 다양해졌다. 국가 사이에 상호 의존도가 높아지면서 국가들과 기업들 사이에 무한 경쟁이 나타났으며 상호 협력도 많이 늘었다. 문화와 사회적인 분야에서도 국경이 열리자 통합과 교류가 잦아졌다. 그러자 문화적인 아이콘을 공유하는 시대가 되었고 K-Culture로 세계무대에 이름을 알렸다.

세계화의 영향과 명암[47]

세계화와 함께 국제 사회가 다양해지고 다국적 기업도 등장했다. 한편, 개별 국가의 기능과 단일 국적 기업의 영향력이 줄어드는 현상도 나타났다. 다국적 기업[48]이 등장하면서 국경을 넘나드는 교역 활동이 활발해졌다. 세계 각지에 합병회사와 자회사의 공장들이 세워졌다. 컴퓨터로 제품의 생산 관리를 해내는 현상은 효율적인 소프트웨어의 개발을 부추겼다. 사회문화적 세계화는 인터넷, 대중문화 매체 및 외국 여행에 따라 아이디어를 공유하고 문화를 퓨전화시키면서 새로운 조류를 만들어냈다. 국제 정치 분야에서 일어난 세계화의 영향도 크게 나타났다.

세계화의 긍정적인 면은 자유 경쟁이 확대되면서 자본과 노동, 상품과 서비스의 국제 이동이 활발해진다는 것이다. 이로 말미암아 소비자가 고를 수 있는 상품의 폭이 넓어지고 알뜰한 소비 생활을 즐길 수 있게 되었다. 좋아하는 상품을 인터넷과 전자 결제 시스템을 통해서 시간과 비용을 줄이며 구매할 수 있게 되었고 만족감도 커졌다. 다국적 기업을 통해서 외국 취업의 기회도 열렸다. 그러자 개인들의 활동 범위가 넓어지고 기회와 선택의 폭이 다양해졌다. 외국 문화가 유입되자 자국 문화의 콘텐츠 또한 풍부해졌다. K-Pop과 같이 자국 문화를 외국에 알리고, 수출하는 기회도 생겨난 것이다.

세계화의 부정적 영향을 본다면, 다국적 기업과 거대 자본이 국내에 들어오면서 자국의 경제정책이 실효를 거두지 못하는 경우도 생겨나고 있다. 지식 근로자와 단순직 근로자 사이의 소득 격차가 생겨나고 선진국과 후진국 사이의 경제적 격차도 나타났다. 세계적인 경쟁 체제에 적응하지 못하고 낙오하는 그룹은 불만 계층으로 자리 잡고 사회의 갈등을 일으킨다. 세계화에 대한 불만이 집단 세력화[49]되어 나타나기도 한다.

불만 그룹이 미국의 자유무역 질서에 정면 도전한 사건이 2001년 9월 11일 아침에 발생하며 전세계에 충격을 던졌다. 테러 전쟁의 서막을 알린 사건으로, 이슬람 무장 단체 알카에다의 자살 폭탄 테러범들이 여객기를 납치해서 뉴욕에 있는 세계무역센터(WTC)를 공격했다. 미국 국회의사당과 펜타곤 국방부 건물들도 공격 대상이었던 사실이 나중에 밝혀졌다. 9·11테러[50] 사건은 미국인과 전 세계인들에게 커다란 충격과 분노, 깊은 슬픔을 남겼다. 이 사건을 계기로 미국은 반(反)테러 전쟁 시대를 선포했다. 그 뒤 미국은 알카에다 두목이었던 오사마 빈 라덴[51]을 체포하고 제거할 때까지 10년 동안 테러와의 전쟁을 치렀다.

미국이 테러리스트[52]들을 제압하고 전쟁을 종결하고 보니 세계화에 따른 국내외적인 문제점이 드러나기 시작했다. 세계화를 통해 경제적으로 최대 수혜를 얻은 중국이 빠른 속도로 부상하여 미국을 턱밑까지 추격해왔다. 중국에 공장과 일자리를 빼앗긴 미국 중산층 노동자들의 불만이 커졌고 정치적 분노로까지 번져나갔다. 이 무렵 2008년 9월에, 뉴욕의 국제 금융회사인 리먼 브라더스가 파산하며 월가가 붕괴되었다. 월가의 금융 위기 사건은 전 세계 경제에 심각한 타격을 주었다. 이때부터 미국의 몰락과 중국의 부상이라는 의제가 크게 회자되었다. 머지않아 중국이 세계 1위로 부상하며, 패권국이 된다는 화두가 유행처럼 번지며[53] 이와 관련된 저서와 논문들도 쏟아졌다.

반면에 미국은 더 이상 세계화 무대에 남아 있을 필요를 느끼지 않았다. 미국에서 셰일 가스가 발견되면서 에너지 혁명(American Energy Boom)을 이루었기 때문이다. 이제 세계의 경찰 역할을 그만두고 자신들의 전통인 '고립주의'로 돌아가려는 정책이 호응을 얻고 있다. 식량과 에너지를 자급할 수 있기에 미국은 강대국으로서의 조건을 충분히 갖춘 나라이기 때문이다.

세계화 시대를 연 미국이나 국제 조류에 민첩하게 대처해서 최대의 혜택을 받은 중국이나 양측 모두 문제점을 깨닫고 세계화에서 이탈하고 있다. 구 소련의 붕괴로 시작된 미국 주도의 세계화는 경제적 국경이 무너지면서 30여 년 동안 지속되었다. 그러자 세계화로 일자리를 잃은 미국 중산층 노동자들의 불만이 커졌고 정치적 입장과 요구도 바뀌었다. 그들은 2016년의 미국 대통령 선거에서 트럼프를 선출했다. 트럼프의 선거 공약은 값싼 임금 조건과 엄청나게 큰 시장, 중국으로 빠져나간 대기업들을 다시 돌아오게 해서 일자리를 만들겠다는 것이었다.

2021년, 바이든은 대통령에 취임하자마자 곧바로 미군을 아프가니스탄에서 절차는 무시한 채 철수했다. 혼란과 희생은 초래했으나 반테러 전쟁은 막을 내렸다. 테러 세력은 세계화의 기류에 편승하지 못하고 반항하며 낙오자로 남았다. 당연히, 중국처럼 세계화의 혜택도 누리지 못했다. 그렇다면 반(反)테러 전쟁의 종말이란 어쩌면 세계화의 종말을 함축하고 있는지도 모른다. 여하튼 미국의 세계 대전략이 변화하고 있다는 사실은 부인할 수 없다.

중국의 경우, 2001년 11월 세계무역기구(WTO)에 가입하고 세계 무대에 처음으로 등장했다. 그 뒤 미국의 도움을 받아 고속으로 경제가 성장하며 풍요로운 삶을 살게 되었지만 사회 저변 곳곳에서 불만이 나타나기 시작했다. 개인 소득이 1만 달러를 넘어서면 개인의 자유와 민주화를 요구하는 상황이 벌어지는 것은 전 세계 각국의 사회 발전 스펙트럼에서 나타나는 자연스러운 현상이다. 중국도 예외는 아니었다. 세계화 과정을 통해 부를 축적한 중산층이 수억 명에 이르자, 민주화의 욕구가 재 속에 묻힌 불꽃처럼 이글거리고 있다. 중국 정부가 중산층의 요구를 들어준다면 중국은 분할되어 각 민족이 독립을 요구하며 개별 국가를 건국하는 것이 수순이 될 것이다.

그동안 공산 독재 체제의 정치 형태와 자유시장경제 체제 사이에 제도적 불일치가 중국 대륙 내부에 복병처럼 숨어 있는 것이다. 이제 제도적 불일치의 문제가 밖으로 표출되며 국가적인 딜레마 상황을 만들었다. 심각한 딜레마에서 벗어나고자 중국은 세계화에서 발을 빼려고 한다. 2020년에 우한폐렴(COVID19)이 중국 후베이성 우한에서 발생했다는 증거가 명백한데도 중국은 거짓 선전으로 사실을 부인하고 책임을 회피해왔다. 세계화의 물결이 썰물처럼 빠지더라도, 독재 국가 체제를 유지하겠다는 의사 표시나 다름없는 것이다. 중국 공산당의 주석인 시진핑은 2022년 10월 제20차 전국인민대표대회에서 유례없이 3연임을 확정했다. 전체주의 독재 체제[54]를 강화하고 있는 것이다.

이제 세계화의 물결은 많이 누그러졌다. 우한폐렴(COVID19)이, 그렇지 않아도 종말을 향해가던 세계화의 운명을 앞당겼다는 분석도 있다. 그러나 세계화는 풍요로움에 대한 기대와 추억을 남겨놓았다. 세계의 공장 역할을 해온 중국이 미국의 전략대로 완벽하게 디커플링을 할 수 있을지 아직은 좀 더 지켜봐야 한다. 세계화의 물결이 완전히 빠질지, 아직은 뚜렷하게 전망할 수 없다. 그러나 개별 국가들의 정치 상황이 바뀌면서 세계화는 서서히 막을 내리고 국가주의와 민족주의가 조금씩 힘을 얻고 있는 것도 사실이다.

국제 기구와 유엔 산하 기구의 활동

인류 역사상 가장 많은 국가가 모여서 가장 큰 규모로 만들어낸 국제 기구가 바로 국제연합(유엔)이다. 유엔 창설 이전에는 이에 버금가는 국제 기구로 국제연맹(The League of Nations)이 있었다. 제1차 세계대전이 끝난 뒤, 미국 윌슨 대통령의 제안으로 1920년 1월에 창설되었다. 그러나 제안국인 미국의 상원과 하원의 반대로 참여하지 못했다. 결국 유명무실한 기구가 되었고 제2차 세계대전을 막아내지 못했다.

유엔은 제2차 세계대전이 끝난 직후인 1945년 10월 24일에 승전 51개국이 모여서 만들었다.[55] 2021년 말 현재, 회원국의 수는 193개이다. 1980년대에 제3세계라고 불렸던 아프리카 대륙의 국가들이 한꺼번에 가입하면서 회원국이 갑자기 늘었다. 한국도 6·25전쟁이 끝나면서부터 유엔의 문을 두드렸으나, 안보리 상임이사국인 구 소련과 공산 중국의 반대로 번번히 거절당했다. 그러다가 노태우 대통령이 북방외교를 펼치면서 결실을 맺었다. 드디어 우리나라는 1991년 유엔 가입에 성공, 회원국이 되었다. 이때 북한도 같이 유엔에 가입했다.

유엔은 뉴욕에 본부를 두고 있으며 매년 총회를 개최한다. 유엔은 전쟁 방지, 인권 증진, 환경 보호, 후진국의 경제 지원 등, 인류 모두의 이익을 위해서 활동하는 대표적인 국제 기구이다. 침략 전쟁이 일어날 때는 유엔의 평화유지군이 침략당한 나라의 치안과 재건을 돕기도 한다. 후진국에는 경제 지원 프로그램으로 자립과 번영을 돕는다. 전쟁을 일으킨 나라에는 회원국들이 연합하여 경제적인 압박으로 불이익을 주기도 한다.

대한민국은 유엔군의 도움으로 침략군을 물리친 최초의 국가이자 지금까지는 유일하게 유엔군이 파견된 나라이다. 구 소련과 공산 중국의 사주를 받은 북한이 1950년 6월 25일에 침략 전쟁을 일으키자 자유 수호의 깃발 아래 22개국의 유엔군이 파병되어 우리나라를 도와주며 공산군에 대적해 함께 싸웠다.

〈유엔 산하 기구들〉

- 세계무역기구(WTO, World Trade Organization) : 나라 사이에는 무역을 불편하게 만드는 요인이 많다. 세계무역기구는 이런 불편 요인을 없애고 세계를 하나의 시장으로 만들려는 목적으로, 1944년에 창설되었다. 세계무역기구 아래에 국제통화기금(IMF)과 세계은행(IBRD)을 두고, 가난하거나 일시적으로 경제적 어려움에 빠진 회원국을 돕는다. 대한민국은 1997년에 외환 위기에 처했을 때 국제통화기금에서 빌린 돈으로 경제 회복에 성공했다. 4년 만에 빚을 다 갚는 기록을 세워 세계인들을 놀라게 했다.

- 세계보건기구(WHO, World Heath Organization) : 전염병을 비롯한 질병과 열악한 보건 환경은 인류의 생명을 위협해 왔다. 세계보건기구는 생명을 위협하는 질병을 물리치고 세계인의 건강과 보건 수준을 높이고자, 1946년에 설립되었다. 병원, 의사, 의료 기술이 부족한 나라들을 지도하고 회원국들 사이

의 의료와 보건 협력을 돕는다. 전염병인 천연두를 1980년에 지구상에서 완전히 퇴치하였고, 말라리아 같은 풍토병과 에볼라, 조류 독감, 사드, 우한폐렴(COVID19) 감염증 등 새로 유행하는 전염병을 퇴치하는 데 앞장서고 있다.

하지만 2000년대부터 막대한 중국 자본이 흘러들어와, 세계보건기구는 본연의 임무를 다하지 못하고 있다. 중국 우한에서 폐렴이 발생했는데도, 우한폐렴이라는 이름을 붙이지도 못했다. 발생지의 지명을 따서 이름을 짓는 관례를 깨고 COVID19라고 이름 붙였다. 더욱 안타까운 점은 폐렴의 발생 원인을 밝히려면 반드시 발생 지역을 조사해야 하는데 아직까지도 발생지인 중국 우한 지역을 철저히 조사하지 못했다는 것이다. 이는 모두 중국의 입김과 압력이 크게 작용한 결과이다.

- 유엔교육과학문화기구(UNESCO : 유네스코) : 유네스코는 교육, 과학, 문화와 같은 지적 활동 분야에서 국제 협력을 북돋아 세계 평화와 인류 발전에 이바지하려고 세운 국제 기구다. 세계유산, 문화유산 및 자연유산을 지정하고 보호하는 활동도 한다. 현재 195개국의 회원국이 있으며, 우리나라는 1950년에 가입했다.

우리나라가 유네스코에 가입하자마자 6·25전쟁이 일어났고 전쟁으로 우리나라의 교육 여건이 무척 나빠졌다. 이때 유네스코는 24만 달러를 지원하고, 연간 3,000만 부의 교과서를 찍을 수 있는 인쇄 공장을 세워 당시 학생들은 유네스코에서 찍어준 교과서로 공부했다. 지금 우리나라는 유네스코에 지원금을 가장 많이 보내는 나라 가운데 하나이다.

- 유엔아동기금(UNICEF : 유니세프) : 유니세프는 1946년에 전쟁으로 피해를 입은 어린이와 청소년들을 돕고자 세워졌다. 현재 190개의 나라에서 어린이들의 권리를 보호하고 건강과 복지를 증진시키고 있다. 이런 활동으로 1965년에

는 노벨 평화상도 수상했다. 우리나라는 1950년부터 1993년까지 43년 동안 유니세프의 도움을 받아 수많은 어린이의 소중한 생명을 지켰다. 그 뒤 한국은 어려운 나라에 도움을 주는 유니세프 33개의 나라 가운데 하나가 되었다. 도움을 받던 나라에서 도움을 주는 나라로 바뀐 유일한 국가가 바로 대한민국이다. 2022년에는 모금을 가장 많이 하는 나라로 손꼽혔다.

- 유엔의 평화유지군(UNPKF, United Nations Peace Keeping Force) : 유엔의 평화유지군은 분쟁 지역에서 평화를 유지하거나 평화를 회복하기 위해서 여러 나라 정부에서 자발적으로 파병한 부대를 말한다. 평화 유지 활동이란 평화가 지속될 수 있는 필요 조건을 만드는 작업을 말한다. 평화유지군은 분쟁이 끝난 지역을 감시하고 관찰하며, 평화 협정이 이행되도록 지원 활동을 한다. 평화 유지 활동은 신뢰를 구축하고 권력을 공유하도록 준비하며, 선거를 지원하고 법치주의를 강화하여 경제적 사회적 발전을 지원하는 것과 같은 다양한 형태를 가지고 있다. 따라서 유엔의 평화유지군에는 군인과 민간인 모두 소속되어 있다. 평화유지군은 파란색 베레모 또는 파란색 전투모를 쓰는데, 블루 베레 또는 블루 헬멧으로도 불린다. 유엔 평화유지군은 1988년 노벨 평화상을 받았다. 대한민국도 세계 평화에 이바지하고자, 1991년부터 세계의 일곱 지역에 유엔 평화유지군[56]을 파견하였다.

유엔 산하 기구는 아니지만 비정부 기구(NGO, Non Governmental Organization)라는 용어는 유엔에서 처음 사용하였다. 유엔, 즉 국제연합은 '정부의 연합'이라는 뜻을 갖고 있다. 유엔의 다양한 부속 기구와 민간 단체들이 활발한 활동을 펼치자, 정부가 아닌 민간 단체들과도 파트너십을 필요로 하게 되었다. 이때 'NGO', 즉 비정부 기구라는 용어를 사용하게 되었다고 한다.

NGO는 국제 기구와 관계를 맺고 협의하는 자발적인 비공식 조직이다. 뜻을 같이하는 사람들이 특정한 목적을 가지고 인도주의적인 활동을 한다. 정부의 정책을 감시하고 시민의 정치참여를 독려하며, 인권·환경·보건·성차별과 같은 특정한 과제를 중심으로 활동한다.

NGO는 입법·사법·행정·언론에 이어 '제5부'로 불린다. 정부와 기업에 대응하는 '제3섹터'라고도 한다. 자율·참여·연대 등을 주요 이념으로 하며, 활동영역에 따라 인권·사회·정치·환경·경제 등의 분야로 나눌 수 있다. 대표적인 NGO로 유엔인도주의업무조정국(OCHA) 유엔인권고등판무관실(OHCHR) 세계식량기구(WFP) 세계자연보호기금(WWF), 그린피스(Greenpeace), 국제앰네스티(Amnesty International)를 들 수 있다.

1903년에 설립된 YMCA와 1913년에 안창호가 설립한 흥사단이 국내 최초의 NGO이다. 최근에 설립된 NGO로는 한반도선진화재단, 한국선진화포럼, 물망초, 북한인권재단, 좌파적 이념을 신봉하는 참여연대와 경실련 등을 들 수 있다.

III
대한민국 이전의 사회

1. 구한말 사회

삼국시대에 들어온 불교의 세계관으로 살아가던 고려인들 가운데, 유교 성리학적 세계관을 갖춘 새로운 지배 세력이 나타났다. 이들이 역성혁명으로 고려 왕조를 무너뜨리고 조선 왕조를 새로 세웠다.

조선이란 나라 이름은 명나라 황제가 이름 두 개 가운데 하나를 고른 것이다. 조선 왕조는 명나라의 연호를 쓰다가, 병자호란 뒤에는 청나라의 연호를 썼다. 왕세자도 명나라나 청나라의 허락을 받아 책봉하였다. 조선은 중국을 천하의 중심으로 보고 최고의 문명국으로 생각하는 세계관에 파묻혀 있었다.

조선 왕조가 세워진 15세기부터 왕조가 없어진 20세기까지, 인류는 격변기를 거치면서 교류와 통합이라는 근대 문명의 시대에 들어서고 있었다. 격변기를 대표하는 역사적인 사건들로는 대항해의 시대와 신대륙의 발견, 천동설에서 지동설로 우주론의 대전환, 르네상스와 종교개혁, 계몽주의 사상의 발전과 시민혁명, 과학 기술의 발달과 산업혁명을 꼽을 수 있다.

조선 왕조는 성리학을 지배 사상으로 삼았다. 성리학은 공자로부터 발전되어온 유교 사상을 송나라의 주희가 예법을 중심으로 다시 해석한 사상 체계이다. 임금과 양반 지배층의 인격적 수양을 강조하고 왕도 정치를 정치 이상으로 삼고 있다. 전근대적이고 비과학적인 사상 체계인 셈이다. 조선 왕조는 세계사

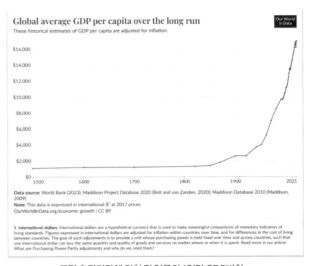

그림 6 장기간에 걸친 전 인류의 1인당 GDP변화
(인류는 19세기 무렵부터 경제적으로 발전하기 시작하였다. 그 이전 오랜 기간 인류는
경제적으로 발전하지 않은 상태에서 살아왔다.)

적인 문명 전환 과정에서 멀리 떨어져 있었다. 서양에서는 과학과 더불어 상업이 발전하고 사람들은 조금씩 근대인으로 탈바꿈하고 있었다. 그러나 성리학적 세계관은 과학과 상업을 천하게 여기고, 인간의 자유와 평등에 대해서 무지하였다. 당시 중국과 일본은 우리보다 현실적인 세계관을 가지고 있었지만 여전히 폐쇄적인 세계관에 갇혀 있었다.

항해의 시대를 거치면서 전 세계는 정치적으로나 경제적으로 촘촘히 이어져 갔다. 자발적으로나 비자발적으로 교역하면서 예전과 달리 경제적으로 발전하기 시작했다. 세계사의 발전 과정과 동아시아가 미세하게 이어지고 있었다. 포르투갈 선원들을 통해 전래된 조총은 일본의 전국시대를 끝맺게 했고 조선 침략의 실마리가 되었다. 네덜란드 사람들로부터 명나라를 거쳐서 청나라에 전래된 홍이포는 철기군과 함께 조선의 반발을 잠재우고, 명나라를 멸망시키는 주력이 되었다. 남들은 이렇게 세계사와 관계하고 있었지만 성리학적 세

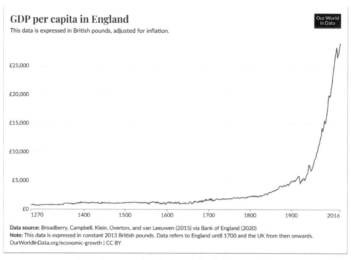

그림 7 인류의 경제적 발전, 영국의 1인당 GDP 변화
(영국은 산업혁명을 바탕으로 인류사에서 가장 먼저 큰 경제 발전을 이루었다.)

계관에 갇혀 있던 조선만은 유독 그런 관계를 맺지 못했다.

한편 지배층의 성리학적 가치관은 종래의 불교 신앙이나 토속적 무속 신앙과 결합되어 사회 전반에 퍼져 있었다. 지배층의 양반이나 피지배층의 백성들이나 집안의 조상신과 무속의 잡신들에게 소원을 빌고 점을 보기는 마찬가지였다.

18세기부터 서학이라는 이름으로 천주교가 전래되었고 이를 믿는 사람이 많아졌다. 그러나 1801년 신유박해, 1849년 기해박해, 1866년 병인박해와 같이 연이은 희생으로 포교가 쉽지 않았다. 빈곤과 질병 또는 고단한 삶에 대한 현실 도피의 대안을 모색하던 동학은 왕조의 정통성을 부정하는 새로운 종교의 형태로 발전했다. 동학을 믿는 사람들은 처음에는 탐관오리를 처벌하라고 민란을 일으키며 왕조 내부의 부조리를 고발했다. 그렇지만 대원군과 결탁하였듯 반외세와 충군의 성리학적 세계관에서 벗어나지 못했다. 관군과 일본군

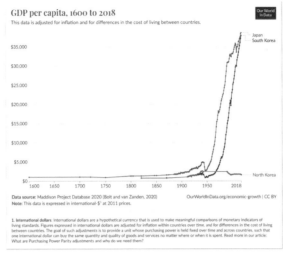

그림 8 대한민국(South Korea), 일본(Japan), 북한(North Korea)의 1인당 GDP 변화(1600~2018년)
(일본은 한반도보다 이른 시기에 서구의 산업혁명을 받아들여 경제 발전을 이루었다.
대한민국은 일본보다 늦게 경제 발전을 이루었으나, 북한은 여전히 경제 발전을 이루지 못하고 있다.)

의 토벌대와 벌인 전투에 패배한 뒤 살아남은 동학 세력은 발걸음이 달라졌다. 봉건 사회의 개혁을 요구하며 일본의 합병 작업에 협조하는 모습도 보였다.

개신교는 천주교보다 조선에 늦게 들어왔다. 근대화 운동은 개신교 선교사들로부터 서양 문물을 습득한 인재들이 주도했다. 성리학적인 세계관의 한계와 전근대적인 정치 체제의 문제를 정확하게 인식하고 근대적 입헌군주제를 주장하였다. 이들의 주장은 우여곡절 끝에 최종적으로 거부되었다. 조선의 국정 최고 책임자였던 고종은 성리학적인 세계관을 유지한 채 왕조를 망국의 길로 끌고 들어갔다. 온통 마음은 왕실과 왕족의 안녕에 빼앗겨 있었다. 개명된 신하들은 중용되지 않고 성리학적 세계관을 지키던 신하들이 왕을 지켰다.

폐쇄 경제 체제가 낳은 경제 위기

농자천하지대본(農者天下之大本)은 농부가 국가의 근본이라는 말이다. 이 말

국립산림과학원
National Institute of Forest Science

산림 상태

■ 성림지
■ 치수발생지
□ 무립목지

※ 성림지: 32%(개마고원
등 사람의 접근이 어려
운 지역 중심), 치수발생
지:42%, 무립목지:26%

그림 9 1910년 조선임야분포도(朝鮮林野分布圖)
(주로 사람의 접근이 어려운 개마고원과 태백산맥 주변만이 성림지(32%)이고 그 외는 삼림이 황폐했다.)

그림10 1900년대 서울 근교로 추정되는 헐벗은 산지
(당시 한반도 전역의 삼림은 심각하게 훼손돼 있었다.)

을 앞세운 조선 왕조는 농업을 주로 하는 농업 국가였다. 조선 건국 초기에는 농업을 장려하고 선진농업 기술을 토착화시키고자 〈농사직설〉 같은 농사짓는 데 도움이 되는 책을 많이 편찬했다. 그러자 고려 시대까지 번성했던 외국과의 교류는 크게 쇠퇴하였다. 북쪽으로는 명·청나라와 조공 무역, 남쪽에서는 왜관과 선린 무역으로 아주 제한적인 교류가 있었을 뿐이다. 외국과의 교류가 퇴조하면서 상업이나 공업은 저절로 퇴보하였다.

15세기 한반도의 인구는 400만 명쯤으로 추산되는데, 1925년에는 1,854만 명[1]에 이른다. 한반도에는 산지가 많고 평야가 적다. 증가하는 인구를 먹여 살리기에는 농작물을 심을 수 있는 농지가 절대적으로 모자랐다. 산림을 농지로 개간하여 모자라는 농지를 얻어내야 했다. 조선 전기의 양반 집안들은 노비들을 동원하여 구릉성 산지와 해안가 황무지를 농지로 개간하였다. 조정에서도 이와 같은 농지의 개간을 장려하였다. 그 결과 18세기 무렵에는 조선 왕조의 농업 경제가 최고의 절정기에 이르게 되었다.

조선 왕조는 한반도를 중심으로 한 폐쇄 경제 체제였다. 조선 시대에는 오늘날의 석탄과 같은 지하자원이 에너지원으로 개발되거나 이용되지 못했다. 난방이나 건축에 쓰이는 자원은 자연림에서 조달하였다. 1876년 개항 이전에는 석유나 가스와 같은 에너지원을 알지도 못했다. 모든 건축 자재, 토목 자재, 농기구 및 종이를 만드는 데 필요한 원자재 대부분과 난방과 취사에 필요한 에너지원은 오직 산지의 숲에서 조달하였다.

그러나 조선 왕조는 숲을 체계적으로 관리하지 않았다. 숲을 이용만하고 나무를 심거나 보호하는 인공 조림에는 마음이 없었다. 왕조가 시작된 뒤 수세기에 걸친 농지 개간으로 산림이 망가지고, 18세기부터 나무로 불 때는 온돌 생활을 하게 되자 많은 산림이 헐벗었다. 뿐만 아니라 쌀에 대한 지나친 선호도는 산간의 밭을 논으로 개간하는 지경에 이르게 했다. 결국 산림은 못쓰게 되었고 홍수와 가뭄이 연이었다. 이에 따라 국가의 중추 산업인 농업경제가 크게 어려워졌다. 19세기가 되자 농지 개간을 더 할 수 없었고, 농업생산량은 늘 모자랐다. 민생 경제가 곤두박질치면서 전국에 걸쳐 민란이 끊이지 않았다. 조선 왕조는 존립의 위기에 맞닥뜨렸다.

대항해의 시대가 지나가고 산업혁명의 시대가 되자 식민지 건설로 국부를 키우려던 중상주의 경제사상은 잦아들었다. 비교 우위에 따라 자유무역으로 국부를 키우려는 자유주의 경제사상이 올라왔다. 대표적인 자유무역주의자는 시장경제원리를 이론적으로 밝힌 아담 스미스(Adam Smith)이다. 그의 국부론(1776년)은 불후의 명작이 되었다. 시장경제원리의 핵심은 개인 사이에 거래를 하거나 국가 사이에 교역을 하면 당사자 모두에게 이익이 된다는 데에 있다. 전 세계는 시장경제원리에 따라 국제 교역의 시대로 접어들고 있었다.

그러나 조선의 통상은 명·청나라의 접경 지역에 있던 책문후시나, 동래 왜관과 해왔던 교역을 빼고는 이렇다 할 것이 없었다. 조선 왕조 기간 중 17세기에는 타이완에 대한 청의 해금 정책으로 청과 일본 사이 중개 무역이 발달했고, 그 절정기는 17세기 후반이었다. 그 후 일본이 주요 거래 품목이었던 견직물과 인삼을 국산화하고, 교역 수단으로 이용되던 은을 통제하자 중개 무역은 위축되었다. 1876년에 개항한 뒤에야 조선은 면직물과 등불용 석유나 성냥과 같은 생필품을 수입하게 되었고 쌀, 콩 등을 수출하였다. 세계사적인 흐름에서 떨어져 있던 조선은 시장경제원리에 따른 교역의 이익을 전혀 알지 못했다. 그나마 근대적 시장경제원리를 깨닫고 내정 개혁을 주장한 개혁 상소로는 건백서(1888년)[2]가 처음이다. 그것은 갑신정변에 실패한 뒤 일본으로 망명한 박영효가 올린 것이다. 당시에 미국과 프랑스 같은 서구 열강의 배들이 조선의 연안에 나타나 교역하자고 했지만 조선 왕조는 상대하지 않았다. 조선의 조정과 관리들은 오히려 그들을 오랑캐라며 깔보았다.

조정의 실권을 쥐고 있던 대원군은 1871년 '척화비'[3]를 전국에 세우고 쇄국 정책을 고집하였다. 그렇지만 굳게 닫혀 있던 조선의 항구는 1876년 일본에 의해 열렸다. 일본은 1854년에 미국의 페리 제독이 개항시켰는데 그와 비슷한 방식으로 일본이 조선을 개항시켰다. 이는 조선이 전통적인 중화주의 세계관을 벗어나게 된 계기가 되었다.

통감부가 남긴 1907년의 기록을 보면, 전국에 퍼져 있는 근대적인 형태의 공장은 전국에 모두 70개[4]다. 그 가운데 정미업이 17개이며, 금속업이 12개, 연와업(벽돌 및 기와 제조)이 12개이다.

동력을 사용하는 공장은 70개 가운데 36개이며, 연초업(담배 제조)과 연와업에는 하나도 없었다. 인력만을 사용하는 연초업과 연와업에서 직공이 200명을

업종 직공수	정미	식품	연초	금속	연와	인쇄	섬유	기타	합계
200~	-	-	2	-	2	-	-	1	5
100~200	2	-	-	-	-	-	1	1	4
50~100	-	-	1	-	2	1	1	-	5
20~50	7	4	1	2	2	2	-	2	20
10~20	6	1	-	5	6	1	1	2	22
0~10	4	3	1	5	-	-	-	1	14
합계	19(19)	8(5)	5(0)	12(4)	12(0)	4(2)	3(2)	7(4)	70(36)

출처: 제2차 통감부통계연보(1907)

그림11 1907년 전국의 공장 현황(단위:개)

넘는 곳이 각각 두 개가 있었다. 70개 공장 가운데 56개가 일본인 소유였고, 미국인이 세 개, 중국인이 네 개, 한국인이 일곱 개였다. 한국인 소유의 일곱 개 공장 가운데 다섯 개는 한성에 있었는데, 공장다운 공장은 정미소 한 개와 직물 공장 한 개였다. 나머지 세 개는 인쇄소, 제지소, 표구점이다. 1908년에 전국의 장시는 총 849기였으나, 1770년의 1,062기보다 적은 수준으로 전반적으로 상업은 쇠퇴하였다. 농촌의 공업은 이동식 철공업이었다. 농기구가 필요한 지역으로 옮겨 다니며 대장간을 운영하는 형태였다. 산업 발전의 측면에서 보건대, 조선과 대한제국은 전반적으로 보잘 것 없는 수준의 전근대적 사회였다.

개항 이후의 경제 변화

1876년에 처음으로 근대적 조약을 맺었다. 이른바 강화도조약으로 알려진 조일수호조규이다. 그러자 개항장을 중심으로 민간 무역이 자라났다. 중국과 일본을 오가는 정기 항로가 열리고 전보망이 놓였다. 외국 은행 지점도 세워져 외국 상인과 조선 객주 사이의 무역이 활발해졌다. 쌀과 콩, 광산물과 같은 1차 산품을 수출하였고 면포와 같은 공산품을 수입하였다. 1890년부터 일본으로부터 새로운 품종의 쌀을 들여다 재배했다. 전통적인 소농 경제에서 벗어나 개항장을 둘러싸고 대지주가 나타나기도 하였다. 제염, 주조, 야철 수공업과 같은 가내 수공업은 힘이 꺾였다.

1890년 뒤에 조선의 무역은 '쌀-면 교환'의 식민지적 수출입 구조로 바뀌게 되었다. 일본에 쌀을 수출하고 일본의 공장제 면제품을 수입하였다. 개항하고 나서 쌀과 콩의 수출이 잘 되어 비싼 값에 쌀과 콩을 팔고 값싼 수입품을 사서 쓰게 되었다. 그러자 버려진 농지도 찾아서 경작하게 되었고 덕분에 농업도 힘을 얻게 되었다. 개항은 19세기 내내 진행되었던 경제 위기를 어느 정도 풀어냈다. 쌀의 수출이 역할을 단단히 했던 것이다. 개방과 시장의 확대는 시대와 지역을 불문하고 경제 생활에 활기를 불어넣는다. 조선의 개항도 같은 결과를 가져왔다.

개항 초기에는 양반 계급의 공공연한 수탈과 민란이 그치지 않았다. 농업의 기반이 허약한 데다가 농촌 사회의 질서마저 무너지자 농촌 시장까지 위축되었다. 하지만 1890년대에 들어오면서 개항장을 중심으로 지주 계급이 나타났다. 이들 중에는 가난한 잔반 출신이나 향리 출신이 많았다. 이들은 근검 절약과 상업 활동으로 재산을 일군 사람들이다. 이와 달리 전통적인 지배 계급인 양반들은 전통적인 경제 윤리와 생활 방식에서 헤어나지 못했고 새로운 시장 환경에 적응하지 못했으므로 대부분 몰락의 길을 걸었다.

국내 시장은 커졌고 일본 시장과 중국 시장에 통합되어 갔다. 그때 은행과 회사가 나타나기도 하였다. 조선의 폐쇄 경제는 농업생산성의 하락으로 위기에 접어들고 있었다. 1800년대에 피지배층의 생활은 너무나 어려워서 전 세계에서 가장 처참한 지경이었다. 조선의 재정을 떠받치고 있던 삼정(전정, 군정, 환곡)이 이루 말할 수 없이 문란해졌다. 탐관오리의 부정부패가 널리 퍼졌고, 세도가와 양반 지배층의 수탈도 끔찍했다. 어두운 현실에 절망한 백성들은 못 참고 일어났고 이런 민란의 물결은 널리 퍼져갔다. 또한 지칠 대로 지친 백성들은 새로운 세상을 꿈꾸며 현실 도피의 세계로 빠져들게 되었다. 그런 흐름의 중심에는 최제우가 제창한 동학이 있었다.

동학란 이전에도 민란은 연이었다. 1811년의 홍경래의 난, 1862년의 연이은 임술민란이나 진주민란은 조선 왕조가 스스로 진압할 수 있었다. 그러나 전국적인 세력을 가진 동학도들이 함께 일어나자 조선 왕조는 당황하였다. 혼자 힘으로는 도저히 안 되겠다고 생각하고 청나라에 도움을 청했다. 조선의 요청을 받고 청나라 군대가 조선에 들어왔다. 그러자 일본도 조선에 군대를 보냈다. 갑신정변 뒤에 맺은 톈진조약에 따르면, 청나라와 일본 가운데 어느 한 나라가 조선에 파병하면 다른 나라도 파병할 수 있었다. 조선을 가운데 둔 일본과 청나라 사이에는 전쟁이 불가피해진 것이다.

유교적 왕도 정치 체제의 덫에 갇힌 정치 사상

조선인들은 중국을 세계 최고의 문명국으로 믿고, 스스로를 소중화의 문명국이라고 여겼다. 중국인과 조선인 말고는 모두 오랑캐로 여겼고, 그들의 나라도 오랑캐 나라로 생각했다. 중국을 최고의 나라로 섬기고 중국 황제의 사신들에게 신하의 예로써 굽실댔다. 스스로 중국권의 소국이라 여기며 자신의 나라를 당당한 독립국으로 생각하지 못했다.

병자호란 뒤에 들어온 서학은 수많은 순교자를 남겼다. 그런데 1880년대에 들어서서 더 이상의 시련은 받지 않게 되었다. 조선이 미국, 영국, 러시아, 독일,

프랑스와 같은 서구 열강과 조약을 체결하고 국제 무대에 문호를 개방하였기 때문이다. 그러나 조선은 여전히 중국 중심의 세계관에 젖어 있었으며 청나라의 영향력도 이어지고 있었다.

이웃 나라 일본은 자신들의 근대화 경험과 탈중화적 세계관을 조선 왕조와 양반 지배층에게 적극적으로 소개하였다. 조선의 조정도 수차례 수신사를 보내어 일본의 근대화를 보고 돌아왔다. 미국과 수교하고 보낸 보빙사 일행도 새로운 세계를 경험하였다. 그들 가운데는 근대 문물을 빨리 받아들여야 한다고 주장한 이도 많았다. 그러나 양반 지배층의 대부분은 이에 귀 기울이지 않았다. 성리학적 세계관에서 파묻혀 있었기 때문이다.

1876년에 개항한 뒤 1910년에 멸망할 때까지, 약 35년 동안 조선 왕조는 격변기를 맞게 되었다. 그때에는 정치적, 경제적, 사회적 개혁이 절실했었다. 개혁을 하려고는 했지만 왕실과 양반 지배층은 주저했다. 그들은 오히려 왕도 정치를 내세우고 권력 투쟁에 깊이 빠져들었다. 다수의 피지배층도 굳어버린 신분 질서와 충효의 유교적 세계관에서 한 치도 벗어나지 못하였다. 근대 국가의 기초로서 개인을 앞세운 근대 시민 의식은 꿈도 꾸지 못했다.

대원군과 민씨 척족은 끊임없이 권력 투쟁에 몰입했다. 왕도 정치의 버팀목인 관리의 임용과정은 투명하지도, 공정하지도 않았다. 민중에 대한 양반 지배층의 학정은 참혹한 지경이었다. 중앙 조정의 요직은 민씨 척족이 차지하였다. 1893년 4월부터 1894년 4월까지, 1년 동안 한성부 판윤은 17회 바뀌었고, 좌윤 26회, 우윤 27회, 경기도 관찰사 6회, 황해도 관찰사가 3회 바뀌었다. 지방 행정 조직은 유명무실해졌고 이 때문에 1898년에 시작한 광무양전사업은 그 마무리조차 할 수 없었다.

새로운 세상을 위한 내정 개혁 시도

일본의 근대화 경험을 모범 삼고 국가를 개혁하고자 일어선 젊은이들이 있었다. 당시 급진 개화파의 젊은 정치인들은 1884년에 우정국 낙성식 때 정변을 일으켰다. 정변은 3일 천하로 끝났다. 청나라 군대의 개입으로 정변에 실패하고 김옥균을 비롯한 주모자들과 일족은 죽임을 당했고 일부 생존자들은 일본으로 망명했다. 내정 개혁을 다그쳤던 개화파 세력은 하루아침에 몰락하고 말았다. 이후 조선의 내정은 중화주의 세계관에 젖은 세력이 움켜쥐었다. 특히 정변 뒤 10년 동안, 조선의 내정은 고종과 민씨 척족이 마음대로 휘둘렀다. 그때는 왕실이 나서서 매관매직을 할 정도로 부정부패가 깊고 넓게 퍼져 있었다.

1896년에 세워진 독립협회는 자주 국권, 자유 민권, 자강 개혁을 내세우고 근대화 운동을 밀고 나갔다. 독립협회 주도로 만민공동회가 열렸다. 만민공동회에는 갈수록 일반 민중은 말할 것도 없고, 국민협회, 일진회 및 정부 대표도 함께 하는 자리가 되었다. 이들이 근대적인 의회의 설립안을 담아 내정개혁안으로 헌의6조를 내놓았다. 고종은 그대로 받아들이겠다고 약속하였다.

그러자 수구파 정부 관료들은 독립협회가 군주제를 없애고 공화제를 하려고 한다는 익명서를 꾸몄다. 고종은 그들의 말을 듣고 독립협회 회원들을 잡아들이고 협회 해산을 명령하였다. 헌의6조는 폐지되었고, 조정은 어용 단체인 황국협회를 만들어 독립협회를 탄압하였다. 독립협회는 만민공동회라는 이름으로 버티다가, 1898년 말에 정부가 불러들인 보부상 단체의 공격을 받고 없어졌다. 배재학당에서 신학문을 닦고 만민공동회에서 으뜸으로 나섰던 이승만도 반역의 혐의로 잡혔다. 그는 5년 8개월 동안 한성감옥에 갇혀 있었다.

일본의 영향력과 내정 개혁

일찍이 중화주의적 질서에서 벗어나 근대화를 추진하던 일본은 한반도를 일본 안보의 주요 지점으로 인식했다. 그리고 한반도의 정세를 자국의 안보 시각에서 보았다. 1893년에 동학도들이 일어나자 청군이 조선에 들어왔다. 이때 벌어진 청일전쟁에서 일본이 승리하였다. 이로써 오랫동안 이어지던 조선에 대한 청나라의 영향력은 끝이 났다.

청일전쟁 중에도 일본은 전근대적인 관습과 어지러운 내정을 개혁하라고 조선에 요구하였다. 내정 개혁을 밀어붙이려고 일본은 대원군과 손도 잡았다. 권력을 노리고 있던 대원군은 일본의 제안을 반겼지만 내정 개혁에는 관심이 없고 민씨 척족으로부터 권력을 되찾을 생각만 하고 있었다. 결국 동학도들과 결탁하여 일본을 내치려고 하다가 물러났다. 일본이 밀어붙인 내정 개혁은 실패하였다. 실패 원인으로는 일본에 대한 민중의 반감과 전통적 관습의 변혁에 대한 저항, 내정 개혁에 필요한 재원을 확보하지 못한 것을 들 수 있다.

일본이 러일전쟁에서 승리하자 조선에 대한 일본의 영향력은 더 커졌다. 일본은 1904년에 제1차 한일협약을 강요하였다. 재정고문, 군사고문, 경무고문, 학부고문 및 궁내부고문을 자신들의 뜻대로 임명하였고 서울과 경기도의 치안까지 움켜쥐었다. 그리고 서구 열강과 조약을 체결하고 조선에서 우월적 지위를 확보하였다.

1905년에는 을사조약으로 불리는 제2차 한일협약을 맺었다. 이 협약으로 일본은 조선의 외교권을 박탈하고, 조선에 있던 각국 외교 공관의 문을 닫아 걸었다. 1906년 2월에 통감부가 세워졌다. 통감부는 화폐, 금융 및 재정을 통째로 개혁했다. 1909년에는 중앙은행을 세웠고 황실 재정도 정리하였다. 통감부가 추진한 재정 및 화폐 개혁의 부작용도 적지 않았다.

근대적 주권 재민 국가로의 전환 실패

총체적인 국정 난맥 가운데에는 국정의 최고 책임자인 국왕 고종이 있었다. 그는 1863년부터 1907년까지 임금 자리에 있었다. 동시대인들의 그에 대한 평가는 '무능'과 '우유부단'이었다. 그가 재위한 기간은 조선 왕조에 절체절명의 시기였다. 세계사적으로 본다면, 조선이 중세 봉건적인 폐쇄 국가에서 근대적인 개방 국가로 바뀌어야 할 시기였다.

그러나 고종은 변모하는 시대 상황에 어떤 준비도 되어있지 않았다. 그렇다고 종래의 성리학적 왕도 정치에 충실한 인물도 아니었다. 그에게는 자신과 왕족의 안녕이 언제나 우선이었다. 국내 정치에서는 기득권을 지키려고 수많은 내정 개혁의 기회를 스스로 뿌리쳤다. 국제 정치에서는 끊임없이 강대국에 기대서 권력을 지키려고 하였다. 독립국의 기틀을 만드는 데 실패할 수밖에 없었던 인물이었다.

재위 초기에는 아버지 대원군이 섭정하면서 무너진 왕조의 틀을 바로잡으려 했다. 그러나 친정 체제로 바뀌면서 섭정 기간에 추진되었던 중요한 정책들을 대책도 없이 손바닥 뒤집듯 뒤집었다. 개항 뒤에 많은 외국 인사와 교류하였는데도 근대적인 개혁에 대한 어떤 지혜도 못 얻고 허송세월만 하였다. 동학 봉기와 청일전쟁까지는 청나라에 기댔고, 청일전쟁 뒤에는 러시아에 기대어 왕권을 지키려 하였다. 그러나 일본이 청나라와 러시아를 상대로 벌인 두 차례의 전쟁에서 모두 승리하자 고종은 더 이상 기댈 곳이 없었다.

고종은 국제 정치에서 누가 강자인지, 누가 떠오르고 있는지 전혀 감을 못 잡았다. 고종은 메이지 일왕과 동갑이었고 비슷한 시기에 등극하였다. 그런데 메이지가 이끈 일본은 20세기 초에 동아시아의 패권을 차지하였고, 고종이 이끈 조선은 일본의 발 아래 짓밟히고 말았다.

독립협회가 헌의6조로 개헌 상소를 하고 입헌군주제를 하자고 주장했을 때가 조선에 근대화의 마지막 기회였다. 그런데 고종은 머뭇거리다가 '대한국국제'를 선포하고 전제 국가 체제를 강화하였다. 그때부터는 국가의 모든 권한이 군주 한 사람에게 더욱 집중되었고, 일반 국민은 정치적 발언조차 할 수 없게 되었다. 망국의 길로 들어선 것이다.

러일전쟁에서 일본이 승리한 뒤 이토 히로부미는 을사조약의 체결 과정에서, '대한국국제'를 근거로 황제의 결정이 최종 결정이라고 끈질기게 주장했다. 결국 조약의 체결에서 고종의 동의가 필수적이었다. 근대적 대의기관이 없었던 대한제국은 전제 군주만의 국가였다. 때문에 한일 병합 또한 대한제국 황제가 갖는 통치권 일체를 일본 황제에게 양도하는 형식을 갖추게 되었다.

통감부의 시정 개혁

을사조약에 따라 설치된 통감부는 시정개선협의회를 통해서 조선의 내정을 거들었다. 시정개선협의회는 통감이 직접 나오고 한국 내각의 대신들도 나오는 비공식 기구였지만, 통감부의 결정 사항을 한국 대신들이 추인하는 모양새였다. 1906년 3월부터 1909년 12월까지 모두 97회 열렸고, 일본은 한국의 내정에 깊이 끼어들었다. 통감부는 메이지 37년 칙령 240호 '통감부 및 이사청 설치에 관한 령'에 따라 설치되었다. 이는 일본 천황의 칙령이 한반도에서 효력을 발휘한 것으로 사실상 조선의 망국은 을사조약이 체결된 때로 봄이 타당하다.

제1차 시정개선협의회에서는 한국의 재판 및 감옥 제도 등 사법 제도의 개선 문제를 다뤘다. 당시 사법 제도의 문제점과 개혁의 필요성은 한국 정부와 내국인 사이에서도 크게 오르내렸다. 이렇게 해서 과거 대명률과 대전회통의 체제를 벗어난 근대적 사법 제도가 들어왔지만 법률고문 및 법관 대부분이 일본인으로 짜여졌다. 당시에는 형법대전을 비롯한 몇몇 단행법령만 있었을 뿐, 각종 민·형사재판에 관한 근대적인 성문법이 없었다. 실제 재판에서는 한국의 관습이나 일본 법령에 따를 수밖에 없었다.

1907년에 통감부는 민법, 형법, 민사소송법, 형사소송법의 초안을 만들고자, 법전조사국을 세우고 관습 조사 사업을 벌여 1910년에 '관습조사보고서'가 만들어졌다. 법전조사국 사업의 목적은 민법과 상법을 통일한 민상통일법전을 만드는 것이었다. 이를 바탕으로 형법, 호적법, 변호사법, 토지수용법 등을 제정하려고 하였다. 이와 같이 추진된 통감 이토의 보호국화 정책은 1910년에 한일 병합이 되면서 못쓰게 되었다. 하지만 4년 8개월 동안 통감부 시기를 거치면서 일제는 한국 사회의 구조와 관습, 정체성 등을 알아낼 수 있었다. 통감부 주도의 사법 제도 개편과 한국 법전 편찬 사업의 경험은 식민지 시기의 재판 제도와 민형법 제정에 도움이 되었다.

1909년에 민적법으로 근대적 호주제가 시행되었다. 그러자 신분과 성별을 가리지 않고 이름을 호적에 적어 넣었고, 출생, 사망, 혼인 등의 인적 사항을 적은 관청 문서를 만들어 관리하게 되었다.

이토가 추진한 시정 개선 사항은 크게 1) 황실과 정부의 구분 2) 행정과 사법의 분리 3) 재정과 조세의 중앙집권화 4) 중앙 정부와 지방 정부의 권한과 책임 구분 5) 토지 제도의 개혁이었다. 근대적 국가 체제를 만들고자 법과 규율을 정하고 제도를 고치거나 새로 만들었다. 구체적으로는 교육, 도로, 수도, 위생 등 공공사업을 추진하였고, 인천, 부산 등의 항만 축조, 항로 개척을 위해 등대와 항로 표지도 세웠다. 수원과 목포에 농림모범장을 세워서 농업 생산의 증대와 가축 사육, 양잠, 면화 등의 생산 증대를 위한 연구와 실험을 하도록 했다.

새로운 문물과 제도를 들여오고자 많은 일본인을 관리로 선임했다. 결과적으로 한국 정치에 대한 일본의 영향은 크게 늘었다. 지금까지 역사학계에서는 침략과 국권을 침탈하려는 조치로만 보았다. 그러나 당시 대한제국(조선)의 형편에서는 꼭 필요한 개혁 조치였다고 할 수 있다. 그만큼 대한제국(조선)의 형편은 너무나 절망적이었다.

실패한 국가의 망국

러일전쟁 뒤 우월적 지위를 얻은 일본에서는 대한제국을 명목상으로 존속시키자는 의견과 완전히 병합하자는 의견이 맞섰다. 통감부는 보호국화를 내세웠고 일본 군부는 완전 병합을 내세웠다. 1907년에 일어난 헤이그 밀사 사건은 이토 통감을 비롯한 온건파의 주장을 약화시켰다. 고종의 퇴위와 군대 해산, 사법권과 경찰권의 위임으로, 대한제국은 사실상 일본에 병합된 것과 다를 바 없었다. 1909년 4월에 일본은 대한제국 병합 방침을 결정하였고, 1909년 10월에 통감에서 물러난 이토는 안중근의 총에 죽었다. 국내에서는 일진회가 연방제 모양의 합방을 주장하였다. 병합론은 더욱 강해졌다. 마침내 1910년 8월 22일에 대한제국 황제가 통치권을 완전히 그리고 영구히 일본 황제에게 넘겨주는 병합 조약이 체결되었다.

을사조약의 체결 뒤 무력으로 국권을 지키려는 의병 운동이 일어났다. 처음에는 몇몇 양반 유생이 앞장섰지만 1907년에 해산된 군인들이 함께 하면서 꽤 전투력을 갖추게 되었다. 그러나 1909년에 일본의 진압 작전이 시작되면서 의병 활동은 시나브로 기울었다. 오랫동안 교조화되어 온 성리학은 양반 계층뿐만 아니라 일반 민중에게도 지배적인 세계관으로 자리 잡고 있었다. 국왕과 왕실이 시대 문제를 풀지 않고 국가 개혁에 소홀했는데도, 조선 사회 전반에 성리학적인 충성심이 굳건했다. 그것이 의병 운동의 문화적인 토양이었다. 일본에 대한 오랜 반감과 개인적인 생계 문제도 원인이 되었다.

한편 대중을 계몽하고 실력을 양성하여 국권을 지키려는 애국계몽운동도 함께 펼쳐졌다. 대한자강회, 대한협회, 신민회 등이 중심이 되었다. 1860년대부터 거듭된 흉년으로 많은 사람이 간도와 연해주로 이주하였다. 1902년부터는 하와이로 이민이 시작되었다. 새롭게 한인들이 들어가 살게 된 지역들은 뒤에 독립운동가들의 망명지가 되었고 독립운동의 전진기지가 되었다.

민중의 국권 회복 운동에도 아랑곳없이, 조선 왕조를 뒤이은 대한제국의 황제는 통치권을 넘겨준 뒤 별로 한 일이 없다. 이왕가(李王家)란 이름으로 일본 황실에 편입되어 왕공족의 지위를 누렸을 뿐이다. 후손들은 일본군에 들어가 일본제국에 충성하였다. 조선의 마지막 국왕은 이토 히로부미가 죽자 일본 천황에게 조의문을 전보로 보냈다.[5] 이토에게 문충공이라는 시호를 내리고 조의금 10만 원을 보내며 애도했다.[6]

청일전쟁과 러일전정에서 모두 승리한 일본이 조선에 영향력을 행사하는 것을 국제 사회는 반대하지 않았다. 오히려 일본이 조선을 지배하여 전근대적인 왕정 체제에서 근대적인 사회 체제로 전환하면 조선 사람들이 더 잘살게 될 것으로 보았다.[7]

조선은 수백 년 동안 나라의 문을 닫아걸고 이웃 나라와 교류하지 않은 결과, 새로운 사상이 들어오는 것을 막고 이미 있던 성리학적 세계관은 날로 교조화되었다. 자연 환경은 망가졌고 자원은 절대적으로 모자랐다. 농업을 제외한 상공업은 보잘것 없었고, 근대적 과학 기술과 근대적 교육은 존재하지도 않았다. 굳건히 이어지는 신분 질서와 남녀 차별로 개인의 자유와 인권, 행복추구권은 얘기조차 될 수 없었다. 전형적인 신분제 사회였던 조선은 모든 면에서 빈틈없이 실패한 국가의 본보기였다.

2. 일제 시대 사회

동화와 차별

일본은 근대화에 성공하자 세계 패권국가가 되려고 했다. 그러려면 한반도를 일본화시키는 것이 여러모로 유리했다. 한반도는 일본과 지리적으로나 인종적으로 가깝고 문화적으로도 공통점이 많았다. 더욱이 한반도는 당시에 정치적으로나 경제적으로 일본에 중요했다. 일제는 한국을 오래도록 일본 영토에 끼워 넣고 민족을 동화시키려 하였다. 일본의 법률과 제도를 들여오고 한국인들을 교육하여 일본제국의 신민으로 만들려고 했다. 영구 병합과 동화의 상징으로 삼고자 대한제국(조선)의 황실을 우대하였다. 일본은 조선의 병합을 한반도의 규슈화 또는 한반도의 시고쿠화로 생각하였다.

병합 후 1910년대에는 무단 통치로 대한제국을 지배했다. 일진회와 같은 친일 성향의 단체도 없앴고 총독부와 종교계가 펴내는 잡지 외에는 모든 한글 신문과 잡지를 폐간했다. 헌병 경찰뿐만 아니라 일반 관리와 교원들도 제복을 입고 제모를 쓰고 칼을 찼다. 드넓게 조사, 검열, 시찰 및 단속을 했다. 경찰에게는 구류, 태형, 과료 및 3개월 이하의 징역이나 100엔 이하의 벌금에 해당하는 범죄에 즉결 심판 권한이 주어졌다. 태형은 통감부 시절에 고문과 함께 금지되었는데 1910년대에 총독부가 되살렸다. 수용 시설도 모자랐고 구류와 같은 자유형이 아무런 교정 효과가 없다고 생각했기 때문이다.

무단 통치에 대한 한국인의 불만은 3·1운동으로 불붙었다. 일제는 문화 정치로 방향을 돌렸다. 문화 정치의 내용은 헌병 경찰제를 없애고, 언론·출판·집회의 자유를 주며 교육, 산업, 교통 등을 좋게 만들고 지방자치제를 한다는 것이었다. 이에 따라 각종 제도와 법령이 개선되었다.

그렇지만 한국인들은 언론·출판·집회·결사 행위에서 제약을 받았고 교육과 취업 등의 사회적 기회에서도 차별받았다. 일제는 문명 수준과 민도의 차이 때문에 어쩔 수 없다고 우겼지만 사실상 억압과 차별은 식민 지배의 본질적 요소였다. 하지만 당시 한국과 일본 사이 문명의 커다란 수준 차이는 객관적 사실이었다.

1917년에 러시아에서 볼셰비키혁명이 일어나자 일제는 치안유지법을 만들었다. 치안유지법은 국체를 뒤집어엎거나 사유재산제도를 부인하는 정치 세력이 퍼지지 않도록 막는 법이었다. 이 법으로 공산주의와 무정부주의의 확산을 막았다. 당시 전 세계에 공산주의 사상이 퍼져나가고 있었다. 특히 경제적 발전이 뒤진 러시아와 중국과 같은 후진국에서 재빨리 퍼졌다. 식민지 한국의 일부 지식인도 공산사회주의 사상을 무비판적으로 받아들이고 있었다. 한국인들도 공산주의자(좌익)와 반공산주의자(우익)로 나누어지게 되었다.

한편, 일본의 참정권은 일본 국내에서 일정한 금액 이상의 납세 실적이 있는 성인 남성들에게 주어졌다. 1919년에는 일본에서 1년 넘게 살고 납세 실적을 채운 한국인에게도 참정권이 주어졌다. 1925년에는 일본에 사는 한국인에게도 선거권과 피선거권이 주어졌다. 태평양전쟁 패전 직전에는 선거법을 개정하여, 한국과 타이완에도 선거권과 피선거권을 주었다.

그렇지만 패전으로 실행되지는 않았다. 육군특별지원병(1938년), 해군특별지원병과 학병으로 불러들이기 이전에는 한국인에게 병역의 의무도 없었다. 한국에 적용되는 세율은 일본보다 낮았다.

근대의 이식

일본 제국에게 한국 병합은 경제적인 이해 관계보다 정치적 이해 관계가 더 중요했던 결정이었다. 식민 지배를 하는 동안 조선총독부의 재정은 세출이 세입보다 큰 적자 재정이었다. 총독부는 일본에서 재원을 조달하여 재정 적자를 메웠다. 세입에서는 철도, 우편, 전신, 전화, 전매, 영림 등의 관업 수입이 가장 컸으며, 세출에서는 철도사업비가 차지하는 비중이 가장 컸다. 일본 내에서는 새로 편입된 영토, 한반도에 많은 재정이 투입되는 데 불만 여론이 생겨나기도 했다.

조선 철도는 일본-조선-만주를 잇는 병참선으로 놓였다. 공업화가 이루어지고 시장과 연계성이 높아지자 운송량이 많아졌고 조선 철도는 공산품을 수송하는 사업 철도로 바뀌었다. 철도는 조선의 상업에도 큰 충격을 주었다. 전통적인 운송 경로는 하천이었는데 철도가 놓이자 물류의 움직임이 달라졌다. 새로운 도시가 생겨나기도 하였다. 그 대표적인 예가 현재의 대전광역시이다.

1912년 3월에 공포된 조선민사령은 해방되고도 살아남아 조선 사회에 영향을 가장 많이 준 법률이 되었다. 이 법령은 1898년에 제정된 일본의 민법 등 23개의 민사 관련 법령을 한국에서도 시행하려고 만든 것이다. 친족과 상속에 대한 것은 조선의 관습을 따르도록 하였다. 조선 사람 모두 사권의 주체가 된 것이다. 그때 사람들이 어떻게 생각했든지 간에, 한반도에 사는 모든 사람은 사적 관계에서는 자유롭고 평등한 존재가 되었다. 그 뒤로 조선인들은 조금씩 자유인으로 바뀌어갔다.

일본 민법이 들어오면서 조선 사회에 근대적인 사유재산권이 확고해졌다.

소유권 절대의 원칙과 계약 자유의 원칙으로 뒷받침되는 사유재산권은 조선 시대에는 없었다. 일본 민법은 프랑스 민법을 본땄고, 사적 자치의 원칙에서 비롯된 일반적인 근대 민법과 체계와 내용이 같았다.

조선총독부는 1913년부터 1918년까지 토지 조사 사업을 벌였다. 근대적인 측량 기법을 이용했고 전국의 모든 토지에 토지대장, 지적도, 등기부를 꾸며두었다. 국가가 토지 재산을 보증하면서 토지 거래가 늘고 부동산 금융이 커졌다.

임야 조사는 통감부 시기에 이루어졌다. 신고를 받고 조사를 하여 객관적 근거가 모자란 사유림은 국유림에 포함시켰다. 총독부는 조림 대부 사업도 실시하였다. 국유림을 민간인에 빌려주고 얼마간 조림 실적을 올리면 그에게 팔아넘기는 제도였다. 조선 왕조는 공유를 명분삼아 사유림을 인정하지 않았다. 그러나 총독부는 임야를 사적 관리 주체에게 넘기고 산림 녹화를 장려했다.

지금까지 토지수탈설을 주장한 사람들은 일제가 토지 조사 사업과 임야 조사 사업을 해서 한국 사람의 토지를 빼앗았다고 주장했다. 그러나 사료를 살펴보면 그것은 전혀 근거가 없는 주장이다.

1918년에 일본의 주요 도시에서 쌀이 모자라자 소요 사태가 일어났다. 이에 놀란 일제는 저수지와 같은 수리 시설을 만들고 종자를 개량하여 쌀의 생산량을 늘리는 산미 증식 계획을 세웠다. 이 사업으로 수리 시설을 갖춘 논이 늘었고 일본계 우량 품종이 농촌으로 널리 퍼졌다. 1929년에 흥남질소비료공장이 마무리된 뒤 화학 비료가 공급되었다. 그러자 쌀 생산량은 빠르게 늘어났고, 일부 쌀은 일본으로 수출되었다. 지금까지 조선에서 생산된 쌀을 일제가 수탈했다는 주장이 있었다. 그러나 그때 조선인들은 값이 비싼 쌀을 일본에 수출하고 만주에서 값이 싼 콩을 수입하였다.

일제 시대 조선의 경제는 무척 성장했다. 그러자 1925년에는 약 1,854만 명이던 인구는 해방 무렵 2,500만 명으로 늘어났다. 조선 시대에 황폐화되었던 삼림은 녹화 사업으로 원래 모습을 꽤 많이 되찾았다. 도로, 항만 및 철도와 같은 기반 시설이 세워졌으며 도시가 커졌다. 대외 무역 또한 크게 늘었다. 보건 위생도 좋아져 평균 수명이 연장되었다.

1905년에 근대식 학교가 46개였는데, 해방 무렵에는 5,700여 개로 늘었다. 일제는 한국인을 일본화시키려고 근대적인 교육을 실시하였다. 근대적 교육을 받은 한국인들은 근대인으로 바뀌어갔다. 산업 시설에 대한 투자는 거의 북한 지역에 집중되었다. 태평양전쟁 이전에 달성한 남한 지역의 산업 생산 수준은 해방 뒤 20년의 혼란기를 거치고 나서 1960년에 와서야 회복되었다.

공산주의 정치 사상의 유입과 다양한 독립운동 노선

조선인들은 1860년대부터 간도와 연해주로 이주하였다. 1916년에는 시베리아 횡단 철도가 열려서 극동 지방의 연해주는 제정 러시아와 빠르게 가까워졌다. 특히 정치적 격변이 전파되는 속도는 매우 빨라졌다. 1917년에 볼셰비키혁명이 일어나자 공산주의 사상이 연해주와 간도에 사는 한국인들에게 퍼져나갔다. 일본에 있던 유학생 일부도 공산주의 사상에 빠져들었다. 공산주의 사상은 연해주와 일본을 거쳐서 한국 사회에 퍼졌다. 한국인에 대한 차별과 노동자와 농민의 어려운 살림살이, 일본인 자본가에 대한 피해의식은 일본 제국주의에 대한 저항과 더불어 계급 투쟁 의식을 부추겼다.

이렇게 되자, 만주와 미국과 같은 외국뿐만 아니라 국내의 독립운동가들 사이에도 서로 꿈꾸는 독립 국가의 체제가 달라졌다. 어떤 이는 공산주의 국가를 꿈꾸며 독립운동을 하였고, 어떤 이는 자유민주주의 국가를 꿈꾸며 독립운동을 하였다. 또 전통적 왕정 복고 노선과 무정부주의 노선에 있는 이들도 있었다. 전통적 성리학적 세계관이 붕괴한 이후 조선인들은 사상적 공백을 겪었고, 그 빈자리에 다양한 사상이 질서없이 물밀 듯이 차지하는 형국이었다. 서로 다른 사상의 배타성은 해방 이후 좌우익의 대결과 6·25전쟁, 남북 분단을 초래한 불행의 씨앗이었다. 보다 근본적 이유는 개인의 자유와 사유재산제도를 근간으로 하는 자유민주주의 사상과 비현실적 평등주의를 지향하는 공산사회주의 사상이 피를 나눈 형제 사이에서도 조화로울 수 없는 세계관이기 때문이었다.

태평양전쟁과 전시 동원

일본의 군국주의는 중일전쟁(1937년)과 태평양전쟁(1941)을 일으켰다. 전쟁이 시작되자 국가총동원법이 실시되었고 주요 물자에 대한 배급과 통제가 실시되었다. 전선이 넓어지면서 일제는 군인이 부족했고 산업 현장에서는 노동력이 모자랐다. 한편 전쟁이 길어지면서 물자도 부족해졌다.

일본에 병합되었어도 한국인들에게는 병역의 의무가 없었다. 전쟁이 시작되자 한국에서도 1938년에 육군특별지원병제, 1943년에 해군특별지원병제, 1943년에 학도지원병제 및 1944년에 징병제가 실시되었다. 육군특별지원병의 예로 보면, 1938년부터 1943년까지 1만 6,500명을 모집했는데 지원자는 80만 3,317명이나 되었다. 지원 비율은 48.7대 1에 이른다. 당시 한국의 젊은이들에게 군인이 되는 것은 입신 출세나 다름없었다. 그들은 엄격한 선발 과정을 거쳐야 했으며, 선발된 군인들은 중일전쟁과 태평양전쟁에서 여러 전장을 누볐다.

육군특별지원병제가 크게 성공한 이유는 당시 한국인 문화 엘리트들이 지원병 모집에 적극적으로 앞장섰기 때문이기도 하다. 그들은 한국인의 참정권을 일제에 요구했고, 일제가 그러겠다고 하자 지원병 모집에 협조하였다. 그렇지만 일제의 패망으로 제국의회의 참정권은 끝내 실현되지 못하였다. 1938년부터 일본 육군과 해군에 병사와 군속으로 불러들인 한국 청년은 24만 명에 이르렀다. 그 가운데 2만여 명이 사망하였다.

일제는 1938년의 국가총동원법에 따라 한국인 노동자들을 불러들였다. 처음에는 주로 모집과 관의 알선이라는 방법을 썼다. 스스로 나선 사람도 많았지만 관의 권유를 물리치지 못해서 사실상 끌려간 사람도 많았다. 1944년부터는 국민징용령에 따라 강제 징용이 시작되었다.

일본으로 갔던 한국인 노무자들은 주로 광산, 조선소 또는 토목공사장 등에서 일했다. 그곳들은 전장에 나간 일본인 남성들의 일자리였다. 1939년부터 1945년까지 일본으로 건너간 노무자는 72만 명쯤 된다. 그 가운데 26만 명이 일제가 패망할 때까지 일본에 남아 있었다. 한반도 안에서도 노무 동원이 있었는데 그 숫자는 정확히 알려지지 않았다. 동원된 곳은 주로 군수 공장이 몰려있던 북한 지역이었다. 태평양전쟁이 막바지에 이른 1944년에 일제는 학도근로령과 여자정신근로령을 공포하여 학생들과 여성들이 군수 공장에 불려들어갔다.

일본군은 아시아 일대 주둔지에서 군 시설의 일부로 위안소를 설치하였고, 위안소의 운영은 민간인이 맡았다. 그곳에서 일본, 한국, 중국, 동남아 출신 여성들이 군인들의 성적 상대가 되었다. 1944년에 미군이 심문하고 기록한 것을 보면, 모집업자가 제시한 조건은 '큰 돈벌이', '가족의 빚 갚기', '신천지 싱가포르에서의 삶'과 같은 것들이었다. 여성들은 얼마의 전대금을 받고 지원하였다고 한다. 대부분 교육을 받지 못한 여성들이었다. 위안부 문제에서 논쟁거리는 모집할 때 강제 연행이 있었는지, 그들의 생활이 성 노예적 상태였는지에 있다. 진실이 무엇인지는 현존하는 증언이나 기록 등에 따라 판단되어야 한다. 당시의 모집 공고에 따르면, 나이는 18세 이상으로 국내외에 설치된 '소녀상'과는 차이가 있다. 대부분의 증언에 따르면 강제 연행은 존재하지 않았다고 한다.

위안부 문제와 관련해 염두에 두어야 할 사실이 둘 있는데, 하나는 한반도에서 1916년부터 공창제(1948년 미군정이 폐지함)가 시행되고 있었다는 사실과 죽음의 전장에 동원된 군인들의 성 문제는 인류 역사와 함께 한 오래된 문제라는 사실이다.

3. 해방 후 3년 동안의 사회

자유민주주의 국가를 향한 정치적 도전

1945년 8월 6일과 9일에 미군의 원자폭탄이 히로시마와 나가사키에 터지자, 일본은 8월 15일에 무조건 항복했다. 그때 태평양전쟁을 도맡았던 미군은 한반도에서 1,000km나 떨어진 오키나와에 있었고, 태평양전쟁에서 싸운 적이 없는 소련군은 이미 함경도를 거쳐서 한반도로 들어오고 있었다. 미국은 소련에게 38도선까지만 내려오라고 서둘러 제안했다. 소련이 이를 받아들여 한반도는 북쪽에 소련군, 남쪽에 미군이 진주하게 되었다. 소련은 38도선 이북 지역에서 공산 정권을 세우려고 구체적인 계획을 가지고 들어왔지만, 미국은 정권 수립에 대한 아무런 계획 없이 들어왔다. 소련군에는 정치 장교가 배속되었으나 미군은 전투병뿐이었음이 이를 입증한다.

해방 정국에서 공산주의 국가를 세우려는 좌익과 자유민주주의 국가를 세우려는 우익이 대립했다. 미군이 들어오기 전까지 남한 지역에는 힘의 공백 상태가 이어졌다. 소련군이 서울에 들어올까 봐 두려워한 조선총독부는 여운형을 불러 치안권을 맡기고 일본인의 안전을 부탁했다. 온건 좌파였던 여운형은 정치범들을 석방하고 온건 우파인 안재홍과 함께 건국준비위원회를 만들었지만 내부 싸움으로 해산되었다. 박헌영을 비롯한 공산주의자가 정국의 주도권을 잡은 후, 9월 6일에 인민대표자대회를 열고 조선인민공화국을 급조했다.

그러나 9월 8일에 인천으로 들어온 미군은 어떤 정치 세력도 인정하지 않았다. 미군은 남한지역에서 미군정이 유일한 합법 정부라고 분명히 선언하였다. 미군이 들어온 뒤로 우익 세력들도 모이기 시작하였다. 해방 정국은 좌익과 우익의 대결이 그 어느 때보다 치열하던 시기였다.

미군정은 1948년 8월 15일에 대한민국이 건국될 때까지, 남한 지역을 지배하던 정치 주체였다. 그동안 일본군의 무장 해제 및 전후 처리와 새로운 정치 체제의 수립까지 여러 가지 일을 했다. 1945년 12월에 모스크바에서 만난 미국·영국·소련의 3국 외무장관(모스크바 3상 회의)은 신탁통치를 결정했다. 이를 둘러싸고 좌익과 우익의 대립이 불타올랐다. 일제가 사라진 뒤, 새로 만들 국가의 체제를 둘러싸고 사상 충돌이 격렬해지고 이에 따른 사회 혼란과 경제 혼란이 커졌다. 그동안 좌익과 우익은 3·1만세운동 기념식조차 따로 개최하고, 가두 행진을 하다가 서로 맞붙어 육탄전을 벌이기도 하였다. 그런 가운데 수많은 인명 손실도 뒤따랐다.

개인의 자유와 인권을 최고의 가치로 여기는 자유민주주의 정치 사상과 노동가치설에 따라 모두 함께 일하고 똑같이 나누자는 몽상적이고 유토피아적 세상을 꿈꾸는 공산사회주의의 정치 사상은 물과 기름이었다. 도저히 섞일 수도 없고 손잡을 수도 없었던 세계관이었다.

북한 지역의 소련군과 공산주의자들은 1946년 2월에 북조선인민위원회를 세웠다. 곧이어 3월에 무상으로 몰수하고 무상으로 분배하는(북한의 토지 무상 분배는 소유권이 없이 경작권만을 주는 것이었다.) 토지개혁을 실시했으며 같은 해 8월에 산업, 교통, 체신, 은행을 국유화했다. 초특급으로 공산국가가 건설되고 있었다. 공산주의에 반대하는 사람들은 목숨을 걸고 남한으로 내려왔다. 그들은 공산주의의 실상을 남한 사람들에게 힘껏 알렸다.

모스크바 3상 회의의 결의안에는 임시정부를 구성하여 한국을 통일 국가로 독립시킨다는 내용이 맨 앞에 있다. 그렇지만 이런 계획이 실현될 가능성은 거의 없었다. 북한에서 공산주의 정권은 사실상 1946년 2월에 이미 세워졌다. 공산주의자들은 뒤로는 신탁통치안을 무력화시키면서 앞에서는 모스크바 3상 회의의 결정 사항을 따르자며 찬탁으로 돌아섰다. 공산주의자들의 전형적인 기만 전술이자 이중플레이였다.

새로운 국가 건설에 참여하려고 수많은 정치 단체가 생겨났다. 먼저 공산주의자인 남조선 노동당을 들 수 있다. 20만 명이나 되는 당원의 대다수는 공산주의 사상을 제대로 알지 못했다. 그런데도 좌익 세력은 노동당원들을 불러 모아 총파업과 폭동으로 사회를 혼란에 빠뜨릴 수 있었다.

1947년부터 동서 냉전이 불붙자, 미국은 한반도에서도 공산주의 세력에 맞서기로 정책 방향을 바꾸었다. 그동안 미군정은 좌우 합작을 밀어붙였지만 이후 미국은 이승만의 주장대로 한반도 문제를 유엔에 넘겼다. 유엔은 한반도에서 인구 비례에 따른 총선거를 결의하였다. 서울에 유엔한국임시위원단이 들어왔으나 소련의 거부로 북한에 들어갈 수 없었다. 유엔은 선거를 할 수 있는 남한에서만 총선거를 실시하기로 하였다.

1948년 5월 10일에 남한에서 총선거가 실시되고 곧바로 제헌 국회가 구성되었다. 독립협회가 개혁 상소를 올려 '의회 설립'을 요구한 지, 꼭 반세기 만에 구성된 민주 의회였다. 제헌 국회는 1948년 7월 17일에 대한민국의 헌법을 공포하였다. 헌법에서 "대한민국은 민주공화국이다"라고 밝히고, 모든 국민에게 자유권, 평등권, 교육권, 재산권 등의 기본권을 보장하였다. 농지를 농민에게 분배한다고 규정하여 뒤에 농지 개혁을 실시할 수 있도록 하였다. 반민족 행위를 처벌하는 특별법을 제정할 수 있다고 규정하여 일제 시대에 일본에 적극 협력한 사람들 소위 친일파를 처벌할 수 있는 법적 근거도 갖추었다. 1948년 대한민국의 건국은 한국인들에게 전통적 성리학적 세계관에서 근대 자유주의 세계관으로의 전환을 국가적으로 뒷받침한 사건으로 큰 의미가 있다. 이후 한국인들은 점차 근대 자유인으로 변모했다. 또 그 변모는 해방후 70여 년이 지난 현재에도 여전히 진행형이다.

5·10선거는 보통, 평등, 비밀, 직접이라는 선거의 4대 원칙을 지킨 민주적인 선거였다. 또한 당시 선거법은 일제 시대에 일본에 적극 협력한 사람들의 피선거권과 선거권을 제한하였다. 한국 역사상 처음으로 이루어진 민주 정치의 실험이었다. 선거는 제주도를 빼놓고 전국에서 순조롭게 진행되었다. 제주도에서는 남로당원들이 조직적으로 폭동을 일으키고 남한 단독 선거를 방해하였다. 그밖에도 해방 정국에서 사회 혼란을 부추겼던 좌익 폭동으로 대표적인 것이 대구폭동과 여수·순천반란사건이다. 좌익 폭동으로 사회 혼란을 겪게 되면서 여론은 시나브로 반일에서 반공으로 방향을 바꾸었다.

제헌 헌법은 대통령과 부통령을 국회에서 선출하도록 하였다. 제헌 의회에서 이승만이 대통령으로 선출되었다. 이범석을 총리로 한 초대 내각이 구성되었다. 1945년 8월 15일에 중앙청 광장에서 정부 수립을 선포하는 기념식이 열렸다. 신생국의 대한민국 정부는 무엇보다도 먼저 사회 안정을 이루고자 1948년 12월 1일에 국가보안법을 제정하였다. 국가보안법은 공산사회주의 세력에 맞서 자유민주주의 헌법 질서를 지켜내는 사상적이고도 법률적인 보루였다. 안정된 사회 질서는 국민의 자유로운 경제 활동을 북돋는다. 오늘날의 눈부신 경제 발전은 국가 보안의 토대 위에서 이룩된 것이다.

일본인 추방과 귀속 재산 관리

1945년 8월에 한반도에 살던 일본인은 70만 명쯤 되었다. 대부분 할아버지 세대에 들어온 뒤 한반도에서 태어난 이들로 한반도가 생활의 터전이었다. 일제가 패망하자 이들은 세화회를 만들어서 미군정을 상대했다. 이들의 바람은 한반도에 남거나 생활의 터전을 지키는 것이었다. 미군정은 그들 모두를 일본으로 추방하기로 했다. 이들은 등짐과 손짐에 적은 돈만 가져갈 수 있었다.

귀국한 한국 거주의 일본인들은 전후 일본에서 사회 문제가 되었다. 한반도에 남아 있던 일본인들의 재산은 한국인과 대한민국 정부에 이관되었다. 승전국인 미국이 패전국인 일본에게 전쟁배상금을 받지 않는 대신 한국에 남아 있는 일본인의 재산을 강제로 거두어들인 것이다. 이렇게 강제로 거두어들인 일본인 재산을 귀속 재산이라 한다.

미군정은 일본인이 남기고 간 공장, 회사, 광산 등의 재산을 미군정에 귀속시켰고, 농지는 연고를 가지고 있는 소작농에게 불하하였다. 그 밖의 일본인 재산은 1948년 10월에 대한민국 정부로 이관하였다. 당시 귀속 재산의 순자산 가치는 연간 정부 예산의 열 배나 되는, 3천억 원 이상의 큰 규모였다. 초대 정부는 귀속 재산 중 기업을 관련 있는 사람에게 우선 불하하였다. 불하된 귀속 재산으로 민간 기업들은 시장경제의 선두주자로 나설 수 있었다.

일제 시대의 주요 산업 시설은 38선 이북의 북한 지역에 몰려 있었다. 소련의 지원을 받은 북한 공산주의 정권은 모든 산업 시설을 국유화하였다. 일제 시대에 정착된 사유 재산 제도를 무너뜨리고 사회주의 경제 체제로 전환한 것이다. 산업 시설이 많았기에 북한의 GDP는 1970년대 초까지 남한의 GDP보다 많았다. 그러나 그동안 산업 보국으로 한강의 기적을 만들어낸 대한민국의 GDP는 현재 북한의 GDP보다 100배 이상 많다.

IV
대한민국이 걸어온 길

1. 시련 속에 이루어진 건국 대업

(1) 건국 직후의 위기

다양한 역사적 세력이 모여 창설한 국군

국군의 전신은 1946년 1월 미군정이 창설한 남조선 국방경비대였다. 처음에는 정규군을 만들려고 했지만 미국 정부의 반대에 부딪혀서 경찰 지원 부대로 만들었다. 미군정은 소련과의 갈등을 피했고 경찰을 중심으로 한 치안 유지와 내란 진압에 중점을 둔 무력을 구성했다. 경찰예비대 격인 경비대가 경찰에 밀리는 구조는 국군과 경찰의 갈등으로 이어졌다. 미군정은 국방경비대를 이끌 장교를 양성하기 위해 군사영어학교를 설립했다. 간단한 군사 지식과 군사 영어를 교육받고 100여 명이 임관했다. 이들은 뒤에 국군 수뇌부가 되었다. 이들 중에는 일제 학병 출신이 가장 많았고, 다음으로 만주군과 일본군 출신이 많았다.

일제 말기 미군과 맞서 싸웠던 일본 육사 출신들은 체계적인 군사 교육을 받았음에도 자숙·근신하며 창군의 주도권을 광복군 출신에게 양보하려 했다. 광복군 출신들은 임시정부의 정통성을 인정하지 않는 미군정에 불만을 품어 소극적으로 참여했다. 일본군 출신 이응준이 임시정부 군무부 참모총장을 지낸 유동열을 직접 설득해 미군정청 통위부장에 취임하게 해 광복군 출신들이 국방경비대에 참여할 수 있는 계기를 마련했다.

일본의 괴뢰국인 만주국의 군대였던 만군 장교 출신들은 유연한 적응 능력과 외국어 능력, 팔로군과 교전한 군사 경험으로 미군들에게 크게 인정받았다. 조선경비대 초대 육군사령관은 만군 계열의 원용덕이었다. 해군과 공군의 사령관은 임시정부에 참여했던 손원일과 최용덕이 맡았다.

일본군과 만주군 출신 중에 개별적으로 반민족 행위를 한 사람이 전혀 없었다고는 할 수 없다. 그러나 일제의 강압이나 삶의 방편에서 또는 새롭게 태어날 민족 국가의 근대적 군대를 창설하고 운영하는 방법을 배우기 위해 군문에 들어온 이들도 있었다. 그들은 일제의 패망과 동시에 그 멍에를 벗고 신생 대한민국의 군에 참여하여 국가의 간성이 되고자 했다. 공산주의에 맞서 자유민주주의 국가를 세워야 했던 신생 대한민국에서는 이들을 포용했다. 이들이 내몰리는 불리한 전쟁에서도 최전선에서 부하들과 목숨을 걸고 나라를 구했다는 점에서 쉽게 매도할 수 없다.

국방경비대원을 모집하자 독립 국가의 군인이 된다는 꿈을 안고 많은 청년이 지원했다. 총 5,000명을 모집해서 군사 훈련을 시작했다. 미군정은 군사영어학교를 개편하여 남조선 국방경비사관학교를 설립하고 장교 양성을 체계화하였다. 뒤에 국방경비대는 조선경비대로 이름이 바뀌었고, 손원일 제독의 해방병단을 주축으로 조선해안경비대가 창설되었다. 일본군 해군은 1943년까지 조선인의 입대를 받지 않았고, 해군의 핵심인 항해병과에 조선인 장교를 키우지 않았기 때문에 손원일, 박옥규, 정긍모와 같은 민간 상선 사관들이 해군 창설을 주도했다.

조선경비대는 1948년 5월까지 5개 여단 5만여 명으로 늘어났다. 건국한 뒤 국군조직법이 제정되어 조선경비대와 조선해안경비대는 육군과 해군이 되었다. 이렇게 대한민국은 근대 국민 국가의 기초 조건인 상비군을 갖추게 됐다. 그러나 국군의 능력은 미군정 경찰예비대였던 조선경비대 때에 비해 크게 발전하지 못했다. 그것은 미군정 때와 미국의 국제 전략이 현상 유지를 추구한다는 점에서 크게 달라지지 않았기 때문이었다.

초라하고 비참했던 국군의 현실

초창기 국군의 병력과 장비는 초라했다. 막 태어난 정부의 재정 형편은 매우 나빴다. 군비를 제대로 갖출 인력도 자원도 거의 없었다. 미국 정부는 한국의 군사 전략적 가치를 낮게 평가해 국군 지원에 소극적이었다. 미군정은 일본군이 남긴 무기를 국방경비대에 넘겼을 뿐이다. 이승만은 미국에 무기 지원을 요구했지만 돌아온 답변은 "한반도는 지형상 탱크가 필요 없다"라든가, "일본에 있는 미국 비행기들이 출동할 것이므로 한국에는 전투기가 필요 없다"라는 등의 말뿐이었다. 국방부 장관 이범석과 육군참모총장 채병덕의 군사 장비 지원 요구에도 미국은 응하지 않았다. 미국은 도리어 무력을 써서라도 공산당을 무찌르고 통일을 해야 한다는 대한민국의 정책을 문제 삼았다.

6·25전쟁이 일어나기 직전의 국군 병력은 보병 8개 사단을 중심으로 한 6만 5,000명에 지나지 않았다. 탱크와 자주포는 없었으며 M8 그레이하운드 장갑차 27대와 M3 하프트랙 병력 수송 장갑차 20여 대로 군견과 군마를 합쳐 독립 기갑 연대를 겨우 구성할 정도였다. 국군이 가진 포병 화력은 M3 105mm 경곡사포였는데 북한군의 122mm 평사포에 비해 화력도 약하고 사정거리도 절반 정도였다. 57mm M18 무반동총과 57mm 대전차포는 아주 짧은 거리에서만 북한군 전차에 효과를 발휘할 수 있었다. 국군에는 전투 임무의 항공기가 한 대도 없었다. 대한민국이 보유한 건 L-4, L-5 연락기와 T-6 텍

산 연습기를 합쳐 22대, 일본이 버리고 간 타치카와 Ki-9 훈련기 정도였다. 조종사들은 경비행기에서 수류탄을 던지며 작전을 해야 할 정도였다.

그렇지만 북한군은 18만 2,680여 명의 지상군이 중무장을 하고 있었다. 소련제 T-34형 탱크 240여 대, SU-76M 자주포 150문, 야크 전투기 150대와 IL-10 공격기 70여 대, 소련으로부터 받은 Po-2, An-2와 같은 저고도 폭격기, 76mm Zis-3 사단포와 122mm M-30 견인 곡사포를 비롯한 각종 중야포와 카츄샤 다련장로켓, M72 모터사이클, 각종 중박격포로 무장했다. 남북의 군사력 불균형은 "미·소 양군의 철수가 동족상잔으로 이어지지 않는다"라는 김구의 주장과는 달리 6·25전쟁이 일어난 원인이 되었다. 전차와 전투기로 무장한 북한군을 소총과 경비행기로 맞서야 하는 극심한 불균형 탓에 김일성은 전쟁에서의 승리를 확신했다.

초기 국군은 더욱 심각한 문제를 안고 있었다. 정치적 혼란으로 신원 조사가 철저하지 않아서 군 내부에 좌익 세력이 깊숙이 침투하는 것을 막을 수 없었다. 전체 병력 가운데 적어도 10%가 남로당 당원이었다. 남로당 당원들은 경찰의 수사를 피해 국군에 대거 입대하여 군인의 신분으로 경찰을 습격하기까지 할 정도였다. 공산당원들은 군내에서 사상 교양을 하며 자신들의 세력을 넓혀나갔다. 그들은 대한민국이 건국되자 곧바로 반란을 일으켰다. 몇몇 대대는 대한민국에 반대하며 통째로 북한으로 넘어갈 정도였다. 만약 바로 전쟁이 일어난다면 국군은 안팎에서 반란을 맞아 자기들끼리 싸우며 적에게 포위될 상황이었다. 전쟁이 일어나면 전국에서 반란이 일어나 금세 항복하고 말 것이란 박헌영의 장담은 허풍만이 아니었다.

여수·순천 반란

1948년 4월 3일에 남로당 제주도당이 반란을 일으켰지만 오랫동안 진압되지 않았다. 대한민국 정부는 총선거와 건국, 미군정으로부터 정권 이양 작업으로 인해 한동안 제주도에서 진행된 반란에 집중하지 못했다. 10월 19일 07시 육군 총사령부는 우체국 전보를 통해 여수에 주둔한 14연대에 출동을 명령했다. 이 출동 명령은 여수우체국에 근무한 남로당원에 의해 새어나갔다. 출동 명령은 14연대장 박승훈 중령보다 여수 인민위원장이 먼저 알게 되었다. 여수 인민위원장은 남로당 전남도당 책임자 김백동에게, 김백동은 남로당 군사부장 이재복에게 이 사실을 알렸다. 이재복은 다시 남로당 군책 이중업에게 보고해 14연대에 침투해 있는 남로당 프락치들이 폭동을 일으켜야 한다고 판단, 14연대 남로당 조직책인 인사계의 지창수 상사에게 반란을 일으키라고 지령을 내렸다. 남로당원이 상당수 포함되어 있어 '붉은 연대'라 불리던 14연대 1개 대대가 폭동 진압을 위해 제주로 파견된다는 소식을 접하자 사병 다수가 반란에 가담했다.

반란군은 순식간에 여수의 경찰서와 파출소, 시청과 군청을 점령하고 경찰서장을 비롯한 우익 인사와 가족을 처형했다. 경찰서장과 청년단장을 전신주에 매달아 총살한 다음 시체에 휘발유를 뿌려 불태웠다. 반란군에 체포된 경찰관은 무조건 총살되었으며 군중이 모인 앞에서 집단 학살을 당했다. 곧바로 반란군은 순천을 점령했으며 보성, 고흥, 광양, 구례, 곡성까지 장악했다. 그들은 여수에서 인민대회를 열었다. 집집마다 총칼을 들이대고 집에서 남녀가 나오지 않으면 총살하겠다고 위협하여 인민대회에 참여하게 했다. 인민대회는 여수인민위원장으로 이용기를 선출하고 혁명 과업 6개 항을 채택했다. 6개 항은 이승만을 도와 대한민국 건국에 참여한 세력을 반동 단체로 규정해 숙청할 것, 친일파 재산 몰수, 적산 가옥 재분배, 자본가들의 재산 몰수, 식량 영단을 털어 식량을 분배할 것, 금융 기관을 털어 사람들에게 돈을 나눠줄 것을 내용으로 했다. 폭력을 앞세워 사유재산을 완전히 부정하는 사회주의 혁명이었던 것이다.

정부는 미군의 지원을 받아 곧바로 반란군을 진압했다. 훈련이 부족하고 실전 경험이 부족한 국군의 진압 작전은 효율적으로 진행되지 못했다. 반란 진압을 위해 출동한 15연대의 연대장 최남근은 국군 안의 핵심적인 좌익 인사였다. 14연대의 반란을 군인과 경찰의 감정적 다툼에서 비롯됐다고 생각해 화해의 술자리를 도모하자는 사람들도 있었다. 4연대 일부는 이동 명령을 받은 부사관들이 반란을 일으켜 중대장과 항거하는 장병들을 사살하고 반란군에 합류했다. 진압군은 전우들이었던 반란군이 다리를 건너도록 허용하고 반란군에게 식량을 나눠주려고 하기도 했다. 그러나 방어선을 지키던 진압군 병사들은 강을 건너온 반란군의 공격을 받아 사살되었다. 진압군은 건물 하나하나를 탈취하는 시가전을 벌이는 과정에서 거센 저항을 받았다.

수많은 사망자와 행방불명자가 발생했다. 좌익 반란군과 폭도들에 공격당한 사람들의 피의 보복이 뒤따랐다. 9일 동안 반란군 점령에 놓여 있던 여수는 불꽃에 휩싸여 잿더미가 되었다. 미처 도피하지 못한 경찰관, 우익 청년단원, 공무원들이 지하에 숨어있다 간신히 살아남았다. 계엄령 선포 때 발표된 대로 반란에 협조한 자들에겐 가혹한 처벌이 기다리고 있었다.

여수와 순천 일대가 탈환된 후 반란군들이 점령 기간 온갖 참혹한 짓을 저지른 사실이 드러나자 분노한 군경은 부역자 색출에 나섰다. 즉결 처분에 직접 가담하거나 인민재판 처형에 앞장선 사람들은 즉석에서 곤봉, 개머리판, 체인 등으로 맞아 죽거나 총살당했다. 경찰에 넘겨져 재판을 받는 경우 혐의자들이 적법한 재판 절차를 거치지 않고 경찰에 의해 처형된 경우도 있었다. 그 과정에서 무고한 양민이 희생됐다. 4·3반란과 마찬가지로 국군은 게릴라 소탕 작전 역량 부족으로 게릴라와 그에 협력한 민간 사회를 분리하여 적절히 다루지 못했다. 피해에 관해서는 다양한 통계가 확인되며 2,000명에서 5,000명의 인명 피해가 발생한 것으로 추정된다. 반란군의 남은 세력은 6·25전쟁이 벌어진 뒤에도 유격전을 이어갔다.

여순반란은 새로 태어난 대한민국에 엄청난 충격이었다. 태어난 지 고작 두 달 만에 나라가 뿌리째 흔들렸다. 14연대의 여수 순천 반란 사건이 남로당 중앙의 지령이 아닌 지역 차원의 자발적인 저항이었다는 의견이 있다. 심지어 의병이나 농민들의 저항과 같은 민중 봉기라고 주장하는 사람들도 있다. 그러나 여수 순천 반란 사건은 명백히 조선인민공화국에 충성하고 대한민국 정부를 분쇄하기 위한 무장 반란이었다. 이는 월북한 박헌영의 1948년 9월 "국방군 내에서의 폭동과 병변을 대대적으로 조직하여 이승만 정부 타도 투쟁과 민중 정권 수립 지지를 위한 투쟁을 적극적으로 조직하라"라는 지령에 따른 것이기도 했다.

숙군 전쟁

여수·순천 반란을 수습하며 대한민국은 훨씬 강력해졌다. 청산리전투의 영웅이자 당시 국무총리 겸 국방부 장관이었던 이범석 장군은 군의 반란을 보며 국군의 정체성을 명확히 해야 할 필요를 느꼈다. 그리하여 1948년 11월 29일에 국방부 2국(정훈국)을 창설하고, 12월 1일에는 국군 3대 선서를 제정했다. 광복군 참모장 시절 적절히 활용했던 광복군 정훈처 역할을 신생 국군에 그대로 이식한 것이다. 정부는 여순반란을 계기로 남로당 세력을 제거하는 숙군 사업을 대대적으로 펼쳤다. 중국군 출신 독립운동가이며 누구보다 좌익사상의 위험성을 알고 있었던 이성가 장군의 지휘 아래 연대 안의 숙군을 잘 수행한 김창룡 대위는 육군본부 정보장교로 자리를 옮겨 전군의 숙군을 주도했다. 김창룡은 군내 남로당과 성시백의 인맥을 숙청하는 데 큰 공을 세워 나중에는 군합동수사본부장과 특무대장이 되었다.

군의 좌익 세력은 반발했다. 1949년 2월에 대구의 6연대가 반란을 일으켰고, 강원도 춘천의 8연대 2개 대대 380명이 대대장 표무원, 강태무의 지휘 아래 집단으로 월북했다. 이들은 조선중앙방송에 출연해 국군과 이승만을 비방하는 방송을 했다. 표무원과 강태무는 6·25전쟁 때 조선인민군 장교로 총구를 거꾸로 돌려 대한민국을 침략했다.

1948년 11월 18일에는 여의도 비행장에서 이륙한 L-4 연락기가 월북했고, 1949년 9월 24일에는 대북 전단을 살포하던 비행기가 비행 도중 월북했다. 1948년 5월 7일에는 해군 소해정인 통천정 소속 29명의 승조원이 통천정을 몰고 원산항으로 월북했고, 5월 12일에는 강화정, 6월 7일에는 고원정이 월북했다. 심지어 미 군사고문단장 윌리엄 로버츠 장군의 전용 요트도 납북되었다.

북한은 월북자들의 육성을 대대적으로 선전하면서 "이승만 정권은 군인들의 지지조차 받지 못하고 있으니 곧 붕괴할 것"이라고 선동했다. 국군 장교와 사병들의 월북 사건이 연이어 발생하자 미국은 이승만의 군부 장악력을 의심했다. 국군이 제2의 장제스 군대가 되는 것 아닌가 하는 의구심을 가졌다. 2개 대대 월북 사건 이후 미국은 신무기 원조를 중단하고 낡은 무기만 제공하여 국군의 무장에 치명적 영향을 주게 된다. 숙군 작업은 단순한 인사 작업이 아니었다. 작은 전쟁이었다.

숙군 작업은 1949년 7월에야 끝났다. 밝혀진 바에 따르면 군에 침투한 좌익 세력의 규모는 충격적이었다. 군사영어학교 출신으로서 최고 지휘부의 4분의 1이 좌익이었다. 초급 장교와 부사관의 경우 전체의 3분의 1이 좌익이었다. 장교 중 가장 많은 숫자가 숙군된 것은 조선경비사관학교 2·3기생이었다. 육사 2기는 총 196명 중 34명, 3기생은 286명 중 70명이 군에서 제거되었다. 일반 병사까지 포함하여 총살, 징역, 파면 등으로 숙청된 숫자는 모두 4,749명이었다. 숙군 조사 과정에서 체포 위험이 닥치자 군 내부의 남로당원 및 좌익 적색분자 5,568명이 탈영했다. 군 총병력의 10%에 해당하는 1만 317명이 좌익 공산 세력이거나 그에 관련된 사람들이었다는 것이다.

군 내부의 좌익 세력이 대부분 제거된 다음 해에 6·25전쟁이 터졌다. 하마터면 전쟁이 일어나자마자 군대에서 반란과 집단 투항이 일어날 뻔했다. 중국의 국공내전 과정에서 장제스의 국부군 군대가 마오쩌둥의 공산군에 쉽게 무너진 가장 큰 원인은 군 내부에 침투한 공산당의 책동 때문이었다. 좌익 공산 세력을 솎아낸 자리는 훈련된 우익 청년들과 월남한 서북청년단 등 우익 단체 요원들이 입대하여 메웠다.

반공 체제 확립을 위한 국가보안법 제정

여순반란을 계기로 국가보안법이 제정됐다. 보안법은 정부를 참칭하거나 변란을 일으킬 목적으로 단체를 조직하거나 가담한 자를 처벌하기 위한 법이다. 1946년 11월 23일 창당된 남로당은 합법 정당으로 미군정의 보호를 받아가면서 남한을 공산화하기 위해 반국가적 활동을 마음껏 해왔음에도 마땅한 법적 근거가 없어 처벌이 곤란했다. 국가보안법은 그에 대한 역사적 반성에 따라 대한민국을 수호하고 건국을 방해하는 세력들에 단호하게 맞설 수 있는 법적 근거를 마련한 것이다.

법의 위력은 곧바로 나타났다. 이듬해에 국가보안법으로 체포된 사람은 11만 명이 넘었다. 7개 일간지가 폐간되고 통신사 한 개가 폐쇄됐다. 정부는 좌익 세력에 가담했던 사람들에게 기회를 주려고 국민보도연맹을 조직했다. 국민보도연맹은 대한민국을 지지할 것, 북한 정권을 반대하고 공산주의를 배격할 것을 주요 강령으로 삼았다. 6개월 만에 국민보도연맹 가입자는 30만 명이 넘었다.

대한민국이 살아남으려면 공산주의 세력과의 투쟁을 멈출 수 없었다. 당시에는 국가보안법으로 사상과 언론의 자유를 억제할 수밖에 없었다. 취약 국가인 대한민국이 막강한 공산주의 세력과 싸움에서 스스로를 지켜야 했기 때문이다. 사상과 언론의 자유를 완전히 보장하려면 오랜 세월이 필요했다. 공산주의자들의 반란을 '봉기'나 '저항', '항쟁'으로 묘사하며 정당성을 부여하면서 군경의 진압의 불가피성이나 필요성은 외면하거나 배제하는 견해들이 있다. 건국 초기 2개월 밖에 안된 신생 취약 국가의 총체적 어려운 점은 외면한 채 오직 현재적인 관점과 충분히 국가와 사회가 발전하고 난 후의 민주주의 잣대로 진압군의 과오에만 강조점을 두는 태도는 그 자체로 큰 오류와 편향일 것이다.

반민특위를 둘러싼 갈등

신생 대한민국이 부딪쳤던 가장 어려운 문제는 일제 시대의 반민족 행위자를 처벌하는 일이었다. 건국 헌법은 부칙에서 건국일 이전의 악질적인 반민족 행위를 처벌하는 특별법을 제정할 수 있다고 했다. 국회는 곧바로 반민족행위처벌법을 제정했고, 국회에 반민족행위특별조사위원회도 설치했다.

반민특위는 시, 도 출신 국회의원 열 명을 조사위원으로 구성되었다. 반민특위 아래에는 반민족 행위자를 체포할 특별경찰대가 설치되었다. 그리고 반민특위에는 특별재판부와 특별검찰부까지 있었다. 반민특위는 조사, 체포, 기소,

재판까지 모두 수행하는 절대 권력 기관이었다. 프랑스혁명과 러시아혁명 시대의 혁명재판소에 가까웠다.

반민특위는 1949년 1월부터 조사 활동을 시작했다. 화신백화점 사장 박흥식이 체포되었으며, 뒤이어 일본 헌병의 앞잡이로 250명의 독립 투사를 밀고했던 대한일보 사장 이종형, 민족 대표 33인 중 하나였던 최린, 친일 변호사 이승우, 친일 경찰 노덕술, 문인 이광수, 역사학자 최남선 등이 검거되었다. 반민특위의 활동에는 처음부터 적지 않은 저항이 있었다. 경찰은 해방 공간에서 갖은 희생을 치르며 최전선에서 공산 세력과 싸웠는데도 친일파로 처벌받게 되었다고 억울해했다.

이승만 대통령도 반민특위의 활동에 불만이 컸다. 그는 반민특위 활동이 삼권 분립의 원칙에 위배된다고 발표했다. 국회 주도로 경찰과 검찰, 재판소를 운영하고, 심심치 않게 행정부 관할의 군대와 경찰까지 습격했기 때문이다. 그리고 국가 혼란을 최소화하려 하지 않고 대중의 관심을 끌려고 소란스럽게 수사하면서 정치적 이득을 챙기고 있다고 비판하였다.

반민특위는 이승만의 주장을 받아들이지 않았고 부위원장 명의로 반박 성명을 발표했다. 삼권 분립보다 민족 정기를 바로잡는 것이 중요하다는 내용이었다. 요란하게 친일파를 처벌하는 것이 대중에게 민족 정기를 교육하는 의미가 있다고도 했다. 반민특위는 민족의 역사에 중요한 일을 하고 있으므로 '하찮은' 삼권 분립의 원칙에 얽매일 수 없다고 생각했다.

반민특위는 형식상으로는 국회, 입법부에 소속되지만, 삼권과 똑같이 독립적으로 운영하기로 되어 있었다. 김상돈 부위원장은 반민특위가 삼권 분립이 아니라 사권 분립 가운데 하나의 독립된 국가 기관이라고 이야기했다. 반민특위는 대통령의 간섭이나 지휘도 받지 않으며 오로지 협력만 받아야 한다고 말했다.

　반민법은 당시 '소송 절차와 형의 집행은 일반 형사소송법에 따른다'라고 규정했다. 형사소송법은 제국주의 일본의 형사소송법을 말한다. 친일파를 처벌하는 역사적 재판이 일제 시대와 똑같은 형사소송법에 따라 시행될 수밖에 없었던 현실이었다. 형사소송 절차도 일제 시대와 똑같은 경찰 조직, 검찰 조직 및 법 조직이 담당했다.

　이승만은 국가의 생존과 안보가 위급하므로 경찰을 동요시키면 안 된다고 담화를 발표했다. 그때 전국 각지에서는 좌익 세력이 날뛰고 있었다. 지방에서는 공산당 게릴라들이 주민들과 경찰을 상대로 테러와 약탈을 하고 있었다. 반민특위가 경찰을 조사하고 체포하자 지역의 치안이 불안해질 수밖에 없었다. 경찰들은 목숨을 걸고 공산당 게릴라와 싸우다 말고 느닷없이 반민특위에 체포되어 조사받게 되었기 때문이다. 주민들은 좌익 게릴라들의 공격과 약탈에 속수무책으로 노출되었다.

　이승만과 정치인 사이에는 국가의 일차적인 임무에 대한 인식이 달랐다. 이승만에게 국가의 일차적인 임무는 치안이었다. 그는 치안을 유지하려면 강력한 반공 체제가 구축되어야 한다고 주장했다. 반민족 행위자의 처벌이 아무리 중요해도 반공 체제의 구축보다 중요하진 않았다. 이승만 대통령은 반민특위가 친일파 문제를 온건하게 처리해주기를 바랐다. 이승만 대통령은 반민특위 위원장 김상덕을 설득하려고 자택으로 찾아가기도 했다. 그러나 김상덕은 이승만 대통령과의 타협을 거부했다.

　반민특위라고 도덕적으로 완전무결한 것은 아니었다. 김상돈 부위원장은 길에서 놀던 아이를 자동차로 치어 숨지게 하고 사건을 덮으려고 시신을 화장해 버렸다. 그는 결국 업무상 과실치사 및 허위 공문서 작성으로 기소됐다. 이승만은 반민특위의 불법 행동과 치안을 위협하는 행동을 막아야 한다고 발표했다.

반민특위 내부의 갈등도 드러났다. 대표적인 현상은 거물 피의자들이 기소유예나 보석으로 석방되는 것이었다. 조선항공사업 사장 신용욱을 비롯하여 10여 명이 기소유예나 보석으로 석방되었다. 화신상사의 박흥식과 중추원 참의를 지낸 김갑순이 보석으로 석방되자, 마침내 특별검찰부의 검찰관 아홉 명전원이 사표를 제출하기도 했다.

반민특위에서 많은 사람이 무혐의 혹은 무죄로 풀려난 것은 단순히 정의가 실현되지 못했다고 단정해선 안 된다. 오히려 신생공화국 대한민국의 놀라운 성취로 볼 수 있다. 모든 것을 근대적 법적 절차와 법치주의에 입각해 단죄하려 노력했고, 심증은 있지만 증거가 충분하지 않은 경우 죄를 줄 수 없다는 판결이 속출했다. 섣부른 역사 청산주의에 입각해 광기 어린 폭력으로 치달을 수 있었음에도 법치국가의 형식과 절차를 현대적으로 지키려고 노력한 것이다. 이는 건국 세대의 성숙함을 보여주는 일면이었다.

반민특위의 정당성을 위협한 국회 프락치 사건

이즈음에 국회 프락치 사건이 발생했다. 경찰은 국회 부의장 김약수를 비롯해 모두 열세 명의 국회의원이 체포되었다. 남로당과 내통하여 미군 철수를 요구하는 법안과 김일성의 평화공세에 영합하자는 평화통일법안을 국회에서 통과시킨 혐의였다. 이들 가운데에는 반민특위에서 활동하던 소장파 국회의원 이문원, 이구수 및 최태규도 있었다. 실제로 이들이 내세운 미군 철수가 이루어져 6·25 남침으로 이어졌다.

반민족 행위자들을 검거하기 시작하자 박헌영은 국회의원들을 포섭하기 시작하였다. 우선 포섭된 국회의원들을 남로당에 입당시킨 다음 국회 활동을 통하여 합법 투쟁을 하도록 만들었다. 남로당은 언론인 출신 이삼혁에게 국회의 소장파 의원들을 포섭하도록 공작을 벌였다. 노일환과 이문환 의원이 포섭되어 남로당에 입당하였다. 국회 부의장 김약수를 포함한 10여 명의 국회의원도 포섭되고 말았다. 김약수는 1920년대부터 북풍회, 화요회, 제1차 조선공산당을 조직한 인물로 해방 후에는 국회 부의장으로 반민특위를 조직하여 친일파 숙청에 힘쓰는 척하면서 공산당 활동에 협력했다.

서울시 경찰국에서 정보부 부장검사 장재갑, 검사 오제도, 경찰국 사찰과장 최운하를 중심으로 수사를 시작했다. 검찰은 자수한 남로당원의 진술을 받아 이문원, 이구수, 최태규를 구속했다. 광주리 장수로 가장하고 월북하려던 남로당 여성 특수 공작원이 개성에서 체포되었다. 그녀는 음부에 비밀 보고서를 숨기고 있었다. 남로당 특수조직부에서 박헌영에게 보내는 국회 공작 보고서였다. 검찰은 국회 공작의 조직 실태와 범행 내용을 파악하고 다시 검거를 시작하였다. 노일환, 김옥주, 강욱중, 박윤원, 황윤호, 김약수, 서용길, 신성균, 배중혁, 김병회 등 국회의원과 변호사 오관을 구속하고 국가보안법 위반죄로 구속 기소했다.

당시에 국회 프락치 사건은 경찰이 반민특위의 활동을 무산시키려고 조작한 사건이 아닌가 하는 의혹이 제기됐다. 경찰이 확보한 프락치의 물증도 당시의 시각에선 의심되는 부분이 있었다. 국회의원 세 명이 체포됐을 때 국회에서는 그들의 석방을 요구하는 결의안을 두고 격론을 벌였다. 끝내 부결되었지만 서울 시내에서는 석방결의안에 찬성한 국회의원을 규탄하는 데모가 벌어지기도 하였다.

1993년에 러시아 정부가 한국 정부에 제공한 소련 군사 외교 문서에는 국회 프락치 사건의 실상에 관한 중요한 기밀 보고서가 있었다. 1949년 4월에 북한 주재 소련대사 스티코프가 스탈린에게 보낸 것이었다. 그 보고서에는 다음과 같이 남로당 프락치들의 활동이 자세히 설명되어 있다.

"노동당은 남조선의 국회의원 중 일부를 자신들의 편으로 끌어들이는 사업을 조직했다. 노동당의 지령에 따라 이들 국회의원은 남조선에서 시행되는 미국 정책 및 남조선 정부 당국의 권위를 무너뜨리기 위해 여러 요구 사항을 제기하고 있다. 남조선에서 미군 철수를 요구하는 청원서를 62명의 의원이 작성했고 정부 불신임 결의를 제의했으며, 모든 장관의 사임을 요구한 것은 바로 위와 같은 목적에 따라 실행된 사례이다. 이러한 요구는 국회 다수의 지지를 얻었다. 또한 법률안 심의 때에 법률안의 반민족적 성격을 폭로하고 내용을 수정하도록 노력하고 있다. …"

북한의 조선노동당 기관지 〈노동신문〉은 1997년 5월 26일자 2면 전체를 성시백에 대한 특집 기사로 가득 채웠다. 여기에서 국회 프락치 사건은 성시백의 공작에 따른 것이었다고 다음과 같이 밝혔다.

"성시백 동지는 1948년 가을부터 괴뢰 '국회' 공작에 힘을 넣었다. 괴뢰 '국회' 안에는 각양각색의 분파가 있었다. 성시백 동지는 이러한 분파와 그들 간의 싸움을 이용하여 우선 '국회' 안에 민족적 감정과 반미 의식을 가지고 있는 '국회의원'들로 진지를 구축하고, 여기에 다른 '국회의원'들까지 포섭하여 반미 반괴뢰 세력을 형성하기 위한 공작을 대담하게 벌여나갔다. 그리하여 '국회 부의장'과 수십 명의 '국회의원'을 쟁취 포섭하는 데 성공한 성시백 동지는 그들로 하여금 '국회' 연단에서 '외군철퇴요청안'과 '남북화평통일안'을 발표케 함으로써,

미제와 남조선 괴뢰도당을 수세와 궁지에 몰아넣고 남조선 인민들에게 필승의 신념을 안겨주었다.…"

경찰의 반민특위 습격

국회 프락치 사건 수사에 크게 공헌한 서울시 경찰국 수사과 중앙 분실장 김호익 경감은 수사가 마무리될 즈음, 남로당 서울 총책 김삼룡의 하수인에게 살해되었다. 국회 프락치 사건으로 술렁거릴 때, 반민특위의 특별경찰대는 세 사람의 경찰 간부를 반민족 행위 피의자로 체포했다. 경찰은 석방을 요구했지만 반민특위는 거절했다. 경찰은 조직 차원에서 존엄과 자존심, 명예를 걸고 싸울 수밖에 없었다. 경찰은 서울중부경찰서장 윤기병의 지휘 아래 반민특위의 사무실을 습격했다. 경찰은 반민특위의 특별경찰대를 무장 해제시키고 서류를 빼앗았다. 서울경찰청은 반민특위의 불법적 간섭으로 임무 수행이 불가능하여 서울 지역 경찰관 9,000명 전원이 사퇴하겠다는 청원서를 이승만 대통령에게 제출했다. 이승만 대통령은 "현재 대한민국은 친일파 숙청보다는 공산 세력의 진압이 시급하며, 공산 세력을 먼저 진압하지 않으면 대한민국이 망한다"라고 경찰들을 설득했다. 경찰의 반민특위 공격은 지방에서도 벌어졌다.

경찰의 행위는 입법 기관인 국회의 권위를 무너뜨리는 것이었다. 그런데도 이승만 대통령은 경찰의 행동을 모른 체했다. 경찰과 반민특위 특경대의 싸움은 행정부와 입법부의 대결이 노골화된 것과 같았다. 정부는 반민특위의 기한을 1년으로 단축하는 법을 국회에 내놓았다. 기세가 꺾인 국회는 법안을 받아들였다. 반민특위는 남은 업무를 처리하고 8개월 만에 해산했다.

반민특위는 총 688명의 반민족 행위자를 수사하고 559명을 특별검찰부에 송치했다. 특별검찰부는 293명을 특별재판부에 기소했다. 특별재판부가 재판을 종결한 것은 38명이었다. 재판 결과 체형이 12명, 민권 정지가 18명, 무죄 또는 형 면제가 8명이었다. 체형은 사형 한 명, 무기징역 한 명이었으며, 나머지는 2년 6개월 이하의 징역이나 집행유예였다. 이들은 모두 6·25전쟁이 일어나자 풀려났다. 이렇게 반민족 행위자에 대한 처벌은 흐지부지 끝났다.

반민특위의 한계와 친일파 문제의 성격

반민특위의 활동 과정은 신생 대한민국이 맞이한 정치적 현실과 도덕적 당위 사이의 갈등을 잘 보여준다. 해방은 미국이 일제를 해체하고 남한을 군사적으로 점령하는 방식으로 이루어졌다. 미군정은 총독부의 법령, 관료제, 경찰 기구를 그대로 인수했다. 이 때문에 일제 때 민족의 독립운동을 탄압한 한국인 경찰이 해방 뒤에도 그대로 직위를 유지할 수 있었다.

건국된 뒤에도 마찬가지였다. 건국 헌법은 부칙에서 현행 법령은 헌법에 저촉되지 않는 한 효력을 가진다고 했다. 아울러 현재 재직하고 있는 공무원은 헌법에 의해 선거 또는 임명된 자가 직무를 계승할 때까지 계속하여 직무를 맡는다고 했다. 이렇게 총독부의 법령, 행정 기구, 관료, 부속 기관의 직원 대부분이 대한민국으로 넘겨졌다.

대한민국은 자유민주적 이념을 앞세우고 외국에서 독립운동을 한 세력과 국내에서 실력 양성에 힘써 온 세력이 힘을 합쳐 세운 나라였다. 대한민국은 식민지 시대의 모든 것을 부정하고 세운 나라가 아니다. 식민지 시대의 근대 문명을 독립국의 형편에 맞추어 고치며 세운 나라였다.

건국 세력은 신생 독립국의 현실을 누구보다 잘 이해하고 있었다. 이승만 대통령은 스스로가 강경한 민족주의자이자 독립운동가였음에도 귀국할 때부터 역사의 모순을 알아차리고 민족의 대동단결을 호소했다. 뭉치면 살고 흩어지

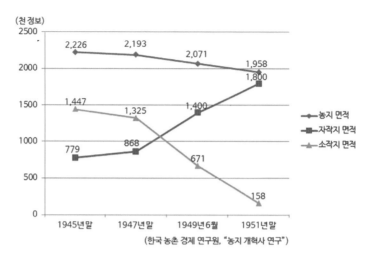

그림 12 이승만 농지개혁으로 인한 소작지의 소멸

면 죽는다고 했다. 함께 뭉쳐서 공산주의와 투쟁해야 할 때 친일파 문제로 민족이 분열해서는 곤란했다.

그렇지만 공산주의자들에게 친일파 문제는 대한민국의 건국 노선을 비판할 수 있는 가장 좋은 소재였다. 박헌영은 친일파 문제를 핑계로 자신이 주석으로 추대했던 이승만을 비판했다. 그들은 일제 시대에 총독부 권력과 타협하면서 실력 양성을 꾀했던 세력들을 모조리 친일파로 몰아붙였다. 건국 후 박헌영 세력은 끊임없이 반민족 세력이 세운 나라라고 대한민국을 매도했다. 친일파 문제는 처음부터 민족적 양심 문제가 아니었다. 그것은 건국 세력과 공산 세력이 벌이는 정치 투쟁의 최전선이었다.

건국 당시부터 대한민국은 생존을 위협받는 심각한 안보 및 치안 위기 상태의 연속이었다. 반민특위 해체의 이유는 친일 청산을 통한 '민족 정기' 회복보다 더 시급한 과제가 남로당 및 좌익들의 반란과 북한의 거듭된 남침 도발에 맞서 생존하는 것이 우선이었던 시대 상황이었다. 1948년 2월부터 1950년 4월까지 남로당의 폭력 투쟁으로 인한 피해는 사망 3만 6,000명, 부상 1만 1,000 명, 가옥 손실 5만 호와 피해자 31만여 명에 달했다. 브루스 커밍스는 빨치산 (파르티잔, 비정규군) 투쟁이 절정에 달했던 1949년 10월 무렵 빨치산 규모는 8만 9,900여 명, 빨치산의 출몰 횟수는 1,330회나 되었다고 추산했다. 친일파 청산 이 중요한 과제였을 수 있으나, 공산 세력과 국운을 건 싸움을 하고 있는 최악 의 혼란기에 일제 출신 군인과 경찰을 척결했어야 마땅하다는 주장은 치안과 안보를 총체적으로 취약하게 만들어 남한이 공산화되건 말건 상관없다는 주 장과 다름없다.

대부분이 소작농이던 사람들이 자신의 땅을 가지게 되다

이승만은 소련과 좌익에 맞서 건국 투쟁을 전개해나가던 1946년 3월에 이 미 민주의원 '임시정책 대강'에서 농지개혁 구상을 밝혔다. 이승만은 1948년 3 월 20일에 올리버 박사에게 보낸 편지에서 "우리가 일단 정부를 수립하면 한 국의 파시스트, 반동 세력 혹은 극우파라고 손가락질하던 사람들이 우리가 얼 마나 이 나라를 자유화하는가를 보고 놀랄 것입니다. 우리가 제일 먼저 처리 할 과제는 농지개혁법이고 그 다음에 다른 많은 자유주의적 조치를 차례로 취 할 것입니다"라고 썼다. 농지개혁으로 30% 안팎이던 자작지 비율은 93%까지 이르렀다.

농지개혁의 효과는 여러 가지였다. 농지개혁은 지주와 소작이 대립하던 농 촌 사회를 하나로 통합하였다. 국민 통합이 이루어지면서 민주주의의 토대도 시나브로 마련되었다. 농촌 사회에서 교육의 사다리를 타고 신분 상승을 할 수 있는 기회가 커졌다. 건국 초기에 소농의 아들 딸들은 아버지와 형이 애써 농 사 지은 덕분에 비싼 등록금을 내고 대학에 다닐 수 있었다.

해방 당시에 남한의 농토 232만 정보 가운데 자작지는 37%였고 나머지 63%는 소작지였다. 농가 전체 206만 호 가운데 순수 소작농은 49%, 자작도 하고 소작도 하는 농가는 35%로서, 소작하는 농민이 84%나 되었다. 대부분 농민이 자신의 토지를 갖지 못한 소작농의 나라를 근대 국민 국가라고 힐 수는 없었다. 해방과 함께 농지를 재분배하는 토지개혁은 좌우익을 가리지 않고 모두가 찬성했다. 건국 헌법은 "농지는 농민에게 분배한다"라고 분명히 했다.

농지개혁으로 총 소작지 면적의 40%에 달하는 58.5만 정보(귀속 농지 26.8만 정보, 일반농지 31.7만 정보)의 땅이 유상 매입, 유상 분배의 원칙에 따라 소작농들에게 분배되었다. 농지개혁 기간에 정부 분배 농지 58.5만 정보(45%)와 지주 처분 농지 71.3만 정보(55%)가 자작농의 농지가 되었으며 결과적으로 전체 면적에서 자작지의 비율은 92.4%에 달했다. 해방 당시 자작지 면적이 35%에 불과했다는 사실에 비추어 92.4%라는 수치는 한국 농업 구조의 혁명적 변화를 뜻했다. 이는 전후 일본에서 토지개혁을 통해 달성된 자작화 비율 90%를 능가하는 수치였다. 오랜 내전을 수반한 정치적 혼란, 6·25전쟁까지 주어진 시간이 지극히 짧았음에도 이승만 정부의 농지개혁은 건국혁명이라 해야 할 경제적, 사회적 효과를 거두었다. 북한은 토지 개혁과 인민 해방을 내세우며 쳐들어왔음에도 이미 토지개혁에 들어간 대한민국을 상대로 약탈과 학살밖에 할 수가 없었다. 대한민국 건국과 6·25전쟁이라는 극심한 혼란 속에서 이승만 대통령이 강력한 의지로 추진한 농지개혁은 조선 왕조 창건기 태조 이성계와 정도전·조준이 이루고자 했던 토지개혁의 이상을 훨씬 뛰어넘어 달성한 혁명과 같은 것이었다.

공산주의와 싸워 이길 수 있게 한 농지개혁

1949년 6월에 농지개혁법이 국회를 통과했다. 유상 매입·유상 분배의 원칙에 따라 농지를 재분배하는 법안이었다. 지주에게 보상할 농지의 가격은 연평균 생산량의 300%로 결정됐다. 분배 방식은 10년 분할 상환이었다. 국회가 정한 농지 가격에 대해서는 정부가 반발하고 소장파 의원도 거들었다. 결국 연평균 생산량의 150%로 정해졌다. 농민들은 매년 생산량의 30%를 5년간 상환하면 분배 농지를 자신의 소유지로 삼을 수 있었다. 유상 분배라고는 하지만 농민들은 누구나 토지를 갖게 되어 기뻐했다. 1950년 3월 농지개혁법이 국회를 최종 통과했으며 곧이어 시행에 들어갔다. 농지개혁은 6·25전쟁 발발로 잠시 중단되었다가 전쟁이 끝나고 4년 만에 거의 완료됐다.

정부는 1950년 3월 10일까지 분배 농지 일람표를 작성한 다음 민간에 공시했다. 대체로 4월 말까지는 분배 대상 농가에게 농지 분배 예정 통지서가 발송되었다. 통지서는 "오늘부터 이 땅은 당신에게 분배되었다"라는 것을 의미했다. 어느 지방 신문은 "오늘이야말로 진정한 우리 대한민국의 전국적인 해방의 날"이라고 감격해 마지않았다. 대부분의 농민은 "이 박사 덕분에 쌀밥을 먹게 되었다"라고 말했다고 한다.

정부가 신속하게 농지개혁에 성공할 수 있었던 까닭은 농지개혁을 기정사실화하고 열심히 준비했기 때문이다. 농지의 신속한 분배는 대다수 농민을 대한민국에 충성을 바치는 국민으로 만들었다. 자신의 땅을 가지게 된 농민들은 곧이어 일어난 6·25전쟁에 너도나도 지원하여 대한민국을 지켜냈다.

농지개혁법 제정은 이승만의 정치적 소신과 전략에 따른 것이었다. 농민들로 하여금 공산당의 집요한 선전 공세에 넘어가지 않도록 하는 것이 가장 중요하고 시급했기 때문이다. 농지개혁 당시의 농림부 장관이었던 윤영선은 다음과 같이 증언했다.

"대통령은 전쟁 수행으로 다른 일을 돌볼 틈이 없었지만 농지개혁만은 예외여서 기회 있을 때마다 '공산당을 막으려면 농지개혁을 빨리 해야 해'라고 말했습니다. 대통령이 전쟁의 북새통 속에서도 개혁을 서두른 것은 농지개혁은 공산당만 할 수 있다는 선동을 봉쇄하고, 영세 소작인의 반공 정신을 일깨우는 것, 피난 지주의 생계를 돕는 것, 그리고 군량미 조달의 뜻이 있었습니다."

신념을 가지고 공산주의를 반대하게 된 농민들은 이승만의 장기 집권을 가능케 하는 지지층이 되었다. '양반의 붕당보다는 상놈의 정당을 만들고 싶다'는 이승만의 비전을 이루어내는 데 농지개혁은 하나의 물적 토대가 되었다.

자기 땅을 갖게 된 한국인은 작으나마 자신의 사유재산을 갖고 지키는 경험을 통해 스스로의 삶의 주인이 되었다. 그들은 자신의 사유재산을 위협하는 공산주의자의 선동과 폭력에 맞서 싸우며 근대적 시민, 근대적 국민으로 각성하기 시작했다. 토지개혁으로 인해 사유재산이 단순히 탐욕의 대상인 물질이 아니라 자신의 존재의 근거이자 자신만의 작은 세계라는 것을 깨닫게 된 것이다. 이들이 이전 시대와는 완전히 다른 사회적 존재로 출발할 수 있는 물질적 기반을 마련해준 이승만 정권을 지지하는 것은 당연한 것이었다.

자유민주주의적인 농지개혁과 산업혁명

시행 얼마 전까지도 농지개혁은 별로 좋은 평가를 받지 못했다. 북한의 토지개혁이 무상 몰수와 무상 분배였는데, 남한의 농지개혁은 유상 매입과 유상 분배였기에 농민들에게 큰 도움이 되지 않았다고 보았던 것이다. 무상 몰수와 무상 분배는 장차 공산주의로 가기 위한 혁명 방식이다. 그에 따라 농민에게 분배된 것은 경작권이었지 소유권이 아니었다. 소유권이 부정되면 북한처럼 개인의 자유가 억압되고 개인의 인권이 계급과 국가에 종속되고 만다.

유상 매입과 유상 분배는 자유민주주의 국가에서 개인의 소유권을 존중하는 토지 분배 방식이다. 농민에게 분배된 것은 소유권이지 경작권이 아니었다. 유상 분배라고 해서 농민들에게 무거운 부담을 지운 것도 아니다. 토지 상환 가격은 매우 싸게 결정됐으며, 그것도 몇 년에 걸쳐 나눠 내는 방식이었다. 대한민국의 농지개혁은 자유민주주의의 기본 원리에 따라 온건하고 합리적인 방식으로 이루어졌다. 자유민주주의 신생국에서 가장 성공한 사례가 되었다.

이승만 대통령 아래에서 완결된 농지개혁은 한반도에 족쇄처럼 자리 잡은 지주의 토지 지배 체제를 해체하고 자영농 중심의 토지 소유제를 확립시킴으로써 한국 농업의 생산성을 획기적으로 높이는 한편 한국에서 자본주의를 태동시키는 계기가 되었다. 한국 사회는 한반도 주민들의 정체성을 규정하던 노비제와 신분제의 질곡에서 벗어나 1950년대 이승만 정부가 추진한 농지개혁, 의무 교육, 징병제 등으로 사민평등 사회로 탈바꿈했다.

토지 개혁을 통한 또 다른 결과는 산업 자본의 탄생이었다. 지주들은 지가 증권을 보상받았으나 전쟁으로 인플레이션이 일어나 증권의 가치가 폭락했다. 많은 지주는 생활비를 조달하기 위해 증권을 저가에 판매했으나 이를 매입한 지주들은 나중에 제값을 받고 현금을 보상받아 산업 자본을 축적하게 된다. 지주의 토지 지배 중심이었던 한반도의 지배 질서는 해체되고 산업 자본 중심의 새로운 경제 질서가 출현한 것이다. 토지 개혁과 귀속 재산 불하, 이승만 정부의 산업 정책으로 형성된 재벌 대기업 집단은 훗날 한국의 경제 발전과 산업화를 주도하는 핵심 경제 집단이 되었다.

(2) 6·25전쟁

북한의 전쟁 준비

1948년 9월에 소련 점령지 주민들을 강박하고 남한 내 반란 세력들의 추대를 받아 조선민주주의인민공화국을 세운 후 김일성은 '국토 완정(國土完整)'을 주장하기 시작했다. 이 말은 중국공산당이 사용했던 것으로 '일국의 영토를 단일의 주권으로 완전하게 통일하는 것'을 말한다. 김일성은 이듬해 초에 소련의 스탈린에게 남침 의지를 밝혔다.

1949년 3월에 김일성과 박헌영은 비밀리에 모스크바를 방문하였다. 스탈린과 만난 자리에서 김일성은 무력 통일에 대한 의견을 물었다. 스탈린은 반대했다. 북한군이 한국군보다 절대적인 우위에 있다고 볼 수 없으며 미군이 아직도 주둔하고 있었기 때문이다. 대신 스탈린은 북한과 경제문화협정, 상품교류협정, 차관공여협정 등을 체결했다. 1949년부터 1952년까지 2억 1,200만 루블의 차관 제공이 결정되었다. 비밀 군사 원조 협정도 맺어 조·소군사비밀협정에 의해 소총 1만 5,000정, 각종 포 139문, T-34 전차 87대, 항공기 94대 등 최신식 소련제 무기가 북한에 제공됐다. 미국으로부터 신무기를 받지 못한 국군과 달리 북한의 전쟁 준비는 탄탄대로였다.

김일성이 모스크바를 다녀온 지 한 달 뒤, 마오쩌둥의 공산당 군대가 양쯔강을 건너 장제스 국민당 정부의 난징을 함락시켰다. 그러나 미국은 끝내 출병하지 않았다. 이승만과 김구의 임시정부를 승인하지 않고 한국의 즉시 독립 요구를 거부하며, 좌우 합작과 신탁통치를 강요한 미 국무부의 구상에 따른 것이었다. 이들은 제2차 세계대전이 끝난 뒤에도 소련 공산주의와 공존하는 국제 체제를 만들려고 했다. 중국의 사태는 북한의 김일성과 박헌영을 고무했다.

1949년 4월 말 북한 인민군의 김일이 마오쩌둥을 만났다. 그는 스탈린과 김일성의 회담 내용과 북한의 남침 방안을 마오쩌둥에게 알렸다. 마오쩌둥은 국제 정세가 아직 북한에 유리하지 않고 중공군이 내전을 하고 있으므로 남침을 당분간 미루라고 했다. 대신 중공군의 조선족 사단 가운데 2개 사단을 북한군에 넘기겠다고 약속했다.

미국의 외면과 전쟁 위기의 가중

1949년 6월 말에 미군은 500명 정도의 군사고문단을 남기고 철수했다. 미군사고문단장 윌리엄 로버트는 이승만의 무기 지원 요구를 거부했다. 이승만의 한미동맹 요구도 무시했다. 7~8월에는 마오쩌둥의 약속대로, 중공군의 조선족 2개 사단이 북한군으로 넘어왔다. 기세가 오른 김일성과 박헌영은 북한 주재 소련 대사를 통해서, 남침을 허락해달라고 스탈린에게 다시 요청했다. 스탈린은 북한의 군사력이 짧은 시간에 전쟁을 끝낼 수 없다면서 거부했다. 그는 남한에서 빨치산 투쟁을 강화하고 동시에 북한군의 전력을 키우라고 지시했다.

1949년 9월에 소련은 원자폭탄 개발에 성공했다. 다음 달에는 마오쩌둥이 중국 내전에서 승리하고 중화인민공화국 건국을 선포했다. 북한의 지도부는 흥분했다. 중공군이 양쯔강을 넘어 진격하는데도 미군이 외면하는 것을 보자 김일성은 남침 통일의 가능성을 확신했다. 1950년 1월에 김일성은 다시 스탈린에게 "이승만이 공격해 오길 기다렸는데 그러질 않아서 남조선 해방이 지연되고 있으므로, 조선의 공격 행동에 대한 지시와 허가를 원한다"라는 뜻을 전했다. 스탈린은 이번에도 허락하지 않았다. 자신은 도울 준비가 되어 있지만 남침은 매우 심각한 문제이므로 더욱 철저히 준비해야 한다고 지시했다. 1950년 4월에는 중공군의 조선족 1개 사단이 추가로 북한군에 넘어왔다.

소련의 승인과 작전 계획

김일성과 박헌영은 1950년 4월에 비밀리에 다시 모스크바를 방문하였다. 스탈린은 비로소 "국제 환경이 유리하게 바뀌고 있다"라면서 북한의 남침을 허락했다. 스탈린은 마오쩌둥에게도 동의를 얻으라고 지시했다. 스탈린이 언급한 국제 환경의 변화란, 중국에서도 공산당의 승리를 막지 못한 미국이 훨씬 중요성이 떨어지는 한국을 위해서 싸우지는 않을 것으로 보았다는 뜻이다.

다음 달, 김일성과 박헌영은 베이징으로 가 마오쩌둥을 만났다. 김일성이 스탈린과 회담한 결과를 설명하자 마오쩌둥은 스탈린에게 확인을 요청했다. 스탈린은 "통일에 착수하자는 조선 사람들의 제창에 동의"하며, "중국과 조선이 공동으로 결정하라"라고 권유했다. 중국 지도부는 북한의 남침을 지원하기보다는 국민당 정부가 건너가 있는 타이완을 공격하기 원했지만 스탈린의 결정은 절대적이었다.

북한의 요청과 스탈린의 승인, 중국의 참여로 전쟁을 일으키려는 국제 동맹이 결성됐다. 북한의 김일성이 남침을 여러 차례 걸쳐 허락받고자 했기 때문에, 마치 김일성이 전쟁의 기획자요 주연이며 소련은 후원자처럼 보인다. 사실은 전혀 그렇지 않다. 스탈린이 바로 실질적인 기획자이자 집행자였다. 그가 남침 계획을 1950년 1월까지도 거부한 까닭은 미국의 개입 가능성 때문이었다. 스탈린이 김일성의 계획을 승인한 까닭은, 중국의 사태로 미루어 미국이 개입하지 않으리라고 판단했기 때문이었다. 스탈린이 짠 국제 전략의 체스판에서 김일성은 하나의 기물에 지나지 않았다.

북한은 5월 29일까지 남침 공격의 작전 계획을 완성했다. 소련의 군사 고문이 작전 계획을 작성했으며, 북한군 참모부는 그것을 손질하는 정도였다. 김일성은 6월 16일에 스탈린의 최종 동의를 얻고 나서 남침 일자를 6월 25일로 정했다. 작전 계획은 미국이 구원군을 보내더라도 한반도에 상륙하기 전에 전쟁을 끝내는 것이었다. 목표는 8월 15일까지 서울에 통일 인민 정부를 수립하는 것이었다.

남침 공격은 3단계로 계획되었다. 제1단계는 북한군이 전쟁 개시 이틀 만에 서울을 점령하고, 닷새 안에 수원-원주-삼척을 잇는 선까지 진출하는 것이었다. 제2단계는 그 뒤 14일 안에 군산-대구-포항을 잇는 선까지, 제3단계는 그 뒤 10여 일 안에 남해안까지 진출하는 것이었다. 소련 군사고문단과 북한군 참모부의 구상은 짧은 기간에 전쟁을 끝내는 것이었다. 그들이 보기에 서울 점령은 식은 죽 먹기이고, 그 뒤 남한 각지에서 20만 명의 남로당 게릴라가 봉기하면 상황 끝이었다. 이미 해방 정국부터 대한민국 건국까지 이루어진 수많은 반란과, 대한민국 후방에서 끈질기게 활동하는 빨치산을 생각해보면 남로당이 게릴라의 봉기를 기대하는 것은 무리가 아니었다.

제2차 세계대전에서 베를린 함락 작전을 폈던 소련 군사고문단은, 서울이 함락되면 대한민국은 더 이상 저항하지 못할 것으로 보았다. 그래서 작전 계획도 서울 점령에 중점을 두었고, 다음 단계의 작전에 대해서는 대략적인 공세 방향 외에는 구체적인 계획이 없었다. 동계 작전을 구상하지 않았기에 병사들은 가벼운 무장을 하게 되었다.

6월 25일 남침과 춘천전투

1950년 6월 25일 새벽 네 시에 북한군은 전격적인 남침을 시작했다. 작전명은 '폭풍'. 북한군은 정말 폭풍처럼 몰아쳤다. 서쪽의 옹진반도로부터 개성, 화천을 거쳐 동쪽의 주문진에 이르는 38선 전역에서, 20~40분 동안 야포와 박격포로 포격하고 보병들이 돌격했다. 동해안의 정동진과 임원진에는 육전대와 유격대가 상륙했다.

북한 정권은 자신들의 남침을 남한의 북침에 대한 반격이라고 선전했다. 6월 25일 오전 열한 시쯤 평양방송은 "인민군이 자위 조치로서 반격을 가하여 정의의 전쟁을 시작했다"라고 보도했다. 그러나 6·25전쟁 직전에 작성된 국군의 작전명령서 어디에도 공격 준비에 대한 언급이 없다. 그렇지만 노획된 북한군의 문서에는 남침을 위한 준비, 정찰, 이동에 관한 지시가 수없이 나온다.

국군은 북한군의 공격을 예상하지 못했다. 국군의 방어 태세는 너무나 허술했다. 더구나 남침이 임박했을 때 이루어진 인사 이동으로 전방의 사단장과 육군본부의 지휘부 대부분이 교체됐다. 그들은 자기 부대의 실태조차 파악하지 못한 상태였다. 북한군이 38선으로 집결하고 있는데도 알아채지 못하고, 그동안 해오던 비상 경계를 6월 24일에 해제했다. 38선 근처에서 교전이 계속 일어나고 있었지만 북한군의 전면적인 침략 의도를 읽지 못했다.

더구나 군사분계선에서 잦은 교전으로 국군 장병들은 피로에 쌓여 있었고 농번기를 앞두고 있어서 상당수 병사를 휴가 내보냈다. 병사들의 3분의 1 정도는 휴가나 외출을 나가 있었고, 군 장비의 3분의 1 정도는 병기창에서 수리 중이었다. 또한 남침 바로 전날에는 서울 육군회관 낙성식이 있어서 전후방의 지휘관들이 새벽까지 술을 마셨다. 국군 지휘부는 술이 덜 깬 상태에서 적의 공격을 맞이했다.

남침을 시작한 북한군의 병력과 장비는 국군보다 훨씬 뛰어났다. 북한군이 탱크를 앞세웠지만 국군은 용감하게 저항했다. 침략하자마자 이틀 만에 서울을 점령할 계획이었지만 국군의 조직적인 저항으로 저지되었다. 김종오 장군은 춘천-홍천전투에서 승리했고, 백선엽 장군은 서부전선에서 선전했다. 압도적인 공세에도 불구하고 북한군이 서울을 함락하는 데는 사흘이나 걸렸다. 당시 미국대사 무초는 "한국군의 조직적인 저항과 전선의 폭우가 한국을 살렸다"라고 말했다.

개전 당시 북한군의 T-34 전차들은 주공인 포천과 의정부 축선의 북한군 1군단에 집중되었다. 반면 조공이었던 춘천 지역의 북한군 2군단에는 전차 없이 자주포인 SU-76 48대만이 투입되었다. SU-76은 곡사포로 북한군 포병연대에 16대씩 투입된 포병의 자주포다. 하지만 기갑 운용에 대해 개념이 없었던 북한에서는 전차처럼 운용해 국군이 전차로 오인하기도 했다. 아군의 대전차 화기인 57mm 대전차포로 관통할 수 없는 정면장갑을 가지고 있어 전차와 별 차이가 없기도 했다.

6월 28일 열한 시경 적이 자주포를 앞세워 홍천의 입구인 말고개로 올라왔다. 말고개는 굴곡이 심한 고갯길로 지형적으로 대전차 방어전을 펼치기에 유리했다. 김종오 장군의 6사단은 말고개 지역을 방어하던 2연대와 19연대로 일제 사격하여 보병과 자주포를 분리했다. 대전차포 수량도 부족해 보급도 되지 않던 상황에서 국군 병사들은 육탄 공격으로 자주포를 막아 선두의 자주포를 파괴해 길을 막고 나머지 자주포를 포위해 큰 승리를 거두었다. 16포병대대의 집요하고 정교한 포격은 북한군이 머리를 들지 못할 정도로 두려움을 느끼게 하고 북한군에 큰 손상을 입혔다. 6사단이 춘천에서 사흘, 홍천에서 이틀을 버텨 30일까지 북한군을 저지한 뒤 전략적 후퇴를 하면서 북한군 2군단은 수도권 섬멸 작전에 투입되는 타이밍을 놓치게 됐다.

말고개전투의 선전은 춘천에서 철수하던 7연대의 철수로를 확보하게 했다. 뿐만 아니라 25일 새벽 동해안으로 북한 766부대가 상륙해 후방이 차단됐던 국군 8사단이 태백산맥을 넘어 제천으로 안전하게 철수할 수 있게 했다. 6사단과 8사단이 전력을 보존한 것은 이후 국군의 반격 작전에 큰 기여를 하게 했다. 열악한 무장의 1만 병력으로 중무장한 3만 5,000명의 병력을 막아 6,792명의 적 사상자를 일으키며 적 전략을 좌절시킨 이 전투는 '춘천대첩'이라 일컬을 만했다.

불가피했던 국가 원수의 대피

6·25전쟁 당시 서울은 38도선에서 불과 45km밖에 떨어져 있지 않았다. 시속 55km로 달리는 북한군의 소련제 T-34 전차가 한 시간이면 충분히 달려올 수 있는 거리였다. 또한 시속 30~40km로 달리는 북한군의 전술 차량으로도 두 시간 안에 다다를 수 있는 거리였다. 시속 400km가 넘는 북한군 전투기는 몇 분이면 서울에 접근할 수 있었다. 그렇지만 북한의 수도였던 평양은 38도선으로부터 140km나 떨어져 있었다. 서울은 전략적으로 불리한 위치에 있었다.

세계 전쟁사에서 수도가 국경에서 45km밖에 떨어져 있지 않은 경우는 서울밖에 없다. 대부분 수도는 국경으로부터 수백 km 밖에 있었다. 제2차 세계 대전 때 프랑스의 수도 파리는 국경으로부터 320km나 떨어져 있었고, 소련의 수도인 모스크바는 국경으로부터 1,100km나 떨어져 있었다. 태평양전쟁 때 일본의 도쿄나, 항일전쟁 때 장제스의 국민당 정부도 전선에서 멀리 떨어져 있었다. 전쟁을 수행하려면 국가 원수를 포함한 전쟁 지도부가 안전해야 하기 때문이다.

이승만 대통령은 매우 위험한 상황에서 전쟁을 이끌어야 했다. 공중전과 지상전에서 위험에 노출되어 있었을 뿐만 아니라, 서울 시내에서는 남로당과 불순 세력이 언제 폭동을 일으킬 지 몰랐다. 실제로 1945년부터 1950년까지의 서울은 남로당과 좌익 세력의 폭동에 시시때때로 시달렸다. 이때는 대통령의 경호 체제가 제대로 확립되기 전이라 서대문 형무소에 갇힌 수천 명의 공산주의자가 탈옥해 폭동을 일으켜 경무대로 쳐들어올 경우 막을 병력이 없었다. 의정부가 함락되자 대통령의 안전이 더욱 위험해졌다. 대통령은 당장 서울을 벗어나 후방의 안전한 곳에서 전쟁을 지도해야 했다.

그렇지만 이승만 대통령은 27일 새벽 세 시에야 각료들의 강권에 못 이겨 경무대를 떠났다. 참모들은 이승만을 속이기 위해 북한군 탱크가 청량리까지 들어왔다고 허위 보고했다. 이승만은 기관차와 3등 객차 2량으로 만들어진 특별 열차에 탑승해 남쪽으로 갔다. 금고를 털어도 5만 원밖에 없었고 옷가지도 챙기지 못했으며, 특별 열차는 차창이 깨지고 좌석의 스프링이 튀어나와 있었다. 대통령이 전쟁 시작 후 경무대에 체류한 45시간은 대통령의 목숨을 담보로 '국가의 운명을 걸었던 시간'이었다. 그 45시간 동안 대통령은 한숨도 자지 않고 대한민국을 살릴 방책에 골몰했다.

특별 열차는 대구까지 갔다. 하지만 이승만이 다시 서울로 돌아갈 것을 주장해서 대전으로 돌아왔다. 기차가 대전에 도착하자 소식을 들은 윤치영과 허정은 서울이 이미 점령당했으니 더 이상의 북상은 안 된다고 만류했지만 이때까지도 이승만은 서울행을 고집하고 있었다. 신성모 국방부 장관 역시 서울이 적의 수중에 들어갔으니 더 이상 북쪽으로 갈 수 없다고 했다. 그러나 대통령은 고집을 꺾지 않고 수원까지라도 가겠다고 했다. 그러나 이때 서울은 아직 함락되지 않았다.

미 대사관의 에버렛 드럼라이트 참사관이 사무실로 찾아왔다. 그는 유엔이 대북 군사 제재를 결의했고, 트루먼 대통령이 해·공군 출동 및 대한(對韓) 무기 원조 명령을 내렸다고 전했다. 암담했던 분위기는 이 소식으로 활기를 되찾았고 이승만 대통령은 북상을 단념하고 정부를 대전으로 옮기기로 결정했다. 그날 밤 이승만 대통령의 숙소는 충남 도지사 관저였다.

'국민 여러분 안심하십시오' 라디오 방송의 진실

6월 27일 밤에 무초 미국 대사가 이승만을 찾아왔다. 무초 대사는 "하느님이 한국을 버리지 않았다"라고 했고 "전쟁은 이제부터 당신의 전쟁이 아니라 우리의 전쟁이 되었다"라면서 미국의 적극 개입 방침을 설명했다. 이 말에 힘을 얻은 이승만은 국민을 안심시키고 국군의 사기를 북돋우는 방송을 해야겠다고 생각했다.

공보처장과 상의한 후 서울중앙방송국으로 전화를 해 6월 27일 밤 10시에 방송을 하기로 했다. 내용은 "마침내 적군은 전차와 전투기, 전함으로 서울에 다가오고 있는데, 우리 국군은 맞서 싸울 수단이 없다시피 합니다", "유엔과 미국이 우리를 도와 싸우기로 했습니다. 지금 공중과 해상으로 무기, 군수품을 날라와 우리를 돕기 시작했으니 국민은 고생이 되더라도 굳게 참고 있으면 적을 물리칠 수 있으니 안심하십시오"라는 취지였다. 엄습하는 절망 속에서 희망을 잃지 말자는 메시지였다. 그 담화문 어디에도 "국민 여러분 안심하십시오", "서울 시민은 안심하고 서울을 사수하라" 운운하며 무책임하게 사실을 호도하고 거짓으로 국민을 기만하는 내용은 없었다.

실제 미 FBIS(해외방송감청부) 감청록에 기록된 이승만 대통령의 라디오 연설 내용은 다음과 같다.

'(어제) 의정부 일대에서 적군이 탱크 수십 대를 포함해 중화기로 무장해 진격했다. 국군은 지뢰 제거 작업 중인 적군을 소총으로 저격하려 했다. 하지만 적군은 장거리 라이플로 무장했고 국군에게는 그런 무기가 없다. 무기가 없어 적과의 대적은 어려웠지만, 우리 국군은 맨손으로 용감히 싸웠다. 그럼에도 불구하고 적은 계속 전진해 서울 외곽 수십 리 지점까지 진출했다.'

'맥아더 장군의 전보는 다음과 같다. 깊은 믿음을 가져야 한다. 중대한 작전이 진행되고 있다. 충분한 원조가 가고 있다. 그런데, 해군과 공군에서 양방향으로 진행 중인 원조는 오직 38선 이남 방어가 목적이다.'

'오늘 오후에는 전폭기를 투입하여 적을 격파하고 경폭기가 적 탱크들을 파괴할 예정이다.'

'현 상황에서 국민이 피난을 떠나는 것은 이해할 수 있는 일이다. 우리에게 닥친 위험을 극복하려면 원조가 도착할 때까지 용맹하게 싸워야 한다.'

'특히 변변한 무기 없이 전투를 벌이고 있는 의정부 지역 군인들에게 경의를 표한다.'

'세계에 우리의 용기, 힘, 결단력을 보여주어야만 그들로부터 지원을 받아 남북 통일을 이룩할 수 있다. 모든 시민이 용기와 애국심을 발휘해 전쟁 과제 수행에 차분히 자신의 임무를 수행하리라 믿는다.'

깔끔하게 전황을 정리하고, 의정부에서 참패해 적을 막지 못했다는 사실을 객관적으로 시민에게 전달했다. 적으로부터 피난 가는 상황은 당연하다고 얘기했으며 절망적인 상황이지만 용맹하게 싸워야 이 위기를 극복할 수 있다는 희망과 격려의 메시지였다. 원조 작전이 진행 중이라는 맥아더 전보를 공개하며 근거를 삼기도 했다. 이승만의 이 라디오 연설에서 언급한 것과 같이 실제로 전폭기가 출격하여 26일 소련제 전투기 한 대를 격추했고 27일 화요일에 다섯 대를 격추했다. 실제 이승만 대통령의 라디오 연설대로 국군은 용기와 힘, 결단력을 보여줘 시민의 용기와 애국심에 힘입어 차분하게 지연 작전을 펼쳐 멸망 직전에 놓인 조국을 구해냈다.

한강 다리 폭파의 진실

한편 대통령이 피신하는 동안 입법부와 사법부는 그 사실을 몰랐다. 대통령의 피신은 밀리는 전쟁의 엄중한 현실 속에서 극비에 부쳐졌다. 국회는 전선 정보가 부족한 상황에서 6월 27일 새벽 네 시에 서울 사수 결의안을 제출하기 위해 경무대를 방문했으나 이미 대통령은 대전으로 피신한 뒤였다. 경무대를 찾아왔던 신익희와 조봉암은 부랴부랴 피난에 나섰고, 이승만을 강력하게 비판했다. 부통령 이시영은 서울을 끝까지 사수하겠다고 결심했으나 결국 수원으로 뒤늦게 피신했다. 이시영이 북한에 사로잡혀 납북되었다면 헌법기관인 부통령을 북한이 확보하여 대한민국의 국가 정체성에 큰 타격을 입혔을 것이다.

대전으로 피신한 27일 하루의 대혼란 속에서 시민 144만 명 가운데 40만 명이 서울을 빠져나갔다. 그들의 80% 정도가 북한에서 자유를 찾아 내려온 사람들이고, 나머지 20%는 고위 각료와 정치인, 관리, 군인, 경찰의 가족들이었다. 일반 시민들은 아무것도 모른 채 서울에 갇히고 말았다.

북한군 탱크가 서울에 진입한 것은 28일 새벽이었다. 정부의 각료와 정치인들은 서둘러 서울을 탈출했다. 채병덕 육군참모총장은 북한군의 전차가 시내로 들어왔다는 보고를 듣고는 한강대교 폭파를 명령했다. 그리곤 곧바로 시흥으로 내려갔다. 피란길에 올랐던 800여 명 시민이 폭사했다는 유언비어가 떠돌았지만 그를 뒷받침하는 사실적 근거는 없다. 한강 인도교 폭파는 경찰과 헌병의 통제에 따라 이루어졌다. 한강 인도교 폭파로 수많은 민간인이 죽었다는 것은 잘못 알려진 괴담이다. 6월 27일 이승만 대통령의 서울 방송과 6월 28일 한강 인도교 폭파에 대해서는 대중에게 사실과 크게 다르게 알려진 부분이 많아 크게 주의할 필요가 있다.

한강대교 폭파가 서둘러 이루어진 까닭은 국군이 교량 폭파 작전에 실패했던 경험을 가지고 있었기 때문이었다. 임진강 철교와 같은 주요 교량을 제때 폭파하지 못했기에 북한의 공세 속도를 늦출 수 없었다. 한강을 건너려는 북한 군을 저지하기 위해서는 한강대교를 서둘러 폭파하는 길밖에 없었다. 미 군사 고문단의 존 처치 준장은 미군 증원 부대가 올 때까지 서울에서 적극적인 시 가전을 펼칠 것을 주장했다. 하지만 북한군의 서울 진입 두 시간을 앞둔 상황 에서 방어선을 유지하며 철수 작전을 수행하는 것은 불가능했다.

한강대교 폭파의 전략적 가치는 뚜렷했다. 한강대교를 빼앗기면 서울 북쪽 에서 싸우던 국군 병력의 퇴로가 끊기고 북한군 주력 부대가 한강 이남으로 쏟아져 내려올 것이었다. 실제로 소련 고문단의 사후 평가에서도, 105전차여 단이 한강대교를 일찍 빼앗지 못한 것을 주요 실책으로 지적했다. 한강대교의 폭파로, 탱크를 앞세운 북한군 기갑 전력의 공세를 늦출 수 있었다.

북한의 심리전 전술에 의해서든 전쟁에서 겪은 모든 불행을 당시의 지도자 탓으로 돌리려는 민중에 의해 꾸며진 것이든, 6·25전쟁 때의 사건 중에서 이 승만 대통령에 대해 사실과 크게 다르게 부정적으로 꾸며진 괴담은 많다. 예 를 들어, 미 군사 고문단이 공비들을 죽이기 위해 해인사 폭격 임무를 내렸고 김영환 대령(주인공이 장지량 중령으로 바뀔 때도 있다)이 해인사와 팔만대장경의 문 화재적 가치를 높이 여겨 그 명령을 거부했고 미국 편만 드는 이승만이 김영환 을 포살(捕殺, 이를 砲로 왜곡해 대포로 쏴 죽이라 했다는 사람들도 있다)하라 했다는 괴 담이다.

해인사·팔만대장경 폭격 임무 중지와 관련된 기록은 존재하지 않는다. 또 한, 공군의 출격 기록에는 출격 작전의 세부 사항까지 자세하게 기술하지 않으 며 작전 운용의 폭넓은 유연성을 보장한다. 또한 '지리산 공비 토벌 작전'은 작 전 참모가 미 군사고문단으로부터 명령을 받아 집행하는 게 아니었으며 전투

조종사 한 명의 존재가 매우 소중하고 절실했던 당시에 이승만 대통령이 김영환(또는 장지량)을 포살하라 명령했다는 것은 터무니 없다. 이처럼 잘못 알려진 괴담이 많아 6·25전쟁과 관련해 당시 정부와 대통령을 과도하게 부정적으로 서술한 정보들은 면밀히 확인하여야 한다.

서울에서의 정지, 국군의 지연 작전

한편 북한군은 서울을 점령한 뒤 주춤했다. 자축 분위기에 젖었던 것이 한 가지 이유였다. 전쟁의 승리를 너무 낙관한 나머지 병참 준비를 제대로 하지 않아 보급을 기다려야 했던 것이 또 다른 이유였다. 한강 이남에서 남로당의 게릴라 20만 명이 봉기하기를 기다렸다는 설도 있다. 6·25 발발 당시 한국군이 보유한 8개 사단 중 4개 사단은 후방에 배치되어 있었다. 후방을 교란하며 국가 기능을 파괴하는 빨치산들을 토벌하기 위해서였다. 이들이 민간인들을 선동하고 다시 제주도나 여수·순천 때와 같은 대대적인 반란을 일으킨다면 서울 함락만으로 인민 혁명에 의한 적화통일이 가능할 것이란 판단이었다.

국군은 패배하였지만 붕괴되지는 않았다. 국군은 철수하면서도 대오와 편제를 유지했다. 시흥지구 전투사령관 김홍일 장군의 지휘로 한강선 방어 전투를 수행했다. 김포지구 사령부와 김종오 장군의 6사단이 북한군의 우회 기동 및 후방 포위 전술을 차단하여 시간을 벌었다. 김홍일 장군이 시흥지구 사령부를 창설하고 병력을 수습할 시간을 얻었던 것이다.

미국 대사 무초는 유엔위원단에 출두하여, "대한민국 군대는 방위 불가능한 지역을 포기하고 미리 준비된 방위 지점으로 철수하는 중"이라고 말하였다. 국군은 전쟁 5개월 전에, 상황이 불리하면 임진강, 한강, 대전, 낙동강까지 순차적으로 후퇴하면서 지연작전을 편다는 계획을 짜놓고 있었다. 성공적인 국군의 지연 작전이 없었다면 한국은 유엔군의 지원을 기다리지 못한 채 빠르게 적화통일로 멸망했을 것이다.

미국의 참전

6·25전쟁이 일어나자, 미국 정부는 곧바로 개입했다. 트루먼 대통령은 38선 전역에서 공산군이 남침하였다는 전화 보고를 받고서, "우리는 무슨 수를 써서라도 그 망할 놈들을 막아야 한다"라고 소리쳤다. 그는 소련과의 이익 공유를 중요하게 생각했던 전임자 루스벨트와 비교했을 때 자유민주주의에 대해 순박한 신념을 가진 인물이었다.

한미동맹이 없던 상황에서 미국이 재빨리 참전을 결정한 것엔 이승만의 외교적 자산이 큰 힘이 되었다. 미국 상원의 원목인 해리스 목사는 트루먼이 부통령이던 때부터 각별했다. 그는 트루먼의 개인적인 신앙 상담을 들어주던 사이였다. 그는 또 이승만의 한미협회 이사장이자 기독교인 친한회의 회원이었다. 국제 사회의 운명을 결정짓는 미국 대통령의 주변에는 이승만의 독립운동을 도운 미국인 동료들이 둘러싸고 있었다.

6월 29일 도쿄의 연합군사령관 맥아더는 비행기로 날아와, 한강의 남쪽 강변을 시찰하고 수원에서 이승만 대통령을 만났다. 그날 일본의 기지에서 날아오른 미군 폭격기 18대가 평양을 공습하고 북한군 항공기 26대를 부쉈다.

미국 정부는 한국 문제를 유엔으로 가져갔다. 6월 25일 유엔 안전보장이사회(안보리)는 북한군에게 "적대 행위를 즉각 중지할 것과 38선 이북으로 철수할 것"을 요구했다. 북한이 아랑곳하지 않자, 유엔은 "세계 평화와 한반도의 자유를 보장하기 위해 공동 행동"하기로 결의했다. 유엔이 최초로 국제적 연합군을 조직하여 침략군을 물리치겠다는 뜻이었다.

지원 구분	참전국		참전현황		피해현황				
			연 인원	참전형태	계	전사	부상	실종	포로
전투 지원 (16)	미 국		1,789,000	육·해·공군	133,996	33,686	92,134	3,737	4,439
	영 국		56,000	육·해군	4,909	1,078	2,674	179	978
	캐나다		26,791	육·해·공군	1,761	516	1,212	1	32
	터 키		21,212	육군	2,365	966	1,155	-	244
	호 주		17,164	육·해·공군	1,584	340	1,216	-	28
	필리핀		7,420	육군	468	112	299	16	41
	태 국		6,326	육·해·공군	1,273	129	1,139	5	
	네덜란드		5,322	육·해군	768	120	645		3
	콜롬비아		5,100	육·해군	689	213	448		28
	그리스		4,992	육·공군	738	192	543		3
	뉴질랜드		3,794	육·해군	103	23	79	1	
	에티오피아		3,518	육군	658	122	536		
	벨기에		3,498	육군	440	99	336	4	1
	프랑스		3,421	육·해군	1,289	262	1,008	7	12
	남아공화국		826	공군	44	36			8
	룩셈부르크		100	육군	15	2	13		
의료 지원 (6)	인 도		627	야전병원	26	3	23		
	노르웨이		623	이동외과병원	3	3			
	덴마크		630	병원선					
	스웨덴		1,124	적십자병원					
	이탈리아		128	적십자병원					
	독일		117 (명수)	적십자병원					
합계	22개국		1,957,733		151,129	37,902	103,460	3,950	5,817

* 출처: 국방부 군사편찬연구소 6.25전쟁 통계

그림13 6.25전쟁 유엔 참전국 참전 및 피해상황

안보리의 강력한 조치는 유엔총회에서 대한민국이 한반도에서 유일한 합법적 정부라고 결의했기에 가능했다. 유엔의 입장에서 보면, 북한의 전쟁 행위는 유엔의 승인을 받지 못한 비합법적인 정부가 유엔의 승인을 받은 합법적인 정부를 공격한 무력 도발이었다. 유엔의 권위에 대한 정면 도전인 것이다. 유엔은 곧바로 유엔군사령부를 설치하기로 결의했다. 이에 따라 자유 진영의 미국, 영국, 프랑스, 캐나다 등 16개 국가가 군대를 파견했다. 덴마크, 노르웨이 등 6개 국가는 의료진을 파견했다. 미국의 트루먼 대통령은 도쿄의 맥아더를 유엔군

사령관에 임명했다.

유엔 안보리 회의에 소련은 거부권을 가지고 있으면서도 참석하지 않았다. 당시에 체코슬로바키아의 대통령이 스탈린에게 이유를 물었다. 스탈린의 대답은 다음과 같았다. 첫째, 안보리에서 미국이 마음대로 결정하게 두면 미국의 호전성이 국제 사회에 드러날 것이다. 둘째, 미국이 거대한 군사 가능성을 가진 중국과 충돌하면 목이 부러져서 아시아에서 유리한 혁명 환경이 조성될 것이다. 셋째, 미국과 중국이 충돌하는 동안 소련은 동유럽에서 공산주의 체제를 굳건히 할 수 있다. 그러면 앞으로 제3차 세계대전에서 공산 진영이 승리할 힘을 기를 수 있다.

스탈린은 처음에 미국이 개입하지 않으리라고 예측했지만, 개입하려 하자 오히려 미국을 유인하는 전략을 펼쳤다. 스탈린은 미국과 중국이 충돌하면 소련은 동유럽 등 다른 지역에서 공산주의 체제를 굳힐 시간을 얻는다고 판단했다. 스탈린은 두 가지 가능성을 다 열어놓고 김일성의 남침 건의를 승인했던 것이다.

6·25전쟁은 처음부터 소련이 미국을 상대로 벌인 국제전이었다. 스탈린이 세계를 무대로 벌려 놓은 체스판에서 북한의 김일성과 중국의 마오쩌둥이 놀아난 셈이다. 체스판 건너편에는, 유럽과 아시아 가운데 어디에 무게를 둘지 고민하는 트루먼과 독립운동을 할 때부터 소련의 한반도 지배 야심을 경계해왔던 이승만이 있었다. 미국과 유엔의 개입으로 6·25전쟁의 성격은 한국인이 대한민국 체제에 대한 충성과 소속감을 처음으로 자각한 건국전쟁의 성격, 국제 사회가 북한과 공산주의 제국의 침략과 맞서 신생 자유국가를 지켜낸 성격을 모두 갖게 되었다.

낙동강 전선과 인천상륙작전, 그리고 북진

국군과 유엔군은 북한군에 밀려 8월 초 낙동강 전선까지 후퇴하여 최후의 방어선을 세웠다. 대구부터 마산까지 서남부에서는 유엔군이, 대구로부터 포항까지 동부에서는 국군이 북한군과 공방전을 벌였다. 대구가 중요했다. 대구가 뚫리면 북한군이 부산까지 곧장 진격할 수 있었다.

대구의 입구 다부동에서는 매일 피비린내 나는 싸움이 되풀이되었다. 백선엽의 1사단은 7,660명의 병력으로 3만 명에 가까운 북한군 3개 사단을 막아냈다. 집중 공격으로 다부동을 돌파해서 대구를 뚫고 부산을 함락하려던 북한군의 공세를 멈춰 세운 것이다. 사단장 백선엽이 직접 소총을 들고 적들이 점령한 고지로 돌격하는 처절한 혈투의 결과였다.

이어진 영천전투와 마산전투에서 북한군의 공세는 꺾였다. 북한군의 낙동강 작전은 번번이 실패했다. 일본 규슈에서 떠오른 공군기는 북한군의 보급로를 공습했다. 북한군의 보급 체계는 완전히 무너졌다. 8월 하순의 전세는 이미 국군과 유엔군의 우세로 돌아섰다. 북한군은 진퇴양난에 빠졌다.

북한군을 낙동강 전선에 묶어 놓고 유엔군은 적의 뒷덜미를 치는 작전을 세웠다. 도쿄의 맥아더 사령부는 7월 초에 인천상륙작전을 짰다. 맥아더가 구상한 작전은 인천에 미군 해병대를 상륙시켜서 적의 뒤를 끊고, 낙동강 전선의 유엔군이 밀고 올라와 적을 무너뜨리려는 것이었다.

9월 15일 새벽에 인천상륙작전이 시작되었다. 미군 항모부대의 함재기와 구축함이 인천 시내와 해안을 사납게 포격하면서 미 해병대가 월미도에 상륙하여 북한군을 제압하였다. 뒤이어 불붙는 시가전 끝에 인천을 점령하였다. 해군 참모총장 손원일 제독은 직접 소총을 들고 전투에 나서서 미군 장성들을 놀라게 했다. 인천상륙작전 자체는 북한군의 허를 찔러서 손쉽게 달성되었으나 북

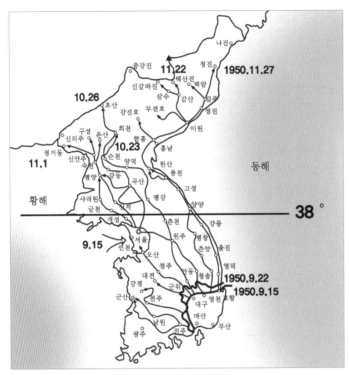

그림14 6·25전쟁 전선의 변화

한군이 후방에 있던 거의 모든 부대를 끌어모아 서울 방어전에 투입했기에 서울 탈환은 2주 뒤인 9월 28일에야 이루어질 수 있었다.

낙동강 전선의 유엔군도 상륙 작전 바로 다음 날 반격에 나섰다. 유엔군은 1주일 만에 낙동강 전선의 북한군을 무찌르고, 김천, 대전, 수원으로 올라왔다. 김일성은 낙동강 전선의 북한군에게 차례로 철수하여 금강과 소백산맥에서 새 전선을 구축하라고 지시했다. 그러나 북한군은 싸울 뜻을 잃고 쉴 틈 없이 무너졌다. 상부의 명령이 하급 부대로 전달되지도 않았을 뿐 아니라 병사들이 대오를 벗어나서 도망쳤다. 낙동강 전선에는 남한 지역에서 강제로 끌어모은 의용군이 많았기 때문이다.

유엔군의 포위망을 뚫고 38선 이북으로 도주한 병력은 낙동강 전선의 10만 명 가운데 3만 명에 지나지 않았다. 10월 하순에 북한군의 가용 병력은 4개 사단으로 줄었다. 북한군은 더 이상 전쟁을 수행할 수 없는 상태가 되었다.

9월 28일에 국군과 유엔군이 서울을 되찾았다. 전쟁 사흘 만에 빼앗긴 서울을 인천 상륙에 성공하고 나서 2주일 만에 되찾은 것이다. 이튿날 서울 수복 기념식이 중앙청 광장에서 열렸다. 점령 기간 고통을 겪은 시민들이 몰려나와 기뻐했다. 10월 1일에 국군은 38선을 넘어 진격했다. 이날을 기념하여 '국군의 날'이 되었다.

맥아더 원수는 38선을 돌파할 것을 원했으나 트루먼 대통령은 38선 이북의 진격이 소련 또는 중공의 주력군과의 새로운 전쟁으로 확장될 것을 염려했다. 유엔군은 38선 돌파 권한을 확보할 수 없었다. 외교적 능력이 뛰어났던 이승만 대통령은 긴급추적권을 이용해 국군의 단독 북진을 명령했다. 3사단이 이승만 대통령의 명령을 받들고 단독 북진을 감행했다. 전투 중 자연스럽게 이루어진 국군의 단독 북진을 같은 북진론자인 맥아더가 지휘하는 유엔군이 막지는 않을 것이란 판단에서였다. 같은 날 도쿄의 맥아더 사령관은 김일성에게 무조건 항복하라고 방송했다. 유엔에서는 10월 7일에 유엔군도 38선을 넘어 북진하라고 결의했다. 이튿날부터 유엔군도 북진하기 시작했다.

중국의 참전과 흥남철수

김일성과 박헌영은 스탈린과 마오쩌둥에게 구원을 요청했다. 10월 초에 마오쩌둥은 참전하기로 결정했다. 그는 주저하는 중국공산당 지도부를 설득하면서, "입술이 없어지면 이가 시리다(脣亡齒寒)"라는 논리를 내세웠다. 이 논리에는 한국을 중국의 일부로 여기는 중화사상이 깃들어 있었다. '항미원조 보가위국(抗美援朝 保家衛國, 미국에 맞서 조선을 도와 가정과 나라를 지키자)'이란 명분은 중국공산당이 6·25전쟁을 항미원조전쟁이라 일컫게 했다. 소련은 미국과 정면 대결을 피하려고 지상 병력을 보내지 않았지만 2개 항공사단을 중국의 동북 지방으로 파견했다. 소련 전투기는 미군 전투기와 치열한 공중전을 벌였다. 소련군의 참전은 미소 양국이 오랫동안 비밀에 부쳤다. 소련군 조종사들은 비행할 때 중국 제복을 입었고, 항공기 무전에서 러시아어로 말하는 것을 금지하는 규칙이 만들어졌다. 그들이 운영하는 미그-15 전투기는 당시 한국에 있던 모든 고정익 미국 제트기를 능가해 제공권에서 우위를 보였다. 그들은 전쟁 기간 142~1,106대의 UN 항공기를 격추했다. 미그기의 주요 목표는 다른 전투기와의 공중전보다는 미 공군의 B-29 슈퍼포트리스 폭격기에 대응하는 데 있었다.

중공군은 총사령관 펑더화이의 지휘 아래 10월 19일에 압록강을 건넜다. 총 18개 사단 26만여 명의 병력이었다. 이날은 국군이 평양에 들어간 날이었다. 중공군은 공식적으로 참전하지 않았고 통계에 비밀스러운 점이 많아 6·25전쟁 당시 병력 숫자를 공표하지 않았다. 중공군은 대부분 병사는 중국 인민해방군 출신으로 구성되어 있었지만 당시 신생 공산 국가였던 중화인민공화국이 국제 연합군과 공식적인 전쟁을 한다는 인상을 피하기 위해 지원병인 것처럼 꾸며 인민지원군이라 하였다.

중공군 병력 통계 추정치는 30만부터 300만까지 다양하다. 총 37개 군대, 113개 사단이 참전했다. 유엔군보다 병력상 우위에 있었던 것은 확실하다. 유엔군과 중공군의 숫자가 비슷하다는 의견은 중공군은 전방 부대의 병력만 계산하고 유엔군은 후방에 있는 병력까지 모두 계산한 데서 나온 오류다. 유엔군 42만 명 중 육군은 30만 명 남짓이고 이 중 북한까지 진격한 전방 부대는 13만

명 정도에 지나지 않았다.

중공군은 북한으로 살금살금 들어왔다. 밤에만 이동하고 낮에는 산속에 숨어 지냈다. 당시에는 기술적 한계 때문에 야간 시야 확보가 잘 안된 데다 전장조차 수풀이 우거진 산지라 공군과 포병을 통한 미군의 화력 우위를 충분히 살릴 수 없었다. 그런 줄도 모르고 국군은 6사단 선두 부대가 압록강의 초산까지 진격했고 미군은 신의주 남쪽까지 진출했다. 국군과 미군이 북한 깊숙이 들어오기를 기다렸던 중공군은 10월 25일에 일제히 공격을 개시했다(1차 공세). 백선엽 장군의 1사단과 미군 제1기병사단은 운산전투에서 중공 제39군의 기습을 저지하기 위해 일주일 동안 분투했으나 방어에 실패하고 철수해야 했다.

맥아더 사령관은 중공군의 군세와 작전을 잘못 판단했다. 중공군의 병력을 8만 명 아래로 추정했던 것이다. 국공내전이 끝난 지 1년이 채 되지 않아 큰 규모의 전쟁 개입이 힘들 것으로 판단했기 때문이다. 중공군은 1차 공세에서 승리한 뒤에도 일부러 후퇴하여 긴 자루 형태의 편제를 이루었다. 그 속으로 유엔군이 들어오기를 기다렸던 것이다. 맥아더는 더 많은 중공군이 들어오기 전에 전쟁을 끝내려고 유엔군에게 계속 공격하라고 명령했다. 11월 24일 맥아더 원수는 '종전을 위한 총공세'를 명령했다. 30만 명이나 되는 중공군이 숨어 기다리는 산맥으로 국군과 유엔군은 진격했다.

펑더화이는 국군이 방어를 담당하고 있던 평안남도 덕천과 영원을 공격해 우회, 포위하여 미군의 퇴각로를 차단했다. 국군 7사단, 8사단은 25일 밤부터 중공군에 반격당했고 병력의 수적 열세, 야간 전투의 미숙, 방어 진지의 허술함, 측면 돌파 때문에 완전히 궤멸했다. 전 병력의 60%가 사망, 실종되거나 포로로 잡혔다. 6사단이 중공군과 교전하기 전까지 7사단과 8사단의 와해 사실을 전혀 파악하지 못했던 2군단장 유재흥은 전선의 붕괴를 수습하지 못했다.

2군단의 붕괴로 청천강 방어선의 우측이 무너지자 미군은 중공군에 완전히 포위당했다. 서부 전선을 담당한 미 8군 사령관 월튼 워커 장군은 연합군이 평양까지 후퇴하도록 지시했다. 중공군 38군단은 이미 국군 2군단의 후방까지 계속 침투하여 미군의 퇴로를 막았다. 튀르키예군 여단은 청천강전투의 패배로 허물어지는 미군의 퇴로 확보에 나섰다. 11월 26일부터 중공군은 대공세로 밀고 내려왔다. 중공군의 2차 공세였다.

　동부 전선의 상황도 심각했다. 서부 전선의 미 8군과 동부 전선의 미 10군단 사이에 생긴 80km의 틈을 최약체인 국군 3개 사단이 담당했고 중공군은 이를 집중 공격했다. 미 10군단은 계속 전진했고 중공군의 포위망에 완전히 들어 갔다. 이 과정에서 고립된 미 해병 1사단이 자신들을 포위한 중국 제9병단의 10개 사단과 맞서 싸우며 흥남까지 전열을 유지하여 철수한 것이 장진호전투다. 만약 제9병단이 미 해병대로부터 피해를 입지 않고 장진군을 돌파했다면 서부 전선의 미 8군은 무사히 철수하기 힘들었을 것이다.

　미 해병대는 중공군 10개 사단뿐만 아니라 함경북도의 혹독한 겨울 날씨도 견뎌야만 했다. 중공군이 원산까지 점령하여 퇴로가 끊긴 미군과 국군은 흥남에서 바닷길로 철수했다. 흥남철수작전을 통해 미군 10군단과 국군 1군단, 피란민 10만여 명이 공산주의의 압제와 폭력으로부터 피신할 수 있었다. 레너드 라루 선장이 운항한 메러디스 빅토리 호는 세계에서 가장 큰 규모의 구조 작전을 수행한 선박이 되었다.

　중공군이 본격적으로 개입하기 전에 신속하게 전쟁을 마무리해 크리스마스까지 전쟁을 끝낸다는 맥아더 원수의 크리스마스 공세 구상은 중공군의 2차 공세로 좌절됐다. 중공군이 청천강전투에서 노획한 군사 물자는 이후 베트남에 보내져 디엔비엔푸전투에서까지 영향을 미쳤다. 장진호 전투에서의 철수는 성공했으나 중부 전선에 큰 구멍이 생겨 유엔군은 전면적으로 철수할 수밖에 없었다. 미군은 계속 패주하여 12월 3일 평양에서 철수했고, 12월 23일에야 임진강, 한탄강에서 겨우 전선을 형성했으나 그 전선도 오래 버티지 못했다. 2차 공세로 공황에 빠진 유엔군은 전선이 금강까지 밀리면 한반도를 포기하는 전략까지 세웠다.

계속되는 중공군의 공세와 용문산 대첩

북한군과 중공군의 연합군은 3차 공세를 개시하여 38선을 넘어 밀고 내려왔다. 유엔군은 1951년 1월 4일에 서울을 포기하고 남쪽으로 후퇴했다. 유엔군은 경기도 안성까지 밀리자 반격에 나섰다. 북위 37도선까지 내려왔던 중공군은 유엔군이 전열을 가다듬자 한계에 봉착했다. 항공 전력이 없었던 중공군은 철저하게 인력 위주의 포위·섬멸 작전으로 연합군을 압박했는데, 전열이 듬성듬성 길게 퍼졌던 초기와 달리 전선이 좁아지고 병력 배치가 조밀해지자 효과가 떨어진 것이다. 미 공군의 공세 때문에 북한 지역에서의 보급도 불가능했다. 리지웨이 장군이 지휘하는 유엔군은 썬더볼트작전, 라운드업작전과 같은 대대적인 반격을 하여 한강을 회복했다. 중공군은 4차 공세에 나섰으나 미군과 몽클라르 중장의 프랑스 대대가 지평리에서 막아냈다. 유엔군은 3월 15일에 서울을 탈환하고 여세를 몰아 38선을 회복했다.

그러나 거기서 포기하지 않은 중공군은 5차 공세를 펼치며 유엔군을 영구적으로 한반도에서 몰아내기 위해 총 70만 병력을 동원했다. 서울을 다시 빼앗으려고 서부와 중부 전선에서 대대적인 공세를 펼쳤지만 유엔군의 압도적인 화력에 부딪혀 끔찍한 희생만 치뤘다. 그러자 중공군은 상대적으로 약한 동부 전선의 국군 방어 지역을 집중 공격하였다. 6사단은 사창리전투의 패배로 중공군의 추격보다 훨씬 빠른 속도로 장비까지 버리고 패주했다. 그 때문에 전선이 수십 km는 뒤로 밀려 영연방군이 중공군을 저지하지 못했으면 다시 남한강까지 밀릴 뻔했다. 6사단의 패주 당시 인접했던 미 해병 1사단은 그들의 구역으로 도망쳐온 국군 중 적과 싸울 의지가 없는 자들은 아군이 아닌 포로로 취급하라는 지침을 하달했다. 현리전투의 패배로 3군단이 나흘 만에 70km를 도망치면서 동부 전선 전체가 붕괴될 뻔했다. 거듭되는 3군단의 패전으로 밴 플리트 미 8군 사령관은 3군단을 해체하고 국군 장교의 교육에 더욱 힘썼다.

중공군은 5월에 중·동부 전선에서 6차 공세를 펼쳤지만, 오히려 국군과 유엔군이 문산-철원-김화-화천-간성을 잇는 전선까지 밀고 올라갔다. 특히 국군 6사단은 양평군 용문산에서 화천까지 밀고 올라가 중공군 6만 2,000명을 사살하거나 포로로 잡았다. 용문산대첩이었다. 이때 2만 명이 넘는 중공군이 화천저수지에 빠져 죽었다. 이승만 대통령은 화천저수지를 오랑캐를 깨뜨린 호수라는 뜻의 '파로호(破虜湖)'로 이름 지었다.

중공군은 후퇴하면서 화천군 주민 대부분을 강제로 북으로 끌고 갔다. 그들은 대부분 고향으로 돌아오지 못했다. 용문산대첩, 파로호전투로 중공군은 완전한 군사적 승리를 포기하고 정치적 협상을 병행하며 전선을 조금씩 밀고 당기는 고지 쟁탈전으로 전략을 수정했다. 5월 공세를 분쇄하고 반격에 성공한 직후 매슈 리지웨이 유엔군 사령관은 미 합참에 '유엔군의 승리가 적을 휴전 협상의 무대로 불러오는 데 결정적인 역할을 할 것'이라 보고했다. 이 보고대로 소련 유엔 대표 야코프 말리크는 정전 회담을 제안했다. 국군은 중공군을 상대로 가졌던 막연한 공포감으로부터 완전히 벗어날 수 있었다.

정전 회담

중공군의 이른바 춘계 공세로 분명해진 것은 무력으로 상대를 굴복시킬 수 없다는 사실이었다. 전선은 움직이지 않았으며 휴전이 모색되었다. 미국과 소련은 막후 접촉으로 휴전하기로 하였다. 7월부터 시작된 휴전 회담은 전쟁사에서 가장 긴 협상을 이어갔다. 휴전 회담을 하면서도 치열한 전투는 계속되었다. 휴전 회담에서 주도권을 잡으려고, 서로 상대의 후방 도시를 폭격하거나 취약한 진지를 공격했다. 휴전 회담도 열었다 닫았다를 거듭했다.

군사분계선, 정전 뒤의 평화회의, 구체적인 정전 방안을 차례대로 합의했다. 군사분계선은 전쟁 전의 38선이 아니라 정전했을 때의 경계선이 되었다. 그런데 포로 교환의 문제는 쉽게 합의되지 않았다. 제네바협정에 따르면 포로는 되도록 빨리 송환되어야 했지만, 미국의 트루먼 대통령은 자유를 얻고자 송환을 거부하는 포로들을 돌려보내려 하지 않았다. 유엔군이 희망자만 송환하자는 제안을 하자 중국과 북한이 거부하였다. 유엔군은 압박 수단으로 북한을 매섭게 폭격했다. 휴전 회담은 중지됐다.

친공 포로들의 폭동, 미국의 이승만 제거 계획

거제도 포로수용소에서는 반공 포로들과 친공 포로들이 수용소 내의 주도권 장악을 위해 세력 다툼을 벌였다. 어떤 수용소 건물에선 친공 포로들이 완전히 수용소를 장악해 유엔군 조사단이 건물 안에 들어가지 못할 정도였다. 밴 플리트 장군이 수용소 내 규율을 확립하기 위해 임명한 수용소장 프랜시스 도드 준장은 포로들에 납치되기도 했다.

제네바협약은 포로에 대한 대우와 제한 조치만을 규정하고 포로가 조직체를 형성해 포로 수용국에 위협을 가하는 사태에 대응하는 조항이 없기 때문에 제네바협약을 준수하는 연합군은 공산당의 지령을 따르는 포로들에 취약했다. 공산주의자들은 의도적으로 수용소 내에 공작원들을 침투시켰다. 수용소의 포로들을 움직여 휴전 협상을 공산주의자들에게 유리하게 전개하려는 것이었다.

도드 수용소장이 포로들에게 납치되어 인질이 되자 밴 플리트 장군은 무력에 의한 구출 작전이 아닌 설득에 의한 구출을 명령했다. 북한과 중공은 전쟁 이전 폭동과 반란에서 그러했듯 이러한 사태를 '부당한 연합군의 지배에 저항하는 정의로운 포로들의 항쟁'이라 선전했다. 포로수용소에서는 자유민주주의 이념을 가진 포로들이 당을 배신했다는 이유로 잔인하게 살해되었다.

1953년 초에 회담이 다시 열릴 분위기가 조성됐다. 선거 공약으로 휴전을 서두르겠다던 아이젠하워가 대통령에 취임한 것이다. 스탈린 역시 평화 공존을 꺼내들고 전쟁을 빨리 끝내길 바랐다. 중국도 전쟁 능력이 잦아들었다. 유엔군이 부상 포로의 즉시 교환을 제의하자, 중국은 송환을 바라지 않은 포로는 중립국에 인도하자는 양보안을 내놓았다. 회담이 재개된 것이다.

이때부터 이승만 대통령이 본격적으로 정전을 반대하기 시작했다. 정전 회담에서 한국 대표를 철수시키고, 국군 단독으로 전쟁을 계속하겠다고 위협했다. 정전 반대를 외치는 시위대가 부산의 미국 대사관에 뛰어들어간 일도 있었다. 주한 미 8군은 미국 국무부의 승인을 받고 이승만을 제거하는 쿠데타를 계획하기까지 했다. 미국은 집요하게 정전을 반대하는 이승만을 후진국에 불리하게 작용할 수밖에 없는 민주주의와 인권의 기준을 명분으로 축출하려 했다. 대신 독자적 국제 전략 없이 미국의 요구에 순순히 따르기만 할 야당을 지원하려 했다. 그러나 야당이 집요한 권력 의지와 카리스마를 보여주지 못하자 이승만의 체제를 용인했다.

반공포로 석방

이승만의 반대에도 불구하고 유엔군과 공산군은 송환을 바라지 않은 포로를 중립국 송환위원회에 넘긴다는 안에 서명했다. 그러자 이승만은 6월 18일에 전국에 퍼져 있던 포로수용소에서 반공 포로 2만 7,000여 명을 석방했다. 이승만은 군사 작전의 효율성을 위해 전쟁 초기 작전권을 유엔군 사령관에게 양도했지만, 자신의 작전권 관할에 있는 헌병들을 이용해 유엔군을 상대로 무력을 써 반공 포로들을 풀어주었다. 그것은 유엔군과의 교전까지 수반한 과격한 행위였다.

반공 포로의 석방은 휴전 회담을 좌절시켜 미국이 전쟁을 포기하지 못하게 하거나 한미동맹을 쟁취해내기 위한 이승만의 전략에서 나온 것이기도 했지만, 공산주의 국가로 돌아가는 것을 거부하고 자유 세계에서 살 것을 원하는 포로들의 인권을 보호하기 위한 의거이기도 했다. 자유를 되찾은 반공 포로들은 이승만의 사진을 들고 행진했다. 반공 포로 석방은 아이젠하워와 처칠을 경악케 했다. 전 세계가 이승만의 행동에 놀랐다. 미국은 정전 회담이 깨질까봐 걱정했고 공산군은 국군에게 보복 공격을 감행했다.

중공군은 중부 전선에서 대규모 공격을 펼쳤다. 휴전되기 전 마지막 공세를 펼쳐 대내외에 승리를 과시하려 한 것이다. 금성 돌출부는 중공군 방면으로 툭 튀어나왔는데 상대적으로 약한 국군이 담당했다. 그곳에는 용문산대첩으로 국군이 손에 넣은 파로호가 있었다. 정전협정이 다가오자 김일성은 화천수력발전소를 되찾으려고 혈안이 됐다. 전투는 1주일 만에 끝났지만 178km^2의 영토를 놓고 벌인 전투에서 서로 3만 명씩 사상자를 냈다. 최후까지 한 치의 땅도 거저 얻은 것이 없었다. 이 전투로 결정된 경계선에서 휴전선이 되었다.

1953년 7월 27일 오전 10시에 판문점에서 유엔군 대표와 북한군·중공군

대표가 정전협정에 서명했다. 정전에 반대한 한국 정부는 협정에 서명하지 않았다. 협정에 따라 군사분계선과 비무장지대가 설치되었다.

포로 교환도 진행됐다. 유엔군 포로 총 1만 3,457명이 돌아왔으며, 북한군·중공군 포로 총 8만 2,493명이 돌아갔다. 송환을 바라지 않는 포로는 북한군·중공군이 2만 2,604명, 유엔군이 359명이었다. 이들은 중립국 송환위원회에서 90일 동안 조사를 받고 돌아가거나 전향하거나 중립국으로 인도되었다.

한미군사동맹의 배경

이승만 대통령은 정전협정을 막으려고 끝없이 투쟁했다. 그에게 6·25전쟁은 자유 진영과 공산 진영이 맞붙은 최초의 국제 전쟁이었으며, 한반도 분단 문제를 해결해줄 수 있는 통일 전쟁이었다. 그에게 정전협정은 통일 기회를 영원히 빼앗아감은 물론, 평화의 이름으로 대한민국을 북한의 침략에 힘없이 버려두는 것과 다름이 없었다. 독립운동 시기 일본의 조선 병탄을 외면한 미국의 외교를 기억하는 이승만에게 이는 역사의 반복에 지나지 않았다. 그는 전쟁을 계속할 것을 미국에 요구했다. 그것이 안 되면 한국만이라도 끝까지 싸우려고 했다.

이승만은 몽상가가 아니었다. 그에게 최악의 사태는 한국의 안보와 재건에 대한 아무런 보장 없이 미국이 전쟁을 끝내고 철수하는 것이었다. 그의 목적은 오로지 한국의 안보와 재건에 대한 미국의 약속을 받아내려는 것이었다. 그의 외교 투쟁은 대한제국의 주권을 지키기 위해서 러일전쟁에 미국이 개입해달라는 것에서부터 시작되었다. 이승만의 외교 투쟁은 식민지 시절에는 조선의 독립과 임시정부의 승인을, 해방 공간에서는 신탁통치 반대와 대한민국 건국을, 휴전 정국에서는 미군의 주둔과 한미 군사동맹의 체결을 목표로 삼고 펼쳐졌다. 그는 평생 대한민국의 존립을 위해 분투한 탁월한 경세가였다.

미국은 한국과 어떤 약속도 하려 들지 않았다. 미국 국방부의 태평양 방위선은 여전히 일본-오키나와-필리핀으로 그어져 있었다. 한국의 군사·전략적 가치는 낮았다. 이승만의 끈질긴 투쟁은 미국의 한국 정책을 조금씩 바꾸어 갔다. 그는 미국을 쥐고 흔들었다. 그는 시위대가 미 대사관에 뛰어드는 것을 내버려두었고, 국군의 지휘권을 회수하겠다고 협박했다. 그는 자신이 제거될 위험도 무릅썼다. 국군 장성들은 쿠데타를 일으켜 이승만을 제거하라는 미국의 회유를 거부하고 이승만을 따랐다.

미국은 벼랑 끝 전술로 밀어붙이는 이승만을 억누를 수 없었다. 이윽고 한국의 안보를 보장하는 쪽으로 방향을 틀었다. 유엔군과 공산군 측이 포로 문제를 합의하자 아이젠하워 대통령은 한국과 상호방위조약이 체결되도록 애쓰겠다고 약속했다. 이승만은 더 확실한 약속을 바랐다. 그래서 반공 포로의 석방이라는 최강수를 둔 것이다. 화들짝 놀란 미국이 한국에서 미군을 철수시키겠다고 하자 이번에는 이승만이 타협했다. 이승만은 정전협정에 절대로 서명하지 않겠지만 유엔군의 정전 결정에 따르겠다고 선언하였다. 다만 정전에 앞서서 상호방위조약을 체결하고, 정전하더라도 평화를 위한 정치 회담이 실패하면 바로 전투를 재개한다는 조건부였다. 이 정치 회담은 훗날 대한민국과 베트남의 운명을 갈랐던 1954년 제네바회담이다.

이승만 외교 독립운동의 최종 성과 한미동맹

결국 이승만의 끈질긴 투쟁은 미국이 한국의 전략적 가치를 재평가하도록 만들었다. 미국은 강력한 지원으로 한국을 부흥시켜서 자유 진영의 모델로 만들자는 의견서를 채택했다. 이승만을 설득하러 온 미국 부통령 리처드 닉슨은 이승만에게 압도되었다. 그는 이승만이 '나라 전체를 공산주의와 싸울 결의와 의지에 눈뜨게 하였고', 그의 군대는 '아시아에서 가장 강력한 반공 군대'로서 잃어서는 안 된다고 보고했다. 미국은 상호방위조약에 대한 의회의 비준을 확신할 수 있다고 이승만을 안심시켰으며, 이승만도 한발 물러서서 정치 회담이 결렬되면 전투를 재개한다는 요구 조건을 거두어들였다.

국무부 극동 문제 담당 차관보 월터 로버트슨은 대통령 특사로 이승만과 상호방위조약 체결 협상을 벌였다. 로버트슨은 "한국은 많은 유엔군 병력의 생명과 피의 대가로 확보하려는 휴전을 방해할 권리가 없다"는 아이젠하워 대통령의 친서를 전했고 이승만은 "우리가 어차피 적에게 넘겨질 바에야 차라리 한국이 통일될 때까지 전쟁을 계속할 것이다"라고 맞받았다. 미국이 그동안 한국 문제를 처리할 때 한국 측과 협의를 하지 않았던 예가 비일비재했음을 꼬집고, 대한민국은 주권 국가로서 이제 하찮은 존재가 아닌 동등한 자격을 지닌 동맹국으로 대접받아 마땅하다는 것이다.

이승만은 로버트슨에게 미국에서 준비한 조약 초안에 '조약 당사국 중 어느 한 쪽이 무력 공격을 당하면, 다른 한쪽이 즉각적이고 자동적인 지원을 한다'라는 조항이 빠진 것에 실망한다고 지적했다. 또 한국은 필리핀·오스트레일리아·뉴질랜드 등과는 달리 적대국으로부터 공격을 받으면 순식간에 치명타를 입을 나라임을 고려해 미국이 최소한 일본 내와 주변에 미군의 주둔을 허용한 미일안보조약 수준의 조약을 한국과 체결해야 한다고 강하게 요구했다.

1953년 10월 1일에 한미상호방위조약이 미국 워싱턴에서 조인되었다. 이 조약에서 한국과 미국은 다른 한 나라가 무력 공격을 받을 때 공통의 위험에 대처하기 위해서 상호 협의하고 원조한다고 선언했다. 또한 상호 합의에 기초하여 미국의 육·해·공군을 한국의 영토와 주변에 배치하기로 했다. 이 조약은 한국이 침략당할 때 미국의 자동 개입을 보장하지는 않았다. 미국 정부는 한

(1) 한국군 및 유엔군 인명 피해   (단위: 명)

구분	계	사망	부상	실종/포로
계	775,438	178,631	554,202	42,605
한국군	621,479	137,899	450,742	32,838
유엔군	153,959	10,732	103,460	9,767

출처: 국방부 군사편찬연구소, 〈통계로 본 6·25전쟁〉, 2014, p.30, p.283, p.309
유엔군 사망 인원은 미국 측 비전투손실(non-battle Deaths) 인원인 2,830명을 포함한 통계임(위의 책, p.309)

(2) 육·해·공군 인명 피해   (단위: 명)

구분	계	육군	해군(해병 포함)	공군
계	613,136	579,492	9,001	138
사망	137,899	135,858	1,903	138
실종자	35,495	–	–	–
부상자	450,742	443,634	7,108	–

(3) 북한군 인명 피해   (단위: 명)

출처문헌	총계	사망	실종/포로	비전투손실	비고
한국전란 4년지	607,396	508,797	98,599		
군사정권위 편람	640,000	520,000	120,222		
미군자료	801,000	522,000	102,000	177,000	사망에 부상포함

(4) 중공군 인명 피해(한국측 추정)   (단위: 명)

구분	계	전투손실	비전투손실
계	972,600	369,600	603,000
사망	148,600	135,600	13,000
부상	798,400	208,400	590,000
실종	3,900	3,900	–
포로	21,700	21,700	–

출처: 국방부 군사편찬연구소, 〈통계로 본 6·25전쟁〉, 2014, p.475
(1) 부상(비전투손실)에는 질병에 의한 입원치료자(447만명)을 포함.

(5) 피난민 현황   (단위: 명)

구분	1951. 3. 현재(가)	1951. 5. 현재(나)	1953. 4. 현재(다)
계	6,514,582	5,758,435	2,611,328
서울	128,400	–	40,219
경기	1,729,516	1,661,312	804,030
충북	700,300	270,051	156,713
충남	760,477	802,572	275,932
전북	329,032	414,103	326,331
전남	523,125	577,737	156,929
경북	1,383,208	575,292	229,089
경남	558,496	521,414	440,415
강원	330,800	987,160	161,311
제주	71,228	148,794	20,359

출처: (가) 국방부, 〈한국전란 1년지〉, 1951, p.D35
    (나) 국방부, 〈한국전란 1년지〉, 1951, p.D37
    (다) 국방부, 〈한국전란 3년지〉, 1954, p.D6

(6) 인명 피해현황(1950. 6. 25~53. 7. 27)   (단위: 명)

구분	계	사망	학살	부상	납치	행불
총계	990,968	244,663	128,936	229,625	84,532	303,212
서울	129,908	29,628	8,800	34,680	20,738	36,062
경기	128,740	39,728	7,511	25,479	16,057	39,965
충북	70,003	24,320	3,409	12,658	6,312	23,304
충남	75,409	23,707	5,561	20,290	10,022	15,829
전북	91,861	40,462	14,216	15,364	7,210	14,609
전남	193,788	14,193	69,787	52,168	4,171	53,469
경북	97,851	35,485	6,609	21,061	7,584	27,112
경남	72,306	19,963	6,099	32,417	1,841	11,986
강원	130,777	17,122	6,825	15,483	10,528	80,819
제주	325	55	119	25	69	57

출처: 내무부 통계국, 〈대한민국 통계연감〉, 1955, pp.212~213

그림15 6.25전쟁 피해 상황 통계

국에 주둔하는 미군 2개 사단을 서울과 휴전선 사이에 배치함으로써 그에 대한 한국의 우려를 잠재웠다. 안보의 인계철선이었다. 한미동맹은 이승만이 콕 집어 강조한 대로 미일군사동맹과 같은 수준의 동맹이었다. 이에 더해 이승만은 미국으로부터 장기간의 경제 원조, 한국군 전력의 육군 20개 사단 증강과 해군과 공군의 장비 지원을 받아냈다.

이승만 대통령은 조약 체결에 앞서 다음과 같은 성명을 발표하였다.

"한미상호방위조약이 성립됨으로써 우리는 자손만대로 복락을 누릴 것이다. 한국과 미국의 이번 공동 조치는 외부 침략으로부터 우리를 보호함으로써 우리의 안보를 확보해 줄 것이다." 그의 예언은 틀리지 않았다. 미국의 자동 개입을 보장함으로써 이승만은 상호방위조약으로 미국이 대한민국을 포기하지 못하도록, 미국이 다시는 한국을 배신하지 못하도록 했다. 이는 1904년 러일전쟁 후 대한제국의 국권을 보호하기 위해 미국에서 외교 독립운동을 펼쳤던 이승만의 50년에 걸쳐 지속된 노력이 성취해낸 기적이었다.

전쟁의 피해

6·25전쟁은 대한민국을 공산 진영으로 편입시키려는 국제 공산주의 세력으로부터 자유와 재산을 지켜낸 위대한 전쟁이었다. 전쟁은 한국과 미국이 한 편이 되고, 북한과 중국과 소련이 다른 한 편이 되어 치열하게 싸운 국제 전쟁이었다. 좁은 국토에서 세 차례나 전선이 크게 바뀌었고, 그때마다 수많은 인적, 물적 희생이 따랐다. 우리 정부의 발표에 따르면, 국군의 사망·부상·행방불명자는 모두 98만 7,000명이나 되었다. 미군을 중심으로 한 유엔군의 피해도 15만 1,000명에 이르렀다. 민간인의 피해는 사망·부상·행방불명을 포함하여 총 80만 4,600명이었다. 북한군·중공군의 피해도 이에 못지 않았다.

물적 피해도 엄청났다. 주요 제조업의 시설은 40% 넘게 피해를 입었다. 특히 섬유공업의 피해가 커서 시설이 60% 넘게 파괴되었다. 피해 내역을 보면 건물이 45%, 시설이 20%이며, 지역별로는 서울과 경기가 전체 피해의 53%를 차지했다. 종업원 5인 이상의 제조업체는 1949년 3월에 총 5,147개였으나, 휴전 직후인 1953년 9월에는 2,474개로 줄어들었다. 전쟁 뒤에 한국 정부의 종합적 조사에 따르면, 전쟁의 물적 피해는 총 4,106억 환으로, 대략 30억 달러에 이른다. 1953년 한 해의 국민소득과 거의 맞먹는 크기였다.

산업 시설의 파괴로 실업자가 늘어났다. 1952년 말까지 북한에서 내려온 피난민이 총 69만 명에 이르자 실업난이 더욱 커졌다. 1952년 말에 실업자는 126만 명으로 노동 인구의 15%나 되었다. 거리에는 부모를 잃은 고아, 남편을 잃은 과부, 돌아온 상이용사, 직장을 구하는 실업자로 넘쳐났다.

극한 대립의 전쟁은 사람들의 마음에 보이지 않는 깊은 상처를 남겼다. 전쟁은 인간의 내면에 잠재해 있는 야만적 폭력성을 여지없이 드러냈다. 전쟁 초기에 남쪽으로 퇴각하던 일부 지역의 경찰은 국민보도연맹에 가입한 사람들을 학살했다. 빨치산을 토벌하던 국군이 경남 거창군 신원면에서 빨치산과 내통했다는 이유로 사람들을 학살하기도 했다. 북한군은 점령지에서 인민재판으로 지주, 공무원, 군인, 종교인과 가족들을 살해했다. 인천상륙작전 뒤에 후퇴하던 북한군은 대전교도소에서 6,000명, 전주교도소에서 1,000명의 민간인을 학살했다. 북한의 함흥에서도 민간인을 수천 명 살해했다. 행정의 불비와 동원 작전 역량 미숙에서 비롯된 국민방위군 사건은 예비 병력으로 소집한 50만의 병력이 제대로 보급받지 못해 아사자, 병사자, 동사자가 약 5만 명에서 9만 명에 이르게 한 사건이다. 또 이 사건 때 손이나 발을 절단해야 할 정도로 심한 동상을 입은 사람도 20만 명이나 되었다. 이러한 사건들은 아직 국민으로서의 의식이 충분히 성숙하지 않았던 대중에게 국가에 대한 혐오 의식을 가지게 했다.

〈대한민국통계연감(1952)〉에는 전쟁 중에 살해된 민간인이 12만 2,799명이라고 실려 있다. 공보처 통계국은 북한군과 빨치산에 살해된 공무원과 민간인을 조사하여, '6·25사변 피살자 명부'를 작성했다. 여기에는 피살자가 총 5만 9,964명으로 기록되어 있다. 전남의 피해가 그 가운데 73%를 차지했는데, 영광, 나주, 장성, 함평, 고창에서 피해가 가장 컸다. 이들 지역에서 피해가 컸던 까닭은 인천상륙작전으로 퇴로가 막힌 북한군이 산으로 숨어들어 빨치산 활동을 하였기 때문이다. 이들 지역에서는 낮에는 대한민국 군경이, 밤이면 북한군이 지배하는 세상이 되었다. 중간에 끼인 민간인들은 양쪽으로부터 협력을 강요당했다. 울며 겨자 먹기로 어느 한쪽에 협력하면 다른 쪽이 찾아와 살해했다.

전쟁 중에 북한은 대한민국 국민 8만 2,959명을 납치했다. 이들의 귀환 문제는 정전 회담의 과정에서 언급조차 안 됐다. 국가는 어떤 경우에도 국민을 보호해야 하며, 납치된 국민을 데려오지 않으면 안 된다는 인식이 당시에는 자리 잡지 못했기 때문이다.

건국 전쟁 6·25

전쟁을 치르면서 국가에 대한 국민의 소속감과 애국심이 굳어졌다. 전쟁을 통해서 국민 형성(Nation building)을 이룬 셈이다. 6·25전쟁은 건국 전쟁의 성격을 띠고 있었다. 좌익에 점령당한 경험은 자유민주주의가 얼마나 좋은 정치 제도인지 가르쳐주었다. 대다수의 남한 주민에게 대한민국은 만족스럽지는 않았지만 북한의 공산 체제보다는 훨씬 좋은 정치 제도였다. 부패하고 무질서했지만 자유가 있었기 때문이다.

국민 의식의 형성은 반드시 자발적이지는 않았다. 공산군에게 점령당했을 때 체험한 공포감이 자유민주주의에 대한 소속감을 높여주었다. 또한 대한민국이 공산주의자에게 협력한 사람들에게 폭력과 차별을 행사하자 주민들은 공산주의자로 몰릴까 두려워하게 되었다. 바람직하지는 않지만, 전쟁은 남한 주민들에게 국민 의식을 심어주는 폭력적인 계기가 되었다.

전쟁의 비극은 한국인들이 스스로 대한민국 국민이라는 것을 깨우치게 하였다. 전쟁 과정에서 수많은 북한 동포가 공산주의 체제의 억압을 피해서 남쪽으로 내려왔다. 남한으로 넘어온 동포의 긴 행렬은 그 자체로 인간 자유의 소중함을 일깨워주었다. 3개월 동안 북한의 점령지에서 살아본 남한의 주민들은 북한 체제의 모순과 억압성을 생생하게 경험했다. 우선, 북한 정부가 실시한 선거를 겪으면서 그들의 민주주의가 말뿐이라는 것을 깨달았다. 1950년 7월 중순부터 남한 점령지에서 인민위원 선거가 실시됐다. 선거는 찬성과 반대의 흑백 투표함에 투표지를 넣거나, 대중 집회에서 손을 들어 찬반을 표시하는 공개 투표였다. 선출된 인민위원은 96% 넘게 미리 내정된 사람들이었다. 이미 두 차례의 비밀투표를 경험한 대한민국 국민에게 그것은 완전히 엉터리 선거였다.

북한 정부는 남한 점령지에서 토지개혁을 했다. 그렇지만 이미 대한민국의 농지개혁이 이루어진 뒤라 내용은 없고 성가시기만 한 것이었다. 충북 보은군의 사례를 살펴보자. 2,600정보에 지나지 않는 소규모 토지가 분배되었는데, 그것도 대부분 자작농으로부터 몰수한 토지였다. 자작농이 어쩔 수 없는 사정으로 직접 농사짓지 못해서 남에게 소규모 소작을 준 토지였다. 이것을 빼앗아 빈농에게 분배한 것이 남한 점령지에서 실시된 토지개혁의 전부였다.

게다가 북한 정부의 현물세는 가혹했다. 벼는 수확량의 27%를, 밭작물은 23%를 현물세로 징수했다. 그들은 경작지마다 일정 면적의 토지당 작물의 포기 수, 포기당 이삭의 수, 이삭당 알곡의 수를 일일이 헤아려 수확량을 판정했다. 미군이 노획한 북한 문서에는 당시 경기도 부천군의 한 마을에서 수확량을 판정한 기록이 있다. 그에 따르면, 지번이 다른 31개 경작지에서 면적당 작물의 포기 수, 포기당 이삭 수 등의 값이 저마다 달랐다. 지번마다 직접 곡식알을 헤아려서 수확량을 판정했기 때문이다. 일제 지배 아래서도 겪어보지 못한 지독한 수탈이었다.

북한 정부는 무단으로 점령지 주민의 신체와 재산을 전쟁에 동원했다. 북한은 1950년 7월에 전시 동원령을 선포했다. 전국적으로 18~36세의 남자를 인민의용군으로 강제 동원했다. 남한 점령지에서도 마찬가지였다. 예컨대 경기도 시흥군에서는 남자 인구 총 6,591명 가운데 3,050명이 의용군으로 강제 동원되었다. 18~36세 남자 거의 전부가 동원된 셈이다. 강제 동원된 남한 청년은 대략 20만 명에 이른다. 이들의 대다수는 낙동강 전선에 투입됐다. 낙동강 전선의 북한군 병력 가운데 3분의 1이 의용군이었다. 그들은 낙동강 작전에 총알받이로 내몰렸고, 유엔군의 포격에 허무하게 죽어갔다.

북한 정부의 사상 교육과 인민재판도 사람들을 질리게 했다. 점령지에서는 각종 보고회, 토론회, 열성자 궐기대회, 증산 경쟁 운동 등 꼽기 힘들 만큼 많은 집회가 열렸다. 점령지의 주민들은 거의 매일 열리다시피 하는 집회에 나가야 했다. 교육 내용은 북한 체제의 우월성을 강조하고, 대한민국 정부와 미군의 죄악상을 비난하는 뻔한 것이었다. 그들은 지주와 공무원을 친일파나 민족반역자로 몰아서 인민재판에 부쳤다. 인민재판에서는 법적 절차와 근거도 없이 마구잡이로 사람들을 즉결 처분했다. 이런 재판을 몇 차례 목격한 남한 주민들은 강요된 공포심만큼이나 대한민국 아래에서 누렸던 자유를 그리워했다.

6·25전쟁을 통해서 대한민국 국민이 새롭게 태어난 셈이었다. 건국 초 농촌

에는 나라 이름조차 모르는 사람도 많았다. 농촌 유생들이 남긴 일기에는 대한민국을 남조선, 북한을 북조선으로 기록했다. 나라의 기초 이념인 자유민주주의에 대한 대중적 이해는 매우 낮았다. 전통 성리학 사회 윤리에 젖어 있던 농촌 주민들은 남녀가 평등하게 투표하는 것을 못마땅하게 생각할 정도였다.

도시의 지식인이나 중산층도 아직 충실한 국민이 못 되었다. 공산주의를 싫어하고 자유민주주의를 좋아했지만, 국가의 성립 과정에서 일어난 이념 대립과 민족 분단의 현실을 납득하지 못했다. 서울에서 북한군 점령의 3개월을 겪었던 서울대학교 사학과 김성칠 교수의 일기를 보면, 자신은 원래 자유주의자지만 대한민국에 그리 충성스러운 백성이 아니었다고 고백한다.

김성칠 교수는 대한민국이 하는 일이 올바르지 못하고 미덥지 못하여 언젠가 인민공화국의 백성이 되리라고 예상하기도 했다. 그런데 공산 점령 3개월 동안 그는 애국적인 대한민국 국민으로 바뀌어 갔다. 그를 짓누른 것은 언제 어떻게 처분될지 모른다는 공포심이었다. 어느 날 대한민국 정부의 '자유의 소리' 방송을 듣고는 부인과 함께 울컥하고 목이 메었다면서 자신이 언제부터 대한민국에 이처럼 마음을 붙였던가 하고 자문했다고 한다.

(3) 민주주의 학습

신생 후진국의 정치 체제

제2차 대전이 끝나고 1960년대까지 100여 개의 신생국이 태어났다. 이들은 한결같이 독립과 더불어 민주주의 정치 제도를 도입했다. 그렇지만 대부분 민주주의 정치 제도를 정착시키는 데 실패했다.

민주주의는 유권자 국민의 선택에 따라 정권이 평화롭게 교체되는 정치 제도를 말한다. 민주주의 정치 제도가 잘 운영되려면, 중산층, 법치주의, 보통선거, 의회 권력, 삼권 분립, 복수 정당과 같은 조건들이 두루 갖춰져야 한다. 선진국에서는 이러한 조건들이 수백 년에 걸쳐 성숙되었지만 신생 후진국은 그런 조건을 갖추지 못했다. 대부분의 후진국에서 민주주의가 실패한 까닭은 정치가의 인격이나 능력의 탓보다 여러 가지 조건이 갖춰지지 않은 탓이 더 크다.

대부분의 후진국에서 민주주의 정치 제도는 권위주의 체제로 바뀌었다. 권위주의 체제는 특정 정치가나 정치 세력이 권력을 독점하므로 정권 교체의 가능성이 거의 없는 정치 체제를 말한다. 그런 점에서는 민주주의 정치 제도를 유지한 인도조차 예외가 아니었다. 인도에서는 소수 명문가의 후예들이 권력을 과점적으로 계승했다. 권위주의 체제는 권력을 잡은 정치가가 카리스마를 가지고 있을 때 성립하기 쉬웠다. 독립운동의 영웅이 권력을 잡으면 곧잘 그러한 일이 벌어졌다.

한국이 식민지로부터 해방되고 독립을 이룬 과정은 다른 나라에서 볼 수 없는 독특한 것이었다. 식민지 시기에는 민주주의 정치 제도가 발달하지 못했다. 그러나 자본주의 경제가 자리 잡았고 그에 따라 중산층도 어느 정도 성장했다. 한국에서 민주주의 정치 제도는 주로 미국에서 독립운동을 한 정치 세력이 도입했다. 대한민국의 해방과 독립은 정치 제도의 혁명과 사회·경제·문화의 계승이라는 이중 형태로 이루어졌다.

한국에서 권위주의 체제의 초기 형태는 다른 신생국과 매우 달랐다. 권위주의 체제에서 보통선거를 유지한 사례는 그리 많지 않았다. 예를 들어, 건국 이후에 3회 이상 보통선거를 실시한 신생국은 한국, 인도, 싱가포르, 말레이시아, 타이완, 실론, 필리핀 등 7개 나라에 지나지 않았다. 한국의 권위주의 체제는 신생 후진국들 가운데 상대적으로 양호했다. 건국 초의 권위주의 체제는 보통

선거를 확대하여 정통성을 강화하였다. 다른 나라에서 보기 드문 예다. 1950년대의 한국 정치는 민주냐 독재냐의 이분법적 시각을 떠나서, 비교사적 시각에서 공정하게 재평가할 필요가 있다.

허둥지둥 이루어진 건국 헌법 제정

일제로부터의 해방이 도둑같이 찾아왔던 것처럼, 대한민국의 건국도 허둥지둥 이루어졌다. 김구와 김규식과 같은 유력 정치인이 건국의 대오에서 이탈하여 유엔의 한국 결의를 비난하고, 남북협상을 하러 평양으로 넘어간 1948년 4월까지만 해도 대한민국의 건국은 불확실했다.

비상국민회의, 민족통일총본부로 신탁통치 반대 운동과 건국 운동을 함께 했던 임시정부 세력은 1948년에 갑자기 대한민국의 건국과 국제적 승인을 방해했다. 총선거와 건국을 전후해 수많은 사람이 내전에서 피를 흘렸다는 점에서 이는 중대한 문제였다.

건국의 토대라고 할 수 있는 헌법은 5·10총선거로 소집된 국회에서 고작 한 달 반 만에 급조되었다. 대한민국 건국을 주도했던 이승만 대통령, 신익희, 김성수는 빨리 헌법을 만들고 나라를 세워 국제적 승인을 받아 독립된 조국을 안정시켜야 한다는 생각이었다. 제헌 국회의장이던 이승만은 '필리핀은 헌법 만드는데 사흘밖에 걸리지 않았다'라며 '우리도 최대한 헌법을 제정해야 한다'는 이야기를 했다. 간략하게 묘사되는 5·10 총선거, 7·17 제헌, 8·15 건국에는 온갖 파란만장 우여곡절이 끼어 있었다. 남로당의 사회 파괴 활동은 건국 이후 정부 기구가 들어서고 나서도 일상이었고 38선에선 매일 같이 교전이 일어났다. 계속되는 내전 상황에 헌법이 빨리 제정되어야 빨리 정부를 구성하여 유엔총회에 의해 결정된 대한민국의 건국이 완료되어 대한민국이 수립되었다는 승인을 받아야 했던 것이다.

이승만은 당시 73세의 고령이었음에도 살인적인 업무를 완수해야 했다. 끊임없이 영어로 글을 쓰고 외신과의 인터뷰며 혼란스러운 정국을 자신의 전략에 따라 주도하는 것까지 모든 것을 다 했다. 한 나라를 만드는 사업인 만큼 헌법을 제정하는 데 국회의원들이 열과 성을 다해 토론하고 고민했지만 이승만은 나라의 생존이 달려 있는 절체절명의 순간에 작은 일을 가지고 장시간 논의를 하는 것은 무책임한 일이라 생각했다.

내각책임제와 대통령중심제

초대 국회에서 가장 큰 세력은 한민당이었다. 5·10선거에서 한민당 소속의 당선자는 전체 198석 가운데 29석에 지나지 않았다. 다수 의석은 무소속 의원들이 차지했는데, 85명으로 42%의 큰 비중이었다. 아직 정당 정치가 발전하지 않았기 때문이다. 한민당은 식민지 시대에 성장한 지주, 자본가 및 전문적 직업인을 기반으로 하고 있었다. 그들은 식민지 사회에서 성숙한 근대화 세력이었고, 풍부한 자금력과 인맥을 동원하여 무소속 의원을 포섭했다. 그 결과 국회가 개원할 즈음에는 80석 이상을 확보했다. 건국 헌법은 한민당이 주도했는데, 독일 바이마르공화국의 내각책임제를 모델로 삼았다. 건국 헌법의 초안은 정부 형태를 내각책임제로 짰다. 비슷한 세력을 갖춘 명망가들이 지배 권력을 균점할 수 있는 내각책임제는 한민당의 구미에 맞는 것이었다.

공산주의 세력과 투쟁하며 자유민주적 건국의 대오를 이끌어온 이승만의 생각은 달랐다. 해방 당시부터 그는 가장 널리 알려진 민족 지도자였다. 그와 대중적 명성을 다툰 정치인으로서 5·10선거 이후에도 살아남은 정치인은 하나도 없었다. 중도좌파의 여운형은 암살당했고 공산당의 박헌영은 북한으로 도망갔다. 임시정부를 대표한 우익의 김구와 중도우파의 김규식은 마지막에 남북협상 노선으로 바꾸고 건국에 반대했다. 이들은 5·10선거에 참여하지 않은 것을 넘어 그 정당성을 부정하는 북한의 주장에 영합하기까지 했다. 5·10 선거를 치르기 위해 수많은 피를 흘려야 했던 당시 상황에서 김구와 김규식은 현실 정치에 대한 영향력을 잃어버릴 수밖에 없었다. 김구는 한국독립당의 당원에게 피살됐으며, 김규식은 6·25전쟁 때 북한으로 납치되었다.

건국에 즈음하여 홀로 건국의 원훈으로 우뚝 선 이승만은 미국과 같은 대통령중심제의 정부 형태를 선호했다. 그의 입장은 그가 29세에 한성감옥에서 저술한 '독립정신'에 잘 드러나 있다. 그 뒤 40년의 미국 생활에서 대통령중심제에 대한 선호는 더욱 굳어졌다. 중구난방이던 임시의정원의 내분과 혼란으로 독립운동 전체가 신통치 못했던 임시정부에서, 의원내각제의 비효율성과 비생산성을 피부로 깨달았다. 이승만에게 의원내각제는 어떤 실천 능력도 갖추지 못한 국가 체제로서 한가한 '양반놀이' 같았다. 그는 한국과 같은 신생 후진국에서는 대통령중심제가 가장 좋다고 확신했다. 건국의 초창기에 강력한 정치적 지도력이 없으면 산더미 같은 국가 건설 사업을 풀어나갈 수 없다고 생각했다.

절충식 대통령중심제

이승만은 헌법을 만들고 있는 국회에 정부 형태를 대통령중심제로 바꿀 것을 요구했다. "대통령을 군주같이 앉혀 놓고 수상이 모든 일에 책임을 진다는 것은 비민주적인 제도일 것이다. 민중이 대통령을 선출한 이상 모든 일을 잘하든지 못하든지 대통령이 책임을 져야 할 것이지 그렇지 않다면 사리에 맞지 않는 일이다"라며 내각책임제를 반대했다. 한민당은 들어줄 수밖에 없었다. 초대 국가 원수에는 이승만 이외에 다른 대안이 없었기 때문이었다. 그렇지만 실제 만들어진 헌법에는 여전히 내각책임제의 요소가 많았다. 예컨대 대통령과 부통령이 국회에서 선출되었다. 그것은 미국의 대통령제와 영국의 의회제를 혼합한 대통령중심제였다. 건국 헌법의 정부 형태는 대통령중심제도 내각책임제도 아닌 어중간한 것이 되어버렸다.

더구나 대통령과 부통령은 미국처럼 한 묶음으로 선출된 것이 아니라 따로따로 선출되었다. 아무 실권이 없는 부통령을 국회가 직접 선출한 이유도 분명치 않았다. 게다가 국회의 선택에 따라 대통령과 부통령은 서로 다른 정파에서 나올 수 있었다. 그렇게 되면 정치가 안정되기 어려웠다. 실제로 그런 일이 이승만 대통령의 집권기 내내 벌어졌다. 또한 건국 헌법은 대통령이 국무총리를 임명할 때 국회의 승인을 받도록 했다. 국회는 대통령을 선출할 뿐 아니라, 선출된 대통령이 임명하는 국무총리까지 승인할 권리를 가졌다. 대통령의 권력을 국회에 종속시키는 꼴이었다. 대통령이 국회의 다수 정파에서 나오면 문제가 없지만, 실제로 국무총리의 승인 문제는 자주 정쟁의 대상이 되었다.

건국 헌법은 불완전한 헌법이었다. 헌법은 1941년 임시정부의 대한민국 건국강령, 1947년 입법의원이 통과시킨 조선임시약헌, 미국 헌법과 독일 바이마르 헌법, 일본의 메이지헌법을 두루 참고해 짜깁기한 불안정한 형태였다. 헌법은 그 자체의 권위로 존중되도록 고안된 것이 아니라 특정 정파가 권력을 장악하기 위한 수단으로 고안되었다. 이승만에 맞설 유력한 정치가를 갖지 못한 한민당에 내각책임제는 권력을 차지할 수 있는 확실한 시스템이었다. 이런 사정 때문에 대통령과 국회 사이에 권력 투쟁이 심해지는 것은 불가피했다. 1950년대의 한국 정치가 헌법 개정이나 권력 승계의 문제를 둘러싸고 극심한 몸살을 앓을 수밖에 없었던 것은 건국 헌법의 구조적 모순 때문이었다.

이승만과 한민당의 갈등

건국 헌법의 문제점은 곧바로 현실이 됐다. 이승만을 초대 대통령으로 선출한 한민당 세력은 한민당의 영수인 김성수가 국무총리로 지명될 것으로 기대했다. 그렇지만 이승만은 식민지 시대의 유력한 지주와 자본가들이 모인 한민당을 믿지 않았다. 그는 한민당이 조종하는 대로 움직이면 국회로부터는 환영받을지 모르지만 대다수 국민이 실망할 것이라고 생각했다. 독립운동가이자 민족 지도자였던 이승만은 개별 정파의 이해관계로부터 초연한 위치에서 전체 국민의 직접적인 지지를 받고자 했다. 이는 해방정국 때 김성수의 한민당과 김구의 한독당 모두를 아우르는 민족 지도자로서 건국 투쟁을 이끌 수 있었던 이유이기도 했다.

물론 이승만에게는 권력 독점욕도 없지 않았다. 이승만은 북한에서 내려온 조선민주당의 지도자 이윤영을 초대 국무총리로 임명했다. 이북 지역의 정당이었던 조선민주당은 한민당과 비슷한 지향의 부르주아 정당이었고, 한민당보다 자유로운 강령을 갖고 있었으며 소련 군정과 김일성 세력에 저항했다. 내각의 구성에서는 한민당에 고작 한 자리밖에 주지 않았다. 한민당은 내각의 절반인 일곱 자리의 각료직을 요구했다.

한민당은 크게 실망했다. 한민당의 주도로 국회는 압도적 다수로 국무총리의 승인을 거부했다. 그러자 이승만은 국회의 어느 정파에도 속하지 않고 자신에게 충성할 사람인, 청산리전투의 영웅이자 광복군 참모장 출신의 이범석을 국무총리에 임명했다. 국회는 초대 행정부를 더 이상 비워 둘 수 없다는 명분에 밀려 국무총리 겸 국방부 장관을 승인하였다. 대한민국은 출범하자마자 대통령과 국회 사이에 뜨거운 권력 투쟁이 벌어졌다

1949년에도 대통령과 국회의 권력 투쟁은 끊이지 않았다. 연초에 한민당을

비롯한 여러 정파가 민주국민당으로 통합되었다. 민국당은 대통령에 협조하지 않았다. 행정부가 제출한 법령은 국회에서 수정되거나 처리가 지연됐다. 대통령이 압박하자 야당은 1950년 1월에 정부 형태를 내각책임제로 바꾸는 개헌안을 내놓았다. 국내 세력 기반이 약했던 이승만을 허수아비로 만들겠다는 것이나 다름없었다.

야당의 개헌안에 맞서 이승만은 자신이 통제할 수 있는 비공식적 폭력 조직을 동원했다. 미군정 때부터 이승만은 공산주의 세력에 맞서려고 여러 단체를 조직하고 자신의 통제 아래 두었다. 그는 신변을 보호하고 자신의 정치 노선을 관철하기 위해서 반공 단체들을 적절히 활용했다. 1949년 말에 이승만은 청년 단체들을 통합하여 대한청년단을 조직하고 총재에 취임했다. 이 과정에서 민족청년단(족청)을 계속 자신의 측근 세력으로 활용하려던 이범석 장군과 갈등을 빚기도 했다.

국회에 내각책임제의 개헌안이 제출되자, 전국에서 대한청년단을 비롯한 단체들이 개헌 반대시위를 벌였다. 그들은 개헌을 추진하는 의원들을 매국노라고 공격했다. 국회에서 표결에 부친 결과 개헌안이 부결됐다. 찬성 77표, 반대 33표에 기권이 66명이나 됐다.

1950년 5월의 제2대 국회의원 선거는 건국 초의 정치가 얼마나 불안정했는지를 잘 보여준다. 대통령을 지지한 대한국민당과 대통령에 반대한 민국당의 주요 간부들이 많이 낙선했다. 대한국민당과 민국당의 당선자는 24명씩이었다. 무소속의 당선자들은 126명으로 60%를 차지했다. 정당 정치는 아직 뿌리내리지 못했고, 국회는 처음 문을 열었을 때와 마찬가지로 혼돈에 빠졌다. 점차 다수 정파로 올라선 것은 역시 민국당이었다. 무소속을 포섭할 수 있는 풍부한 자금력과 인맥을 갖추고 있었기 때문이다. 제2대 국회가 열리고 국회의장으로 선출된 인물은 민국당의 신익희였다. 국회는 계속해서 야당이 지배했다. 외국에서 외교 독립운동을 하느라 일제 시대 내내 한반도에 자리 잡지 못했던 이승만은 국내 기반에서 한민당 계열 야당에 밀릴 수밖에 없었다.

국민방위군 사건, 거창양민학살, 자유당의 등장

6·25전쟁이 일어나자 대통령과 민국당은 정쟁을 멈췄다. 대통령은 거국 일치 내각을 구성하여 민국당의 유력 인사들을 주요 자리에 앉혔다. 미국에 있던 민국당의 장면을 불러서 국무총리로 임명했다. 그러나 정파 사이의 평화는 오래가지 않았다. 다음 해 초에 국민방위군 사건이 폭로되고 거창양민학살 사건이 발생하면서 끝나고 말았다.

국민방위군 사건의 전말은 다음과 같다. 1950년 11월에 국회는 17~40세의 남자를 국민방위군으로 편성하는 법을 통과시켰다. 곧바로 약 50만에 이르는 국민방위군이 서울로 소집되어 도보로 남쪽 지방으로 내려갔다. 그런데 국민방위군에 지급될 보급품의 상당 부분을 지휘부가 착복했다. 대략 9만 명에 이르는 국민방위군이 행군 도중에 굶어 죽거나 얼어 죽었다. 천인공노할 부정 사건은 이승만의 신임을 받던 대한청년단의 간부들이 국민방위군 지휘부가 되어 벌인 일이었다. 대통령의 심복인 신성모 국방부 장관은 사건의 원인과 책임 소재를 왜곡하려 했다. 여론의 매서운 질책에 몰린 대통령은 국민방위군 지휘부 다섯 명을 공개 처형했다.

1951년 2월에 빨치산을 토벌하던 국군이, 경남 거창군 신원면에서 무고한 양민을 학살하는 사건이 발생했다. 외국 언론에도 보도되어 국가 폭력의 참상이 국제적으로 알려졌다. 신성모 국방부 장관은 사건을 축소하고 은폐하고자 했다. 국민도 국회도 분노했다. 부통령 이시영이 성명을 발표하고 사퇴했다. 대통령과 한 마디 상의도 없었다. 다수의 국회의원이 사직서를 반려했지만 이시영은 뜻을 굽히지 않았다. 국회는 제2대 부통령으로 민국당의 김성수를 선출했다. 측근의 무능과 부패로 실정을 거듭한 이승만 대통령이 국회에서 재선될 가능성은 거의 없었다.

그러나 이승만은 재선을 포기하지 않았다. 절대다수의 국민이 자신을 지지하고 있다고 확신했다. 게다가 그는 평민주의자이기도 했다. 간선제를 계속 유지하면 국회에 진출한 정치 세력이 국민 위에 군림하는 양반 계급, 과두적 귀족 세력으로 변질되리라고 생각하고 있었다. 국회 프락치 사건까지 겪었던 건국 초기의 대한민국이 계속 간선제를 유지한다면 국회의원들이 공산당에 포섭되어 친북 공산당 대통령이 선출될 수도 있을 거라 여겼다. 한민당계 야당은 국민의 정치 의식의 수준이 낮아서 대통령을 직접 선출하는 것은 시기상조라고 주장했다.

이승만은 대통령 직선제로 헌법을 개정하고자 했다. 그는 잇단 실책에도 불구하고, 일반 국민에게는 전설적인 독립운동가였다. 오리무중의 해방 공간에서 건국을 이끌어냈고 대한민국의 국제적 승인을 얻어냈으며 과감한 농지개혁을 추진한 영웅이었다. 이승만은 남북이 분단된 것에 큰 책임감을 느꼈다. 전쟁을 승리로 이끌고 통일을 이룩하려면 국제 정치에 대한 비전과 일관된 철학을 갖춘 자신의 영도가 꼭 필요하다고 확신했다.

대통령 직선제를 관철하기 위해서 이승만은 정당을 만들기 시작했다. 본래 이승만은 신생 후진국에서 정당 정치는 무리라고 생각하고 있었다. 그래서 여러 정파의 이해 관계로부터 초연한 위치에서 정치를 하려고 했다. 해방 직후에 수백 개의 정당이 난립했던 혼란상을 생각해보면 이해가 되는 대목이다. 이제 그는 스스로 노선을 바꾸어, 정당의 우두머리로 대통령 선거를 치르고자 했다.

이승만은 일하지 않는 양반의 붕당보다는 일하는 상놈의 정당을 만들고 싶다고 선언했다. 양반과 상놈이 평등한 세상은 그가 독립협회에서 활동할 때부터 주장한 것이다. 그는 자신의 오랜 평민주의적 방향성을 일민주의로 정립하였다. 일민주의에 입각한 세상은 독립정신으로 스스로 똑똑해진 백성이 직접 자신의 지도자를 뽑아야 한다고 생각했다. 깨인 백성이 직접 뽑은 강력한 지도자라야 부패와 무능력에 빠진 기존 질서를 개혁하고 새 나라를 만들 수 있다는 것이었다.

대한국민회, 대한청년단, 대한노동조합총연맹, 농민조합연맹, 대한부인회와 같은 여러 단체가 자유당을 결성했다. 원래 이름은 노동자, 농민, 여성이 중심이라 통일노농당이라 하였으나 좌익 정당의 이름 같아서 자유당이라 하였다. 국회 밖에서 결성되었기에 원외 자유당으로 불렸다. 국회 안에서도 이승만의 주장에 호응하여 의원들이 자유당을 결성했다. 이를 원내 자유당이라고 불렸다. 이승만은 원외 자유당을 지지했고 원내 자유당은 붕괴되었다. 원내 자유당은 훗날 민주당 구파를 형성하게 된다.

부산 정치파동과 대통령 직선제 확립

1951년 말에 국회의 대통령 지지 세력은 대통령 직선제와 국회 양원제의 개헌안을 내놓았다. 민의원의 임기는 4년, 참의원의 임기는 6년으로 2년마다 의원의 3분의 1씩을 다시 뽑도록 했다. 부통령은 참의원의 의장이 된다. 이승만은 대통령 직선제뿐만 아니라 행정부와 입법부를 미국과 같은 형태로 개편하고자 했다.

1952년 초에 국회는 대통령의 개헌안을 압도적인 차이로 부결시켰다. 원내 자유당의 일부가 민국당으로 돌아선 결과였다. 국회는 야당 일색으로 바뀌었다. 그러자 원외 자유당은 직선제 개헌안의 부결을 규탄하는 시위를 벌였다. 치열한 전쟁의 와중에도 임시 수도 부산에서는 차기 대통령을 둘러싸고 살벌한 권력 투쟁이 벌어졌다. 이는 정전협정과 맞물려 휴전을 반대하는 이승만을 축출하기 위한 미국의 움직임과 병행됐다.

그러자 개헌선을 넘는 숫자의 국회의원들이 내각책임제 개헌안을 제출했다. 위기에 몰린 이승만은 국회에서 일정한 세력을 거느리고 있는 장택상을 국무총리에 기용했다. 그러자 장택상의 계파는 대통령 직선제로 입장을 바꿨다. 그 사이 대통령은 그동안 미루어두었던 지방의회 선거를 시행했다. 지방 선거에서는 원외 자유당의 대통령 지지 세력이 압도적으로 승리했다. 당선된 지방 의원들은 내각책임제를 추구하는 야당 국회의원을 규탄했다.

거듭된 실정과 야당의 공격에도 불구하고 이승만은 대다수 국민에게 절대적인 카리스마를 가지고 있었다. 중앙 정치에서 위기에 빠지자, 이승만은 자신의 카리스마를 동원하여 지방 선거에서 승리하였다. 이승만의 정치력에 야당은 속수무책이었다.

정부는 대통령 직선제와 양원제를 내용으로 하는 개헌안을 다시 국회에 제출했다. 그리고 원외 자유당을 정당으로 공식 발족시켰다. 대통령 임기가 불과 석 달밖에 남지 않은 시점이었다. 대통령은 초대 국무총리이자 자유당의 부총재인 이범석을 내무장관으로 기용해서 경찰력을 장악했다. 그리고 헌병을 동원하여 부산과 경남, 전남, 전북 일원에 계엄을 선포했다. 야당의 항의 집회는 계엄 위반으로 탄압되었다. 국회 주변에서 대통령의 지지 단체들이 개헌에 반대하는 야당 세력을 감금해버렸다. 그러자 부통령 김성수가 대통령을 비난하면서 사임했다.

이 무렵 미국 정부는 이승만 대통령을 제거할 계획을 세웠다. 미국이 보기에 이승만은 독재자로 변해가고 있을 뿐만 아니라 미국의 전략에 큰 장애가 되고 있었다. 그렇지만 미국은 이승만을 대신할 인물을 찾지 못했다. 미국은 정치 타협을 하도록 설득했고 국무총리 장택상이 나섰다. 장택상은 정부 개헌안과 야당 개헌안에서 발췌하여 새로운 개헌안을 만들었다. 대통령 직선제에 내각 책임제를 가미한 개헌안으로 이른바 발췌개헌안이라 불렸다. 발췌개헌안이 제출되자 야당 의원들은 국회 등원을 거부했다. 경찰과 계엄군은 야당 의원을 강제 연행하여 표결 정족수를 채웠다. 경찰이 국회를 포위한 가운데, 1952년 7월 4일에 발췌개헌안이 표결에 붙여졌고 가결되었다.

발췌개헌으로 성립된 대통령중심제의 의의

1952년 8월에 실시된 대통령 선거에서 이승만은 압도적인 지지로 당선됐다. 이승만의 득표는 523만 표에 이르렀다. 민국당 후보 이시영의 득표는 76만에 불과했으며, 무소속 조봉암의 득표에도 미치지 못했다. 부통령 선거에서는, 자유당의 함태영이 민국당의 조병옥을 압도적으로 누르고 당선됐다. 부산정치파동에서 보듯이 헌법의 테두리를 넘은 것은 이승만이었고 야당 세력은 헌법을 수호하려고 했다. 그런데도 국민은 최초의 직접선거에서 이승만을 압도적으로 지지했다. 한국 정치의 엄연한 현실이었다.

한국의 민주주의는 미군정과 외국 독립운동 세력이 도입하였다. 해방 뒤 3년 동안 대한민국의 건국 세력은 자유민주주의를 수호하려고 공산주의 세력과 피흘리며 싸웠다. 신탁통치 반대, 좌우합작 반대에서 유엔에 의한 자유총선거에 이르기까지 건국 과정은 이승만이 주도했다. 대다수 국민에게 이승만은 민주주의 정치 제도를 세워놓은 상징적인 인물이었다. 6·25전쟁은 이런 사실을 새삼스럽게 일깨워 주었다. 북한 점령기에 국민은 흑백 투표함의 공개 투표를 경험하였다. 그것은 대한민국에서 치러지던 보통·평등·직접·비밀 선거와 전혀 달랐다. 이는 이승만 대통령이 자유민주주의의 수호자로 부각되는 계기가 되었다.

헌법을 수호하려던 야당 세력은 한민당에서 민국당으로 이어졌는데, 구성원들은 식민지 시대에 성장한 지주, 자본가 및 전문적 직업인들이었다. 이들은 국내에서 식민지 공공 사회를 구성하며 애국계몽운동과 실력양성운동을 했지만 소극적이나마 일제에 협력했었다. 국민은 야당 세력의 정치적 권위를 인정하지 않았다. 국민은 대통령을 일부 지배 계층이 국회에서 뽑는 것보다 국민이 직접 뽑는 것을 반겼다.

1953년은 정전협정과 상호방위조약의 체결을 둘러싸고 한국 정부와 미국 정부가 부딪친 시기였다. 국내 정치는 상대적으로 평온했다. 그렇다고 한국의 헌정 체제가 안정되었던 것은 아니다. 발췌개헌안은 전쟁 중 바쁜 와중에 초대 대통령의 임기 종료를 앞두고 서둘러 타협된 것이어서 문제점을 안고 있었다. 발췌개헌안에는 내각책임제의 요소가 많고, 대통령의 권한이 축소된 점이 있었다. 우선 민의원은 국무원을 불신임할 수 있었다. 불신임이 결의되면 국무총리를 비롯한 정부 각료들이 총사퇴해야 했다. 부결되기는 했지만, 실제로 야당은 국무위원 불신임 결의안을 국회에 제출했었다. 또한 대통령이 각료를 임명하려면 국무총리의 제청을 받아야 했다.

사사오입 개헌과 이승만 권위주의 체제의 형성

이승만 대통령은 1954년 5월에 제3대 민의원 선거를 앞두고 개헌 문제를 제기했다. 당시 국회는 이미 양원제였지만 참의원 선거가 연기되었다. 참의원 선거는 제2공화국에 와서야 이루어졌다. 개헌 이슈는 계획경제의 성격이 강했던 헌법을 자유시장경제로 바꾸는 것, 주권의 제약 또는 영토의 변경과 관련된 사항은 국민투표를 거칠 것, 대통령의 권력을 제약하는 국무총리제를 폐지하는 것이었다. 민의원의 국무원 불신임권도 철회될 사항으로 거론되었다. 그렇지만 역시 가장 중요한 이슈는 초대 대통령의 임기 제한을 없애는 것이었다. 이승만 대통령의 종신 집권을 허용하자는 얘기였다.

자유당은 개헌안에 대한 찬성 여부를 공천 조건으로 내걸었다. 선거의 결과 자유당이 압도적으로 승리했다. 자유당은 의석수의 56%, 민국당은 7%, 무소속은 33%를 각각 얻었다. 전반적인 부정 선거의 결과였다. 지방의회를 장악한 자유당이 전국적인 동원력을 갖추었기에 가능한 일이었다. 새로운 국회의장에 자유당의 이기붕이 선출됐다. 최초의 여당 출신 국회의장이었다.

1954년 9월에 자유당은 초대 대통령의 임기 제한 철폐를 포함한 개헌안을 국회에 제출했다. 사실상 종신 집권을 허용하는 개헌안이었기에 국민 여론이 매우 나빴다. 국회는 표결을 망설였다. 그러자 다시 지방의원들이 들고 일어나 국회를 공격했다. 대통령이 또 한 번 헌법 질서를 일탈하는 계기가 되었다.

국회 표결 결과, 개헌에 찬성한 국회의원은 개헌 정족수에서 한 명이 모자라는 135명이었다. 처음에는 개헌안이 부결되었다고 선포하였으나 이틀 뒤 번복하고 가결되었다고 선포하였다. 내세운 논리는 사사오입이다. 개헌에 필요한 정족수는 203명 국회의원 수의 3분의 2인 135.33명이다. 그런데 자유당은 그것을 사사오입의 논리로 버리고 개헌 정족수를 135명으로 삼았다.

대한민국의 권위주의 정치 체체는 1952년의 부산정치파동과 1954년의 사사오입 개헌으로 성립되었다. 권위주의 체제에서도 민주주의 정치 제도의 형식은 유지됐다. 그러나 평화적으로 정권이 교체될 가능성은 거의 없었다. 대통령 직접 선거에서 이승만을 이길 수 있는 인물은 당시에 없었기 때문이다.

신생국가 대한민국이 찾은 답, 대통령중심제

1950년대 한국 정치는 대통령중심제를 선호하는 이승만 대통령과 내각책임제를 선호하는 야당 세력의 대결이었다. 결과는 대통령중심제의 승리였다. 그러나 야당은 내각책임제를 포기하지 않았다. 마침내 4·19혁명 이후 제3차로 헌법을 개정하여 내각책임제를 관철시켰다. 그렇지만 큰 실패였다. 내각책임제가 보여준 것은 전근대적인 붕당 정치 이상도 이하도 아니었다. 내각책임제는 5·16군사정변으로 흐지부지되었다. 제5차 헌법 개정으로 대통령중심제가 복구되었다. 그 뒤 어떤 정치 세력도 대통령중심제를 문제삼지 않았다. 그렇다면 대통령중심제를 채택하려던 이승만의 투쟁과 그에 따른 권위주의 체제는 신생국가가 몸에 맞는 정부 형태를 찾아가는 과정이었다고 볼 수 있다.

정치 투쟁에서 이승만이 승리할 수 있었던 까닭은 동원할 수 있는 정치 자산이 많기 때문이다. 독립운동의 원로로서 또는 건국의 원훈으로서, 이승만은 국민의 마음속 깊이 자리잡은 거대한 카리스마였다. 당대에 맞먹을 만한 인물이 없었다. 국회에서 소수 세력으로 위기에 몰릴 때마다 이승만은 자신의 정치 자산을 활용했다. 그 방식은 국민이 직접선거로 정치 권력을 선택하게 만드는 것이었다.

반공과 자유민주주의라는 이상의 실현을 위한 노력

이승만의 권위주의 체제는 대통령중심제와 직선제에만 목적을 두지 않았다. 그 체제는 정치 이상을 실현하려는 데에 현실적인 목적을 두고 있었다. 이승만은 자유를 본질적 가치로 삼는 국가를 세우고자 했다. 그러려면 먼저 자유의 적을 물리쳐야 한다. 반공 정책을 펼치지 않을 수 없었던 이유다. 그에게 공산주의자는 자유의 집에 불을 지르려는 사람과 같았다. 처음부터 좌우 합작을 반대한 까닭이다.

반공주의는 북진통일론으로 이어졌다. 통일은 민족의 최대 과제였다. 분단 현실에서 어떻게 통일을 할 수 있겠는가? 이승만은 "몸의 반쪽이 병들었으면 나머지 반쪽만이라도 건강해야 병든 몸을 치료할 수 있다"라고 주장했다. 6·25전쟁이 일어나자, 그는 '나머지 반쪽의 병든 몸을 치료할 수 있는' 기회로 삼았다. 따라서 6·25는 통일될 때까지 결코 멈출 수 없는 전쟁이었다. 국민은 그가 무슨 말을 하는지 뚜렷이 알고 있었다. 그의 논리는 매우 쉽고 강렬했다. 그의 반공주의와 북진통일론은 국민을 하나의 정치 이념으로 통합시켰다. 그것은 자유민주주의에 입각한 민족주의였다.

이승만의 시대가 저문 뒤에도 국민 통합의 이념적 토대는 바뀌지 않았다. 4·19혁명으로 남북 협상을 주장하는 좌우 합작파가 나타났다. 그러나 5·16군사정변이 좌우 합작파를 잠재웠다. 대다수 국민이 반공주의를 수용했기 때문이다. 그 뒤 40년 동안 대한민국의 국가 정체성은 조금도 흔들리지 않았다. 누구도 의식하지 못했고 적절한 경의도 표한 적이 없지만, 자유민주적 민족주의가 국민 통합의 굳건한 토대였다. 그것은 이승만의 권위주의 체제로부터 힘입은 바 컸다.

이승만의 민족주의는 강렬한 자주 외교로 나타났다. 그에게 대한민국은 반공의 최전선이었다. 미국에게는 반공의 최전선을 지원할 의무가 있다. 어떤 의미에서 6·25전쟁은 자유의 성전(聖戰)이었다. 자유의 성전에서 승리해야 자유 세계가 안전해지고 우리의 민족 통일도 이루어지며 세계의 화약고인 동아시아에 평화가 온다. 이것이 미국에 줄기차게 보낸 메시지의 핵심 내용이었다. 미국은 이승만의 메시지를 때로는 흘려듣고 때로는 불쾌해했지만 수용할 수밖에 없었다. 결과는 한미상호방위조약으로 나타났다. 그의 예언대로 대한민국은 한미동맹을 배경으로 번영할 수 있었다. 미국은 한국의 성공으로 자신감을 얻었고 세계 냉전에서 승리할 수 있었다. 발전하고 강력해진 동맹국으로서의 한국은 이후로도 미국의 국제 전략과 평화를 이루는데 중요한 역할을 했다.

이승만의 자주 외교는 일본에는 강렬한 대립 정책으로 나타났다. 당시에 미국은 일본을 중심으로 동아시아 정책을 펼치고 있었다. 미국은 한국이 일본과 협조하여 경제 발전을 꾀하고, 지역 안보도 굳건히 하기를 바랐다. 이승만에게 그것은 우리가 다시 일본에 종속되는 것을 뜻했다. 왜냐면 일본의 전후 복구와 재건에 식민 지배와 전쟁 피해자인 한국을 희생시키는 것을 의미했기 때문이다. 그는 일방적으로 평화선을 긋고 해양 주권을 선포했다. 그것으로 독도가 한국의 영토라는 사실을 분명히 했고, 평화선 안으로 들어온 일본 어선은 두말없이 나포했다. 무단으로 평화선을 넘어온 일본 선박은 한국의 자산이 되었다. 한국의 좌파 지식인들은 친일파 일부를 대한민국의 체제 건설에 포용했다는 이유로 이승만을 민족 반역자라도 되는 양 비난해왔다. 그러나 미국의 반대도 무릅쓰고 일본을 상대로 강경한 외교를 펼쳤고, 독도를 공식적으로 한국의 영토로 선언했다는 사실은 이들의 주장이 얼마나 허구인가를 보여준다.

부산정치파동의 배경에는, '신생 한국을 어디로 이끌어 갈 것인가'라는 국가 정체성 문제가 도사리고 있었다. 이승만과 권력 투쟁을 벌였던 야당 세력은 어떠한 대안도 내놓지 않았다. 그저 권력을 어떻게 장악하고 나눌지만 고민했을 뿐이다. 그들에겐 이승만처럼 미국과 맞서며 휴전을 반대하고, 한미동맹을 끌어낼 전략도 없었고 리더도 없었다. 이승만에게 그들은 외국에게 쉽사리 핵심적인 국익을 양보할 수 있는 정치 세력으로 보였다. 실제로 그들은 늘 미국의 움직임에 촉각을 곤두세우고 있었다. 당시에 미국은 성가신 이승만을 제거하고 야당 지도자를 세우려고 군사 쿠데타를 계획하고 있었다.

돌이켜 보면, 부산정치파동은 이승만의 야당 탄압이라는 의미 지평을 넘어서는 역사적인 사건이었다. 그것은 대한민국의 정체성과 진로를 놓고 이승만이 미국과 야당 세력을 상대로 벌인 거대한 승부처였다. 마침내 이승만이 승리했고 국민은 그를 따랐다. 이승만의 권위주의 체제는 반공주의, 북진 통일, 한미동맹 및 한일 대립을 통해서 대한민국의 국가 정체성을 확립해 나갔다. 대한민국은 신생 후진국에서 흔히 보이는 정치 이념의 혼란, 기득권 세력의 붕당 정치 및 대외 관계의 불안정 속에서 국익을 달성해나갔다.

이승만 권위주의 체제가 안고 있던 모순, 정부통령제

이승만의 권위주의 체제는 모순을 안고 있었다. 야당 세력은 대통령중심제의 정부 형태를 끝까지 받아들이지 않았다. 1955년에 민국당 세력, 자유당에서 이탈한 세력 및 무소속 세력이 민주당으로 통합됐다. 이 무렵 김성수 중심의 한민당 세력은 정계에서 거의 영향력을 잃었다. 새로운 민주당은 신파와 구파로 구성되었다. 신파는 장면과 같이 반 이승만 노선으로 돌아선 각료 및 의원 출신의 인사들로 구성되었다. 구파는 신익희나 조병옥과 같이 건국 과정에서 이승만과 함께 했지만 뒤에 돌아선 인사들로 구성되었다. 민주당의 신파와 구파는 출신 배경과 정치 성향이 달랐지만 헌정 질서를 수호하자는 대의명분으로 뭉쳤다. 민주당은 공정한 자유 선거를 통한 대의 정치와 내각책임제를 공약으로 내걸었다.

1956년의 제3대 정·부통령 선거에서 자유당은 이승만과 이기붕을 후보로 내세웠다. 이승만은 이미 80세를 넘긴 노인이었다. 이승만의 3선 시도는 크게 무리였다. 선거를 거듭할수록 그의 카리스마가 흔들렸다. 그동안 미국식 민주주의 교육을 받은 세대가 점점 선거권을 가지게 되었다. 그들에게 이승만은 늙고 고집 센 독재자일 뿐이었다.

부통령 후보 이기붕은 이승만의 비서 출신이다. 행정 능력으로 이승만의 신임을 받았다. 서울시장 및 국방장관을 거쳐서 국회의장과 자유당 부총재로 발탁됐다. 그는 국민방위군 사건, 거창양민학살 사건으로 불거진 전시 이승만 정권의 위기를 수습하여 높은 신망을 받기도 했다. 그렇지만 혼자 힘으로는 국회의원에도 당선되기 힘들 정도로 대중 정치에 약한 인물이었다. 대통령 선거에서 이승만은 무난히 당선되었다. 그는 여전히 국민에게 인기가 있었고 경쟁자인 민주당 후보 신익희가 갑자기 병으로 사망했기 때문이다.

그렇지만 이기붕은 민주당의 부통령 후보인 장면에 패배했다. 헌법이 부여한 부통령의 권한에는 대통령의 유고 시에 대통령직을 계승하는 것과 아직 구성되지 않은 참의원의 의장을 맡는 것 말고는 아무것도 없었다. 그런 부통령이라면 미국처럼 대통령의 러닝메이트로 지명되는 것이 합리적이었다. 그런데도 제헌 헌법에서는 국회에서 간접 선거로, 발췌 개헌부터는 국민의 직접 선거로, 계속해서 대통령과 부통령이 따로따로 선출되었다. 러닝메이트제는 미국이 수백 년 동안 정치 안정을 누리게 했지만, 개별 선거제는 대한민국이 끊임없이 정치 불안정을 겪도록 만들었다. 정·부통령의 개별 선거제는 내각제 헌법안과 대통령제 헌법안이 성급하게 혼합된 결과였다. 국민은 정·부통령이 따로 선출되는 제도에서 대통령을 이승만에게, 부통령을 야당 후보에게 내주는 것이 정치적 균형이라 생각했다. 이는 4·19의 비극으로 이어졌다.

1958년 5월에 치른 제4대 국회의원의 선거 결과는 이승만의 권위주의 체제가 무너질 조짐을 보여주었다. 자유당과 행정 조직이 부정 선거를 일삼았는데도 불구하고 자유당의 의석은 줄고 민주당 의석은 늘어났다. 의석수에 있어서 자유당은 상당한 승리를 했지만 내용에서는 자유당이 크게 패배했다. 자유당

의석의 90%는 농촌에서 나왔고, 민주당 의석의 60%는 도시에서 나왔다. 여촌 야도의 선거 구도가 형성된 것이다. 지방 선거에서도 마찬가지 결과가 나왔다.

조봉암의 진보당 사건

조봉암은 조선공산당의 창당에 핵심 역할을 했지만, 해방 공간에서 박헌영을 비판하고 이승만 대통령의 단독 정부 수립에 참여하였다. 초대 농림부 장관을 맡아 농지개혁의 기틀을 마련하였다. 그러나 이승만 대통령에 맞서 2대, 3대 대통령 선거에 출마했다. 특히 1956년에 치러진 3대 대통령 선거에서 무소속으로 출마한 조봉암은 30%의 득표율을 올렸다. 이승만의 504만 표에 이어 조봉암이 216만 표를 얻었던 것이다. 물론 유세하던 민주당의 후보인 신익희가 사망하자 실망한 표의 일부가 조봉암에게 돌아간 결과였다. 그렇지만 이승만 대통령과 집권 자유당의 간담을 서늘케 하기에는 충분했다.

대통령 선거가 끝난 뒤, 조봉암은 진보당을 창당하였다. 진보당의 3대 강령은 책임 있는 혁신 정치, 수탈 없는 계획경제, 민주적 평화 통일이었다. 진보당은 자본주의와 사회주의의 중간 형태인 사회민주주의를 지향했다. 문제는 진보당이 강령으로 내세운 평화 통일에 있었다. 당시에 북한이 평화 통일을 주장했기 때문이다. 진보당이 북한의 평화 공세에 호응하는 것으로 비치자 이승만과 집권 여당은 의심의 눈초리를 거둘 수 없었다. 전쟁이 끝난 지 얼마 안 되었기에 더욱 그랬다.

결국 이승만 정부는 오랜 조사 끝에 1958년에 진보당의 주요 간부 10여 명을 국가보안법 위반 혐의로 체포했다. 뒤이어 조봉암과 친분이 있는 양명산이 간첩으로 체포되었고 조봉암은 양명산을 통해 북한의 자금을 받았다는 혐의를 받았다. 당시 초심 재판부는 조봉암과 진보당 간부에게 무죄를 선고했다.

그러자 대통령과 자유당은 경악했다. 고등법원은 조봉암에 사형을 판결했고 이듬해 대법원도 같은 판결을 내렸다.

2008년에 조봉암의 유족들이 재심을 청구했고, 3년 뒤 대법원은 재심 사건 선고 공판에서 무죄를 선고했다. 그런데 2020년에 국민대의 체르치즈스키 연구원이 발견한 구 소련의 외교 문서에는 김일성이 조봉암의 대선 자금을 지원했다는 대담 내용이 나온다. 이 외교 문건에 따르면, 김일성이 북한을 방문한 드미트리 폴랸스키 소련공산당 정치국원과 대담을 나누었는데 그 요지는 다음과 같다. "1956년의 대통령 선거에서 조봉암은 북한에 지원을 요청했다. 북한은 남한에 '진보당'이란 소위 '합법 정당'의 설립을 지원했고, 대통령 선거에 출마한 조봉암 후보 측에 자금을 지원하고 조언했다. 하지만 '진보당 사건'으로 진보당이 와해되고 당수였던 조봉암이 처형되자 결국 실패로 끝났다. 그 뒤로는 남한에서 고위직을 얻게 하려고 애쓰지 않았다."

이 대화에서 김일성은 다음과 같이 말했다.

"그(조봉암)는 우리에게 해당 임무를 달라고 했다. 우리는 (조선노동당) 정치국에서 이 편지를 토론했고, 다른 동지들을 통하여 그(조봉암)에게 연결체가 될 수 있는 합법 정당을 설립하자고 제안했다."

김일성은 선거 자금을 건넸다는 사실도 털어놨다. "대선 한두 달 지나서 어쩌면 그 이전에 미국은 우리가 조봉암에게 선거 운동을 위해 돈을 준 사실을 알게 되었다."

다만 김일성은 자금의 구체적 액수는 소련 측에 밝히지 않았다.

한편에서는 김일성의 발언 가운데 사실 관계가 맞지 않는 부분이 있기 때문에 그대로 믿기는 어렵다고도 한다. 그렇지만 그동안 기밀에 붙여졌던 구 소련의 문건이 공개되었고, 더불어 김일성의 저작 선집 또는 북한의 노동신문에 실린 김일성의 연설문을 보건대, 과장되었을 수는 있어도 거짓말로 단정할 수는 없을 것이다. 사실상 북한이 그 뒤로도 대한민국의 정치 사건 곳곳에 개입 흔적을 남긴 것을 보면, 조봉암 사건에 개입한 사실을 부인하기 어렵다.

조봉암이 제기한 평화통일론은 이승만의 북진통일론에 대한 정면 도전이었다. 북진통일론은 이승만이 추구한 대내외 정책의 핵심 고리였다. 전쟁이 끝난 지 겨우 3년 만에 북한의 주장에 동조하는 것 같은 조봉암의 평화통일론에 이승만은 관용을 베풀 수 없었다. 북한이 대한민국보다 훨씬 강한 국력으로 대한민국을 무너뜨리려 한다는 점에서 대선 후보급 거물 정치인이 북한의 주장에 동조하고 따른다는 것은 상당히 위험한 것이었다. 이승만은 조봉암이 북한의 사주와 지원을 받았다는 사실을 의심하지 않았다. 미국은 조봉암의 처형에 강력히 반대했지만 이승만의 고집을 꺾을 수 없었다. 반공의 국가 정체성에 대한 이승만의 집념은 신경과민이라 할 정도로 완강했다.

이승만 정부는 1958년 12월 야당과 언론의 반발을 무릅쓰고 국가보안법을 개정했다. 개정의 핵심은 언론이 허위 사실을 고의로 유포하거나 사실을 왜곡해 민심을 교란할 경우 이를 처벌한다는 내용이다. 언론의 자유를 위축시킬 우려가 있는 이 조항은 곧바로 위력을 발휘했다. 정부는 이듬해 초에 민주당을 지지하면서 정부를 강하게 비판한 경향신문을 폐간했다. 이승만에 대한 개인숭배도 강화됐다. 초등학교 학생들은 아침 조회에서 대통령 찬가를 불렀다. 그의 생일을 맞아서는 전국적으로 축하 행사를 열고 이승만의 만수무강을 빌었다. 이승만의 권위주의 체제는 점점 단단하게 굳어지고 있었다.

⑷ 잿더미에서 자립 경제로

미국의 경제 원조

미국은 한국 경제를 재건하고 발전시키려고 경제 원조를 많이 했다. 미국은 세계 전략의 하나로 한국을 자유 진영에서 성공한 모델로 만들어야 한다고 생각했다. 1950년대에 미국이 한국에 제공한 경제 원조는 총 27억 달러에 이른다. 그 밖에도 적지 않은 군사 원조도 했다. 6·25전쟁으로 헐벗은 한국 경제는 미국 원조로 재건되었다. 경제 재건에 필요한 원자재, 부품, 기계 등도 미국이 제공해 준 것이다.

한국은 미국의 원조가 없으면 나라를 지탱할 수 없을 정도였다. 예를 들어, 1957년의 수출액은 2,220만 달러에 지나지 않았지만, 수입액은 4억 4,220만 달러나 되었다. 무역 역조가 큰 것도 문제였지만 한국 정부가 결제할 능력이 없다는 것이 더욱 심각한 문제였다. 총 수입액 가운데 한국 정부가 자력으로 결제할 수 있는 금액은 6,820만 달러에 불과했다. 나머지 3억 7,400만 달러는 미국이 제공한 원조로 결제됐다. 한국 정부의 총수입 가운데 원조가 차지하는 비중이 85%나 되었다.

6·25전쟁 중에, 한미 양국은 한국 경제의 재건과 원조의 효율적 집행을 위한 협정을 체결하고 합동경제위원회를 설치했다. 원조 달러를 어떻게 써야 할지는, 합동경제위원회의 협의를 거쳐 미국 정부의 승인을 얻어야 했다. 합동경제위원회는 원조를 지렛대로 한국 정부의 경제정책에 큰 영향력을 행사했다.

한국 정부는 원조 달러가 자립 경제를 건설하는 데 최대한 쓰이기를 희망했다. 기간사업과 생산재 공업의 건설에 투입하고 싶었다. 그러나 미국 정부는 높은 물가상승률을 억제하고, 경제 안정을 꾀하는 것이 시급하다고 생각했다. 또한 한국 경제가 섣불리 실패 위험이 큰 산업 건설에 시도하기보다는 원조 물자의 소비자로서 빈곤부터 해결해야 한다고 생각했다. 미국은 소비재를 넉넉히 공급하고, 소비재 공업을 우선적으로 건설하려고 하였다. 원조 내용은 원조를 제공하는 미국이 좌지우지할 수밖에 없었다. 1950년 대의 원조 내역을 보면, 연료 및 비료가 26%로 가장 많았고, 다음 순서로 시설재 22%, 최종 소비재 19%, 공업 원료용 농산물 17%, 기타 원자재 10%였다.

그동안 왜곡된 시각으로 미국의 원조를 비판하는 견해도 있었다. 미국이 자국의 잉여 농산물을 처분하려고, 한국 정부에게 원조 달러로 미국의 잉여 농산물을 구입하라고 강요했다는 것이다. 그 결과 미국의 원조 때문에 한국의 농업이 큰 타격을 입었다는 주장이다. 이런 반미선동은 전혀 근거가 없다. 미국이 제공한 원조는 법적 근거에 따라 여러 기관을 통해서 보내왔다. 미국의 잉여 농산물을 구매한 원조는 미국 공법(Public Law, 이하 PL) 480호였다. PL 480호에 따른 원조는 1956년부터 1961년까지 도합 2억 260만 달러로서, 전체 원조의 일부에 지나지 않았다. 미국이 제공한 총 27억 달러에 이르는 막대한 원조의 성격을 왜곡하는 것은 그 자체로 은혜를 원수로 갚는 일이다. 우리는 미국 농산물을 구입하여 간단한 의식주조차 해결할 수 없는 국민의 고통을 줄일 수 있었다.

원조의 내역은 석유 등의 연료, 농업 발전에 긴요한 비료, 공장 건설을 위한 시설재의 순서로 구성됐다. 물론 미국의 농산물이 들어오자 타격을 받은 농업 부문도 없지 않았다. 밀, 면화와 같은 밭작물이 그러했다. 그러나 그와 같은 밭농사는 미국을 중심으로 하는 새로운 국제 시장에서 경쟁력을 가질 수 없었고 작물 전환이 필요한 분야였다.

원조 대충자금

한국 정부는 미국 정부로부터 원조받은 총 27억 달러로 수입한 물자를 민간에 판매했다. 그에 따라 27억 달러에 이르는 한국 화폐의 수입이 추가로 생겼다. 원조 달러나 수입한 물자를 민간에 판매한 대금은 한국은행에 예치됐다. 이를 대충자금(對充資金)이라고 한다. 대충자금은 한국 정부의 재정 수입으로 편입되었다. 전체 재정 수입에서 대충자금이 차지하는 비중은 평균 43%나 되었으며, 50%를 넘는 해도 있었다. 미국의 원조는 1950년대의 한국 정부가 국가재정을 운용하는 데 없어서는 안 될 필수적인 자금이었다.

해마다 대충자금의 30~40%는 일반회계로 편입되었고, 주로 부족한 국방비로 지출됐다. 나머지 40~50%는 경제부흥특별회계로 편입되어, 정부의 직접 투자로 도로, 항만, 수도, 전기 등의 사회 간접 자본을 건설하는 데 쓰였다. 나머지 10~30%는 산업은행과 농업은행이 민간 기업에 투자하거나 융자해주는 자금으로 쓰였다. 대충자금의 투·융자는 1950년대 한국 경제를 부흥시키는 데 매우 중요한 역할을 했다. 1953년부터 6년 동안 한국 경제가 고정자본을 형성하는 데 있어서 정부의 재정 투·융자가 차지하는 기여도는 평균 54%나 될 정도였다. 그 가운데 64%를 대충자금으로 메웠다.

귀속 재산의 불하

귀속 재산이란 1945년 8월 15일에 일제가 패망할 때 일본과 일본인이 남기고 간 재산이다. 1945년 12월에 미군정의 소유가 되었다. 귀속 재산은 기업체, 은행, 회사의 설비, 주식, 토지, 주택, 임야 등 다양하다. 미군정 시대에 정치 혼란으로 귀속 재산 가운데, 특히 공장의 생산 설비가 파괴되거나 없어지거나 부정하게 처분됐다. 그런데도 1948년 10월에 미군정이 한국 정부에 귀속 재산을 이관할 때 3,053억 원에 이르렀다. 당시 한국 정부의 10년 예산과 맞먹는 규모였다.

정부는 귀속 재산을 되도록 빠르게 민간에 팔아 넘길 방침이었다. 정부가 방대한 규모의 귀속 재산을 직접 효율적으로 운영하기 어려웠고, 정부 재정의 적자를 메울 필요가 있었기 때문이다. 귀속 재산 불하는 1949년 말부터 시작해서 1963년 5월에 끝났다. 그동안 불하된 것은 총 31만 5,642건에 이르렀다. 그 결과 대부분의 귀속 업체가 민영화되었다. 국유 기업이나 공유 기업으로 남은 업체는 대한석탄공사와 대한조선공사를 비롯해서 몇 개 안 되었다.

건국 헌법은 경제에 대해서 국가가 강력한 개입을 할 수 있도록 규정하였다. 1949년 말에 제정된 귀속재산처리법에서도 국민 경제에 긴요한 산업인 운수, 통신, 전기, 금융, 보험, 수도, 가스, 광산, 철강, 기계 등의 기업체는 국가 또는 공공단체가 운영하기로 하였다. 그러나 불하 과정에서는 그런 기업들마저 과감하게 불하하여 민영화시켰다. 그렇게 한 데에는 재정 적자를 메워야 할 필요성도 없지 않았지만, 근본적으로는 민간이 주도하는 자유시장경제 체제를 세우려는 한국 정부의 의지와 미국 정부의 요구가 있었기 때문이다.

귀속 재산을 불하받는 것은 상당한 특혜였다. 정부가 매긴 귀속 재산의 가격은 시장 가격보다 훨씬 낮았다. 더욱이 최장 15년까지 돈을 나누어 낼 수 있었다. 당시 높은 물가상승률을 따져보면 오랫동안 돈을 나눠 내는 것 자체가 큰 혜택이었다. 그러기에 귀속 재산의 불하는 정경유착과 부정부패의 고리가 되기도 하였다. 그렇지만 주목해야 할 사실은 귀속 업체의 불하가 자본 축적의 불모지에서 기업 성장의 기회를 제공하였다는 점이다.

1950년대에 활동한 대기업의 많은 수는 귀속 업체를 불하받아 성장하였다. 당시 대기업 89개 가운데 귀속 업체를 불하받아 성장한 기업이 40개나 되었다.

지금까지도 이름있는 기업 집단 가운데. 두산, 한화, SK, 쌍용, 애경, 태창 등은 귀속 업체를 불하받아 성장한 것이고, 동양, 삼호, 벽산, 하이트 맥주 등은 불하된 귀속 업체를 인수하여 성장한 것이다.

민간 공업의 성장, 대한민국 산업화의 맹아

미국의 경제 원조와 한국 정부의 재정 투·융자에 힘입어, 1954년부터 1960년까지 한국 경제는 연평균 4.9%의 성장률을 보였다. 인구증가율을 공제하면, 1인당 실질소득의 성장률은 연평균 2.5%였다. 흔히 1950년대에는 경제적으로 암울한 시대라고 여기기 쉽지만 잘못된 생각이다. 전쟁 폐허라는 최악의 조건에서도 한국 경제는 뿌리를 내리고 있었고, 다른 후진국에 견주어 보아도 손색이 없었다.

경제 성장을 주도한 분야는 제조업, 건설업, 광업 등의 2차산업이었다. 2차산업은 막대한 규모의 원조와 재정 투·융자에 힘입어 연평균 12.5%의 높은 성장률을 보였다. 전체 산업에서 2차산업이 차지하는 비중은 1953년에는 12%였지만 1960년에는 19%로 올라섰다. 같은 기간에 민간 공업의 수는 2,474개에서 1만 5,204개로 크게 늘었다.

민간 공업의 성장을 주도한 것은 소비재 산업이었다. 면방직업, 제분업, 제당업이 대표적이다. 이들의 소비재 산업은 제품이 모두 흰색이어서 삼백산업(三白産業)으로 불렸다. 면방직업의 경우 6·25전쟁으로 시설의 70%가 파괴되었다. 면방직업을 부흥시키고자 정부는 원조 자금 가운데 약 1,000만 달러를 설비 자금으로 지원했다. 원료 원면도 95% 넘게 원조 자금으로 공급됐다. 정부의 적극적인 육성 정책에 힘입어, 면방직업은 1957년에 처음으로 목표치를 넘는 44만 추의 방추와 1만 대 이상의 직기를 갖추게 되었다.

소비재 공업에 이어 비료, 유리, 시멘트, 철강, 제지, 전기기계 등의 중간재 및 생산재 공업을 건설하기 시작했다. 한국 정부는 경제 안정을 바라는 미국 정부의 뜻을 거스르면서도, 자립 경제를 이루고자 기간 산업의 건설에 힘을 쏟았다. 당시 남한에는 조그만 비료 공장이 셋 있었는데, 연간 생산량이 7,500t밖에 안 됐다. 매년 70만t 넘게 화학 비료를 수입해야 했다. 정부는 2,300만 달러의 자금을 확보하여 1955년부터 충주비료공장을 건설하기 시작했다. 1961년에야 완공됐는데, 연간 8만 5,000t 규모의 생산 능력을 갖추었다. 덕분에 국내 질소비료 수요량의 20%를 자급할 수 있게 되었고, 연간 800만 달러 넘게 외화를 절약할 수 있었다.

해방 뒤에 시멘트 공장은 삼척에 하나밖에 없었는데, 그나마 정치 혼란과 전력 부족 때문에 정상적으로 가동되지 못하고 있었다. 정부는 삼척공장을 동양시멘트라는 민간 기업에 불하하고 시설 자금을 지원했다. 그 결과 1950년대 말에는 연산 60만t의 시멘트를 생산하여 국내 수요의 대부분을 메울 수 있었다. 철강업도 비슷한 처지였다. 해방과 더불어 일본인 자본과 기술이 철수하자, 남한의 철강업은 사실상 해체됐다. 그나마 있던 삼척의 제철소와 인천의 제강 공장은 6·25전쟁으로 끔찍하게 파괴됐다. 이승만 정부는 전쟁의 와중에도, 삼척 제철소의 용광로를 복구하기 시작했다. 그 결과 1961년까지 연산 2만 1,000t의 제선 능력을 갖췄다. 인천의 제강 공장은 뒤에 새로운 압연 시설을 설치하여 연산 10만t의 제련 능력을 갖췄다.

이승만 정부가 건설한 소비재 공업과 생산재 공업은 1958년부터 시설 과잉으로 외국 시장을 개척하기 시작했다. 예컨대 44만 방추를 갖춘 면방직업은 시설 과잉에 따라 불황을 맞이했다. 이를 타개하려고 동남아 시장을 개척했으며, 점차 미국, 영국, 서독, 네덜란드 등 선진국의 시장으로도 진출했다. 철강업도 마찬가지였다. 국내 시장이 포화 상태에 이르자 외국 시장의 개척에서 탈출구를 찾기 시작했으며, 그 결과 1962년 최초로 2,594t의 아연도 철판을 베트남에 수출할 수 있었다.

제3공화국에서 달성한 한국 경제의 고도성장은 갑작스러운 것이 결코 아니었다. 그것은 이승만 정부가 애써 일으킨 공업화의 성과가 준비되어 있었기에 가능했다. 1950년대에 건설된 공업은 1960년대에 외국 시장을 개척하고 수출 기업으로 탈바꿈했다. 박정희 시대의 경제 기적은 이승만 시대에 쌓아 놓은 산업화의 토대를 딛고 올라선 것이었다.

이승만이 원자력을 개발한 이유

제2차 세계대전을 끝낸 무기로 등장한 핵이 동력원으로 바뀐 데는 국제정치적 배경이 있었다. 핵을 평화적으로 이용하려는 국제적인 흐름을 타고, 한국은 미련스러울 만큼 원자력에 힘을 쏟아부었다. 한국은 이승만, 박정희, 전두환과 같이 원자력의 중요성을 꿰뚫어 본 지도자들을 만난 덕분에 세계적인 원자력 강국으로 떠올랐다.

1953년 12월에 미국의 아이젠하워 대통령은 유엔총회에서 '원자력의 평화적 이용(Atoms for Peace)'을 주제로 연설했다. 원자력 발전과 같이 평화적 목적으로 핵을 이용하려는 나라에 기술을 제공하겠다는 것이다. 그러자 세계 각국은 국제원자력기구(IAEA) 설립을 위한 준비 작업에 돌입했고, IAEA는 1957년 유엔 산하 기관으로 창설됐다. 한국은 유엔 가입국이 아니었지만 IAEA 헌장에 서명하고 창립 회원국이 되었다. 곧이어 극동 지역 이사국으로 선출되었다.

우리가 원자력에 마음을 둔 배경 가운데 하나는 남한의 열악한 전력 사정이 자리잡고 있었다. 일제 때부터 발전 시설의 86%가 북한에 있었고, 그나마 북한은 미군정 말기에 전력 공급을 중단해버렸다. 건국을 앞둔 우리나라는 심각한 전력난에 빠지지 않을 수 없었다. 북한과 체제 경쟁을 하고 있었음에도 북한이 전기를 끊으면 전기를 이용할 수 없었던 것이 건국 초기 대한민국의 한심한 현실이었다.

이때 워커 시슬러가 원자력 개발을 권유했고, 이승만 대통령이 이에 귀 기울여 어려운 처지에서도 장기적인 결단을 내렸다. 시슬러는 이미 주도적으로 발전함선을 건조하여 6·25전쟁 때 전력난을 해소하였고, 한국에 개발 차관을 주선하여 당인리발전소를 건설하게 만든 인물이었다.

한국 정부는 1956년 7월에 시슬러를 초청했다. 전후 복구 사업에 전력 문제가 심각하여 그의 자문이 필요했던 것이다. 그는 여러 곳에서 '원자력 발전의 실용화'에 대해 강연하였고, 이승만 대통령을 만나 원자력 개발을 권유하였다. 이승만은 "우리가 원자력 발전을 시키려면 무엇부터 시작해야 하고 언제쯤 실현 가능한가?"라고 물었고, 그는 "정부 안에 원자력 전담 기구를 설치해서 정부 차원의 원자력 발전 업무를 추진하고, 원자력연구소를 설립해서 원자력에 관한 연구를 맡기며, 50명 정도의 과학자를 선진국에 유학시켜서 원자력 과학자를 양성해야 한다. 그러면 20년 뒤에 원자력 발전이 가능하다"라고 대답했다.

이승만의 원자력 투자, 연구용 원자로의 도입과 원자력법 제정

당시 대한민국은 1인당 국내총생산(GDP)이 70달러밖에 안 되는 가난한 나라였다. 한미원자력협정을 체결하고 난 1956년의 초반에 정부는 문교부(교육부) 기술교육국에 원자력과를 만들었다. 원자력과의 당면 과제는 조속히 원자력법을 제정해서 원자력 행정 기구와 직제를 만들고 원자력연구소 부지를 정하는 한편, 연구용 노형을 결정해 도입하고 원자력 훈련생을 외국에 파견하는 것이었다.

이승만 대통령은 1957년에 원자력 전문가를 키우기 위해 국비 유학생 제도를 도입하라고 지시했다. 원자력 공부에 목말라하던 인재 237명을 여러 해에 걸쳐서 유학길에 오르게 했다. 절반은 영국으로, 절반은 미국으로 갔다. 이들이 돌아와 열심히 일한 덕에, 한국은 실제로 시슬러의 예언대로 21년이 지난 1977년에 고리 1호기 시운전에 들어갔다. 박정희 대통령 때 이루어진 원자력 발전소의 운영은 한국이 에너지 위기를 극복하고 안정적인 경제 성장을 이루는데 큰 역할을 하였다.

원자력을 연구하려면 반드시 연구용 원자로가 있어야 했다. 1958에 연구용 원자로 구매단을 구성해서 미국에 파견했다. 구매단이 미국에서 처음 본 원자로 가운데 제너럴 아토믹(GA)의 트리가 마크-Ⅱ 스위밍풀형이 구조도 단순하고 가격도 합리적이었다. 100KW 용량의 그 원자로가 도입되면서 운전 인력도 필요했다. 1959년에 정부는 미국 시카고의 알곤원자력연구소 부설 국제원자력학교를 8기로 수료한 양흥석을 비롯한 과학자 여섯 명을 GA로 보내서 운전 기술을 배우게 했다. 이들이 한국인 최초의 원자로 운전자가 됐다.

연구용 원자로 도입이 가시화되자 시슬러가 방향을 제시한 대로, 정부 차원에서 원자력 업무를 할 기관을 만들어야 했다. 문교부에서는 일본 원자력법을 참고하여 원자력법을 만들었다. 이에 따라 한양대 공과대학은 국내 최초로 원자력공학과가 만들어졌고, 이듬해 서울대 공과대학도 원자력공학과가 설치되었다.

정부는 원자력법의 집행 기구로 '원자력원' 창설을 추진했다. 1959년에 발족한 원자력원은 두 달 만인 3월 1일에 원자력연구소를 개소했다. 원자력연구소의 원자로 공사 기공식에는 이승만 대통령이 3부 요인과 함께 참석해서 역사적인 '첫 삽질'을 했다. 원자로 공사는 4·19와 5·16이라는 크나큰 정변을 겪고도 탈없이 완공되어, 1962년 3월 30일부터 정상 가동하기 시작했다.

연구소 초기에는 외국에서 훈련받은 20여 명의 연구관이 주축이었는데, 5·16군사정변 후 연구 조직은 더 확대되었다. 이렇게 출범한 원자력연구소는 당시 최고의 대우를 약속하며 인재들을 불러모았다. 당시 연구관이었던 이창건 박사에 따르면, 원자력연구소 근무자는 본봉의 100%씩 연구 수당과 위험 수당을 더 받았다고 한다. 본봉만 받는 원자력원 근무자에 비해 월급이 세 배나 많았던 것이다.

이승만 정부의 경제개발계획

이승만은 미국식 자유 방임의 경제론자였으므로, 경제개발계획은 공산주의자들을 연상시킨다며 덮어놓고 거부했다는 말이 있다. 결코 사실이 아니다. 이승만 정부에서는 오히려 수많은 경제개발계획이 시도되었다. 부문 계획이 아닌 총량 계획의 수립, 계획 수립과 시행을 위한 통계 정보의 수집, 민간 전문가와 대기업 중심의 수출 경제 지원은 이승만 정부가 시행착오를 겪으며 얻어낸 경제 계획의 3대 기둥이었다. 박정희 혁명 세력은 이승만 정부의 성과를 뒤에 깨닫고 1963년에 자신들의 경제개발계획을 전면 개편하였다. 경제개발계획 분야에서 박정희는 이승만을 철저히 계승하였던 것이다.

1950년대에는 경제 개발이라는 말보다 경제 부흥이나 경제 재건이 일반적으로 사용되었다. 참혹한 전쟁을 겪고 났기 때문에 전쟁 이전의 수준으로 회복하는 것이 급선무였다. 따라서 이때 작성된 경제 계획은 전부 '경제부흥계획' 혹은 '경제재건계획'이라는 이름을 가졌다. 경제부흥계획을 수립하는 데 가장 큰 문제는 동원할 수 있는 재건 자원이 부족하다는 것이었다. 당시에는 국내 자원이 매우 부족했기 때문에 미국의 원조에 기댈 수밖에 없었다. 미국 원조는 경제 부흥의 디딤돌이자 걸림돌이기도 했다.

1948년 12월에 한미경제원조협정을 최초로 체결하였다. 미국은 경제의 부흥보다 경제의 안정에 더 큰 비중을 두었다. 미국 정부의 구상은 1950년 3월에 발표된 '경제 안정 15원칙'에 잘 나타나 있다. 전문에 "금후의 경제 정책은 무엇보다도 인플레 현상의 시급한 극복에 중점을 두어 재정의 균형, 금융의 건전 및 생산 증강을 기한다"라고 쓰여 있다. 경제 정책의 우선순위가 분명히 제시된 것이다.

당시 경제부흥계획은 국무총리 소속 기관으로 설립된 기획처가 수립했다. 기획처는 나중에 부흥부로 개편되었고 경제부흥계획 수립 업무는 부흥부로 넘어갔다. 건국 이후 1957년까지 많은 경제부흥계획이 작성되었는데 크게 두 그룹으로 구분된다. 하나는 정부 소관 부처에서 작성하는 개별 산업을 대상으로 하는 부흥 계획이다. 농림부에서 작성한 '농업 증산 3개년 계획'이나 상공부에서 작성한 '상공생산종합계획'이 그것이다. 다른 하나는 기획처에서 작성하는 경제 전체를 대상으로 하는 부흥 계획이다. 여기에서는 개별 계획을 낱낱이 다룰 수 없으므로 기획처에서 작성한 종합적인 부흥 계획을 중심으로 검토해보자.

건국 직후에 '산업 부흥 5개년 계획'과 '물동 5개년 계획'이 수립되었다. '산업 부흥 5개년 계획'은 전력, 철강(선철, 강철), 광업(금, 은), 조선(어선, 수송선), 원동기, 시멘트와 같이 수요 증대가 예상되는 12개 중요 업종을 선정하여 5년간 증산 계획을 간략히 제시한 것이다. '물동 5개년 계획'은 기획처가 정부 관계 부처와 40여 일의 연석 회의를 통해서 국내 생산 목표를 수립하고 거기에 소요되는 물자의 수급 계획을 세운 것이었다.

전쟁이 교착 상태에 빠진 1951년부터 경제부흥계획은 다시 작성되었다. 전쟁 중 최초의 경제부흥계획은 1951년에 작성된 '1952년도 경제부흥계획(1951.7.1.~1952.6.30)'이었다. 1952년에도 '1953년도 경제부흥계획(1952.7.1.~1953.6.30)'이 작성되었는데, 목표는 "전쟁 수행에 대한 최대한 기여와 최대한 자급을 기하려는 데" 있었다.

휴전이 가까워지고 원조가 본격적으로 도입되는 등 포괄적인 경제 재건이 추진될 정치적·경제적 여건이 마련되자, 정부는 장기 경제부흥계획을 수립하고자 하였다. 이승만 대통령은 1953년 7월에 '재건 계획 확립 수행의 건'을 통해 재건 계획의 지침을 제시했고, 이에 근거하여 기획처에서는 '원조 자금에 의한 경제 재건 계획의 기본 방침'을 제정하였다. 중요한 것은 비료 공장, 시멘트 공장, 판유리 공장, 철강 공장, 석탄, 전력 및 운송 시설과 같이 기간 산업과 사회간접자본의 건설과 복구를 재건 계획의 중심에 두고 있다는 것이다.

기획처는 '경제재건계획의 기본 방침'에 근거하여 경제 부흥 5개년 계획을 작성하기 시작했다. 1955년 7월에 부흥부는 기획처의 5개년 계획을 기반으로 '한국경제부흥계획서(1954~1958년)'를 발표하였다. 경제를 11개 생산 부문으로 나누어 투자 계획과 생산 계획을 수립하고, 1954년 1인당 국민소득 65달러를 1958년에 88달러, 1960년에 101달러로 높이는 것을 목표로 삼았다. 상당히 의욕적인 계획이었지만 거의 실천되지 못했다. 가장 중요한 이유는 필요한 재원의 대부분을 원조에 의존했는데 미국 정부의 지원을 거의 받을 수 없었기 때문이다. 한국 정부가 주한 원조 기구와의 협의 없이 독자적으로 경제 계획을 수립했고, 그러기에 미국 정부의 요구 사항인 경제 안정의 목표를 이룰 수 없던 것이기도 했다.

1958년에는 경제 개발 3개년 계획이 수립되는데, 당시에는 대내외 경제 환경이 크게 바뀌었다. 전후 재건 목표를 1956년 말에 달성했다는 사회 공감대가 형성되었고, 이를 계기로 사회에서 경제 개발에 대한 관심이 높아졌다. 당시 신문에서는 경제 개발이 단골 주제였고, 국민 사이에서도 '경제하고자 하는 의지', 즉 '가난으로부터 벗어나고자 하는 의지'가 점점 퍼졌다. 그리고 미국의 원조 정책도 바뀌기 시작하였다. 미국 정부는 재정 적자가 누적되고, 냉전의 위협이 군사적 위협이 아니라 경제적 위협으로 전환되고 있다고 판단했다. 이에 따라 대외 원조 정책을 무상 증여에서 유상의 개발 차관으로 전환하고자 하였다. 원조에 크게 의존했던 우리 경제의 입장에서 심각한 상황 변화였던 셈이다.

박정희 정부 경제개발 계획의 기반이 된 3개년 경제개발계획

정부는 원조 없이도 재생산할 수 있는 경제 체제, 즉 '자립 경제 체제'를 확립할 수 있는 새로운 경제개발계획의 필요성을 깨달았다. 이를 위해 산업개발위원회가 설치되고 1958년 5월부터 본격적인 작업에 들어갔다. 처음에는 7개년 계획으로 작성했으나, 계획의 시안을 검토하는 과정에서 전반기와 후반기로 구분하고, 전반기에 해당하는 3개년 계획을 먼저 수립하기로 결정하였다. 3개년 계획이 완성되기까지 무려 1년 8개월의 시간이 소요되었다. 통계 자료의 수집과 같이 계획을 수립하기 위해 많은 노력을 투입해야 했기 때문이었다.

3개년 경제개발계획은 '자립 경제 체제의 확립이라는 장기적인 문제를 해결할 수 있는 경제 기반을 조성'하려는 것이었다. 이를 위해, 1) 식량의 대외 의존도를 줄여 농산물의 수급 균형을 실현하고 2) 중소기업의 육성 발전을 꾀하여 생활 필수품을 자급하고 고용 기회를 증대하며 3) 수입 대체 산업과 더불어 수출 산업을 육성하여 국제수지를 개선하고 4) 사회 기본 시설을 확충하여 국민 경제 발전의 기반을 닦으려고 하였다. 한국 경제가 직면한 가장 심각한 문제를 과소 생산 경제로 보고, 이 문제를 해결하기 위해서 경제의 전 부문에서 생산 능력을 크게 키우고 국제수지를 개선하려고 했던 것이다.

3개년 경제개발계획은 연평균 목표 성장률을 5.2%로 잡았고, 기준 연도인 1958년의 투자액 1천 480억 환(1955년 불변 가격)을 계획 기간 매년 증가시켜 6천 393억 환을 투자하기로 계획하였다. 과소 생산 경제를 해결하는 것을 중요한 과제로 삼았기 때문에, 제조업 부문에 대한 투자를 크게 늘리고 다른 산업 부문에 대한 투자는 줄이도록 했다. 즉 기준 연도인 1958년의 산업별 투자 비중은 1차산업 20%, 2차산업 24%, 3차산업 56%였지만, 3개년 계획 기간에 각각 18%, 31%, 51%로 조정되도록 하였다.

투자 재원의 조달에서도 커다란 변화가 예상되었다. 무상 원조가 줄어드는 것은 기정 사실이었기에, 유상 차관이나 외국인 직접 투자를 주요 투자 재원으로 삼았다. 1958년의 총 외화 수입액에서 원조가 차지하는 비중은 79%였으나 최종 연도인 1962년에는 55%로 감소시키려고 하였다. 반면에 개발 차관이나 외국인 직접 투자가 총 외화 수입액에서 차지하는 비중은, 1958년에는 전혀 없다가 1962년에는 10%로 증가할 것으로 보았다.

정부가 3개년 계획에서 강조한 것은 수출 증가였다. 수출은 투자 재원을 공급한다는 의미밖에도, 원조를 대신하여 수입 재원을 공급하는 것을 의미했기 때문이다. 즉, 기준 연도(1958년)의 수출액은 1천 709만 달러에 불과했으나 제1차 연도에는 3천 769만 달러, 최종 연도인 1962년에는 6천 359만 달러로 계획하여, 목표한 기간에 무려 3.7배 증가할 것을 예상하였다. 그러나 미곡, 철광석, 중석, 흑연 등을 포함한 1차산업 제품의 수출이 전체의 88%를 차지하도록 계획되었다. 아직은 수출 통한 공업화라는 인식은 없었다.

3개년 계획은 1959년 12월에 완성되어 산업개발위원회 전체 회의에서 통과되었다. 여러 사정으로 국무회의 상정이 계속 지연되다가, 마침내 1960년 4월에 국무회의에 올라갔다. 그러나 곧이어 일어난 4·19혁명으로 국무회의에서 제대로 논의되지 못하고 폐기되었다.

이승만 정부 최후의 3개년 계획은 예전 계획들과 무척 달랐고, 그랬기에 박정희 정부에서 작성된 경제개발계획의 기반이 될 수 있었다. 3개년 계획의 세 가지 특징을 꼽아보면 첫째, 계획 작성 방법이 예전의 계획과는 매우 달랐다. 예전 계획에는 총량 계획이 없이 부문 계획 혹은 투자 계획 중심으로 작성되었지만, 3개년 계획에서는 총량 목표와 이를 달성할 수 있는 주요 정책이 계획되었다. 둘째, 3개년 계획을 작성하는데 많은 인원이 참여하였다. 예전에는 기획처나 부흥부의 관료 중심으로 작성되었지만, 3개년 계획은 부흥부 관료와 민간 전문가들로 구성된 산업개발위원회 중심으로 작성되었다. 셋째, 경제 계획을 수립하기 위해 통계 자료를 광범위하게 수집하고 정비하였다. 경제 계획의 수립에 가장 기본적인 것은 현재의 실태와 문제점을 파악하는 것이다. 3개년 계획을 수립하는 과정에서 수집·정리된 다양한 통계 자료는 차후의 경제 계획을 짜는 데 크게 이바지하였다.

농지개혁에 이은 이승만 정부의 교육 혁명

이승만 대통령은 청년 시절에 교육입국론을 제창했고 해방 전까지 직접 교육 사업을 이끌기도 한 민족 교육의 선구자였다. 배재학당·독립협회의 토론 모임, 한성감옥의 옥중 학교, 상동청년학원, YMCA, 한인중앙학원과 한인기독학원에 이르기까지 그의 활동에서 교육 활동은 핵심 중 하나를 이루었다. 해방

	1945		1960	
	학교 수	학생 수	학교 수	학생 수
초등학교	2,800개	136만여 명	4,600개	360만여 명
중학교	97개	5만여 명	1,000여 개	53만여 명
실업학교	58개	2만 5천여 명	283개	10만여 명
인문고등학교	중고등 미분리	중고등 미분리	357개	16만 5천여 명
전문학교, 대학	19개	8,000명	68개	10만여 명

출처: 유영익, 〈건국대통령 이승만〉

그림16 이승만 대통령 시대 교육 보급의 확대

뒤 이승만이 사용했던 여권을 보면 직업난에 '교육자'라고 쓰여 있음을 확인할 수 있다.

1950년대가 남긴 것은 물적 자산에 그치지 않았다. 이 시기 이루어진 인적 자본의 성숙과 발전은 대한민국의 기적적인 발전을 이끌었다. 당시에 '교육 혁명'이라 일컬을 만한 일이 국민 교육에서 일어났다. 이승만 정부는 정부 예산의 5분의 1을 교육에 투입했는데, 이는 정부 예산의 반을 국방비에 쓸 수밖에 없는 상황에서 대부분의 국가 예산을 국민 교육에 들인다는 이야기였다. 박정희 정부 때 경부고속도로에 정부 예산의 5분의 1을 들었다는 것을 생각하면, 박정희 정부 때보다 훨씬 열악한 상황인데다 건국 초기라 국가의 돈이 쓰일 분야가 많았음에도 교육을 과도할 정도로 강조했다 볼 수 있다. 어려운 경제적 여건에서도 정부는 청소년들에게 풍부한 교육의 기회를 제공했고, 국민도 놀라운 열정으로 자녀들의 교육에 힘썼다. 글을 읽지 못하던 사람들 대부분이 글을 읽고 고등한 사고를 할 수 있게 됐다. 국가나 국민이 모두 교육만이 미래를 열어준다는 생각을 가지고 있었다.

헌법은 '모든 국민은 평등하게 교육받을 권리가 있다. 적어도 초등교육은 의

무적이며 무상으로 한다'라고 규정했다. 이에 따라 교육법에서 초등교육을 의무 교육으로 정했다. 모든 국민에게 자녀가 만 6세가 되면 초등학교에 보낼 의무가 주어졌다. 초등학교의 수는 1948년에 3,443개에서 1960년에 4,653개로 늘었으며, 학생 수는 242만 명에서 366만 명으로 늘었다. 초등학교 취학률은 일제 시대인 1943년에 47%에 지나지 않았는데, 건국하고 의무 교육이 시행되자 1960년에는 99.8%에 이르렀다.

일반화된 초등교육은 국민의 비문해율을 크게 개선했다. 해방 당시 한국인의 비문해자 비율은 78%였다. 일제 통치 아래에서 초등교육을 받은 조선인이 전체 인구의 22%에 불과했음을 뜻한다. 그중 전문학교 이상 대학 졸업의 학력 소지자는 전체 인구의 0.2% 미만이었다. 1955년에 보고된 최초의 공식 통계에 따르면 비문해율이 35.1%였다. 그렇지만 1959년까지 10.3%로 크게 낮아졌다. 초등교육이 널리 퍼지자 비문해자를 줄이려는 정부의 계몽 활동도 크게 이바지했다. 정부는 1954년부터 1959년까지 5년 동안, 해마다 1~2개월씩 각 부락에서 한글강습소를 운영하였다. 정부의 문맹퇴치운동은 550만 명의 국문보급반 수료생을 배출했다. 1959년 한국의 비문해율은 22%까지 떨어졌다. 의무 교육의 확산과 비문해 인구의 해소로 말미암아 1960년대부터 공장 노동에 대량의 노동력이 공급될 수 있었다. 이것이 다른 후진국과 달리 대한민국이 고도성장을 이룰 수 있었던 문화 기반이었다.

초등학교에 이어 중등학교도 널리 보급됐다. 전국의 중학교는 1948~1960년에 380개 학교에서 1,053개 학교로 늘었고, 고등학교는 1950~1960년에 262개 학교에서 640개 학교로 증가했다. 전문학교와 대학교는 해방 직후에 19개 학교였는데, 1952년에는 41개 학교로, 1960년에 63개 교로 세 배 넘게 늘었다. 학생 수도 3만 명에서 10만 명으로 세 배 넘게 늘었다.

이같이 학교와 학생 수가 대폭 늘어난 결과 1960년 4월 한국은 8,419개의 교육기관과 469만 8,823명에 달하는 학생을 보유한 나라가 되었다. 1948년 건국 이후 이승만 대통령 아래에서 한국 교육은 경이로운 양적 성장을 기록했다. 시대적 사명감이 투철한, 비교적 능률적인 정부가 국민의 교육열에 대해 적극적으로 부응한 것이다. 이승만 정부 시기에 크게 개선된 한국의 교육 여건은, 농지개혁과 더불어 한국인이 전근대적 백성으로부터 근대적인 시민 주체로 거듭날 수 있는 배경이 되었다.

교육을 통한 엘리트 집단 육성

선진 학문을 배우려고 젊은이들은 줄지어 외국 유학을 떠났다. 1951부터 1959년까지 5,021명의 학생이 여러 선진국으로 유학을 떠났다. 그 가운데 4,468명이 미국으로 갔다. 1960년대부터 이들은 학계와 관계에서 지배적인 엘리트 집단이 되었다.

학교와 학생 수의 증가는 정부 재정의 투자에 힘입은 바가 컸다. 정부가 교육 투자에 열의를 올린 것은 1955년부터였다. 그전까지만 해도 정부 재정이 빈약하여, 중앙 정부의 일반 회계에서 문교부 세출의 비중은 2%가 못 되었다. 그 뒤 미국의 원조로 재정의 여유가 생기자, 문교부의 세출은 1959년까지 18.4%로 갑작스레 올랐다. 문교부 세출은 국방부에 이어 제2위에 오르게 되었다. 그토록 가난한 나라가 정부 예산의 5분의 1을 국가 교육에 집중한 것이다. 정부 전체 예산의 반이 국방비에 쓰였다는 것을 고려한다면, 어려운 처지에서도 정부가 인적 자본의 양성에 얼마나 큰 힘을 기울였는가를 알 수 있다.

인적 자본은 학교 교육 밖에서도 쌓여갔다. 전쟁 폐해의 재건 과정에서 정부의 여러 부처에서는, 제반 정책을 입안하고 집행할 수 있는 엘리트 관료 집단

연도	군인	민간인	계	군인/합계(%)
1951	317	–	317	100
1952	814	426	1,240	66
1953	1,038	632	1,670	62
1954	1,193	1,129	2,322	51
1955	1,751	1,079	2,380	62
1956	1,080	520	1,600	68
1957	1,402	435	1,837	76
1958	1,076	389	1,465	73
1959	1,357	419	1,776	76
1960	1,569	394	1,963	80
계	11,595	5,423	17,018	68

자료: 국방통계연보, 문교부
자료출처: 박진환, '박정희 대통령의 한국경제 근대화와 새마을운동', (사)박정희대통령기념사업회, 2005, 47쪽

그림17 1951~1960년에 외국 유학한 군인과 민간인 수

이 커가고 있었다. 그들은 대개 식민지 시대에 고등 교육을 받고 은행과 같은 경제 기구에서 실무 경험을 축적한 다음, 건국한 뒤에는 경제자문단으로 파견된 미국의 전문가들로부터 훈련을 받았다. 1953년부터 1961년까지 단기 연수 목적의 '기술 훈련 유학생' 자격으로 2,309명이 출국했는데 그중 대다수가 미국으로 갔다. 1950년부터 1966년까지 미 국무부의 교육 교환 계획에 따라 국회의원, 교육계, 경제계, 언론계, 노동계, 출판계, 법조계, 대학행정계 등 각계의 지도자 940명이 미국에 다녀왔다.

군부에서도 새로운 엘리트 집단이 자라나고 있었다. 6·25전쟁을 치르면서 국군 조직이 날아오르듯 성장했다. 전쟁이 끝난 뒤 철수한 미군의 빈 자리를 채우면서, 국군은 67만 명의 거대 집단으로 자라났다. 육군·해군·공군의 사

관학교, 공병학교, 통신학교, 국방연구원이 설립되어, 우수한 장교들을 길러냈다. 한국군 장교들은 미군들로부터 새로운 군사 지식과 과학 기술을 습득했으며, 병사들을 지휘하는 리더십 특별 교육도 받았다. 각종 군사학교를 통해 받은 전문 교육으로 장교들은 국가 경제에 유익한 프로젝트를 관리할 수 있는 경험을 축적했다.

이승만 정부는 엘리트 장교들의 훈련을 위해 고급 지휘관들을 선발하여 미국에 유학을 보냈다. 1960년대 초까지 9,000명이 넘는 장교가 군사 기술과 조직 관리의 외국 연수를 받고 돌아왔다. 1950년대에는 군대의 행정 체계가 정부의 일반 부처보다 훨씬 선진적이고 효율적이었다. 장교단의 규모가 가장 컸을 때의 규모는 우리나라 교직원의 총수와 맞먹었는데, 이는 교원을 제외한 공무원 총수의 반에 해당하는 것이었다. 장교단은 점차 중요한 사회 집단으로 성장해 하나의 권력 엘리트 혹은 과업 엘리트로서 중요한 정치적 결정에 참여할 수 있게 되었다.

통계에 의하면 5·16 당시 군 장교단 약 6만 명 중 10% 정도가 미국 유학 경험을 갖고 있었는데, 이것은 외무부 공무원보다 높은 비율이었다. 1951년부터 1960년까지 군사 외국 유학 인원은 1만 1,595명이었는데, 같은 기간 중 민간인 외국 유학 인원은 5,423명에 불과했다.

이승만 시대 교육 개혁의 의미

이승만 대통령 집권기에 이뤄진 교육 개혁은 높이 평가되어야 한다. 짧은 기간에 일찍이 다른 나라에서는 찾아보기 힘든 '교육 기적'이 일어났기 때문이다. 첫째, 이 기간에 실현된 6년제 의무교육과 문맹퇴치운동은 국민 대다수가 민주 정치에 참여할 수 있는 기본적 능력을 갖추게 함으로써 이 땅에 민주주의가 실현될 수 있는 토대를 마련했다. 이 기간에 고등교육을 받은 대학생들은 1960년 이후 민주화운동에서 구심적 역할을 수행했다. 이승만은 4·19혁명과 1960년대 이후 한국 민주화운동 세대를 길러낸 것이다.

둘째, 이승만 대통령 아래에서 추진된 민주주의 교육은 전통 시대의 신분 차별 교육과는 달리 모든 국민에게 동등한 교육 기회를 부여함으로써 사회적 계층의 평등한 상승 기회를 열어주었다. 셋째, 이승만 대통령의 통치 기간에 중·고등학교에서 강조된 실용주의적 '1인 1기술' 교육과 과학 기술 교육은 우리 국민 사이에서 전통적인 숭문주의의 틀에서 벗어나 과학적, 실용주의적 가치관을 수용하고 확산시키는 데 크게 이바지했다. 의무교육의 보편화, 비문해 퇴치, 고등교육의 확대로 양질의 노동력이 풍부하게 배출됨으로써 1960년 이후 박정희 시대에 이루어질 세계 경제사상 유례없는 '압축형 경제 성장'을 가능하게 했다. 박정희의 기관차는 이승만이 깔아놓은 레일 위를 힘차게 달렸다. 이는 그전까지의 역사와 구별되는 문명사적 전환기를 이승만 시대에 예비한 것이라 할 수 있는 것이다.

2. 부국, 산업화와 근대화 혁명

(1) 4·19민주혁명과 민주당 정부의 좌절

이승만 권위주의 체제의 위기

1960년 3월의 제4대 대통령과 부통령 선거를 앞두고 자유당의 집권 세력은 위기에 빠졌다. 이승만은 카리스마가 눈에 띄게 약해졌지만 그래도 대통령 선거에서 어렵지 않게 당선될 것으로 보였다. 민주당 대통령 후보인 조병옥이 미국에서 치료받다가, 선거를 한 달 앞두고 사망했기 때문이다. 문제는 부통령 선거였다. 자유당의 후보 이기붕은 대중 정치에 매우 취약한 인물이었다. 그는 1954년부터 선거 공작으로 국회의원에 당선되었다. 유력한 야당 정치인이 후보로 등록하지 못하도록 공작을 벌이거나 유력한 자유당 후보를 밀어내고 그 자리를 꿰차곤 하였다.

이기붕은 대통령의 신임 하나로 1956년의 부통령 선거에 나섰지만 민주당의 장면에게 패배했다. 그렇지만 그는 국회의장과 자유당 부총재로서 이승만 정부의 핵심적 지위를 맡았다. 당시에 이미 85세에 이른 이승만 대통령이 사망하면 대통령직을 승계할만한 사람은 그가 유일했다. 자유당에서는 부통령 선거에 내보낼 후보로 다른 사람을 생각할 수도 없었다. 문제는 그가 민주당 후보인 장면에게 승리할 가능성이 거의 없었다는 데 있었다

철저히 이승만 개인에 의존한 권위주의 체제는 이승만의 나이가 80대 중반에 접어들자 큰 위기의식에 빠졌다. 1959년 1월, 민주당 구파의 지도자 조병옥은 극비리에 이기붕을 찾았다. 1958년 4대 국회의원 선거에서 자유당은 간신히 과반을 넘겨, 자유당의 권력 연장에 적신호가 켜진 상태였다. 이기붕과 조병옥은 이 자리에서 내각제 개헌과 조병옥에게 권력을 넘기기로 합의했다. 여야가 합쳐 거대 정당을 만들고 계파 수장들이 돌아가면서 내각제의 대통령·국무총리를 하자는 발상이었다. 이러한 발상은 훗날 4·19 이후 민주당 구파와 신파의 권력 분배 구상으로 이어졌다.

당시 이승만의 권위주의 체제는 이기붕을 정점으로 하는 비공식적인 지배 구조로 운영되고 있었다. 노쇠한 대통령은 일주일에 한두 차례 국무회의를 주관할 뿐, 국정의 현장에서 멀어져 있었다. 내각은 이기붕의 지휘 아래 주요 장관 6~7명이 주요 국정을 협의하고 결정했다. 그들의 결정은 이기붕을 통해서 대통령에 보고되고 재가를 받았다.

지방에서는 지방 정부의 단체장과 지역의 유력 기관장들이 일종의 위원회를 운영하면서 지방 행정을 주무르고 있었다. 중앙의 내무장관을 중심으로 한 내각의 핵심 세력은 각종 위원회의 지방 조직을 통해서 공무원, 경찰, 유권자를 선거에 동원할 수 있었다. 한편 국회의장인 이기붕은 다수 의석의 자유당을 배경으로 국회를 통제하고, 자유당 부총재로서 자유당의 지방 조직도 통제했다. 자유당의 지방 조직은 단체장과 유력 기관장이 모여 있는 지방의 위원회에 참여하고 있었다.

3·15 부정선거와 시민들의 저항

1960년 3월의 부통령 선거를 맞이하여, 이기붕 세력은 국가 권력과 폭력배를 동원하여 부정 선거를 꾀했다. 부정 선거를 기획하고 실행한 사령탑은 내무 장관 최인규였다. 부정 선거의 음모를 꾸미자 선거가 시행되기 전부터 여러 가지 부작용이 생겼다. 그들은 야당의 유세에 학생들이 가지 못하도록 일요일에도 등교하라고 강요했다. 대구의 경북고등학교 학생들이 최초로 항의 시위를 벌였다. 뒤이어 전국 각지에서 부정 선거를 규탄하는 고등학생들의 시위가 이어졌다.

3월 15일 선거 당일에는 부정 선거가 노골적으로 이루어졌다. 농촌 주민에게는 3인조의 공개 투표가 강요되었다. 군대에서는 유권자의 120%가 이승만에 투표했다. 후보들의 득표율이 조작되었다. 경찰은 전국의 개표소에 이승만과 이기붕의 득표율이 80%와 70%를 넘지 않게 하라고 명령을 내렸다. 그런데도 발표된 득표율은 이승만 89%, 이기붕 79%였다. 이기붕의 득표수는 883만여 표로서 장면의 184만여 표를 압도했다. 누구도 납득할 수 없는 투표 결과가 발표되자 국민의 분노가 폭발했다.

3월 15일에 마산에서 항의 시위가 벌어졌다. 시위 도중에 고등학생 김주열이 경찰이 쏜 최루탄에 맞아 사망했다. 경찰은 시신을 바다에 버렸다. 4월 11일 김주열의 시신이 물 위로 떠올랐다. 이를 계기로 부정 선거에 항의하는 시위가 전국으로 퍼졌다. 서울에서는 4월 18일 고려대학교 학생들의 시위가 기폭제가 됐다. 1,000여 명의 학생은 국회의사당 앞에서 연좌 데모를 벌이고, 대통령·부통령 선거를 다시 하라고 요구했다.

4·19 혁명과 이승만의 하야

4월 19일, 대학생은 물론, 중·고등학생까지 들고 일어났다. 오후에 국회의사당 앞에 모여 있던 시위대 2,000명이 대통령 관저인 경무대로 몰려갔다. 경무대 입구에 이르자 경찰이 발포하기 시작했다. 21명이 사망하고 172명이 부상했다. 흥분한 시민들이 시위대에 합류한 숫자가 서울시 전역에 20만 명이 넘었다. 시위대는 자유당의 기관지나 다를 바 없는 서울신문사를 비롯하여 주요 건물을 공격했다. 4월 19일 오후 서울을 비롯한 주요 도시에 계엄령이 선포되었고 계엄군이 진입했다. 계엄사령부의 발표에 따르면, 19일 하루 동안 민간인 사망자 111명, 경찰 사망자 4명이었으며, 민간인 부상자 558명, 경찰 부상자 169명이었다.

4월 20일 계엄령으로 서울에서는 시위가 중단됐지만 대구, 인천, 전주 등에서는 학생 데모가 이어졌다. 많은 사람이 죽고 다쳤다는 소식을 들은 이승만은 4월 23일 부상자들이 입원한 병원으로 찾아갔다. 이승만은 병원에서 다친 학생들을 보고 울먹이며, "부정을 보고 일어서지 않는 백성은 죽은 백성이다. 이 젊은 학생들이 참으로 장하다"라고 했다. 부통령의 부정 선거와 자유당 정권에는 분노했지만 이승만을 인간적으로 존경했던 많은 사람은 대통령을 얼싸안고 함께 슬퍼했다.

25일에 민주당은 이승만의 하야 권고안을 국회에 제출했다. 그날 오후에 27개 대학 285명의 교수가 대통령의 하야를 요구하는 성명을 발표하고 가두 시위를 벌였다. 다음날 시위 군중이 다시 서울 거리를 메우기 시작했다. 이들이 경무대로 갈 때, 그 수는 10만을 넘었다. 이승만은 "한 사람도 다치게 하면 안 된다", "내가 그만두면 한 사람도 다치지 않겠지?"라며 하야를 결심했다. 4월 26일에 이승만은 시민 대표단을 만났다. 시민 대표 가운데 한 사람이 "각하, 하야하셔야 합니다. 이게 국민이 원하는 것입니다"라고 하자, 이승만은 "국민이 원한다면 하야하겠다"라고 대답했다.

이승만은 하야 성명을 발표했다. "나는 해방 후 본국에 들어와서 우리 여러 애국 애족하는 동포들과 더불어 잘 지내왔으니 세상을 떠나도 여한이 없다. 나는 본래 국민이 원하는 것만 알면 모든 것을 민의에 따라 하고자 했다. 국민이 원한다면 대통령직에서 물러나겠다"라며 곧바로 사임서를 국회에 제출했다. 이튿날, 이승만은 경무대를 떠나 사저인 이화장으로 돌아왔다. 5월 29일에 그는 자신의 오랜 독립운동 근거지였던 미국 하와이로 떠났다.

중화민국 장제스 총통의 위로 편지를 받은 이승만은 단호하게 답변했다. "나는 위로 받을 이유가 한 가지도 없소. 불의를 보고 일어서는 똑똑한 젊은이와 나라를 얻었으니 나는 성공한 사람이오. 이제 죽어도 한이 없소." 그는 하와이에 오래 머물 생각이 아니었다. 잔돈을 아껴가며 비행기삯을 마련하고 귀국할 날짜만 기다렸다. 그러나 한국의 정치 상황은 그의 귀국을 허락하지 않았다. 그는 1965년 하와이에서 쓸쓸히 세상을 떠났다. 서울에서 열린 장례식은 가족장이었지만 거리를 가득 메운 군중의 추모로 국민장이나 다름이 없었다.

전설적인 독립운동가이자 초대 대통령으로 이승만은 건국, 안보, 외교, 교육, 문화, 경제, 에너지 등 국가의 여러 분야에서 큰 업적을 세웠다. 그러나 그동안 업적에 어울리는 역사적 예우는 받지 못했다. 그의 유언은 다음과 같았다.

"잃었던 나라의 독립을 찾는 일이 얼마나 어렵고 힘들었는지 우리 국민은 알아야 한다. 불행했던 과거사를 거울삼아 다시는 노예의 멍에를 메지 않도록 해야 한다. 이것이 내가 우리 민족에게 주는 유언이다."

이승만의 권위주의적 체제는 하야와 더불어 무너졌다. 이기붕과 그의 가족은 경무대 한 구석에서 동반 자살했다. 부정 선거를 꾸민 내무장관 최인규는 체포된 뒤 사형당했다. 정부는 외무장관 허정을 수반으로 하는 과도 정부를 구성했다.

이승만의 하야 정국에는 미국 정부의 입김도 작용했다. 이전부터 적절한 기회가 오면 이승만을 제거하려고 했던 미국은 대규모 군중 시위가 발생하자 민첩하게 개입했다. 미국은 한국의 군부에 정치에 개입하지 말도록 압력을 가했다. 그에 따라 계엄군은 시위대를 진압하지 않았으며, 계엄사령관 송요찬은 '희생자는 나라의 보배'라면서 시위대를 격려하기까지 했다. 그러나 송요찬은 4·19 이후 군의 부패를 비판하는 젊은 장교들의 정군 운동으로 물러나야 했다. 교수들도 미 대사관의 신분 보장을 받고 시위에 나섰다.

미국대사 매카나기는 경무대에 최후 통첩을 보내며 대통령의 하야를 다그쳤다. 이승만의 정치·외교 고문 로버트 올리버는 대통령의 하야를 미국이 이승만 제거 작전를 실행한 결과로 보았다. 미국은 1952년부터 여러 차례 제거 작전을 구상했다.

실패한 내각책임제 실험

1960년 6월에 국회는 내각책임제로 정부 형태를 바꾸는 헌법개정안을 통과시켰다. 내각책임제는 이승만 정부에 저항해 온 민주당이 건국 때부터 주장해 온 당론이었다. 민주당은 건국 초부터 내각책임제로 이승만을 허수아비 지도자로 내세우고자 했다. 4·19혁명은 민주당에게 내각책임제를 실험할 기회를 마련해 주었다.

새로운 헌법에 의해 대통령은 양원 합동회의에서 선출됐다. 대통령은 국가의 원수로서 국가를 대표하는 상징이었다. 행정의 실권은 국무총리와 국무위원으로 구성된 국무원에 주어졌다. 국무총리는 대통령이 지명하고 민의원의 동의를 얻어 선출됐다. 국무총리는 국무위원을 임면하고, 국무회의의 의장으로서 모든 행정권을 장악했다. 국무위원은 민의원에 책임을 져야 했으며, 민의원이 불신임을 결의하면 열흘 안에 총사직하거나 민의원의 해산을 결의해야 했다.

　새로운 헌법에 따라 민의원과 참의원 선거가 이루어졌다. 선거는 민주당의 대승이었다. 민주당은 민의원 233석 가운데 175석을, 참의원 58석 가운데 31석을 얻었다. 무소속이 민의원과 참의원에서 각각 49석과 20석을 얻어 민주당 다음이었다. 이들은 원래 민주당 공천에서 탈락한 사람들이어서 곧바로 민주당에 들어갔다. 자유당이 얻은 의석은 2석에 지나지 않았다. 사실상 당이 해체되고 말았다. 그 밖에 사회대중당, 한국사회당, 통일당 등 혁신 정당도 있었는데, 모두 합해도 민의원 5석과 참의원 2석에 지나지 않았다. 혁신 정당들은 적어도 30~40석은 차지할 수 있을 것으로 기대했으나 일반 국민은 급진 이념의 정당을 전혀 지지하지 않았다.

　새로운 국회에서 집권당이 된 민주당에는 오래전부터 구파와 신파가 대립하고 있었다. 그들은 무소속 당선자를 자기편에 끌어들이려고 경쟁을 벌였다. 8월의 양원 합동회의는 민주당 구파의 윤보선을 대통령으로 뽑았다. 윤보선은 구파의 김도연을 국무총리로 임명했으나 민의원에서 한 표 차이로 인준을 못 받았다. 윤보선은 어쩔 수 없이 신파의 장면을 국무총리로 임명했는데, 민의원에서 몇 표 차이로 인준을 받았다. 최초의 내각책임제 정부는 출범부터 당파 사이의 치열한 권력 투쟁으로 얼룩졌다. 장면은 국무위원을 신파 일색으로 구성했다. 구파는 크게 반발했다. 두 당파는 서로를 믿지 않았다. 구파는 끝내 민주당에서 떨어져 나와 신민당을 만들었다.

　장면 정부를 끊임없이 괴롭힌 것은 정파 사이의 지칠 줄 모르는 정쟁이었다. 각료 자리를 둘러싼 민주당 신파와 구파의 대립은 결국 민주당과 신민당의 대립으로 이어졌다. 장면 총리는 1차 내각을 구성한 지 불과 2주 만인 9월 7일 각료 4명(비서실장, 국방장관, 상공장관, 내무장관)을 바꾸는 등 6개월 동안 세 차례나 개각을 단행했다. 국무위원들의 평균 재임 기간은 2개월이었다. 그들은 업무를 파악하기도 전에 교체되었다. 장면 정부는 대통령과의 갈등 때문에 쉽사리 안정을 찾을 수 없었다. 윤보선 대통령은 국가 원수라는 상징적인 지위에 만족하지 않았다. 헌법은 대통령이 정당에 가입할 수 없도록 했지만 윤보선은 자신이 속했던 민주당의 구파나 신설 신민당의 이해를 사사건건 대변했다. 장면과 윤보선은 협력은 커녕 신구파 간의 갈등을 부채질함으로써 정권의 리더십을 약화시켰다. 새로운 헌법은 대통령이 국군의 통수권을 갖는다고 규정했다. 헌법을 개정하는 과정에서 즉흥적으로 발의된 이 규정 때문에 대통령과 국무총리의 갈등은 더욱 커졌다.

장면 정부는 경제제일주의를 내세우며 경제 개발을 가장 시급한 국정 과제로 내세웠다. 장면 정부는 이승만의 3개년 경제개발계획에 이어 경제개발 5개년 계획을 수립하고, 이를 추진하기 위한 정부 기구의 개편안을 마련했다. 실업자의 구제와 사회 기반 시설을 건설하려고 국토 개발 사업도 의욕적으로 착수했다. 오랜 숙제로 남아 있던 한일 국교 정상화도 머잖아 추진할 방침이었다. 그렇지만 장면 정부는 끔찍한 정치 싸움에 모든 에너지를 낭비하고 말았다. 정치 지도자의 자질이 부족했던 장면 총리는 재임 기간 내내 결단력 있는 정책 집행을 한 번도 하지 못했다.

이승만의 권위주의가 물러가자, 원시적인 붕당 정치가 자리를 잡은 꼴이었다. 이승만이 가장 우려하던 내각책임제의 폐해였다. 한국식 정당 정치와 내각책임제가 어울리면 내분과 혼란으로 치달을 것이라는 이승만의 진단이 옳았다. 일본의 한국 정치 연구가 다나카 메이는 '한국정치를 투사한다'에서 한국의 전통 정치는 지배층 먹물 양반의 권력 다툼의 역사였으며, 그 맥은 해방 후 한국민주당으로 이어졌다고 분석했다. 군사 정변으로 집권한 박정희가 1962

년 12월에 제5차 헌법 개정을 통해서 대통령중심제로 복귀하자, 아무도 내각책임제에 더 이상 미련을 두지 않았다. 결국 민주당 정부의 내각책임제는 실패작이었다. 신생 대한민국의 정부 형태는 대통령중심제로 굳어졌다.

4·19 직후의 혼란

자유당 정권을 무너뜨린 학생들은 무시할 수 없는 정치적 힘을 갖게 됐다. 학생들은 원하는 것이 있으면 거리로 나갔다. 덩달아 일반 국민까지도 시위를 통해 목적을 달성하려는 풍조가 생겨났다. 4·19 후 한국 사회는 민주주의를 내세우는 시위의 물결에 휩쓸렸다. 뭐든지 반대하며 길거리에 나와 데모하는 것이 바로 민주주의라는 투였다. 민주당 정부 10개월 동안 가두 데모는 총 2,000건, 데모에 참가한 연인원은 100만 명에 이르렀다. 매일 7~8건의 데모가 서울 거리를 누볐다.

데모로 해가 뜨고 데모로 해가 진다는 말까지 나왔다. 국민학교(초등학교) 학생들은 교사의 전근을 반대하며 데모를 벌였다. 심지어 "어른들은 데모를 그만하라"라는 국민학생들의 데모도 있었다. 경찰관은 국회의원이 경찰의 따귀를 때렸다고 데모를 하였으며, 논산훈련소의 훈련병들은 장교가 자신들을 하대한다고 데모를 벌였다.

법원은 4·19 시위대에 발포한 사건의 책임자들에 대한 판결을 내렸다. 그러자 판결에 불만을 품은 4월혁명유족회 회원을 비롯한 시민과 학생 수천 명이 민의원 회의장에 뛰어들었다. 그들의 강압적 요구에 떠밀려 민의원은 부정 선거 관련자와 부정 축재자들을 처벌하는 네 개의 특별법을 제정했다. 시위대가 의사당에 난입하고 그들의 요구에 떠밀려 국회가 소급 입법을 한 것은 '혼란과 무질서의 상징'으로 오랫동안 기억되었다.

4·19는 노동운동을 부추겼다. 노동쟁의는 109건에서 한 해 만에 218건으로 늘어났다. 노동조합도 많이 만들어졌다. 이 가운데 가장 활발하게 조합 활동을 벌인 것은 교원노조였다. 3·15 부정 선거에 교원들이 협조하였기에 책임과 속죄를 앞세웠다. 대구에서 시작된 교원노조운동은 전국적으로 퍼졌으며, 한국교원노동조합총연합회로 발전했다. 전국 10만 명의 교사 가운데 4만 명이 가입했다. 교원노조의 세력이 커지고 좌경화되자 장면 정부는 노동조합법을 개정해서 교원노조를 불법화하려고 했다. 그러자 교원노조의 대구 교사들이 단식 투쟁을 벌였다. 단식하다가 탈진한 교사들이 나오자, 대구의 1만 4,000여 학생이 들고 일어나 동조 시위를 벌였다. 장면 정부는 노동조합법의 개정을 포기했다.

 당시에 무질서와 혼란을 부채질한 것은 무책임한 언론이었다. 국회는 자유당 정부 말기에 개정된 국가보안법을 다시 뜯어고쳤다. 언론의 무조건적 자유를 보장하려고 그리했다. 수많은 언론 매체가 창간되었다. 일간지의 경우 41개였는데 연말에는 389개로 늘어났다. 주간지, 월간지, 통신사도 마찬가지였다. 지나치게 늘어난 언론 매체들은 언론의 책무를 정부의 비판으로 생각했다. 언론의 사명은 권력을 무조건 두들겨 패는 데 있는 것처럼 보였다.

 유권자들은 누가 더 잘 비판하는가에 따라 언론을 평가했다. 장면 정부는 언론을 규제하기는 고사하고 끝없는 내분으로 언론에게 먹잇감만 제공했다. 언론사들은 사이비 기자들에게 기자증을 팔아넘겼다. 사이비 기자들은 비리가 있는 지방 정부의 기관장들을 협박하여 먹을 것을 뜯어냈다. 기자들이 가장 심하게 괴롭힌 곳은 물자를 쌓아 두고 있던 군대였다. 신문 망국론이 고개를 들기 시작했다.

군대와 경찰을 숙청·혁신 대상으로 삼은 민주당

장면은 안보와 치안의 핵심 세력인 군과 경찰을 숙청과 혁신의 대상으로 삼 았다. 장면은 선거 공약으로 군 병력 10만 명 감축안을 내놓았고, 집권 후 감 군 정책을 추진했으나 미국의 강력한 반대로 3만여 명을 감축하는 데 그쳤다. 또 잦은 군 지도부 개편으로 1년도 안 되는 재임 기간 국방부 장관이 세 번, 육 군참모총장이 네 번이나 바뀌는 등 파행을 거듭했다.

일제 식민 경찰에 복무한 경력이 있던 경찰관들은 4·19를 계기로 숙청의 칼 날을 맞았다. 경찰서장 81명을 포함하여 경찰관 1만 7,000명이 해직됐고, 전체 경찰관 80%의 근무지를 변경했다. 민주당 정권 9개월 동안 경찰 업무를 관장 하는 내무부 장관이 다섯 번이나 바뀌었다. 그 중 네 명은 각각 한 달간씩 재 직했다.

경찰의 사기가 땅에 떨어져 민주당 집권 기간 중 범죄가 두 배로 늘었지만 범인 검거율은 이승만 정부 시절의 90%에서 65%로 낮아졌다. 경찰력이 허약 해진 틈을 타고 깡패와 조직 폭력배가 활개를 쳤으나 장면 정부는 공권력을 제 대로 행사하지 못했다.

사회 혼란은 공산 혁명을 위한 좋은 환경이 된다. 장면 정부가 혼란의 통제 에 실패하면서 사회 곳곳에 공산분자들이 대거 침투하여 체제 변혁을 강력하 게 시도하기 시작했다.

인민공화국 만세, 김일성 만세를 외치는 사람들의 등장

4·19혁명 후 사회는 좌경화되어 갔다. 자유가 무제한으로 허용되자 이승만 정부 때 억눌려 있던 좌익 세력이 고개를 들기 시작했다. 1961년 초에 한미경 제협정이 체결되면서 한국 경제에 대한 미국의 감독권이 강화되었다. 그동안

이승만 대통령이 버티는 바람에 미국은 제대로 감독할 수 없었다. 이후부터 미국은 한국 정부가 재정 및 기술 원조를 어떻게 사용하는지 감시·감독하고, 한국 정부는 원조와 관련된 모든 정보를 미국에 제공하기로 했다.

서울 시내 7개 대학의 민족통일연맹이 반대투쟁위원회를 만들었다. 그들은 민족 해방을 실현하고 식민주의를 청산할 때라고 하면서 협정 폐기를 주장했다. 뒤이어 16개 정당과 사회단체로 짜인 한미경제협정 반대 공동투쟁위원회가 만들어졌다. 그들은 장면 정부를 제2의 조선총독부라고 공격했다. 장면 정부는 집회와 시위에 관한 법을 개정하여 무제한으로 허락된 시위의 자유를 규제하려고 했다.

1960년 말에 여수와 순천 지역에서 교사와 학생들이 여객선을 납치하여 월북하려던 사건이 일어났다. 장면 정부는 반공을 위한 특별법을 제정하고, 반국가 단체를 찬양하고 고무하거나 동조하는 행위를 규제하려고 하였다. 그러자 전국적으로 뜨거운 찬반 시위가 벌어졌다. 상이 용사들의 반공애국동지회와 대한군인유족회는 법의 제정에 찬성했지만 신민당의 소장파와 학생들은 반대하였다. 급진 이념의 단체들은 '반민주악법공동투쟁위원회'를 만든 다음 반대 투쟁에 들어갔다. 이듬해 봄이 되자, 서울시청 광장에 3만 명이 모여서 2대 악법 반대 투쟁을 벌였다. 시위가 밤까지 이어지면서 '인민공화국 만세', '김일성 만세'와 같이 노골적으로 반국가적 구호까지 나왔다.

고무된 북한, 남북연방제를 제안하고 남북협상론을 꺼내들다

한편 북한은 4·19로 남한에서 정치 변동이 일어나자 크게 고무됐다. 1960년 8월에 북한의 김일성은 남북연방제를 제안하였다. 남북한이 각각 자신의 국가 체제를 유지하면서 민족의 경제와 문화를 통일적으로 조정해 나가도록,

두 정부의 대표들로 최고민족회의를 조직하자는 것이었다. 북한은 남북연방제 방안을 유엔에 제출했다. 북한의 중공업위원회는 남한에 전기를 보내주겠다고 제안했다.

북한의 평화 공세에 호응하여 의기소침해 있던 좌익의 정치 세력이 통일 문제를 이슈로 하여 모여들었다. 사회대중당, 혁신당, 사회당, 통일사회당 등 4개 혁신 정당을 비롯한 16개 정당·사회단체들이 '민족자주통일중앙협의회(민자통)'를 만들었다. 그들은 반외세 민족주의, 즉각적인 남북 협상 및 중립화 통일을 주장했다. 대한민국의 건국에 반대했던 공산주의 세력이 4·19로 마련된 자유로운 정치 공간에 다시 나타난 것이다.

1961년 4월 19일에 서울대학교 총학생회는 4월 혁명 제2선언문을 발표했다. 이들은 역사를 전진시키려면 반(反)봉건, 반(反)외압, 반(反)매판자본의 민족 혁명을 해야 한다고 주장했다. 이것은 1년 전에 민주주의 혁명을 주장했던 서울대 4·19선언문과 크게 달랐다. 그것은 좌익 계열 정치 세력이 서울대 총학생회에 침투하여 벌인 공작의 결과였다.

뒤이어 '민족통일전국학생연맹(민통련)' 준비 회의는 남북 학생 회담을 제안하는 결의문을 채택했다. 북한은 단박에 민통련의 제안을 환영하고, 회담을 서울과 평양에서 열자고 공식 성명을 발표했다. 장면 정부는 남북 교류와 학생 회담은 허가할 수 없다는 입장을 발표했다. '민자통'은 서울운동장에서 남북 학생 회담 환영 통일촉진궐기대회를 열었다. 거기서 "가자 북으로, 오라 남으로"라는 구호가 내걸렸다.

4·19혁명이 남북 교류와 통일 운동으로 바뀌면서 한국의 정치 사회에는 분열이 깊어지고 위기감이 커졌다. 남북 협상 운동은 민족주의 정서가 드센 한국인들에게 호소력이 컸다. 대한민국의 건국 노선을 가로막은 가장 큰 고비는

중도파가 주장한 남북 협상이었다. 그것은 잘 조직된 공산주의 세력이 정치적 지배력을 움켜쥐려는 고도의 통일 전략 전술에 이용되었다. 공산 세력이 남북 협상을 내세운 속내에는 대중으로부터 자본가 계층과 자유주의 세력을 떼어 놓으려는 엉큼한 계략이 숨어 있었다.

공산 혁명 가능성 우려한 미국

자칫 잘못하면 대한민국에서 자유민주주의 체제가 붕괴될 수도 있다는 우려는 1960년 11월 22일 미 행정부가 작성한 '한국의 전망'이라는 보고서가 그 근원지였다. 이 보고서는 한국에서 향후 몇 년 동안 리더십 변화와 세력 재편이 일어날 것인데, 이 경우 현재와 같은 보수 정당 우위가 무너지고 사회주의 세력의 힘이 강화될 것으로 전망했다.

1961년 3월 초에는 '한국의 전망'보다 더 비관적인 '팔리 보고서'가 등장한다. 이 보고서의 작성자는 정치와는 아무 관련이 없는 국제협력단(ICA) 한국 지부의 기술자문역인 휴 팔리(Hugh D. Farley)였다.

팔리는 케네디 행정부에 들어와 있던 경제학자 월터 로스토와 가까운 관계였다. 그는 한국의 실상을 미국 조야에 정확하게 알린다는 취지에서 25쪽 분량의 보고서를 작성하여 미 백악관 안보담당관실에 제출했다.

'1961년 한국은 병든 사회다'로 시작되는 이 보고서에서 팔리는 장면 정부의 부패와 무능을 통렬히 비판한 후 '이 정부가 4월을 넘기기 어려울 것'이라고 전망했다. 이 사태를 내버려둘 경우 한국에서는 공산 혁명이나 그와 비슷한 사태가 일어날지 모른다. 이를 막기 위해 미국 정부는 하루 빨리 특명전권대사를 파견하여 개혁을 단행하도록 적극 개입해야 하며, 최악의 경우 군사 쿠데타가 일어날지 모른다고 경고했다

팔리 보고서를 검토한 케네디 대통령은 CIA와 국무부에 '한국 상황에 대해 정밀한 평가 보고서를 즉각 제출하고 국가안보회의는 새로운 대한(對韓) 정책을 입안하라'라고 지시했다. CIA는 3월 21일, '한국 상황에 대한 단기적 전망'이라는 정보 평가서를 국가안보회의에 제출했다. 이 평가서는 '4·19 1주년의 시위 사태가 극단적인 사태로 발전하지는 않을 것이지만 한국 정부가 장기적으로 대단히 위험한 상태'라고 분석했다. 이것으로도 안심이 안 되었는지 CIA의 한국지부장 피어 드 실바는 장면 총리에게 '박정희 소장에 의한 쿠데타 음모설'을 알려주는 등 기민하게 움직였다.

국내 분위기도 국외의 분석과 다르지 않았다. 훗날 박정희 정권과 대립각을 세웠던 함석헌은 당시 지식인들에게 인기가 높았던 잡지 '사상계' 1961년 1월 호에 '또다시 혁명해야지. 혁명밖에 다른 길 없다. 뱃속에 병이 들었으면… 하다가 죽는대도 배를 가르고 수술해야지 그 길밖에 길이 없다'라는 기고문을 실었다

장면 정권의 무능과 제2공화국의 몰락

이승만 중심의 건국 세력은 공산주의자들의 계략을 꿰뚫고 있었으므로 남북 협상의 유혹에 말려들지 않았다. 그들은 대한민국을 자유민주주의로 통일할 수 있는 자유 기지로 삼았다. 그런데 이승만 정부가 권위주의 체제의 모순을 이기지 못하고 무너지자, 남북협상론이 다시 살아나서 국민 대중의 마음을 어지럽히기 시작했다.

1960년대 초반의 동아시아 국제 정세를 보면, 남북 협상은 실현 가능성이 전혀 없는 우스꽝스런 몽상에 지나지 않았다. 베트남전쟁이 전면적으로 확대되자 소련은 전 세계의 공산 진영이 미국에 맞서 월맹을 지원하자고 호소했다.

중국의 마오쩌둥은 북한의 지도부에게 남한에서 게릴라전을 본격화하라고 압력을 넣었다. 북한의 지도부는 마오의 제안을 거절하고 남조선혁명론을 내세웠다.

장면 정부는 좌익 세력의 통일 운동에 맞설 능력이 없었다. 민주주의의 명분에 사로잡혀 북한 통일 전선 전술을 방치하고 있었다. 국가 체제를 어떻게 지켜내고 어디로 끌고 갈 것인가는 민주주의 이전의 근본적인 문제다. 장면 정부는 불과 13년 전에 태어난 신생국가의 정치 체제에 대한 근본적인 도전을 돌파할 의지를 보여주지 않았다. 장면은 정치력, 행정력, 카리스마 등 지도자에게 필요한 자질이 결여된, 유약하고 소극적인 리더십의 전형이었다. 장면은 자유민주주의 체제를 어떻게 지켜야 하는가에 대한 분명한 철학과 가치관이 없었다. 이념적 정체성과 체제를 지키기 위한 구체적 방략론이 없었음은 물론이다. 제2공화국은 자유민주주의 정부이기 이전에 무능한 정부였다.

대다수의 국민은 한 치 앞도 가늠할 수 없는 깊은 위기감에 휩싸였다. 장면이 정권을 장악한 지 몇 달 후 실시한 여론 조사에 의하면 응답자의 3.7%만이 장면을 지지할 정도로 민심이 이반됐다. 미국 정부는 장면의 리더십에 대해 비관적인 전망을 내놓기 시작했다. 매카나기 주한 미국대사는 본국에 보낸 보고서에서 '정치적 리더십 측면에서 볼 때 장면은 적임자가 아니며 한국 정부는 개인보다는 젊고 유망한 지도자 집단이나 조직에 의존하게 될 것'이라고 예상했다. 위기를 돌파할 수 있는 세력은 군부밖에 없었다. 1961년 5월 16일 새벽, 군부가 쿠데타를 일으켰다. 민주당의 장면 정부는 힘없이 흩어지고 말았다.

(2) 5·16군사정변, 근대화로의 길

군부의 성장과 군 통수권의 이중 구조

건국 직후 국군은 6만 5,000명 병력의 소규모 집단에 지나지 않았지만, 6·25전쟁을 겪는 동안 그 규모는 눈에 띄게 커져 1953년의 정전 당시에는 이미 55만 병력의 대규모 집단이 되었다. 그 뒤 미국의 군사 원조로 국군의 병력은 72만으로까지 늘어났다. 국군은 양적으로만 커진 것이 아니었다. 1950년대에 걸쳐 군의 전투력과 행정력이 가파르게 개선되었다. 매년 1,000명 이상의 장교와 부사관이 미국에 가서 군사 기술과 조직 관리의 선진 기법을 익혔다. 군부는 미국식의 효율적인 행정 체계를 들여왔다. 군대에 견주면, 당시 한국 정부의 행정은 전근대적이었다. 1960년대 초의 군부는 한국에서 다른 어느 집단보다 유능하고 잘 조직되어 있었다.

국가 체제가 위기에 빠졌을 때 군인이 나서게 된 배경에는 또 다른 것이 있다. 그것은 국군을 통제해 온 권력의 이중 구조였다. 6·25전쟁이 일어난 후 이승만 대통령은 전략 전술의 효율성을 위해서 작전통제권을 유엔군 사령관에게 넘겼다. 정전 후에도 유엔군 사령관은 대한민국의 방위를 책임지고 이어서 국군의 작전통제권을 행사하였다. 국군은 대한민국 대통령의 국군통수권과 동시에 유엔군 사령관의 작전통제권 아래에 자리하게 되었다.

군 통제권의 이중 구조는 두 지배력 사이에 갈등이 생기면 양쪽에서 서로 다른 명령을 내리게 되는 심각한 문제를 자아낸다. 군 통수권을 둘러싸고 군 장교들이 유엔군 사령관과 대한민국 대통령 사이에서 누구의 명령을 따를 것인지 선택하는 것이다. 어떤 선택을 하든 군의 행동은 고도의 정치성을 띨 수밖에 없었다. 이승만 정부의 군 병력 동원을 거부하며 내걸었던 군의 정치적 중립은, 사실 유엔군 사령관의 작전통제권을 국가원수의 군 통수권보다 앞세운 것이었다.

한국 군대는 당시 다른 어느 사회 집단보다 더 유능한 인재와 더 많은 자원을 가지고 있었고, 정치적 상황에 매우 예민한 지도부도 가지고 있었다. 그런 군대가 머잖아 정치에 개입하지 않으리라고 생각할 수 없었다. 6·25전쟁에서 몇 차례나 죽을 고비를 넘고 전우를 저 세상으로 먼저 보내야 했던 군부의 지도부가, 급진 좌익 세력의 준동으로 위기에 빠진 국가를 그냥 바라보고만 있을 리 없었다. 미국의 정치학자와 정보 기관들은 한국의 군부가 조만간 일어나리라고 예측했다. 군부에서도 쿠데타의 모의는 공공연한 비밀이었다.

젊고 혁명적인 지도자 갈망한 지식인들

당시 한국의 지식인 사회는 리더십이 완전 붕괴된 장면 정부로는 산처럼 쌓인 국가적 난제를 해결할 수 없다고 판단했다. 때문에 국가 개조를 위해서는 국민을 이끌어 갈 강력한 리더십을 가진 지도자가 필요하다고 주장했다. 자유민주적 지식인들은 자유민주주의 국가 건설을 위한 '젊고 혁명적인 지도자'를 갈망했다.

1960년 1월, '사상계' 잡지에 한국에서의 군사 쿠데타를 예언한 '콜론 보고서(Colon Report)'가 게재되었다. '콜론 보고서'는 미 상원 외교분과위원회의 요청에 의해 콜론연구소(Colon Associates Institution)가 작성했는데, 로버트 스칼라피노 교수가 이 작업에 참여했다. '콜론 보고서'는 '미국의 대(對) 아시아 정책' 중 한국과 관련한 부분을 말하는데, 보고서의 핵심 내용은 '조만간 한국에서 군사 쿠데타가 일어날 것이지만 당분간은 그 가능성이 낮다'라고 예견했다.

이 보고서는 한국에 충격을 가져왔고, 젊은 장교들을 격렬하게 자극했다. 그들은 '미국이 한국의 장교를 우습게 보고 있다'라면서 분노했다. 당시 김포 해병여단장이 김윤근이었는데, 부하인 대대장 오정근 중령과 부연대장 조남철 중령이 찾아와 "이 암담한 시국을 보고만 있을 수 없지 않습니까. 군부가 궐기해서 수습해야 합니다"라며 콜론 보고서를 화제로 꺼냈다. 해병대가 박정희의 5·16의 선봉에 서게 된 것은 이런 과정을 통해서였다.

콜론 보고서와 '5·16 혁명과 민족의 진로'

문제의 콜론 보고서가 사상계에 게재된 것은 우발적인 사건이 아니었다. 사상계의 출판 및 운영 비용은 미국 공보원이 부담했으며, '타임'과 '라이프'의 한국어판을 출판할 수 있는 저작권까지 제공했기 때문이다. 심지어 미국은 '사상계'에 각종 정보와 자료까지 충분히 제공했다.

콜론 보고서가 '사상계'에 게재되었다는 것의 의미는 한국 군부의 동향을 탐지, 혹은 자극하려는 미 국무성과 CIA 측의 개입이 있었다는 것이다. 미국이 장면 정부를 신뢰하지 않고 있다는 강력한 의사 표현을 간접적으로 한 것이었다.

'사상계'는 한국 사회의 혼미 상태의 주요 원인을 '강력한 지도력의 부재'로 파악했다. 이를 극복하기 위해 아서 슐레징거가 쓴 논문 '영웅적 지도자로: 강력한 지도자들과 허약한 인민들의 딜레마에 관하여'의 전문을 1961년 4월호에 게재했다.

한 달 후 5·16이 성공했을 때, '사상계'의 발행인 장준하는 '사상계' 잡지에 '5·16혁명과 민족의 진로'라는 권두언(1961년 6월호)에서 5·16쿠데타를 '혁명'으로 정의하며 '위급한 민족적 현실에서 볼 때는 불가피한 일'이었다면서 다음과 같이 평했다.

'4·19혁명이 입헌 정치와 자유를 쟁취하기 위한 민주주의 혁명이었다면,

5·16혁명은 부패와 무능과 무질서와 공산주의의 책동을 타파하고 국가의 진로를 바로잡으려는 민족주의적 군사 혁명이다. 따라서 5·16혁명은 우리가 육성하고 개화시켜야 할 민주주의의 이념에 비추어볼 때는 불행한 일이요, 안타까운 일이 아닐 수 없으나, 위급한 민족적 현실에서 볼 때는 불가피한 일이다.'

장준하, 함석헌 같은 지식인뿐만이 아니었다. 신문 기자들도 군인들에게 공공연하게 '쿠데타'를 선동했던 사실은 5·16의 기획자 역할을 했던 이석제 전 감사원장의 '각하 우리 혁명합시다'라는 회고록에서 자세히 설명되어 있다. 1960~1961년 당시 이석제는 육군 중령으로서 육군본부에 근무하고 있었는데, 민심 동향을 파악하기 위해 자주 무교동 막걸리집을 찾았다.

그 일대엔 신문사 기자들과 직장의 중견 간부들이 주로 모였는데, 군 장교들이 나타나면 기자들이 "군인은 나라의 운명에 좀 더 관심과 애정을 가져야 한다"라면서 노골적으로 쿠데타를 선동했다.

함석헌과 장준하로 대표되는 지식인, 언론인들은 군 장교들의 교양 함양을 위한다는 명목으로 여러 차례 군부대 순회 강연을 나가 "당신들은 나라가 망할 지경인데 병영에 앉아서 음풍농월이나 하고 있는가. 나라 구할 주인공은 군인밖에 없다. 혁명 대열에 앞장서라"라고 선동했다.

그러던 지식인과 언론과 미국은 박정희가 불과 3,500여 명의 군이 동원된 5·16으로 권력을 장악하자 재빨리 안면을 몰수하고 군사 정권 비판의 칼을 빼들었다. 5·16을 혁명이라고 미화 찬양하는 데 앞장섰던 장준하는 "긴급을 요하는 혁명 과업의 완수와 민주 정치로의 복귀"라는 글에서 군은 신속히 민주 정치로 복귀하라고 촉구했다.

정군 운동과 군부의 거사

이승만 대통령은 군부에 잠재한 정치성을 잘 통제하였다. 그는 군부의 특정 세력이 자신에 도전하는 것을 막기 위해 몇 개의 파벌을 허용하고 서로 견제하게 만들었다. 그는 군부의 직업적인 이해 관계를 되도록 들어주면서 정보 기관을 통해서 빈틈없이 감시했다. 그런 결과 군부에 잠재한 정치성은 수뇌부의 부패로 나타났다. 군부의 수뇌부는 원조로 주어진 군수 물자의 일부를 팔아먹거나 자유당에 정치 헌금을 바치고 진급을 보장받곤 했다. 부패하고 무능한 군의 수뇌부는 자유당 집권 세력의 부정 선거에 협조했다. 박정희를 비롯한 군 소장파는 이러한 군의 부패상을 증오하고 군과 사회를 개혁하려 했다.

4·19혁명은 군부에도 큰 영향을 미쳤다. 4·19 직후 김종필을 중심으로 영관급 장교 8명이 4·19 정신으로 군을 숙정해야 한다고 주장했다. 부정 선거를 방조하고 부정한 방법으로 부를 쌓은 수뇌부는 물러나야 한다며 연판장을 돌리며 정군(整軍) 운동을 펼쳤던 것이다. 이 사건으로 4·19 시기 발포 금지 명령과 소극적 진압으로 인기를 과시했던 송요찬 계엄사령관은 육군참모총장에서 물러나야 했다. 사건의 주모자들은 체포되었지만, 군부 내부에서 동정 여론이 일어나 큰 처벌은 받지 않았다. 이들은 장면 정부가 출범한 후 신임 국방부 장관을 찾아가 건의서를 제출하려 했다. 그것이 실패하자 이들은 서울의 충무장이란 음식점에서 '정군에서 혁명으로 투쟁 방법을 바꿀 것을 결의'했다.

정군파 장교들은 군 수뇌부의 부패에만 분노한 것은 아니었다. 그들은 근대화가 늦어지고 있는 국가의 현실에 대해서도 크게 노여워했다. 한국의 국민소득은 세계에서 가장 낮은 수준에 머물러 있었다. 빈곤은 국민 모두를 부패하게 만들었으며 도덕과 기강의 문란으로 이어졌다. 정군파 장교들은 케말 파샤의 튀르키예 혁명을 연구하고 자극을 받았다. 오스만 투르크가 제1차 세계대전에서 패배하자 튀르키예의 젊은 장교들이 혁명을 통해서 조국을 근대화시켰다. 물론 정군파 장교들이 혁명을 모색한 데는 진급이 늦어진 개인적인 불만도 작용했다. 비슷한 나이 또래의 상관들은 오래전부터 장군 계급장을 달고 있었다. 초창기의 국군 조직은 갑자기 커지는 바람에 비정상적인 인사 구조를 가지고 있었다.

정군파 장교들은 군부에서 강직하고 청렴하다는 평판을 얻고 있던 박정희 육군 소장을 지도자로 삼았다. 박정희 역시 오래전부터 부패하고 후진적인 국가 현실에 불만을 품고 있었다. 그의 주변에는 혁명을 꿈꾸는 군부의 엘리트들이 모여들었다. 그들은 4·19 후에 벌어진 정치 혼란과 사회 방종을 보고 분노했다. 특히 급진 좌익 세력의 민족 통일 운동이 만들어낸 국가 정체성 위기에 가장 날카로워져 있었다.

군부의 거사는 몇 차례 연기되었으며 그 계획이 드러나기도 했다. 장면 총리는 쿠데타의 첩보를 네 차례나 보고받았다. 그런데도 대수롭지 않게 넘겨버렸다. 유엔군 사령관이 작전통제권을 쥐고 있으므로 군부의 쿠데타는 불가능하다고 생각하고 있었다. 오래전부터 민주당 세력은 미국에게 매우 의존적이었다. 군부의 수장인 장도영 육군참모총장은 박정희로부터 거사 계획을 직접 보고받았다. 그런데도 그는 쿠데타의 가능성을 의심하였으며, 설령 쿠데타가 성공하더라도 박정희를 통제할 수 있다고 생각했다. 장도영이 숙군으로 군에서 배척받던 박정희의 능력을 인정하고 그의 군 복귀와 진급을 도와줬기 때문이다. 성공할 수 없는 쿠데타가 성공한 까닭은 당시 한국의 정치 사회가 더할 수 없이 혼란스러웠고, 장면 정부가 당파와 정쟁으로 사실상 무너졌기 때문이다.

정변의 성공

1961년 5월 16일 새벽에 김포에 주둔한 해병대 1개 여단을 주력으로 3,600여 명의 병력이 한강을 건넜다. 박정희 소장의 지휘 아래 육군본부를 점령하고, 곧이어 정부의 주요 시설을 장악했다. 참모총장 장도영은 5월 15일 밤에 군부의 거사를 알았지만 아무런 조치를 하지 않았다. 그는 한강대교를 지키고 있는 육군본부의 헌병대를 중화기로 무장시키지 않았다. 게다가 한강대교를 막으라면서도, 한 대의 차가 통과할 수 있도록 하라는 이해할 수 없는 명령을 내렸다. 그는 쿠데타 진압과 가담 사이 확실한 입장을 결정하지 못했으며, 사태가 어떻게 흘러가더라도 자신이 상황을 주도할 수 있다 생각했다.

쿠데타군이 서울에 들어왔다는 소식에 장면 총리는 미국 대사관으로 도망갔다. 대사관에서 문을 열어주지 않자 혜화동에 있는 가르멜수도원으로 가서 숨었다. 그 뒤 이틀 동안 아무에게도 그의 소재를 알려주지 않았다. 그는 두 차례나 주한 미국 대리 대사에게 전화를 걸고, 유엔군 사령관이 쿠데타군을 진압해 달라고 요청했다. 그러면서도 쿠데타군에게 체포될까 봐 자신의 은신처를 알려주지 않았다.

쿠데타의 지휘부는 참모총장 장도영을 앞세우고 청와대로 들어갔다. 윤보선 대통령은 "올 것이 왔구나"라면서 사실상 군부의 거사를 받아들였다. 정치적 경쟁자였던 장면 총리가 제거되리라고 생각하고 좋아했던 것이다.

미국의 반응과 쿠데타 진압을 거부한 윤보선

주한 미국 대리 대사 마셜 그린과 유엔군 사령관 카터 매그루더는 당황하고 분노했다. 그들은 군부의 거사에 반대하고 장면 총리의 합법적인 정부를 지지한다는 성명을 발표했다. 유엔군 사령관과 주한 미국 대리 대사가 발표한 두

건의 성명서는 국무부의 사전 지시나 훈령이 없었고, 또 승인을 받지도 않은 내용이었다.

매그루더는 북한의 사주를 받은 군부 내 불순세력이 반란을 일으킨 것은 아닌지 우려하면서 주한미군에 비상경계령을 내렸다. 또 이한림 1군 사령관과 힘을 합쳐 쿠데타군 진압을 위한 4단계 작전 수립을 진행했다. 장면 총리의 정치 고문인 미국인 도널드 위태커는 장도영 총장을 찾아가 "혁명군을 진압하지 않으면 미국은 한국에 대한 원조를 전면 중단하겠다"라고 강력 항의했다.

매그루더는 한국군의 반란이 자신의 작전통제권을 침해했다고 여겼다. 그린과 매그루더는 청와대를 방문하여 헌법상 국군의 통수권자인 대통령에게 쿠데타군의 진압 명령을 내리라고 요구했다. 매그루더는 이 자리에서 "쿠데타는 군 내부의 소수 그룹에 의해 저질러졌고 장도영 육군 참모총장은 정부에 충성하고 있다"라고 말했다. 또 "소수 반란군의 총칼 앞에 정부의 권위가 위협받는다면 이것은 한국의 장래에 심대한 악영향을 끼칠 것"이라고 자신의 입장을 밝혔다. 그린 대리 대사도 "장면 정권이 국민에 실망을 주고 불만을 사고 있지만 정부 나름대로 한국이 안고 있는 문제들을 치유하는 데 진전을 이루고 있다"라고 말했다.

하지만 윤보선 대통령은 두 사람의 평가에 동의하지 않았다. 그는 "한국은 강력한 정부를 필요로 하고 있는데 장면 씨는 강력한 리더십을 발휘할 능력이 없다"라면서 "장도영 장군과 박정희 소장, 국방부 장관 등을 만나볼 때까지는 쿠데타에 관해 어떤 언급도 하지 않겠다"라고 답변했다.

윤보선 대통령은 말로만 쿠데타 진압을 반대한 것이 아니라 직접 행동에 나섰다. 5월 17일 오전, 이한림 1군 사령관은 윤보선 대통령이 파견한 특사를 통해 윤보선 대통령의 친서를 받았다. 내용은 '북에 공산당을 두고 아군끼리 싸

우면 미래의 한국 운명을 장담할 수 없다. 국군끼리 충돌과 출혈을 하지 말라'
라는 지시였다.

오후 2시 50분에는 매그루더 주한미군 사령관이 원주의 1군 사령부로 날아
왔다. 이날 매그루더는 이한림과의 회담에서 "미8군은 박정희 소장의 쿠데타
를 반대하며, 박정희 소장의 폭거를 도저히 용납할 수 없다. 민주당 정부의 회
복을 위한 군의 행동을 찬동한다"라는 입장을 밝혔다.

이한림은 장면 총리와의 연락이 두절된 데다가 윤보선 대통령의 쿠데타 진
압 반대를 지시한 친서를 받은 상황이어서 깊은 고민에 빠졌다. 그는 결국 쿠
데타군 진압을 포기했다. 이한림은 그 이유를 자신의 회상록에서 다음과 같이
밝혔다.

'첫째, 민주당 정권의 부실 때문이다. 민주당 자체의 파벌 싸움에서부터 같
은 배를 탄 윤보선 대통령과 장면 국무총리의 불화 및 그들의 결단력 부족에
서 오는 통치능력의 회의. 둘째, 지난 30시간 동안 보여준 장면 총리의 도피 행
각과 그 정권의 철저한 위기 관리 능력의 전무 상태. 셋째, 만약 내가 쿠데타군
을 진압하여 민주당 정부의 국권을 회복시켜 준다고 할 때 과연 이를 지탱할
능력이 있겠느냐는 회의'

5·16은 박정희와 쿠데타군이 막강해서 성공한 것이 아니라, 당시 합헌적 정
부 및 국가 지도부의 무능과 의견 차이로 성공한 것이었다. 장면 총리가 결단
을 내려 군의 불온한 움직임을 막거나 윤보선 대통령이 단호하게 쿠데타군 진
압을 명령했다면 5·16은 절대 성공하지 못했을 것이다.

미국의 인정과 5·16군사정부의 성립

미국 정부의 입장은 매우 조심스러웠다. 미국의 국무부 대변인은 정례 브리

핑에서, 미국 정부는 한국에서 벌어지고 있는 유동적인 상황을 주시하고 있다고만 밝혔다. 서울의 대리 대사와 유엔군 사령관의 반대 성명은 그들의 직무 범위 안에서 이루어졌을 뿐이라고 했다. 미국 정부가 신중한 태도를 보인 까닭은 한국 정부의 이해할 수 없는 모습 때문이었다. 정부의 최고 권력자인 국무총리가 숨어버리고, 대통령은 군부의 거사에 받아들이는 말을 하고 있었다. 그런 가운데 서울의 정보원들이 보내주는 소식은, 서울 시민의 대다수가 군부의 거사에 찬성하며 조용히 사태를 구경하고 있다는 것이었다. 미국 정부도 조금씩 군부의 거사를 받아들이는 쪽으로 돌아섰다.

미국 정부의 입장 변화는 5월 18일부터 뚜렷하게 느껴졌다. 숨어 있던 장면 총리가 나타나 쿠데타군에게 내각 총사퇴라는 선물을 안겨주었다. 그날 육군사관학교 생도들이 5·16을 지지하는 가두 시위를 벌였으며, 쿠데타군에게 가장 큰 위협이었던 제1군 사령관 이한림이 체포되었다. 쿠데타의 지휘부는 유엔군 사령관 매그루더와 담판을 벌여 서울을 점령한 군대의 일부를 원위치로 돌려보내기로 합의했다. 군부의 쿠데타는 성공했다.

혁명군은 5월 16일 새벽에 KBS방송국을 점령한 뒤, 미리 준비한 혁명 공약을 군사혁명위원회 육군 중장 장도영의 이름으로 발표했다. 장도영은 혁명군의 추대를 받아 군사혁명위원회 위원장의 자리에 올랐다. 군사 혁명 세력은 제2공화국의 헌법과 정부를 해체하고 국가재건최고회의라는 최고 주권 기구를 설치했다. 국가재건최고회의 의장은 장도영, 부의장은 박정희가 맡았다. 장도영은 두 달도 되지 않아 쫓겨났다. 국가재건최고회의를 정점으로 하는 군사 정부는 기존의 정당과 사회 단체를 모두 해산하고 민간인의 정치 활동을 금지했다. 군사 정부의 통치는 1963년 12월까지 2년 6개월 동안 이어졌다.

군사 정부의 혁명 공약과 사회 개혁

5월 16일 새벽에 KBS방송을 통해 혁명 공약이 발표되었다. 첫째, 반공을 제1의 국시로 하고 반공 체제를 강화한다. 둘째, 미국을 비롯한 자유 우방과 유대를 굳건히 한다. 셋째, 나라의 부패와 구악을 쓸어내고 퇴폐한 국민 도의와 민족 정기를 바로잡는다. 넷째, 기아선상의 민생고를 해결하고 국가 경제 재건에 전력을 쏟는다. 다섯째, 국토 통일을 위하여 공산주의와 대결할 수 있는 실력을 기른다. 여섯째, 우리의 과업을 마치면 참신하고 양심적인 정치인에게 정권을 넘기고 우리는 군인 본연의 임무로 돌아간다.

반공을 국시로 삼는다는 혁명 공약 제1호에 따라 군사 정부는 급진 좌익 세력부터 잡아들였다. 여기에는 군사 정부의 지도부가 미국의 신뢰를 받으려는 뜻도 있었다. 군사 혁명의 지도자인 박정희 소장은 남로당에 들어간 적이 있었다. 그는 1949년에 숙군 작업이 한창일 때 체포되어 무기징역을 선고받았다. 미국 정부가 군사 혁명의 숨은 의도에 의심의 눈길을 보내자, 혁명 지도부는 급진 좌익 세력부터 대대적으로 검거하였다. 보도연맹 가입자, 혁신 정당 관련자 및 교원노조 운동가 4,000여 명이 곧바로 체포됐다. 군사 혁명 재판에 넘겨진 그들은 길게는 7년 동안 옥살이를 하였다. 혁신계 민족일보의 사장 조용수는 일본을 통해서 북한의 자금을 받았다는 혐의로 사형되었다.

군사 정부는 부패와 구악을 쓸어낸다는 공약에 따라 4,200명의 폭력배를 비롯한 2만 7,000여 명의 범법자를 잡아들였다. 자유당의 정치 깡패 이정재는 처형됐다. 군사 정부는 4만여 명의 부패 공무원을 내쫓았다. 공무원 전체 숫자의 18%에 이르는 크나큰 규모였다. 1950년대까지 정부는 재정 형편이 워낙 나빠서 공무원이 먹고 살기에 넉넉한 월급을 주지 못했다. 공무원들은 부패의 유혹에 시달렸다.

공무원의 상당수는 임시직이었는데, 기관에 따라서는 임시직이 정규직보다 다섯 배나 많았다. 임시직 공무원의 월급은 할당된 사기업에서 지급했다. 임시직 공무원들이 사기업의 청탁에 시달릴 수밖에 없는 구조였다. 1950년대까지 근대적인 관료제는 제대로 성립되지 않았다. 군사 정부가 대규모로 공무원 숙청 작업을 했던 데는 불가피한 역사적 배경이 있었다.

숙청된 공무원 가운데는 아내를 여럿 둔 축첩자도 있었다. 내무부에서만 510명의 축첩 공무원이 적발되었다. 1950년대까지 기혼 남성의 5% 정도가 첩을 거느리고 있었다. 군사 정부가 축첩자를 몰아내자 공공 부문에서 축첩 현상은 사라졌다. 일부일처의 혼인제는 사실상 군사 정부의 개혁으로 이루어졌다. 이 밖에도 군사 정부는 여러 가지 사회 정화 운동을 펼쳤다. 밀수를 단속하고 외제품 사용을 금지하며 댄스장과 사창가의 문을 닫아버렸다. 정치·사회의 부패와 혼란에 넌더리를 내던 국민은 박수 갈채를 보냈다.

군사정부의 경제 개혁과 농어촌 고리채 정리

1950년대에 기업가들은 정부로부터 원조 달러와 물자를 배정받았다. 그 대가로 기업가들은 집권 자유당에 정치 자금을 보냈다. 군사 정부는 부정부패 척결을 내걸고 주요 기업가 15명을 잡아들였다. 뒤이어 부정축재처리법을 제정하고 부정 축재한 기업가 27명에게 475억 환에 이르는 거액의 벌금을 물렸다. 군사 정부는 기업가들이 소유한 은행의 주식을 거둬들였다. 이에 따라 1950년대 후반에 민간에 불하되었던 은행들이 다시 국유화됐다. 기업가들의 구속과 처벌로 경제 사정은 오히려 더 나빠졌다. 군사 정부는 경제 안정과 발전에 기업가의 도움이 필요하다는 것을 깨닫고 부정 축재자의 처벌을 누그러뜨렸다.

기업가들은 '한국경제인협회'를 만들었다. 이승만 정부 때 '한국경제재건연구소'에서 정·관계 주요 인사들과 함께 한국의 발전 전략을 깊이 의논하던 경험을 되살린 것이다. 기업가들도 군사 정부의 개발 계획에 적극적으로 참여하였다. 수출 중심의 경제 정책을 건의하고, 울산공업센터의 건설에 필요한 외자 도입에 나섰다. '한국경제인협회'는 '전국경제인연합회(전경련)'로 발전했다.

군사 정부는 1962년 6월 10일에 화폐 개혁을 단행했다. 신·구 화폐는 10 대 1로 교환되었다. 화폐 단위도 '환'에서 '원'으로 바꿨다. 군사 정부는 통화 개혁을 통해서 민간 예금의 실태를 파악하고 일부를 동결해서 산업 자금으로 돌리려고 하였다. 그렇지만 예상치 못한 충격으로 기업 활동이 정지되고 경제는 오히려 위기에 빠져들었다. 미국 정부도 한국 정부를 크게 비난하였다. 원조받던 한국 정부가 미국 정부와 아무런 상의 없이 일방적으로 화폐 개혁을 단행했기 때문이다. 군사 정부는 동결했던 민간 예금을 서둘러 해제할 수밖에 없었다. 군사 정부의 화폐 개혁은 실패작이었다.

1950년대부터 농어촌에는 고리채가 널리 퍼져 있었다. 고리채는 농어민의 생계를 위협했다. 군사 정부는 농어촌고리채법을 만들고 고리채를 정리해 나갔다. 농어민이 고리채를 신고하면 농업협동조합이 채권자에게 연리 20%의 농업협동조합 채권을 지급하고 채무를 청산해주었다. 그리고 농어민은 농업협동조합에 채무를 연리 12%로 5년 동안 나눠서 갚도록 하였다. 그 결과 모두 480억 환의 고리채가 신고되었고, 그 가운데 293억 환이 고리채로 판명되어 농업협동조합이 융자해주었다.

그렇지만 고리채 정리 사업은 큰 부작용을 낳았다. 농어민은 당장 빚의 압력에서 벗어났지만, 이 때문에 농어촌의 사금융이 마비되어 더 이상 급한 돈을 꾸어 쓸 수 없었다. 군사 정부의 초기 경제 정책은 선의로 시작했지만 체계적이지 못했다. 군사 정부는 실패를 거듭하면서 냉정한 경제 현실을 깨닫게 되었고 점차 실용적인 정책 능력을 키워나갔다.

제3공화국 출범

헌법적 근거가 없는 군사 정부는 계속 존재할 수 없었다. 미국은 원조 제공을 지렛대 삼아 민간 정부로 서둘러 이양하라고 채근하였다. 군사 정부는 1963년에 정권을 민간 정부로 넘기겠다고 약속했다. 1962년 12월에 헌법개정안을 국민투표에 부쳤다. 그동안의 개헌안과 달리 제5차 개헌안은 건국 헌법의 틀을 허물고 국가의 틀을 새로 짜는 수준으로 개편된 것이었다.

새로운 헌법이 채택한 정부 형태는 대통령중심제였다. 대통령은 국민 직선제로 선출되며 임기는 4년으로 1차에 한하여 중임을 허용했다. 1948년에 건국된 뒤로 12년 동안이나 정쟁의 최대 쟁점이었던 정부 형태가 대통령중심제로 결론 맺은 셈이었다.

대통령중심제로 돌아왔지만 부통령제는 복구되지 않았다. 오히려 제3차 개헌으로 폐지되었던 국무총리제가 돌아왔다. 국무총리는 대통령의 유고 때 직무를 수행하고, 국무위원의 임면을 제청할 권리를 갖게 되었다. 새로운 헌법에도 내각책임제의 요소가 전혀 없는 것은 아니었지만 대통령이 국무총리의 임명에 국회의 동의를 받을 필요는 없었다.

새로운 헌법에서 대통령의 권한은 더욱 강해졌다. 건국 헌법 이래 대통령은 긴급명령권을 가지고 있었다. 이는 내우외환이나 천재지변으로 나라가 위험할 때, 대통령이 공공의 안정 질서를 유지하고 국가의 안위를 지키기 위해서 행사할 수 있는 권한이었다. 제5차 개정 헌법은 이와 더불어 대통령에게 사변 또는 국가 비상 사태가 일어났을 때, 공공 질서를 유지하기 위해서 계엄을 선포하고 군 병력을 동원할 수 있는 권한까지 주었다. 계엄이 선포되면 법률이 정하는 바에 따라, 국민의 기본권과 정부 및 법원의 권한에 일정한 제약이 둘 수 있었다.

제5차 개정 헌법에서는 대한민국의 경제 체제도 손보았다. 건국 헌법에서는 혼합경제 또는 사회민주주의 경제 체제를 지향했다. 그렇지만 새 헌법은 자유 시장경제 체제를 지향한다는 것을 뚜렷이 밝혔다. "대한민국의 경제 질서는 개인의 경제상의 자유와 창의를 존중함을 기본으로 한다"라고 못 박았다. 다만 "모든 국민에게 생활의 기본적 수요를 충족시키는 사회 정의의 실현과 균형 있는 국민 경제의 발전을 위해 국가는 필요한 범위 안에서 경제에 관한 규제와 조정을 할 수 있다"라는 제한 규정을 두었다.

새 헌법에서는 노동자가 기업의 이익을 균점할 수 있도록 하거나, 운수·통신·금융 등 중요 산업을 국영 또는 공영으로 한다는 건국 헌법의 규정들을 폐지했다. 그 밖에도 건국 헌법이 규정한 혼합경제의 요소들, 즉 "국가는 대외 무역을 통제한다"라든가, "필요에 따라 사기업을 공영 또는 국영으로 이전할 수 있다"라는 규정들도 폐지하거나 크게 수정하였다. 대한민국의 건국 헌법은 외국의 유수한 헌법을 짜깁기한 것이다. 이렇게 만들어진 헌법은 점점 우리나라의 현실에 걸맞게 조금씩 개정되고 있었다.

헌법 개정에 이어, 이듬해에는 민간인의 정치 활동을 자유화했다. 박정희 국가재건최고회의 의장은 군인으로 복귀하겠다는 처음의 약속을 어기고 민간 정부에 참여할 준비를 했다. 박정희는 중앙정보부를 조직하고 정보망을 이용해서 정치 세력을 모아 민주공화당을 창당하였다. 민간 정치인들은 뭉치지 못하고 둘로 쪼개졌는데, 하나는 윤보선 전 대통령의 세력이었고 다른 하나는 허정 국무총리의 세력이었다.

1963년 10월의 대통령 선거에는 민주공화당의 박정희, 민정당의 윤보선, 국민의당의 허정 등 7명이 출마했다. 나중에 허정이 사퇴하면서 선거는 박정희와 윤보선 두 사람의 대결이 되었다. 선거 유세 과정에서 박정희의 정치적 이념이 윤곽을 드러냈다. 박정희는, 옛날 정치인들이 자유민주주의와 정치적 방종을 구별하지 못하고 미국에게 지나치게 굽실거렸다고 비판했다.

유세가 거듭되면서 박정희는 '자립', '자주', '민족'과 같은 민족주의적인 용어를 자주 사용하였다. 박정희는 윤보선에게 15만 6,000표라는 적은 표 차이로 승리했다. 국회의원 선거에서는 여당인 민주공화당이 거의 3분의 2에 이르는 110개 의석을 차지하였다. 예상 밖의 대승이었다. 덕분에 박정희 정부는 경제 개발을 강력하게 추진할 수 있는 정치적 기반을 갖추었다. 박정희가 제5대 대통령에 취임하자 대한민국 제3공화국이 출범했다.

4·19와 5·16의 정치적 의미

5·16군사정변에서 출발한 박정희의 근대화 혁명은 이승만의 건국 대업에 두 발을 딛고 있었다. 4·19가 민주주의를 지향했고 5·16이 권위주의를 실행했기에 서로 어긋나 보인다. 그렇지만 4·19와 5·16은 이승만의 건국 세력이 닦아 놓은 정치 체제에서 함께 자라났다. 그들은 함께 대한민국의 정치 세력을 바꾸어 놓았으며, 조국 근대화 사업을 함께 추진했다. 5·16 세력이 주도하던 경제 개발에 4·19 세대가 적극 참여하였다. 자유시장의 경제 체제는 그렇게 성장해갔다.

5·16군사정변이 일어나자, 대다수의 국민은 '올 것이 왔다'라고 느꼈고, 속마음으로 지지했다. "올 것이 왔구나"라는 말은 윤보선 대통령이 한 말이지만 국민의 마음을 표현하는 말이었다. 장면 정부의 기관지나 다름없는 경향신문도 사설에서 똑같은 말을 했다. "이와 같은 사태를 초래하게 된 것은 궁극적으로 말해서 기성 정치인의 구태의연한 사고 방식과 부패, 무능과 파쟁의 소치라

하여도 과언이 아니며, 드디어 올 것이 왔다는 감을 짙게 한다." 유통 기간이 끝나버린 것 같은 기성 정치인들의 실망스러운 행태와 국가 운명을 가늠할 수 없게 한 사회 혼란은 대다수 국민으로 하여금 일대 변혁을 기대하게 만들었다. 이와 같은 국민의 기대에 맞았기에 소수 병력 3,600명의 쿠데타가 성공할 수 있었다.

국민은 5·16이 4·19의 정신을 올바로 구현하기를 기대했다. 서울대학교 총학생회는 "4·19와 5·16은 동일한 목표를 갖는다"라면서, 5·16은 민족주의적 군사 혁명이라고 환영했다. 재야의 영향력 있는 지식인들도 마찬가지였다. 잡지 사상계의 편집인 장준하는 "한국의 군사 혁명은 압정과 부패와 빈곤에 시달리는 많은 후진국의 길잡이요, 모범으로 될 것"이라고 기대했다. 이처럼 5·16이 일어나자 많은 지식인이 동조하고 참여하였다. 유진오 박사는 혁명 세력의 추대를 받아 재건국민운동본부의 본부장에 취임했다. 그는 건국 헌법의 초안을 잡았던 공법학자로서 당시에 고려대학교 총장이었다.

군사혁명위원회가 발표한 혁명공약은 지식인들의 마음을 흔들었다. 혁명 공약은 사실 4·19 이후 사상계를 비롯한 유력 언론을 통해서 지식인들이 주장해오던 것들과 거의 같았다. 특히 "나라의 부패와 구악을 일소하고 퇴폐한 국민 도의와 민족 정기를 바로잡겠다"라는 공약이 커다란 울림으로 다가왔다. 당시의 정치적 혼란과 사회적 방종에 대해서는 정치인들뿐만 아니라 국민도 책임을 져야 한다는 준엄한 경고이기도 했다.

국민의 의식을 개혁하지 않고는 그동안 겪었던 역사의 질곡에서 벗어날 수 없다는 자각을 불러일으켰다. 조선 왕조 이래로 민족의 역사가 제자리를 맴돌고 이민족의 침입에 무방비 상태가 되었으며, 식민지 지배까지 받았을 뿐만 아니라 태평양 전쟁의 종결로 황금 같은 기회가 찾아왔는데도 민족 분단을 막지

	1960	1961	1962	1963	1964	1965	1966	1967	1968	1969	1970
경제 성장률	2.3	6.9	3.9	9.0	9.5	7.3	12.0	9.1	13.2	14.6	10.1

	1971	1972	1973	1974	1975	1976	1977	1978	1979	1980	1981
경제 성장률	10.5	7.2	14.9	9.5	7.8	13.2	12.3	11.0	8.7	−1.6	7.2

출처:한국은행, 「국민계정」
 *자료 : 한국은행, 「국민계정」
주석: 1) 경제성장률 = {(금년도 실질 GDP − 전년도 실질 GDP) ÷ 전년도 실질 GDP} × 100.
     2) 실질 GDP는 2015년 기준임.
     3) 2022년 이후는 잠정치임.

그림18 박정희 정부 시기 연도별 경제성장률

못한 까닭은 본질적으로 국민 의식의 후진성에 있었다. 진정 필요한 것은 다름 아닌 '민족 개조' 또는 '인간 개조'와 같이 근본적으로 국민 의식을 바로 세우는 것이었다. 5·16이 일어나자, 많은 지식인이 그와 같은 기대감을 숨기지 않았다.

지식인들이 군사 정부에 참여한 데는 여섯 번째 혁명 공약의 영향도 컸다. 혁명을 일으킨 군인들이 혁명의 과업을 이룬 뒤 참신하고 양심적인 정치인에게 정권을 넘기고 병영으로 돌아가겠다고 약속했던 것이다. 열거된 혁명의 과업은 짧은 시기에 끝낼 수 없는 장기적인 문제로, 아무리 짧게 잡아도 한 세대는 족히 걸릴 것이었다. 더구나 눈 씻고 찾아보아도 참신하고 양심적인 정치인은 어디에도 없었다.

위선적이긴 했지만 지식인들은 자신들이 혹시 참신하고 양심적인 정치인으로 군인들에게 추대될 수 있지 않을까 기대도 했다. 그와 같은 기대감으로 그들은 군사 정부에 참여하였다. 그렇지만 기대가 꺾이자 그들은 5·16 세력에게 등을 돌렸다. 당대의 지식인들도 역시 위선적이기는 마찬가지였다. 그렇지만 여섯 번째 혁명 공약은 5·16 세력의 발목을 잡았다. 무능하기 했어도 합법적이었던 정부를 무력으로 전복했으며, 민간 정치인에게 정권을 이양하겠다는 공약을 지키지 않았다는 비판을 피할 수 없었던 것이다.

(3) 수출 주도형 개발 전략으로의 전환

1960년대 이후 달라진 경제·무역 환경

한국 경제는 1963년부터 고도성장을 시작했다. 1962년의 경제성장률은 2.1%에 불과했는데, 1963년에 갑자기 9.1%로 뛰어올랐다. 그 뒤 해마다 조금씩 오르고 내렸지만, 고도성장의 질주는 계속됐다. 1979년까지 박정희 정권이 이룩한 경제성장률은 연평균 9.2%에 이르렀다. 전두환 정권의 막바지인 1987년에는 연평균 성장률이 8.7%였다. 1인당 국민소득이 1962년에는 82달러였는데, 1987년에는 3,218달러나 되었다. 환율의 변동을 감안하면, 실질소득이 여섯 배나 커진 것이다. 우리의 경제성장률은 당시 세계에서 가장 높았다.

1950년대까지 미국과 유엔의 경제학자들은 한국 경제의 미래에 대해서 비관적인 예상을 내놓기 일쑤였다. 자연 자원도 빈약하고 자본 축적도 없는데다 부정부패가 널리 퍼져 있고 정치와 사회는 분열되었으며 늘 북한군의 위협에 시달려야 했기 때문이다. 이런 곳에서 경제가 성장하기는 어렵다고 보았던 것이다. 그렇지만 불리한 여건 속에서 경제 기적이 일어난 것도 역사적 사실이었다.

한국 경제의 고도성장은 물론 한국인들의 피땀 어린 노력의 결과이지만, 당시의 세계 경제가 한국의 경제 발전에 유리한 환경을 제공한 결과이기도 하다. 세계 경제도 같은 기간에 가파르게 성장했다. 개략적인 추계에 따르면, 세계 경제의 실질 총소득은 1962년에 9조 1,397억 달러였는데, 1987년에는 24

조 6,865달러였다. 1990년의 가격으로 바꿔보면 2.7배나 커졌다. 1950년부터 2000년까지 좀 더 길게 잡아보면 세계 경제는 6.8배나 커졌다. 세계 경제의 역사에서 유례가 없는 일이었다. 요약하자면, 20세기 전반의 실질성장률은 20세기 후반의 실질성장률의 절반도 안 된다.

세계 경제의 번영을 이끈 또 하나의 중요 요인은 자유무역이었다. 세계 경제의 실질 성장은 1950년부터 2000년까지 6.8배 늘어났는데, 같은 기간에 세계 무역은 무려 20배나 불어났다. 세계 무역의 증가가 세계 경제의 성장을 이끌어냈다.

세계 무역이 급성장하는 데에는 미국 중심의 자유무역 체제가 중요한 역할을 해냈다. 20세기 전반에 세계 경제가 두 차례의 대전과 한 차례의 대공황을 겪게 된 까닭은 넓게 보아 안정된 세계 경제의 시스템이 없었기 때문이었다. 제2차 세계대전이 끝날 무렵 미국은 세계 경제의 안정적인 시스템을 마련하려고 하였다. 미국은 국제통화기금(IMF)을 창설하고, 여러 나라가 출자하여 조성한 공공 기금으로 재정 위기를 겪는 나라에 달러와 같은 국제 통화를 융자해주기로 하였다. 세계은행(IBRD)도 창설되었는데, 후진국에 경제 개발 자금을 마련해주려는 것이었다. 뒤이어 미국은 관세 및 무역에 관한 일반 협정(GATT)도 성립시켰다. GATT는 1947년에 제네바에서 23개국이 모여서 수립한 자유무역의 일반 원칙이다. 회원국들이 서로 관세율을 내리고, 어느 나라도 차별하거나 수출입 제한을 받지 않도록 하려는 것이었다.

그렇지만 IMF-GATT 체제는 1950년대까지 제대로 돌아가지 않았다. 영국, 프랑스, 서독, 일본과 같은 주요 국가들의 경제가 세계대전으로 엄청나게 파괴되었기 때문이다. 세계대전이 끝난 뒤, 미국은 세계 공업의 절반 이상을 생산해냈다. 미국 연방은행은 세계 금 총량의 70% 이상을 가지고 있었다. 막강한 미국을 상대로 자유무역을 할 수 있는 나라는 없었다. 각국은 미국에 대한 자국의 국제수지를 방어하려고 수입허가제를 실시하고 달러 사용을 제한하였다. 미국도 각국의 무역 제한 정책을 받아들였다. 나아가 미국은 1950년대까지 총 640억 달러의 원조를 제공하였다. 각국은 원조받은 돈으로 미국의 공산품을 수입하여 경제를 재건하였다.

이러한 미국의 대외 정책은 1958년까지 이어졌다. 대체로 그 무렵에 세계의 주요 국가는 전쟁의 피해를 복구하고, 미국과 자유무역을 할 수 있는 힘을 갖게 되었다. 각국의 무역 제한 정책을 미국이 잠정적으로 받아들인다는 IMF 협약의 조항도 1958년에 지워졌다. 미국의 대외 원조도 크게 줄어들었다. 그 해에 서유럽의 6개 국가가 유럽경제공동체(EEC)를 만들었다. 그러자 미국은 세계 경제에 대한 지배력을 키우기 위해서 자유무역 체제를 더욱 굳건히 하였다. 1964년에 미국 케네디 대통령은 GATT 제7차 라운드, 곧 다자간 협상을 이끌었다. 협상 결과, 주요 국가들의 관세율은 평균 50% 넘게 내렸다. 그러자 세계 무역은 더욱 가파르게 불어났다. 예컨대 1952년부터 1963년까지 세계 무역의 연평균 성장률은 7.4%였는데, GATT 제7차 라운드를 마치고 나서 1964년부터 1972년까지는 11.6%로 높아졌다.

세계 무역에서 중요한 변화가 일어났다. 수출입의 내용과 교역 구조가 바뀌었다. 이전에는 세계 무역의 거래 물품은 주로 농산물, 광산물, 연료로, 선진국과 후진국 사이에서 거래되었다. 이와 같은 제국주의의 세계 체제는 1940년대까지 이어졌다. 선진국이 후진국을 지배하는 무역 구조였다. 1960년대부터 농산물이나 광산물과 같은 전통적 교역품의 비중이 눈에 띄게 줄었다. 대신 선진국 사이에서 거래되는 공산품의 교역량이 점점 큰 비중을 차지했다. 선진국에서 일어난 급속한 기술 혁신으로 생긴 변화다. 선진국과 후진국 사이의 경제적 격차는 더욱 벌어지게 되었다.

그러자 이전에 볼 수 없었던 현상이 나타났다. 선진국이 후진국의 공산품을 수입하기 시작했다. 선진국의 산업 구조가 고도화되면서 노동집약적인 공산품을 생산하기 어려워졌기 때문이다. 1964년부터 1973년까지 미국의 수입에서 공산품이 차지하는 비중은 40.5%에서 60.5%로 크게 늘어났다. 공산품 수입의 대부분은 후진국이 생산한 의류, 신발, 가구와 같은 경공업 제품이었다. 1950년 대에 미국 시장을 상대로 노동집약적인 공산품을 수출하던 나라는 일본이었다. 일본은 그렇게 하여 고도성장을 이룩했다. 그런데 미국 시장에서 공산품에 대한 수요가 더욱 커지고, 1960년대에 일본조차 산업 구조가 고도화되면서 고도성장의 기회가 여러 후진국으로 넘어왔다.

후진국이라도 의지와 능력만 갖추고 있다면, 자국의 풍부한 노동력을 이용하여 선진국에 공산품을 수출할 수 있게 되었다. 세계 경제의 새로운 시대가 열리자 기회를 놓치지 않고 고도성장에 성공한 최초의 몇 안 되는 나라 가운데 한국이 있었다. '한강의 기적'은 새로운 시대 상황을 배경으로 쓰인 한 편의 드라마다. 쿠데타로 집권한 군사 정권이 새로운 시대 상황을 이해하는 데 3년의 시행착오가 필요했다.

경제기획원과 경제개발계획의 성격

군사 정부는 경제기획원을 설립했다. 이승만 정부에는 산업개발위원회가 있었다. 박정희 시대에 경제개발계획에 참여한 엘리트 가운데 상당수가 이승만 시절에 유학을 다녀온 인재들이었다. 경제개발계획을 입안했던 산업개발위원회는 1958년에 태동했다. 이승만 정부의 부흥부 장관이었던 송인상은 부흥부의 김태동 조정국장과 재무부의 이한빈 예산국장을 대동하고 미국 국무부의 크리스천 허터 차관을 예방했다. 허터 차관은 마셜 플랜의 입안자였다. 한국 대표단은 허터 차관에게 장기적인 경제개발계획의 필요성을 강조했다.

"한국은 부존 자원은 물론, 기술과 자본 등 모든 것이 부족한 전형적인 후진 국이다. 그렇지만 우리에게는 교육 수준이 높은 인력 자원이 있다. 이를 적당히 활용하면 경제 발전이 가능하다고 생각한다. 제한된 자원의 배분과 정책 수단의 결정, 계획의 효율성과 실천력을 높이려면, 한국 경제의 현황을 정확히 분석하고 파악해야 한다. 장기적인 경제개발계획이 필요한 이유다.

한국의 경제개발계획은 사회주의 국가인 인도식이 아니라 인디커티브 플랜 (Indicative Plan)이다. 민간 기업을 최대한 참여시켜서 그들의 역량을 활용하는 데 우선순위를 둔다. 그러나 기술적으로나 자금력에서 민간이 할 수 없는 분야나 민간이 투자를 꺼리는 부문은 정부가 담당하겠다. 이런 분야도 일정 기간이 지나면 민간에게 불하하는 방식으로 개발 계획을 수립하고 실천하려고 한다. 후진국일수록 국민에게 경제 계획을 완수했을 때의 비전을 제시해야 하고, '우리도 잘 살 수 있다'라는 희망을 주어야 한다. 이렇게 국민을 고무하고, 참여를 유도하는 계획이 필요하다."

한국 방문단은 허터 차관을 설득하여 미국의 원조 자금으로 경제개발계획을 수립하기로 하였다. 우리나라가 경제개발계획을 수립하는 과정에서 어려운 설득 과정을 거쳐야 했던 이유는, 당시 미국 관리들이 제3세계 국가들이 추진하는 경제개발계획에 부정적인 시각을 가지고 있었기 때문이다.

미국은 제2차 세계대전이 끝난 뒤에도 인도, 파키스탄 및 튀르키예와 같은 나라에 대규모 원조를 제공했지만 결국 그들은 모두 미국의 손에서 벗어났다. 우리 정부 관리들이 경제 개발의 필요성을 제기할 때마다, 미국은 '한국도 사회주의식의 경제 개발을 하면서 다른 길로 빠지려는 것은 아닌가'하고 의심했다. 미국은 한국의 경제 개발 종합 계획에 전반적인 영향력을 행사하려고 하였다. 그래서 정부의 관리들은 허터 차관을 비롯한 미국 관계자들에게 "우리는 인도식의 사회주의 경제 계획은 절대로 안 한다"라고 약속했다.

민주당 정부에서도 경제개발부란 이름의 조직을 구상했지만 실천에 옮겨지지 못했다. 박정희의 군사 정부가 집권 두 달 만에 경제기획원을 설치한 것은, 그만큼 경제 개발에 대한 의지가 강했기 때문이다. 경제 개발은 박정희가 혁명을 일으킨 목적 자체였다. 일부 역사가들은 박정희가 쿠데타를 정당화하려고 경제 개발을 추진했다고 하지만 그렇지 않다. 박정희는 개인적이거나 정권적 차원에서 불이익을 감수하고 경제 개발이라는 모험에 뛰어들었다. 때론 경제 개발에 기여할 수 있다면 정권 차원에 크게 유리하지 않은 실패 가능성이 큰 사업에도 과감히 도전했다. 군사 정부의 내각에서 경제기획원장은 내각 수반에 이어 제2의 서열이었다. 제3공화국에서도 경제기획원 장관은 국무총리 다음의 서열이었다. 경제기획원 장관은 부총리로서 정부의 모든 경제 관련 부처를 총괄했다. 경제기획원의 높은 위상은 박정희 정부가 경제 개발을 최우선 과제로 추진했다는 것을 보여준다.

경제기획원의 권한

경제기획원은 개발 계획의 수립, 정부 예산의 편성, 외자와 기술의 도입을 핵심 사업으로 삼았다. 군사 정부는 재무부의 반발을 무릅쓰고 예산 편성권을 경제기획원으로 옮겼다. 경제기획원은 예산편성권을 갖고 정부 부처들의 업무를 개발 계획에 따라 조정하고 통제할 수 있었다. 외자와 기술의 도입을 심사하고 허가할 수 있는 권한도, 정부의 경제 정책을 개발 계획에 따라 통합적으로 관리할 수 있게 해주었다. 경제기획원은 내무부로부터 통계국을 분리하여 산하에 두었다. 경제기획원은 계획, 예산, 외자, 통계 행정을 맡을 뿐, 정책의 집행이나 인허가와 같은 현장 업무로부터 일체 분리되었다. 경제기획원 관료들은 기업, 은행, 협회 등의 이해 관계로부터 자유로운 존재가 되어 국가 경제의 건설이란 목적을 장기적·종합적인 관점에서 추진했다. 경제를 전쟁으로 비유한다면, 경제기획원은 전략참모본부인 셈이다.

제1차 경제개발 계획과 수출 중심 경제

경제기획원은 1962년 1월에 제1차 경제 개발 5개년 계획을 발표했다. 종합적인 개발 계획은 1958년의 이승만 정부에서도, 1961년의 장면 정부에서도 작성된 적이 있다. 경제기획원은 이들을 참고하여 제1차 개발 계획을 작성했다. 제1차 개발 계획은 훨씬 의욕적이었다. 예컨대, 1958년의 개발 계획은 1962년까지 연평균 성장률을 5.2%로 잡았다. 그러나 제1차 개발 계획은 1966년까지 연평균 성장률을 7.1%로 잡았다. 계획을 집행하려면, 총 3,205억 원의 투자 자금이 필요했다. 당시의 공정 환율로는 25억 달러가 넘는 거액이었다. 군사 정부는 투자 자금을 전력, 석탄, 농업뿐 아니라 정유, 시멘트, 비료, 화학 섬유, 종합 제철, 종합 기계, 조선 등에 투자하려고 하였다. 자립 경제를 이루려는 의욕적인 청사진이었다.

그렇지만 제1차 개발 계획은 종잇장에 지나지 않았다. 개발 계획 작성에 참여한 관료의 회고에 따르면, 연평균 성장률 7.1%는 10년 동안 1인당 국민소득을 두 배로 증가시킨다는 목표를 먼저 세워놓고 지수방정식을 통해 계산해 낸 수치였다. 그때 일본에서는 10년 안에 1인당 국민소득을 두 배로 늘린다는 소득 배증 계획을 추진하고 있었는데 그에 자극을 받아 만들어낸 것이다. 총 3,205억 원에 이르는 투자 자금도 연간 7.1% 성장하는 데 필요한 돈이 얼마인지를 회계를 통해서 계산해낸 수치였다. 그런 자금이 어디에 있는지, 어디에서 마련해올 것인지에 대해서는 전혀 계획에 없었다. 미국의 전문가들은 한국의 군사 정부가 작성한 제1차 개발 계획을 두고, 가난한 사람이 소망하는 쇼핑 리스트라고 비꼬았다.

군사 정부는 투자 자금을 마련하려고 이리저리 뛰었다. 1962년 6월에 군사 정부는 화폐 개혁을 실시했다. 민간에 숨어 있는 여유 자금을 찾아내 산업 자금으로 돌리겠다는 셈법이었다. 그렇지만 가난한 나라에서 그런 여유 자금이 있을 리 없었다. 화폐 개혁은 시장의 혼란만 일으키고 말았다. 1962년 7월에는 외국 차관을 촉진하려고 차관에 대한 지불 보증을 해주는 법률을 제정했다. 민간 기업이 외국 차관을 도입할 때 정부가 지불 보증을 서주는 것이었다. 민간 기업에 대한 특혜인 셈인데, 다른 나라에서는 유례를 찾기 힘든 일이었다.

그렇지만 차관 도입의 실적은 초라했다. 1962년에 군사 정부는 5,000만 달러의 차관 도입을 계획하였으나 실제 들어온 것은 600만 달러에 지나지 않았다. 1961년에 수출은 고작 4,100만 달러였지만 수입은 3억 1,600만 달러나 되었다. 무역수지 적자는 대부분 미국의 원조로 메꿔졌다. 한국은 여전히 원조로 나라 살림을 꾸리는 형편이었다. 이런 나라에 공장을 지으라고 돈을 빌려줄 외국의 금융 기관은 없었다.

이제 투자 자금을 조성할 방책은 수출을 늘려서 달러를 벌어들이는 것밖에 없었다. 제1차 개발 계획도 수출 증대에 큰 역점을 두었다. 군사 정부는 1962년의 수출 계획을 6,090만 달러로 높이 잡았다. 그렇지만 수출 실적은 5,480만 달러에 그쳤다. 엎친 데 덮친 격으로, 1962년에는 지독한 가뭄으로 최악의 흉년이 들었다. 군사 정부가 과연 성공할 수 있을지, 앞길이 전혀 보이지 않았다. 정권을 잡은 군인들의 구둣발 소리가 중앙청의 복도를 요란하게 울렸지만, 그들은 무엇을 해야 할지, 어디로 가야 하는지 갈피를 잡지 못했다.

수출의 주력 상품이 된 공산품

1963년의 성장률은 처음 계획치를 훌쩍 넘어 9.1%에 이르렀다. 한국 경제에 갑자기 큰 활력이 솟구쳤다. 그것은 수출의 증대였다. 7,170만 달러로 잡았던 수출 목표는 8,680만 달러로 초과 달성되었다. 공산품 수출이 갑자기 치솟은 덕분이었다.

그동안 전통적인 수출품은 농산물인 쌀, 수산물인 김, 광산물인 텅스텐과 석탄 등이었다. 수출 촉진 정책이란 1차산업의 산물과 자연 자원을 수출하여 달러를 벌어들이는 것이었다. 1950년대 이승만 정부의 수출 정책과 1961년 군사 정부가 세운 개발 계획이 마찬가지였다. 군사 정부의 개발 계획은 이승만 정부와 발상이나 전략에서 다르지 않았다. 1963년의 수출 목표액 가운데 73%가 농수산물과 광산물의 수출로 채워졌다. 공산품의 수출액은 10%도 채우지 못했다. 당시에 공산품을 수출의 주력 상품으로 삼을 수 있다고는 아무도 생각하지 않았다.

그런데 1963년의 공산품 수출 실적은 처음 목표보다 4.4배나 많았다. 대조적으로 농수산물과 광산물의 수출 실적은 처음 목표에 밑돌았다. 공산품이 단숨에 수출품의 대표 선수로 솟아올랐다. 박정희 정부로서는 기대하지 않았던 엉뚱한 곳에서 그토록 목말라 했던 달러 박스가 튀어나온 셈이었다. 당시 한국무역협회는 "해방 후 일찍이 없었던 일"로서, "우리나라 수출 전망에 서광을 던져 준 사건"이라고 감격해 마지않았다.

공산품 수출의 삼총사는 철강재, 합판, 면포였다. 1950년대 후반에 이승만 정부에서 철강업이 발달했다. 철강이라 하지만 그것은 주로 가재 도구나 통 또는 지붕, 담장의 재료로 쓰이는 아연도 철판, 곧 양철이었다. 1950년대 말부터 시설 과잉에 빠진 국내 철강업자들은 수출을 시도하였는데, 1962년에 일신제 강이라는 회사가 47만 달러의 수출에 성공했다. 이듬해에는 베트남으로 1,211만 달러의 수출에 성공했다. 합판업은 대성목재라는 회사가 서독에서 우수한 기계를 도입하여 1960년에 미국으로 1만 5,000달러, 이듬해에 675만 달러의 수출에 성공했다. 1957년경에 전후 복구를 완료한 면방직업은 시설 과잉의 문제를 해소하기 위해서 동남아 수출 시장을 개척하기 시작했다. 1960년부터는 미국, 영국, 서독, 네덜란드 등으로 진출하였으며, 1963년에 이르러 414만 달러의 수출 실적을 올렸다.

공산품 수출의 대표들은 갑자기 튀어나온 것이 아니었다. 그들은 이승만 정부에서 적극적인 재정 투·융자를 받아 뿌리를 내린 다음, 안간힘을 다하여 수출 시장을 개척해 온 기업들이었다. 1963년부터 시작된 한국 경제 고도성장은 결코 박정희 정부만의 공로가 아니었다. 이승만 정부에서 애써 뿌린 씨앗이 박정희 정부에 들어와 열매를 맺기 시작한 것이었다.

일본 경제의 성장과 한국 공업 조건의 개선

갑자기 공산품이 수출의 대표 주자로 떠오른 것은 세계 경제가 새로운 시대로 접어들었기 때문에 가능했다. 선진국의 산업이 고도화되자, 후진국에 노동 집약적인 공산품의 생산을 맡기게 되었던 것이다. 세계 시장이 변화되면서 한국 경제의 잠재적 비교 우위가 아주 뚜렷하게 현실화되었다. 촉매제 역할은 일본 경제가 맡아주었다. 전후 복구를 마친 일본은 중화학공업화를 추진하여 고도성장기에 진입하고 있었다.

1962~1964년 사이의 일본 경제성장률은 연간 10%를 넘어섰다. 당시로

는 유례가 없는 기록이었다. 일본 경제는 노동력이 부족해지고 임금 수준이 높아지는 문제를 안게 되었다. 일본의 수출품도 노동집약적 경공업 제품에서 자본·기술집약적 중화학공업 제품으로 바뀌었다. 이런 변화는 한국의 경공업 제품이 국제 시장에서 일본의 제품보다 높은 경쟁력을 갖게 만들었다. 1960~1970년 사이에 일본의 경공업 제품이 수출에서 차지하는 비중은 41%에서 21%로 줄어들었다. 그런데 같은 기간에 한국의 경공업 제품이 수출에서 차지하는 비중은 32%에서 70%로 늘어났다.

임금 수준이 높아지자 일본의 경공업은 새로운 생산 기지를 외국에서 찾아야 했다. 바로 옆에 한국의 값싸고 풍부한 양질의 노동력이 기다리고 있었다. 일제 때 일본으로 건너가 성공한 재일교포 기업가들이 징검다리 역할을 했다. 교포 기업가들은 조국에서 경제 개발 붐이 일어나자 자진하여 공장을 옮기기도 했다. 국교도 수립되기 전에 한국경제인협회는 산업조사단을 일본에 파견하고 한국으로 넘어올 공업을 찾아다녔다. 그 결과 신문 보도에 따르면, 1963년 5월에 이미 1,400만 달러의 확정 투자 계약을 체결했다. 교섭 중인 계약도 1,500만 달러나 되었다.

국가 개조의 주체가 된 기업인

박정희 군사 정부가 경제 개발 계획을 세우고 추진하는 과정에 기업가들이 국정의 파트너로 등장했다. 이승만 정부는 경제 정책을 시행하면서도 독립 국가의 위신을 세우려고 하였다. 예컨대 이승만 대통령은 환율에 관련하여 미국의 간섭을 받지 않으려고 하였다. 국격을 고수하고 인플레이션을 억제하고자 불황 속에서도 초긴축정책을 고집했던 것이다.

1958년에 삼성의 이병철은 한국경제재건연구소라는 단체를 설립했다. 이 단체는 이병철이 소장을 맡았고 국내의 쟁쟁한 정치·경제학계 중진들이 대거 참여하였다. 자유당 정권의 주요 인사들과 기업인들이 한국 경제의 앞날을 놓고 진지하게 의견을 나누고 구체적인 청사진을 마련했다.

한국경제재건연구소를 운영하면서 얻은 소득은, 이병철을 비롯한 참여 인사들이 "대한민국의 살 길은 외자 도입을 통한 공업화의 길밖에 없다"라는 현실 인식을 함께한 데 있었다. 외자 도입으로 공업화를 추진할 수밖에 없었던 이유는 국내 자본의 절대적인 부족 때문이었다. 이승만 정부는 기업인들과 함께 한국 경제의 난국을 돌파할 방법을 고민했던 것이다.

장면 정부는 경제제일주의를 내세웠다. 경제 개발을 국정의 최우선 목표로 결정하고 시장의 논리에 따라 경제 정책을 집행하겠다는 뜻이었다. 1961년 3월에 장면 총리의 집무실에서 총리, 주요 각료, 주요 기업가들의 비공식 회동이 밤늦도록 이어졌다. 경제인들은 "일제 강점 기간과 광복, 6·25동란 등 온갖 풍상 속에서 정보력과 경영 능력을 키워 온 재계가 국가 경영의 한 주체로 떠오르기 시작한 것이다"라며 감격했다.

5·16 군사 정부가 들어서면서 정치가와 기업인의 협력 관계는 더욱 강화됐다. 부정 축재자로 몰려 처벌받았던 기업인들은 한국경제인협회를 만들고, 군사 정부의 개발 계획에 적극적으로 뛰어들었다. 박정희는 주요 경제 정책을 그들과 의논했다. 외국 차관의 도입에 보증을 서주는 법을 제정한 것은 이들의 요청에 따른 것이었다. 박정희에게 이론과 이념에 치우친 대학의 경제학자들은 별로 도움이 되지 않았다. 그렇지만 경제 현장에서 무역에 힘쓰고 공장을 운영해 온 기업가들은 크게 도움이 되었다. 그들은 국가 경제를 발전시킬 구체적인 정보와 실질적인 행동 계획을 가지고 있었기 때문이다.

기업가들은 무역의 중요성을 군인 출신의 정치가들에게 가르쳤다. 대성목재의 전택보 사장은 박정희를 만날 때마다 수출의 중요성을 강조하였다. 그는 홍콩에 들러서, 중국 피난민들이 뛰어든 보세 가공업을 주의 깊게 관찰하였다. 그리고 이미 1950년대 말부터 부산 지역에서 보세 가공을 시작하였다. 코오롱그룹을 창설한 이원만은 식민지 시대에 일본에서 기업 활동을 했었다. 그는 자원이 없는 한국 경제가 살 길은 무역밖에 없다고 강조하였다. 1960년대에 수출 주력품으로 자리잡았던 가발은 그의 아이디어에서 나왔다. 박정희는 이원만의 요구에 따라, 재일교포 기업가들을 위한 수출 공단을 서울 구로동에 세웠다.

삼성그룹을 창건한 이병철은 한국 제1의 기업가로서 '한국경제인협회' 초대 회장을 맡았다. 그는 자연 자원이 부족하고 자본 축적이 안 된 한국 경제가, 200년 전에 일어났던 영국 산업혁명의 코스를 그대로 밟아갈 여유가 없다고 잘라 말했다. 우리는 너무나 뒤떨어져 있어서 비약적인 수단이나 방법을 찾지 않으면 안 된다고 외쳤다. 외국 차관을 들여와 먼저 대기업을 키우고 뒤이어 중소기업과 농업을 발전시키는 하향식 코스가 맞다고 주장했다.

이병철이 대충 추산한 바에 따르면, 외자를 도입하여 경제를 발전시키면 10년 안에 국민소득을 두 배로 늘릴 수 있었다. 미국, 일본 및 서유럽에 21~23억 달러의 외자를 도입하여, 1,000개의 공장을 세우자, 그러면 50만 명의 종업원을 고용하고 250만 명의 가족을 부양할 수 있으며 하청 공장과 유통 단계의 고용까지 합하면 500만의 인구를 부양할 수 있다, 그에 따라 1,500만 농촌 인구의 1/3을 도시로 흡수하여 농업 생산성도 올릴 수 있다는 것이었다. 이병철의 개발 구상은 당시에 어느 경제학자도 제시한 적이 없는 독창적인 것이었다. 그의 경제 구상은 한국 경제의 고도성장 과정에서 그대로 현실화되었다.

이병철은 정신 문화도 바꾸어야 한다고 강조했다. 우리가 가난한 까닭은 인재가 부족하고 정치 지도력이 빈곤하기 때문이다, 조선 왕조 때 사대주의, 쇄국주의 및 사색 당쟁 때문에 국민 정신이 병들었다, 가난을 청렴으로 혼동하고 명분만 중시하면서 부정부패가 오히려 커졌다, 그래서 시기와 모략이 곰팡이처럼 득실거리게 되었다고 주장했다.

이병철은 성공한 기업가들을 부정 축재자로 몰아서 처벌하는 것은 부당하다고 날카롭게 지적했다. 귀속 재산, 은행 융자, 원조 자금을 배정받고도 쓸 만한 공장이나 유익한 사업 하나 일으키지 못한 실패한 기업가들은 그냥 놔두고, 오히려 수많은 어려움을 극복하고 기업을 세우고 생산 증가와 고용 증대에 공헌한 성공한 실업인들을 처벌했기 때문이다. 그는 정치가, 기업인, 일반 국민 모두가 반성해야 한다고 소리 높였다.

한일 국교 정상화

기업가들은 박정희 대통령에게 일본과 국교를 빨리 정상화하라고 요구했다. 한국의 풍부한 노동력과 일본의 우수한 기술력을 결합하면 세계 시장에 경쟁력 있는 공산품을 수출할 수 있었기 때문이다. 외국의 경제전문가들도 같은 의견이었다. 서독의 하인리히 뤼프케 대통령은 박정희 대통령에게 멀리 서독까지 와서 원조를 요청하지 말고 가까이 있는 일본과 협력하라고 충고했다.

장면 정부도 일본과 국교 정상화를 추진할 뜻이 있었다. 그렇지만 그러려면 수많은 정치적 불이익을 겪어야 했다. 국교 정상화를 위한 한일 회담은 미국의 강력한 권고로 1951년 10월부터 열렸다. 이때부터 1965년 6월에 한일협정이 타결될 때까지 14년 동안 무려 1,200여 회에 이르는 본회담과 부속 회담이 열렸다. 세계의 외교사에서 유례를 찾기 힘든 마라톤 회담이었으니 졸속 회담이라는 비난은 온당치 않다.

회담의 주요 쟁점은 재일교포의 법적 지위, 대일 청구권, 동해상의 어업권 등이었다. 처음 이승만 정부는 일본의 식민지 지배와 전후 처리에서 발생한 약 22억 달러의 피해를 일본에 청구했지만 일본은 근거가 없다며 무시했다. 일본은 오히려 자신들이 한국에 남긴 재산에 대한 청구권을 갖고 있다고 주장했다.

양국의 대립은 1953년 10월의 제3차 회담에서 최악의 상태로 치달았다. 일본 대표 구보타 간이치로[久保田貫一郎]는 일본의 한국 지배는 조선에 발전과 근대화를 가져왔으며 한국은 일본이 아니더라도 중국이나 러시아의 지배를 받을 수밖에 없었다고 주장했다. 한국인의 자존심을 크게 상하게 한 구보타의 발언으로 회담은 오랫동안 멈추게 되었다. 1957년 말에 일본은 구보타 발언을 취소하고 한국에 대한 청구권을 포기했다. 제4차 회담이 열렸지만, 1959년에 일본 정부가 재일교포를 북한으로 보내자 다시 중단되고 말았다. 일본과의 국교 정상화를 결단한 박정희는 1962년 11월에 김종필 중앙정보부장을 일본에 보냈다. 김종필은 일본의 외상 오히라 마사요시[大平正芳]와 비밀 협상을 해서 국교 정상화에 대한 일괄 타협에 성공했다. 청구권 문제에서는, 일본이 10년에 걸쳐서 한국에 무상 원조 3억 달러와 공공 차관 2억 달러를 제공하는 것으로 협상했다. 그 밖에도 일본은 3억 달러의 상업 차관을 주선해주기로 약속했다. 어업권 문제와 관련해서는, 어업전관수역 12해리 바깥에 공동규제수역을 설정하기로 합의했다. 1952년에 그어진 이승만라인이 지워졌다. 1964년에 회담 내용이 알려지자 야당과 대학가는 굴욕 외교라면서 크게 반발했다. 서울에서는 4·19 이후 최대의 군중 시위가 벌어졌다. 박정희는 계엄령을 선포했다. 1965년 6월에 한일협정이 마침내 조인되었으며 8월에 국회의 비준을 얻었다.

한일협정은 국교 정상화를 넘어서는 의미를 지녔다. 한국 경제는 한일협정을 계기로 세계의 자유무역 시장에 참여하게 됐다. 그러려면 환율 정책과 무역

정책을 국제 기준에 맞게 자유화해야 했다. 박정희 정부는 저환율 정책을 포기했다. 1960년 1달러에 65원이던 환율이 1965년에 270원까지 올랐다. 환율이 낮으면 기업가들이 외국에서 기계와 부품, 원료를 수입하여 공장을 짓고 가동하는 비용이 낮아져서 공장 건설에 유리하다. 그렇지만 달러로 표시된 수출품의 가격이 높아져서 수출에 불리해진다.

박정희 정부는 저환율 정책을 버리고, 환율을 현실화하여 수출을 키우기로 하였다. 또한 수입허가제나 수출입 링크제와 같은 갖가지 무역 제한 정책을 없앴다. 관세율도 내렸다. 일본과 무역할 때는 일종의 외상 거래를 먼저하고 6개월에 한 번씩 정부가 누적 적자를 청산해주고 있었는데, 이후로는 거래가 이루어질 때마다 상업적으로 결제하도록 했다. 무역자유화와 환율현실화를 인정받아, 우리나라는 1967년 GATT에 가입할 수 있었다.

베트남 파병과 경제 발전

한일협정과 함께 박정희 정부는 베트남 파병을 단행했다. 1964년 9월에 의무반 등 140명을 시작으로, 1965년 3월에는 공병, 수송 등 비전투요원 2,000명을, 그해 10월에는 해병대와 육군 2만 명을 베트남에 파견했다. 1973년에 철수할 때까지 한국 정부는 약 5만 명의 전투병을 베트남에 주둔시켰다. 박정희 대통령의 베트남 파병에는 두 가지 목적이 있었다. 무엇보다도 중요한 것은 한국의 군사 안보였다. 1963년에 미국은 베트남전쟁에 적극적으로 개입하면서 필요한 병력의 일부를 주한 미군으로 메꾸려고 하였다. 베트남 파병에는 한국에서 미군의 일부라도 철수할 명분을 주지 않으려는 목적이 있었다. 다른 한 가지 목적은 경제 문제였다. 미국은 한국군의 파병 비용을 전액 부담하기로 했다. 그리고 베트남의 건설 및 구호 사업에 필요한 물자와 서비스도 한국에서 구매한다는 약속도 했다. 한국은 전쟁 기간 베트남 무역에서 2억 8,300만 달러를 벌어들였다. 베트남에 파견된 군인과 노무자들이 받은 봉급과 베트남에서 우리 기업이 올린 수익을 합하면 무려 7억 5,000만 달러나 되었다.

1965년을 앞뒤로 한일협정을 타결하고 베트남에 파병하면서, 박정희 정부는 수출 주도형 개발전략에 맞는 정치 환경과 경제 환경을 만들어냈다. 한국은 주요 우방국과 정치적·군사적 유대를 군건히 하였을 뿐 아니라 경제 개발에 필요한 시장 조건을 갖추었다. 한국은 일본에서 수입한 원료와 중간재를 국내에서 완제품으로 가공하여 미국에 수출했다. 국제 시장의 진출은 1972년까지 한국 경제를 고도성장으로 이끈 가장 중요한 동력이었다. 태평양을 사이에 두고 성립된 한·미·일의 정치·경제적 관계는 태평양 삼각 동맹과 같았다.

이때부터 한국 경제는 질풍과 같은 고도성장기에 들어갔다. 의욕만 앞섰던 제1차 경제개발계획이 설정한 연평균 7.1%의 성장률은 7.8%로 초과 달성되었다. 이에 힘입어 박정희 대통령은 1967년의 대통령 선거에서 무난하게 재선됐다. 제2차 경제개발계획(1967~1971)의 성장률은 9.6%에 이르렀다. 고도성장은 유리한 국제 환경뿐만 아니라 효율적인 정부가 있었기에 가능했다. 정치학자들은 대한민국처럼 정부가 중심이 된 효율적인 제도와 정책의 체계를 발전 국가 체제라고 불렀다.

투자 자금의 전략적 조성과 배분

대통령을 정점으로 하는 한국의 발전 국가 체제는 다음과 같은 특징을 가지고 있었다. 첫째, 경제 성장에 필요한 투자 자금을 정부가 조성하고 전략적으로 배분했다. 국내의 자본 축적이 빈약했기 때문에 투자 자금의 주요 원천은 외국 차관이었다. 제2차 개발 계획기에는 국민총소득 가운데 투자가 차지하는 비중이 평균 24.7%로 높은 수준이었다. 국내 저축이 차지하는 비중은 17.7%였다. 모자라는 7%의 자금은 외국 차관으로 메워졌다. 차관의 도입은 높은 수준의 투자를 뒷받침했다. 제1차 개발 계획기에 2억 9,000만 달러에 불과하던 차관액은 제2차 개발 계획기에는 21억 6,000만 달러로 늘어났다. 정부는 1966년에 외자도입법을 제정하여 정부가 상업 차관에 지불 보증을 하고, 덧붙여 차관 도입 업체에 여러 혜택을 부여했다. 차관을 보내주었던 나라는 미국과 일본이었다. 차관의 도입은 경제기획원의 심사와 허가를 거쳤다. 경제기획원은 차관을 경제 발전 전략에 맞추어 효율적으로 배분했다.

사업 결과를 기준으로 한 공정한 자금 배분

둘째, 정부가 자금을 배분할 때 사업 결과를 기준으로 삼았다. 정부가 마음대로 자금을 나누었다면 혈연, 지연, 학연 등의 연고를 배제하기 힘들었을 것이다. 후진국에서 정부가 주도한 경제 개발은 대부분 부정부패의 늪에 빠져 실패했다. 한국의 발전 국가 체제는 사후실적제를 통해서 부정부패의 사슬에서 벗어났다. 정부는 수출을 촉진하기 위해서 여러 가지 지원 정책을 펼쳤다. 수출용 원자재와 부품에 대해서는 관세를 면제해 주었으며 수출품을 국내에서 판매할 때는 내국세도 면제해주었다. 수출업자에게는 은행의 일반 대출보다 낮은 금리로 생산 자금을 융자해줬다. 수출업자들이 얻는 혜택은 197년도에 공정 환율의 30%나 되었다. 당시의 환율은 1달러에 398원이었다. 당시에 1달러를 수출하면, 수출업자가 정부로부터 130원 가량의 보조금을 받은 셈이다. 정부의 엄청난 혜택은 외국에서 신용장을 취득한 수출업자에게만 주어졌다.

1950년대까지 한국의 관료제는 매우 불완전한 상태였다. 정부가 관료들에게 봉급을 넉넉히 지급하지 못하자 부정부패가 넘쳤다. 1965년부터 경제 성장의 과실이 쌓이자 박정희 정부는 공무원 월급을 파격적으로 올렸다. 공무원의 채용 방식도 비공개적인 연고주의에서 공개적인 행정고시로 바꾸었다. 이런 과정을 통해서 근대적인 관료제가 성숙했다. 관료들의 부정부패는 여전했지만, 정부 주도의 자원 배분을 일그러뜨릴 정도는 아니었다. 한 세대에 걸친 고도성장에는 정책을 공정하게 기획하고 집행한 관료 사회의 공헌도 적지 않았다.

선진 기술과 고급 인력의 공급

셋째, 한국의 발전 국가 체제는 선진 기술과 고급 인력을 주도적으로 공급했다. 고도성장과 더불어 숙련공의 부족 문제가 심각해졌다. 제2차 경제개발계획을 수행하려면 약 22만 명에 이르는 기능공과 기술공이 필요했다. 그래서 약 10만 명은 기술학교, 전문학교와 초급대학의 교육기관에서 양성하기로 하고, 나머지 12만 명은 공공 직업 훈련과 사내 직업 훈련으로 양성하기로 하였다. 직업 훈련을 지원하고자 직업훈련법도 제정하고, 전국 각지에 164개의 공공 및 사내 직업 훈련소를 설치했다. 정부의 훈련 정책은 제3차 경제개발계획에서 더욱 강력해져서, 30만 명의 기능인을 양성했다.

베트남전쟁 파병의 대가, 한국과학기술연구소

한편, 정부는 과학 기술의 발전도 강력하게 추진했다. 박정희 정부는 베트남전쟁 파병의 대가로 미국의 원조를 받아, 1966년에 한국과학기술연구소(KIST)를 설립했다. 부족한 식량을 수입하는 데 원조 자금을 써야 한다는 주장이 많았지만, 박정희는 대한민국 공업과 과학 발전에 기여할 종합 연구소를 먼저 세웠다. 정부는 외국에 있는 우수한 한국인 과학자를 모셔다 특별히 우대했다. KIST는 산업실태조사단을 꾸리고 국내 산업의 여건과 과학 기술에 대한 수요

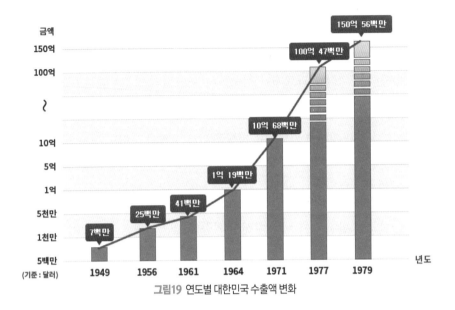

그림19 연도별 대한민국 수출액 변화

부터 파악했다. KIST의 우수한 과학자들은 석유화학공업, 제철업, 전자공업
등 한국 경제를 이끌고 갈 기간 산업의 건설에 큰 공을 세웠다.

KIST가 설립된 후 박정희 대통령은 매달 한두 번씩 연구소에 들렀고, 연구
원들은 물론 연구동 건설 현장에 있는 인부들까지 격려했다. 외국에서 뽑아온
박사들에겐 집을 주고, 대통령 자신보다 몇 배 많은 봉급을 주었으며, 당시 국
내에 없었던 의료보험 혜택까지 미국보험회사를 동원해서 제공하였다. 부지와
예산 배정에 이르기까지, 박정희 대통령은 다른 정부 부서와 경제기획원에 맞
서 KIST의 손을 들어주었다.

뛰어난 개발 계획 수립과 집행 능력

넷째, 한국의 발전 국가 체제는 개발 계획을 세우고 집행하는 데 뛰어났다.
경제 성장을 위한 자원 배분을 선진국에서는 시장이 주도했다. 기업, 상사, 은

행, 증권 시장, 협회 등이 성장에 필요한 정보를 수집하고 평가하고 자금을 조성하여 자기 책임으로 투자했다. 정부는 시장이 감당할 수 없는 역할만 맡았다. 대표적인 예가 5년을 단위로 수립한 개발 계획이었다. 우리의 개발 계획은 사회주의 국가의 계획경제에서 시행되는 명령적(imperative)인 것이 아니었다. 개별 정책을 입안하고 집행하는데, 우리나라의 개발 계획은 별로 큰 구속력을 갖지 않았다. 우리의 개발 계획은 정부가 어디로 가고 있다는 것을 민간에 알리는 지시적(indicative)인 역할만 하였다. 시장의 주체들은 경제 개발 계획에 맞추어 시장 활동을 펼쳤다. 우리의 개발 계획은 경제 개발에 요구되는 정부와 민간의 협동 체제를 만들어냈을 뿐이다.

월간경제동향보고와 수출진흥확대회의

　박정희 정부는 정례적인 회의 체제를 효율적으로 운영했다. 수출 주도형 개발 전략의 깃발이 높이 걸린 1965년부터, 월간경제동향보고와 수출진흥확대회의라는 두 회의가 매달 정기적으로 열렸다. 경제기획원의 주관으로 열린 월간경제동향보고는 1979년 9월까지 177개월 동안에 총 146회나 열렸다. 상공부가 주관한 수출진흥확대회의가 정례화된 것은 1966년부터로, 1979년 9월까지 165개월 동안에 총 147회가 열렸다. 월간경제동향보고는 물가와 국제수지 등, 거시경제의 지표를 점검하는 것에서부터 개별 산업 정책이나 공기업의 구조 조정에 이르기까지, 포괄적인 국정 과제를 다루었다. 수출진흥확대회의는 수출과 관련된 국내외 시장의 동향과 수출 정책을 미시적으로 다루었다. 두 회의는 주제에 따라 관련 업계와 학계의 전문가를 초대하여 관민 합동으로 열렸다.

　월간경제동향보고와 수출진흥확대회의는 고도성장의 엔진 역할을 하였다. 관계, 업계, 학계가 축적한 고급 정보를 광범하게 수집하고 분석하고 분배하였는데, 여기에서 개발 정책의 모색, 입안, 결정, 집행, 조정의 최고로 효율적인 체계를 만들어내었다. 여러 후진국의 개발 경험을 보면 늘 계획보다 실행이 문제였다. 개발 계획은 산업과 시장 현장에서 언제나 예상하지 못한 장애물에 마주치게 되는데, 이런 문제를 재빠르게 중앙에 보고하고 종합적인 분석에 따라 정책을 수정하고 보완해야 한다. 그런 역할을 담당하는 기구를 만드는 자체는 그리 어렵지 않다. 문제는 조정 기구가 강력하고 효율적으로 움직이는가에 있다. 이는 후진국들이 풀기 어려운 문제다.

계획 조정 기구가 제대로 움직이려면 우수한 능력의 관료제가 필수적이다. 그렇지만 보다 더 중요한 것이 최고 집권자의 강력한 의지와 리더십이다. 한국에서는 월간경제동향보고와 수출진흥확대회의가 훌륭하게 역할을 해냈다. 15년 동안 매월 두 차례의 대형 회의를 열었던 나라는 세계 어디에도 없다. 박정희 대통령은 무서운 집념으로 매달 두 회의를 주관했다. 감기 걸렸을 때를 빼고는 회의에 거의 빠진 적이 없는 박정희 대통령은 어느덧 최고 수준의 경제전문가가 되었다.

비료, 석유화학 공업의 성공과 경부고속도로 건설

수출 주도형 경제 개발을 추진하면서 동시에 박정희 정부는 정유, 비료, 석유화학, 제철과 같은 기간 산업을 일으키려고 애썼다. 경제 자립을 이루려면, 경제 자립을 넘어 잘 살고 막강한 국가를 만들기 위해서는 반드시 기간 산업이 튼튼해야 한다. 기간 산업이 허술하면 수출 공업에 들어가는 원자재와 중간재를 수입에 의존해야 하기 때문이었다. 1962년에 박정희 정부는 대한석유공사를 세우고 미국 걸프석유회사에서 투자와 차관을 유치하여, 울산에 하루 3만 5,000배럴을 생산하는 정유 공장을 건설했다. 비료 공장으로는 이승만 정부에서 제1비료(충주)와 제2비료(호남) 공장이 건설됐는데, 1963년부터 제3비료(울산)와 제4비료(진해) 공장을 더 건설했다.

1965년부터 수출의 효자 상품은 의류였다. 스웨터, 와이셔츠, 아동복 등 섬유 봉제품의 수출이 증가하자, 직물, 화학섬유, 화학섬유 원료의 순서로 유발 수요가 늘어났다. 정부는 석유화학공업의 건설을 제2차 개발 계획의 핵심 사업으로 선정했다. 상공부에는 석유화학공업과가 신설됐다. 1968년에 울산공업단지에서 나프타 분해 공장을 비롯한 석유화학 계열의 공장이 아홉 개나 착공됐다. 처음에는 차관을 도입하거나 합작 투자를 유치하는 데 적지 않은 어려움이 있었다. 1970년에 정부는 석유화학공업육성법을 제정하여 투자 자금을 적극적으로 지원하였다. 뿐만 아니라 외국산 제품의 수입을 금지하여 국내 시장을 보호하기도 하였다.

국내 공업을 육성하려고 정부가 무역 제한 정책을 강화하자, 1967년에 60%에 이르던 무역 자유화율은 1970년대 중반까지 오히려 떨어졌다. 울산의 석유화학공업단지는 정부의 적극적인 지원에 힘입어 1972년 10월에 준공되었다. 한국 경제는 에틸렌, 프로필렌 등 기초 원자재에서 최종 제품까지 일괄 생산하는 석유화학 콤비나트의 보유국이 되었다.

1964년에 박정희 대통령은 서독을 방문하였다. 그는 서독의 경제 부흥을 이끈 고속도로에 깊은 감명을 받았다. 경부고속도로의 건설 계획이 발표되었는데, 건설비는 처음에 300억 원으로 추산되었다. 당시 정부 예산의 13%나 되는 거액이었다. 야당의 유력한 정치인들은 경부고속도로가 한국 경제를 일본 경제에 예속시킬 뿐이라고 주장했다. IBRD도 고속도로의 경제적 타당성에 의문을 제기했다. 심각한 반대를 극복하고 경부고속도로는 1968년 2월에 착공되어 1970년 7월에 완공됐다. 경부고속도로는 전국을 단일 시장권으로 묶었다. 한국 경제의 대동맥이 된 경부고속도로는 초기 10년 동안 화물 수송을 16배나 늘려 놓았다.

포항제철의 성공, 중화학공업 성공의 기반이 되다

종합제철소의 건설 계획은 제1차 개발 계획에 이미 들어 있었지만 투자 자금이 없어서 착공을 못하고 있었다. 철강재는 고도성장에 따라 수요가 큰 폭으로 늘어나고 있었는데 대부분 일본에서 수입하고 있었다. 국내의 제철업도 심각한 불균형 상태에 빠져 있었다. 예컨대, 제선(철광석을 녹여 무쇠를 만드는 일) 부문의 생산 능력은 4,800t에 지나지 않았는데, 제강과 압연의 생산 능력은 14만 8,000t과 57만 1,000t이나 되었다. 한국이 산업화에 성공하기 위해서는 종합제철소 건설을 반드시 성공시켜야 했다. 정부는 종합제철소의 건설에 자금과 기술을 공급할 국제 투자단(KISA, 대한국제제철차관단)을 구성하였다. KISA가 초대한 국제 금융 기관들은 한국의 종합제철소 건설 능력을 의심하여 투자하려 들지 않았다.

박정희 대통령은 종합제철소에 대한 꿈을 포기하지 않았다. 종합제철소의 건설은 미루어져 제2차 개발 계획에서 중점 사업이 되었다. 정부는 1968년 4월에 포항제철주식회사를 설립하고, 포항에 공장 부지를 정비하는 등 준비 작업을 해나갔다. 그렇지만 KISA는 끝내 자금과 기술의 제공을 거절했다. 궁지에 몰린 박정희 대통령은 한일협정의 청구권 자금 일부를 종합제철소의 건설에 투입하기로 하고 일본 정부의 동의를 구하였다. 일본 정부는 한국 경제의 발전을 돕는 차원에서 동의했고 기술 자문까지 제공해 주었다. 일본의 협력을 얻어서 1970년 4월에 포항종합제철소가 착공되었다. 계획보다 3년이나 지연된 공사였다.

1973년 6월에 제선 능력 103만t의 포항제철이 세워졌다. 산업 능력이 없는 후진국이 103만t의 일관 공정 제철소를 짓는 데 성공했다는 것은 모두의 예상을 뛰어넘는 일이었다. 박정희는 큰 실패의 위험이 따르면서 거대 자본을 움직이는 포항제철이 실패하지 않도록, 포항제철 사업 추진을 맡은 박태준을 정치적 외풍으로부터 철저히 보호했다. 포항제철은 1981년까지 850만t으로 제선 능력을 늘렸다. 1985년에 포항제철은 전남 광양에 또 하나의 제철소를 세웠다. 광양제철소는 1992년까지 1,140만t의 생산 능력을 갖추었다. 박태준 회장은 포스코가 다 합쳐 2,100만t 생산 능력을 갖추게 되었을 때 박정희 대통령의 무덤 앞에서 자신들의 염원이 이루어졌다는 보고서를 조사(弔詞)로 발표했다. 포항제철은 중화학공업화의 중요한 초석이 되었다. 일본이 청일전쟁의 전쟁 배상금으로 야하타제철소를 지어 러일전쟁에서 승리하는 기초를 마련했듯이, 대한민국의 박정희 정부는 일본의 대일청구권 자금으로 포항제철소를 지어 선진 산업 국가로 진입했다.

(4) 중화학공업화와 국가 개발

10월유신의 배경

박정희 대통령은 1973년 1월에 '중화학공업화선언'을 했다. 1972년 10월에 박정희는 10월유신이라는 또 한 번의 정변을 감행했다. 박정희는 사실상 종신 집권이 보장된 가운데, 국회의 견제를 벗어나 절대 권력을 휘두를 수 있게 됐다. 10월유신의 정치적 배경에는 1960년대의 끝 무렵부터 심각해진 군사 안보의 위기가 있었다. 1968년부터 북한은 군사적 도발을 강화했다. 1969년에 미국의 닉슨 대통령은 장차 동아시아에서 조금씩 발을 뺄 계획인 닉슨독트린을 발표했다.

닉슨 행정부는 베트남전쟁 때의 약속을 저버리고, 일방적으로 미7사단의 철수를 통보했다. 미7사단은 인천상륙작전에도 참여한 상징적인 부대였다. 박정희는 한국의 안보는 스스로 책임질 수밖에 없으며, 느닷없이 닥칠 미국의 공백 상황에서 우리 자신을 지킬 방도를 찾아야 한다고 생각했다. 자주 국방 능력을 갖추려면 한시라도 바삐 중화학공업을 일으켜야 했다. 일본이 전 세계를 상대로 과격한 전쟁을 수행할 수 있었던 것도 무기와 군수 물자를 생산하는 중화학공업을 고도화했기 때문이었던 것을 군인이었던 박정희는 아주 잘 알고 있었다. 이미 북한은 자신의 능력으로 전차와 전함, 항공기를 만들며 대한민국을 강하게 위협하고 있었다.

10월유신의 경제적 배경으로는 당시에 고도성장의 한계에 부딪혔던 상황을 들 수 있다. 그때까지 수출의 주력품은 의류, 합판, 양철, 전기 제품, 신발, 가발, 완구의 순서였다. 그 상당 부분은 보세 가공품이었다. 지정된 공업 단지에서 중간재와 부품을 수입하여 가공한 다음 곧바로 수출하는 것들이었다. 낮은 수익률의 노동집약적인 제품을 만들어서 1971년에 10억 달러의 수출 고지를 넘었다. 그러나 더 높은 목표를 이룰 수 있을지 알 수 없었다. 한국 경제가 일종의 성장 한계에 맞닥뜨린 징조는 여러 곳에서 뚜렷해지고 있었다.

1972년 5월에 수출진흥확대회의가 끝난 뒤, 박정희 대통령은 오원철 비서관을 청와대의 집무실로 불렀다. 100억 달러의 수출에 이르려면 어찌해야 하는가를 물었다. 그는 일본이 1956년부터 추진한 중화학공업화밖에 없다고 대답했다.

야당과 빚은 정치 갈등도 또 하나의 배경이었다. 야당은 1967년과 1971년의 대통령 선거에서 박정희의 수출 주도형 개발 정책을 비판했다. 김대중이 재야

학자들의 의견을 모아 대안으로 제시한 대중경제론은 외국 수출 시장이 아니라 국내 시장을 무대로 하여 대기업이 아니라 농업과 중소기업을 먼저 발전시키자는 것이었다. 야당의 경제 정책은 박정희의 비전이나 철학과 너무나 달랐고 전략적인 투자를 바탕으로 한 수출 중심의 한국 경제가 나아가야 할 방향과 너무나 동떨어져 있었다. 박정희의 판단에서 야당과 김대중의 경제 정책은 지금까지 어렵고 무리하게 이룬 경제 개발의 성과를 완전히 없던 것으로 무너뜨리는 것이나 다름없었다. 그것은 다시 빈곤과 무능력, 무기력의 비극으로 돌아가는 것이었다. 대한민국이 제대로 서려면, 자주 국방을 오른발로 삼고 100억 달러의 수출 경제를 왼발로 삼아야 했다. 그러나 박정희에게 있어 대중경제론은 대한민국의 두 발을 다 잘라버리는 터무니없고 무책임한 주장이었다. 당시에 민주적인 선거로는 야당으로 정권이 넘어가야 마땅한 시기였다. 그렇게 되면 지난 10년 동안 힘들게 쌓아온 고도성장의 경제 체제는 하루아침에 무너질 것이 뻔해 보였다.

국내외의 우려 속에 출발한 모험적인 중화학공업화 계획

여러 가지 생각 끝에 박정희는 10월유신이라는 정변을 감행하고, 경제 성장의 활로를 찾고자 중화학공업화의 모험에 나서기로 했다. 1973년 6월에 중화학공업화 계획을 발표했다. 철강·비철금속·기계·조선·전자·화학공업을 6대 전략 업종으로 선정하고, 이후 8년 동안 총 88억 달러의 자금을 투자하기로 하였다. 1981년까지 전체 공업에서 중화학공업의 비중을 51%로 늘리고, 1인당 국민소득 1,000달러와 수출 100억 달러를 달성하겠다는 목표였다. 중화학공업화 계획에 대해서는 개발 계획의 중추 기관인 경제기획원조차 부정적이었다. 한국 경제에 자문 역할을 해 온 IMF와 IBRD도 부정적이었다.

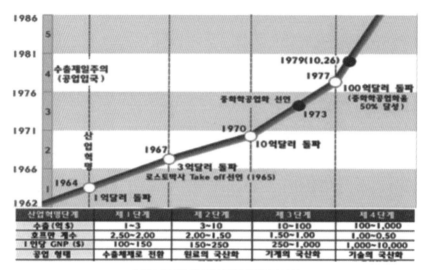

산업혁명단계	제1단계	제2단계	제3단계	제4단계
수출 (억$)	1~3	3~10	10~100	100~1,000
호프만 계수	2.50~2.00	2.00~1.50	1.50~1.00	1.00~0.50
1인당 GNP ($)	100~150	150~250	250~1,000	1,000~10,000
공업 형태	수출체제로 전환	원료의 국산화	기계의 국산화	기술의 국산화

그림20 박정희 정부의 시기별 산업혁명 구상

　국내외의 전문 기관이 반대한 데에는 마땅한 이유가 있었다. 1964년 즈음에는 수출 주도형 개발 전략이 현실성을 띠고 있었다. 당시에는 세계 시장에서 한국 기업의 노동집약적인 경공업 제품이 비교 우위에 있었다. 그런데 1973년의 중화학공업화 계획에는 어떤 형태의 비교 우위도 보이지 않았다. 전자를 제외한 철강, 기계, 조선, 화학 등은 중후장대 공업으로서, 산업혁명 이후 오랫동안 선진국이 독점해 온 것이다. 한국과 같은 후진국이 선진 시장에 뛰어들어 경쟁력을 얻기는 불가능해 보였다.

　한국에서 중화학공업화의 투자는 지나치게 모험적이었다. 자칫하면 그때까지 얻은 성공의 성과를 모두 잃을 수도 있었다. 그렇지만 박정희는 그 길로 뛰어들었다. 10월유신이라는 또 한 차례의 정변도 무릅썼다. 정치적 저항은 치열했다. 박정희는 결국 7년을 버티고 쓰러졌다. 모두의 반대를 마다하고 불가능한 목표를 향해 폭주하다가 폭발한 것 같았다.

당시의 세계 경제는 단기 분석에 익숙한 경제학자들로서는 도저히 예측할 수 없었다. 갑작스러운 기술 혁신으로 경제 지형 자체가 뒤흔들리고 있었기 때문이다. 따라서 철강, 조선 등의 전통공업이라 해도 선진국의 비교 우위가 절대적이지는 않았다. 전자와 같은 신흥 공업의 경우는 더욱 그러했다. 중화학공업의 비교 우위는 기술 혁신과 산업 정책에 따라 선진국 사이에서도 요동치고 있었다. 박정희의 중화학공업화는 국제적인 비교 우위가 물결치는 세계 시장에 뛰어들어 한국 나름의 비교 우위를 찾아 나선 셈이었다. 박정희의 모험적인 투자는 결국 성공했다. 몇 년이 늦어졌다면 선진국과 격차가 너무 벌어져서 우리는 선진국의 문턱에 올라서지 못했을 것이다. 박정희는 선진국행 열차의 마지막 칸에 한국인을 태우는 데 성공한 것이다.

공학적 접근, 경제제일주의와 행정과 통치의 효율 극대화

국내외의 반대에 마주친 박정희는 국무총리 소속으로 중화학공업추진기획위원회를 설치했다. 청와대 안에 중화학공업추진위원회 기획단을 두었다. 중화학공업화의 추진에는 기획단의 오원철 단장이 핵심 역할을 맡았다. 기획단은 국제적으로 최신의 기술을 도입하고 공장의 규모도 충분히 커야 한다는 원칙을 세웠다. 그래야 새로 건설하는 중화학공업이 국제 경쟁력을 갖출 수 있었기 때문이다. 기획단은 한 분야에서 한두 민간 사업체를 선정하여, 국제 경쟁력을 갖출 수 있도록 공장 부지, 도로, 설비 자금 등을 전폭적으로 지원하였다.

한국 경제가 중화학공업화를 향한 마지막 열차에 올라탈 수 있었던 것은 바로 이 '공학적 접근' 덕분이었다. 정치적인 고려와 배려를 모두 없애버리고, 오직 경제적·기술적 효율만을 추구했다. 이런 산업 정책은 기회의 균등과 절차의 정당성을 요구하는 민주 정치 체제에서는 해낼 수 없는 것이다. 유신 체제는 정치가 사라진 공간에 정책과 행정, 통치의 효율만을 극대화했다. 박정희의 유신 체제는 민주적 정당성을 포기하고 경제제일주의를 추구했다. 그랬기에 백척간두의 모험을 성공시킬 수 있었다.

중화학공업화는 우수한 민간 기업을 주체로 삼아 추진되었다. 전체적인 계획을 세운 것은 정부이지만 실제로 공장을 건설하고 제품을 생산하고 외국 시장에서 판매한 것은 민간 기업이었다. 기업가들은 처음에는 성공의 가능성이 의심스러운 중화학공업화에 참여하기를 망설였다. 그러나 박정희 대통령의 강권과 정부의 강력한 정책 의지에 떠밀려 적극적인 자세로 돌아섰다. 소수의 기업만이 아니라 다수의 국민도 동원됐다. 정부는 1972년부터 1981년까지 무려 100만 명에 가까운 기능인을 길러냈다. 정부는 19개 학교를 기계공고로 지정하고 특별지원을 했다. 50%가 넘는 학생들이 학비 면제의 혜택을 받았으며, 재학 중에 정밀기공사 2급의 자격을 얻은 학생에게는 연간 10만 원의 장학금을 주었다. 집안 형편이 어려운 학생들에게는 기숙사를 제공했다. 이들은 졸업과 동시에 중화학공업 부문의 대기업에 선발되었다.

고도성장과 중동 건설 붐

경제학자들의 비관적인 예측과 달리 중화학공업화는 초반에 훌륭한 실적을 거두었다. 조선공업이 좋은 예이다. 현대그룹의 정주영 회장은 박정희 대통령의 강권에 못 이겨 자본, 기술, 경험 가운데 아무것도 없는 조선공업에 뛰어들었다. 1973년에 현대조선중공업을 설립했고 최초로 수주한 선박은 그리스 선주의 유조선 두 척이었다. 정주영 회장은 런던의 금융시장에서 조선소를 짓는 자금을 끌어내는 데 성공했다.

영국 자본을 유치한 연고로 현대조선은 영국 조선소의 설계도와 기술자를 영입했다. 영국의 조선공업은 땅 위에서 숙련공들이 설계도에 따라 철판을 하나씩 용접으로 붙이는 낡은 기술로서 이미 경쟁력을 잃고 있었다. 현대조선은 덴마크로부터 도크에서 블록을 조립하는 방식의 건조 기술을 도입했다. 현대조선의 초대 사장은 덴마크 사람 쿨트 스코우였다. 그러자 설계도와 건조 기술이 어긋나 많은 문제가 발생했다. 이 문제를 해결하려고 현대조선은 일본 가와사키중공업에 설계 기술자를 보내달라고 요청했다.

당시 일본의 조선공업은 세계 최고였으며, 넘치는 주문을 감당할 수 없을 지경이었다. 가와사키는 바다 건너 울산에 하청 공장 같은 것이 하나 있으면 좋겠다는 생각을 했다. 넘치는 주문을 해소하면 좋겠다는 기대를 가지고 현대조선을 지원했다. 그리스 유조선 두 척에 이어 현대조선이 수주한 홍콩의 유조선 네 척은 실은 가와사키가 주선한 것이었다. 그렇지만 현대조선의 경영자와 기술자는 외국 자본의 의도대로 움직이지 않았다. 그들은 영국, 덴마크, 일본의 기술자들을 교묘하게 견제하면서 자신들만의 설계와 건조 능력을 키워나갔다. 1976년에 홍콩 유조선을 다 지을 무렵, 현대조선은 고유 모델의 선박 생산 능력을 확보했다. 겨우 3년 만에 그런 실력을 갖추리라고는 기술 협력을 제공했던 가와사키조차 상상할 수 없었다.

현대조선에 파견된 가와사키의 기술자들은 현대조선의 성공 요인을 '현대정신', '뛰어난 국제 감각과 임기응변을 토대로 한 실행력 있는 경영', '인재 조달력'의 세 가지로 요약했다. 그들의 설명에 따르면, '현대정신'은 강인한 의지와 활력을 지닌 최고 경영자가 종업원을 철저하게 지도하는 토건업자의 자세를 토대로 구축된 것이었다. '현대정신'은 매주 금요일 밤에 서울에서 울산에 내려와 현장을 점검하고 회의를 주재하는 정주영 회장의 근면성과 열성, 그리고 수많은 곤란, 실패, 부정적 의견에도 불구하고 밀고 나가는 최고 경영자의 의지,

상명하복의 철저한 군대식 조직에서 나오는 단결심과 종업원의 근로 의욕 등을 뜻했다.

가와사키의 기술자들이 관찰한 현대조선의 성공 비결이 현대조선에서만 나타나는 것은 아니었다. 삼성과 대우와 같이 중화학공업화에 참여한 대기업에서 모두 나타난 현상이었다. 대기업의 최고 경영자들은 박정희 대통령이 구축한 발전 국가 체제의 부서를 담당한 책임자와 같았다. 대통령의 '조국 근대화' 이념과 '산업 보국'의 책임감으로 무장한 최고 경영자들은 근면, 의지, 능력의 미덕을 한껏 떨쳤다.

기업가들만이 아니었다. 중화학공업화가 성공할 수 있었던 가장 기초적인 조건은 수많은 기술자와 숙련공들로 채워진 우수한 인적 자본이었다. 그들 역시 '산업 보국'의 이념을 공유하고 최선을 다하여 외국의 선진 기술을 도입하고 학습하고 개량해나갔다.

중화학공업화는 기계공업의 실적이 상대적으로 안 좋았지만, 전반적으로 목표를 초과 달성했다. 질풍과 같은 고도성장도 계속되었다. 경제성장률은 오일쇼크가 발생한 1974~1975년에 6~8%로 멈칫하였을 뿐, 1978년까지 10.1~12.6%의 높은 수준을 지켰다. 특히 중화학공업을 포함한 제조업이 놀라운 성장률을 기록했다. 제조업의 성장률은 무려 20%에 이르렀다. 그 결과 1979년에는 전체 제조업에서 중화학공업이 차지하는 비중은 54%가 되었으며, 그해 공산품 수출에서 중화학 제품의 비중은 48%에 이르렀다. 이와 같은 공업 구조의 변화는 선진국에서 100년 넘게 또는 수십 년에 걸쳐서 일어난 것이다. 수출 100억 달러의 목표도 처음 계획보다 4년을 앞당긴 1977년에 달성하였다. 1인당 국민소득 1,000달러의 약속도 1977년에 지켰다. 그 해의 1인당 국민소득은 1,011달러였다.

1973년에 국제 석유 가격이 네 배 넘게 오르는 오일쇼크가 일어났다. 오일쇼크는 중화학공업화를 막 시작한 한국 경제에게 적지 않은 시련이었지만 중동 건설 붐이라는 선물도 안겨주었다. 석유 가격이 오르자 오일 머니가 쌓인 중동 지역에서 건설 붐이 일어났다. 베트남에 진출했던 한국의 건설업은 베트남전쟁이 끝나자 중동으로 진출했다. 사막의 뜨거운 환경 속에서도 경영자와 노무자들은 놀라울 만큼 부지런함과 끈질김을 보여주었다. 토목공사의 힘든 노동을 견디게 해준 것은 무엇보다도 '조국 근대화'의 이념이었다. 중동 건설로 벌어들인 외환 총액은 205억 달러나 되었다. 같은 기간에 벌어들인 전체 수출액의 40%를 차지했다. 중화학공업화의 성공에는 중동 건설의 붐이라는 뜻밖의 행운이 자리잡고 있었다.

오일쇼크와 원자력 발전

1960년대와 1970년대에 걸친 한국 경제사에서 가장 큰 시련으로는 석유 에너지의 위기를 꼽을 수 있다. 오일쇼크로 말미암은 에너지 위기는 1973년 말에 시작해 1975년 상반기에 걸쳐 약 1년 반 동안 한국 경제를 모질게도 괴롭혔다. 석유 파동은 한국의 경제·사회를 세 가지 면에서 위기로 몰고 갔다. 첫째, 아랍 산유국이 한국에 대해 원유 판매를 금지하여 우리나라는 석유 부족에 시달렸다. 둘째, 아랍 산유국이 원유 값을 네 배나 올리자 전 세계에서 각종 물가가 엄청나게 올랐다. 한국에서는 원유 값이 올랐을 뿐만 아니라 국제 상품의 값이 모두 올라 끔찍한 물가 파동을 겪게 되었다. 셋째, 원유 값이 오르고 무역 적자가 심해져서 한국의 국가 경제가 파산 상태에 이르렀다. 한국은 당시 산업 구조나 공업 구조가 제대로 정비되어 있지 않았다. 경제 규모도 작고 경제력도 약할 때라서 석유 파동의 타격은 실로 어마어마했다. 말 그대로 기름값 때문에 나라가 파산하고 그동안 힘들게 쌓아온 모든 것을 잃어버릴 수 있는 것이었다.

박정희 대통령은 에너지 위기가 닥치자 석유의 속박에서 벗어나 전기 값을 안정시키는 방안을 제시했다. 첫째, 한국의 발전 시설을 원자력 발전 방식으로 일대 전환한다. 둘째, 원자력발전소를 계속 건설해 나가면서 이를 국산화한다. 셋째, 원자력 발전에 필요한 핵연료도 국산화한다. 즉, "원자력 산업의 국산화' 내지는 '원자력 기술의 완전 독립'에 관한 지시였다. 이승만 정부의 원자력 정책을 계승하고 한층 업그레이드한 것이다.

'원자로에 대한 국산화 연구'는 현경호 국방과학연구소 부소장 겸 원자력연구소장에게, '발전소 부문'은 한전 기술 총책임자 김종수 사장에게, '발전소 제작'은 창원기계공업기지의 한라중공업에 맡겼다. 전시 부대 편성과 같이 신속하고 효율적으로 사업을 할당한 것이다.

원자력발전소에서는 핵연료를 쓴다. 석유 위기 때도 핵연료는 가격 폭등이 없었다. 원유 값이 오르니 원자력 발전비가 석유 발전비보다 훨씬 쌌다. 박정희 대통령은 한국에서 처음으로 건설하는 원자력발전소인 고리 1호기의 조기 완공을 당부했다. 그러면서 "앞으로 우리나라는 막대한 건설비가 소요되더라도 원자력 발전에 의존할 수밖에 없다. 원자력 발전에 중점을 두고 발전소 건설 계획을 수립하라"라고 지시했다. 우리나라가 원자력 선진국으로 가는 길목에 들어서게 된 것이다.

오늘날 우리나라는 세계적인 원자력 선진국이 되었으며, 원자력발전소 모델을 개발하여 수출하는 나라가 되었다. 석유 의존도를 줄이고자 하는 열망이 원자력 기술 개발과 발전을 성공하게 만들었다. 이렇게 해서 석유 위기가 또다시 닥쳐오더라도 발전 분야만큼은 영향을 받지 않게 되었다.

1948년에 대한민국 건국을 앞두고 북한은 앙갚음으로 5월 14일 단전을 감행했다. 큰 충격을 받은 이승만 대통령은 워커 시슬러 박사의 조언에 따라 많은 돈을 들여 원자력연구소를 설치하고 실험용 원자로를 도입했다. 당장 봄철 기근을 버티지 못해 수많은 사람이 굶어 죽어가던 궁핍한 후진국에서, 지금 당장도 아닌 20년 뒤의 원자력발전소를 짓기 위해 큰돈을 들인 투자였다. 오랫동안 괴롭혔던 전기 부족 문제를 풀기 위한 이승만 대통령의 장기 비전은 박정희 대통령의 본격적인 원자력 산업 개발로 꽃을 피웠다.

어려운 환경에서도 눈앞의 절박한 문제보다도 먼 미래에 닥칠 문제를 풀고자 원자력 개발에 장기적인 투자를 감행했던 이승만 대통령, 경이로운 실천력으로 나라의 에너지 체계를 과감하게 원자력 중심으로 바꾼 박정희 대통령의 결단이 나라를 우뚝 세웠다. 건국과 산업화를 이끈 지도자들의 장기적 안목과 현명한 정책이 우리나라가 에너지 위기에서 벗어나 안정적인 번영으로 나아갈 길을 열어놓은 것이다.

중화학공업화와 전문적인 대기업 집단의 발전

1970년대부터 대기업 집단이 부쩍 성장했다. 중화학공업화가 주요 계기였다. 정부는 중화학공업화에 참가한 대기업에게 자본, 기술, 인력, 토지 등을 대대적으로 뒷받침해주었다. 주요 대기업은 고도성장이라는 유리한 환경에서 정부의 지원을 밑천으로 하여 여러 부문으로 재빨리 사업을 확장했다. 흔히 재벌로 불리는 대기업 집단은 1950년대부터 있었다. 정부가 귀속 재산과 원조 물자를 불하하는 과정에서 소수 기업이 특혜를 받아 재벌이 되었다. 1950~1960년대의 재벌은 섬유, 식료품, 시멘트, 유리 등의 분야에서 나왔다. 그들의 상당수는 시장과 산업 구조의 급속한 변화에 적응하지 못하고 사라졌다.

대기업 집단에 대한 평가는 연구자마다 다양하다. 재벌에 비판적인 사람들은 1인 지배의 구조 아래 의사 결정 과정이 투명하지 못하고, 상호 출자의 방식으로 조성한 가공 자본을 토대로 부당한 지배력을 행사하며, 흑자 기업의 자금을 비효율적인 계열사에 투자해 주주에게 손해를 입힌다고 말한다. 국민 경제에도 적지 않은 부담을 안겼다고 한다. 실제로 대기업 집단이 위기에 빠지면 국민 경제에 미치는 충격이 너무 크기 때문에 정부는 구제 금융을 자주 지급했다. 구제 금융의 부담은 결국 국민에게 돌아간다.

기업 집단이 어떻게 생겨나는가에 대해서는 크게 두 가지 이론이 있다. 하나는 시장 불완전설이다. 시장이 투자 자금과 고급 인력을 충분하게 공급하지 못할 때, 시장을 대체하거나 보완하는 조직으로 기업 집단이 발생한다는 것이다. 특히 경제가 성장하는 후진국에는 기업에 필요한 자금을 공급할 수 있는 자본 시장이 없다. 자본 축적이 빈약할 뿐 아니라 기업의 투자 계획과 기술에 대한 심사 능력을 갖춘 금융 기관이 없기 때문이다. 그래서 기업 집단은 상호 출자라는 방식으로 적은 자본을 극대로 활용하는 금융 기법을 만들어냈다. 다시 말해 금융시장이 존재하지 않으니까 부족한 금융을 조달하려고 기업 집단이 내부 금융시장을 만들어냈다는 것이다. 인력도 자본과 마찬가지로 조달되었다. 고등 교육을 받거나 충분한 경험을 쌓은 인재가 부족하면 기업 집단은 계열사에서 우수한 실적을 올린 사원을 발탁하여 새로운 과제나 사업을 맡길 수 있었다.

다른 하나는 자원 및 능력의 공유설이다. 기업은 자본 조직일 뿐 아니라 혁신을 수행하는 인적 조직으로서 다양한 종류의 자원을 보유하고 있다. 대기업의 사원들은 대형 프로젝트를 반복적으로 수행하는 과정에서 새로운 사업을 기획하고 실현하는 종합적인 능력을 갖추게 된다. 예컨대, 앞서 보았듯 1973년에 설립된 현대조선은 원래 1970년 현대건설의 조선사업부로 출발했다. 토목

공사에서 훈련을 받은 인재들이 조선공업이라는 다른 분야에서도 능력을 꽃 피울 수 있었다. 박정희는 포항제철을 대한중석의 사장이었던 박태준의 제철 사업기획단에 비밀리에 맡기기도 했다. 정부 기관에 속하지 않은 대한중석의 직원들이 기업의 자원과 인재로 종합 제철 건설이라는 새로운 프로젝트에 착 수해 능력을 발휘했다. 삼성의 회장 비서실은 군대의 참모 본부처럼 여러 사업 을 총괄하며 국가의 산업 전략과 삼성의 사업 전략을 결합해 사업 보국의 이 념을 체계적으로 실현했다. 대기업이 비관련 부문으로 다각화하는 것은 이같 은 인적 능력이 대기업에 존재하기 때문이다. 또한 대기업이 보유한 정보력, 기 술력, 브랜드 인지도, 대중적 신뢰도는 대기업이 자회사를 설립할 때 성공 확 률을 높인다.

박정희 대통령이 구축한 발전 국가 체제는 1980년대까지 건전하게 작동했 다. 대기업 집단은 발전 국가 체제의 참여자로 나섰고 성장했으며 국민 경제의 발전에 이바지했다.

오랜 숙원이던 산림녹화의 성공과 국토 종합개발

박정희 정부는 산업화만큼 산림녹화에 진심이었다. 조선 왕조 수백 년 동안 황폐화된 산림은 일제의 산림녹화로 울창한 수풀을 회복했다. 1907년 통감부 때부터 1942년까지 35년간 일제는 236만 정보의 산야에 82억 1,500만 그루의 나무를 심었다. 그러나 회복된 조선의 삼림은 해방 이후 다시 빠르게 파괴되었 다. 1952년 유엔한국재건단 소속 임업전문가로 내한한 영국인 하워드는 "해방 은 많은 사람에게 벌목 허가증을 발부해 준 결과를 낳았다. 아침부터 저녁까 지 수많은 사람이 톱과 도끼를 들고 산에 올라가 거리낌 없이 나무를 족치고 있다. 일본으로부터의 해방이 한국 산림을 망치는 전주곡이나 다름 없었다"라고 증언했다. 게다가 북한이 석탄 공급을 멈춰 연료가 크게 부족해졌고, 정치적·경제적으로 사회가 무척 혼란해져 사람들은 불법으로 숲의 나무들을 지나치게 많이 베어갔다. 정치 혼란과 무질서는 도벌과 남벌을 부추겼다. 더구나 6·25전쟁으로 산림이 큰 피해를 입었다. 사람의 손이 닿는 곳이면 어디나 벌거숭이 민둥산이 되었기에 가뭄과 홍수의 피해가 커질 수밖에 없었다. 조림을 하려는 정부의 노력도 있었지만 산림 녹화에 성공할 정도는 못 되었다.

본격적인 산림 녹화 정책은 5·16 이후에 이루어졌다. 군사 정부는 도벌을 5대 사회악의 하나로 꼽고 엄하게 다뤘다. 1961년 6월에 임산물 단속에 관한 법률이 제정됐다. 함부로 임산물을 벌채하거나 반출하면 3년 이하의 징역이 선고되었다. 강력한 산림 단속은 제1차 및 제2차 치산녹화사업에 이르기까지 인공 조림과 산림 녹화의 교두보였다. 군사 정부는 현대 산림 행정의 뼈대가 되는 산림법도 제정했다. 이 법으로 주민들은 산림계를 구성해야 했다. 전국의 산림계는 조림과 산림 보호를 제일선에서 수행하는 조직이었다.

녹화 사업은 사방(砂防)과 연료림 조성에 초점을 맞추었다. 사방 사업은 황폐한 산에서 모래가 흘러내리지 않도록 토목공사와 인공 조림을 하는 것을 말한다. 1960년대에 50만ha에 걸쳐 사방 사업을 실시했다. 산림이 헐벗은 직접적인 원인은 땔감의 채취였다. 도시에서는 연료로서 무연탄의 사용이 일반적이었지만 농촌에서는 여전히 장작을 연료로 사용했다. 그래서 정부는 연료림을 조성했다. 마을마다 근처에 연료림 산지를 지정하고 속성수를 재배하여 주민들이 공동으로 베어 쓰게 했다. 1960년대에 조성된 연료림은 80만ha를 넘는 규모였다. 1970년대에는 농촌에서도 무연탄의 사용이 일반화되었고 당시에 연료림은 베어다 쓸 만큼 자라지도 않았다. 결과적으로 연료림은 땔감의 확보보다는 헐벗은 산림을 복구하는 데 이바지했다.

본격적인 산림 녹화는 1973년부터 두 차례에 걸친 치산 녹화 계획을 통해서 추진됐다. 1960년대의 녹화 사업에도 불구하고 전국 임야의 3분의 1이 넘는 250만ha에 인공 조림을 할 필요가 있었다. 제1차 치산 녹화 10개년 계획으로 1982년까지 100만ha에 인공 조림을 한다는 목표를 세웠다. 주무 관청이던 산림청은 농림부의 외청으로 있었다가 치산 녹화 계획과 더불어 내무부 산하로 옮겨왔다.

당시 박정희 대통령은 새마을운동을 막 시작한 참이었다. 그는 치산 녹화 사업을 새마을운동으로 추진할 계획이었다. 산림청을 내무부 산하로 옮긴 것은 새마을운동의 주무 관청이 내무부였기 때문이다. 나무 심기는 새마을운동이 되었고 전국의 마을, 직장, 단체, 기관이 이에 참가했다. 농촌에서는 특히 산림계가 큰 역할을 했다. 산림계는 동리에 할당된 임야를 조림하고 보호할 책임을 졌다. 제1차 치산 녹화는 4년을 앞당겨 목표가 달성되었다. 1979년부터는 제2차 치산 녹화가 착수되었고, 1987년에 성공적으로 완수됐다. 전국의 산림은, 헐벗었던 모습에 익숙해 있던 옛 세대로서는 상상도 할 수 없을 정도로 빠르게 푸르러졌다.

치산 녹화 사업과 더불어 국토종합개발계획(1972~1981)이 세워졌다. 전국의 수자원을 안정적으로 확보하고 하천을 체계적으로 관리할 목적에서 4대강 유역의 종합 개발이 추진됐다. 4대강은 한강, 낙동강, 금강, 영산강을 말한다. 4대강의 유역은 국토 면적의 64%, 경지 면적의 54%를 차지했다. 인구, 국민총생산, 수자원에서도 해당 유역은 60% 이상의 큰 비중을 차지했다. 4대강 유역의 종합 개발은 산림 녹화, 다목적 댐과 하구언 건설, 관개 시설의 개선, 하천의 개수가 목표였다. 종합 개발 사업으로 해마다 되풀이되는 가뭄과 홍수의 피해를 없애고, 식량 생산을 확대하며 생활용수와 공업용수를 확보했다.

종합 개발 계획의 초점은 다목적 댐의 건설에 있었다. 한강 유역에는 소양강 댐과 충주댐, 낙동강 유역에는 안동댐과 합천댐, 금강 유역에는 대청댐이 건설됐다. 영산강 유역에는 장성댐과 하구언이 건설되었다. 한국인들은 빈곤과 기아의 굴레에서뿐만 아니라 홍수와 가뭄의 오랜 굴레에서도 해방될 수 있었다.

근대화 혁명이었던 새마을운동

새마을운동은 농촌의 빈곤과 무기력을 극복한 근대화 혁명으로, 경제 성장에 못지않은 인상적인 성과를 남겼다.

1970년에 전기가 들어온 마을은 전체의 20%에 지나지 않았는데 1978년에는 98%나 되었다. 새롭게 닦이거나 넓혀진 마을 길에는 자동차와 경운기가 오갔다. 새마을운동에 투자된 자원 가운데 가장 비중이 큰 것은 소득 증대 분야로서 총 투자액의 44%나 되었다. 농로 개설, 창고 건설 등의 생산 기반 조성 분야는 21%였으며, 복지·환경 분야는 29%였다. 점점 농가 소득이 올라갔다. 1971년의 농가 소득은 도시 근로자 소득의 79%에 지나지 않았다. 1982년에는 103%로서 오히려 도시 근로자 소득을 넘어섰다.

박정희 정부는 1960년대 말부터, 그동안 경제 개발의 우선 순위에서 밀려 있었던 농업과 농촌의 개발에 힘을 쏟기 시작했다. 이승만 정부 때부터 농업 정책은 줄곧 저곡가의 기조를 지키고 있었다. 공업화를 추진하려면 도시민과 노동자의 생활부터 안정시켜야 했기에 농업의 희생을 강요했던 셈이다. 그러자 도시와 농촌 사이에 경제적인 격차가 커졌다. 전통적인 저곡가 정책은 1968년을 계기로 고미가 정책으로 바뀌었다. 경제 개발로 어느 정도 재정적인 여유가 생기면서 농업을 챙기기 시작했던 것이다. 1968년부터 정부는 추곡의 수매 가격을 연평균 25%씩 올렸다. 그때의 물가상승율 15%를 훨씬 넘는 수준이어서

숫자와 성과로 보는
새마을운동기록물

유네스코 세계기록유산 등재

2013년
유네스코 세계기록유산
새마을운동 기록물 등재 연도

22,084건
유네스코에 등재된
새마을운동 기록물 수

등재기록물 종류

행정안전부 국가기록원

대통령비서실 생산	288
시민단체 · 기업 편지 · 기증서	160
중앙 · 지방행정부처 생산	14,199

새마을운동중앙회

마을단위 생산	750
새마을지도자성공사례와 편지	4,042
새마을지도자연수원 생산	2,645

새마을운동의 성과

1인당 국민소득 비교

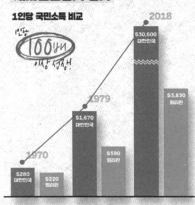

2018
$30,600 대한민국

1979
$1,670 대한민국
$590 필리핀

1970
$280 대한민국
$220 필리핀

$3,830 필리핀

농가 소득

농가 평균소득 **90%** 상승

1970 250만원   1979 **2,250만원**

경지 규모별소득 **80%** 상승

1970 22만원   1979 **175만원**

소득균형
전국 약35,000개 농가 **99%**

1% 180만원 이상
1976 558만가구   1979 **34,384가구**

15% 100만원 이하 **0%**
1976 5,285가구   1979 **0가구**

새마을운동의 해외 전파

새마을운동
글로벌리그(SGL) 회원
46개국

지구촌새마을운동
시범사업 추진
26개국 **396개 마을**

지구촌새마을운동
지도자 배출
148개국 **61,714명**

출처 : 새마을운동중앙회 · 새마을운동 40년사 · World Bank

그림21 숫자와 성과로 보는 새마을운동 기록물

농가 경제에 큰 보탬이 되었다.

1972년부터 새마을운동을 시작하면서 본격적으로 농업 및 농촌 개발에 힘을 쏟았다. 한 해 전에 정부는, 새마을 가꾸기 사업의 하나로 전국 3만 3,267개 마을에 시멘트 335부대씩을 보냈다. 열 개 사업을 예시한 다음 마을이 자율적으로 알아서 사용하도록 하였다. 마을마다 가지각색이었다. 어떤 마을에서는 공동 시설을 짓거나 마을 앞 개천에 다리를 놓는가 하면, 다른 마을에서는 집집마다 나누어 주거나 심지어 그냥 쌓아 두어 시멘트가 바위처럼 굳어 버린 마을도 있었다.

1971년 9월에 박정희 대통령은 새마을운동을 추진하겠다고 발표했다. 다음 해 정부는 실적이 비교적 좋았던 1만 6,600개의 마을을 선별하여 시멘트 500부대와 철근 1t을 보냈다. 환경 구조 개선에 쓰라는 것이었다. 실적이 나쁜 나머지 절반의 마을은 지원 대상에서 뺐다. 그랬더니 6,108개 마을이 자진해서 사업에 참여했다. 정부가 차별 지원하니 마을의 명예를 걸고 주민이 단결하게 된 셈이었다. 새마을운동은 이렇게 출발했다.

새마을운동은 범정부적으로 추진됐다. 중앙 정부에는 새마을중앙협의회가 세워졌다. 내무부 장관을 위원장으로 하여, 각 부의 차관, 청장, 농협·수협중앙회의 부회장 등이 참여했다. 도에는 도 새마을협의회, 군에는 군 새마을협의회가 조직됐다. 마을에는 이동(里洞)개발위원회가 조직되어 새마을운동을 일선에서 추진했다. 1973년에 정부는 전국의 3만 4,665개 마을을 2,307개의 자립마을, 1만 3,943개의 자조마을, 1만 8,415개의 기초마을로 구분했다. 리더십과 공동 사업의 존재 여부를 기준으로 삼아서 구별했던 것인데, 기초마을은 마을의 리더십과 공동 사업이 없는 후진 마을이었다.

마을마다 등급에 맞는 사업이 요구됐고 정부의 지원도 그에 맞추어 제공됐

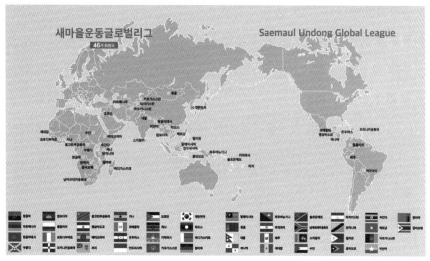

그림22 새마을운동 글로벌리그

다. 기초마을이 자조마을로, 자조마을이 자립마을로 올라서려면 그에 맞는 조
건이 있었다. 예컨대 자립마을이 되려면 마을에 간선 도로가 닦여야 하고 지
붕과 담장의 80% 이상이 개량되어야 하며 농경지의 수리율이 85% 이상이어
야 했다. 또 마을 주변의 개천이 정비되어야 하고, 회관·창고·작업장 등 공동
시설을 두 건 이상 구비해야 하며, 마을 기금을 100만 원 이상 조성해야 하고
소득 사업을 벌여 집집마다 소득이 140만 원이 넘어야 했다. 마을마다 등급이
부여되고 승격 기준이 제시되니 새마을운동이 들불처럼 번져 나갔다. 실적이
우수한 마을에는 대통령이 보내는 격려금이 전달되었는데 이는 마을 사이의
경쟁을 부추기는 수단이 되기도 했다. 새마을운동의 결과 박정희 대통령이 사
망한 1979년 말까지, 전국 3만 4,871개 마을 가운데 3만 3,893개(97%) 마을이
자립마을로 올라섰다. 나머지 976개 마을은 자조마을이었고, 기초마을은 하
나도 없었다. 농촌의 생활 환경이 크게 개선되었다.

일반적인 통념과 달리 한국의 전통 마을은 잘 단합된 공동체가 아니었다. 근본적인 이유는 조선 시대의 신분제에 있었다. 사람들은 양반, 상민, 천민으로 신분이 나뉘어 한 곳에 마을을 이루며 살았다. 다른 나라에서 보기 힘든 조선 왕조 고유의 사회 모습이었다. 양반이 상민과 천민을 지배하는 사회 구조였다. 18세기를 지나면서 전통적인 사회 구조는 무너졌다. 양반 신분의 지배력이 약해지자 마을의 주민들은 분열되어 갈등하고 있었다.

1894년에 갑오개혁으로 신분제가 폐지되었고, 20세기에 들어와 신분제는 실질적으로 해체되었다. 그런데도 1950년대까지 사람들은 자신의 옛 신분을 의식하고 있었다. 양반끼리 또는 상민끼리 모여 사는 마을은 그런대로 잘 협력하였다. 그러나 양반과 상민이 섞여 사는 마을에서는 협력이 잘 안되었다. 양반 마을이라 해도 서로 다른 씨족들이 갈등했다. 양반 마을이나 상민 마을이나 모두 농번기의 품앗이 수준에 머물러 있었다. 같은 마을에 산다는 이웃 효과가 빚어내는 최소한의 협력이었다. 마을의 공유 재산과 공동 사업은 거의 없었다. 1972년의 조사에 따르면, 전국의 마을 가운데 리더십과 공유 재산을 보유한 자립마을이 6.7%에 지나지 않았다.

새마을운동은 신분제로 몸살을 앓고 있던 전통 마을을 공유 재산과 공동 사업의 주체로, 곧 법인으로 재편성해 나갔다. 모든 마을은 마을 규약에 따른 주민 총회로 성격이 바뀌었다. 총회는 지도자를 선발하였고 공동 사업을 계획하고 추진하였으며, 사업에 관련된 예산과 결산을 심사했고 잉여금을 공동 기금으로 쌓아 놓았다. 마을회관이나 작업장을 공동 명의로 소유하기도 했다. 공유 시설을 마련하려면 주민들은 조금씩 농지를 내놓아야 했다. 마을이란 사업체가 성공하려면 주민들이 새마을정신으로 근면·자조·협동을 해야 했으며, 미신·도박·음주와 같은 퇴폐 풍조를 말끔히 씻어버려야 했다.

박정희 대통령은 농촌의 새마을운동을 어촌으로, 도시로, 공장으로 번져 나가게 했다. 새마을운동은 단지 농어촌의 소득을 증대하고 환경을 개선하는 운동만이 아니었다. 그것은 '나라의 부패와 구악을 일소하고 퇴폐한 국민 도의와 민족 정기를 바로잡는다'라는 혁명 공약에 입각한 정신 개혁 운동이었다. 새마을운동 자체가 5·16 정신을 실천하는 근대화 혁명이었다.

3. 개인 자유의 신장(1980~1990년대)

(1) 정치 권력 이동과 민주 시대 개막

신군부 등장과 사회 안정

전두환 보안사령관을 비롯한 신군부는 박정희 대통령 시해 사건에 연루되었다는 의혹을 받고 있던 정승화 계엄사령관을 전격적으로 체포하고 실질적으로 군의 모든 권한을 장악하였다. 그러나 곧바로 정치적인 실권을 잡지 않고, 최규하 대통령 권한대행이 제시한 정치 일정을 받아들였다.

1979년 12월에 최규하 권한대행이 유신헌법에 따라 제10대 대통령으로 취임하였다. 최규하 정부는 새로운 헌법의 제정을 주도할 것이며, 정부 형태는 이원집정제가 될 것이라고 시사하였다. 그동안 유신 체제에 저항해왔던 김영삼, 김대중 등은 이원집정제는 유신 체제의 연장일 뿐이라며 반대하였다. 1980년 2월에 연금 상태에 있던 김대중에게 정치 활동의 자유가 허용되었고, 김영삼은 김대중과 다음 대권을 놓고 다투듯 공개적인 대권 행보에 나섰다.

1980년 봄에는 유신 체제에 저항하다가 처벌을 받거나 복역하고 있던 많은 학생이 대학으로 돌아왔다. 이들은 최규하 정부와 전두환의 신군부가 유신 체제를 연장할 것이라며 대규모 시위를 서울역 광장에서 벌였다. 계엄령 철폐를 요구하며 10만여 명의 학생이 모여들었다. 시위가 확대되자 신군부는 사회 불안을 진정시킨다는 명분으로 5월 18일에 비상계엄을 전국으로 확대하였다. 모든 정치 활동을 금지하는 강경한 조치를 발표하면서, 김대중을 체포하고 김영삼을 가택 연금시켰다.

5월 18일에 김대중이 체포된 것에 분노한 학생들과 광주 시민들이 전남대학교 앞에서 계엄군과 싸움을 벌였다. 계엄군의 강경 진압과 지역 감정을 부추기는 언동에 시민들의 분노가 점점 강해지기 시작했다. 시민들은 시내버스와 계엄군의 장갑차를 타고 계엄군을 공격하였다. 21일에는 예비군의 무기고를 열어 무장하기에 이르렀다. 27일 새벽에 광주로 다시 진입한 계엄군은 도청을 탈환하고 무장한 시위대를 해산시켰다. 열흘 동안 이어진 충돌로 200여 명이 사망했는데, 그중에는 군인 23명, 경찰 4명도 포함되었다.

5·18은 본질적으로는 신군부의 불법적인 권력 장악에 대한 시민들의 저항이었지만, 표면적으로는 호남 출신 김대중의 체포에 대한 시민들의 저항이기도 했다. 당시에는 미국이 시위대의 무력 진압을 알면서도 막지 않고 묵인했거나 심지어 적극적으로 승인했다는 주장이 나왔다. 그러나 사실은 그렇지 않았다. 미국은 냉전의 최전선에 있는 대한민국의 사회 안정이 중요했기 때문에 5·18에 대해 딱히 비난 성명을 내지 않았을 뿐이다. 미국 정치인 대부분은 전두환을 싫어하고 김대중을 옹호하고 있었다. 그렇지만 유신 체제와 신군부에 저항해 오던 이른바 '민주화' 세력들은 점차 반미 민족주의 세력으로 바뀌어 갔다.

한편, 5·18은 북한에서 파견된 군인들이 합세하여 일으켰다는 주장이 나오기도 했다. 최근에는 미국 CIA 비밀 보고서가 공개되었다. 보고서에 따르면 5·18이 공산당 간첩과 김대중 지지자들의 합작품이었고, 폭동은 전문적인 선동꾼들이 일으켰다고 한다. 폭도들이 전남대 의대 옥상에서 국군 헬리콥터를 향해 발포하였으나 국군의 발포 명령은 없었다고 추정하기도 했다.

지금도 여전히 5·18을 두고 논쟁이 뜨겁다. 한쪽에서는 5·18을 민주화운동으로 찬미하면서, 표현의 자유를 제한하는 '5·18역사왜곡처벌법'을 통과시켰다. 다른 쪽에서는 무장 폭동으로 평가하면서, 5·18 유공자 명단을 공개하라는 주장을 펼치고 있다. 많은 사상자와 실종자를 낸 우리나라 현대사의 비극인 5·18에 대한 진실이 무엇인지 차분하게 밝혀야 한다. 무엇보다도 5·18의 본질적인 성격이 자유민주주의를 추구한 민주화운동이었는지, 아니었는지를 철저히 규명해야 한다.

광주에서 일어났던 무장 시위를 진압한 뒤 신군부는 헌법 개정에 착수하였다. 대통령 선출방식을 선거인단에 의한 간접 선출로 개정하였다. 5,000명 이상의 대통령 선거인단은 국민의 직접 선거로 선출되었다. 유신헌법과 크게 다르지 않았다. 다른 것이 있다면, 그것은 대통령의 임기를 7년으로 연장하고 단임으로 하는 것이었다. 1981년 2월에 취임한 전두환 대통령은 부정 공무원을 대규모로 숙청하고, 폭력배와 파렴치범을 잡아들여서 삼청교육대에 수용했다. 1980년 5월부터 이듬해까지 약 6만여 명이 체포되었다. 그 가운데 1,000여 명이 4주 동안 삼청교육대에서 혹독한 훈련을 받고 6개월 동안 노역을 하였다.

대통령 직선제와 국민의 선택

전두환 정부는 경제가 안정되고 성장세로 바뀌자 저항 세력에게 유화적인 손짓을 보냈다. 신군부가 정권을 잡는 과정에서 저항하다가 제적된 대학생들과 해직된 교수들을 대학으로 돌려보냈다. 정치 활동이 금지되었던 정치가들도 다시 정치 참여를 할 수 있게 하였다. 정치 무대에 복귀한 야권의 정치인 가운데 두 거물 김영삼과 김대중은 1984년 5월에 민주화추진협의회라는 단체를 만들고, 이듬해 1월에 신한민주당(약칭 : 신민당)을 창당하였다.

신한민주당은 제12대 국회의원 선거에서 기존의 야당들을 압도하고, 여당과 불과 6%밖에 차이나지 않는 득표율로 대성공을 거두었다. 대통령 직선제를 핵심 정책 과제로 내걸고 국민의 지지를 받았던 것이다. 신민당은 전두환 대통령이 직선제 개헌을 거부하자, 1986년 초부터 직선제 개헌을 위한 1,000만 서명 운동을 시작했다.

서명 운동은 급진 좌파 세력이 독자적인 정치 세력으로 두각을 나타내는 계기가 되었다. 1986년 5월에 인천에서 개최된 개헌추진위원회는 반제국주의, 반미, 반파시즘 등의 구호를 내걸고 급진 좌파의 폭력 시위로 변질되었다. 이 때문에 이른바, 인천사태로 알려진 개헌 추진 대회는 무산되고 말았다. 한편, 1983년 무렵부터, 광주의 유혈 사태에 미국의 책임이 있다는 주장이 널리 퍼지며 대학가 운동권을 중심으로 반미 감정이 빠르게 확산되었다.

1985년에 정부가 사상과 출판의 자유를 허용하면서, 마르크스·레닌주의와 마오쩌둥주의의 책들이 널리 퍼졌다. 대학가의 학생 운동은 계급 투쟁 및 반제국주의 민족 운동과 같은 급진 좌파의 이념으로 무장되었다. 급진 좌파의 이념은 경제 성장을 바탕으로 생겨난 다수의 중산층의 일상 생활과는 동떨어진 것이었다. 그렇지만 제5공화국 정부가 정당성이 없다고 여기던 국민 정서와 공감대를 이루면서 정치적 영향력이 커졌다.

1987년 4월에 전두환 대통령은 대통령 간선제를 유지할 뜻을 밝혔다. 호헌 선언을 계기로 김영삼이나 김대중 같은 야권 세력이 또다시 연합 전선을 형성하였고, 직선제 개헌을 위한 국민운동본부도 창설하였다. 여기에 급진 좌파 세력도 참여하였다. 그해 5월 서울대생 박종철이 경찰의 물고문으로 사망한 사건이 일어났다. 6월에는 대학가의 시위 도중에 연세대학생 이한열이 최루탄에 맞아 병원에 옮겨졌으나 끝내 사망한 사건도 일어났다. 개헌을 요구하는 시위가 불타올랐으며 전국으로 퍼져나갔다. 집권 세력은 국민의 거센 저항에 부딪혀 더 이상 대통령 간선제를 고집할 수 없게 되었다. 결국 6월 29일에, 당시 여당인 민주정의당의 대선 후보인 노태우가 대통령 직선제를 비롯한 야당의 요구를 대부분 수용하겠다고 선언했다. 이것이 바로 6·29선언이다.

6·29선언에 따라 여야가 함께 개헌을 추진하였다. 대통령 국민 직선제, 대통령 5년 단임제 및 국민의 기본권 조항을 대폭 개선하는 제9차 헌법 개정안이 국민투표를 통해서 확정되었다. 12월에 치러진 대통령 선거에 집권 여당인 민정당의 노태우, 야권의 김영삼, 김대중, 김종필 등이 출마하였다. 야권의 단일화가 실패하면서 노태우가 당선되었다.

대통령 선거 방식을 두고 극한 대립을 벌이던 정치권이 평화적으로 직선제를 도입하였다. 전두환 대통령은 단임의 약속을 지키고, 민주적 절차를 통해서 후임 대통령에게 정권을 물려주었다. 대한민국의 민주 제도는 이렇게 뿌리를 내리게 되었다. 아쉬운 점이 있다면 지역주의를 극복하지 못했다는 것이다. 대선 후보로 나선 노태우, 김영삼, 김대중, 김종필이 모두 출신 지역에 지지를 호소하였다.

한편, 1980년대 말에 본격적인 지방자치 시대가 열리기도 했다. 지방자치제도의 토대는 초대 이승만 정부에서 1949년에 지방자치법을 제정하면서 마련되었지만 제대로 실현되지 못했다. 중앙집권적인 박정희 정부와 전두환 정부에서 지방자치제도는 보류될 수밖에 없었다. 그러나 더 이상 미룰 수 없는 시대가 되면서 1988년에 지방자치법이 개정되었다. 1991년에 주민의 직접 선거로 기초·광역 자치 단체의 지방의회가 구성되었다. 1995년의 지방선거에서는 기초·광역 자치단체장까지 선출되었다. 이른바 풀뿌리 민주주의라 일컬어지는 지방자치제도가 실시되면서 대한민국의 민주주의는 한층 더 발전하였다.

지방자치제가 가져온 가장 큰 변화로는 지방화 시대가 활짝 열린 것을 꼽을 수 있다. 지역 주민들에게 밀착 행정 서비스가 제공되었으며 지역 발전을 위한 다양한 정책이 추진되었다. 물론 중앙 정부와 지방자치단체 사이에 엇박자가 일어나거나, 의회를 장악한 정당과 단체장의 정당이 다를 경우에는 서로 발목을 잡기도 하였다. 또한 지역 주민들의 의견에 따라, 이른바 님비(NIMBY=Not In My Back Yard) 현상이나 핌피(PIMFY=Please In My Front Yard) 현상도 벌어졌다.

민주 시대 개막과 우리의 과제

1997년의 대통령 선거에서 김대중 후보가 당선되면서 헌정 사상 처음으로 여당에서 야당으로 정권의 평화적인 교체가 이루어졌다. 그 뒤 2007년의 대통령 선거에서는 이명박 후보가 당선되어 헌정 사상 두 번째로 평화적인 정권 교체가 이루어졌다. 그러자 세계인들은 한국의 민주주의가 완성되었다고 찬사를 보냈다. 영국의 이코노미스트는 당시에 우리나라를 최초로 '완전한 민주주의(full democracy)'로 평가했다. 과거 영국의 한 언론에서는 "대한민국에서 민주주의를 기대하는 것은 쓰레기통에서 장미꽃이 피기를 기다리는 것과 같다"라고 보도한 적이 있었다. 그런 만큼 우리의 민주주의에 대한 영국의 찬사는 더더욱 뜻깊은 것이었다.

그동안 대한민국에서 민주주의가 발전해온 것이 사실이다. 대통령 선거뿐만 아니라 대부분의 공직자 선거에서 부정이 사라졌고, 선거 불복의 사례도 거의 찾아볼 수 없을 정도로 선거 민주주의가 확립된 것이다. 정당 후보의 선출 과정에서부터 당원과 국민의 의견을 반영하거나 공천 과정에서 투명성과 공정성을 확보하려고 노력하였다. 그런 만큼 당내 민주주의도 나름대로 발전했다고 평가할 수 있다. 그러나 여전히 자행되고 있는 계파의 갈등과 반목, 정권을 창출하기 위한 이합집산, 경선에서 패배하면 룰을 어기고 무소속으로 출마하는 행태, 지역 갈등의 조장과 '아니면 말고'식의 허위 네거티브 공세가 난무하는 선거 운동 등은 우리가 풀어야 할 숙제이다.

1987년의 대통령 직선제를 골자로 하는 개헌은 우리의 정치사에 큰 획을 그었다. 배후 세력이 있었느냐 없었느냐, 민주화 운동이냐 폭동이냐와 같은 논란이 없지 않다. 그렇지만, 5·18과 6월 항쟁은 어찌되었든 선거를 통해 정권을 평화적으로 교체하는 선거 민주주의의 꽃을 피웠다. 나아가 군부의 일방적인 통치 방식에 따르는 권위주의적인 정치 문화에서 벗어나, 다양한 의견과 견해가 공론장을 뜨겁게 달구는 수준 높은 정치 문화가 무르익기 시작했다. 정치 선진화가 진행되었다고 볼 수 있다.

그러나 실상을 자세히 들여다보면, 아직도 우리의 민주주의는 미숙함을 안고 있다. 특히 권위주의 정치의 자리를 대신한 의회 정치와 정당 정치는 의회민주주의와 정당민주주의를 발전시킨 점이 없지 않지만 아쉬운 점이 무척 많다. 가장 큰 문제는 정당들이 국민의 신뢰를 받지 못하고 수시로 이합집산을 일삼는 데 있다.

미국의 공화당과 민주당은 서로 대립하면서도 200년 가까이 한결같이 미국 정치의 주역으로 자리잡고 있다. 미국과 같은 정치 전통을 쌓기에는 우리의 정치 환경이 그동안 거친 점이 없지 않았다고 보인다. 그렇지만 우리의 정당들은 10년이 멀다 하고 뭉쳤다가 쪼개지고, 쪼개졌다 뭉치는 모습을 연출하였다. 1987년에 호남, 영남, 충청 지역을 기반으로 지역 정당들이 만들어졌다. 그러더니 오래 지나지 않아 대선을 앞두고 통합되었다. 새로운 정당이 생겼다가 대선 후보가 떨어지자마자 없어지는 경우도 있었다.

정당의 이합집산은 비단 1990년대에만 일어난 후진 정치의 모습이 아니다. 2020년대에도 변함없이 이어지고 있는 모습이다. 자신들이 소속된 정당의 대통령을 탄핵하는 데 앞장섰다가 갈라서서 새로운 정당을 만들기도 했다. 소속 정당의 대통령을 탄핵하는 사례는 세계 정치사에서 거의 유례가 없다. 여하튼 그러다가 선거철이 돌아오면 새로운 이름의 정당으로 통합하기도 했다.

　　최근에는 여야 합의도 없이 상식에 맞지 않게 선거법을 개정하더니, 선거법의 취지에도 어긋나게 비례제도용 위성 정당을 만드는 촌극을 벌이기도 하였다. 선거가 끝나자 거대 정당이 비례 대표로 구성된 위성 정당을 흡수해버리는 꼴불견을 마다하지도 않았다. 대통령 직선제가 도입된 1980년대 말부터 2020년대까지 벌써 30년이 훌쩍 넘었다. 그런데도 우리나라 의회 정치와 정당 정치는 여전히 발달 장애에 걸려 있지 않나 싶을 정도이다.

　　한국 민주주의가 겪고 있는 발달 장애는 그 원인을 두 가지로 생각해볼 수 있다. 그것은 바로 '인물'과 '지역'이다. 우리나라의 정당은 그동안 특정한 이념이나 정책보다는 정치 명망가를 중심으로 만들어지는 경우가 많았다. 그렇게 되면 유력 정치인의 출신 지역이 정당의 정치기반이 된다.

　　노태우 대통령이 물러난 뒤에 이른바 '3김(金)'으로 불렸던 김영삼은 영남, 김대중은 호남, 김종필은 충청에서 거의 맹목적인 지지를 받았다. 그들 또한 자신의 정치 기반이 되었던 지역을 적극적으로 이용하였다. 그들이 활용하였던 지역 감정은 여전히 남아 있으며, 특정 지역에서는 특정 정치인이나 그 후예에게 95%의 지지를 보내기도 한다. 지역 감정을 이용하는 정치인들에게 문제가 있지만 묻지도 따지지도 않고 우리 지역 사람이라면 무조건 뽑고 보는 유권자들에게도 문제가 있다. 심지어 지역의 발전이 없어 여전히 낙후되어 있음에도, 그 지역에서 5선, 6선을 하는 국회의원까지 있다. 그러다 보니 그런 정치인들은 지역의 발전을 위해 일하기보다는 당권, 대권 등을 잡기에만 혈안이 된 모습을 보이기도 한다.

　인물 중심의 정치 문화는 역시 2020년대에 들어선 현재까지도 기승을 부리고 있다. 노무현 대통령 때부터 정치인의 팬클럽이 만들어지기도 했는데, 요즈음에는 유력 정치인의 범죄 사실에 눈을 감고 오히려 범죄 사실을 입증한 사법 체계에 책임을 묻는 비뚤어진 '팬덤 현상'까지 나타나고 있다. 팬덤의 요구에 휘둘리는 정치인들의 팬덤 정치 행태가 걱정스러운 수준에 이르기도 하였다. 국가의 발전이나 사회 문제의 개선에 눈을 감고, 이른바 '포퓰리즘'이라 불리는 선심성 퍼주기 정책에 골몰하는 모습이 눈에 띈다. 심지어 부자 대 서민, 재벌 대 노동자의 대결 프레임을 만들어, '나쁜 놈들이 가진 것을 빼앗아 나누어 주는' 정치인에게 표를 달라는 아주 저열한 선거 운동까지 출현했다.

　개인주의적인 가치가 무르익으면서 성장한 서양의 민주주의와 달리, 우리의 민주주의는 집단적인 가치에 익숙한 정치 문화에서 성장하고 있다. 지역 감정이나 팬덤 현상은 우리의 민주주의가 집단적인 정치 문화에 휩싸여 있다는 점을 잘 보여준다. 아직도 특정 지역이나 특정 집단에서는 자신의 생각과 달라도 특정 정당 혹은 특정 정치인을 지지해야 한다는 집단 정서가 있다. 요즈음 사회가 풍요롭게 발전하면서 우리 사회에 개인주의적 가치가 성숙하고 있는 것도 사실이다. 집단 정서에 기초한 후진적인 정치 문화도 점차 사라질 것으로 기대도 된다. 하지만 아직까지는 걱정을 끈을 놓을 수 없는 것이 사실이다.

　1987년에 힘찬 발걸음을 내디딘 한국의 민주주의는 30여 년에 걸쳐 발전해 오면서 최근에 최대의 위기에 빠져들었다. 정치 문화적인 문제나 의회 정치 및 정당 정치의 많은 아쉬움에도 불구하고 한국의 민주주의는 정상 궤도를 심각하게 이탈하지는 않았다. 그러나 그동안 눈에 보이지 않게 한국의 민주주의에는 암적인 질병이 번지고 있었다. 그것은 박근혜 대통령의 탄핵 사태로 모습을 드러내었고, 곧이어 나라의 운명을 위험에 빠뜨릴 정도로 무르익은 진영 정치이다.

한국의 정치 지형은 현재 크게 미·일협력파와 종중·종북파로 나뉘어졌다. 정치권만 두 진영으로 갈라진 것이 아니다. 시민 사회도 두 진영으로 갈라졌다. 정치권에서는 집권 세력이 전임 대통령이나 반대 진영을 궤멸시켜버리는 정치 보복의 정치 행위가 자행되기도 했다. 정권을 빼앗기자 거대 의석을 배경으로 범죄 혐의가 있는 정치인의 구속을 막기 위해 방탄 국회를 열기도 한다. 반대 진영에서는 정치적인 대화 통로도 못 찾고 속수무책으로 당하기만 하는 모습을 보여주고 있다. 시민 사회도 양 진영으로 갈라져서 주말마다 아스팔트를 꽉꽉 메우고 있는 실정이다. 한쪽에서는 대통령을 탄핵하겠다고, 다른 쪽에서는 안 된다고 원색적인 구호와 말다툼으로 거리를 채우고 있다. 더욱이 전국적으로 영남·호남, 진보·보수, 좌·우, 남·여, 노·소 등의 구분에 따라 국민이 양극단으로 치닫고 있다.

진영 정치를 극복하기 위해서는 반(反)대한민국의 이념 세력이 축출되고, 건전한 여권과 야권으로 정치판이 새로 짜여야 한다는 논의가 싹트고 있다. 자유민주주의와 전체주의 독재가 맞붙는 정치 문명의 대결 시대가 요즈음 미중 패권 경쟁으로 모습을 드러내고 있다. 우리가 자유민주주의의 정치 문명을 누리려면, 종중·종북의 반(反)대한민국적인 정치 행위를 해서는 안 될 것이다. 이제 국민도 차갑게 국제 현실과 정치 현실을 살펴보고, 건전한 정치가 이루어지도록 마음을 새로이 할 때가 되었다.

(2) 수준 높은 시장경제로 가는 길목

개발 경제 체제 계승과 개혁

전두환은 제11대 대통령에 취임한 뒤, 1981년에 갓 취임한 미국의 로널드 레이건 대통령을 찾아갔다. 동북아 안보를 위해 일본도 일정액을 부담해야 하는 것 아니냐고 지적하려는 목적이었다. 주한 미군 주둔 비용에 해당하는 만큼을 일본이 한국에 경제 협력 및 안보 차관으로 지원하도록 영향력을 행사해달라고 요구했다. 그렇게 해주면 그 돈으로 미국의 항공기와 탱크를 대량 구입하고 국방을 튼튼히 하겠다고 설득했다.

레이건은 "이의 없다(No disagreement)"라고 답변했다. 전두환 정부는 즉시 행동에 들어가 일본에게 100억 달러의 청구서를 보냈다. 당황한 일본에서는 국내 정치상 곤란하다며 시간을 끌었지만 1982년에 나카소네 수상이 취임하면서 속도를 내었다. 레이건 대통령을 예방한 자리에서 일본의 안보 무임승차는 비도덕적이라는 지적을 받았기 때문이었다. 곧바로 전두환 대통령과 만나 40억 달러(당시 화폐 기준 약 5조 원)에 합의를 본다. 1980년을 전후하여 미국의 국방과 국제 정치 부문에서 '일본의 무임승차론'이 뜨겁게 제기되고 있었다. 이런 흐름을 읽은 전두환은 재치있게 '안보 차관'이라는 개념을 도입하고, 일본으로부터 경제 안정 기금을 챙겼던 것이다.

한편, 전두환이 대통령에 취임하자마자 제2차 오일쇼크가 발생했다. 고유가, 고금리에 달러까지 오르는 '3고(高) 시대'가 열렸다. 박정희가 이룩한 '한강의 기적'이 국가신인도를 상승시켰고 그 결과 국제 사회는 한국에 외자를 많이 투입했다. 과잉 투자와 중복 투자가 이어졌고 우리나라 공장의 가동률은 10% 아래로 추락했다. 당시에 40%를 웃도는 인플레이션도 문제였다. 인플레이션이 심해지니까 저축률이 바닥으로 떨어졌다. 저축이 없으니까 투자 자금과 세출 예산을 외국 자금에 의존하지 않을 수 없었다. 외채가 계속 증가했고 1980년 도매물가상승률은 무려 42.3%에 달했다.

위기 상황이 계속되자 과감한 결단이 필요했다. 전두환은 추곡 수매 가격의 동결, 공무원을 비롯한 모든 기업의 봉급 동결, 공공요금의 동결, 공적 기관의 구조 조정, 영 기준 예산 편성(zero-based budgeting)과 같은 과감한 시도를 펼쳤다. 그러자 1986년에는 물가상승률이 2.3%로 잡혔다. 공무원 임금의 동결 등으로 임금 상승을 억제시켰고, 물가 상승에 영향을 줄 수 있는 정책은 일절 못하게 하였다. 농민들의 반발을 무릅쓰고 추곡 수매가도 인상하지 않았고, 총선을 앞둔 1984년에는 예산안도 동결시켰다. 상당한 정치적인 부담까지 안으면서도 인기 영합 정책과는 정반대의 정책을 펴 물가 안정을 이루어냈다.

전두환 정부는 경제의 체질 개선에 온 힘을 쏟아부었다. 수입은 하지 않고 수출만 하려는 이기주의적인 사고방식에서 벗어나 각종 보호 무역의 장벽을 허물었다. 그리고 기업들을 국제 시장으로 나가게 하였다. 기업 스스로 국제 경쟁력을 갖추도록, 기업에 자유를 주는 대신 개척정신을 권장했다. "시장경제의 핵심 원리는 경쟁이다. 경쟁이 없는 사회는 죽은 사회나 마찬가지다. 경쟁이 있어야 끊임없이 노력한다. 그러나 경쟁은 정의로워야 한다. 따라서 게임의 룰을 감시해야 하는 존재가 필요한 것"이라는 생각을 가지고 있었다.

취임 직후인 1980년 12월 31일에 공정거래법(독점 규제 및 공정거래에 관한 법률)을 제정했다. 중복 투자로 수익성이 낮은 기업들의 흡수와 합병을 장려했다. 부실기업을 인수하는 기업에게는 조세 감면의 혜택을 주거나 낮은 이율로 대출을 해주면서 중화학공업의 구조 조정을 밀고 나갔다. 사양 산업과 유망 산업을 가려내고, 유망 산업에 지원을 늘리면서 산업 합리화를 밀고 나갔다. 산업을 합리화하고자 중소기업기본법을 개정하고, 중소기업에 대한 금융 지원을 넓혀서 성장을 유도하였다.

1985년부터 낮은 석유 가격, 달러 가치 하락, 낮은 이자율이라는 3저 현상이 나타났다. 덕분에 물가 안정 속에서 1986년 11.3% - 1987년 12.7% - 1988년 12.0%라는 높은 경제성장률을 기록했다. 이를 3저 호황이라고 부른다. 배럴당 40달러까지 올랐던 원유 가격이 1986년 7월에는 10달러 밑으로 떨어졌다. 덕분에 약 30억 달러에 이르는 외환을 절약할 수 있게 되었다. 당시 수출액의 10%에 해당되는 크나큰 금액이었다. 원유 가격이 내려가자 석유화학제품의 가격이 낮아졌다. 중화학 관련 산업의 제품 수출이 크게 늘었다.

한때 외채망국론이 나올 정도로 외채가 많았는데, 1985년의 우리 외채 규모는 468억 달러 정도였다. 1% 이자율이 하락하면 4억 달러 정도 외채 이자의 부담이 줄어든다. 그런데 국제 금리가 13%나 하락하였다. 원유 가격의 인하 때와 같은 규모로 외환을 절약할 수 있었다. 더욱이 1985년에 있었던 '플라자합의(Plaza Accord)'로 말미암아, 1988년에는 일본의 엔화 가치가 두 배로 올라갔다. 그러자 일본과 경쟁 관계에 있는 한국 제품의 경쟁력이 좋아지고 수출이 크게 늘었다. 1986년에서 1988년 사이에 무려 286억 달러의 무역수지 흑자를 기록하게 되었다.

1986년에 227.9포인트였던 주가가 1988년에는 693.1포인트로 3년 만에 무려 세 배나 올랐다. 국제적인 3저 현상을 잘 활용했기 때문에 가능했던 놀라운 경제 성장이었다. 3저 현상은 다른 나라에서도 있었다, 그런데도 우리나라만 당시에 크게 성장할 수 있었던 까닭이 있었다. 전두환 정부가 3저 현상이 발생하기 이전에 물가를 안정시켰던 것이다. 고도 성장의 결과, 1980년에 654억 달러에 지나지 않던 GNP도 1986년에는 1,623억 달러가 되었다. 저축이

GNP의 32%로 늘어나게 되었다. 저축 예산을 통해서 설비 투자와 사회 간접 투자를 할 수 있게 되었다. 비로소 경제의 자생력이 생긴 것이다.

고도성장의 열매가 열리기 시작한 1980년대부터 한국 사회는 큰 변화를 경험했다. 소득이 늘어나면서 자동차가 널리 보급되었다. 자동차 산업이 발달하니 자동차 보험과 같은 연관 서비스 산업도 함께 성장하였다. 1975년에 우리나라는 자랑스럽게도 자동차 고유 모델을 가지게 되었다. 세계에서는 열여섯 번째였고, 아시아에서는 일본 다음이었다. 현대자동차는 최초의 국산 모델인 '포니' 자동차로 자가용 시대를 활짝 열었다. 우리나라는 거듭된 자동차 산업의 발전으로 2018년에 세계 5위의 자동차 생산국이 되었다. 한국은 값싼 경공업 제품을 생산하고 수출하는 나라에서, 자동차와 같은 중공업 제품을 수출하는 나라로 변신하였다. 반도체와 같은 첨단 고부가가치 제품을 수출하는 나라로 경제의 체질이 바뀌는 계기였고 전환점이 되었다.

'한강의 기적'을 세계에 널리 알리다

전두환은 제11대 대통령에 취임하자마자 별안간 1988년 여름 올림픽 유치전에 뛰어들었다. 상상도 못한 올림픽 개최의 카드는 우여곡절 끝에 서울이 일본의 나고야를 제치고 개최지로 선정되면서 멋진 성공을 거뒀다. 이후 전 세계에 공개될 서울의 아름다운 얼굴인 '한강'을 뜯어고치기 시작했다. 1982년부터 '한강종합개발사업'을 시작했다. 백사장을 껴안고 오폐수로 신음하던 한강은 해맑고 산뜻한 공원 모습으로 바뀌었다. 당시에 김포공항에서 미사리까지의 모래와 골재채취권을 10대 건설회사에게 나누어주고 개발비를 보전해주며 개발 비용도 최소화해서 한강변을 아늑하게 바꾸어 놓았다.

'88서울올림픽'은 노태우가 집권하고 나서 열렸다. 1988년 9월에 열린 서울

올림픽은 역사상 최대의 지구촌 축제가 되었다. 자유 진영과 공산 진영 모두가 참가한 서울올림픽의 시대적 의미는 엄청나다. 동서 냉전의 종식을 불러온 시발점이 되었기 때문이다. 초고층 빌딩이 즐비하고, 도로마다 자동차로 가득 찬 서울의 모습이 올림픽 중계 TV 화면을 타고 전 세계로 퍼져나갔다. 맨 먼저 동유럽의 공산국 국민이 놀랐다. 한국의 눈부신 발전상에 눈이 휘둥그레져서 자국의 공산 정권에 의구심을 품기 시작했다. 그들은 참았던 분노를 1년 뒤에 터뜨렸다. 거리에서 누군가 서울올림픽 주제가인 '손에 손잡고'를 부르면 사람들이 몰려들었다고 한다. 동유럽의 공산 독재 전체가 허망하게 무너지는 순간이었다.

삼성경제연구소에 따르면, 올림픽이 가져온 경제 효과는 26억 달러의 수익과 33만 명에 이르는 일자리였다. 올림픽을 보러 서울에 오는 관광객도 놀랄 만큼 늘었다. 외국 여행을 자유화시켰기 때문에 외국으로 나가는 국민도 크게 늘었다. 김포공항으로는 들고나는 여행객을 감당할 수 없게 되어 거대한 인천국제공항을 구상할 수밖에 없었다.

'86서울아시안게임과 '88서울올림픽을 성공적으로 치르면서, 우리나라는 개발도상국을 졸업했다는 평가를 받게 되었다. 서울올림픽은 당시 IOC 회원국의 대부분인 160개국이 참가한 역대 최대 규모의 대회였다. 그동안 공산권 국가들과는 교류가 없었는데 올림픽을 통해서 그들과 오갈 길을 트는 계기가 되었다. 태권도가 처음으로 시범 종목으로 채택이 되면서 한국의 문화를 알리게 되었다.

많은 나라가 한국을 6·25전쟁의 폐허로만 기억하고 있었는데, 한국의 놀라운 발전상을 보고 인식을 새로이 하게 되었다. 이에 따라 우리 기업들의 위상이 높아지고 한국산 제품도 신뢰를 받게 되었다. 올림픽으로 거둔 경제적 성과는 돈으로 계산하기 어려울 정도이다. 노태우 정부는 헝가리를 시작으로 공산권과 수교해나갔다. 점차 소련 및 중국을 비롯하여 37개국으로 교류의 폭을 넓혔다.

제24회 서울올림픽을 통해서 우리나라는 '한강의 기적'을 전 세계에 널리 알렸다. 올림픽을 치르고 나서 한국 경제는 연평균 6~9%의 고도성장을 지속하였다. 마침내 1995년에는 1인당 국민소득 1만 달러를 달성했다. 1996년에는 선진국의 바로미터인 OECD(경제개발협력기구)에 가입하였다.

1990년대에 이르러 산업 구조도 선진국 형으로 바뀌었다. 산업 비중이 '1차산업 〈 2차산업 〈 3차산업'으로 바뀌었고, 3차산업의 비중도 50%을 넘어섰다. 1960년대에는 산업 비중이 거꾸로 된 후진국형이었다. 산업 구조의 변화는 우리 사회의 계층 구조를 근대적인 형태로 만들었다. 1960년부터 1990년까지 전체 경제 활동 인구 가운데 농업 인구의 비율은 64%에서 17.5%로 크게 줄어들었다. 그동안 전문기술직 및 관리행정직 종사자들과 서비스업과 같은 자영업에 종사하는 신·구 중간 계층은 전체 인구의 43.7%로 가장 큰 비중을 차지하게 되었다.

한편, 자유민주주의가 정착되는 민주화 시대에 발맞추어 국민 생활의 질을 개선하려는 정책들이 쏟아져 나왔다. 기존에 있던 의료보험제도를 정비하고, 1988년에는 농어민을 대상으로 지역의료보험을 처음 도입하였다. 곧이어 도시 자영업자에게 확대하여 국민 전체가 의료보험 혜택을 받게 되었다. 1998년에는 직장·공단·지역 조합을 '국민건강보험공단'으로 통합하였다. 이후 대한민국의 국민이라면, 전국 어디에서나 동일한 의료보험 혜택을 받을 수 있게 되었다.

정부가 국민의 노후를 대비해주는 국민연금제도는 1988년에 5인 이상 사업장을 대상으로 시행되었다. 1999년에는 자영업자들과 5인 미만 사업장까지 확대하였다. 소득이 있는 거의 모든 국민이 국민연금에 가입할 수 있게 된 것이다. 하지만 국민연금은 여전히 논란거리이다. 처음 설계할 때보다 연금 수급 기간이 길어지거나 기금 운용을 통한 수익이 예상보다 낮아서 발생하는 연금 고갈 문제가 있다. 공무원 연금 및 군인 연금과 비교했을 때, 연금 수급액이 상대적으로 적기 때문에 사회 갈등의 문제도 안고 있다. 1999년에는 국민기초생활보장법이 제정되었다. 스스로 생활을 유지할 수 없는 계층에 대한 생계비와 주거비 등을 국가나 지방자치단체가 세금으로 보조를 해주는 복지 제도가 마련된 것이다. 이처럼 많은 복지 정책으로 말미암아, 우리나라는 정부 지출에서 복지 부문의 지출이 차지하는 비중이 크게 늘고 있다.

외환 위기와 경제 개혁

민주화 시대가 열린 1987년부터 1997년까지 10년 동안, 우리나라의 경제는 고도성장을 거듭하였다. 민간 주도의 자유시장경제 체제가 깊게 뿌리내리고 있었다. 그러나 시장의 변동성을 예측하고 대처하는 능력은 발달하지 못했다. 오랫동안 정부 주도로 경제 체제가 일사불란하게 운영되던 때에는, 국가 경제의 위기가 겉으로 드러난 적이 별로 없었다. 그러나 민간 주도의 경제 체제로 바뀌어 경제 규모가 커지자 효율적으로 감독하고 관리하기가 어려워졌다. 정부의 감시 기능이 제대로 역할을 못했고 민간 경제 기구의 감시 기능은 어설픈 지경이었다.

고도의 경제 성장이 연이어지는 동안 OECD 가입과 같은 가시적인 성과가 나오자 낙관론이 위험할 정도로 솟구쳤다. 금융시장이 자율화되고 무분별한 대출이 많아졌다. 기업은 대출받은 돈으로 무리하게 사업을 확장하였다. 우리 경제의 체질은 악화되고 있었다. 1996년부터 우리나라 수출의 주력 제품인 반도체, 철강, 석유화학 제품들의 국제 시세가 크게 떨어지고 주식시장도 큰 폭으로 내려앉았다. 여러 경제 지표들이 경제 위기를 경고하고 있었지만 시장의 감시 기능은 제대로 작동하지 않았다.

결국 1997년 초에 동남아시아에서 발생한 외환 위기가 영향을 끼치면서, 우리나라에도 경제 위기가 현실화되고 말았다. 한보철강 및 진로와 같은 대기업들이 만기에 도래한 어음을 갚지 못해서 도산했다. 특히 지배 주주 없이 전문 경영인과 노동조합이 경영하던 기아자동차는 위기를 타개할 능력이 없었다. 그런데도 일부 정치인과 기아자동차 경영진은 위기에 빠진 기아자동차를 '국민 기업'이라며 부도 처리를 할 수 없는 사회적 분위기를 만들어냈다. 포퓰리즘 정치가 개입하면서 기아자동차의 부도 처리는 상당히 늦추어졌다. 기아자동차의 경영진도 끝까지 무책임한 태도를 이어갔다.

비합리적인 부실 처리 과정 때문에 한국 정부의 위기 관리 능력은 점점 불신을 받게 되었다. 국가신인도도 크게 떨어졌다. 기업들의 재정이 부실하다는 사실들이 드러나면서 기업들에게 무분별하게 대출을 해주었던 금융 기관에 대한 의구심도 커졌다. 그러자 외국 투자가들은 우리 금융 기관들의 단기 차입 자금을 회수하기 시작했다. 점차 우리나라의 외환 보유고는 바닥을 드러내기 시작했다. 결국 외환 부족 사태에 직면한 1997년 말에 국제통화기금(IMF)에 긴급 구제 금융을 요청할 수밖에 없었다. IMF는 한국 정부에 200억 달러의 구제 금융을 지원하면서 고강도의 경제 개혁 조치를 요구했다.

IMF의 요구 사항을 대부분 받아들일 수밖에 없었던 한국 정부는 외화의 유출을 막고 투자금을 유입시키고자 금리를 대폭 인상하고 고금리 기조를 유지했다. 그러자 재무 구조가 나빴던 많은 기업이 줄줄이 도산하게 되었다. 대출로 사업을 하던 기업들이 금리 부담을 이기지 못했기 때문이었다. 이에 따라 기업들에게 대출을 해주던 금융 기관들이 부실 상태에 빠져들었다. 부실 상태에서 벗어나려고 금융 기관들이 대출금을 회수하려고 하자, 이번에는 영세 기업들까지 어려움을 겪을 수밖에 없게 되었다. 대규모 해고 사태가 일어났다. 1998년에 실업률이 7%, 경제성장률이 −6.7%라는 최악의 경제 위기를 겪었다. 기업 고통의 몫은 고스란히 국민 고통이 되었다. 가족의 붕괴 사태로 거리에 노숙자가 늘어났다.

문민정부를 뒤이은 김대중 정부는 IMF의 요구 조건을 충실히 이행하였다. 개혁은 금융, 재벌, 노동, 공공 부문의 네 분야에서 이루어졌다. 금융 개혁에서는 우선 부실화된 금융 기관들을 통폐합한 뒤 정부의 공적 자금을 투입하며 정상화시켰다. 이때 상당수의 금융 기관이 외국계 자본에 팔려나갔다. 재벌 개혁에서는 부채 비율이 높고 도산의 위기에 빠진 대기업들을 통폐합하여 다른 기업에 매각하거나 대출해준 금융 기관들이 인수하게 하였다. 이때 동유럽을 중심으로 세계로 뻗어나가고 있던 대우그룹을 비롯한 16개의 재벌 기업이 해체되었다. 정부는 재벌 그룹의 의사 결정 구조를 개혁하기도 하였다. 재벌 그룹의 부실화 원인이 무리한 사업 확장과 대기업의 총수와 대주주 중심의 의사 결정 과정에 있다고 보았기 때문이다. 이때 기업 자체의 구조 조정이 필수적이었기 때문에 근로자의 해고를 피할 수 없었다.

노동 개혁에서는 정부가 '정리해고'의 요건을 완화했다. 기업이 구조 조정 과정에서 근로자를 무단으로 해고하게 할 수 없었기 때문이었다. 노동계의 반발을 달래고 협조를 얻기 위해서 '노사정위원회'를 구성하였다. 노동 문제를 풀어갈 때, 노동자·회사·정부(정치권)의 협의 과정을 거치도록 하였던 것이다. 공공 부문 개혁에서는 정부의 몸집을 줄이고 효율성을 제고하기 위해서 정부 기관을 구조 조정하고 공기업을 민영화하는 방법을 선택했다. 이때, 한국통신, 포항제철, 한국담배인삼공사와 같은 주요 국영 기업이 민영화되어 KT, POSCO, KT&G로 재탄생하였다.

경제 개혁을 하는 과정에서 많은 공적 자금이 투입되었다. 공적 자금은 국민의 세금을 원천으로 하고 있다. 회수되지 않을 경우에는 국민의 세금 부담이 높아지는 역효과를 낼 수도 있다. 이런 위험성 때문에, 외환 위기를 겪은 다른 나라에서는 의회의 동의를 얻는 것이 쉽지 않았다. 그러나 우리나라에서는 공적 자금 투입도 어렵지 않게 이루어졌다. 국민이 '금 모으기 운동'에 자발적으로 나설 정도로 애국심이 충만했기 때문이다. 1997년 말에 이른바 'IMF사태'로 투입된 공적 자금은 총 168조 원이 넘었다. 아쉬운 점은 2007년 말까지 총 89조 원 정도밖에 회수되지 않았다는 사실에 있다. 투입된 공적 자금에 대비하면 회수율이 높지 않았기에 미래 세대가 그 부담을 떠안게 되었다.

김대중 정부의 경제 개혁은 우리나라에 자금을 빌려준 IMF가 요구한 반강제적 조치였던 셈이다. 하지만 결과적으로 국가 경제의 비효율성을 개선하고 국제 사회에서 그만큼 경쟁력을 높여주었다. 덕분에 우리나라는 다른 어느 나라보다 빠르게 IMF에서 빌린 자금을 돌려줄 수 있었다. 금융 산업이 국제화되면서 금융 기관 사이에 자유로운 경쟁이 이루어지고 금융시장이 빠르게 정상화되었다. 안타까운 점은 우리나라 은행의 거의 절반이 외국계 은행이 되고 말았다는 것과 자본의 국외 유출이 쉬워졌다는 사실이다.

우리나라의 산업 구조는 재빠르게 첨단화되어, 곧바로 4차 산업화의 혁명 단계에 들어서게 되었다. 중국으로 대표되는 후발 주자들이 값싼 노동력을 바탕으로 추격해 오면서 경쟁력을 잃게 된 전통적인 제조업은 쇠퇴하거나 외국으로 생산 공장을 옮기게 되었다. 이와 달리 전자·반도체와 같은 첨단 산업과 조선·자동차·철강·정유화학과 같은 중화학공업은 경쟁력을 확보하고 국가 경제를 이끌어 나가게 되었다. IT산업, 금융과 유통, 문화 산업과 같은 서비스업도 빠르게 발전했다. 고부가가치 산업을 통해서 발전할 수 있는 토대가 마련된 것이다.

(3) 시민 사회의 발전과 삶의 질 향상

통제 문화에서 자율 문화로

박정희 대통령 시대까지 엄격히 지켜졌던 야간 통행 금지는 치안과 안보를 확보하는 핵심 수단이었다. 전두환 정부는 1982년에 야간 통행 금지 제도를 서둘러 없앴다. 아시안게임과 올림픽을 개최할 나라가 통제 사회로 비치는 것을 원치 않았다. 국가 체면과 국민 편의를 위해 36년 동안 지켜왔던 야간 통행 금지를 없앤 것이다.

범죄를 저지른 사람과 혈연 관계를 가지고 있는 사람들에게 연대 책임을 묻는 연좌제도 없앴다. 예전에 4·3사건 또는 여순반란사건과 같은 대남 도발의 흑역사에는 월북을 한다거나 사회 혼란을 부추겼던 사람들이 많이 있었다. 그런 사람들의 가족에게도 책임을 묻는 제도가 연좌제다. 당시에는 필요한 제도였을 지라도, 6·25전쟁이 휴전된 지 30년이나 지났으니 계속 필수적인 것은 아니었다. 빨치산이나 간첩의 자식들 또한 독립적 인격체로 존중해야 하는 문제도 있었다.

권위주의 체제로 경제 발전을 꾀하던 1960~1970년대와 40%를 웃도는 인플레이션으로 고민하던 1980년대 초까지, 외국 유학과 외국 여행은 자유롭지 않았다. 외화 반출에 대한 우려와 국민 사이의 위화감 때문에 제한했던 것이다. 당시에 외국 여행과 외국 유학을 가려면, 신분이 보장된 사람들이 연대 보증을 서야 했다. 그러나 문화를 선진화시키려면 국민의 외국 진출이 필요하다는 인식이 생겨났다. 외국 여행이 자유화되었고 관광 여권도 발행되기 시작했다.

유신 시대에는 남자가 머리를 기르거나 여자가 미니스커트를 입는 것도 규제 대상이었다. 당시에 경찰이 여성들의 치마 길이와 남성들의 머리 길이를 자로 쟀다. 규정보다 짧거나 길면 처벌하였다. 한편 중·고등학생들은 교복을 입고 머리 길이도 일률적으로 정해져 있었는데 전두환 정부에서 이런 통제 정책들을 모두 없앴다. 1980년대에 들어서면서 '통제 문화'에서 '자율 문화'로 사회 전반에 혁명적인 변화가 일어났다. 정부의 '자유화' 조치로 말미암아 자유스런 분위기가 사회 전반으로 퍼져나갔다.

주거 및 노동 환경 개선

경제가 성장하면서 사회의 모습도 바뀌었다. 1961년에 2,576만 명이던 인구는 1987년에 4,162만 명으로 가파르게 증가했다. 인구 증가율보다 더 높았던 경제성장률 덕분에 그동안 1인당 국민소득은 82달러에서 3,218달러로 40배 가까이 올라갔다. 1인당 1일 섭취 열량도 늘어났고 국민의 건강 상태도 좋아졌다. 게다가 의사 한 명당 담당 인구수가 줄어들고 의료 체계도 좋아졌다. 그러자 이 기간 한국인의 평균 수명이 52.4세에서 70세로 늘어났다. 비로소 여태껏 이어져 왔던 기아와 질병의 굴레로부터 벗어난 것이다. 교육 수준도 크게 개선되었다. 그동안 38%에 불과하던 중학교의 진학률이 100%가 되었다. 같은 기간에 고등학교의 진학률은 21%에서 80%로, 대학교의 진학률은 6%에서 29%로 늘어났다.

주택용 전화, 냉장고, 자가용, 카메라, 텔레비전과 같은 문명 기기의 보급도 확대되었다. 우리의 문화 생활 수준이 크게 나아졌다. 아울러 주거 환경도 크게 바뀌었다. 전통 가옥에서 개량 한옥을 거쳐서 점차 양옥으로 가옥 형태가 바뀌었다. 부엌과 안방이 분리되고 변소가 화장실로 바뀌었다. 한편, 급증하는 도시 인구에 비해 주택 보급률이 따라가지 못했다. 도시의 주거 환경은 전반적으로 좋지 않았다. 빈민촌과 무허가 주택이 늘어났다. 그런데 1980년대에 들어서면서 민간 기업의 아파트 건설이 활발해졌다. 도시의 주거 환경에 큰 변화가 일어났다. 전국적으로 아파트 시대가 열리게 되었다.

도시 인구가 늘어나면서 한국의 표준적인 가족 형태는 대가족에서 핵가족으로 바뀌었다. 그 결과 개인주의 문화가 자라났다. 여성의 지위가 올라가고 경제 활동 참여율도 높아졌다. 여러 산업 분야가 발전하고 소득 수준이 높아지면서 우리 사회는 중산층 의식을 가진 사람들의 비중도 많아졌다. 1960년대 초반에는 중산층 의식을 가진 사람들의 비율이 50%를 넘지 못했다. 1980년대 중후반에 들어서자 75%에 이르렀다. 우리나라의 중산층은 짧은 기간에 형성되었고, 다양하고 복잡한 직업군으로 구성되었다. 그래서 중산층의 정치 의식이나 사회 의식은 한결같지 않았다. 한편에서는 경제적 업적을 높이 평가하고 기존의 권위주의 정치를 지지하는가 하면, 다른 한편에서는 부족했던 정치적 권리를 늘리려고 민주화 운동에 참여하였다.

대중문화도 이전과 매우 다른 모습을 보여주었다. 컬러 TV가 보급되어 일반 가정에서도 수준 높은 영상 문화를 즐기게 되었다. 대중문화의 질도 높아졌다. 대중가요는 트로트가 주류를 이루었지만 팝송이나 재즈, 록과 같은 다른 취향의 노래도 나타났다.

텔레비전이 널리 보급된 후 KBS는 특별 생방송으로 '이산가족찾기' 프로그램을 내보냈다. 처음에는 하루 정도 방영하려고 했는데, 너무나 많은 이산가족이 몰려들어 무려 138일 동안 계속 방영하였다. 총 453시간 45분 동안 연속 생방송을 한 것인데, 단일 생방송 프로그램으로는 세계 최장 연속 생방송 기록이기도 하다. 이산가족의 감동적인 만남이 생방송으로 나오면 온 국민이 텔레비전 앞에 앉아 눈물을 훔쳤다. 이산가족찾기에는 총 10만 건의 신청이 들어왔고, 상봉에 성공한 수가 총 1만 건에 이르렀다.

가파른 경제 성장으로 전화 수요도 크게 늘었다. 1975년에 전국의 전화 대수가 100만 대를 넘어섰고, 1981년에는 가입자가 326만 명으로 크게 늘었다. 그렇지만 여전히 전화 수요의 70% 정도밖에 수용할 수 없었다. 전화 회선이 부족했기 때문이다. 이사하고 전화를 다시 놓으려면 2~3년씩 기다리기도 했다. 사업상 전화가 꼭 필요한 사람들은 전화를 빨리 놓으려고 권력 기관에 청탁도 했다. 전화 수요가 폭발적으로 늘어나면서 이사할 때 전화번호를 가져갈 수 있는 '백색 전화'가 등장했다. 백색 전화는 곧바로 투기의 대상이 되었고, 부의 상징이 되었다. 백색 전화 한 대 값이 잘 살던 동네의 집 한 채 값을 넘보던 때도 있었다.

그동안 정부 주도의 급속한 경제 발전 과정에서 싹트기 시작한 다양한 문제가 집중적으로 나타나기도 했다. 대표적으로 노동자의 작업 환경과 처우 개선을 둘러싼 노사 갈등 문제, 빈부 격차에 따른 계층 갈등 문제, 인구의 도시 집중에 따른 도시의 주택 수급 문제를 꼽을 수 있다. 국민 사이에 위화감이 조성되기도 했고 문제를 해결하려는 움직임들도 여러 분야에서 나타났다.

6·29선언이 발표되면서 노동조합의 활동이 꽤 자유로워졌다. 제5공화국 정부가 크게 제약하지 않았기 때문이다. 새로 들어선 노태우 정부도 노동자들의 단결권·단체교섭권·단체행동권 등 이른바 '노동 3권'에 대한 제약을 많이 누그러뜨렸다. 그동안 잠잠했던 노동자들의 각종 요구가 한꺼번에 쏟아졌고 우리

경제와 사회가 충격을 받기 시작했다. 1년 사이에 노동조합이 50% 증가했고 노동쟁의는 무려 13.6배 증가했다. 노사의 자유롭고 합리적인 협상의 문화가 정착되지 못했던 당시에는 노동조합의 무기한 파업 또는 폭력 투쟁과 같은 극한 대립이 자주 나타나기도 했다. 1995년에 급진 성향의 민주노총이 결성되면서 노동운동은 점차 극렬한 모습으로 변질되어 갔다.

한편, 노태우 정부는 최저임금제를 시행했다. 근로자의 평균 임금이 빠르게 상승하기 시작했다. 베이비붐 세대가 결혼하고 내 집을 마련하는 시기였기에 주택 수요가 크게 늘어나고 있었다. 좋은 주거 환경에 대한 국민의 요구도 커져갔다. 일자리를 찾아 몰려드는 인구로 말미암아 수도권에는 인구가 집중되고 넓은 주택의 수요가 커졌다. 이에 따라 주택 가격이 천정부지로 올랐다. 당시 4년 동안 서울의 아파트 가격이 네 배쯤 오르기도 하였다. 노태우 정부는 주택 수급 문제를 해결하려고, 주택 200만 호 건설을 목표로 신도시를 조성하였다. 성남시 분당, 고양시 일산, 부천시 중동, 안양시 평촌, 군포시 산본과 같이 서울 주변 5개 지역에 제1기 신도시가 조성되었다. 1989년에 건설 계획이 발표된 뒤 4년 만에 입주가 완료되었다. 그 결과 총 29만여 가구가 사는 대단위 주거 타운이 만들어졌고, 60%대에 머물던 주택 보급률이 7년 만에 74.2%로 올라갔다.

스스로 중산층이라고 생각하는 계층이 많아졌고 정부에서도 교육·문화 국가의 건설을 목표로 정책을 쏟아냈다. 경제 발전에 발맞추어 교육 발전과 문화 발전도 꾀했다. 청와대에 최초로 '교육문화수석실'이 신설되었다. 사립학교 설립을 장려하고 교육 시설을 늘렸다. 중등교사보다 3호봉 낮게 책정되었던 초등학교 교사의 호봉을 중등교사들과 동일하게 맞추었다. 교육 예산의 부족분을 채우려고 교육세를 목적세로 신설하였다. 과밀교실 문제를 해결하기 위해 애쓰고 의무교육을 중학교까지로 확대하였다. 유치원 시설도 많이 늘려서 서민층도 유아 교육을 받을 수 있게 하였다.

문화 발전을 위해서도 많은 노력을 기울였다. 문화 사업의 예산을 마련하고자 문화예술진흥법을 수정하였다. 기업이 문화예술진흥기금을 지원하면 손비 처리를 하도록 해주었다. 개인도 기부할 수 있게 하고 방송광고비의 일정액을 예술비로 돌리기도 했다. 88올림픽을 통해서 우리나라의 이미지를 전 세계에 알리려고 멋진 문화 공간도 많이 만들었다. 예술의 전당, 국립현대미술관, 독립기념관 등을 세웠고, 국사편찬위원회와 대한민국 학술원의 건물도 새로 지었다. 대기업들도 호암아트홀, 각종 사립 박물관, 소극장, 조각공원과 같이 다양한 문화 공간을 만들었다. 이에 따라 국민의 삶의 질도 놀랍도록 좋아졌다.

사회와 문화의 근대적 발전

대통령 직선제를 통해 민주화 시대를 맞이하게 되면서 정치·경제·사회·문화 등의 여러 분야에서도 민주화가 이루어졌다. 제6공화국 헌법은 언론·출판·집회·결사의 자유와 같은 '국민의 기본권'을 크게 확대하였다. 입법부와 사법부의 권한도 확대하였다. 새로 설치된 헌법재판소는 위헌 심판, 탄핵 심판, 정당 해산 심판, 권한 쟁의 심판 등과 함께 헌법소원 심판을 맡았다. 이후 군가산점제가 위헌 판결을 받아 폐지되었고, 내란 음모 혐의로 체포된 이석기의 소속 정당인 통합진보당이 해산되기도 했다. "피청구인 대통령 박근혜를 파면한다"라는 주문으로 기억되는 헌정 사상 최초의 대통령 탄핵도 헌법재판으로 확정되었다.

경제 발전에 따른 산업 구조의 변화는 우리 사회의 계층 구조를 근대적인 형태로 바꾸어 놓았다. 1960년부터 30년 동안, 전체 경제 활동 인구 가운데 농업에 종사하는 비율은 64%에서 17.5%로 크게 줄었다. 전문기술직·관리행정직 종사자들과 서비스업과 같은 자영업 종사자들로 구성된 신·구의 중간 계층은 전체 인구의 43.7%를 차지하였다. 우리 사회의 계층 구조가 전통 농업 사회에서 근대 산업 사회로 변화하였다는 사실을 보여주는 것이다.

경제 성장을 거듭하여 우리나라는 '고도의 대중 소비 시대'로 진입하게 되었다. 미국의 경제학자 로스토우(Walt W. Rostow)가 「경제 성장의 제단계」(1960)에서 밝히고 있는 경제 성장의 마지막 단계에 이른 것이다. 고도의 대중 소비 단계에서는 고가의 내구재를 중심으로 대중의 대량 소비가 경제의 성장을 이끌게 된다고 한다. 우리나라도 고급 가전 제품이 널리 보급되어 높은 수준의 문화 생활을 누릴 수 있게 되었다.

그동안 우리나라는 모든 분야에서 근대적인 발전을 이루어냈고 1990년대에 실질적으로 현대 국가가 되었다고 볼 수 있다. 현대 국가의 특징으로는 개인의 자유와 자유 의지에 따른 선택, 자유 선택에 대한 책임과 주권을 가진 국민의 존재, 자유민주주의 정치의 발전과 과학 기술의 발전, 산업화를 통한 경제의 발전과 문화 생활의 향상, 이성적인 개인들이 조화를 이루는 사회 문화, 개인의 이성과 사유에 대한 신뢰, 미래에 대한 낙관주의 등을 들 수 있다.

박정희 대통령이 서거한 뒤 20여 년 동안, 격변기의 시대에 집권했던 여러 정권은 사회의 모든 분야에서 시대적인 과제들을 나름대로 잘 풀어왔다고 자부할 수 있다. 누구 하나 빼놓을 수 없을 정도로 이들 모두는 우리나라를 현대 국가로 바꾸어내는데 나름의 역할을 다했다고 보인다. 특히 심각한 정치·경제·사회적 위기에도 불구하고 고도의 경제 성장을 이끌어냈던 전두환 정부는 태생적인 한계를 극복하고 맡은 바 시대적인 임무를 넉넉히 해냈다고 보인다.

4. 세계 속의 대한민국
(1990년대 이후부터 현재까지)

(1) 평화로운 정권 교체와 양극화된 정치

좌파 정권과 대통령 탄핵 소추

제16대 대통령 선거는 이회창과 노무현의 양자 대결이었다. 이회창 한나라당 후보는 대법관, 감사원장, 선관위원장, 국무총리를 지냈다. 새천년민주당 노무현 후보는 상업고등학교 출신으로 사법고시에 합격해서 판사로 임용되었다. 노무현은 국회의원 시절 '제5공화국 청문회'로 일약 스타덤에 올랐고 김대중 정부에서 해양수산부 장관을 지냈다. 그렇더라도 두 사람의 대결은 정통 엘리트와 일반 서민의 대결로 보였다.

대통령 선거 판도는 초반부터 이회창 후보의 압도적 우세였다. 이회창 대세론이 있을 정도였다. 그렇지만 노무현은 민주당 경선 과정에서 스타성을 증명했다. 장인의 빨치산 활동 이력이 논란거리가 되자, "아내를 버리란 말입니까?"라는 말로 시원하게 정면 돌파를 해냈다. '노사모(노무현을 사랑하는 사람들의 모임)'를 비롯한 열성 지지자들의 활동도 대단했다. 넥타이를 매지 않은 셔츠 차림으로 나와 기타를 치며 노래하는 광고는 단숨에 노무현 후보를 사람 냄새나는 서민 이미지로 바꾸어 놓았다. 2002년 월드컵 열풍을 타고 많은 지지를 받고 있던 정몽준과 연출해낸 전격적인 단일화는 지지율 역전의 극적인 장면이었다.

결국 57만여 표, 약 2.3% 차이로 노무현이 대통령에 당선되었다. 제16대 대통령 선거는 오랫동안 대한민국 정치를 이끌어 왔던 3김(金) 시대가 끝났음을 뜻했다. 거물 정치인들이 정치 무대에서 사라지면서 본격적인 세대 교체론이 불거졌다. 또한 '노사모'의 등장과 함께 인터넷 정치 시대가 활짝 열렸다. 광장의 연설로 상징되는 지난 시대의 정치 방식은 사라지고 새로운 SNS 정치 및 팬덤 정치가 태어났다.

노무현 정부는 '참여정부'로 불렸다. 국민과 함께 하는 민주주의, 더불어 사는 균형 발전 사회, 평화와 번영의 동북아시아 시대를 국정 목표로 제시했다. 노무현 정부는 한국이 동북아시아의 균형을 이끌어내겠다는 '동북아 균형자론'을 내세웠다. 미국을 '완전한 동반자', 일본을 '미래지향적 동반자', 중국을 '전면적 협력동반자', 북한을 '평화·번영의 동반자'로 일컬었다. 미국에 대한 의존도를 낮추는 동시에, 6자 회담 당사국들 사이의 균형을 잡을 수 있는 역할을 하겠다는 생각이었다.

북한과 공존을 꾀하며 경제 지원을 했다. 북한의 경제 발전을 이끌면서 남북 간의 긴장 관계를 완화하고 평화 통일을 이루겠다는 생각이었다. 김대중의 대북 정책을 계승한 '햇볕정책 시즌2'였다. 그러나 북한이 여전히 장거리 미사일 발사와 핵실험을 하자 6자회담을 통해서 북한의 핵 폐기를 유도하려고 했다.

2007년 10월 2일 노무현 대통령은 도보로 군사분계선을 넘어 평양을 방문했고, 김정일과 만나 10·4공동선언문을 발표하였다. 그러나 이때 정상 회담에서 북방한계선(NLL) 포기로 보일 수 있는 대화 내용이 문제가 되었다. 진실 공방이 뜨겁게 펼쳐지자, 나중에 국가정보원이 남북 정상 회담 246분의 대화록을 공개하였다. NLL을 포기하는 발언으로 볼 수 있다는 것이 밝혀졌다. '다른 나라와 정상 회담을 할 때, 북측의 대변인이나 변호인 노릇을 했다'라는 노무현 대통령의 말도 공개되었다.

노무현은 미군 장갑차로 사망한 효순·미선 사건과 촛불 집회 등으로 고조된 반미 정서에 편승하였다. 그렇지만 정부가 출범하자 자이툰 부대의 이라크 파병, 유엔군 용산 기지 이전 계획 등 미국에 유화적인 외교를 펼치기도 하였다. 임기 말에는 긴 협상을 끝내고 한미FTA를 최종 타결시켰다. 진보 진영으로부터 "보수와 다름없는 친미주의 외교"라는 비판을 받기도 했다.

집권 초기에는 한일 관계를 개선하기 위해서 노력도 했다. 그렇지만 고이즈미 총리가 재임 중에 다섯 번이나 야스쿠니 신사를 참배하자 강경 대응책으로 선회했다. 외교부는 항의 성명을 발표하고, 주한 일본 대사를 초치하는 등 한일 외교는 위기를 맞았다. 한일 정상 회담에서는 고이즈미 총리에게 "일본에 더 이상 사과를 요구하지 않겠으나, 야스쿠니 신사 참배나 역사 교육, 독도 문제에 대한 일본의 주장은 결코 받아들일 수 없다"라는 뜻을 전하기도 했다.

노무현 정부는 자주 국방을 표방하며 '국방 개혁 2020'이라는 개혁안을 발표했다. 국방 운영 체계 선진화, 군 구조 및 전력 체계 정비, 육해공 3군의 균형 발전, 병영 문화 발전과 군 복무 6개월 단축 등을 담았다. 전시작전통제권 환수도 추진했다.

헌정사상 최초로 「공직선거법」을 개정하여, 시·도의원 선거에 '정당 명부식 비례대표제'를 도입했다. 추가 개정으로 총선에서 지역구 의원과 비례 대표에 각각 1인 1표씩 투표하는 1인 2표제도 도입했다. 자치구·시·군 단위까지 비례 대표제를 채택하여 오늘에 이르고 있다. 진보 정당인 민주노동당이 원내 진출에 성공할 수 있는 발판이 되었다.

국정 핵심 과제인 국가의 균형 발전을 위해서 지방 분권을 추진했다. 국가균형발전특별법, 신행정수도건설특별법, 지방분권특별법 등 '국토균형발전 3대 특별법'을 제정했다. 신행정수도건설특별법을 통해서 신행정수도 이전을 추진하였으나 헌법재판소는 위헌 판단을 내렸다. 그러자 정부는 행정중심복합도시건설특별법을 제정하고, 계획을 수정하여 실질적으로 행정 수도의 기능을 할 수 있는 세종특별자치시의 건설을 추진했다.

임기 동안 평균 성장률은 4.3%로 '7% 성장' 공약에는 못 미쳤다. 세계 평균 경제 성장률 4.8%보다는 낮았으나 OECD 국가 평균은 넘어섰다. 환율 900~1,000원에 이르는 저환율로 말미암아 국민소득이 상대적으로 높아졌다. 국민소득 2만 달러가 어렵잖게 달성되었다. 한미FTA를 추진하자 진보 세력은 신자유주의자라고 노무현 대통령을 비판하기도 했다. 그렇지만 노무현 정부는 복지 예산을 연평균 20% 이상 늘리는 등 기본적으로 선(先)분배 후(後)성장 정책에서 벗어나지 않았다.

부동산 정책은 규제 위주였다. 재건축으로 발생하는 개발 이익을 환수하는 제도를 도입하려고 했다. 논란 끝에 무산되기는 했지만, 아파트 분양가 상한제나 원가 공개와 같이 시장경제 원리에 어긋나는 경제 정책을 추진해 나갔다. 그럼에도 불구하고 5년 동안 서울의 아파트 매매가격지수가 평균 55.5%나 상승하였다. 부동산 정책은 크게 실패하고 오히려 양극화를 불러왔다.

당내 기반이 허술했던 소장파 출신의 노무현 대통령은 당내 지도부였던 동교동계와 관계가 좋지 않았다. 결국 취임 1년 반 만에 노 대통령은 새천년민주당을 탈당했다. 그러자 이듬해 새천년민주당은 한나라당, 자유민주연합과 함께 대통령 탄핵안을 가결했다. 자당 후보로 당선된 대통령에 대해서 탄핵소추안을 발의하는 초유의 사태였다. 전국 각지에서 탄핵 반대의 촛불 시위가 잇따랐다.

탄핵안에 대한 국민적 분노는 제17대 국회의원 총선거에까지 이어졌다. '친노' 열린우리당은 과반이 넘는 152석을 차지하였다. 한나라당은 121석, 새천년 민주당은 9석, 자유민주연합은 4석을 얻었다. 탄핵 소추 사태로 열성 지지 세력을 등에 업은 '친노'는 거대한 정치 그룹이 되었고 우리나라 정치 지형을 크게 바꾸어 놓았다. 탄핵소추안은 헌법재판소에서 기각되었다.

우파 정권과 대통령 파면

제17대 대통령 선거에서 이명박 한나라당 후보가 500만 표가 넘는 차이로 정동영 대통합민주신당 후보에게 압승을 거두었다. 이회창 무소속 후보는 정동영 후보에게도 250만여 표 차이로 뒤지며, 사실상 정계에서 은퇴했다. 김대중-노무현으로 이어진 10년 좌파 정권이 막을 내리고 우파 정권으로 정권 교체가 이뤄졌다. 선거에서 이명박 후보는 서울시장 시절에 보여준 능력과 현대건설 CEO 출신의 경력으로 '경제 대통령'의 이미지를 부각시켰다. 이명박 정부는 '실용'을 내세우고, '작고 유능한 정부, 큰 시장'을 목표로 삼았다. 경제 살리기를 최우선 과제로 삼아 세금은 줄이고, 간섭과 규제를 풀고, 법치주의를 확립하겠다고 했다. 그리고 7% 성장, 4만 달러 소득, 세계 7위 경제 대국을 목표로 '747'을 내세웠다. 성장을 우선시하는 정책으로 규제 완화와 투자 활성화, 각종 감세에 힘썼다.

하지만 정부 출범하고 6개월 동안 석유를 비롯한 원자재 값의 상승과 미국에서 발생한 글로벌 금융 위기와 같은 걸림돌이 많았다. 미중일 3개국과 통화 스와프를 체결하며 외화의 유출을 막고 고환율 정책을 펼치면서 위기를 극복했다. 전 세계가 마이너스 성장을 하던 때에 거의 유일하게 플러스 성장을 했다. 2010년에는 6.1%의 성장을 하면서 우리나라의 세계 GDP 비중이 역대 최고치인 2.1%를 기록하기도 했다. 그러나 '747'을 달성하지는 못했다.

이명박 대통령은 집권 초기에 '광우병 파동'을 겪는다. 한미 FTA로 미국산 소고기를 수입하게 되었는데, 광우병에 걸린 소의 수입을 반대하는 대규모 시위가 일어났다. MBC가 가짜뉴스를 보도하자 연예인들까지 합세하였다. 촛불 시위는 크게 번져 나갔다. 정부는 2008년 6월에 30개월 미만의 소고기만 수입하고 특정 위험 부위는 수입하지 않기로 미국과 협의를 체결했고 광우병 파동은 겨우 마무리되었다. 그런데 미국산 소고기를 먹고 인간광우병에 걸린 사례는 단 한 건도 보고되지 않았다. 나중에 한국은 미국산 소고기의 최대 수입국이 되었고 2021년에는 국내 판매 수입산 중 미국산 소고기의 점유율이 53.4%에 이르렀다.

광우병 파동은 객관적인 정보나 데이터에 근거하지 않고, 진영 논리나 집단 감성으로 국민 여론을 들쑤신 사건이었다. 특히 언론의 선동과 인터넷 루머에 휘둘리는 국민이 많았다. 진실을 이야기하는 지식인이나 국민은 마녀사냥을 당하기도 했다.

마녀사냥식의 선동 시위는 4대강 사업에도 적용되었다. 정부는 22조 원을 투입하여 한강, 금강, 낙동강 및 영산강의 4대강 정비 사업을 추진했다. 그런데 대운하를 건설하는 것이 아닌가 하는 의심, 업체 선정의 불공정성과 환경 오염의 문제, 공사비의 과다 지출 문제를 중심으로 반대 목소리가 터져 나왔다. 그렇지만 완공되자, 홍수 때 수위가 낮아지고 수질도 개선되었다. 국민도 수준 높은 여가 문화를 즐길 수 있게 되었다. 큰 하천의 정비 사업으로 주변 환경이 좋아지고 강 유역에 체육 시설 및 자전거 도로를 갖추게 되었기 때문이다.

노무현 정부는 규제 정책으로 부동산 가격을 높여놓았다. 이명박 정부는 규제를 풀고 주택 공급을 늘렸다. 서울의 아파트 가격은 13%나 떨어졌다. 강남의 그린벨트를 풀고, 이른바 '반값 아파트'로 불리는 보금자리주택을 지었다. 서울 도심의 재개발 사업도 적극 추진하여 여러 곳에 대규모 아파트 단지를 만들었다.

부동산 가격이 떨어진 것은 부동산 정책뿐만 아니라 교육 정책과도 관련이 있다. 이명박 정부는 학교 교육의 자율화와 다양화를 강화했다. '학교 자율화 3단계 추진 계획'을 통해서 규제 지침을 줄이고, '고교 다양화 300 프로젝트'를 통해서 자율형 사립고, 기숙형 공립고, 마이스터 고교를 많이 세웠다. 그러자 강남 8학군과 같은 명문 학군지에 대한 수요가 낮아져서 집값이 떨어지기도 하였다.

'경제 대통령' 이미지의 이명박 대통령은 외교에서도 실용성과 경제적 이익을 앞세웠다. 자원을 수입만 해오는 것이 아니라, 자원 보유국과 장기적으로 상호 교류를 하는 '자원 외교'를 밀고 나갔다. 아랍에미레이트(UAE)에 200억 달러 규모의 원자력발전소를 건설하기로 계약한 것이 대표적인 성과로 꼽힌다. UAE와 석유·가스 분야의 협력개발양해각서(MOU)를 체결하여 아부다비 유전 개발에도 참여할 수 있게 되었다. 에콰도르, 아르헨티나 등 남미에서 리튬을 채굴할 수 있는 소금 호수를 인수하기도 했다. 당시에 부정적인 여론이 없지 않았다. 그렇지만 10여 년이 지나자 전기자동차와 같은 2차 전지의 수요가 높아지고 인수 금액의 수십 배가 넘는 이익을 보게 되었다.

대북 정책도 실용성을 토대로 풀어나갔다. 큰 틀은 '그랜드 바겐' 전략이었다. 한미동맹을 강화하여 북한의 일괄적인 핵 폐기를 이끌어내려고 했다. 북한이 핵을 포기하고 개방에 나서면 북한에 막대한 투자를 하겠다고 제안했다. 10년 뒤에 북한의 1인당 국민소득이 3,000달러가 되도록 대규모 투자를 하겠다는 것이었다. 그러나 북한은 아랑곳하지 않고 미사일을 발사하고, 개성공단에서 남한 당국자를 추방하였다. 금강산의 남한 관광객을 총격하여 우리 국민이 사망하는 일까지 벌였다. 그리고 '남측과 전면 대결 태세'에 돌입한다고 총참모부가 성명을 발표했다. 뒤이어 북한은 어뢰 공격으로 해군 초계함 천안함을 침몰시켜 우리 병사 46명이 전사하였다. 그리고 연평도를 포격하여 해병대원 두 명이 전사하고 민간인 피해도 컸다. 연평도 포격 사건은 휴전협정 이후 최초로 북한이 우리나라 본토를 공격한 사건이었다. 이명박 정부는 강력한 보복 계획을 짰는데, 미국 정부의 설득으로 철회하였다.

주변국과의 외교도 실용성의 차원에서 추진하였다. 한미 관계에서는 전시작전통제권의 환수 계획을 연기하고 한미동맹을 강화하였다. 일본과는 과거사에 얽매이지 말고 미래로 나아가려는 기조를 지켰다. 그러면서도 독도 문제와 같이 한일 양국의 이해 관계가 충돌할 때는 철저하게 국익을 앞세우고 실용적으로 움직였다. 일본이 교과서와 방위 백서에 독도를 자국 영토로 표기하자 강력하게 항의하였다. 임기 말에는, 대한민국 국가 원수로는 최초로 독도에 직접 방문하기도 했다. 중국과는 '전략적 협력 동반자 관계'를 맺고자 하였다. 후진타오 주석과 정상 회담을 하고 시진핑 부주석의 방한을 받아들였다. 2010년에 서울에서 G20 정상 회의를 개최하고 2012년에는 핵 안보 정상 회의를 열어서 한국의 국제 위상을 높이기도 했다.

제18대 대선은 박정희 대통령의 딸 박근혜 새누리당 후보와 노무현 대통령의 친구 문재인 민주통합당 후보가 벌인 양자 대결이었다. 박근혜 후보는 1987년의 직선제 개헌 이후에 최초로 51.55%라는 과반 득표율로 대통령에 당선되었다. '준비된 여성 대통령'의 슬로건과 경제민주화 및 생애 주기별 맞춤형 복지 공약을 내세워 승리하였다. 역대 최초의 여성 대통령이자 최초의 부녀 대통령, 미혼 대통령이었다. 박근혜, 문재인 두 후보의 득표율을 합치면 99.57%로, 둘을 제외한 나머지 후보의 득표율 합은 0.5%도 되지 않았다. 사실상 좌파와 우파의 전면적인 승부였던 셈이다. 그런 만큼 제18대 대선에서는 세대 차이와 지역 사이의 양극화 현상이 뚜렷했다. 40대 아래는 문재인, 50대 위는 박근혜를 지지했다. 대구·경북에서는 박근혜가 80% 이상의 지지를 얻었고, 광주·전남에서는 문재인이 90% 이상의 지지를 받았다.

박근혜 정부는 '국민 행복, 희망의 새 시대'라는 국정 비전을 제시하고, '신뢰받는 정부'를 목표로 삼았다. 국민의 행복과 국가 발전의 선순환 구조를 만들어내고, 지속 가능한 발전과 사회 대통합을 최우선으로 하였다.

그런데 취임 초에 내각의 구성부터 쉽지 않았다. 국무총리 후보자가 자진사퇴한 것을 비롯하여 많은 정무직 공직자가 낙마하였다. 인사 문제는 임기 내내 박근혜 정부의 발목을 잡았다. 아버지 박정희가 서거한 뒤 오랫동안 칩거했고, 정계에 입문한 뒤로도 정계 인맥을 폭넓게 만들지 못했기 때문이었다.

외교 정책과 대북 정책은 큰 틀에서 이명박 정부와 다르지 않았다. 한국에서 오바마 대통령과 한미 정상 회담을 개최하고, 북한의 비핵화 조치 없이는 어떤 대화도 않겠다고 선언하였다. 예정되어 있던 전시작전통제권 환수도 무기한 연기했다. 북한이 3차 핵실험을 강행하고, 전면전 선포 성명을 발표하는 위기 상황에서 불가피한 선택이었기도 했다. 전시작전통제권은 군사 주권의 문제가 아니다. 그것은 전쟁과 같은 유사시에 군사 작전의 지휘 체계를 한미연합사령부로 일원화하는 시스템의 문제일 뿐이다. 그런데 좌파 진영이 '주권 포기'라고 왜곡하여 비난했다.

박근혜 대통령은 "현 세대의 아픔을 미래 세대까지 이어지지 않도록 정리해야 한다"라며, 일관된 원칙으로 한일 관계를 풀어나가려고 했다. 미국을 포함한 '동북아 평화·협력 구상'을 밝히고, '한일 국교 정상화 50주년'을 맞아서는 화해와 상생을 바탕으로 전략적 이익을 공유하고자 하였다. 그리고 일본과 군사 비밀 정보의 보호에 관한 협정(한일군사정보포괄보호협정 / GSOMIA: General Security of Military Information Agreement)을 맺었다. 한미일 삼각 동맹의 모양새가 만들어진 것이다.

한중 관계도 크게 좋아졌다. 최초로 중국의 국가 주석이 우리나라에 국빈 방문하고, 중국에서 실시한 전승절에 박근혜 대통령이 참석하기도 하였다. 그런데 박근혜 정부의 대중 정책은 많은 문제점을 안고 있었다. 북한을 비핵화하려면 중국의 협조가 필수적이라고 생각하고 중국에 접근했지만 중국은 우리와 전쟁을 치른 적성국이었다. 적성국인 중국에 접근하는 행위는 우리 안보의 뼈대인 한미동맹을 뒤흔드는 행보였다. 더욱이 그때는 중국이 중국몽을 꾸면서 세계 패권에 도전하기 시작하고, 이에 맞서 미국은 한미일 삼각 동맹을 추진하고 있었던 민감한 시기였다. 물론 전시작전통제권의 환수를 연기하고, 미국과 사드(THAAD) 배치를 합의하였지만 미국은 내심 못마땅해 하고 있었다. 중국이 우리의 최대 교역국이었던 만큼 좋은 관계로 지내야 했지만, 어떤 일이 있어도 우리의 최대 동맹국 미국과 틈이 벌어져서는 안 되었던 것이다.

북한의 행동은 크게 달라지지 않았다. 중국이 말로는 "북한의 비핵화를 위한 박근혜 대통령의 '한반도 프로세스'를 지지하며 적극적으로 노력하겠다"라고 했지만, 실제로 북한에 영향력을 행사했는지는 알 수 없다. 북한은 유엔 안보리의 대북제재결의안에도 불구하고 도발과 위협을 일삼았다. 북한은 목함지뢰 사건을 도발하고 서부전선에서 포격을 했다. 남북 불가침 합의를 폐기하겠다거나 판문점 직통 전화를 단절하겠다고 협박하기도 하였다. 그러면서 6·15공동선언과 10·4선언을 적극적으로 이행하라고 요구했다. 박근혜 정부는 핵 폐기 의지를 확인하는 것이 먼저라며 개성공단을 폐쇄하는 강경책으로 북한을 압박하였다.

박근혜 대통령은 '통일 대박론'을 내놓았다. 통일 3대 구상으로, 첫째, 한반도의 평화 통일을 위해서 남북한 주민의 인도적 문제를 해결하고, 둘째, 공동 번영을 위해서 사회 인프라를 구축하며, 셋째, 남북 주민 사이에 동질성을 회복하자고 하였다. 이렇게 하여 통일이 될 경우, 북한의 인구와 자원을 흡수하여 발생하는 경제적 효과가 통일에 들어가는 비용을 상쇄할 수 있다는 것이었다. 북한은 '흡수 통일'이라며 반발했다. 국내외에서도 '통일 대박론'에 대해서 찬사와 비판이 모두 나왔다. 그렇지만 지금껏 제기된 통일론들이 지나치게 정치적이었다면, 박근혜 대통령의 통일론은 경제적인 측면을 부각시켰다는 점에서 새로웠다.

박근혜 대통령이 법치를 바로 세우고자 당찬 결단을 내린 사건이 두 가지 있다. 전교조 사건과 통합진보당 사건이 그것이다. 노동부는, 해직 교사를 노조원으로 두었던 전교조에게 해직 교사의 조합원 지위를 박탈하라는 시정명령을 내렸다. 교원 자격을 잃은 해직 교사를 조합원으로 두는 것은 교원노조법에 어긋나기 때문이다. 전교조가 이를 거부하자 정부는 전교조를 법외 노조로 지정하였다. 전교조의 법적 지위를 박탈한 것이다. 그리고 통합진보당을 해산시켰다. 정부는 헌법재판소에 정당 해산 심판을 청구하였고, 헌법재판소가 8 대 1로 통합진보당의 해산 결정을 내렸다. 처음에 국정원 및 검찰은 통합진보당 소속의 국회의원 이석기를 '내란 음모 선동 사건'으로 고발하였다. 통합진보당은 국가보안법의 폐지 및 주한 미군 철수와 같은 강령을 가지고 있었다. 통합진보당의 강령은 북한의 적화통일론을 추종하는 것이었다. 헌재는 통합진보당의 주도 세력이 주사파(북한의 주체 사상 추종 세력)이며, 북한식 사회주의를 추구하면서 대한민국의 민주적 기본 질서를 위배하였다고 심판하였다.

박근혜 정부의 경제·복지 정책은 일관성이 떨어졌다. 집권 초에는 '경제민주화' 정책으로 금산 분리와 신규 순환 출자 규제를 추진하고 기초연금 지급과 무상 보육을 시행하였다. 사회주의 성향의 정책이었다. 그러다가 빚을 내서 집을 사도 좋다는 이른바 초이노믹스, 복지를 위한 증세, 부자 감세를 시행하였다. 자본주의 성향의 정책으로 돌아온 것이다.

한편, 세찬 저항을 뚫고 공무원연금 개혁을 밀어붙였다. 공무원연금법을 개정하여 기여율을 7%에서 9%로 5년 동안 단계적으로 올리고, 지급률을 1.9%에서 향후 20년 동안 1.7%로 단계적으로 낮추도록 하였다. 최선의 결과는 아니었지만 다양한 단체가 참여한 '국민대타협기구'를 통해서 합의를 도출했다는 점은 평가할 만하다.

박근혜 대통령 재임 시기에는 안타까울 만큼 대형 사건과 사고들이 연이어 터졌다. 수학여행을 가던 학생들이 숨지는 '세월호 침몰 사고'가 일어났는가 하면, 중동의 낙타가 매개체가 된 호흡기 질환 '메르스 사태'가 발생하기도 하였다.

집권 4년째에는 최태민의 딸인 '최순실(개명한 이름은 최서원)의 국정 농단 의혹 사건'이 불거졌다. JTBC가 최서원 씨의 태블릿에서 국정에 개입한 증거가 나왔다고 보도하자 국민저항이 거세게 일어났다. 서울 광화문 일대는 탄핵 집회와 탄핵 반대 집회로 들끓었다. 연말에 국회에서 대통령 탄핵소추안이 가결되었고 대통령 직무가 정지되었다. 2017년 3월 10일에 헌법재판소에서 탄핵소추안이 인용되어 박근혜 대통령은 파면되었다.

최초의 여성 대통령이고 그밖에도 '최초' 타이틀을 많이 가지고 있었던 박근혜 대통령이 마지막에는 '최초'의 탄핵 대통령이 되었다. 대통령의 탄핵은 좌파 정권의 재집권을 불러왔고, 우파 진영은 적폐 청산의 피해자가 되어 기진맥진해졌다. 제21대 총선에서 범진보 진영이 거대 의석으로 국회를 장악했다. 한편 최서원 씨가 증거로 채택된 본인의 태블릿PC를 돌려달라는 소송을 냈는데 기각되자 JTBC의 보도가 조작된 것이라는 의혹도 일었다.

문재인 정부와 정치 실패

제19대 대통령 선거는 대통령의 탄핵 때문에 예정보다 일찍 치러졌다. 본래는 2017년 12월 20일에 치를 예정이었다. 헌법과 법률에 따르면, 대통령의 궐위가 있으면 그날로부터 60일 이내에 선거를 치르도록 되어 있다. 2017년 3월 10일에 헌법재판소에서 대통령의 파면이 결정되었으므로 대통령 선거일은 5월 9일로 정해졌다. 탄핵에 따른 조기 대통령 선거의 당선인은 공직선거법에 따라 당선된 날로부터 새로 5년의 임기를 시작하게 되었다.

좌파 진영의 문재인 후보가 약 41%의 지지율로 당선되었다. 중도 및 우파 진영에서는 홍준표 후보가 약 24%, 안철수 후보가 약 21%를 득표하였다. 예상과 달리 좌파 독주는 일어나지 않은 결과였다.

문재인 정부는 역사상 세 번째로 여야의 정권 교체로 출범했다. '조기 대선'이었으므로 선거일 바로 다음 날부터 임기가 시작되었다. 취임사에서 문재인 정부에서는 "기회는 평등할 것이고 과정은 공정할 것이며 결과는 정의로울 것"이라고 선언하였다. "한반도의 평화 정착을 위해서라면 제가 할 수 있는 모든 일을 다 하겠다"라고 포부를 밝혔다. 그리고 '국민의 나라, 정의로운 대한민국'이라는 국정 슬로건을 내걸었다. 국민이 주인인 정부, 더불어 잘사는 경제, 내 삶을 책임지는 국가, 고르게 발전하는 지역, 평화와 번영의 한반도를 5대 국정 지표로 뽑았다.

좌파 정권이었던 만큼, 집권 초기부터 대미 관계가 우려되었다. 박근혜 정부에서 합의한 사드(THAAD) 배치가 첫 번째 외교적 과제였다. 좌파 진영에서는 사드 배치에 반대하는 목소리가 높았지만 한미동맹의 중요성 때문에 입장을 바꾸기 어려웠다. 정의용 국가안보실장은 한미동맹 차원의 약속이므로 재검토하려는 의도가 없다고 발표했다. 그러나 문정인 대통령 특별보좌관은 "사드 배치 문제로 한미동맹이 흔들린다면 그것이 동맹이 맞느냐"라고 반발하였다. 논란이 일었지만 사드는 성주군에 배치되었고, 한미 관계도 표면적으로는 큰 문제가 없었다.

백악관에서 열린 첫 번째 정상 회담을 비롯하여, 총 열 차례의 한미 정상 회담이 열렸다. 문재인 대통령은 북한이 핵 개발을 포기할 의사가 있다고 트럼프 대통령을 설득하고, 북미 회담을 북돋아서 북한의 비핵화 문제와 체제 보장 문제를 풀고자 하였다.

결국 싱가포르에서 북미 회담이 열렸다. 미국의 트럼프 대통령은 북한에 체제 안전 보장을 약속하였고, 북한의 김정은은 '한반도'의 완전한 비핵화를 약속하였다. 그후 북한은 영변의 핵 시설은 파괴하였지만 다른 곳의 핵 시설은 가동했다. 다음 해에 베트남 하노이에서 열린 북미 회담은 파국으로 치달았다. 하노이 외교 참사를 계기로, 온 세계는 김정은이 핵을 포기할 리도 없고, 포기할 수도 없다는 것을 깨닫게 되었다.

북한의 체제 보장은 대외적뿐만 아니라 대내적 차원의 문제이기도 하다. 대외적인 체제 보장만으로 북한이 핵을 포기할 수가 없었다. 대내적인 체제 보장을 위해서도 핵 보유는 필수적이었기 때문이다. 북한은 핵을 개발할 의사도 없고 능력도 없다던 김대중 대통령의 말은 문제의 핵심도 잘못 짚은 것이었음이 판명되었다.

사드 배치 문제로 한중 관계가 얼어붙었다. 중국은 사드의 부지를 제공했다고 롯데 제품의 불매 운동을 벌였다. 베트남에서 열린 APEC 회담에서, 문재인 대통령과 시진핑 주석은 관계회복에 합의했다. 이어 중국에서 정상 회담을 열고 한반도 평화와 안정 원칙을 발표하였다. 정부는 양국 관계의 새로운 시대를 열어가게 되었다고 스스로 평가하였다.

그렇지만 문재인 대통령의 방문 내내 중국이 보여준 태도는 실망스러웠다. 국빈 방문이었지만 열 차례의 식사 가운데 단 두 차례만 공식 만찬이었고 나머지는 방문단끼리 먹는 이른바 '혼밥'이었다. 그리고 같이 갔던 취재진이 중국의 경비원에게 발로 차이는 초유의 사태가 벌어지기도 하였다.

참을 수 없는 수모를 당하면서도 문재인 대통령은 베이징대학교에서 "중국몽이 중국만의 꿈이 아니라 아시아 모두, 나아가서는 전 인류와 함께 꾸는 꿈이 되길 바란다"라는 덕담을 하였다. 곧이어 "한국은 작은 나라지만 그 꿈에 함께할 것"이라고 말했는데, 이는 덕담 수준을 넘어 비굴한 아첨에 가까웠다. 예전의 장쩌민 주석은 김대중 대통령을 "따거[大哥, 형님]"으로 대접했는데, 문재인 대통령은 땅바닥을 기었던 조선 사신과 다름없는 태도를 보였다.

문재인 정부의 대일 관계는 출범 초부터 부드럽지 않았다. 위안부 합의의 재협상을 대선 공약으로 걸었기 때문이다. 결국 재협상을 요구하지는 않았지만 일본 정부가 출연한 화해치유재단 기금을 반환하고 재단을 해산하였다. 일본 법원이 강제 징용되었던 피해자들의 손해배상 청구를 기각하자, 'NO JAPAN' 불매 운동을 벌였다. 여권의 유력 정치인과 진보 진영이 국민의 맹목적인 반일 정서를 부추겼다. 일본 자동차에게는 양보하지 않겠다는 차량용 스티커가 나붙기도 했다.

그러자 일본은 우리나라를 무역의 화이트 리스트에서 빼버렸다. 고순도 불화수소의 수입 통로가 막히자 우리의 반도체 산업은 어려움을 겪었다. 그러자 정부는 지소미아의 연장을 하지 않겠다고 맞불을 놓았다. 문재인 정부의 대일 외교는 반일과 국익 사이에서 벌이는 위험한 줄타기였다.

대북 정책은 햇볕정책의 계승이었다. 한반도 문제를 당사자인 대한민국이 주도권을 잡고 풀어나가겠다는 '한반도 운전자론'을 내세웠다. 평창올림픽에 북한 선수단을 초청하여 남북 단일팀을 꾸리기도 했다. 북한이 핵을 포기한다면, 정전협정을 평화협정으로 바꾸고 종전 선언을 할 수 있다는 약속도 했다. 그러나 북한의 핵 실험 및 미사일 도발은 그치지 않았다. 문재인 대통령을 '삶은 소대가리'라면서 노골적으로 무시하는 전략도 계속되었다. 개성공단에 있는 남북연락사무소도 폭파해버렸지만 문재인 정부는 끊임없이 북한의 선의에 기대며 눈치를 보았다. 북한의 미사일을 '불상(不詳) 혹은 미상(未詳)의 발사체'라고 얼버무릴 정도였다.

판문점에서 남북 정상 회담을 열고 한반도의 항구적이며 공고한 평화 체제 구축을 위하여 적극 협력해가겠다는 판문점선언을 발표했다. 곧이어 종전 선언을 추진하겠다면서 65년 동안 휴전 상태로 이어져 온 전쟁 상황을 완전히 종식하고 평화 체제를 구축하기로 합의도 했다. 아울러 어떤 형태의 무력도 사용하지 않는 불가침 합의를 재확인하고, 군사적 긴장 해소와 신뢰의 실질적 구축을 위해 단계적 군축을 실시하기로 했다. 그러나 단계적 군축은 우리만 실행했다. 우리만 GOP 경계 초소를 없애고 전방 사단도 해체하였다. 국가 안보에 전혀 관심이 없는 좌파 대북 정책의 결정판이었다.

제21대 총선에서 더불어민주당은 180석의 거대 의석을 얻고 입법 독주를 시작하였다. 가장 심혈을 기울인 것이 검찰 개혁이었다. 좌파 집권 세력은 검찰을 최대의 기득권을 가진 '적폐 세력'으로 여겼다. 국회는 '검수완박(검찰 수사권

완전 박탈)'이라고 불리는 사상 초유의 검찰 개악 법안을 통과시켰다. 검찰의 손발이 잘리자 불어나는 범법 사건 해결에도 적신호가 켜졌다.

문재인 정부는 상식에 벗어난 부동산 정책을 밀어붙였다. 규제 위주로 무려 스물세 차례나 누더기 같은 부동산 대책을 내놓았고, 다주택자들을 적폐 세력으로 몰아가며 "팔 기회를 드리겠다"는 협박성 메시지까지 내놓았다. 그러나 막상 청와대 고위직의 다주택자들은 집을 팔지 않았다. 또한 관사에 살면서 편법 대출로 투기를 일삼는 고위 공직자도 있었다. 문재인 정부의 부동산 정책은 완전히 실패했고 부동산 가격은 역대 최고로 올랐다.

문재인 정부의 경제 정책은 '소득 주도 성장'이라는 말로 대표된다. 시장의 기능을 무시하는 반(反)기업, 공공 주도, 세금 주도 정책이었다. 소득을 올리겠다면서 최저임금을 갑자기 올렸다. 영세 자영업자들은 인건비의 부담을 견딜 수 없어서 직원을 해고했다. 그러자 소득 주도 성장은커녕 청년 일자리가 줄어드는 악순환에 빠졌다.

문재인 정부는 복지 정책으로 국민에게 현금을 직접 지급하였다. 재정의 건전성에는 아랑곳하지 않고 5년 동안 열 번의 추경으로 154조 원의 예산을 편성했다. 박근혜 정부에 비하면 3.9배나 많은 액수였다. 글로벌 금융 위기를 극복해야 했던 이명박 정부 때도 두 번에 걸친 추경 예산이 33조 원밖에 안 되었다. 문재인 정부가 선심성 및 선거용으로 무분별하게 현금을 뿌리자 재정 수지는 악화되지 않을 수 없었다. 가계와 정부의 부채가 모두 크게 늘었고, 특히 정부 부채는 외환 위기 당시보다 네 배 이상 늘었다. 정부 부채가 사상 최초로 1,000조 원을 돌파했다.

문재인 정부의 탈원전 정책은 세계적인 경쟁력을 갖춘 원전 생태계를 무너뜨렸다. 수십 년 동안 발전시켜온 원전을 정상적인 절차도 밟지 않고 정지시키고 추가 건설도 백지화시켰다. 그러자 에너지 위기가 생겨났고 에너지 수입 비용이 경상수지를 악화시켰다. 생산 단가가 높아진 전기의 값을 못 올리게 하여 한국전력공사는 거대한 빚을 지게 되었다. 에너지 안보를 위해서는 다원화 정책을 펴야 했는데 맹목적으로 탈원전을 밀어붙인 것이다.

문재인 정부는 임기 동안 좌파 정권으로서의 진면목을 확실하게 보여 주었다. 자본주의 시장경제체제에 반하는 정책들을 쏟아냈다. 국민 감정을 자극하며 노골적인 반일의 모습을 보였고, 하대를 받으면서도 비굴할 정도로 종북·종중의 모습도 보였다. 독선에 빠져 있으면서 자아 성찰은 없이 남 탓을 일삼았다. 부동산 대책을 스물세 차례 발표했으면서도 부동산 급등의 결과를 불러왔지만 책임지지 않고 사과도 없이 박근혜 정부 탓만 했다. 극성 지지층과 절대 의석수를 등에 업고 정책 독선과 입법 폭주를 일삼았다. '선과 악'이라는 이분법의 논리로 반대 세력을 악마화하고 보여주기식 정책들로 지지층의 결집만을 노렸다. 속 좁은 편 가르기 행태를 일삼아 국민의 피로감은 날로 커졌다.

좌파 정권은 5년 만에 막을 내리고 우파 정권으로 교체되었다. 제6공화국에서 곧바로 정권교체가 이루어진 경우로는 처음이다. 윤석열 국민의힘 후보가 이재명 더불어민주당 후보를 0.73%로 꺾고 제20대 대통령에 당선되었다. 윤석열 대통령은 취임사에서 '자유'의 가치를 강조하고, 자유로운 시장경제, 강력한 한미동맹, 힘에 의한 평화를 약속하였다.

새로운 국제 환경과 한국 경제

우리나라는 1996년 10월 25일에 선진국 진입의 문턱인 경제협력개발기구

(OECD)에 가입했다. 우리나라를 방문한 외국인들은 치솟은 고층 아파트와 편리하고 청결한 대중 교통과 화장실, 밤에도 안전한 도심 지역 및 편리한 배달 서비스에 매우 놀란다. 가전 산업의 발달로 집집마다 편리한 전자 제품들을 갖추었고 쾌적한 아파트 문화는 세계로 수출되고 있다.

1992년에 공사가 시작된 한국형 초고속 전철인 KTX는 서울에서 부산까지 두 시간 안에 갈 수 있는 시대를 열었다. 서울 수서역에서 출발하는 SRT도 개통되어 KTX와 경쟁하고 있다. 2023년에는 국내 독자 기술로 개발된 한국형 발사체 누리호(KSLV-Ⅱ)가 실용 위성 8기를 싣고 발사되었다. 위성들이 모두 궤도에 안착했는데 이는 우주 발사체 개발 30년 만에 이룩한 쾌거였다.

그런데도 교육계나 노동계는 산업화와 경제 발전의 성과를 인정하지 않고 있다. 그들은 산업화의 폐해를 지적하는 데에 집중하고 있다. 요즘 학생들은 전태일의 노동운동에 대해서는 잘 알고 있다. 우리나라의 노동 문제를 해결한 영웅쯤으로 여긴다. 그러나 투철한 기업가 정신과 애국심으로 경제 발전을 이룩한 정주영[1], 이병철[2], 박태준[3]과 같은 위대한 기업가들은 전혀 모르고 있다. 그저 악덕 재벌 정도로 여기고 있을 뿐이다. 교과서에서는 경제 발전과 산업화의 눈부신 성과를 애써 축소하고, 빈부 격차와 환경 오염, 노동 문제를 부각시키고 있다.

우리 국민은 세계가 인정하는 우리나라의 산업화와 경제 발전에 자부심을 가져야 한다. 일본의 식민지에서 해방되자, 북한은 공산 경제를 선택했고 우리는 시장경제를 선택했다. 그 결과 북한은 전 세계에서 가장 가난한 나라가 되었다. 극심한 식량난에 아사자가 속출하고 있다. 하지만 대한민국은 절대 빈곤에서 벗어나 세계 10위권 선진국이 되었다.[4] 우리는 풍요로운 삶을 누리고 있다. 지금 세대는 물론 다음 세대까지 우리나라 체제의 우월성을 제대로 인식해야 한다. 자랑스러운 대한민국의 성공 신화를 속속들이 이해하는 것이 무엇보다도 중요한 시점이다.

20세기 후반에 이르러 정보·통신·교통이 빠르게 발전하였다. 시간과 공간의 제약이 거의 없어지고 전 세계는 사실상 하나의 지역처럼 통합되었고 세계 경제는 비약적인 발전을 거듭하였다. 다국적 기업들은 전 세계를 무대로 투자·생산·판매 활동을 벌이고 있다. 이제 전 세계가 하나의 경제 현장이 되었고 국제 분업이 촘촘하게 이루어지고 있다.

기술력을 갖춘 선진국은 값싼 노동력을 찾아 후진국으로 생산 기지를 옮기고 시장 지배력을 키우고 있다. 후진국들은 노동력과 공장 부지를 제공하고 고용과 소득의 기회를 만들어내고 있다. 선·후진국이 서로 원원하고 있는 셈이다. 다국적 기업들이 후진국 여러 나라로 생산기지를 다변화시키고 선진국들은 원천 기술을 앞세운 첨단 산업을 자국에 유치하여 세계 경제를 선도하고 있다.

세계화의 흐름은 지구촌을 하나의 자유시장으로 통합하려는 국제 사회의 노력으로 더욱 빨라졌다. 세계화 시대를 앞당기고자 1995년에 WTO(세계무역기구)가 출범되었다. 우리나라도 WTO의 회원국으로서 자유무역 기조를 확산시키는 데 적극적인 역할을 하고 있다.

세계 경제의 변화는 수출 주도형의 경제 발전을 추구해온 우리에게 유리하다. 처음에 우리는 산업 정책의 기조를 바꾸지 않으면 안 되었다. WTO가 우리 정부의 보조금 지급 정책을 불공정 행위로 지목했기 때문이다. 농업 분야는 큰 시련을 겪을 수밖에 없었다. 쌀을 비롯한 농산물 시장을 일부 개방하여 외국산을 수입해야 했다. 소비자에게는 값싸게 살 수 있는 혜택이었지만 농가의 소득이 줄어드는 직격탄이 되었다.

WTO가 출범하자 여러 나라가 무역 장벽을 없애는 자유무역협정(FTA)을 맺기 시작하였다. 우리나라는 칠레, 싱가포르, 유럽 자유무역연합(EFTA)과 FTA 협약을 맺었으며, 미국과도 협약을 체결했다. 태국을 제외한 동남아시아 국가연합(ASEAN)과도 협상을 마무리 지었다. 그밖에도 인도, 콜롬비아와 협상을 타결하였다. 일본, 멕시코, 캐나다와 체결을 준비하고 있다.

세계 최강대국인 미국과 1년여 동안의 협상 끝에 맺은 FTA는 정치권의 격론 끝에 2012년에 발효되었다. 협상과 발효 과정에서 극심한 반대에 부딪혔고, 문재인 정부 들어서서 재협상을 해야 한다는 여론이 일기도 했다. 미국의 기업형 농장에서 생산되는 농산물과 가격 경쟁을 할 수 없었기 때문에 우리나라 농민들은 극심한 반대를 했다. 그러나 자동차 산업 등에서는 환영의 뜻을 보이기도 했다. 무역 장벽을 낮추어야 수출을 더 많이 할 수 있기 때문이었다.

자유무역을 지향하는 FTA는 관세를 매겨서 자국의 산업을 보호하려는 보호무역과 다르다. 상대국보다 비교 우위에 있는 산업에는 FTA가 유리하고 그렇지 못한 산업에는 불리하다. 따라서 산업계마다 환영과 저항의 움직임이 뚜렷이 갈린다. 일자리를 잃을까봐 걱정하는 선진국의 노동조합과 외국 농산물의 진출에 위협을 느끼는 중·후진국의 시민단체들이 거세게 반발한다. 우리나라도 민노총 및 농민 단체들이 FTA에 거세게 반대했는데, 그들의 폭력 시위는 사회 문제가 되기도 했다. 특히 미국산 소고기에 대한 '광우병 파동'이 우리 사회를 크게 흔들어 놓았다.

세계 경제의 통합은 교통·통신·정보 기술이 발달하면서 거스를 수 없는 흐름이 되었다. 수출주도형의 경제 발전 정책을 펼쳐온 우리에게는 무척 유리한 흐름이다. 우리나라는 비교 우위에 있는 산업을 앞세우고 여러 나라와 FTA를 맺고 있다. 칠레를 시작으로 맺은 FTA가 2023년 현재 발효된 협정 기준으로 보면 59개국 21건에 이른다.

세계화와 경제 위기

우리나라는 수출 주도형의 발전 전략으로 세계 10위권의 선진국이 되었다. 수출에 중점을 두고 있는 만큼, 우리 경제는 세계 경제의 흐름에 영향을 많이 받는다. 특히 미국 경제의 영향이 크다. '미국 경제가 기침하면 우리는 감기에 걸리고, 미국 경제가 감기에 걸리면 우리는 중병에 걸린다'라는 이야기가 있을 정도이다. 2008년 미국에서 모기지 서브 프라임 사태가 일어나자 우리나라는 심각한 금융 위기를 맞았다.

미국의 투자은행 리먼 브라더스(Lehman Brothers)가 2008년 9월에 6,130억 달러 규모의 부채 때문에 파산 보호를 신청하였다. 전 세계를 덮친 글로벌 금융 위기의 시발점이 된 사건이다. 리먼 브라더스는 골드만삭스, 모건스탠리, 메릴린치에 이은 세계 4위의 투자은행이었다. 리먼 브라더스의 부채 금액은 당시 세계 17위의 경제 국가였던 튀르키예의 한 해 국내총생산과 맞먹었다. 미국 역사상 최대 규모의 기업 파산이었다.

리먼 브라더스 사태의 근본적인 원인은 미국 부동산 가격의 하락과 서브프라임-모기지론(비우량 주택 담보 대출)의 부실 사태로 지목된다. 모기지론은 부동산을 담보로 주택저당증권을 발행하여 장기주택자금을 대출해 주는 제도이다. 서브프라임은 프라임 대출을 받는 사람들보다 소득이 낮은 사람들에게 해 주는 대출을 말한다.

앨런 그린스펀 연방준비제도 의장은 9·11사태로 침체된 경기를 띄우려고 초저금리 정책을 펼쳤다. 그러자 미국의 금융 회사들은 주택 대출을 확대하였고 부동산 가격이 들썩이기 시작하였다. 신용과 소득이 낮은 사람에게도 주택

자금을 빌려주는 서브프라임 모기지론도 활발해졌다. 금융 회사들은 서브프라임 모기지론을 통해 구입한 주택의 저당권을 이용하여 '주택저당증권(MBS)'이라는 금융 상품을 만들어냈다. 경기 과열을 우려한 미국 정부는 기준 금리를 5.25%까지 인상하였다. 그러자 신용도가 낮은 대출자는 높은 이자 부담을 감당하지 못하고, 파산하여 길거리로 내몰리게 되었다.

서브프라임 부실 사태는 파생 금융 상품을 사들인 리먼 브라더스를 비롯한 전 세계 금융 회사들을 순식간에 파산 위기로 내몰았다. 10여 년에 이르는 장기 글로벌 금융 위기가 시작되었다. 리먼 브라더스의 파산으로 미국은 부동산 거품의 붕괴와 투자 손실을 크게 입었다. 19조 2,000억 달러에 이르는 가계 자산이 날아갔다.

우리나라도 글로벌 경제 위기에서 자유로울 수 없었다. 리먼 브라더스가 파산한 바로 한 달 뒤부터 외국인들은 우리나라에서 투자금을 뺐다. 외국인들의 급매도에 원/달러 환율이 1달러당 1,500원으로 올랐고, 코스피 1,000선이 무너졌다. IMF는 이듬해인 2009년에 우리나라의 경제성장률을 −4%까지 낮추어 보았다.

이명박 정부는 발 빠르게, 그리고 적극적으로 대응했다. 금융시장의 안정을 위해서 금융 기관에 대한 신용 보증을 확대하고, 은행의 정부채 매입을 촉진하며 수출입 기업의 유동성을 지원했다. 외환시장의 안정을 위해서 국책 보증금을 발행하여 외환 보유금을 증대하고, 외국인의 국내 주식 투자를 촉진하며 외환시장에 개입했다. 미국, 일본, 중국과 통화 스왑을 동시에 추진하여, 각각 300억 달러씩 총 900억 달러 통화 스왑에 성공했다. 그러자 달러의 국외 유출을 방어할 수 있게 되었다.

경제 활동 활성화를 위한 투자를 촉진하고, 세제 지원 및 공공 일자리 창출도 시도했다. 물론 법인세 인하와 같은 친기업 정책 때문에 부자 감세란 비판을 받기도 하였다. 그렇지만 우리는 2009년에 자원 수출 비중이 높은 호주, 대외 의존도가 낮은 폴란드와 함께 플러스 성장을 이룬 나라가 되었다. 2009년 3분기 기준으로 우리나라의 경제성장률은 0.4%를 기록하였다. 당시 OECD 평균은 −3.3%이었다. 한국 경제는 OECD 국가 가운데 가장 빠르게 글로벌 경제 위기를 극복했다. 한편 수출을 진흥하려고 원화 가치를 낮게 유지했기 때문에 삼성, 기아, 현대는 글로벌 시장 점유율을 끌어올릴 수 있었다. 고환율이면 수출 가격이 상대적으로 낮아지기 때문이다.

우리 경제는 대외 의존도가 높고 글로벌 경제 위기에 민감하다. 북한 리스크가 늘 존재하기 때문에, 우리 경제는 경제 정책뿐만 아니라 외교 정책도 뒷받침되어야 한다. 대기업 CEO 출신의 대통령이 보여준 위기 대응 전략은 앞으로 대한민국의 경제 정책에도 시사점이 될 수 있다.

글로벌 경제 위기는 다양한 이유, 다양한 모양으로 발생한다. 세계 시장이 하나로 통합되었고 국제 분업이 경제 활동의 기본이 되었기 때문이다. 미국발 경제 위기는 바로 유럽에도 영향을 끼쳤다. 그리스가 IMF 구제 금융을 받고나서, 이탈리아, 스페인, 포르투갈과 같은 유럽 선진국들도 디폴트의 위험을 겪었다. 경제 위기 사태를 겪으며 이들의 경제성장률이 크게 낮아지고 정부와 개인 부채가 가파르게 늘어났다. 자국 우선주의의 경제 정책들이 나타나기 시작했다.

2018년에는 미국의 트럼프 행정부가 중국 제품에 높은 관세를 매길 수 있는 행정 명령에 서명했다. 미·중 무역 전쟁이 벌어지기 시작했다. 세계화로 몸집을 키운 중국은 국제 사회에서 영향력을 키우고자 아시아·라틴아메리카·아프리카의 여러 나라에 원조와 개발 투자로 많은 돈을 쏟아부었다. 새로운 실크로드를 건설하고자 '일대일로'의 정책을 펼치기도 했다.

세계 패권에 대한 거친 도전에 맞서서 미국은 중국과 무역 전쟁을 벌이지 않을 수 없게 되었다. 두 나라의 무역 전쟁은 세계 경제에 불안감을 심어주었다. 미국과 중국에 대한 무역 및 경제 의존도가 높은 우리나라로서는 이러기도 저러기도 어려운 처지에 놓이기도 했다.

한편, 중국의 우한에서 발생한 새로운 유형의 호흡기 감염 질환 바이러스가 전 세계로 퍼져나갔다. 세계보건기구(WHO)는 새로운 유형의 코로나바이러스를 COVID19로 이름 짓고, 국제 공중 보건 비상 사태를 선포했다. 전 세계적으로 COVID19 확진자가 늘어나자, 역사상 세 번째로 팬데믹을 선포했다. 세계 각국은 강력한 방역 정책을 펼쳐 나갔다. 확진자의 격리, 지역의 봉쇄와 같은 정책으로 세계 경제는 매우 빠르게 얼어붙었다.

우리나라도 마찬가지였다. 식당 영업 시간을 제한하고 모일 수 있는 인원도 규제했다. 국민도 외부 활동과 외식 소비를 줄였다. 영세 자영업자들은 버티기 어려웠고 폐업이 속출했다. 이런 상황에서 문재인 정부가 선택한 방법은 '재난 지원금'과 같은 현금 지원 정책이었다. 구멍난 재정을 세금으로 메꿔야 해서 나라의 부채가 엄청나게 불어났다.

2023년에 들어와 WHO가 팬데믹 종료를 선언하고 COVID19의 불안감에서 벗어났다. 그동안 가파르게 불어난 국가 부채는 나라 경제에 큰 부담이 되었다. 세계 각국도 그동안 풀어놓은 돈 때문에 인플레이션의 위험이 커지자 큰 폭으로 금리를 인상하고 긴축 재정에 들어갔다. 앞으로 리먼 브라더스 사태보다 더 큰 경제 위기가 올 수 있다는 경고도 있다.

세계화의 흐름은 미·중 무역 전쟁과 COVID19 사태로 크게 위축되었다. 미·중 패권 전쟁으로 세계는 또다시 냉전 상황을 맞이하고 있고, 기술 패권 전쟁으로 세계 시장이 또다시 나누어지고 있다. 세계 경제의 흐름이 바뀌고 있어서 우리의 경제 방향에 대한 고민이 커지고 있다.

세계 무대의 대한민국

우리나라는 유엔 회원국이 되었고 소말리아에 국제 평화유지군 파견했으며, 유엔 안전보장이사회(안보리)의 비상임 이사국으로 선임되기도 하였다. 경제협력개발기구(OECD)에도 가입하였다. 국제 무대의 늠름한 구성원이 된 것이다. 건국하자마자 6·25전쟁의 참화를 겪었지만 경제 발전과 민주화를 이룩했다. 우리나라는 원조를 받던 나라에서 원조를 주는 나라로 바뀌었다.

국격이 높아지면서 글로벌 리더가 된 한국인도 많아졌다. 한승수는 유엔총회의 의장으로 추대되었고, 이종욱은 세계보건기구 WHO의 사무총장에 취임했다. 반기문은 유엔 사무총장으로 선임되었고, 송상현은 국제형사재판소(ICC)의 소장으로 임명되었다. 김종양은 아시아에서 다섯 번째로 국제형사경찰기구(인터폴)의 총재로 선출되었다.

우리는 국제협력단(KOICA)을 설립하여 외국에 무상 원조도 하고 있다. OECD의 개발원조회의에 가입하여 가난한 나라를 돕기도 한다. 비정부 기구(NGO)와 연계하여 개발도상국들의 농촌에 새마을운동의 경험을 전수하고 있다. 한국군은 세계 평화를 위한 활동에 적극 참여하고 있다.

21세기에 접어들어, 대한민국의 국제적 위상은 더욱 높아졌다. 이명박 정부 때에는 서울에서 개최된 G20 정상 회의의 의장국이 되었다. 핵 확산 위협에 공동으로 대처하기 위한 핵 안보 정상 회의도 주최했다. 개발도상국들의 환경 문제를 해결하기 위한 녹색기후기금(GCF)의 사무국을 유치하기도 했다.

1950년 6·25전쟁으로 폐허가 되었던 나라가 기적적으로 경제 발전을 이루고 1988년 88서울올림픽을 개최하였다. 전 세계에 발전된 대한민국을 알리는 쾌거였다. 2002한일월드컵도 개최하였다. 뒤이어 대구 세계육상선수권대회와 평창 동계올림픽까지 개최하였다. 우리나라는 이탈리아, 독일, 일본, 프랑스에 이어 세계 다섯 번째로 국제 스포츠대회 개최 그랜드슬램을 해냈다.

문화 예술 및 체육 분야에서도 세계적으로 이름을 높였다. 음악 분야에서는 정명훈이나 조수미같은 세계적인 음악 거장들이 나왔다. 미술 분야에서는 백남준과 같은 아티스트가 비디오 예술을 창시하며 20세기에 가장 중요한 미술가 5인 가운데 하나로 꼽혔다. 스포츠 분야에서도, 박세리가 LPGA에서 센세이션을 일으켰고, 박인비와 고진영 등이 세계의 여자 골프계를 휩쓸었다. 야구에서는 박찬호와 류현진, 김하성, 이정후 등과 같은 수많은 메이저리그 선수를 배출했으며, 축구에서는 차범근과 박지성, 이영표에 이어, 손흥민, 김민재, 이강인 등이 유럽 무대를 뜨겁게 달구고 있다. 이외에도 역도의 장미란, 배구의 김연경, 피겨스케이팅의 김연아, 스피드 스케이팅의 이상화 등 다양한 분야의 선수들이 국제 대회에서 두각을 나타냈다.

세계화 시대에는 모든 나라가 시·공간적으로 가까워졌다. 이에 따라 보통 국민의 세계 진출도 크게 늘어났다. 1990년대부터 외국 이민, 외국 유학, 외국 취업이 크게 늘어났다. 2021년의 통계청 자료에 따르면, 732여만 명의 재외 한국인이 193개국에 나가 있다. 같은 해 법무부의 통계에 따르면, 우리나라에 들어와 있는 외국인도 196만여 명이나 된다.

(3) 새로운 시대로의 진입, 그리고 우리의 과제

사회 구성의 변화

산업화와 도시화를 거치면서 우리 사회의 가족 형태는 대가족 형태에서 핵

가족 형태로 바뀌었다. 가족 형태는 이혼율의 증가, 독신 가구의 증가, 맞벌이 부부의 증가로 말미암아 더욱 바뀌고 있다. 출산율의 감소는 인구 구조의 변화에까지 큰 영향을 끼치고 있다.

1983년부터 가구당 2.0명 밑으로 떨어지기 시작한 합계출산율은 2018년에 가구당 0.98명이 되더니, 2023년에는 0.72명으로까지 줄어들었다. OECD 평균인 1.59명의 절반에도 못 미치는 수치다. 결혼 연령이 높아지면서 출산 연령도 높아진다. 가임기 여성의 기대 출산율이 계속 낮아지고 있다.

출산율이 감소하는 대신 경제는 성장하고 의료 기술이 발달하면서 평균 수명이 크게 늘어났다. 2000년에는 65세 이상의 인구가 7%를 넘어서면서 고령화 사회로 진입했다. 2018년에는 14.3%로 고령화 사회에 진입하였다. 이런 추세라면, 2050년에는 65세 이상 인구가 40%를 넘을 것이다. 통계청에서는 2050년에 전 국민의 평균 연령을 54.8세로 예상했다. 2022년의 43.9세에 견주면, 10년 이상 늙은 나라가 된다는 뜻이다. 우리나라는 전 세계에서 첫 번째로 '인구 소멸 국가'가 될 것이라고 한다. 실제로 2020년에 처음으로 3만 3,000명의 인구 자연 감소를 겪었다. 2022년에는 12만 4,000명의 인구가 줄어들었다.

가족 형태의 변화와 더불어 가정이나 사회에서 남녀의 위상에도 많은 변화가 나타났다. 전통적인 가부장제의 문화에서 양성 평등의 문화로 바뀌어오고 있다. 그동안 모성보호관련법이 종합적으로 개정되고 정비되었으며, 남녀 차별과 성희롱을 금지하는 남녀차별금지법이 발효되었다.

오랜 논란과 진통 끝에 결국 2008년에 호주제(戶主制)가 폐지되었다. 호주제란 아버지에서 아들로 이어지는 호주를 중심으로 가족의 관계를 등록하는 제도였다. 1999년에 여성단체연합 호주제폐지운동본부가 발족되면서 본격적으로 호주제 폐지 운동이 시작되었다. 곧바로 호주제 폐지 국회 청원이 시작되었고 위헌 소송으로 이어졌다. 헌법재판소는 5차에 걸친 공개 변론 끝에 2005년에 헌법 불합치 결정을 내렸다. 민법 개정안이 통과되었고 마침내 호주제가 폐지되었다.

법적인 움직임과 더불어 남녀 평등을 실현하려는 정치적·사회적 노력도 적지 않았다. 여성부가 정부 부처로 신설되었고, 여성가족부로 바뀌면서 여성의 사회·공직 진출을 위한 '여성할당제'를 유도하였다. 공직선거법을 개정하여, 정당은 국회의원 및 지방의회의원 비례 대표의 50% 이상을 여성으로 공천하도록 했다. 국회의원 및 지방의회의원의 지역구는 전국 지역구 수의 30% 이상을 여성으로 공천하도록 권장하였다.

이렇듯 우리 사회는 오랫동안 남녀 불평등을 해소하기 위해서 법적으로나 문화적으로 양성 평등을 추구해왔다. 여성들도 적극적으로 사회에 진출하여 역량을 펼치기 시작했다. 그 결과 여성들은 특유의 섬세함과 감수성을 바탕으로 사회 각계에서 두각을 나타내고 사회의 발전에 크게 기여하였다.

부작용도 없지 않았다. 인기 영합적인 정치인들이 양성 평등을 넘어서는 여성 우대 정책을 부추겼다. 여성이라는 이유로 장애인에게 주는 가산점과 같은 가산점을 주는 창업 공모전이나 영화 공모전도 있었고, 여성 전용 주차장 같은 보여주기식 정책도 많았다. 신체 능력의 차이를 고려해서는 안 될 직종인 경찰이나 소방관의 채용 시험 때, 차별적인 체력 검정으로 외신에서 회자된 경우도 있었다. 이런 정책들은 세계적인 웃음거리가 되기도 하였고 오히려 여성들의 반감을 사기도 하였다.

여성단체와 정치권이 보여준 이율배반적 모습은 양성 평등에 역효과를 불러오기도 하였다. 주목할 만한 것으로는 2030세대에서 남녀 갈등 양상이 심각하게 나타나고 있다는 점이다. 여성 친화 또는 여성 우대 정책이 역차별이라는 불만을 일으키고 남녀 사이의 갈등을 조장한다면 아이러니가 아닐 수 없다.

우리나라는 빠르게 다인종 사회로 바뀌고 있다. 도시에서 저임금 노동자가 부족하고 농촌에서 젊은 여성이 부족해지자 중국으로부터 조선족이 대규모로 들어왔다. 동남아 저개발국가에서 노동자들과 함께 젊은 외국 여성들도 들어와 우리나라 농촌 총각과 결혼하기 시작하면서 다문화 가족이 늘어났다. 외국인 근로자나 취업 연수생이 크게 늘었고 유학생도 늘어났다. 국내에 살고 있는 외국인의 숫자는 2007년에 벌써 100만 명을 넘어섰다. 2022년에는 외국인 주민의 수가 213만 4,568명이나 되었다. 국내 총인구의 4.1%로, 전라북도 인구보다 많은 수이다. 외국인 주민은 우리나라에 3개월 이상 거주하고 있지만 한국 국적을 가지지 않은 자, 한국 국적을 취득한 자, 외국인 주민의 자녀를 말한다. OECD는 이주 배경의 인구가 5%를 넘으면 다문화·다인종 국가로 분류한다. 우리나라는 벌써 다문화·다인종 국가로 진입하고 있다.

탈북민(북한 이탈 주민) 수도 늘어가고 있다. 많은 북한 주민이 자유의 땅, 시장경제의 땅에 오고자 목숨을 걸고 북한을 탈출하고 있다. 북한 주민들이 대규모 탈북은 1995년부터 시작되었다. 김일성이 사망하고 체제 모순이 드러나자 식량난을 겪으면서 굶주려 죽는 사람이 많아졌다. 마구잡이로 나무를 베고 산에 농지를 만들자, 산사태가 줄을 이었다. 홍수와 가뭄이 겹치면서 식량난으로 견딜 수 없게 된 것이다. 이른바 '고난의 행군'이 시작되었다. 많은 사람이 압록강과 두만강을 건너 중국으로 탈북하였다. 이들 가운데 국내에 입국한 탈북민은 연 3,000명 수준으로 늘어났다.

2022년 6월 기준으로 우리나라로 입국한 탈북자의 총수는 3만 3,500여 명에 이른다. 처음에는 생존의 문제 때문에 탈북하는 경우가 많았는데, 점차 정치적인 동기와 자아 실현을 이유로 탈북하는 경우가 늘고 있다. 그동안 북한의 통제로 하류층의 탈북민은 많이 줄어들었지만, 최근에는 상류층의 탈북이 오히려 늘고 있다.

새로운 문화의 시대

1) 대중문화와 고부가가치 산업 : 현대 사회에서 문화는 단순히 삶의 양식의 총체라는 사전적인 의미를 넘어서 있다. 부가 가치를 창출할 수 있는 소중한 자원이 되고 있다. 정보·통신 기술의 발달로 나라마다 또는 지역마다 고유했던 문화는 전 세계인이 함께 즐길 수 있게 되었다. 특히 가요, 영화, 애니메이션, 프로스포츠와 같은 대중문화는 전파의 속도와 범위가 무척 빠르고 넓다.

1997년에 즈음하여 우리나라는 사이버 시대에 접어들었다. 곧이어 인터넷 사용 인구가 1,000만 명을 넘어섰고, 국민의 90% 이상이 휴대전화를 사용하기에 이르렀다. 2010년대에는 엄청난 속도로 발전한 스마트폰의 시대가 열렸다. 전 세계 사람들이 언제 어디에서든 스마트폰으로 인터넷이나 SNS에 접속할 수 있게 된 것이다. 그러자 세계 곳곳에서 대중문화를 동시에 즐기게 되었다.

우리나라는 스마트폰의 생산국인 만큼 어느 나라보다도 빨리 스마트폰 시대에 적응했다. 그러자 우리나라의 문화 DNA가 다문화주의로 바뀌었고, 퓨전과 크로스오버 형태의 문화가 주류로 자리잡게 되었다. 문화 생활에서 소비자와 생산자의 구분이 사라지는 프로슈머의 시대가 열렸다.

문화 수입국이던 우리나라는 문화 수출국이 되었다. 우리의 대중문화가 전 세계로 소개되면서 한류(韓流, Korean Wave)라는 용어도 생겨났다. 세계 곳곳에서 한국의 드라마가 인기를 끌었고, 영화인들도 국제 영화제에서 레드카펫을 밟기 시작했다. 빌보드 차트를 휩쓸며, 그래미 어워드를 수상하는 K-POP 가

수들이 나타나기도 했다. K-POP은 전 세계 문화시장에서 주류의 하나로 당당하게 자리 잡고 있다. 방탄소년단(BTS)이 대표적인 예로, 그들은 COVID19로 전 세계가 혼란스럽던 시기에 신곡 '다이나마이트'를 내놓아 21세기 최초로 빌보드 차트 HOT 100에서 1위를 했다. 비영어권 가수로는 최초이고 전 세계적으로는 다섯 번째로 Hot 100, 아티스트 100, 빌보드200 차트에서 모두 1위를 했다.

한편 한국의 영상 문화도 전 세계에서 주류의 하나로 떠오르고 있다. 영상서비스 분야에서 "최다 구독자 수 기준으로 보면, 아티스트 공식 채널 세 개 가운데 두 개가 한국 아티스트의 채널"이라고 한다. 영상 크리에이티브 생태계는 한국 GDP에 2조 원 넘게 기여했고 8만 6,000개가 넘는 일자리를 만들었다고 한다. 실제로 한국의 더핑크퐁 컴퍼니가 만든 '핑크퐁 아기 상어 체조'의 동영상은 100억 회 이상 조회 수를 기록하였다. 우리나라에서는 최초이고 세계적으로도 가장 많이 시청된 영상이라고 한다.

2) 민족주의의 쇠퇴와 재등장 : 민주화 시대가 열리면서 한껏 드높았던 민족주의는 2000년대 들어 점차 기울기도 하였으나, 최근에 다시 반일·반미를 내세우며 기승을 부리기도 했다. '한강의 기적'으로 국제적 위상이 높아지자 일본에 대한 민족적 자존심도 높아졌다. 김영삼 정부 시절에는 '국민학교'라는 이름을 '초등학교'로 바꿨다. '국민'을 '황국 신민'을 뜻하는 일제의 잔재로 보았기 때문이다. 또 헌법을 제정하고 건국 행사를 했던 중앙청 건물을 해체해버렸다. 원래 일본의 조선총독부 건물로 지어졌다는 이유였다. 노무현 정부 때는 친일반민족행위 진상규명위원회를 설치하고, 친일반민족행위자에 대한 재조사까지 하였다.

민족주의가 들썩이는 데에는 정치적 배경도 있었다. 산업화 세력은 한일협정으로 경제 개발 자금을 마련하여 한강의 기적을 이루어냈다. 수출 주도형의 경제 개발에 줄곧 반대해오던 민주화 세력은 산업화 세력과 차별화하기 위해서 반일을 내세우고 식민 시대의 아픔을 일깨웠다. 더욱이 북한 백두산혈통주의자들과 손잡고 '우리끼리' 통일을 하자고 하면서 반미까지 앞세우게 되었다. 반일 민족주의는 반미도 앞세우면서 좌파 민족주의로 통합되었다. 좌파 민족주의 세력은 역사계와 문화계로 깊게 파고들었다.

상당수의 역사학자는 우리 역사의 흐름을 동학 농민 봉기에서 시작하여 4·19, 5·18, 6월 민주항쟁으로 잡았다. 우리 역사를 민중 항쟁사로 꾸며놓고 대한민국의 건국 세력과 산업화의 부국 세력을 민족 분단의 원흉으로 만들어버렸다. 문화계의 인사들도 문화, 음악, 미술, 연극 분야에서 좌파의 민중사관에 맞추어 흥행 작품을 만들어냈다.

1990년대에 북한과 중국을 제외한 공산주의 체제는 전 세계적으로 해체되었다. 북한의 열악한 경제 상황과 비참한 인권 상황도 전 세계적으로 폭로되었다. 그러자 북한의 자주 노선을 높이 평가하고 반일·반미를 앞세워 대한민국의 역사를 깔보던 좌파 민족주의는 설득력을 잃게 되었다. 더욱이 정보화·세계화 시대가 열리면서 다양한 문화를 즐기게 되면서 '우리끼리'의 편협한 좌파 민족주의는 설 땅을 잃어버리게 되었다.

그렇지만 박근혜 대통령이 탄핵되고 문재인 대통령이 취임하자, 시대착오적인 좌파 민족주의가 제철을 만난 듯 다시금 날을 세웠다. 주사파 세력이 정권의 핵심을 장악했기 때문이다. 전대협 3기 의장 임종석이 대통령 비서실장이되고, 초대 의장 이인영이 통일부 장관에 임명되었다. 남한사회주의노동자동맹(사노맹) 출신인 조국은 청와대 민정수석을 지내고 법무부 장관에 임명되었다. 주사파 인물들이 정권의 핵심을 차지하자, 민노총, 전교조, 대진연 등이 때를 만난 듯 법석을 떨었다. 우리법연구회나 민변 출신의 좌파 법조인들이 법조계를 장악하면서 '김일성 회고록' 출판 금지 가처분 신청이 기각되는 일도 있었다. 문재인 정권 내내 북한 체제를 추종하는 주사파 민족주의가 우리 사회의 전반을 뒤흔들어 놓았다.

시민운동의 명암과 과제

21세기 정보화 시대에 접어들면서 사회 문제는 복잡해지고 다양해졌다. 정부가 할 수 있는 일에는 한계가 있다. 사회의 발전과 삶의 질을 높이려면 시민단체의 활동이 반드시 필요하다. 오늘날 시민운동은 사회 정의의 실현, 건전한 시민 정치 및 사회 통합을 북돋는 적극적인 기능을 하고 있다.

민주화 시대에 접어들자 시민단체가 많이 늘었고 시민운동도 활기차졌다. 예전에 시민운동의 주류는 노동운동과 민주화운동이었다. 모두 계급 투쟁에 기반하고 있었다. 권위주의의 시대가 저물자, 시민운동은 다양한 분야로 번져 나갔다. 봉사나 구호 활동, 불우 이웃 돕기와 같은 비정부기구(NGO) 활동도 많아졌다.

시민단체의 수가 늘고 다양해지다 보니, 설립 목적에 충실하게 운영되는 단체도 많지만 특정 집단의 권익을 대변하거나 정치 편향성을 드러내는 시민단체도 적잖았다. 이들은 경제, 노동, 인권, 환경, 교육, 여성 등 다양한 사회 영역에서 활동하고 있다. 문제는 활동의 방향이 자본주의 시장경제 체제를 반대하고 특정 정치 세력을 추종하는 데 있다. 순수성을 잃고 변질된 시민운동은 우리 사회에 큰 부담을 안겨주고 있다. 그동안 상당수의 시민단체가 정치적 편향성, 도덕적 해이와 특정 집단과 계층만을 대변하는 폐쇄성과 배타성, 전문성 없는 주장의 이율배반과 같은 문제점을 드러냈다.

시민단체의 부적절한 활동은 바로 잡아야 한다. 설립 목적과 운영이 동떨어졌는지 살펴보고 문제점이 드러날 때는 스스로 정리하거나 새롭게 출발하는 자정 노력이 필수적이다. 재정의 어려움 때문에 돈의 유혹에 흔들리지 않도록 건전한 수익 사업을 허용해줄 필요도 있다. 물론 수익을 투명하게 관리하고 예산의 집행 내역을 주기적으로 공개하여 시민들의 신뢰를 얻도록 해야 한다.

정부나 지자체에서는 시민단체에 대한 점검 및 관리를 엄격하게 해야 한다. 한편, 간첩단 사건에서처럼 이적 활동을 한 시민단체는 바로 해산시킬 수 있는 제도도 마련되어야 한다. 정부와 시민단체, 그리고 사회가 서로 신뢰를 쌓고 도와서 국가 운영에 공헌해야 한다. 대한민국이 21세기를 선도하려면 반드시 해결해야 할 과제이다.

V

대한민국이 나아가야 할 길

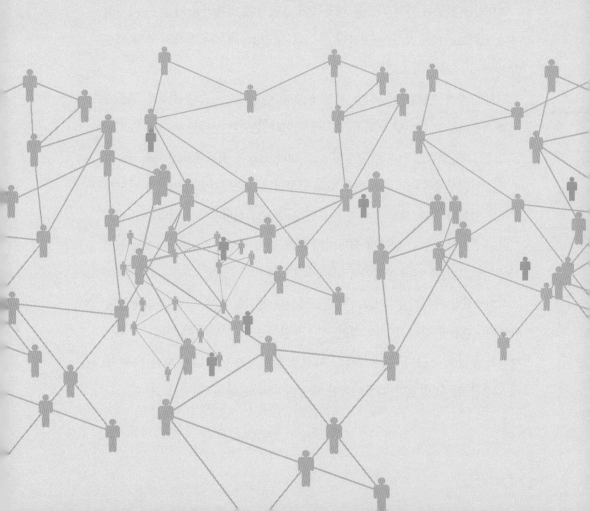

1. 과학 기술과 사회 변화

(1) 과학적인 사회생활

과학[1] 기술을 활용하는 현대인

현대인은 발달된 과학 기술을 이용하며 살아간다. 고대인과 가장 큰 차이점이다. 스마트폰에서 보듯이, 오늘날 우리의 사고방식과 생활방식은 과학 기술의 발달에 크게 기대고 있다.

과학적 지식은 관찰과 실험을 거쳐서 증명한 것이고, 기술은 지식을 생활에 직접 적용해보고 알아낸 노하우(knowhow)이다. 섣부른 생각과 판단에 그치지 않고, 관찰과 실험을 거쳐서 증명해보고, 실제 생활에 적용해보는 과학기술적 자세는 사회생활에서도 필요하다. 사회 구성원들은 과학기술적 지식과 태도를 갖추고 있어야 한다. 그렇게 하지 않으면, 사실보다 선입견이나 신념을 앞세우거나 유언비어나 선전 선동에 휩싸이게 된다. 결국 사회는 혼란에 빠지거나 발전이 멈춘다. 애써 이룬 문명이 무너질 수도 있다.

사회생활을 과학기술적으로 하려면, 사실과 진실을 찾고, 각종 통계를 보아야 하며, 관찰과 실험 및 합리적인 사고 실험의 도움을 받아야 한다. "지구는 평평하지 않고 둥글다"라는 생각이 사실로 밝혀지자 사람들은 배를 타고 세계 일주를 할 수 있었다. 겉보기에는 태양이 하루에 한 번 지구를 도는 것 같아도, "지구는 태양 주위를 1년 주기로 공전하면서 하루 한 번 자전한다"라는 것이 과학적 지식이다. 그래서 밤낮이 생기고 계절이 주기적으로 바뀐다는 것이 확인되자 사람들은 정확한 시계와 달력을 만들고 계획적인 생활을 할 수 있었다.

과학 기술의 발달에 따른 장점과 단점

과학 기술의 발달 덕분에 우리는 물질적인 풍요를 누리고 생활이 편리해졌다. 의약의 발달로 건강이 좋아지고 생명이 연장되었다. 교통 통신 기술의 발달로 인간과 상품의 교류가 잦아졌다. 각종 매체의 발달로 문화가 다양해졌다. 농업 기술의 발달로 식량 생산이 커졌다. 의학 기술의 발달로 건강 수명이 길어졌다. 산업 기술의 발달 덕분에 사람들의 일하는 시간은 줄어들고, 여가를 즐길 수 있게 되었다.

그렇지만 과학 기술의 발달에는 어두운 면도 있다. 예컨대, 모든 문제를 과학 기술로 풀 수 있다는 과학만능주의에 빠질 수도 있다. 자동화된 기계나 로봇 때문에 인간 소외나 실업이 늘어날 수도 있다. 석탄과 석유와 같은 화석 연료와 화공 약품과 플라스틱 때문에 심각한 환경 오염이 일어난다. CCTV나 정보 통신 보안 문제 때문에 개인 사생활이 침해되고 있다. 각종 무기의 발달로 인류의 안전과 평화가 위협될 수도 있다. 과학기술자를 비롯한 현대인들은 과학 기술의 좋은 점을 늘리고 나쁜 점을 줄여야 한다. 그리고 친환경적인 생산과 소비를 해야 한다.

(2) 과학 기술과 문명의 발달

자연 관찰과 모방으로 발전한 인류의 문명

인류는 과학 기술을 어떻게 발전시켜왔을까? 인류는 초기에 주변의 동식물이나 물, 불, 바람과 같은 자연 현상을 관찰하고, 모방하고 시험을 해보면서 생활에 유용한 식량과 의약품 및 필요한 물품을 찾아내고 만들어냈다. 이러한 인류의 노력은 문명 발달에 어떤 영향을 끼쳤을까?

자연의 모방은 문명을 발달시키는 중요한 방식이다. 현재 지구상에 존재하는 모든 동식물이나 미생물은 길게는 수억 년, 짧게는 수만 년 동안 적응 방법을 발전시켜 왔다. 이런 생명체의 특징을 모방하면 편리한 물건을 만들 수 있다.

오늘날에도 자연을 본뜬 발명품들이 생활을 편리하게 해준다. 따개비와 같이 굳는 뼈 접착제, 새나 물고기의 모양을 본떠 공기 저항을 줄인 비행기나 배, 도꼬마리 열매를 닮은 벨크로(찍찍이)는 모두 자연을 본떠서 만든 편리한 생활 용품들이다.

아직도 수많은 동식물과 미생물 및 자연 현상은 우리의 관찰과 실험을 기다리고 있다. 우리가 발견하고 발명할 것은 지구상에 존재하는 모든 생물과 무생물의 숫자만큼이나 많다. 활용할 수 있는 자연현상은 우주만큼이나 넓고도 깊으며 변화무쌍하다. 새로운 생각의 발상, 숨겨진 것을 찾아내는 발견, 없던 것을 새로 만드는 발명은 모두 자연을 깊이 관찰하고 실험할 때 이루어진다. 이렇게 해서 과학기술이 좋아지고, 좋은 과학 기술은 인류를 건강하고 행복하게 만들 것이다.

인간의 한계 극복으로서 과학 기술의 발달

인간은 맹수보다 힘이 약하다. 냄새를 맡는 것에는 개가 더 뛰어나며, 어두운 밤에 보는 시력은 올빼미가 더 강하고, 하늘은 새가 더 잘 난다. 아주 무거운 물건, 아주 먼 곳, 아주 큰 소리, 아주 작은 것, 미묘한 냄새, 아주 복잡한 계산을 거뜬히 해내기에는 인간의 몸과 정신, 그리고 오감에는 한계가 있다. 사람들은 이런 한계를 이려내려고 어떤 노력을 해왔을까?

저울, 나침반, 현미경, 망원경, 내연기관(엔진), 거중기(크레인), 자동차, 전화기, 컴퓨터 등은 모두 우리의 신체적·정신적 한계를 뛰어넘기 위한 것이다. 사람들은 생활에서 불편을 느끼면 새로운 생각을 하며 고쳐보려고 애쓴다. 새로운 생각을 해내는 발상, 가려진 것을 찾아내는 발견, 새로운 것을 만들어내는 발명과 같은 창의적인 노력이 개인 생활과 사회생활을 편리하게 만든다.

창의력은 새롭고 좋은 것을 만들어내는 힘이다. 인류는 창의력으로 문명을 발전시켜 왔다. 창의력은 그저 무심히 지나치던 것이 갑자기 다르게 보이거나 새삼스럽게 거북해질 때 드러나기 시작한다. 다른 느낌과 거북함이 자아내는 호기심 때문에 온 맘을 쏟으면 새로운 생각이 떠오른다.[2] 그동안 발명해낸 첨단 기계는 어떻게 보면 아직도 모자람이 많다. 인류는 아직도 지진, 태풍, 홍수, 가뭄에 큰 피해를 입고 있다. 우리의 상상력은 우주 끝까지 가 있지만 실제로 태양계를 벗어나기는 어렵다.

노벨상이 그렇게 하듯, 사회는 야무지게 달려들어 문제를 창의적으로 풀어낸 사람에게 큰 보상을 준다. 창의적 발상으로 발견한 것과 발명한 것은 지적 재산권으로 보호받는다. 최초의 발견자와 발명자에게 이익이 돌아가도록 해놓은 것이다. 이병철, 정주영, 구인회처럼 새로운 사업에 도전한 사람들은 큰돈을 벌기도 하였다. 우리나라 헌법(제22조 ②항)은 "저작자·발명가·과학기술자와 예술가의 권리는 법률로써 보호"하고 그들의 지적재산권을 인정해주고 있다. 창의적인 노력으로 만들어 놓은 작품에는 반드시 이익이 돌아가도록 법적 장치를 해놓은 것이다. 새롭게 만들어지는 가상 세계는 창의력을 끝없이 펼칠 수 있는 신대륙이다. 신대륙에 누가 먼저 뛰어드는가에 따라 창의적 노력의 대가가 결정될 것이다.

수학 공부는 과학 발달의 기초

옛날 사람들은 계절의 바뀜이나 바다의 물때를 알고자 정확한 달력을 만들려고 애썼다. 세금을 매기려고 경작지나 주거지의 면적을 재거나 수확한 곡식을 계산해내기도 했다. 오늘날에는 높은 건물을 지을 때나 길고 튼튼한 다리를 놓을 때 바람이나 지진의 영향을 계산한다.

수학은 과학 기술의 발전에 큰 이바지를 해왔다. 수학 공부는 정확한 계산 측정, 논리적 사고와 문제해결력을 키워준다. 인간의 두뇌 발달뿐만 아니라 과학 기술의 발달에도 큰 도움을 준다. 서양에서는 일찍부터 자연철학자들이 수학을 연구하고 과학 기술에 활용해왔다. 그러자 동양보다 먼저 과학혁명과 산업혁명이 일어났고 여러 분야에서 수많은 발전을 이룰 수 있었다. 고대의 기하학을 발전시킨 유클리드를 비롯하여, 근대 과학혁명을 이끌었던 뉴턴, 갈릴레이, 코페르니쿠스나 아인슈타인은 모두 수학을 연구하여 천문학과 물리학을 발전시켰다.

수학은 갈피를 잡을 수 없는 자연 현상이나 잘 보이지 않는 사물의 움직임을 간단한 수식으로 나타내준다. 수학 문제는 약속한 바를 순서대로 지키며 풀어가면 해답을 찾을 수 있다. 풀이 과정이 옳다고 밝히는 과정에서 맞고 틀림과 옳고 그름이 뚜렷해진다. 수학은 가장 복잡한 것을 가장 간단한 수식으로 표현하기에, 매우 추상적인 학문이라고 할 수 있다. 또한 정답과 해답을 반드시 보여주기에 매우 정직한 학문이라고 할 수 있다.

정확한 절차에 따라 문제를 풀어주는 계산기나 컴퓨터는 수학을 이용하여 만들어졌다. 사람이 맡기 어려운 빅 데이터의 처리나 어떤 분야의 인공지능[3]과 인공신경망[4]을 만드는 데도 수학이 사용된다. 인공위성을 쏘아 올리거나 큰 건물이나 긴 다리를 놓는 데에도 수학은 필수적이다. 오늘날 복잡한 계산을 해야 하는 수학 문제를 풀 때는 계산기나 컴퓨터의 도움을 받는다. 그래서 사람들은 복잡한 절차를 거치는 계산은 컴퓨터에 맡기고, 핵심 문제를 찾아내어 수식으로 만드는 창의적인 작업을 더 많이 할 수 있다.[5] 이렇게 보면 수학 공부를 즐겨할수록 현대 과학 기술의 문명 생활에 더욱 가까이 다가갈 수 있을 듯싶다.

에너지[6] 확보와 과학 기술의 발달

우리는 음식을 먹고 힘을 얻는다. 인류는 물, 불, 바람과 태양열을 이용해서 에너지를 얻어왔다. 산업혁명이 일어나면서 석탄이나 석유와 같은 화석 연료를 태워서 에너지를 얻었다. 그와 같은 방법에는 비용이 많이 들고 환경을 파괴하며 공해를 불러온다는 단점이 있다. 수력 발전, 조력 발전, 풍력 발전, 바이오 연료를 태워 얻는 전기에너지에도 단점이 있다. 문명이 발달할수록 더 많은 에너지가 필요할 것이다. 우리는 친환경적이며 값싸고 안정적인 에너지를 어디에서 어떻게 얻을 수 있을까?

우리나라의 과학기술자들은 세계에서 가장 안전하고 값싼 원자력 발전의 기술을 개발해왔다. 일찍이 이승만 대통령은 원자력이 미래의 에너지라고 굳게 믿고 들여오기로 결정하였다. 1956년에 미국과 한미원자력협정을 맺고, 전문연구소와 함께 대학에 원자핵공학과를 세웠다. 2024년 현재, 여섯 곳에 원자력발전소와 25기의 원자로를 가동하고 있다. 원전은 국내 전기 생산의 30%를 맡고 있다.

원자력은 석탄, 석유, 가스보다 더 경제적이고 더 친환경적이며 비용도 덜 든다. 구소련의 체르노빌에서 사고를 낸 원자력발전소와 달리, 우리나라의 것은 가압 경수로로 인명 피해를 낸 적이 없다. 세계에서 가장 안전하게 만들어진 것이다. 가격경쟁력도 높다. 네덜란드, UAE, 요르단, 사우디아라비아, 튀르키예로 수출하고 있다.

오늘도 전기가 불안정하거나 약하면 일상 생활도 못하고 컴퓨터 작업도 제대로 할 수 없다. 제조, 건설, 토목, 통신, 교통, 수송, 보건 의료와 같은 현대 문명은 '에너지 문명'이라고 해도 지나치지 않다. 첨단산업이나 자동화된 공장, 학교, 병원, 식당, 농장에도 안정적이고 넉넉한 전기에너지가 필요하다. 미래 사회는 점점 더 많은 에너지를 필요로 한다. 환경 훼손을 적게 하면서 공해도 덜한 에너지[7]를 얻고자 인류는 오늘도 과학기술적인 노력을 계속하고 있다.

(3) 과학 기술과 사회생활의 변화

보릿고개와 쌀의 자급자족

인류는 식물을 작물로 만들고 동물을 가축으로 만들었다. 이렇게 농업혁명을 일으켜 식량난을 이겨냈다. 우리나라에는 식량 생산을 할 수 있는 농토는 적고 인구는 많다. 수천 년 동안 벼농사를 지어온 탓에 논의 힘이 약하다. 농업 기술이 발달하지 않아 식량이 늘 모자랐다. 1960년대에는 봄철에 먹을 것이 없어서 굶어야 하는 '보릿고개'가 있었다. 여름철에 보리쌀이 나오기에 보리밥이나마 먹으려면 그때까지 기다려야 했다. 학교에서는 도시락 검사를 하였다. 도시락에 쌀밥을 싸오지 못하게 하고 잡곡밥을 싸오게 하였다. 밀로 만든 분식도 장려하였다. 그러던 우리나라에서 어떻게 쌀을 자급자족하게 되었을까?

농작물이 잘 자라게 하는 질소 비료는 1909년에 독일의 하버(Fritz Haber)가 개발했다. 흥남질소비료공장은 일제 시대였던 1927년에 세워졌다. 그러나 전쟁과 분단으로 남한에서는 그 혜택을 볼 수 없었다. 이승만 정부는 산업을 발전시키려고 시멘트공장과 유리공장을 짓고 농업 생산량을 늘리려고 1959년에 충주비료공장을 세웠다. 비료가 나오자 식량 생산량이 크게 늘어났다.

박정희 정부는 새마을 운동[8]을 벌이고, 농촌 근대화와 녹색 혁명을 일으켰다. 굶주림에서 벗어나려고 쌀알이 많이 달리는 벼 품종을 개발하려고 애썼다. 전 세계에 벼는 5만 여 품종이 있지만, 쌀알이 길고 찰기가 없는 인디카와 쌀알이 짧고 찰기가 있는 자포니카로 나뉜다. 우리에게는 자포니카가 맛있다. 그래서 자포니카처럼 찰기가 있고 인디카처럼 쌀알이 많이 달리는 품종을 개발하려고 하였다. 그러려면 둘을 교배해야 했는데, 말과 당나귀 사이의 노새처럼 잡종은 불임이 되는 문제가 있었다. 서울대 허문회(1927~2010) 교수 연구팀은 여러 차례 실험을 거쳐서, '잡종 불임' 문제를 풀어내고 통일벼(IR667)를 개발하였다. 1971년에는 통일벼로 쌀의 생산량이 유례없이 늘어났다. 우리나라에서는 단군이 하늘을 열고나서 처음으로 밥을 굶는 사람이 없어졌다.

그런데 통일벼는 밥맛이 떨어진다. 요즈음에는 밥맛 좋고 쌀알이 많이 달리는 품종을 개발하고 있다. 봄철의 저온, 여름의 호우, 가을의 태풍에도 잘 견디고, 밥맛도 좋고, 쌀알도 많이 열리는 벼의 품종들이 속속 개발되고 있다. 벼는 한 품종을 개발하는 데 5~10년쯤 걸린다. 때문에 육종 연구 개발이 꾸준히 이어지고 있다. 벼뿐만 아니라 보리나 밀, 감자나 고구마, 각종 과일과 채소 등의 품종 개량도 과학 기술의 발달에 힘입고 있다.

무병장수의 꿈과 건강한 생활

인류는 오래전부터 위험에서 벗어나려고 애썼다. 맹수, 해충, 기생충을 피하고 온갖 재해와 사고에서 벗어나며 해로운 먹거리를 알아내는 방법을 사용한 것은 비교적 오래되었다. 서로의 안전을 위해서 희생하고 협력하는 행동 방식은 위험으로부터 인류를 구했고 오늘날과 같이 인구가 폭발하는 시대를 만들었다. 비료와 농약을 써서 식량 생산이 늘어나면서 인간의 건강 수명도 늘어났다. 특히 각종 예방 백신과 항생제와 같은 치료약, 수술을 위한 마취제, 심폐소생술과 같은 응급처치술은 병들고 다친 사람들의 생명을 구해주었다. 그렇지만 여전히 인류는 각종 질병과 사고에서 자유롭지 못하다. 어떻게 하면 인류는 질병을 두려워하지 않고, 건강하고 행복한 생활을 누릴 수 있을까?

인류는 늘 병을 달고 살아왔다. 알렉산더나 세종대왕과 같이 우리가 잘 아는 위인들도 병 때문에 천수를 누리지 못했다. 중세의 페스트나 1918년의 스페인 독감으로, 많은 사람이 목숨을 잃었다. 당시에는 의학 기술이 발달하지 않았기에 전염병의 원인을 알기 어려웠다. 세균은 기생충과 비교할 수 없을 만큼 작고 눈에 보이지도 않는다. 그런데 세균보다 더 작은 바이러스도 질병을 일으킨다. 세균이나 바이러스가 질병의 원인이라는 것은 비교적 최근에야 알아냈다. 루이 파스퇴르(1822~1895)는 세균이 각종 질병을 일으킨다는 것을 증명했다. 알렉산더 플레밍(1881~1955)은 항생제 페니실린을 개발하였다. 이들은 세균 감염으로 인한 질병을 이기는 데 큰 도움이 되었다.

우리 몸에는 평소에도 각종 기생충과 세균 및 바이러스가 도사리고 있다. 이것들은 면역력이 떨어진 사람을 병들게 한다. 건강한 몸은 면역력이 높다. 세균과 바이러스에 감염되더라도 질병에 걸리지 않는다. 인류가 유일하게 극복했다는 천연두도 바이러스가 일으킨 것이다. 이런 발견은 세균과 바이러스를 수천수만 배로 확대하여 볼 수 있는 현미경의 발명에 힘입은 바 크다. 질병의 예방이나 치료는 천연물이나 합성물을 이용한 약품 개발에 달려 있다. 우리는 매년 늦가을에 독감을 일으키는 바이러스를 막아내려고 예방주사[9]를 맞는다.

　보통 전염병을 일으키는 바이러스는 야생 짐승이나 가축을 거쳐서 사람들에게 전염된다. 사람들이 자연을 훼손하면 세균이나 바이러스를 지닌 야생 짐승들이 우리의 생활 공간을 넘나든다. 스스로는 살아가기 어려운 작은 단백질 덩어리인 바이러스는 사람을 숙주로 삼아 옮길 때마다 변이한다. 바이러스는 침방울 등을 통해서 다른 사람에게 번져나간다. 세계화 시대에 이동과 접촉이 빈번해져서 지구촌은 바이러스성 전염병이 유행하기 쉽다. 인류 역사를 보면, 협력한 집단이나 부족, 국가들은 살아 남았고 분열된 집단이나 부족, 국가들은 사라졌다. 전염병이 유행할 때는 역설적이지만 서로 협조하고 배려해야 한다. 함께 노력하여 이동과 접촉을 줄여야 전염병을 이겨낼 수 있기 때문이다. 새로운 질병에 대한 대응책이 나올 때까지 각자 위생을 철저히 해야 한다. 사람들 사이에 공포와 불안이 퍼지지 않도록 서로를 아껴주는 협조도 필요하다.

기술 문명의 발달과 직업 세계의 변화

　인류 역사를 보면, 식물을 작물로 만들고 동물을 가축으로 만드는 농업혁명이 일어나자 정착하는 농민들이 늘어났고, 떠도는 유목민들은 줄어들었다. 농업혁명은 인류가 식량을 얻는 데 쏟는 시간을 줄여주었다. 여유를 얻은 인류는 온갖 사회 제도와 문화를 발전시켰다. 그 뒤 산업혁명으로 농부들은 농촌을 떠났다. 도시의 공장과 사무실로 가서 임금노동자가 되었다. 산업혁명으로 새로운 일자리가 만들어졌듯이, 오늘날 진행되는 지능정보화혁명으로도 새로운 일자리가 만들어질까?

과학혁명에 기초하여 이룩한 산업혁명은 여러 분야의 생산성을 획기적으로 높였고, 인구를 폭발적으로 증가시켰으며, 건강 수명을 놀랍도록 늘렸다. 산업 사회의 자유로운 개인들은 자신의 지식과 기술을 사용하여 기술의 발전과 생산성의 증대에 크게 이바지하였다. 예전에 농민이나 농노들은 농토에 묶여서 일해야 했으므로, 자유롭게 옮겨 다니지 못했다. 이들과 달리 산업 근로자들은 좋은 직장을 찾아 자유롭게 옮겨 다닐 수 있었다. 산업 근로자들의 지식과 기술은 사업주에게 성공의 열쇠였다. 산업혁명 때는 자유롭고 근면한 시민이 도시와 국가를 부유하게 만드는 원동력이었다.

산업화된 공장에 기계를 들여오거나 자동화되면 필요한 일손이 줄어든다. 예컨대, 택시가 등장하면 인력거꾼은 필요 없게 된다. 기계는 되풀이되는 육체 노동과 사무를 대체한다. 사람에게 힘들고 어렵고 지저분한 일은 기계가 도맡는다. 자동화된 기계는 규칙적이거나 정형화된 육체 노동이나 정신 노동을 대신할 수 있다. 오늘날에는 사람의 감정과 이성에 반응하는 로봇도 나타나고 있다. 인공지능 로봇은 어떤 일을 더 전문적으로 해낼 수 있게 한다. 인공지능 로봇이 많은 일을 할수록 평생 직장과 같은 일자리는 줄어들고 쪼개진 일거리가 늘어난다.

사람들은 첨단 과학 기술의 성과인 인공지능 로봇에게 기획, 설계, 제작, 장착, 운용, 수리하는 일을 맡기고 실제 세계와 가상 세계를 잇는 일에도 참여시킨다. 인공지능 로봇이 각종의 진단과 처방, 추측 및 예측에 사용될수록 미래의 많은 직업은 연구 개발의 형태로 바뀔 것이다. 연구 개발에 필요한 지식의 분야는 수학, 과학, 기술, 공학, 인문학이다. 이들은 모두 인간의 마음을 읽고 인간의 호기심을 충족시키려는 지식 분야이다. 우리는 인공지능 로봇과 더불어 공부하고 일할 준비를 해야 된다.

그런데 지능형 로봇(AI 로봇)[10]도 서툰 분야가 있다. 새롭게 일을 기획하거나 일한 결과를 종합적으로 평가하거나 과학기술적 성과를 예술의 경지로 끌어올리는 일은 잘하지 못한다. 예를 들어, 고흐식의 화풍에 대한 정보를 기초로 고흐풍의 그림을 새로 그려낼 수는 있다. 그러나 이와 전혀 다른 피카소 화풍을 새로 만들어내지는 못한다. 이런 일은 인간의 몫이다. 지능정보화시대에 사람들은 그만큼 더 창의적이고 더 종합적인 능력을 보여주어야 한다. 또한 자동화로 생산성이 증대될수록 미래 사회에는 사람들의 일하는 시간이 줄어든다. 사람들은 여유로운 시간을 어디다 어떻게 써야 할까? 과학기술이 사람들의 육체, 감정, 정신의 작용을 대신한다면 사람들은 봉사 생활이나 취미 생활을 더 하려 할지 모른다.

사회 운동에 필요한 과학기술적 태도와 행동

예로부터 인류는 물을 생활과 농업에 이용해왔다. 가뭄과 홍수의 피해를 줄이려고 보, 저수지, 운하 등을 만들었다. 이집트인들은 범람하는 나일강 물을 이용하는 방법을 찾아냈다. 중국인들은 기원전부터 황하나 양쯔강 유역에 운하를 파고 물이 모자라는 곳에 보냈다. 우리나라의 경우로는, 상주의 공검지, 제천의 의림지, 우포의 늪이 아주 오래된 저수지들이다. 우리 조상들도 보나 댐 또는 농수로를 새로 만들고 농한기에는 사람들이 힘을 모아 수리해왔다. 오늘날에 자연 환경을 개발하고 활용하는 방법은 옛날 사람들의 것과 어떻게 달라야 할까? 그리고 이를 감시하는 사회 운동은 어떠해야할까?

대규모로 자연 훼손이 일어나는 곳에는 환경단체의 감시 활동이 필요하다.

이런 활동은 환경을 보전하고 각종 오염을 막는 데 큰 도움이 된다. 오늘날엔 어떤 분야의 봉사 활동이나 사회 운동에도 과학적인 근거가 필요하다. 예컨대, 무더운 여름철에 4대강[11] 보 때문에 녹조가 생긴다는 언론 보도가 나오기도 한다. 그 소식을 들으면, 보를 만든 것은 큰 잘못이고 오히려 만들어진 것을 다 헐어내야 할 것 같다. 보는 강물을 일정 주순으로 가두어 가뭄과 홍수를 조절하고, 생활용수, 산업용수, 농업용수 등으로 공급해준다. 과연 과학자들은 녹조가 생기는 원인이 무엇이라고 할까?

깊은 산속의 연못이나 사람들이 만든 저수지나 댐 또는 보의 맑은 물은 고여 있거나 느리게 흘러도 썩지 않는다. 그렇지만 강물에 가축의 분뇨나 생활하수가 흘러들어 수온이 높아지면 물이 썩거나 녹조류가 생긴다. 특히 식물 성장에 필요한 질소나 인이 흘러든 물에서는 여름철에 수온이 높아지고, 흐름이 잔잔해지면 녹조류가 대량으로 자라난다. 따라서 녹조의 가장 중요한 발생 원인은 강물에 스며든 인과 질소이다. 4대강의 녹조 현상은 홍수와 가뭄을 막으려는 보를 만들었기 때문이 아니다. 강에 흘러드는 작은 하천의 오염된 물을 깨끗하게 정비하지 않는 탓이다. 남해안에 넓게 펼쳐진 깨끗한 바다인 한려수도에도 홍조류로 뒤덮일 때가 있다. 가두리 양식장의 물고기에게 주는 먹이가 부패하여 수온이 높아질 때 그렇게 된다.

오염된 물이 강에 흘러들도록 방치하면 녹조류가 생긴다. 소양강이나 팔당댐 근처처럼 강으로 흘러드는 개울이나 하천을 깨끗이 정비해야 한다. 그러면 녹조 현상을 막을 수 있고 깨끗한 물을 이용할 수 있다. 우리나라는 물이 부족한 나라이다. 가뭄과 홍수의 피해를 줄이고 각종 용수를 공급해주는 보나 댐의 이로움이 엄청나다. 가짜 뉴스에 속지 않으려면 과학적 증거를 가진 정보나 지식을 익혀야 한다.

(4) 더 나은 미래 사회를 위한 우리의 과제

과학 기술이 발달할수록 우리는 생각, 말과 글, 판단과 행동에 점점 영향을 크게 받는다. 과학 기술은 의료, 공학, 법률, 경제와 같은 전문적인 영역에서 넓게 쓰이고 있다. 사회생활을 슬기롭게 꾸려나가려면, 과학 기술의 연구 성과와 개발 성과를 어떻게 활용해야 할까?

첫째, 경제와 산업을 발전시키려면 과학 기술이 발전해야 한다. 우리나라는 1960년대, 산업화 초창기에는 농축산물, 가발, 의류와 같은 경공업 제품을 만들어 수출했다. 1970년대부터는 석유화학, 자동차, 조선과 같은 중공업 제품을 만들어 수출했다. 1980년대부터는 컴퓨터, 반도체, 인터넷, 가상 세계, 인공지능 로봇과 같은 지능정보산업 제품을 만들어 수출하고 있다. 산업 가운데에는 이른바 3D 산업[12]도 있지만 과학 기술의 발달로 우리나라에서는 점점 사라지고 있다. 우리는 조금이라도 힘이 덜 들고 환경이나 위생적으로 깨끗하며 안전한 작업 방법을 찾으려고 노력하기 때문이다. 과학 기술이 발전하면 사람들은 여유를 갖게 되고 삶의 질을 높일 수 있다.

둘째, 과학 기술을 발전시키려면 개방과 교류의 범위를 넓혀야 한다. 인류 역사를 보면 과학 기술은 개방과 교류를 통해서 발전한다는 것을 알 수 있다. 최근의 위키피디아, 오픈 소스, 카피레프트를 보거나 학술대회나 기업설명회를 가보면 이러한 사실을 더욱 뚜렷이 알 수 있다. 자유로운 교류를 막으면 과학 기술은 발전할 수 없다. 아들한테도 제작법을 알려주지 않고 죽은 청기와 장수의 우화[13]는 역설적으로 이런 역사적 진실을 알려주고 있다. 우리나라 경제 발전의 역사를 보면 이웃 나라 일본의 도움으로 제철소, 조선소, 정유 시설이나 반도체 공장을 건설하고 높은 건물과 긴 다리를 튼튼하게 지을 수 있었다. 과학 기술의 발전을 위해서라도 미국, 일본, 독일, 영국과 같은 과학 기술이 앞선 우방국과 좋은 관계를 맺어야 한다. 과학 기술이 발전해야 국력이 커진다. 국력이 커져야 미중·패권 경쟁과 남북 경쟁 및 북핵 위협의 문제를 잘 풀어갈 수 있다. 국민이 보다 과학적이고 객관적인 시각을 가져야 한다. 국제 정세와 외교 및 안보의 문제를 정확히 분석해볼 수 있어야 한다.

셋째, 과학 기술의 발전을 막는 봉건적 사고방식에서 벗어나야 한다. 우리는 혈연, 지연 같은 사회적인 관계망으로 연결되어 살고 있지만 근본적으로는 자유롭고 평등한 개인들이다. 그런데도 개인의 자유를 침해하는 봉건적 사고방식(남녀 차별이나 장유유서 등)을 과도하게 강요하면 세대 갈등이 생겨나고 사회 문제로까지 번질 수도 있다.

사례를 찾아보자. 1997년에 괌에서 대한항공 비행기의 대형 사고가 났다. 조사 결과 기장과 부기장 사이의 의사소통이 잘 안 된 것이 사고가 난 원인 중 하나임이 밝혀졌다. 기장과 부기장 사이는 서열이 엄격한 상명하복의 관계였다고 한다. 위기 상황에서 서로 의논이 잘 안 되었던 것이다. 봉건적인 서열 관계가 대형 사고를 일으킨 셈이다.

봉건적 사고방식의 반증 사례도 있다. 2002년 월드컵 대회에서 한국 대표팀은 4강에 올랐다. 그때 히딩크 감독의 리더십이 빛났다. 그는 선수 사이에 의사소통이 잘 안 되는 것을 발견했다고 한다. 그동안 경기장에서 이리 저리 뛰면서 형님 동생 등으로 의사소통을 했던 것이다. 그래서 히딩크는 서로 나이에 대한 호칭 대신 이름을 부르라고 지시하였다. 서로 이름을 부르니 서열 의식이 누그러져서 의사소통이 잘 되었다. 그러자 경기력이 최고조로 솟아올라 좋은 성적을 냈다.

넷째, 인류에게 해악을 끼칠 수 있는 과학 기술은 규제해야 한다. 인류의 안전과 생명을 위협하는 핵 무기나 생화학 무기는 개발을 막아야 한다. 가습기 살균제처럼 인간의 생명을 위협하는 화공약품, 환경 호르몬이 분해되지 않는 플라스틱과 같은 환경 오염 물질은 지나치게 사용하지 않도록 규제해야 한다. 환경 오염 물질이 어떤 순환 과정을 거쳐서, 우리 몸속으로 다시 돌아와 해를 끼치는지 이해해야 한다. 인공지능 로봇이 인간의 기본권을 침해하도록 내버려두어서도 안 된다. 정보 기술을 이용하여 공포 정치를 하거나 개인의 사생활을 건드려서도 안 된다.

다섯째, 친환경적인 개발을 서두르고 생산과 소비를 절제해야 한다. 과소비로 자원을 고갈시키거나 쓰레기와 공해를 남겨놓으면 우리와 다음 세대가 살아갈 터전이 망가진다. 산업 폐기물과 생활 폐기물을 잘 관리하여 공기, 물, 토양이 오염되지 않도록 해야 한다. 우리가 구매하고 소비할 때마다 버려질 쓰레기를 염두에 두어야 한다. 소비자나 생산자가 모두 친환경적인 책임 의식을 가져야 한다.

여섯째, 과학 기술은 사회적 사건의 옳고 그름을 밝히는 데 이바지해야 한다. 과학 기술은 지능화된 범죄에 쓰이기도 하지만 범죄를 해결하고 범죄자를 잡아들이는 데도 쓰인다.

일곱째, 과학 기술에 힘입어 신뢰 사회를 만들어가야 한다. 오늘날 온라인 가상 세계에서 오가는 정보는 무한대라고 할 수 있다. 여기에는 사실과 진실도 있지만 거짓과 가짜뉴스도 적지 않다. 상식이 부족한 곳에서 거짓은 독버섯처럼 자라난다. 거짓은 국민에게 불안을 일으키며 공포를 키운다. 우리 사회는 2023년 후쿠시마원전 방류에 따른 이른바 '오염수 선동'으로 혼란의 위기에 처했다. 2008년 광우병 소동, 2017년 사드 전자파 사태도 비슷한 상황이었다. 후쿠시마 방류 이슈를 단순히 반일 감정으로 대응하기보다는, 유해 물질 허용

기준, 삼중수소 등의 측정값과 국제원자력기구의 허용치와 비교하여 객관적으로 판단해야 한다. 거짓 선동(공포 마케팅)에 넘어가면 애꿎은 국내 산업이 타격을 받는다. 따라서 우리는 과학적 지식과 정보를 활용하여 거짓과 가짜, 사실과 진실을 구별하는 힘을 길러야 한다. 관련 정보의 진위를 밝히는 과학기술자의 사회적 책임이 크다.

여덟째, 아무리 과학 기술이 발달해도 자유롭고 평등한 사회를 완벽하게 만들기는 어렵다는 것을 인식해야 한다. 세상에 존재하는 모든 것은 모두 각자의 특성이 있고, 그 특성의 차이가 '차별'인 것은 아니다. 사회와 과학 기술의 발달 과정에서도 보았듯이, 모든 차이나 차별을 한꺼번에 없애는 것도 불가능하다. 구별과 차별 의식은 인간 본성의 한 부분이고 오랜 전통과 생활 문화 속에 박혀 있다. 그렇지만 인류 역사는 합리적인 사고방식과 과학 기술과 함께 인류 보편적인 가치와 이념을 꽃피워 왔다. 우리의 노력에 따라 진실과 정의가 활짝 꽃피고, 보다 자유롭고 평등한 미래사회가 열릴 것이다.

아홉째, 인간의 사고력을 일깨우는 교육을 해야 한다. 기술이 발달할수록 인간은 생각하지 않고 자동화된 기술에 지배당하기 쉽다. 그러면 타인에게 쉽게 동조되고 명령과 통제에 길들여지기 쉽다. 많은 CCTV자료와 빅데이터를 이용하여, 인간의 생각과 마음을 조종하는 디지털 전체주의가 등장할 수 있다. 디지털 전체주의는 개인의 자유와 인권을 파괴하는 정보화시대의 가장 큰 적이다. 인간이 동물과 구분되는 점은 사고하고 비판할 수 있는 능력에 있다. 학교에서는 주입식이나 암기식 교육보다 토론 교육이나 협동 학습에 중점을 두어야 한다.

열째, 윤리적으로 책임지는 자세가 필요하다. 인간이 만든 과학 기술을 어떻게 사용하느냐에 따라 삶의 질이 달라진다. 과학 기술의 발달로 수술을 통해 물리적으로도 성별을 바꿀 수 있게 되었다. 이러한 트랜스젠더 이슈가 뜨거운 감자로 떠오르고 있다. 6월 프라이드 먼스(자긍심의 날, pride month)에서 보듯이, 성적 자유 및 해방 문화는 사람들에게서 트랜스젠더에 대한 거부감을 사라지게 한다. 하지만 대중 매체 및 학교 교육에서는 성 전환에 따른 문제는 별로 알려주지 않는다. 성적 전염병(에이즈)의 확산, 자살률 급증, 계속되는 호르몬 주사로 육체적·정신적 피로, 사회적 고립, 가족 해체 등의 문제점 말이다. 그 밖에 유전공학의 발달로 인한 인간 복제, 자율 주행 자동차의 보급, AI의 대중화 등에는 윤리 문제가 따른다. 자유가 있다면 그에 따른 책임도 강조되어야 한다. 과학 기술은 '미다스의 손'처럼 겉으로는 좋은 점만 보이지만 잘못 사용하면 불행을 불러올 수 있기에 분별력과 책임감 있는 자세가 필요하다.

2. 통일로 나아가는 대한민국

(1) 통일이 필요한 이유

'우리의 소원은 통일'이란 동요가 있다. 지금의 어른들이 어릴 적에는 대한민국 국민 누구나 통일을 해야 한다는 생각을 갖고 이 노래를 즐겨 부르곤 했다. 그러나 시간이 지날수록 통일을 반드시 해야 한다는 생각은 조금씩 사라지고 있다. 주기적으로 실시하는 설문 조사의 결과를 보면 이러한 추세가 잘 드러난다. 대한민국의 통일은 남북한 당사자만의 문제가 아니다. 국제 사회의 이해 관계가 얽혀있기 때문이다. 주변 국가들은 이해 관계에 따라 우리의 통일을 찬성하기도 하고 반대하기도 한다. 그렇지만 대한민국은 줄곧 통일을 바라왔으며, 통일이 되면 대한민국이 한층 더 발전하리라는 생각도 갖고 있다. 통일이 필요한 이유를 헌법, 역사, 국익의 관점에서 살펴보자.

헌법에 명시된 통일의 당위성

우리나라의 헌법을 살펴보면, 대한민국은 기본적으로 통일을 지향하고 있다는 것을 알 수 있다. 우리 헌법 조문을 읽어 보자.

"대한민국의 영토는 한반도와 그 부속도서로 한다." - 헌법 제3조

헌법은 대한민국의 영토에 남한 지역 뿐만 아니라 북한 지역도 들어간다고 밝히고 있다. 헌법은 남과 북을 통틀어 하나의 국가로 보고 있다.

"대한민국은 통일을 지향하며, 자유민주적 기본질서에 입각한 평화적 통일 정책을 수립하고 이를 추진한다" - 헌법 제4조

우리나라는 통일을 하려는 나라이고, 통일 정책은 자유민주적 기본 질서에 바탕해서 세워져야 한다고 밝히고 있다. 이는 비단 통일 정책뿐만이 아니라, 통일 한국의 정치 체제도 자유민주적 기본 질서에 바탕해야 한다는 뜻을 담고 있다.

"대통령은 조국의 평화적 통일을 위한 성실한 의무를 진다."

- 헌법 제66조 3항

헌법에서 대통령은 '대한민국의 원수이며, 외국에 대하여 나라를 대표'한다고 밝힌다. 대통령의 첫 번째 임무는 '국가의 독립, 영토의 보전, 국가의 계속성과 헌법을 수호할 책무'이다. 두 번째 임무가 바로 '조국의 평화적 통일을 위한 성실한 의무'이다. 대통령의 의무는 모든 국가 기관 및 모든 국민의 의무이기도 하다.

역사적 관점에서 본 통일의 당위성

흔히 우리 민족의 역사를 일컬어 반만년 역사라고 한다. 고조선이 건국된 때로 추정되는 기원전 2333년부터 현재까지, 4,000년을 훌쩍 넘는 기간, 우리

나라는 중국과 다른 독자적인 문화를 꽃피웠다. 고조선 시대 다음에는 원삼국 시대, 삼국시대, 통일신라와 발해의 남북국 시대를 거쳐 발전해 왔다. 특히 고려와 조선을 거치며, 우리 민족은 1,000년 가까이 통일 국가로 자랑스러운 문화와 겨레 의식을 함께해왔다.

그러나 우리는 최근에 남한과 북한으로 갈라졌다. 20세기 초에 일본 제국의 식민지가 되었다가 35년 만에 해방되었다. 일본군에 승리한 연합군이 한반도로 들어왔는데, 북쪽에 소련군이 먼저 들어오고 뒤이어 남쪽에 미군이 들어왔다. 결국 남한과 북한으로 갈라져 건국되었다.

소련의 지령을 받은 북한의 김일성은 촘촘히 전쟁을 준비했다. 마침내 1950년 6월 25일 새벽에 갑자기 남한으로 쳐들어왔다. 한반도는 전쟁의 소용돌이에 휩쓸리고 말았다. 전쟁 초기에 북한이 압도적인 군사력으로 밀고 내려오면서 남한은 패전 위기에 몰렸다. 그러나 곧이어 미군을 비롯한 유엔군들이 잇달아 들어오고, 눈부신 인천상륙작전으로 전세를 뒤집을 수 있었다.

이승만 대통령이 몰아붙여 북진 통일을 눈앞에 두었으나 중공군이 인해전술로 갑자기 밀려들어왔다. 전선은 오랫동안 교착 상태에 빠졌다. 드디어 1953년 7월 27일에 정전 협정을 맺었고 남북한은 휴전 상태로 오늘에 이르렀다. 6·25전쟁으로 많은 사람이 죽거나 다쳤으며 수많은 이산가족이 생겨났다.

6·25전쟁 뒤 남북한은 서로 다른 길을 걸었다. 자유민주주의와 시장경제 체제를 채택한 남한은, 보잘 것 없는 지하자원에도 불구하고 수출 주도의 경제 정책으로 눈부신 경제 성장을 거듭했다. 프롤레타리아 독재와 공산 경제를 채택한 북한은 풍부한 지하자원에도 불구하고 비효율적인 집단주의 때문에 경제 실패를 거듭했다. 남한은 '한강의 기적'을 이루며 세계 10대 강국으로 올라섰지만, 북한은 '공유지의 비극'을 겪으며 세계 최악의 빈곤 국가로 굴러떨어

졌다. 남한은 '원조받던 나라에서 원조하는 나라'로 탈바꿈했지만, 북한은 3대 세습의 가난한 국가가 되었다.

이승만 대통령은 일찍이 공산주의의 실상을 꿰뚫어 보았다. 정전협정을 하게 되면 북한 주민이 고통받게 될 것이라고 생각했다. 이승만의 다음 연설을 보자.

정전협정 조인에 관한 이승만 대통령의 성명서(1953. 7. 27)

나는 정전이라는 것이 결코 싸움을 적게 하는 것이 아니라 더 많게 하며, 고난과 파괴를 더하고, 전쟁과 파괴적 행동으로 공산 측이 더욱 전진하여 오게 되는 서곡에 지나지 않을 것이라고 확신하였기 때문에 정전의 조인을 반대하여 왔던 것이다.

그러나 이제 정전이 조인되었음에, 나는 정전의 결과에 대한 나의 그동안 판단이 옳지 않았던 것이 되기를 바란다. 한국의 해방과 통일 문제를 평화리에 해결하기 위하여, 일정한 기간 정치회담이 개최되고 있는 동안, 정전을 우리는 방해치 않을 것이다. 우리와 미국 사이에 도달된 합의는, 양국의 공동 이익이 관련되어 있는 지역의 안전을 유지하기 위하여, 양국은 효과적으로 협조한다는 것을 보장하고 있다. (⋯⋯)

차후도 당분간 공산 압제에서 계속 고생하지 않으면 안 되게 될 우리의 동포들에게, 우리는 다음과 같이 외친다. 동포여 희망을 버리지 마시오. 우리는 여러분을 잊지 않을 것이며, 모른 체 하지도 않을 것입니다. 한국 민족의 기본 목표, 즉 북쪽에 있는 우리의 강토와 동포를 다시 찾고 구해내자는 목표는 계속 남아 있으며, 결국 성취되고야 말 것입니다. 유엔은 이 목표를 위하여 확약을 한 것입니다. (……) 조국의 평화적 통일을 위해 노력해야 하는데, 이는 대통령 이하 모든 국가 기관의 의무이자 국민의 의무인 것이다.

- [출처] 중앙일보사, 1975, 『광복 30년 중요자료집』, 143~144쪽

우리는 1,000년 가깝게 단일 국가로 역사와 문화 의식을 함께해왔으며, 6·25전쟁을 휴전으로 매듭지으면서도 북한 겨레에게 함께할 희망을 버리지 말라고 피어린 호소를 했다. 이런 사실들이야말로 우리가 통일을 해야만 하는 역사적인 사명을 일깨우고 있다.

국익의 관점에서 본 통일의 당위성

어느 날 갑자기 우리에게 통일이 다가온다면 우리의 삶은 어떻게 바뀔까? 우리나라가 머잖아 초강대국이 될 것이라는 예측이 있다. 통일로 국토가 넓어지고 인구와 지하자원도 많아져서 초강대국이 될 수 있다는 생각이다. 그런가 하면 오히려 국력이 가파르게 기울어질 것이라는 예측도 있다. 남북 사이의 경제적 및 사회 문화적 차이로 말미암아 갈등이 커져서 힘을 잃게 되리라는 생각이다.

외국의 통일 사례를 살펴보면, 성공한 경우도 있고 실패한 경우도 있다. 아마도 외국 사례들을 분석해보고 통일을 빈틈없이 준비한다면 우리는 성공적인 통일을 해낼 수 있지 않을까? 통일 준비에 대해서는 뒤에서 외국의 통일 사례를 살펴보면서 생각해보기로 하자. 여기서는 통일이 우리에게 어떤 이익이 될지를, 안보와 경제 그리고 사회·문화적인 측면에서 살펴보도록 하겠다.

가) 안보적 측면

통일은 한반도의 안보 불안을 뿌리째 풀어놓을 것이다. 분단 상황에서는 북한의 도발이 이어질 수밖에 없다. 휴전 뒤에도 북한은 다양한 무력 도발을 해 왔으며, 최근에는 핵무기를 개발하려고 실험을 이어나가고 있다. 그동안 한반도에서 전쟁 불안이 잦아든 적이 없다. 만일 자유민주주의로 통일되면, 북핵 문제가 저절로 풀리고 한반도 내부에서 전쟁이 일어날 위험은 사라질 것이다.

나) 경제적 측면

통일은 우리 경제에 새로운 힘이 솟구치게 할 것이다. 통일이 되면, 단박 인구가 8,000만 명이 되고 영토는 두 배 가까이 넓어진다. 한반도의 내수 시장이 그만큼 넓어지고 경제 활동 범위도 한반도 전체로 넓혀진다. 북한에 있는 지하자원을 파서 쓰면 경제적인 이익도 크게 얻을 것이다. 또한 철도와 도로 인프라를 제대로 갖추면, 대한민국이 유라시아 대륙과 태평양을 잇는 허브 국가로 자리매김할 수도 있다. 그러면 무역과 물류 및 에너지 산업과 관광 산업이 크게 발전할 것이다.

한반도 통일에 들어갈 엄청난 비용을 걱정하는 주장도 있다. 사실 통일 비용의 규모는, 통일 시점의 경제 상황이나 정치·사회적 여건에 따라 달라질 수 있다. 따라서 통일을 차근차근 준비해 나간다면, 통일 비용을 최소한으로 줄이고 통일 효과를 최대한 누릴 수 있을 것이다.

다) 사회·문화적 측면

통일은 체제 유지에만 몰두하는 북한의 독재 정권을 몰아내고 자유민주주의가 한반도 전역에 펼쳐지게 할 것이다. 분단은 남북 사이에 이질성이 깊어지게 하고 우리의 시민 사회에 갈등을 부추겨왔다. 통일은 우리 사회의 갈등이 풀리게 만들고 자유 사회의 문화가 다채롭게 펼쳐지게 만들 것이다.

통일은 성숙한 민주주의 문화를 바탕으로, 남북 사이에 단절되었던 공동체 의식과 생활 양식들을 하나로 녹여낼 것이다. 그러면 민족의 동질성을 되찾고 새로운 대한민국의 문화가 꽃피게 될 것이다.

(2) 북한의 실태

북한은 6·25전쟁이 끝나자 전체주의 독재가 더욱 날뛰고 노동의 집단화가 더욱 확대되었다. 그 결과 최악의 빈곤 국가가 되었고 3대 세습의 독재 국가가 되었으며 최악의 인권 탄압 국가가 되고 말았다. 그런데도 김정은을 비롯한 북한 정권은 공산 통일의 야욕을 버리지 못하고 있다. 요즈음에는 핵무장의 비대칭 전략으로, 예전보다 더욱 노골적으로 대한민국과 국제 사회를 위협하고 있다. 또한 북한 주민들을 끔찍하게 탄압하면서 전체주의 독재 체제를 유지하려고 안간힘을 쓰고 있다.

우리가 바라는 평화적인 통일을 하려면 현재 북한의 실태가 어떠한지 알아보아야 한다. 북한 핵 위협의 실상과 북한 주민 생활의 실상을 낱낱이 알아보자.

북한의 핵 위협

국제정치학적으로 볼 때 국가 이익의 최우선 순위는 국가의 생존이다. 자유 민주주의 국가에서는 국민이 곧 국가이다. 따라서 국가의 생존이란 바로 국민의 안녕이다. 그러나 북한과 같은 독재 국가에서는 독재 정권이 곧 국가이다.

따라서 북한에서는 국가의 생존이란 바로 독재 정권의 안전이다.

북한은 모름지기 김정은 독재 정권의 생존과 안전을 최우선 목표로 삼고 있다. 북한은 독재 정권을 지키려고 핵무기를 개발하고 있고 주민들의 인권을 억누르고 있다. 핵무기를 가지고 있으면 국제 사회에서 비난은 받더라도 침략을 받지 않으리라고 생각하고 있다. 정치범 수용소와 같은 공포 정치의 수단으로 주민들의 저항도 막을 수 있다고 생각하고 있다.

그런데 문제는 북한의 핵이 방어용으로 그치지 않는다는 데 있다. 2017년 국방연구원의 자료에 따르면, 북한의 마지막 6차 핵 실험의 규모는 50kt급이다. 히로시마에 떨어진 원자폭탄보다 세 배쯤 센 것으로 어림된다.

대한민국 국민은 북한의 핵 위협을 별로 느끼지 못하고 있다. 자유 우방인 미국과 더불어 국제 사회가 경제 봉쇄로 북한을 압박하고 있기 때문이다. 그러나 국제 사회의 북한 핵 억지력에는 한계가 있다. 북한 정권이 핵 공격을 망설이게 할 수는 있지만 끝까지 못하게 할 수는 없다. 더욱이 북한은 핵을 선제공격용으로 쓸 수 있도록 벌써 조치를 해놓고 있다.

북한은 2022년 12월의 노동당 전원회의에서, 남한을 '의심할 바 없는 우리의 명백한 적'이라고 규정했다. 그리고 '2023년도 핵 무력 및 국방 발전의 변혁적 전략'을 밝히면서, "핵 무력의 제2의 사명은 분명 방어가 아닌 다른 것"이라고 선언하였다. '제2의 사명'이란 한반도의 공산 통일을 말하고, '방어가 아닌 다른 것'이란 핵무기를 선제공격용으로 쓸 수 있다는 말이다. 실제로 북한은 김정은이 마음만 먹으면 언제든 핵무기를 쏠 수 있도록 법을 고쳐 놓았다.

대한민국은 국제 사회와 협력해가며, 때로는 대화로, 때로는 압박으로, 북한을 핵 없는 국가로 만들어야 한다. 북한과 늠름하게 대화를 하거나 씩씩하게 압박을 하려면, 튼튼한 국방과 굳건한 한미동맹[14]이 필수적이다. 북한과 맞장을 뜨지 않을 수 없는 경우를 단단히 대비해놓지 않으면 대화와 압박은 통하지 않을 것이다.

북한 주민의 삶

북한의 정치범 수용소는 김정은과 노동당에 거슬리는 사람들을 잡아다가 모진 노동을 시키고 고문하고 처형하는 곳이다. 정확하게 어림하기는 어렵지만 10만 명이 넘게 갇혀 있는 것으로 알려졌다.

북한 김정은 정권에게 핵무기와 인권 탄압은 목숨이 걸려 있는 문제이다. 핵무기가 없으면 정권의 대외적인 안전을 꾸릴 수 없다. 인권을 탄압하지 않으면 정권의 대내적인 안전을 꾀할 수 없다. 그래서 핵무기와 인권 탄압의 문제는 북한으로서는 쉽게 포기할 수 없는 것이기도 하다. 따라서 우리는 참을성을 가지고 국제 사회와 공조하여 핵무기와 인권을 꾸준히 문제 삼아야 한다. 이렇게 하면 북한 정권을 불편하게 할 수도 있고 여러 가지 마찰이 생겨날 수도 있다. 그러나 북한의 핵무기는 대한민국의 생존이 걸려 있는 문제이고, 인권은 북한의 동포도 누려야할 인류 보편의 가치이다. 침묵해서는 안 된다.

그렇지만 인도적인 차원에서는 가난한 북한 주민들을 지원하고 도와야 한다. 그렇게라도 해야 북한 주민들이 가혹한 생활 조건을 견뎌나갈 수 있다. 물론 지원한 물자가 북한 주민들에게 돌아가는지 늘 살펴보아야 한다. 지원한 물자가 북한 주민을 탄압하는 데 쓰여서는 안 되기 때문이다. 우리는 억압받는 북한 주민들을 따뜻한 동포애로 감싸고 김정은 독재 정권을 차가운 눈으로 경계해야 한다.

(3) 다른 나라의 통일 사례가 주는 교훈

최근 100년 동안 분단을 이겨내고 통일을 이룩한 국가는 베트남, 예멘, 독일을 들 수 있다. 아직도 통일의 역사적 과제를 떠안고 있는 나라는 지구촌에서 대한민국밖에 없다. 베트남, 예멘, 독일의 통일 사례를 살펴보고 통일에 대한 지혜를 얻자.

베트남의 통일

가) 베트남의 통일 과정

태평양 전쟁이 끝나자 프랑스는 옛날의 식민지를 되찾으려고 베트남에 다시 들어왔다. 그동안 일본의 괴뢰 정부를 무너뜨린 베트남은 프랑스와 전쟁을 하게 되었다. 프랑스는 1954년에 디엔비엔푸의 싸움에서 크게 지고 인도차이나에서 물러났다. 이때 제네바협정을 맺었는데, 베트남은 북위 17도선을 경계로 분단되었다. 북베트남은 월맹으로 불리는 공산 국가였고, 남베트남은 월남으로 불리는 반공 국가였다.

미국은 인도차이나에서 공산주의가 퍼져나가지 못하게 하려고 월남을 도왔다. 그러자 1960년부터 '베트남전쟁'이 일어났다. 전쟁 초기는 내전으로 시작되었다. 남베트남 정부와 반정부 세력인 남베트남 민족해방전선 사이에 싸움이 벌어졌던 것이다. 그러다가 1964년 8월 7일에 미국이 통킹만사건을 구실로 북베트남을 폭격하면서, 전쟁은 미국과 북베트남 사이의 전면전으로 번졌다. 그 뒤 한국, 태국, 필리핀, 오스트레일리아, 뉴질랜드, 중국이 참전하는 국제전으로 펼쳐졌다. 그런데 1973년에 평화협정을 맺고 미군이 물러났다.

정부와 남베트남 민족해방전선은 다시 무력으로 충돌했다. 1975년에는 북베트남이 대규모 공세를 벌이고 남베트남의 수도인 사이공을 함락시켰다. 남베트남은 항복하고, 이듬해인 1976년에 베트남 사회주의 공화국이 세워졌다. 이렇게 베트남은 공산 국가로 통일되었다.

남베트남은 미국과 국제 사회의 지원을 받았기에 북베트남보다 훨씬 더 부유했다. 군사력도 세계 순위 안에 들 정도로 막강했다. 그러나 국내에서는 자유 사상과 공산 사상 사이의 이념 대립이 끔찍하였다. 전쟁을 치르면서도 나라 전체가 어지러울 수밖에 없었다. 국민 생활은 고단해지고 국민 정신은 지쳐만 갔다. 남베트남의 공산 세력이 '민족주의'를 내세우자 지식층의 경계심이 흩어져버렸다. 북베트남의 선전 선동으로 남베트남 국민들의 반공 의식도 흐려지고 말았다. 게다가 지도층의 부패와 군대 기강의 문란은 남베트남을 안으로부터 더 빨리 무너지게 만들었다.

끝내 남베트남은 제대로 싸워보지도 못하고 북베트남한테 무릎을 꿇고 말았다. 남베트남은 이제 지구촌에서 영원히 사라지고 없다. 베트남의 수도였던 사이공은 호치민시로 이름이 바뀌었다. 남베트남의 국기는 사라지고 베트남 전국에서 북베트남의 국기가 펄럭이고 있다. 1975년 4월 30일은 사이공이 함락된 날이다. 이날은 베트남 통일을 기념하는 국경일이 되었다.

나) 베트남의 통일이 우리에게 주는 교훈

우리는 6·25전쟁을 겪었기에 공산군의 선전 선동이 얼마나 무서운지 체험으로 알고 있다. 그렇지만 베트남의 통일 과정을 들여다보면 미처 생각지 못한 귀중한 교훈을 얻을 수 있다. 무엇보다도 경제적으로 부유하고 군사적으로 막강하더라도 가난하고 초라한 상대에게 무릎을 꿇을 수 있다는 사실을 일깨워

준다. 베트남의 통일이 우리에게 주는 교훈을 간추려 보자.

첫째, 국민 정신이 건강하지 않으면 국가는 안으로부터 무너진다. 헌법 정신을 아끼고 따르고 지키는 충성스런 국민이 많아야 한다. 국민 사이에 이념 갈등이 깊어지면 헌법 정신이 힘을 잃고 보잘 것 없어진다. 헌법 정신이 흩어지면 국민들은 애국심을 잃고 만다. 그때부터 민족주의란 이름으로 공산 적국을 감싸려는 국민이 많아진다. 국력이 아무리 앞서도, 군사력이 아무리 드세도, 나라를 지킬 수 없게 되는 것이다. 베트남은 이렇게 안으로부터 무너졌다. 나라를 지키려면 지식인들이 헌법 정신을 굳게 지켜내야 하고 젊은이들은 헌법 이념을 깊이 탐구해야 한다.

둘째, 나라가 부정부패로 얼룩지면 국력이 아무리 좋아도 소용없다. 남베트남은 미국의 지원을 받는 막강한 나라였고, 북베트남은 무기조차 변변히 않은 초라한 나라였다. 그런데 남베트남의 지도층이 부패하자 수많은 물자와 무기가 북베트남으로 흘러들어갔다. 보잘 것 없던 북베트남이 번쩍이는 최신 무기로 무장하고 막강해졌다. 남베트남이 전쟁에서 질 수밖에 없었던 이유였다.

셋째, 말뿐인 평화 협정은 헛것에 지나지 않는다. 평화 협정이 나라를 지켜주지 않는다. 싸우려는 의지가 없고 국력이 허약해진 나라는 평화를 누릴 수 없다. 남베트남은 이념 갈등으로 지식층의 경계심이 물렁해지고 국민들의 반공 의식도 흐려졌다. 그러자 사회 전체에서 목숨을 걸고 싸우려는 국민 의식을 기대할 수 없었다. 게다가 지도층의 부정부패로 국력이 허약해지자 북베트남과 맺은 평화 협정에만 매달리게 되었다. 그렇지만 미국이 물러난 마당에 북베트남이 무력 침략을 망설일 이유가 없었다. 평화 협정은 맺어진 지 2년 만에 휴지조각이 되었다. 남베트남은 북베트남의 무력 공세에 추풍낙엽의 신세가 되고 말았다.

넷째, 국가 안보를 튼튼히 해야 한다. 남베트남에 들어온 간첩들은 사회 혼란을 부추기고 무질서를 부채질하며 군대의 기강도 무너뜨렸다. 베트남의 안보가 얼마나 무너져 있었는지, 공산 프락치였던 쯔엉딘주라는 사람을 보면 알 수 있다. 그는 1967년에 남베트남의 대통령 선거에서 2등을 하였던 정치인이다. 그는 끊임없이 북베트남과 평화 협정을 맺어야 한다고 주장했다. 그가 얼마나 그럴듯하게 국민을 속였는지, 선거유세에서 했던 연설을 보자.

"우리 월남 민족은 동족상잔의 전쟁을 하고 있다. 외세마저 끌어들여 우리 동족의 시체로 산을 만들고 동족의 피로 강을 만들고 있다. …… 우리 조상들이 하늘에서 내려다보면 얼마나 슬프겠는가? 내가 대통령에 당선되면, 무고한 사람의 생명을 앗아가는 월맹 폭격을 곧바로 중지시키고 대화를 통해서 평화적으로 남북 문제를 해결하겠다. 나를 찍어 달라."

이렇게 평화 공세를 펴던 많은 정치인이 비밀 공산 프락치였다는 사실이 드러났다. 남베트남이 패망한 뒤, 간첩 활동을 했던 쯔엉딘주를 비롯한 거물급 정치인들이 공산 통일 국가에서 고위직을 맡았던 것이다. 당시 남베트남의 국가 안보에 구멍이 뚫려도 얼마나 크게 뚫려 있었는지 새삼 놀라지 않을 수 없다. '우리 사회에 간첩이 어디 있겠어?'라고 하면서 국가 안보를 소홀히 하면 국가 운명이 어떻게 되는지 똑똑히 알아야 한다.

다섯째, 국민들이 자유를 잃어버리면 말할 수 없이 비참해진다. 통일하고 나서 북베트남은 가혹한 독재 정치를 펼쳤다. 남베트남의 주민들은 무자비한 숙청 대상이 되었으며 여기저기에서 인권 탄압이 벌어졌다. 약 100만 명의 남베트남 주민이 뗏목을 타고 다짜고짜 바다로 나와 떠돌았다. 운명이 어찌 될지 알 수 없는 처량한 '보트 피플'이 되었다. 그들은 나라 잃은 국민의 슬픔을 보여 주는 대표적인 상징이 되었다.

예멘 아랍 공화국의 통일

가) 예멘 아랍 공화국의 통일 과정

예멘은 1990년에 통일되었다. 북예멘과 남예멘의 평화적인 통일 협상이 성공하였다. 그러나 권력 분배에 불만이 터지자 다시 분열되어 내전을 치렀다. 북예멘이 전쟁에 승리하고 재통일을 했다.

예멘은 아라비안 반도의 남부에 있다. 북부 지역은 튀르키예의 지배를 받았고, 남부 지역은 영국의 지배를 받았다. 북예멘은 제1차 세계대전에서 패배한 튀르키예로부터 먼저 독립을 얻었다. 그러나 남예멘은 승전국인 영국의 지배를 계속 받았다. 그러다가 구소련의 지원을 받아 1967년에 남예멘은 사회주의 국가가 되었다.

남예멘과 북예멘은 국경 문제로 여러 차례 무력 충돌을 하였다. 한때는 북예멘 대통령이 남예멘 특사와 회담하다가 암살되기도 하였다. 그러면서 국토가 황폐해지고 수많은 사람이 죽어나갔다. 남예멘은 경제사정이 나빠지자 사회주의를 버리고 통합의 길을 찾기 시작했다. 1990년 4월에 '사나(Sanaa)' 정상회담이 열렸다. 여기에서 통일 헌법의 초안을 발표하면서 남북 예멘에 총선거를 실시하기로 하고 국경을 개방한다고 발표하였다.

예멘은 이렇게 통일 협상을 통해서 통일 정부를 구성했다. 그렇지만 얼마 안 가서 정부 요직의 분배에 불만을 품고 충돌이 생겼다. 통일 선언 뒤, 권력의 통합 과정에서 국력의 차이를 고려하지 않고 무조건 1 대 1로 정부의 요직을 분배했다. 이런 식으로 남북의 권력을 얼기설기 통합해놓자 통일 국가의 명령 계통이 제대로 서지 않았다. 남북의 정치인들이 권력을 분점하고 있었기 때문이다. 그러니 언제든지 갈라설 수 있었다. 그 밖에도 종교나 관습의 차이로 말미암은 내부 갈등도 잦아들지 않았다. 결국 남예멘 관료들이 예멘민주공화국을 선포하면서 분점된 권력은 이내 헤쳐 모여 했던 것이다. 통일 4년 만에 예멘은 다시 분단되었다.

남북 사이에 전면적인 전쟁이 다시 시작되자, 군사력에서 우위에 있었던 북예멘 군대가 곧바로 남예멘의 수도 아덴을 점령하였다. 북예멘의 일방적 승리로 다시 통일된 것이다. 통일예멘은 장기 독재에 시달리며 빈곤과 부패가 널리 퍼졌다. 사회 혼란이 커지면서 치안 공백이 생기자 알카에다나 IS와 같은 무장 테러 단체가 밀려 들어왔다. 최근에는 예멘 남부에서 분리 독립을 요구하는 대규모 시위가 벌어지기도 하였다. 통일된 지 22년 만에 다시 분단의 가능성을 안게 되었다.

나) 예멘의 통일이 우리에게 주는 교훈

서로 이념과 체제가 다른 두 나라가 꼼꼼히 준비하지 않고 성급하게 통일하면 어떻게 되는지 예멘의 통일이 잘 보여주고 있다. 남북 예멘은 국력에 커다란 차이가 있었고 종교와 관습의 차이도 있었다. 이런 차이 때문에 갈등이 커지자 다시 분단되었다가 무력으로 재통일되는 불행한 과정을 거쳤다.

1990년 당시에 시장경제 체제였던 북예멘은 비교적 부유했다. 반면에 사회주의 체제였던 남예멘은 GDP가 북예멘의 1/4 수준이었다. 인구도 북예멘이 남예멘보다 세 배쯤 많았다. 경제적 격차와 인구 차이로 말미암아 남북의 기득권 다툼이 권력 갈등으로 번지고 말았다. 종교와 관습의 차이로 말미암은 문화 갈등도 깊어졌다. 예멘은 얼마 지나지 않아 다시 분단되었고 무력으로 재통일되는 악순환을 거치고 말았다.

최근에 예멘은 후티 반군이 2014년에 수도인 사나를 장악하면서 다시 내전에 들어갔다. 후티 반군이 예멘의 북부를 휘어잡자 예멘의 하디 정권은 남부 무역항 아덴으로 거점을 옮겼다. 아덴도 점령을 당하자 사우디아라비아에 임시정부를 세웠다.

시아파인 후티 반군은 시아파의 종주국인 이란의 지원을 받는 것으로 알려졌다. 수니파인 하디 정부는 수니파의 종주국인 사우디아라비아의 지원을 받는 것으로 알려졌다. 예멘의 내전은 사실상 시아파 이란과 수니파 사우디아라비아의 대리 전쟁이 되고 있다. 여기에 아랍에미리트연합국(UAE)이 지원하는 것으로 알려진 남예멘 분리주의자들이 과도위원회를 만들었고, 나라가 흔들리는 틈을 타고 알카에다나 IS와 같은 이슬람 극단주의자들도 활동하고 있다. 나라가 사분오열되어 있는 것이다.

예멘의 사례를 보면 우리는 꼼꼼한 준비 없이 성급하게 추진하는 통일이 얼마나 위험한지 잘 알 수 있다. 국력의 격차나 사회 문화의 차이를 이겨내려면 빈틈없이 준비하고 느긋하게 추진해야 한다. 우리나라와 북한의 GDP 격차는 남북 예멘의 격차보다 훨씬 크다. 그리고 세계 최악의 독재 정권에서 살아온 북한 주민의 가치관과 관습은 우리와 너무나 달라졌다. 국력의 격차와 사회 문화의 차이가 어마어마한 남북한을 통일하려면 풍부한 상상력으로 야무지게 준비 작업을 하지 않으면 안 될 것이다.

독일의 통일

서독의 통일 노력은 눈부시다. 서독은 시장경제를 바탕으로 손에 꼽히는 경제 부국이 되었다. 그러면서도 공산 동독의 인권을 신장시키려고 온갖 희생을 마다하지 않았다. 탁월한 외교로 미-소 강대국과 주변국의 지지를 얻어내었다. 마침내 1990년에 동독을 흡수하여 평화적인 통일을 이루어냈다.

분단의 상징이던 베를린 장벽은 1961년에 세웠고 1989년 11월 9일에 무너졌다. 베를린 장벽은 탈출하는 사람들을 막으려고 동독 정부가 세운 것이다. 동독 사람들과 서독 사람들은 저마다 망치와 삽을 들고 나와 장벽을 허물어뜨렸다. 벽이 무너지자 2만 명이 넘는 사람이 서로 부둥켜안은 채 울고 웃으며 기쁨을 나누었다. 1990년 10월 3일에 마침내 독일은 통일하기로 결정하고, 총선을 거쳐서 12월 2일에 통일 정부를 구성하였다.

통일 독일은 수많은 문제를 풀어가면서 유럽의 강국으로 씩씩하게 발걸음을 내딛고 있다. 독일의 통일을 깊이깊이 탐구할수록 통일 과정에서 일어날 수 있는 많은 문제를 미리 짐작할 수 있고 슬기롭게 이겨낼 수 있는 지혜를 얻을 수 있을 것이다.

가) 독일의 통일 여건 (배경)

1) 서독, 동독 모두 통일은 시급한 문제가 아니었다

독일은 비스마르크가 통일하기 전에는 작은 나라들로 갈라져 있었다. 독일의 통일 경험은 사실상 74년에 지나지 않았다. 그래선지 서독과 동독 모두 통일에 대한 필요성을 느끼지 못하고 있었다. 서독의 전후 세대는 독일 통일보다 유럽 통합에 관심이 더 많았다. 당시에 전체 주민의 3%만이 통일의 가능성을 믿고 있었을 뿐이다.

서독의 좌파 지식인들은 동독 체제를 미화하며, 공산 혁명을 그리워하는 사회 분위기를 만들어갔다. 동독은 공산권 국가에서 최고 수준의 선진 복지국가였다. GDP가 1988년의 기준으로 9,700달러나 되는 안정된 경제 구조를 가지고 있었다. 세계 11대 공업국이었다. 그렇기에 동독에는 비밀 경찰이 주민 생활을 감사하고 있었지만 동독 주민들은 독재에 저항하기보다는 '여행의 자유'

를 바라는 수준에 그치고 있었다.

동·서독의 통일에 대한 시각도 서로 달랐다. 서독은 통일을 '헌법적 의무'로 규정하고 있었던 한편, 동독은 '사회주의 건설'을 국가 목표로 삼고 있었다. 국제법상 독립국의 지위를 얻고자 했던 동독은 동·서독 사이의 교류를 별로 달갑게 생각하지 않았다. 교류는 오히려 분단을 더욱 굳어지게 하는 수단일 뿐이라고 여겼다.

2) 통일을 위해서 전승국의 동의가 필요하다

통일을 하려면 주변 국가들과 관계를 잘 맺어야 한다. 독일은 제2차 세계대전에서 패배하고 전범국이 되었다. 전승국인 미국, 영국, 프랑스와 소련의 4개 연합국은 독일을 넷으로 나누어 점령하였다. 전후에 미국과 구소련이 대립하게 되자, 냉전(Cold War) 체제에서 독일은 둘로 갈라진다. 미국, 영국, 프랑스 점령 지역은 서독이 되었고 구소련 점령 지역은 동독이 되었다.

서독은 의회민주주의의 국가로, 내각책임제와 시장경제 체제를 채택했다. 그리고 통일되기 전까지 적용될 잠정 헌법으로서 '기본법'을 제정하고 공포했다. 동독은 사회주의의 국가로, 단원제 국회와 집단 경제 체제를 채택했다. 그리고 국가 최고 권력 기관인 인민 회의를 열어 독일민주공화국을 선언했다. 서독은 독일연방공화국이 되고, 동독은 독일민주공화국이 되어 통일될 때까지 긴장 상태에 있었다.

동독의 수도인 베를린도 갈라져 있었다. 자유 진영의 서베를린에는 1만 2,500명의 미·영·프 연합군이 주둔했고, 공산 진영의 동베를린에는 54만 명의 구소련군이 주둔하고 있었다. 이런 만큼 독일이 통일하려면 4개 전승국의 동의가 필요했다. 이런 상태에서 독일 국민은 물론 정치가들도 독일 통일을 한

갓 헛된 꿈으로 여기던 시절이 오랫동안 이어졌다.

나) 독일의 통일 과정

1989년에 헝가리의 개혁 정부가 오스트리아 국경의 철조망을 걷어치우자 동독 주민들이 대규모로 탈출하기 시작했다. 그해에 서독으로 나온 동독의 주민이 46만 명에 이른다. 고르바초프 소련 서기장은 동독을 방문하고 동독의 개혁을 공개적으로 촉구하였다. 어떤 비밀 회합에서는 소련군이 동독의 시위에 끼어들지 않겠다는 방침을 밝히기도 하였다.

1989년 9월에 라이프치히 니콜라이 성당에서 촛불 집회가 소규모로 시작되었다. 촛불 시위는 서독 TV의 영향으로 널리 퍼져나갔다. 10월에는 베를린에서 100만 명이 참가하는 대규모 시위가 벌어졌다. 곧이어 전국으로 번져나가자 동독은 무너질 위험에 빠지게 되었다. 동독은 원탁회의를 만들어 국가 붕괴를 막으려고 안간힘을 썼다. 인민의회 선거를 실시했는데 예상과 달리 보수 연합인 독일연합이 승리하였다. 그러자 로타어 드메지에르 연립 정부가 수립되고 1990년 4월 19일에 서독 기본법 23조에 따른 신속한 통일을 약속하였다.

통일 작업은 거침없이 진행되었다. 5월 18일에 사회경제 화폐통합조약을 체결하고, 8월 30일에 통일조약을 체결했다. 9월 20일에 동·서독 의회의 통일조약을 비준하고, 10월 2일에 동독의회의 '독일민주공화국(동독)'의 소멸을 의결했다. 마침내 10월 3일에 통일을 이루었다.

한편, 통일 과정에서 서독 정부는 꼼꼼하고 대찬 외교술로 전승국들의 동의를 얻어냈다. 분단 시대를 거쳐 통일이 되기까지 독일의 통일 정책은 3단계로 이어졌다. 아데나워 수상의 서방 정책, 빌리 브란트의 동방 정책과 헬무트 콜 총리의 통일 정책이 그것이다.

서독의 콜 총리는 장벽의 붕괴 사태를 통일 정책과 연결시키며 통일 의지를 뚜렷이 밝혔다. 그리고 '독일과 유럽의 분단 극복을 위한 10개 조항'을 발표했다. 통일 뒤에 NATO에 남아 있겠다는 약속을 하고 미국으로부터 뜨거운 지원을 얻어냈다. 영원한 적국이었던 프랑스의 미테랑 대통령은 유럽 통합을 명분으로 삼아 독일 통일을 마지못해 동의했다. 고르바초프까지 동원하며 노골적으로 독일 통일을 반대했던 영국의 대처 총리는 레이건 대통령이 설득에 나섰다. 독일은 히틀러 시대의 국토에서 25%에 이르는 지역을 포기하면서 오데르-나이세 강을 이용한 국경선을 인정했다. 그리고 구소련의 요구에 따라 57만 명이던 병력을 36만 명으로 줄였다. 독일 통일은 '2+4 회담'으로 전승국의 동의를 얻어낸 꼼꼼한 준비의 결과물이라고 할 수 있다.

다) 독일 통일의 성공 요인

독일 통일의 성공에는 다양한 요인이 있었다. 직접적인 요인과 간접적인 요인으로 나누어 살펴보자. 독일의 통일을 성공시킨 직접적인 요인은 크게 두 가지로 나눌 수 있다. 하나는 동독의 종주국인 구소련이 간섭하지 않았다는 점이다. 당시 구소련은 페레스트로이카라는 개혁개방 정책을 추진하면서 위성국인 동유럽 국가들을 포기했다. 그러자 헝가리, 폴란드, 체코와 루마니아에서 탈 공산화 혁명이 성공했다. 동독에서도 혁명 분위기가 고조되고 있었다. 다른 하나는 미국이 독일 통일에 결정적인 도움을 주었다는 점이다. 집권당인 기민당의 콜 총리가 통일에 대한 철학과 의지를 굳게 가지고 미국의 적극적인 지지를 이끌어냈다.

장기적 관점에서 보면 간접적인 요인도 여러 가지가 있다. 첫째, 서독의 자유와 민주 제도, 또는 경제적 풍요를 동독 주민들이 잘 알고 있었고 부러워하고 있었다. 동독 주민들에게 통일에 대한 기대를 심어주고 있었던 것이다. 둘째, 영토 조항과 국적 조항을 밝힌 기본법을 가지고 있었다. 이들 조항 때문에 통일 문제를 깔끔하게 마무리할 수 있었다. 통일 문제는 서독의 11개 주에 동독의 5개 주가 편입되는 절차로 간소화되었다. 셋째, 친미·친서방 정책을 한결같이 유지했고 동독에 대가 없는 지원은 전혀 하지 않았다. 원칙 있는 통일 정책으로 서방의 신뢰를 얻고 동독을 길들일 수 있었다. 넷째, 고통받는 동독 주민의 '인권보호정책'을 꾸준히 펼쳤다. 통일 이전에도, 동독 주민들이 인류 보편 가치인 인권을 얼마간 누릴 수 있었다. 이 정책은 동·서독의 이질성을 누그려뜨리는 데 도움이 되었다. 다섯째, 과거 청산으로 주변국들의 신뢰를 되찾았다. 예를 들면, 프랑스 청년들과 오가며 대화할 수 있도록 교류 재단을 세웠고 과거를 청산하는 프로그램을 꾸준히 이어나갔다. 마지막으로 서독의 TV를 동독 시민들이 볼 수 있었던 것도 중요한 요인이었다. 동독 주민들이 외부 세계의 소식에 환해졌으며 통일에 임박해서는 시시각각 주변 정세의 변화를 읽을 수 있었다.

라) 통일의 주역들과 정책

독일의 통일을 이끈 주역들은 과연 누구이며 그들이 펼친 정책은 어떤 것이었을까? 독일 통일을 이끈 세 명의 정치인과 그들의 정책을 살펴보자. 먼저 서독의 초대 총리였던 콘라트 아데나워를 보자. 그는 기민당 출신의 총리였고 1949년에서 1963년까지 재임했다. '서방 정책'과 '힘의 우위 정책'을 펼치면서 동독과 수교를 맺는 나라를 적으로 선언하였다. 민족혈통이 아니라 정치 이념을 중심으로 국민 통합을 추구하였고 온 힘을 기울여 '라인강의 기적'을 이루어냈다.

빌리 브란트는 사민당 출신의 총리로 1969년부터 1974년까지 재임했다. '동방정책'을 추진하였는데 '접근을 통한 변화'를 내세웠다. 통일은 동독의 주민보다는 동독의 공산 정권이 변화해야 온다고 주장했다. 교류와 협력을 통해서 민족의 동질성을 되찾으려던 동방정책은, 한국의 햇볕정책에 어느 정도 영향을 끼쳤다고 보인다. 하지만 폴란드와 헝가리는 동독보다 먼저 탈 공산화 혁명에 성공했다. 이를 보면 브란트 총리의 '접근을 통한 동독의 변화'는 효과가 별로 없었다는 것이 드러난다. 독일의 통일은 서독의 접근 정책으로 동독 정권이 '변해서' 이루어진 것이 아니라 동독 주민의 시위로 정권이 '망해서' 이루어진 것이다.

헬무트 콜 총리는 통일 현장을 이끌어간 정치 영웅이다. 독일기독교민주연합 출신으로 1982년부터 1998까지 재임했다. 그는 '힘의 우위 정책으로 복귀'하면서 '자석 이론'을 주장했다. 서독이 정치, 경제, 군사 분야에서 우위를 지키면 동독은 자연스럽게 이끌려와 통일이 된다고 믿었다. 이런 청사진을 가지고, 모든 계획을 꼼꼼하고 대차게 밀고 나갔다. 소련의 중립화정책을 거부하고, 친미·친서방 정책을 이어갔다. 동독에 경제 지원을 하면서 세 가지 원칙을 지켰다. [원칙1] 동독이 먼저 요구해야 서독이 지원한다. 서독에서 무조건 지원하는 경우는 한 번도 없었다. [원칙2] 반드시 동독에 요구 사항을 제시하고 그 결과를 꼼꼼히 챙긴다. 예를 들어 동독 주민의 인권을 신장시키기 위해 사형제의 폐지를 요구하거나, 국경을 넘어가는 동독 주민에게 사살 명령을 내리지 말라고 요구했다. 요구 사항을 들어주는 조건으로 동독에 금전적인 지원을 했다. [원칙3] 동독 주민들이 알 수 있도록 서독의 지원 내용을 공개하라고 요구했다. 세 가지 원칙 가운데 한 가지라도 어긋나면 서독 정부는 동독 정권에게 경제 지원을 끊어버렸다. '인도주의'를 명분 삼아서 퍼주기 식의 지원을 하면 오히려 분단이 더욱 굳어지고 동독 주민의 고통만 늘어나게 될 뿐이라는 믿음을 가지고 있었다. 콜 총리는 동독에서 요구한 국가 연합을 거부하고 자석이론으로 통일의 대업을 이루었다.

마) 미국의 결정적 역할

독일 통일의 결정적인 요인은 미국의 도움이었다. 동독에 대한 통일 정책도 중요했고, 소련에 대한 외교 정책도 중요했다. 그렇지만 미국의 역할이 없었다면 독일은 통일 대업을 이룰 수 없었을 것이다. 세계적인 냉전의 상황에서 미국은 줄곧 힘의 우위를 지켜왔다. 콜 총리는 수시로 미국을 오가며 통일의 정책과 방향을 미국과 의논하였다. 서독은 한 번도 흔들리지 않고 친미·친서방 정책을 굳건히 지켰다. 미국은 서슴없이 믿어줄 수 있었다. 세계의 최강국인 미국이 독일 통일을 전폭적으로 지지하자 주변 강국들이 내키지 않아도 막아서지 못했다.

당시 미국의 레이건 대통령은 '스타워즈(Star Wars)'로 불리는 우주 방위 계획을 발표했다. 기술적인 우위를 대차게 활용하고 있었다. 경제 몰락의 위기에 몰린 소련은 더 이상 군비 경쟁에 나서지 못했다. 마침내 국가 몰락의 길에 접어들어 동구 공산권에 대한 영향력을 잃고 말았다. 한편 영국과 프랑스는 역사적인 경험 때문에 독일의 통일에 불안을 느끼고 있었다. 그러나 미국이 설득하고 나서자 찬성으로 돌아섰다.

후일담이 알려지면서 미국의 역할이 얼마나 막강하고 결정적이었는지 알게 되었다. 레이건 미국 대통령은 1987년의 브란덴부르크 연설에서 고르바초프에게 '문을 여시오, 장벽을 허무시오'라고 외쳤다. 힘의 우위를 바탕으로 자신만만하게 소련을 몰아세웠다. 독일 통일로 냉전의 승리를 장식하려고 하였다. 이와 같이 패권국인 미국의 결의가 있었기에 세계의 세력 지형이 바뀌었고 독일 통일이 가능해졌다. 콜 총리의 회고록에도 '미국의 전폭적인 지지와 협조'로 통일을 이룰 수 있었다고 고백하고 있다.

통일이란 결코 '민족'의 당면 과제로서 '우리끼리' 해결할 수 있는 문제가 아니다. 초강대국으로 둘러싸인 대한민국의 경우는 더욱 더 주변 강국의 지원과 협조가 필요하다. 민족의 이념이나 독자적인 힘만으로는 절대 통일을 이룩할 수 없음을 독일 통일에서 깨달아야 한다.

"Mr. Gorbachev, open this gate! Mr. Gorvie, tear down this wall!"

레이건 대통령이 브란덴부르크 연설을 한 지 2년 뒤에 베를린 장벽이 무너졌고, 다시 1년 뒤에 독일은 통일되었다.

다른 나라의 통일 사례가 주는 교훈

우리는 여러 나라의 통일 사례들을 살펴보았다. 통일 사례들이 우리에게 주는 교훈은 무엇일까? 무엇보다도 통일을 하려면 주변 강대국들의 동의와 지지가 필요하다는 것이다. '우리끼리' 할 수 있다는 말은 우물 안의 개구리들이나 할 수 있다. 또한 통일 국가는 자유민주주의 체제여야 한다는 것이다. 공산 독재 체제로 통일된다면, 북한 동포들처럼 공포에 떨며 비참하게 살아야 할 것이다. 그렇게 살 바에야, 아예 통일을 하지 않는 것이 백 배 천 배 나을 것이다.

요즈음 한반도를 둘러싼 국제 환경이 빠르게 바뀌고 있다. 미국과 중국의 패권 경쟁이 갈수록 날카로워지고 있다. 신냉전 시대가 열리고 있다고들 한다. 만일 그렇다면, 대한민국의 통일은 미중 패권 전쟁이 어떻게 되느냐에 달려있다. 독일 통일의 기회가 냉전의 승리로 다가왔듯이, 한국 통일의 기회도 신냉전의 승리로 다가올 것이다.

현재 미중 패권 경쟁에서 미국이 힘의 우위를 지키고 있다. 전문가들은 21세기 내내 미국의 패권이 흔들리지 않으리라고 내다보고 있다. 그렇다면 우리의 통일에는 독일 통일에서처럼 미국의 역할이 절대적일 것이다. 한미동맹을 굳건히 하고 꿋꿋하게 한미 공조를 밀고 나가야 한다.

북한이 남침할 경우에는 일본이 한국의 후방 기지 역할을 맡을 것이다. 일본과 촘촘하게 안보 협력을 해나가야 한다. 한미일의 삼각 공조를 뼈대로 삼고, 인도 태평양 국가들과 안보 협력을 두텁게 해야 한다. 그러면 신냉전이 승리로 마무리될 즈음에 우리에게 통일의 기회가 반드시 올 것이다. 그때까지 우리는 독일처럼 변함없이 친미·친서방 정책을 밀고 가야 한다.

통일을 준비하는 과정에서는 원칙이 지켜지는 대북 관계를 꾸려야 한다. 무조건 퍼주기를 한다거나 원칙 없이 이리저리 흔들리면 통일의 기회가 와도 잘 살려내지 못할 것이다. 국민 모두 자유민주주의에 대한 굳건한 믿음을 지키며, 북한이나 좌익 세력의 선전 선동에 휘말려서는 안 된다. 미중 패권 경쟁의 신냉전은 미소 패권 경쟁의 구냉전보다도 훨씬 복잡하게 펼쳐질 것이다. 넉넉하고 무르익은 국민 의식이 무엇보다도 중요하다.

(4) 통일로 한 걸음

통일은 절대선인가?

학교에서는 대부분 통일을 절대선으로 가르치고 통일만 하면 무조건 잘 되리라는 환상을 심어왔다. 통일한국의 정치 체제는 어떤 것이어야 할지, 통일 과정에서 어떤 문제에 부딪칠지, 통일을 하고나면 어떤 어려움이 생길지에 대해서 아무런 말도 꺼내지 않았다.

헌법 제4조에 나오듯 대한민국은 '자유민주적 기본 질서에 입각한' 통일을 목표로 삼고 있다. 그럼에도 불구하고 통일을 위해서라면 무엇이든지 감수해야 할 듯이 통일지상주의로 우리의 마음을 흔들어놓았다. 이제 우리는 깊이 생각해보아야 한다. 통일은 정말 절대선인가? 통일이 절대선이라면, 통일은 우리로 하여금 분단되었을 때보다 절대적으로 잘 살 수 있게 만들어 주어야 한다. 과연 그럴 수 있을까?

역사를 살펴보면, 어떤 나라가 잘 살고 못 사는 문제는 분단되어 있느냐, 통일되어 있느냐에 달려 있지 않았다. 잘 살고 못 사는 것은 그 나라의 정치 체제가 어떤 것이냐에 달려 있었다. 조선 왕조를 예로 들어보자. 그때는 한반도가 통일이 되어 있었다. 그런데도 나라는 가난하고 안보는 허술하였다. 임진왜란과 병자호란으로 나라가 두 번이나 쑥대밭이 되었으며 끝내는 근대 일본에게 나라를 통째로 빼앗겼다.

조선 왕조는 부국강병에 힘쓰지 않고 예법과 의리를 드높인다고 당파 싸움에 바람 잘 날이 없었다. 나라의 교통망을 건설하지도 않고 상인과 공인들을 천하게 여겼다. 이런 나라에서 경제가 발전할 리 없다. 국방은 허술하고 백성들은 차별과 굶주림에 허덕였다. 조선 왕조를 보면, 나라가 통일되었다고 해서 잘 사는 것이 아니라는 것을 너무도 쉽게 알 수 있다.

잘 살려면 통일보다 더 중요한 조건이 있다. 그것은 통일 한국의 정치 체제가 무엇이냐는 것이다. 만일 우리가 공산주의로 통일된다면 어찌될까? 동유럽의 사례를 보자. 제2차 세계대전이 끝나자 동유럽의 여러 나라는 공산주의로 통일되었다. 체코슬로바키아, 헝가리, 루마니아, 불가리아, 유고슬라비아 등이 동유럽 공산주의 국가들이다.

자유민주주의와 시장경제로 서유럽이 잘살게 되었지만 그렇게 할 수 없었던 동유럽의 공산 정권들은 선전 선동에 매달렸다. 질 낮은 소시지를 대량으로 배급하여 동유럽 사람들도 비만과 성인병에 시달리게 만들었다. 서유럽 사람들의 비만과 성인병을 복지 사회의 지표로 삼고, 어처구니없게도 인위적으로 그런 지표가 높게 나오도록 만들었던 것이다. 그리곤 서유럽을 부러워할 것 없다고 선전 선동하였던 것이다. 이처럼 야만적인 공산 정치에 동유럽 사람들의 분노는 가슴속에서 끓고 있었다. 그 분노가 갑자기 끓어올라 폭발하자 동유럽의 공산 정권들이 줄줄이 무너졌다. 그들은 서울올림픽 중계 방송을 보면서, TV 화면에 비친 한국의 발전상에 소스라치게 놀랐다고 한다. 그때부터 공산 정권에 대한 분노가 끓어오르기 시작했다고 한다.

북한이 못 사는 까닭은 분단 때문이 아니다. 분단 때문이었다면 우리도 못 살아야 한다. 북한이 못 사는 까닭은 정치 체제 때문이고, 우리가 잘사는 것도 정치 체제 때문이다. 북한은 공산주의와 집단 배급 체제로 억압과 굶주림에 시달려왔고, 우리는 자유민주주의와 시장경제로 자유와 풍요를 누려왔다. 통일 한국이 잘 살게 될 것인지, 못 살게 될 것인지는 그 정치 체제가 자유민주주의냐 공산주의냐에 달려 있다.

통일은 절대선일 수 없다. 자유민주주의를 희생하면서까지 추구되어야 할 절대선이 아니다. 자유민주주의의 기본 질서에 입각한 통일이 아니면, 그것은 오히려 우리를 불행하게 만드는 저주의 반지가 될 것이다. 그동안 통일을 절대선인 것처럼 떠받들고 통일 한국의 정치 체제에 대해서 침묵하는 사람들이 있었다. 이들을 깊이 경계하고 물리쳐야 한다.

평화적 통일이란?

대한민국 헌법은 평화적 통일을 목적으로 삼는다. 그렇다고 해서 침략을 당했을 때도 평화적 통일 정책을 추진해야 하는 것은 아니다. 우리가 통일을 목적으로 전쟁을 일으키지 않겠다는 말이지, 6·25전쟁 때처럼 북한으로부터 침략당했을 때도 가만있어야 한다는 말이 아니다. 그럼에도 불구하고 무조건 평화를 추구해야 한다거나 또는 흡수 통일은 안 된다고 떠드는 사람들이 있다. 경계하고 물리쳐야 할 사람들이다. 그동안 "가장 나쁜 평화도 전쟁보다는 낫다"라는 말이 널리 퍼졌다. 가장 나쁜 평화란 굴욕적인 평화일 것이다. 굴욕적인 평화란, 침략을 당했을 때 목숨을 걸고 싸우지 않고 비굴하게 항복하는 것이다. 항복을 하면 피비린내 나는 전쟁을 하지 않아도 되고, 상대방의 아량에 기대어 평화를 맛볼 수 있다. 조선 왕실은 총 한 방 쏘아보지 않고, 항복하였다. 그 뒤 일본으로부터 일제시대 내내 일본 황족에 버금가는 대우를 받았다. 조선 왕실은 '전쟁이 아니라 나쁜 평화'를 선택했던 셈이다. 총 한 방 쏘아보지도 않고 '나쁜 평화'를 얻은 것이 잘한 일일까?

조선 왕실의 상황을 현대 한국의 상황으로 옮겨와 보자. 북한은 핵무기로 무장하고 있다. 최근에는 핵무기를 선제공격용으로 쓸 수 있도록 법을 고쳐 놓았다. 이제 김정은이 마음만 먹으면 언제든지 핵무기를 쏠 수 있게 되었다. 만일 북한이 통일을 하겠다고 핵무기로 위협하면 우리는 어쩔 것인가? '전쟁이 아니라 가장 나쁜 평화'를 선택할 것인가? 그동안 이런 얘기만 꺼내도 야단하는 사람들이 있었다. 북한의 핵 도발에 단호하게 대응하려 하거나 미사일을 떨어뜨릴 수 있는 '사드'를 배치하려고 하면, "전쟁을 하자는 말이냐"라고 쏘아붙이곤 하였다.

그리고 "북한의 핵은 우리를 겨냥한 것이 아니다. 그것은 미국을 겨냥한 것이다", "북한은 절대로 우리에게 핵을 쏘지 않는다"라는 말을 널리 퍼뜨렸다. 이런 말을 어떻게 믿을 수 있단 말인가? 6·25전쟁은 북한이 남한을 공격하면서 시작되었다. 이미 70여 년 전에 전쟁을 일으켰던 북한 정권이 핵 도발을 하지 않으리라고 어떻게 믿을 수 있단 말인가? 이런 어처구니없는 말에 홀려서는 안 된다. 오히려 우리는 '평화를 바라거든 전쟁을 준비하라'라는 고대 로마인의 격언을 따라야 한다.

헌법의 평화 통일 조항을 근거로 흡수 통일은 안 된다고 우기는 사람도 많았다. 흡수 통일은 평화 통일이 아니라는 것이다. 독일은 원칙있는 통일 정책으로 동독을 흡수했다. 독일총리 콜은 '자석이론'으로 동독을 이끌었다. 그는 '서독이 정치, 경제, 군사 분야에서 우위를 지키면, 동독은 자연스럽게 이끌려와 통일된다'고 믿었다. 이처럼 탁월한 평화적인 통일 정책이 어디에 있겠는가? 우리도 정치, 경제, 군사 분야에서 우위를 지키면, 언젠가는 북한이 자연스럽게 이끌려와 통일이 될 것이다. 평화적인 흡수 통일 방안을 평화적이 아니라고 반대는 사람들이 있다니 알다가도 모를 일이다.

흡수 통일을 반대하는 이유는 무엇일까? 아마도 이들은 남북한 정치인들이 한자리에 모여서 상이한 정치 체제를 얼기설기 혼합하거나 남북연방제로 통일하는 것을 평화 통일이라고 생각하는지 모른다. 그래서 그런지 자유민주주의로 통일하고 동독 정치인들을 배제했던 독일의 흡수 통일 방식을 받아들일 수 없었던 모양이다. 그렇다면 심각한 문제가 생긴다. 헌법 조항에는 '자유민주주의의 기본 질서'에 입각해서 통일하도록 되어 있다. 만일 자유민주주의와 공산주의를 혼합하거나 또는 자유민주주의 정부와 공산주의 정부를 연방제로 통합한다면, 그런 통일 방안은 헌법에 어긋나는 것이다.

통일은 반드시 '자유민주주의 기본 질서'에 입각해서 이루어져야 한다. 그리고 반인도 범죄의 죄값을 치루지 않았거나 전향하지 않은 북한 정치인들은 통일 한국의 정치에 참여시켜서는 안 된다. 통일이란 정치 체제를 혼합하는 것이 아니다. 통일은 대한민국 국민과 북한 동포가 자유민주주의의 체제에서 함께 풍요로운 생활을 하는 것이어야 한다.

통일에 대한 환상

한때 '통일이 대박이다'라는 말도 있었다. 통일만 되면 우리나라는 곧바로 엄청난 경제 강국이 될 수 있다는 말이었다. 얼핏 보아도 쉽게 어림된다. 북한의 풍부한 지하자원과 남한의 뛰어난 자본 기술력이 합쳐지면 경제에 상승 효과가 일어날 수 있을 것이다. 남북한 인구가 합쳐지면 경제 규모가 커질 뿐만 아니라, 부족했던 산업 인력 문제도 쉽게 해결된다. 후미진 북한 국토를 개발하면 여기 저기 개발붐이 일어나 우리의 경제는 놀랄 만큼 성장할 것이다.

통일이 되면 유라시아 철도도 이을 수 있다. 그러면 부산에서 기차를 타고 유럽까지 여행할 수 있다. 우리는 송유관과 가스관을 놓고 러시아로부터 값싼 원유와 가스를 수입할 수도 있다. 그때가 되면 시베리아 철도를 이용하는 물동량도 어마어마해지고 유라시아 전체에 경제붐이 일어날 것이다. 자본 기술력이 뛰어난 우리는 유라시아 전체의 경제 발전을 이끌어갈 수 있다. 더욱이 부산에서 일본으로 지하 터널을 뚫고 유라시아 철도를 연장하면 경제 붐은 더욱 커질 것이다.

통일에 대한 이러한 장밋빛 전망은 우리의 마음을 들뜨게 하였다. 그런데 통일에 대한 환상만 쫓다가는 큰코 다친다. 왜냐하면 그런 전망은 너무도 비현실적이기 때문이다. 무엇보다도 장밋빛 전망은 너무나 산술적으로 꾸며졌다. 남북한의 지하자원을 합치고 인구를 합치고 유라시아 철도를 연결하며 수많은 물동량이 움직일 수 있다는 둥 하면서 경제 지수만 합친 모양이다. 통일 세계는 이렇게 산술적으로 만들어지지 않는다.

다른 나라가 보여주는 통일의 이상과 현실

독일 통일의 예를 보자. 통일 과정에서 해결해야 할 수많은 문제가 있고, 통일한 뒤에도 풀리지 않는 어려운 문제들이 생긴다. 우선 경제 통합이 얼마나 어려운지 살펴보자. 경제 통합을 하면서 동·서독 화폐의 환율을 1 대 1로 하고 임금, 이자, 대출에 적용하였다. 그러자 구 동독 지역의 회사들이 큰 피해를 입었다. 동독 지역의 회사들은 회사원들에게 서독의 화폐 가치로 임금을 주어야 했으므로 견뎌내기 어려웠던 것이다. 새로운 시장경제 체제에서 경쟁력을 얻으려면 임금 수준이 낮아야 했다. 동·서독의 화폐 가치가 같아지자 동독의 임금 수준이 갑자기 높아진 것이다.

그뿐만이 아니다. 통일이 되자 동·서독 사람들은 서로 적응이 안 되었다. 분단되었던 시기에 사람들의 생활 방식이나 생활 감정에 이질감이 커졌기 때문이다. 서독인은 동독인을 게으른 '오씨'로 부르고, 동독인은 서독인을 거만한 '웨씨'로 부르며 서로 흉보았다. 끔찍한 사회 갈등으로 통일 후유증을 앓으면서 경제까지 나빠지자 독일은 '유럽의 환자'로 불렸다. 통일 후유증을 푸는 데 거의 30년이 걸렸다.

장밋빛 통일 전망이 놓치고 있는 점이 또 있다. 그것은 유라시아의 정치 지형을 전혀 생각하지 않은 것이다. 디지털 전체주의의 공산 중국과 1인 장기 독재의 러시아가 그대로 있다면, 한반도가 자유민주주의의 국가로 통일되기도 어렵다. 혹시 그렇게 통일되더라도, 이들 국가들과 자유롭게 경제 협력을 해나가기는 어려울 것이다.

최근 시작된 우크라이나전쟁을 보면 뚜렷이 알 수 있다. 2014년에 우크라이나 의회가 유럽연합(EU)과 맺은 최종 협정안을 승인하자 이에 반대하는 러시아가 분쟁을 일으켰다. 그동안 크림반도를 점령했던 러시아가 2022년에 우크라이나 동부 지역인 돈바스의 분리 독립을 지지하고 우크라이나를 전면적으로 침공하였다. 압도적인 군사력을 앞세운 러시아의 영토 욕심을 잠재우고자 유럽과 미국은 우크라이나를 대규모로 지원하고 있다. 이에 따라 유럽은 양진영으로 크게 갈라졌고 서로의 경제 관계도 나빠졌다. 이제 세계화 시대는 저물고 신냉전의 시대가 활짝 열렸다.

동북아에서는 타이완이 우크라이나 신세가 되지 않을까 싶어 걱정이 태산같다. 시진핑이 연임을 계속 하면서 공산 중국은 더욱 촘촘하게 디지털 독재를 하고 있다. 러시아나 북한과 군사 협력도 더욱 굳건해지고 있다. 이에 맞서 미국은 인도·태평양 국가들과 경제 및 군사 협력 관계를 팽팽하게 만들고 있다. 우리나라도 한미동맹을 더욱 탄탄하게 만들고 일본과 군사 협조 관계를 튼튼하게 키우고 있다. 동북아에서도 신냉전의 시대가 열리고 있다.

장밋빛 통일 전망은 세계화 시대의 산물이다. 공산 중국을 세계 시장에 받아들여서 한국처럼 잘 살게 만들려던 시대에 나온 것이다. 당시에는 중국이 잘 살게 되면 한국처럼 민주화될 줄로 믿고 있었다. 세계화가 전 세계에 평화와 번영을 가져오리라고 생각했던 것이다. 우리도 통일만 하면 평화와 번영의 시대에 더욱 성공할 수 있으리라고 믿었다. 통일이 대박이라는 말은 그런 시대 배경을 가지고 있다.

그러나 세계화는 우리의 생각대로 되지 않았다. 큰돈을 번 공산 중국은 디지털 독재를 더욱 밀고 나갔다. 군비에 막대한 투자를 하면서 세계 패권에 도전하고 있다. 러시아는 동부 유럽과 달리 일인 독재 체제로 돌아갔고 핵무기로 위협하며 영토 욕심을 부리고 있다.

이제 세계화 시대는 끝나고 신냉전 시대가 열렸다. 장밋빛 통일의 헛된 꿈에 마음을 빼앗길 짬이 아니다. 독일처럼 국제 정세를 꼼꼼히 따져가면서 원칙있는 통일 정책을 펼쳐가야 한다. 힘의 우위를 지키도록 온 힘을 기울이고, 때가 오기를 기다려야 한다. 새로 시작된 신냉전이 마무리 될 때 우리에게 찬란한 통일의 기회가 찾아들 것이다.

우리가 추구해야 할 통일 국가 체제

통일을 평화적으로 하려면 북한과 협상해야 하고, 그러려면 우리가 자유민주주의를 고집해서는 안 된다는 사람들도 있다. 북한이 공산주의를 고집하면 우리가 받아줄 수 없듯, 우리가 자유민주주의를 고집하면 북한이 받아줄 수 없다는 것이다. 그래서 상이한 정치 체제를 혼합하거나 연방 국가로 만들어 1국가 2체제로 통일해야 한다고 생각하는 것이다.

우선 상이한 정치 체제를 혼합할 수 있는지 알아보자. 역사상 정치 체제를 통합하고 통일된 경우는 없다. 자유민주주의 체제와 공산주의 체제는 너무나 다르기 때문에 혼합이 불가능하다. 다만 통일 국가를 세우기 전에 좌우익의 정치 세력이 통합한 경우는 있다. 이를 좌우합작이라고 하는데 우리에게도 여러 번 있었다. 일제 시대 때 신간회라는 항일 단체는 좌우익의 지식인들이 결성하였다. 하지만 몇 년 안 가서 모스크바 크레믈린의 명령에 따라 좌익 지식인들이 이탈했다. 해방 공간에서도 좌우 합작 운동이 일어나기도 하였다.

좌우 합작은 김구의 남북협상파가 가졌던 생각이기도 했다. 일단 정치 이념의 싸움은 건국 뒤로 미루고 먼저 통일 국가부터 세우자는 생각이었다. 좌우 합작의 건국 전략은 동아시아에서 실패하고 동유럽에서 성공을 거두었다. 그런데 좌우 합작으로 건국한 동유럽의 국가들은 대부분 얼마 지나지 않아 부정 선거 또는 쿠데타로 공산당의 1당 독재 국가로 굴러떨어졌다. 동유럽의 정세를 꿰뚫고 있던 이승만은 좌우 합작이 공산 국가로 빠져드는 블랙홀이라는 것을 깨달았다. 그래서 좌우 합작 운동을 반대하고 남한 단독으로 정부를 세워야 한다고 주장했던 것이다.

자유민주주의와 공산주의 정치 체제는 서로 너무나 다르기 때문에 통합할 수 없다. 그래서 얘기되는 것이 두 정치 체제를 그대로 두고 통일하자는 것이다. 이를 1국가 2체제라고 한다. 국가는 하나로 만들고 체제는 두 개로 만들자는 것이다. 결국 연방제 국가를 만들자는 것인데, 보통 연방제 국가와는 다른 것이다. 보통의 연방제 국가에서는 중앙 정부나 지방 정부나 정치 체제가 동일하다. 그러나 1국 2체제의 연방 국가에서는 중앙 정부가 외교와 국방만 맡는다. 지방 정부는 그 밖의 모든 일을 맡는다. 지방 정부 가운데는 자유민주주의 체제도 있고, 공산주의 체제도 있다.

이런 생각으로 남북한 사이에서 회의가 여러 번 이루어졌다. 2000년에 김대중 대통령과 김정일 국방위원장이 정상 회담에서 발표한 6·15남북공동선언에는 이런 생각이 담겨 있다. 이런 생각에는 두 가지 문제가 있다. 하나는 이런 생각이 과연 실현 가능한지 의심스럽다는 점이다. 다른 하나는 이런 통일을 해서 얻는 것이 무엇인지 알 수 없다는 것이다.

실현 가능성부터 살펴보자. 1국가 2체제는 100년 동안 영국의 지배를 받던 홍콩을 공산 중국에 돌려줄 때 채택했던 방법이다. 공산 중국은 외교와 국방을 맡기로 하고 홍콩이 50년 동안 자유민주주의 체제와 시장경제 체제를 지키도록 보장했다. 그러나 이런 약속은 얼마 지나지 않아서 물거품이 되었다. 대규모 시위가 일어났지만 매섭게 진압되었다. 지금은 홍콩이 공산 중국화되고 있다.

우리의 연방통일안은 어떨까? 연방 정부는 국방과 외교를 맡고 지방 정부는 그 밖의 모든 일을 자치적으로 수행한다. 그런데 연방 정부의 국방 정책과 외교 정책을 자유민주주의 체제의 지방 정부와 공산주의 체제의 지방 정부가 말 없이 따를까? 그들이 따르려면 외교 국방의 정책이 중립적이어야 한다. 그런데 행동 방식과 사고 방식이 너무나 다른 자유민주주의 체제와 공산주의 체제 사이에 중립적인 정책을 만들기는 불가능할 것이다. 홍콩 반환의 경우에는 이런 문제가 전혀 없었다. 외교와 국방은 공산 중국이 맡았으므로 공산 중국과 자유 홍콩 사이에 중립적일 필요가 없었다.

더욱이 연방제 통일을 하면 얻을 것이 없다. 통일을 하면 북한의 동포들도 자유와 번영을 누릴 수 있어야 한다. 그러려면 자유민주주의 체제로 통일되어야 한다. 그렇지 않고 연방제로 통일된다면 북한 동포들은 여전히 억압과 굶주림에 시달릴 것이다. 통일이 되어도 공산 독재 체제에서 살아갈 수밖에 없다.

통일을 하려는 가장 큰 이유는 현재의 분단 상황보다 더 평화롭고 더 풍요로운 환경에서 인간다운 삶을 살고 싶기 때문이다. 통일이 되면, 대한민국 국민과 북한 동포 모두가 통일 사회에서 차별 없이 자유와 인권을 만끽하고, 평등과 복지를 아쉬움 없이 누리고, 풍요롭고 행복한 삶을 즐길 수 있어야 한다. 자유민주주의와 시장경제 체제가 아니고는 그런 삶을 보장할 수 없다.

차근차근 통일을 준비하자

통일이란 금방 이룰 듯이 서두를 성질의 것이 아니다. 두 가지 이유가 있다. 하나는 통일이 우리만의 문제가 아니기 때문이다. 통일의 기회는 우리 혼자 힘으로 만들 수 없다. 그것은 오히려 주변 강국의 정치 지형이 바뀔 때 오기 쉽다. 다른 하나는 남북한의 이질성이 너무 크기 때문이다. 70여 년 동안, 남북한은 전혀 오가지 않고, 동떨어진 채로 서로 다른 생활 방식으로 살아왔다.

통일의 기회가 올 때까지 차근차근 통일을 준비해야 한다. 통일 준비도 두 가지로 해야 한다. 하나는 우리의 정치 노력으로 주변 강국의 정치 지형을 바꾸는 데 노력하면서 통일의 기회를 엿보는 것이다. 다른 하나는 대북 관계를 잘 관리하면서 되도록 생활 문화의 이질성을 누그러뜨려야 한다.

먼저 통일의 기회를 어떻게 맞이할 것인가부터 짚어보자. 앞서 살폈듯, 독일은 세계적인 냉전이 자유 진영의 승리로 끝날 때 통일의 기회를 맞이했다. 제2차 세계대전이 끝나자마자 미국과 구소련의 패권 경쟁이 시작되었다. 독일은 미국을 도와 냉전을 승리로 이끌었다. 마침내 통일의 기회가 오자 패권국인 미국과 깊이 의논하면서 주변 강국들의 동의를 받아냈다.

우리도 독일과 같은 처지에 있다. 세계화 시대가 끝나고 동북아에서 미중 패권 전쟁이 시작되었다. 우리는 미중 패권 전쟁에서 미국이 승리할 때 통일의 기회를 맞이할 것이다. 지금 한창 중국, 러시아와 북한이 전략적인 동맹 관계를 굳히고 있다. 이에 맞서 미국도 인도 태평양 국가들과 전략적 동맹 관계를 굳혀나가고 있다. 미국, 일본, 인도와 오스트레일리아는 쿼드(QUAD)라는 안보 기구를 만들었다. 우리는 좌파 정부 시절에 엇나가서 쿼드에 참여하지 못했다. 앞으로 우리도 적극적으로 참여하여 미중 패권 전쟁에서 미국이 승리하도록 최선을 다해야 한다.

좌파 정부의 시절에는 줄곧 미중 패권 전쟁에서 중간자 역할을 할 듯한 모양새를 차리곤 했다. 미국의 패권이 시들고 중국의 패권이 꽃피리라는 기대감으로 그랬는지는 모르지만, 이런 애매한 자세 때문에 한미동맹이 흔들렸다. 그러자 중국은 오히려 고자세로 우리를 몰아세우기까지 하였다. 시진핑은 한국이 본래부터 중국의 지방 정부였다고 망발까지 서슴지 않았다. 이런 수모를 겪고도 한미동맹을 소홀히 했던 것은 크나큰 정책 실패가 아닐 수 없다.

우리는 앞으로 미중 패권 전쟁이 어떻게 전개될지 깊이 살펴야 하다. 그리고 우리가 중요한 역할을 맡아서 미중 패권 전쟁에서 미국이 승리할 수 있도록 도와야 한다. 새로운 냉전에서 자유 진영이 승리하면, 우리에게 자유민주주의로 통일할 수 있는 절호의 기회가 올 것이다.

통일의 기회가 다가왔을 때 이를 놓치지 않고 꽉 잡으려면 지금부터 많은 준비가 필요하다. 무엇보다도 통일의 기회가 왔을 때 한반도 문제의 당사자로서 남북한 사이에 긴밀한 협력을 할 수 있어야 한다. 그러기 위해서는 무엇보다도 북한을 공산 중국만큼 만이라도 개방시켜야 하고, 공산 중국만큼만이라도 정치, 경제, 문화 교류를 할 수 있어야 한다.

그렇게 해볼 생각도 없이 좌파 정부의 시절에는 말만 번지르르했다. 6·25전쟁의 종전 선언을 먼저 하고 한반도 평화 체제를 구축하자는 것이었다. 이런 주장은 신냉전의 시대에 어울리지 않을 뿐만 아니라 어쩌면 허무맹랑한 것이다. 아마도 미중 패권 전쟁의 시대에 필수적인 우리의 긴장감을 떨어뜨리고 주의력을 분산시키려는 의도가 있는 것은 아닌지 모르겠다.

미중 패권 전쟁의 신 냉전은 미소 패권 전쟁의 구 냉전과 다른 양상이다. 구 냉전에서는 군사뿐만 아니라 무역 시장도 분리되어 있었지만 신 냉전에서는 무역 시장이 통합되어 있다. 그에 따라 정치적인 대화의 창문도 구 냉전 때보다 훨씬 넓다. 그런 만큼 남북 관계는 21세기의 보통 국가들 사이에 오가는 교류 관계로 발전시켜야 한다. 꾸준히 노력하여 그만큼은 만들어 놓아야 통일의 기회가 왔을 때 우리의 꿈을 이룰 수 있을 것이다.

그리고 통일이 되었을 때 통일 후유증을 잘 이겨내야 한다. 그러려면 지금부터라도 남북 교류를 통해서 남북의 문화적 이질감을 많이 풀어놓아야 한다. 그렇게 해놓지 않으면 통일 후유증에 시달릴 것이다. 예를 들어, 정치 인식의 격차를 생각해보자. 북한 주민들은 평생 북한의 사회주의 체제에 젖어 살아왔다. 그래서 통일 뒤에도 선거에서 북한 주민들이 사회주의적인 정치 공약에 쏠린다면 그동안 이룩했던 정치 균형을 한순간 잃어버릴지도 모른다. 정치 다양성에 대한 북한 주민들의 감수성이 발전되어 있지 않으면 자칫 대한민국이 자유민주주의 체제에서 사회주의 체제로 나라의 정체성이 순식간에 바뀔 수도 있다.

이밖에도 문화 이질성의 문제는 많다. 탈북민이 우리 사회에 와서 느꼈던 어려움, 우리가 탈북민에게 느끼는 애석함 등은 미리미리 해소되도록 차근차근 준비해 나가야 할 것이다. 더욱이 대한민국과 북한의 경제적 격차로 인한 문제는 더욱 심각할 지도 모른다. 예를 들어, 뒤떨어진 북한 지역을 개발하고 북한 주민들의 삶을 개선하려면 급격한 증세가 불가피할지도 모른다. 국민연금은 지금도 재정 위기를 겪고 있는데 통일이 되면 재정 위기는 더욱 커질 것이다. 북한의 사람들에게도 연금을 지급해야 하니까 말이다. 경제적 격차로 생길 수 있는 문제들은 우리의 미래 세대에게 커다란 짐이 될 수 있다. 미리미리 이런 문제를 대비해 나가야 통일의 기회를 탈 없이 맞아들일 수 있을 것이다.

3. 국제 사회와 대한민국의 미래

(1) 미래 대한민국의 국제 정치

국제 정치의 발달과 속성

패권국이 이끌어가는 국제 질서 속에서 주권 국가들이 하는 국제 활동을 국제 정치라고 한다. 건국한 뒤 19세기 초반부터 미국은 '고립주의(Monroe doctrine)'를 외교 원칙으로 삼았다. 되도록 유럽에서 일어나는 국제 문제에 개입하지 않은 채 북미 대륙에 머물며 서부 대륙 개척에 온 힘을 쏟고 있었다. 하지만 20세기에 들어와 세계대전의 물결은 미국을 가만히 내버려두지 않았다. 특히 일본군한테 진주만을 기습 폭격당하자 미국은 본격적으로 제2차 세계대전에 뛰어들어 연합군을 지휘하였다. 팍스 브리태니커를 지키던 영국은 제2차 세계대전이 마무리되자 더 이상 세계를 이끌어나갈 힘이 없었다. 그리하여 승전하자마자 연합군의 주역인 미국이 본격적으로 세계 경영에 나서게 되었다. 비로소 팍스 아메리카나의 시대가 열린 것이다. 패권국 간의 전쟁 없이 자유민주주의 이념을 가진 영국에서 미국으로 자연스레 패권이 이양되었다. 그리고 식민지가 독립하며 수많은 신생국이 태어났다. 대한민국도 그 가운데 하나이다.

국제 정치는 전쟁의 역사라고 말할 수 있다. 21세기 사회학의 창시자이자, 평생 전쟁을 연구한 찰스 틸리(Charles Tilly) 교수는 현대 국가의 탄생과 발전 과정

을 주제로 연구하고, 다음과 같이 결론을 내렸다.[15]

　'전쟁은 국가를 만들고, 국가들은 전쟁을 수행한다(The war makes the state, the states perform the wars.).'

　전쟁은 전쟁 자체를 목적으로 삼지 않는다. 전쟁의 목적은 평화이다. 평화를 지키려면 전쟁을 감수해야 하고 전쟁에 승리해야 평화를 얻을 수 있다. 전쟁과 평화는 서로 독립된 현상으로 존재하지 않는다. 사탕과 과자처럼 둘 가운데 하나를 선택할 수 있는 것이 아니다. 전쟁을 피하고 평화를 선택하자는 말은 상대방의 위협에 굴복하자는 말과 같다. 거짓 평화선전은 언제나 전쟁을 피하고 평화를 선택하자는 말로 시작한다. 속지 말아야 한다.

　세계대전을 통해서 대영제국으로부터 패권을 넘겨받은 미국은 생각지 않게 '어쩌다 제국'이 되었다. 미국은 세계 경영의 경험이 전혀 없었기에 국제정치학이라는 이론적 기반이 필요했다. 때마침 나치 독일의 침략으로 핍박받던 동부 유럽의 20대 청년들이 대거 미국으로 이주해 둥지를 틀었다. 주로 헝가리, 폴란드, 체코계 유대인이었던 그들은 세계 경영의 기틀인 국제정치학을 만들어 학문적으로 꽃피웠다. 국제정치학이 본격적으로 발달한 시기는 제1차 대전이나 제2차 대전과 같은 심각한 전쟁을 겪은 뒤이다. 고국의 불행한 역사와 전쟁을 겪으며 객관적인 사고와 냉철한 안목으로 국제 정치를 분석하는 데 탁월한 능력을 보인 그들은 21세기까지 커다란 영향력을 끼치고 있다.

　국제정치학이란 세계를 이끌어가는 강대국들이 해온 일들을 분석하고 설명하는 것이다. 시대별로 보면 강대국의 숫자는 7~8개국에서 10여 개국이다. 그렇다면 어떤 나라가 강대국인가? 우선 힘이 막강하고 영토가 넓어야 하며 인구와 돈이 많아야 하고, 대외적으로 강력한 이미지를 가지고 있으며 전쟁에서 이기는 나라들이다. 또한 싸움에서 이기려는 국민 의지도 강대국의 중요한 구성 요인 중 하나이다.

여기서 힘은 군사력이나 경제력 자체를 말하는 것이 아니다. 그것은 강대국의 행동 방식, 다시 말해서 주변국과 전 세계에 미치는 영향력을 일컫는다. 그러므로 강대국들의 행동 방식을 이해하고, 그런 국가들의 힘을 이용하여 국익에 도움이 되는 정책을 펼쳐야 한다. 무엇보다도 강대국들이 국제 사회에 끼치는 영향력과 그들의 의도를 파악하는 작업이 중요하다. 구한 말의 고종처럼 강대국들의 동향에 무지몽매하고 나라의 안위를 타국에 의존하면 나라를 잃게 마련이다.

강대국의 영토적 속성

국가의 중요 요소 가운데 하나인 영토적 속성을 살펴보자. 영토는 크기와 지정학적 위치가 중요할 뿐만 아니라 국가의 자존심을 상징하는 요소로도 중요하다. 국경선을 마주 대고 있는 경우 분쟁의 직접적인 요인이 되기도 한다. 대체로 분쟁의 90%가 영토 문제로 인해 발생한다. 결국 지리적으로 인접해 있는 라이벌 국가들이 전쟁을 벌인다는 이야기다. 한 치의 땅이라도 더 차지하려는 욕심은 과거로부터 현재까지 이어져 오고 있으며 영토 욕심은 국가들의 바뀌지 않는 속성이다. 그런 까닭에 국가의 국경선은 영원 불변한 것이 아니다. 전쟁과 분쟁을 거치면서 면적을 포함한, 위치가 변하는 것이 국경선이라는 사실을 잊지 말아야 한다. 오른쪽 위 지도에는, 제1차 세계대전을 치르며 사라진 오스트리아–헝가리제국이 나타난다. 오른쪽 아래 지도에는 분할과 합병으로 바뀐 오늘날의 국경선과 새로운 국가들이 보인다.

그림23 제1차 세계대전 직후의 유럽 지도

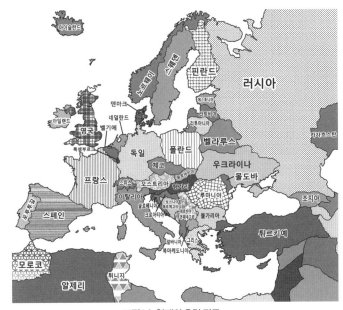

그림24 현재의 유럽 지도

그림25 1962년 북한 중국이 정한 영해의 기점

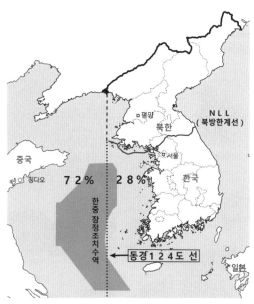

그림26 현재의 중국과 한국의 영해 비율

강대국들이 많은 유럽을 살펴보면 국가들의 국경이 붙어 있거나 이웃하고 있다. 그러나 21세기의 패권국인 미국의 경우에는 북미 대륙에 홀로 멀리 떨어져 있어서 지정학적 이점[16]이 무척이나 돋보인다. 북쪽으로는 캐나다, 남쪽으로는 멕시코와 국경을 마주하고 있을 뿐이다. 두 나라는 감히 미국에 도전할 엄두도 내지 못할 정도로 국력의 차이가 있는 나라다. 또한 자유민주주의와 시장경제 체제를 지키는 국가들인 까닭에, 경계심을 가질 필요도 없다. 그들과 무역과 통상도 자연스럽게 이루어진다. 거침이 없다. 이렇듯 지리적 속성이 미국의 막강한 힘의 기초이자 축복이라는 것을 알 수 있다.

미국의 패권에 도전하고 있는 중국의 영토적 환경[17]을 살펴보자. 무엇보다도 눈에 띄는 것은 인도와 국경을 마주하고 있다는 사실이다. 인도는 최근에 잠재적인 경제력과 인구 증가로 강대국 반열에 오르고 있다. 중국은 인도와 국경선에서 크고 작은 영토 분쟁에 끊임없이 시달리고 있다. 최근에도 인도 북부 라다크 지역의 국경 부근에서 피바람이 불었다. 중국군이 몽둥이에 못을 박아 휘두르는 바람에, 인도군의 사망자가 생겨났다. 게다가 중국은 러시아, 베트남, 몽골, 북한 등 14개국과 국경을 마주하고 있다. 국경선이 1만 2,000km인 미국에 비하면 두 배 가까운 2만 2,000km가 넘는다. 국경 수비에 국방비가 많이 들 수밖에 없다. 더욱이 중국 주변의 14개국은 체제와 이념이 서로 다르다. 언제나 분쟁과 갈등이 일어날 가능성을 내포하고 있다. 그렇다면 과연 중국이 패권국으로 떠오를 수 있는 조건을 갖추고 있는지 의심스럽기도 하다. 꼼꼼히 따져 볼 필요가 있다.

최근 몇 년 동안, 한국의 방공식별구역[18]을 침범한 사례를 언론 보도에서 찾아보자. 문재인 정부 때에는 대화와 소통으로 평화를 유지할 수 있다고 여론몰이를 했지만 중국은 이를 비웃기라도 하듯 방공식별구역을 여러 차례 침범하였다. 그리고는 방공식별구역은 영공이 아니라고 우겼다. 중국은 최근에도 방공식별구역을 가끔 침범하고 있다. 타이완의 반공식별구역에도 침범이 잦아지고 있다. 요즈음 패권국의 지위를 얻으려고 하는 중국의 움직임이 예사롭지 않음을 예의 주시하며 경계 태세를 갖추어야 한다.

다른 나라의 방공식별구역을 지나가려면 미리 그 나라에 알리는 것이 국제적인 관례이다. 중국은 아무런 사전 통보도 없이 무단 침범하고 있다. 다른 나라의 군용기가 예고 없이 침범하면, 해당국가는 바로 경고 비행에 나서야 한다. 그리고 외교 채널을 통해서 엄중하게 항의하고 시정을 요구해야 한다. 이렇게 해도 바로잡히지 않으면 우리의 경우에는 한미일이 공조해서 대책을 세우고 실행에 옮겨야 할 것이다.

무정부적 속성

국제 사회는 이른바 무정부 상태라고도 하며 국내 사회와는 사뭇 다른 현상이 나타난다. 법과 질서가 있고 도덕이 존재하는 국내 사회에서는 당연히 국가의 권위가 인정받는다. 국가라는 제도적 장치로 말미암아 국민은 생명과 재산을 보호받는다. 국내 사회에서는 가장 높은 효력을 갖는 헌법이 존재한다. 그러나 국제 사회에서는 구성원인 국가를 통제할 수 있는 경찰력이 존재하지 않는다. 국가는 독립된 주권을 가지고 자유롭게 행동한다. 국제 사회에서는 국가의 주권보다 높은 차원의 권위체가 없다.

국가마다 국력의 차이가 있을지라도 국가 사이에 위아래나 서열은 없다. 유엔에서는 국가마다 한 표를 행사한다. 즉 국가마다 동등한 법적 권리를 가지고 있는 것이다. 나라마다 동등한 대표의 자격을 가지고 있으므로 어느 누구의 통제나 제지도 받지 않는다. 이렇듯 국제 사회는 정부와 같은 기능을 하는 조직체가 없다. 그래서 무정부적 속성을 가지고 있다고 한다. 그렇지만 국제 사회의 무정부 상태가 곧 혼돈과 무질서한 상태를 뜻하지는 않는다.

국제 사회의 질서를 잡게 하는 것은 무엇일까? 그것은 한마디로 힘이라고 말할 수 있다. 국제 사회에는 힘의 질서가 존재하며 힘의 질서를 중심으로 국제 정치가 이루어진다. 정글과도 같은 국제 사회에서는 어느 나라나 자국의 힘을 바탕으로 행동할 수밖에 없다. 무정부적 속성이 강한 국제 사회에서 외교와 정치는 곧 힘이다. 국가의 파워와 지정학적 요인이 국제 정치의 가장 중요한 변수이다. 물론 분쟁이 발생했을 경우, 이를 조정하고 통제할 국제법이 없는 것은 아니다. 하지만 모든 국가가 국제법을 지키는 것도 아니다. 국가의 힘이 막강할수록 국제법을 무시하는 경우가 더 많은 것이 국제 사회의 현실이다.

역설적 속성

국제 정치에서 두드러지는 또 하나의 속성은 바로 역설적이라는 것이다. 상식과 논리보다 역설적으로 파악하고 이해해야 상황 인식을 제대로 할 수 있는 경우가 많다. 인간이 집단을 이루고 국가를 만들어 온 것이 역사라면 국제 정치는 군사와 전쟁의 역사라고 할 수 있다. 앞서 보았듯 국가는 전쟁을 통해서 만들어지며 사라지기도 하고 막강해지기도 한다. 국가가 강력해야 국민의 생명과 자유 그리고 평화가 보장된다.

지구촌의 국가와 국민 대부분은 평화를 바란다. 누구나 전쟁 자체를 목적으로 싸움을 시작하지는 않는다. 그렇다면 이웃 국가로부터 위협을 받지 않고 평화를 누리려면 무엇부터 해야 할까? 우선 튼튼한 국방을 유지해야 하고 전쟁에 대비해야 한다. 입으로만 외치는 평화는 무의미하다. 상대방의 무자비한 무력 앞에서 빈손으로 평화 시위를 벌이는 꼴이니 말이다. 결국 허약하고 비굴한 평화는 항복, 굴종을 뜻한다.

'그대 평화를 바라거든, 전쟁을 준비하라(Si vis pacem, para bellum.).'[19]

이 표현은 우리에게 잘 알려진 평화에 관한 라틴어 문구다. 바라는 것은 평화인데 준비해야 할 것은 전쟁이다? 무척 역설적이다. 국가 안보와 국제 전략은 이러한 역설이 적용되는 대표적인 영역인 것이다.

최근 대한민국에서도 방위 산업이 발달하여 무기 제조 및 수출이 활발하다. 한국산 무기는 성능이 좋고 경쟁력과 무기 호환성이 뛰어나며 가성비가 좋다고 평가받는다. 경제성이 높다고 한다. 고도의 성능을 가진 전투기는 주로 미국을 비롯한 군수산업의 강국에서 들여온다. 그러므로 국산 무기와 미국산 무기로 구성된 한국군의 방위력은 막강하다.

국가는 왜 엄청난 비용을 들여서 고도의 무기를 만들고 사들이고 배치하려고 할까?[20] 때로는 신문이나 방송에서 패트리엇과 사드와 같은 미사일 가격이 너무 비싸다는 보도를 볼 수 있다. 1조 원이 넘으니까 말이다. 북한의 대륙간 탄도미사일이나 ICBM은 기껏해야 36억~360억 원짜리이다. 이런 중·장거리 미사일을 쏘아 떨어뜨리려고 이루 말할 수 없이 큰돈을 들여서 사온 고도의 방어 무기를 사용하는 것이 과연 현명한 일일까? 이런 문제에는 두 가지 방안이 있다. 하나의 방안은 공격용 무기의 가격과 비슷한 가격의 방어용 무기를 들여오는 것이다. 다른 방안은 공격용 무기로 입게 될 피해액에 버금갈 가격의 방어용 무기를 들여오는 것이다. 우리는 어떤 방안을 선택해야 할까? 공격용 무기가 가격만큼 피해를 입힌다면, 우리는 첫째 방안을 선택해야 한다. 그런데 공격용 무기로 입을 피해가 무기 가격보다 훨씬 크다면 어떻게 해야 할까? 예를 들어, 36억~360억 원짜리의 중·장거리 미사일이 도심에 떨어진다고 가정한다면 피해액의 규모는 하늘 높은 줄 모를 것이다. 우리는 어떤 가격의 방어용 무기를 들여오는 것이 현명할까?

우리는 여기에서 국가의 역할이 무엇인지 되물어야 한다. 국가는 국민의 생명과 재산을 보호해야 한다. 따라서 어떤 경우에도 국민이 입을 피해를 최소한으로 줄일 수 있는 방법을 찾아야 한다. 국민의 생명과 재산의 가치는 돈으로 계산할 수 없다. 돈으로 계산할 수 없는 가치를 보호하려면 국가는 힘이 닿는 데까지 무슨 일이든지 다 해야 한다. 따라서 국가는 저렴한 방어용 무기로 충분하지 않다면 고가의 비용을 지불하고서라도 최상의 방어용 무기를 들여와야 하지 않겠는가? 예산이 있다면 말이다. 그렇게 비싼 무기를 들여다 놓고서도 우리는 그 무기를 쓸 기회가 오지 않기를 바란다. 고가의 그 무기가 무기고에서 자리를 차지하고 있다가 성능이 더 우수한 무기로 세대 교체되는 것이 가장 바람직한 일이다. 전쟁이 일어나면 어쩔 수 없이 사용하기는 해야 하지만 말이다.

전쟁과 평화의 역설이 바로 여기에 있다. 막강한 군사력을 갖추어 언제나 전쟁에 대비하고 있으면 상대방이 쉽사리 침공하지 못한다. 막대한 비용을 지불한 방어용 무기를 배치하면 상대방이 공격용 미사일을 마음대로 쏠 수 없다. 전쟁 '억제(deterrence)'의 효과가 바로 이것이다. 고도 성능의 비싼 무기를 들여올수록 그 무기를 쓸 기회는 줄어든다. 막강한 군사력으로 전쟁에 대비했기에 얻을 수 있는 대가가 바로 평화인 셈이다. 평화는 강력한 힘을 통해서만 얻을 수 있다는 사실을 다시 한 번 되새겨야 할 것이다.[21]

그렇다면 평화란 과연 무엇인가? 전쟁이 없는 상태를 평화라고 할 수 있을까? 단지 전쟁이 없는 상황이 평화라면 평화를 얻기 위해서 전쟁을 포기하면 된다. 항복하면 목숨은 구할 수 있다. 항복으로 얻는 굴종의 평화를 우리는 평화라고 하지 않는다. 그것은 노예의 평화일 뿐이다.

전쟁이 없는 상태는 평화의 필요조건일 뿐 충분조건이 아니다. 평화의 충분조건은 주권과 국민의 생명, 재산과 자유를 지키는 것이다. 주권과 국민의 재산 및 자유를 지키려면 전쟁을 마다하지 않아야 한다. 전쟁을 하면 반드시 이겨야 평화를 얻을 수 있다.

대한제국의 고종은 대신들을 시켜서 주권을 일본 제국에 이양했다. 당시에 조선 반도에서 대규모 저항이나 반란도 없었고 전쟁의 기미도 없었다. 분노와 억울함을 참지 못해 자결한 양반 관료 몇 명이 있었을 뿐이다. 우리는 주권을 잃고 일본의 식민지로 굴종의 35년을 지내야 했다. 이 시기를 평화의 시기라고 할 수 있을까? 그럴 수 없다. 국민이 주권을 잃고 자유와 재산권을 누릴 수 없다면, 그것은 총성이 없더라도 평화가 아니다.

국가는 전쟁을 치러 나가면서 힘과 사회 제도를 굳건하게 하고 조직화된다. 때로는 '더 좋은 평화'를 얻기 위해서 전쟁을 마다하지 않는 경우도 있다. 한평생 전쟁사를 연구한 영국의 저명한 군사학자이자 역사학자인 마이클 하워드 교수[22]는 "전쟁은 피할 수 없는 악이다. 그러나 무력의 사용을 포기한 자는 그렇게 하지 않은 자의 손아귀 속에 자신의 운명이 맡겨져 있음을 알게 될 것이다."[23]라고 했다.

인류 역사에 8,000여 개의 평화 조약이 있었다고 하는데, 유지 기간은 평균 2년에 지나지 않았다는 조사 결과가 있다. 그 기간이 지나자 평화 조약은 무의미해지고 전쟁이 일어났다. 영토에 대한 욕심이 있는 국가는 평화 조약의 2년 동안 무기 생산과 군사 훈련 등 전쟁 준비를 착실히 해왔다는 사실이 역사적으로 증명된다. 제2차 세계대전 당시, 독일의 히틀러와 평화 조약을 맺고 드디어 평화가 왔다고 자랑스럽게 외치던 영국의 체임벌린(Chamberlain) 총리의 일화를 기억하자. 평화조약을 맺은 지 1년 만에 히틀러는 선전포고도 없이 폴란드를 침공했다. 유화정책을 주장하며 입으로만 외친 평화의 허상이 드러난 대표적인 사례가 되었다. 그 뒤 영국의 총리가 된 처칠은 국민을 독려하고[24] 전쟁에 뛰어들어 연합군의 승리를 일구어냈다. 전쟁에는 파괴와 폐허의 무섭고 두려운 상황이 연속되지만, 반면 전쟁에는 승리를 이룬 영광과 용기, 국가를 지켜낸 영예도 함께 존재한다.

국제 정치의 탄생 배경

나폴레옹 전쟁 뒤 근대 국민국가가 성립되는 1816년을 국제 정치의 시작점으로 여긴다. 이때부터 제1차 세계대전이 일어나기 전인 1914년까지, 유럽 대륙에서는 커다란 전쟁이 없는 비교적 평화로운 시기였다. 유럽 외교사에서 이 시기를 '외교의 황금 시대'라고 부른다. 그러나 제1차 세계대전이 일어나자 유럽은 전쟁의 불길에 휩싸였고 연합국과 동맹국으로 세계 질서는 두 개로 나뉘어졌다. 영토와 국경이 변화하고 제국이 분할 점령되었으며 제국의 승계 문제와 같은 복잡한 갈등 요소를 품은 채, 제1차 세계대전은 끝을 맺었다. 20세기 중반까지 패권을 지키던 대영제국은 미국에게 도움을 청했다. 마지못해 참전한 미국은 전쟁이 끝난 뒤, 다시 고립주의로 돌아가 국내 정치에 몰두했다. 하지만 '민주주의를 위하여' 제1차 세계대전에 참전했던 미국의 우드로 윌슨 대통령[25]에게는 전후 국제 질서에 대한 새로운 구상이 있었다. 그는 군축 협상을 이끌고, 세계 평화를 지킬 수 있는 국제연맹을 세우려고 하였다. 그러나 미국 의회는 윌슨의 구상에 반대하고 국제연맹 가입을 거부했다. 창설 주역인 미국이 빠지자 국제연맹은 활기를 잃고 유명무실해졌다. 그리고 불씨를 안고 있던 국제 사회에서는 30년 만에 제2차 세계대전의 불길이 치솟았다.

국제 정치의 태동

국제연맹이 유명무실해지자 독일과 일본이 독자적인 행보를 시작했다. 식민지 쟁탈전에 후발 주자로 뛰어들었던 것이다. 불씨를 안고 있던 유럽이 또다시 전쟁의 화마에 휩싸였다. 하지만 미국은 1930년대에 일어난 대공황의 여파로 국제 문제에 개입할 뜻이 없었다. 1941년에 하와이의 진주만 기지가 일본으로부터 기습 공격을 받고서야 미국은 본격적으로 전쟁에 뛰어들었다. 연합국이 제2차 세계대전에서 승리하자 미국은 제국주의 국가들이 지배했던 식민지를 독립시켰다. 미국은 대영제국처럼 식민지 지배를 통해서 국제 사회를 경영해본 경험이 없었다. 미국은 새로운 이론과 사상적 흐름을 만들어가며 국제 정치의 최전성기를 마련했다.

국제 정치 흐름의 압도적 패러다임 : 자유주의적 이상주의에서 현실주의로

제1차 세계대전이 끝나자 우드로 윌슨은 '민주주의'와 '민족자결주의'를 부르짖었다. 그는 대표적인 이상주의자였다. 전쟁 뒤 해결되지 않은 복잡한 국제 문제를 법과 규범 또는 외교적 협상을 통해서 해결하고 세계 평화의 기초를 다지려 했다. 제1차 세계대전이 끝나고 나서, 처음으로 나타난 국제 정치 이론의 사상적 흐름은 자유주의적 이상주의였다. 이상주의자들은 전 세계가 자유민주주의 국가로 바뀌면 전쟁 없는 평화의 시대가 온다고 믿었다. 자유주의자들은 지구촌의 모든 국가가 자유 무역을 하면 세계 평화가 이루어지리라고 확신했다. 자유주의가 무역 장벽을 낮추는 세계화의 원동력이 되었다.

그러나 이상주의 정책으로는 제2차 세계대전을 막을 수 없었다. 대영제국으로부터 세계 경영의 권리를 넘겨받은 미국에서 새로운 정치 사조가 생겨났는데 이것을 현실주의라고 한다. 현실주의 국제정치학에 철학적 기초를 건네준 철학자는 토마스 홉스다. 그는 자연 상태에서는 '만인에 대한 만인의 투쟁'이 일어난다고 하였다. 그런 자연 상태가 국제 사회를 바라보는 시각이 되었다. 홉스의 사상을 바탕으로 현실주의 사조는 국제 정치에 엄청난 영향력을 끼쳤다.

인간의 이성을 믿는 이상주의와 다르게 현실주의 국제 정치는 국가의 이익을 최우선으로 삼는다. 생존과 안보가 국가 목표의 으뜸이다. 권력 욕구를 인간의 본능으로 여기고 인간성이 착하다고 여기지 않는다. 국가 사이에는 본질적으로 법과 경찰이 없는 무정부 상태이고, 도덕성보다는 비도덕성으로 가득 차 있다고 본다. 특히 영토나 군비 또는 국제 무역과 관련된 문제에 대해서는 국가 지도자들의 속마음을 파악할 수 없다. 그래서 국제 사회에서는 힘을 키워서 스스로 지키는 방식이 최선이라고 믿는 것이다.

모든 국가의 정치 행위는 힘을 지키는(maintain the power) 일, 힘을 키우는(increase the power) 일, 힘을 보여주는(demonstrate the power) 일로 나타난다. 전쟁과 같은 극한 상황이 아닌 때는 이상주의 이론과 정책이 매력적으로 다가온다. 그러나 국가 사이에 긴장과 갈등 또는 생존의 위협이 넘쳐날 때는 이상주의 정책이 과연 얼마나 작동할는지 알 수 없다.

우리는 어떤 시각으로 대한민국의 국제 전략을 세워야 할까? 한반도 주변에는 우리를 둘러싸고 있는 강대국들이 많다. 지정학적으로 몹시 위험하고 불안전한 곳인 대한민국은 타고난 위치와 주소를 바꿀 수 없고 한반도를 뚝 떼어내 다른 곳으로 옮길 수도 없다. 보통 미국, 일본, 러시아, 중국을 세계 4대 강국으로 간주하는데 그 가운데 세 나라가 우리와 국경을 맞대거나 좁은 해협을 마주하고 있다. 태평양을 사이에 두고 멀리 떨어져 있는 강대국은 미국뿐이다. 더욱이 호전적인 공산전체주의 독재 국가들이 북쪽에서 늘 위협하고 으르렁거리고 있다. 우리의 국제 현실은 마치 홉스[26]의 자연 상태와 같아 보인다. 우리는 어떤 전략을 세워야 국가 생존을 꾸려나갈 수 있을까?

대한민국의 위상과 역할

우리나라는 제2차 세계대전이 끝나면서 일제의 식민지에서 해방되었다. 그 뒤 3년 간의 미 군정기를 거쳐서 1948년에 대한민국으로 건국되었다. 개인의 인권과 자유의 가치를 앞세운 나라를 건국하자 이승만은 초대 건국 대통령으로 국정 운영을 시작했다. 그러나 2년도 채 지나지 않아 북괴가 불법 남침하며 6·25전쟁을 일으켰다. 3년의 전쟁 동안 온 나라는 쑥대밭이 되었다. 유엔 기준으로 우리나라는 세계에서 최빈국이었다. 전쟁이 끝난 1953년에 1인당 국민 소득은 67달러였다. 전쟁의 위협에서 자유주의 국가로 국토를 지켜낸 건국 대통령 이승만의 국정 운영은 탁월했다. 국가 예산의 절반이 미국의 원조에 의존하고 있던 시절에도 문맹률 퇴치를 위한 국민 의무 교육에 예산의 20%를 쏟아부었다. 미래의 에너지 정책을 위해 원자력 산업의 첫 삽을 뜬 지도자이기도 하다.

국민은 보릿고개로 굶주림에 허덕였고 정치는 내분을 일삼으며 흔들리고 있었다. 좌익들은 호시탐탐 정권을 위협했다. 이승만 대통령의 하야 후 혼란 속에서 박정희 대통령은 제3공화국을 세웠다. 경제 5개년 계획을 짜고 경제 발전을 추진했다. 미·중 데탕트로 안보 상황이 불확실해지자, 1972년에 박정희 대통령은 유신 체제의 제4공화국을 세우고 중화학공업 육성과 자주 국방의 기치 아래 국정을 수행해 나갔다. 그 결과 1977년에 국민소득 1,000달러와 수출 100억 달러의 목표를 이루었다.

1980년대 전두환 대통령의 재임 기간에는 자유화, 개방화, 안정화의 국정 목표를 달성하였다. 국가 경제 규모가 크게 성장했고 외교의 폭도 아프리카와 남미로 확대되었다. 그 결과로 1988년 개최된 서울올림픽은 역사상 최대의 평화 축제가 되었다. 냉전과 이념의 갈등으로 그동안 1980년의 모스크바 대회, 1984년의 LA 대회는 반쪽짜리 올림픽 경기였다. 서울올림픽을 통해 전 세계인들은 물론, 특히 동유럽인들이 올림픽 중계의 TV 화면에서 한국의 발전상을 보고 무척 놀라워했다.

1990년대의 문민정부를 거친 뒤 친북적인 김대중 정부가 들어섰다. 김대중 정부는 대화와 포용을 주장하며, 국제정치학에 이론도 실제도 없는 '햇볕정책'을 내세웠다. 당시에 북한은 고난의 행군을 한다며 수백만 명이 굶어 죽고 있었다. 햇볕정책으로 북한에 막대한 자금이 흘러갔다. 북한 핵 개발에 대한 걱정이 일어나자, 김대중 대통령은 "북한은 핵을 개발할 의지도 없고 능력도 없다. 핵을 개발한다면, 내가 책임지겠다"라고까지 했다. 그러나 북한은 김대중 정권의 지원금[27]으로 핵을 개발했다. 북한의 핵무기는 현재 대한민국을 비롯한 전 세계의 안전을 위협하고 있다.

2000년대에 들어와 노무현 대통령은 북핵을 감싸는 발언을 쏟아냈다. 2004년 11월 15일에 남아메리카를 순방할 때, "북한은 체제 안전을 보장받으면 핵 개발을 포기할 것이며, 누구를 공격하거나 테러를 위해 핵 개발을 한다고 단정할 수 없다"라고 발표했다. 2005년 1월의 연두 기자회견에서는 "6자회담이 열릴 수 있는 조건은 성숙되었다고 생각한다"라고 발표했다. 그러자 한 달 뒤, 북한이 핵을 보유하고 있다고 선언하였다.

문재인 정권은 북한의 미사일 도발이 계속되어도 한결같이 입을 다물었다. 심지어 탄도미사일을 불상 발사체[28]라고 하면서, 국민의 귀와 눈을 가렸다. 국민의 생명과 안전은 아랑곳하지 않고 북핵 실험에 시간만 벌어주었다. 최근에 북한의 핵미사일 도발이 급증하고 있다. 김대중, 노무현, 문재인의 좌익 정권들이 쏟아놓은 핵 관련 발언들은 모두 거짓으로 드러났다. 그들의 대북 정책도 핵을 막는 데 1차적으로 목적을 두지 않았던 것이다.

우익 정권의 이명박 대통령은 4대강 사업 등 경제 분야 정책에서 성과를 냈고, 미국과 한층 깊은 관계를 맺으며 한미동맹을 튼튼히 했다. 박근혜 대통령은 김정은 참수 부대 창설과 같은 강력한 국방 정책을 추진하면서, 자유 통일을 대비하여 준비를 해나갔다. 그러나 대중국 정책에서 외교적 실책을 저질렀다. 중국이 대북한 압박을 해주리라 기대하고 중국의 전승절에 천안문에 올랐던 것이다. 이 사건은 동맹국인 미국의 분노와 의구심을 사기에 충분했다. 방중 뒤에는 전격적으로 사드 배치를 결정하고 강경 정책으로 노선을 바꾸었다.

대한민국은 국토 면적이 100,210km^2로 세계 107위, 인구는 2023년 1월 기준 5,143만 명으로 세계 27위이다. 저출산과 고령화가 빨라지고 있어, 2018년부터 인구는 차츰 줄어드는 흐름이다. 그렇지만 그동안 눈부신 경제적 성장을 이루어 세계를 놀라게 했다. 1960년대에는 아프리카 대륙의 가나와 비슷한 경제 구조와 산업 분포도를 가지고 있었다. 요즘도 마트에서 살 수 있는 L제과의 가나 초콜릿은 경제 구조와 수준이 비슷한 두 나라의 협력 작품이다. 당시에 원료인 코코넛을 가나에서 수입하기로 하고 가공하는 공장은 한국에 짓기로 했다. 가나 초콜릿은 현재까지 생산하고 있고 널리 판매되고 있다.

대한민국은 가장 가난한 처지에서 '한강의 기적'을 어떻게 만들어냈을까? 6·25전쟁이 끝나자 미국의 원조금으로 국가 재정 계획을 세웠다. 생필품 대부분이 원조 물자였던 시절에, 주요 수출품으로는 1차 산업 생산물인 쌀, 김, 생사(生絲), 돈모(豚毛) 등이었다. 한국 경제의 고도성장은 1960년대부터 시작되었다. 이승만 정권에서 마련해 놓은 3개년 경제개발계획을 수정하여 5·16혁명 후 박정희 정권은 반공과 경제 발전을 최우선 국정 과제로 삼았다. 정권 초기에는 경공업 중심으로 경제 개발 5개년 계획을 추진해 나갔다. 또한 수출 전략을 세우고 세계 시장에 뛰어들어 수출 무역에 힘을 쏟았다.

1970년대 초에 '새마을운동'을 펼치며, 국민의 내면에서 잠자고 있던 근면과 성실을 일깨웠다. '일하면서 싸우고, 싸우면서 일하자'라는 슬로건이 이를 잘 보여준다. 1960년대 말에 경부고속도로를 착공하고 포항제철을 건설하면서 산업 기반 시설을 갖추기 시작하였다. 1970년대에 들어서자, 중공업 중심의 경제 개발 5개년 계획을 세우고 야심차게 수행해 나갔다. 1974년 중동 건설 진출로 오일 달러를 벌어들이며 한국 경제의 규모는 점점 커져갔다.

1977년에는 1인당 GDP[29]가 1,000달러를 넘고, 수출도 100억 달러에 이르렀다. 1983년에는 1인당 GDP가 2,000달러를 넘었고, 그해 삼성은 세계에서 세 번째로 64KD 램 개발에 성공하여 반도체 산업의 기반을 마련했다. 수출 품목도 1980~1985년에는 의류, 철 강판, 신발, 선박이 주류였는데 1990년대에는 반도체, 영상 기기로 바뀌었다. GDP가 1만 달러를 넘고 1996년에 OECD[30]에 29번째의 가입국이 되었다. 중화학공업 비율이 80%를 넘은 2000년도에는 효자 수출품으로 반도체, 컴퓨터, 자동차가 꼽힌다. 김대중 정부 시절에 IMF 위기를 겪기도 했으나, 2012년에는 국민소득이 2만 달러를 넘었다. 2017년에는 국민소득 3만 달러 이상, 인구 5,000만 명의 국가들이 모인 3050클럽에, 세계 일곱 번째로 가입했다.

4차 산업 혁명 시대를 살아가고 있는 2000년대의 국가경쟁력을 살펴보자. 한국은 2020년을 전후해서 GDP 순위에서 세계 10위에 올라섰고, 국가경쟁력의 핵심 요소인 총 연구개발비에서 세계 5위에, 국내총생산 대비 연구개발비 비중은 세계 2위에 올랐다.[31] 한강의 기적은 이렇게 숨막힐 만큼 빠른 속도로 이루어졌다.

세계사적 위상과 문명사적 사명

대한민국은 빈곤과 전쟁을 뚫고 정치·경제·사회적 성공을 거두었다. 이제 우리나라는 세계사적으로 어떤 역할을 해야 하고, 국제 사회에서 이룩해야 할 역사적 사명은 과연 무엇인가?

영국은 산업혁명으로 해상력을 키워서 국제 무역을 장악했다. 그 힘으로 식민지를 경영하며 제2차 세계대전이 끝날 때까지 세계의 패권국[32] 지위를 지켰다. 국제 정세에 어두웠던 구한말의 고종은 유럽의 후진국이었던 러시아의 세력에 의존하여 권력을 유지하려고 애썼다. 그토록 어리석었기에 일본은 피 한 방울 흘리지 않고 대한제국을 접수할 수 있었다. 35년 동안의 식민지 경험은 제2차 세계대전에서 일본이 패망하면서 막을 내렸다.

탁월한 국제 정치 감각과 식견을 가진 초인적인 이승만, 그는 1948년 8월 15일에 자유와 개인의 가치를 앞세운 대한민국을 건국했다. 그때 동유럽을 무대로 만들어진 구소련 중심의 공산주의 세력이 거센 물결을 일으키며 한반도로 몰려들었다. 소련의 스탈린과 중공의 마오쩌둥의 허락을 받고 김일성은 6·25전쟁을 일으켰다. 6·25전쟁은 냉전 시대에 역사상 최초로 자유민주주의와 공산전체주의가 맞붙었던 세계적인 대리 전쟁(proxy war) 사건이었다. 세계 7대 전쟁의 하나로 기록될 만큼 인명 패해도 엄청난 참혹한 전쟁이다.

오른쪽의 유라시아 지도에서 보듯이 대한민국은 거대한 붉은 세력의 끝자락에 불안하게 달려있는 형국이다. 이를 보면 국가[33]의 생존이 걸린 반공이 늘 제1의 국가 목표이자 최대의 국익이었다는 것을 알 수 있다. 전쟁의 위협을 받으면서도 성장과 발전을 이룩한 대한민국은 세계사에서 기념비적인 국가다. 많은 식민지가 제2차 세계대전이 끝나면서 신생 독립국으로 다시 태어났다. 하지만 그 가운데 경제적인 성공과 정치적인 민주화를 함께 이룬 나라는 대한민국

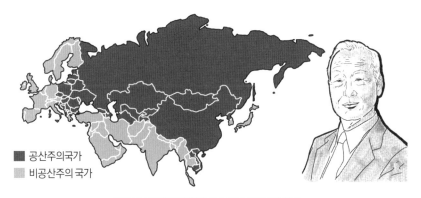

그림27 제2차 세계대전 이후 공산화된 유라시아

이 유일하다. 유엔군이 우리의 자유를 지켜주었고 한미동맹으로 국방 안보가 굳건해진 덕분에, 우리는 경제 발전에 온 힘을 기울일 수 있었다. 자유민주주의의 최전선에서 승리의 깃발을 높이 들고 앞서 나가는 대한민국의 기수 역할은 아직도 진행형이다.

성장과 번영을 일구어낸 대한민국이 국제 사회[34]에서 해야 할 구체적인 역할은 무엇일까? 크게 보아 두 가지다. 하나는 자유민주주의가 세계사적인 최종 승리를 하도록 이끄는 일이다. 미·중 패권 대결로 동북아에서부터 새로운 냉전이 시작되고 있다. 새로운 냉전은 미국과 중국만의 문제가 아니다. 이것은 자유민주주의와 디지털 전체주의의 문명 전쟁인 셈이다. 둘째로 전 세계의 빈곤국들에게 경제 발전의 노하우를 알려주는 일이다. 우리가 가장 가난한 국가에서 세계 10대 강대국으로 올라서자 온 세계의 가난한 국가들이 희망을 품게되었다. 가난을 운명처럼 여기던 아프리카, 동남아시아, 그리고 남아메리카 사람들이 대한민국처럼 되고 싶어 한다. 이들에게 성공의 복음을 전해주고 가난에서 벗어날 방법을 알려주어야 할 사명이 있다.

자유민주주의는 미국과 영국이 만들어낸 정치 문명이다. 제1차 세계대전은 본질적으로 자유민주주의와 전제군주제의 대결이었고, 제2차 세계대전은 본질적으로 자유민주주의와 전제군주제의 대결이었고, 제2차 세계대전 뒤에 미·소 대결로 시작된 세계 냉전은 명실상부하게 자유민주주의와 공산전체주의의 맞대결이었다. 자유민주주의는 이제 마지막 결전을 앞두고 있다. 데탕트와 세계화의 최대 수혜자인 공산 중국이 세계인들의 기대를 짓밟고, 디지털 전체주의의 문명 건설에 열을 올리고 있다. 그리고 세계 패권을 잡겠다고 자유민주주의 문명에 정면으로 도전장을 내밀었다. 최후의 결전장에서, 대한민국은 최전방에 위치해 있는 셈이다. 우리는 공산 중국과 서해를 통해서 마주보고 있다. 한미동맹을 강화하고 한미일 공조시스템을 굳건히 하며 쿼드(QUAD)와 어커스(AUKUS)에 가입하여 집단방위력을 막강하게 만들어야 한다.

새로운 냉전은 20세기의 냉전과 전개 양상이 크게 다를 것이다. 예전에는 국경[35]을 닫아놓고 군사적으로 대결했다. 하지만 지금은 국경을 열어놓고 시장을 공유하면서 대결과 공조를 병행하고 있다. 따라서 새로운 냉전의 수행 방식도 복선적이고 복합적일 수밖에 없다. 경제와 문화의 공조, 정치와 군사의 대결이라는 복잡한 과정이 오래도록 이어질 것이다. 우리는 새로운 냉전이 열전으로 번지지 않도록 관리하면서, 새로운 냉전도 예전의 냉전처럼 연착륙할 수 있도록 온힘을 기울여야 한다. 새로운 냉전이 연착륙하여 국제 관계와 환경이 무르익을 때 우리의 꿈인 통일도 이루어질 것이다.

우리나라는 오래 전부터 코이카(KOICA) 사업으로 후진국들을 돕고 있다. 이제 정부 차원뿐만 아니라 기업 차원이나 시민단체 차원에서도 개발도상국을 도와야 한다. 우선적으로 6·25 때 우리를 지원했던 참전국들을 먼저 도와야 한다. 병력 지원 16개국, 의료 지원 6개국, 기타 지원 38개국 가운데 후진국과 개발도상국들에게 특별히 우리의 경제 발전 노하우를 전수해주어야 한다. 그들의 산업 역군들을 초청해서 산업 연수를 받게 하고, 유학생들도 많이 받아들여 한국과 네트워크를 넓고 깊게 쌓도록 해야주어야 한다. 일정한 요건만 갖춘다면 정착할 수 있는 방안도 마련하자. 그러면 우리의 저출산 고령화 문제를 푸는 데도 도움이 될 수 있다.

점차 경제 발전 노하우를 전 세계의 개발도상국들에게도 전수해나간다면 세계의 빈곤 문제를 해결하는 데 큰 역할을 할 수 있을 것이다. 물론 경제 문제뿐만 아니다. 우리는 귀중한 문화 자산을 많이 갖고 있다. 그 가운데 가장 우수한 자산이 한글이다. 세계에 문자 없는 언어가 수천 개가 있다. 문자 없는 언어를 쓰고 있는 곳에 한글을 보급한다면, 세계의 언어 유산을 지키는 데 얼마나 큰 공헌이 되겠는가? 동티모르에 한글을 보급했을 때의 감동은 아직도 잊을 수 없다. 정부 주도로 할 수 없는 만큼 민간 차원에서 활동해야 큰 효과를 볼 수 있을 것이다. 우리가 무지했을 때, 프랑스에서 신부들이 들어오고 미국에서 선교사들이 들어왔다. 그들은 우리가 눈을 뜨도록 일생을 바쳐 희생하며 헌신했다. 우리는 그들의 덕분에 개화될 수 있었고 마침내 크게 성공했다. 우리도 이들처럼 개발도상국에 가서 현지에서 그들이 개화되도록 봉사해야 할 때가 되었다.

부록

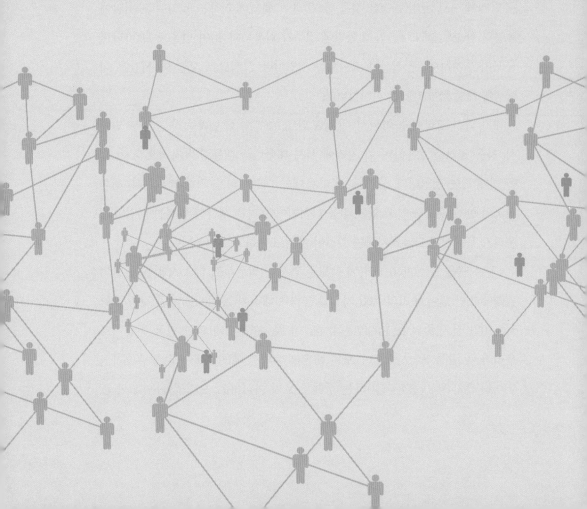

1. "새 국가를 만년 반석 위에 세우자"
[초대 이승만 대통령의 건국 기념사(1948년 8월 15일)]

外國(외국) 貴賓(귀빈) 諸氏(제씨)와 나의 사랑하는 동포 여러분.

8월 15일 오늘에 거행하는 式(식)은 우리의 해방을 기념하는 동시에 우리 民國(민국)이 새로 誕生(탄생)한 것을 兼(겸)하여 慶祝(경축)하는 것입니다. 이날에 동양의 한 古代國(고대국)인 대한민국 정부가 회복되어 40여 년을 두고 바라며 꿈꾸며 투쟁하여 온 결실이 표현되는 것입니다. 그러므로 오늘 이 시간은 내 평생에 제일 緊重(긴중)한 시기입니다.

내가 다시 고국에 돌아와서 내 동포의 自治(자치) 自主(자주)하는 정부 밑에서, 자유 공기를 호흡하며 이 자리에 서서 대한민국 대통령의 자격으로 이 말을 하게 되는 것입니다. 그러나 내 마음에는 대통령의 존귀한 지위보다, 대한민국의 한 公僕(공복)인 職責(직책)을 다하기에 두려운 생각이 앞서는 터입니다. 우리가 목적지에 도달하기에는 앞길이 아직도 험하고 어렵습니다.

4천여 년을 自治(자치) 自主(자주)해온 역사는 막론하고 世人(세인)들이 남의 宣傳(선전)만 믿어 우리의 독립 자치할 능력에 대하여 疑問(의문)하던 것을 금년 5월 10일 전 민족의 民主的(민주적) 自決主義(자결주의)에 의한 전국 총선거로 우리가 다 淸掃(청소)시켰으며, 모든 妨害(방해)와 支障(지장)을 一時惡感(일시 악감)이나 落心(낙심) 哀乞(애걸)하는 상태를 보지 아니하고, 오직 忍耐(인내)와 正

當(정당)한 행동으로 극복하여 온 것이니, 우리는 이 태도로 連續(연속) 進行(진행)하므로 앞에 많은 支障(지장)을 또 일일히 이겨나갈 것입니다.

조금도 우려하거나 退縮(퇴축: 움츠리고 물러남)할 것도 없고 昨日(작일:지난날의 일)을 痛忿(통분: 아파하고 화냄)히 여기거나 오늘을 기뻐하지만 말고 내일을 위해서 노력해야 될 것입니다. 우리가 앞에 할 일은 우리의 애국심과 노력으로 우리 민국을 반석같은 기초에 둘 것이니, 이에 대하여 공헌과 희생을 많이 한 男女(남녀)는 더 큰 희생과 더 굳은 결심을 가져야 될 것이오, 더욱 굳센 마음과 힘을 다하여 다만 우리의 평화와 안전뿐 아니라 온 인류의 안전과 평화를 위해서 힘써야 될 것입니다. 이 建國(건국) 基礎(기초)에 要素(요소)될 만한 몇 조건을 간단히 말하려 하니

1. 民主主義(민주주의)를 全的(전적)으로 믿어야 될 것입니다.

우리 국민 중에 혹은 독재 제도가 아니면 이 어려운 시기에 나갈 길이 없는 줄 생각하며 또 혹은 공산분자의 파괴적 운동에 중대한 문제를 해결할 만한 지혜와 능력이 없다는 觀察(관찰)로 독재권이 아니면 方式(방식)이 없다고 생각하는 이도 있으나 이것은 우리가 다 遺憾(유감)으로 생각하는 것입니다.

目下(목하)에 사소한 障碍(장애)로 因緣(인연)해서 永久(영구)한 福利(복리)를 줄 민주주의의 方針(방침)을 無效(무효)하게 만드는 것은 우리가 결코 허락지 않을 것입니다. 獨裁主義(독재주의)가 自由(자유)와 振興(진흥: 떨치어 일어남)을 가져오지 못하는 것은 역사에 증명된 것입니다.

민주 제도가 어렵기도 하고 또한 더디기도 한 것이지만 義(의)로운 것이 終末(종말)에는 惡(악)을 이기는 理致(이치)를 우리는 믿어야 할 것입니다. 민주 제도는 세계 우방들이 다 믿는 바요, 우리 親友(친우)들이 전제 정치와 싸웠고 또

싸우는 중입니다. 세계의 眼目(안목)이 우리를 들여다보며 역사에 거울을 채용하기로 30년 전부터 결정하고 실행하여 온 것을 또 간단없이 실천해야 될 것입니다. 이 제도로 성립된 정부만이 인민의 자유를 보장하는 정부입니다.

2. 民權(민권)과 個人(개인) 自由(자유)를 보호할 것입니다.

民主政體(민주정체)의 要素(요소)는 개인의 根本的(근본적) 자유를 보호하는 것입니다. 국민이나 정부는 항상 주의해서 개인의 언론과 집회와 종교와 사상 등 자유를 극력 보호해야 될 것입니다. 우리가 40여 년 동안을 왜적의 손에 모든 학대를 받아서 다만 말과 행동뿐 아니라 생각까지도 자유로 하지 못하게 되었던 것입니다.

그러나 이것은 우리 민족이 절대로 싸워온 것입니다. 우리는 개인 자유 활동과 자유판단권을 위해서 쉬지 않고 싸워 온 것입니다. 우리를 壓迫(압박)하는 사람들은 由來(유래)로 저의 나라의 專制政治(전제정치)를 고집하였으므로, 우리의 民主主義(민주주의)를 主張(주장)하는 마음이 더욱 굳어져서 속으로 민주 제도를 배워, 우리끼리 진행하는 사회나 정치상 모든 일에는 서양민주국에서의 방식을 模範(모범)하여 自來(자래)로 우리의 共和(공화)적 사상과 습관을 慇懃(은근)히 발전하여 왔으므로, 우리의 민주주의는 실로 뿌리가 깊이 박혔던 것입니다. 共和主義(공화주의)가 30년 동안에 뿌리를 깊이 박고 지금 結實(결실)이 되는 것이므로 굳게 서 있을 것을 믿습니다.

3. 자유의 뜻을 바로알고 尊崇(존숭)히 하며 限度(한도) 내에서 행해야 할 것입니다.

어떤 나라이든지 자유를 사랑하는 知識階級(지식 계급)에 進步的(진보적) 思想(사상)을 가진 청년들이 정부에서 계단을 밟아 진행하는 일을 批評(비평)하는 弊端(폐단)이 종종 있는 터입니다. 이런 사람들의 언론과 행실을 듣고 보는 이들이 過度(과도)히 責望(책망)해서 위험분자라 혹은 파괴자라고 판단하기 쉽습니다.

그러나 思想(사상)의 자유는 민주국가의 기본적 요소임으로 자유 권리를 사용하여 남과 對峙(대치)되는 意思(의사)를 발표하는 사람들을 包容(포용)해야 할 것입니다. 만일 그렇지 못해서 이런 사람들을 彈壓(탄압)한다면 이것은 남의 思想(사상)을 尊重(존중)히 하며 남의 理論(이론)을 察考(찰고: 살펴보고 관찰함)하는 원칙에 違反(위반)일 것입니다. 그러므로 是非(시비)와 善惡(선악)이 항상 싸우는 이 세상에 우리는 의로운 자가 不義(불의)를 항상 이기는 법을 확실히 믿어서 흔들리지 말아야 될 것입니다.

4. 서로 理解(이해)하며 協議(협의)하는 것이 우리 정부의 國鍵(국건)이 되어야 할 것입니다.

우리가 새 國家(국가)를 建設(건설)한 이 때에 政府(정부)가 안에서는 鞏固(공고)히 하며 밖에서는 威信(위신)이 있게 하기에 제일 필요한 것은 이 정부를 국민이 자기들을 위해서 자기들 손으로 세운 자기들의 정부임을 깊이 覺悟(각오)해야 될 것입니다.

이 정부의 법적 조직은 外國(외국) 軍士(군사)가 방해하는 지역 외에는 全國(전국)에서 공동으로 擧行(거행)한 總選擧(총선거)로 된 것이니 이 정부는 國會(국회)에서 충분히 討議(토의)하고 制定(제정)한 憲法(헌법)으로써 모든 권리를 확보한 것입니다. 그러므로 지금부터는 우리 一般 市民(일반 시민)은 누구나 다 일체로 投票(투표)할 권리와 參政(참정)할 권리를 가진 것입니다.

일반 국민은 누구를 물론하고 이 정부에서 頒布(반포)되는 法令(법령)을 다

복종할 것이며 충성스러이 받들어야만 될 것입니다. 국민은 民權(민권)의 자유를 보호할 擔保(담보)를 가졌으나 이 정부에 不服(불복)하거나 飜覆(번복: 이리저리 뒤집힘)하려는 권리는 허락한 일이 없나니, 어떤 不忠(불충)분자가 있다면 共産分子(공산분자) 與否(여부)를 물론하고 혹은 個人(개인)으로나 徒黨(도당)으로나 정부를 顚覆(전복)하려는 사실이 證明(증명)되는 때에는 결코 容恕(용서)가 없을 것이니, 극히 注意(주의)해야 할 것입니다. 민주주의가 인민의 자유 권리와 참정권을 다 허락하되, 불량분자들이 국민 자유라는 구실을 이용해서 정부를 전복하려는 것을 허락하는 나라는 없는 것이니 누구나 다 이것을 밝히 알아 조심해야 될 것입니다.

5. 정부서 가장 專力(전력)하려는 바는 도시에서나 농촌에서나 노동하며 고생하는 동포들의 生活(생활) 程度(정도)를 改良(개량)하기에 있는 것입니다.

旣往(기왕)에는 정부나 사회에 가장 귀중히 여기는 것은 兩班(양반)들의 생활을 爲(위)했던 것입니다. 지금부터는 이 思想(사상)을 다 버리고 새 主義(주의)로 모든 사람의 均一(균일)한 기회와 권리를 주장하며 개인의 신분을 존중히 하며 勞動(노동)을 우대하여 법률 앞에는 同等(동등)으로 보호할 것입니다. 이것이 곧 이 정부의 決心(결심)이므로 전에는 자기들의 형편을 개량할 수 없던 농민과 노동자들에게 특별히 주의하려는 것입니다.

또 이 정부의 결심하는 바는 國際(국제) 通商(통상)과 공업 발전을 우리나라의 필요를 따라 발전시킬 것입니다. 우리가 우리 민족의 생활 정도를 상당히 향상시키려면 모든 공업에 발전을 하게 하여 우리 농장과 공장 所出(소출)을 외국에 수출하고 우리가 우리의 없는 물건은 수입해야 될 것입니다. 그런 즉 공장과 상업과 노동은 서로 떠날 수 없이 함께 竝行不悖(병행불패: 두 가지 일을 한꺼번에 치러도 사리에 어긋남이 없음)해야만 될 것입니다.

경영주들은 노동자를 이용만 하지 못할 것이요, 노동자는 자본가를 해롭게 못할 것입니다. 공산당의 주의는 계급과 계급 사이에 衝突(충돌)을 붙이며 단체와 단체 간에 紛爭(분쟁)을 붙여서 서로 미워하며 謀害(모해)를 일삼는 것이나 우리의 가장 주장하는 바는 계급 전쟁을 피하여 전민족의 同和(동화)를 도모하나니 우리의 同和(동화)와 團體性(단체성)은 우리 앞에 달린 國旗(국기)가 증명하는 것입니다. 上古(상고)적부터 太極(태극)이 천지 만물에 融合(융합)되는 理致(이치)를 表明(표명)한 것이므로 이 이치를 실행하기에 가장 노력할 것입니다.

6. 우리가 가장 필요를 느끼는 것은 經濟的(경제적) 援助(원조)입니다.

과연 旣往(기왕)에는 외국에 원조를 받는 것이 받는 나라에 위험스러운 것을 각오하지 않을 수 없었던 것입니다. 그럼으로 우리가 언제든지 무조건하고 請求(청구)하는 것은 불가한 줄로 아는 바입니다. 그러나 지금 와서는 이 세계 大勢(대세)가 변해서 각 나라 간에 大小强弱(대소강약)을 물론하고 서로 의지해야 살게 되는 것과 전쟁과 평화에 화복안위(禍福安危)를 같이 당하는 理致(이치)를 다 깨닫게 됨으로, 어떤 작은 나라의 自由(자유)와 健全(건전)이 모든 큰 나라들에 동일히 關心(관심)하게 되는 것입니다.

연합국과 모든 그 민족들이 개별적으로나 단체적으로나 기왕에 밝혀 표시하였고 앞으로도 계속하여 발표할 것은 이 세계에 대부분이 민주적 자유를 누리게 하기로 결심할 것입니다. 그럼으로 그 우방들이 우리에게 많은 도움을 주는 것이며 또 계속해서 도움을 줄 것이니 결코 私慾(사욕)이나 제국주의적 要望(요망: 어떠한 일이나 대상을 절실하게 여겨 원하거나 바라는 것)이 없고 오직 세계 평화와 親善(친선)을 증진할 목적으로 되는 것이므로 다른 관심이 조금도 없을 것입니다.

오늘 미군정은 끝나며 대한 정부가 시작되는 이 날에 모든 미국인과 모든 韓人(한인) 사이에 친선을 한층 더 새롭게 하는 것이 필요합니다. 우리가 우리 자유를 회복하는 것은, 첫째로 미국이 일본에 강권을 타도하기 위하여 우리나라에 있던 적군을 밀어내었고, 지금은 자발적으로 우리에 독립을 회복하기에 도우는 것이니 우리 토지의 一尺一寸(일척일촌)이나 우리 재정의 分錢(분전)이라도 원하는 것이 없는 것입니다. 미국은 과연 정의와 인도의 주의로 그 나라의 토대를 삼고, 이것을 실천하는 증거가 이에 또 다시 표명되는 것입니다.

모든 직원이 일을 계속 진행하기를 바라며 부득이 개선할 경우가 있더라도 國事(국사)에 順調(순조)進行(진행)을 위해서 끝까지 技能(기능)과 誠心(성심)을 다하여 애국심에 책임을 다하기 바라는 것입니다. 미국 군인이 점령한 동안에 軍政(군정)이나 民政(민정)에 使役(사역)한 미국 친우들이 우리에게 同情(동정)하며 인내하여 많은 諒解(양해)로 노력해 준 것은 우리가 또 깊이 감사하는 바입니다.

또다시 설명코자 하는 바는 미 점령군에 사령장관이요 인도자인 하지 중장에 모든 성공을 致賀(치하)하는 동시에 우리는 그 분을 용감한 군인일 뿐 아니라 우리 한인들의 참된 친우임을 다시금 인정하는 바입니다. 이 새로 건설되는 대한민주국이 세계 모든 나라 중에 우리의 좋은 친구되는 나라가 많은 것을 큰 행복으로 여기는 것입니다.

우리 정부의 主義(주의)하는 바는 기왕에 親近(친근)이 지내던 나라와는 더욱 친선을 도모하는 것이요, 기왕에 교제없던 나라들도 친밀한 교제를 열기로 힘쓸 것입니다. 미국과 우리 관계가 더욱 밀접해지는 것을 기뻐하는 것입니다. 中韓(중한) 양국은 自古(자고)로 友誼(우의)가 자별했던 바인데, 이번에 또다시 중국 정부에서 특별 厚意(후의)를 표한 것은 금월 12일에 한국 정부를 臨時(임시) 承認(승인)으로 公布(공포)한 것입니다. 따라서 우리가 親信(친신: 가까이 여겨 신임함)하며 좋은 親友(친우)로 아는 劉馭萬(유어만) 공사(公使)가 대사로 승진케 된 것을 우리는 더욱 기뻐하는 바입니다. 지금 유 박사를 중화민국 대사 자격으로 이 자리에서 환영하게 된 것입니다.

지금 태평양에 새 민주국인 비율빈(比律賓: 필리핀)과 정의상통(情誼相通: 따뜻한 마음과 뜻이 서로 통하여 친함)이 더욱 밀접한 것을 기뻐하는 바입니다. 이때에 유엔위원단장으로 이에 참석하신 이가 비율빈민국의 대표로 된 것이 또한 우연한 일이 아닙니다.

비율빈 사람들이 우리와 같은 아세아 민족일 뿐 外(외)에 또한 일본의 침략에 毒害(독해)를 많이 당했고 또한 友誼的(우의적) 援助(원조)로 자유를 회복하게 된 것이 우리와 自然(자연)한 同感(동감)을 가지게 될 것입니다. 국제연합에 회원된 나라들을 일일이 다 지명하여 말할 수는 없으나, 이 모든 나라가 우리에게 많은 동정을 표하였으며 작년 11월 14일에 한국을 위하여 통과한 결의로 우리의 독립 문제를 해결하게 한 것을 감사히 여기는 중, 더욱이 임시위원단에 대표를 派送(파송)한 그 나라들이 민주적 총선거를 자유로 거행하는데 도와주어서 이 정부가 생기게 한 것을 특별히 하는 바입니다.

이 앞으로 유엔총회가 파리에서 열릴 때에 우리 承認(승인) 문제에 다 同心(동심) 협조하여 이만치 성공된 대사업을 완수케 하기를 바라며 믿습니다.

우리 전국이 기뻐하는 이날에 우리가 北便(북편: 북쪽 편)을 돌아보고 悲感(비감)한 생각을 금하기 어렵습니다. 거의 1천만 우리 동포가 우리와 民國(민국) 건설에 같이 진행하기를 남북이 다 원하였으나 유엔대표단을 소련군이 막아 못하게 된 것이니 우리는 장차 소련 사람들에게 正當(정당)한 措處(조처)를 요구할 것이요, 다음에는 세계 대중의 양심에 호소하리니 아무리 강한 나라이라도 약한 이웃에 疆土(강토)를 無斷(무단)히 점령케 하기를 허락한다면 종차는 세계의 평화를 유지케 할 나라가 없을 것입니다.

기왕에도 말한 바이지마는 소련이 우리에 접근한 이웃임으로 우리는 그 나라로 더불어 평화와 친선을 유지하려는 터입니다. 그 나라의 자유로 사는 것을 우리가 원하는 이만치 우리가 자유로 사는 것을 그 나라도 또한 원할 것입니다. 언제든지 우리에 이 원하는 바를 그 나라도 원한다면 우리 민국은 세계 모든 자유국과 친선히 지내는 것과 같이 소련과도 친선한 우의를 다시 교환키에 노력할 것입니다.

결론으로 오늘에 지나간 역사는 마치고 새 역사가 시작되어 세계 모든 정부 중에 우리 새정부가 다시 나서게 됨으로 우리는 남에게 배울 것도 많고 도움을 받을 것도 많습니다. 모든 자유 우방들에 厚誼(후의: 서로 사귀어 두터워진 정)와 도움이 아니면 우리의 문제는 해결키 어려울 것입니다. 이 우방들이 이미 표시한 바와 같이 앞에도 계속할 것을 우리는 길이 믿는 바이며 동시에 가장 중대한 바는 일반 국민의 충성과 책임심과 굳센 결심입니다. 이것을 신뢰하는 우리로는 모든 어려운 일에 주저하지 않고 이 문제를 해결하며 장애를 극복하여 이 정부가 대한민국에 처음으로 서서 끝까지 변함이 없이 民主主義(민주주의)에 模範的(모범적) 정부임을 세계에 표명되도록 매진할 것을 우리는 이에 宣言(선언)합니다.

대한민국 30년 8월 15일
대한민국 대통령 이승만

2. 대통령에 대한 이야기

우리나라에서 대통령의 말로는 비참하다. 마치 망국의 길로 접어들게 했던 조선 왕조의 당파 싸움과 그로 빚어진 피어린 사화를 보는 듯하다. 비록 정치적으로 대결하더라도 상대의 공로와 과실은 차갑게 평가해야 하는데 그렇지 않아 안타깝기만 하다. 예전의 당파 싸움처럼 지금의 진영 싸움도 상대의 공(功)은 제쳐두고 상대의 과(過)만 붙잡고 깎아내리기에 바쁘다. 정권이 바뀌면 전 정부에서 해오던 정책들을 무조건 폐기하고 만다. 정책들의 긍정 효과와 필요성은 확인해보지도 않는다. 전 정권의 사람들은 있는 죄 없는 죄 샅샅이 털어서 구속을 시키고 아예 악인(惡人)으로 만들기 일쑤다. 역사의 무덤 속에 묻어두려는 듯 저주의 대상으로 만들기까지 한다. '적폐 세력'이라는 말로 상대를 청산의 대상으로 삼고, 스스로는 정의 세력으로 자부한다. 선악의 이분법으로 편가르기를 해대며 국민을 어리둥절하게 만든다.

개개인은 어떤 삶을 살아가든 자신의 개성과 가치관을 가지고 상황에 따라 최선을 다한다. 대통령도 어떤 정치적인 삶을 살든, 자신의 개성과 정치 철학을 가지고 시대 상황에 따라 최선을 다할 것이다. 살아가면서 부딪쳤던 문제에 따라 개개인들의 삶에 뿌듯함과 아쉬움이 생기듯이, 집권하면서 부딪쳤던 시대적인 문제에 따라 대통령의 정치적인 삶에도 공(功)과 과(過)가 존재하게 마련이다. 따라서 정치적 신념이나 지지 성향에 따라 편가르기를 해댈 것이 아니다. 지금껏 우리나라를 어떤 방식으로든 이끌어온 대통령에 대해서 차분하고 객관적인 시선으로 바라보아야 한다. 성숙한 시민이라면, 대통령에게 주어진 시대적인 임무가 무엇이었고, 그것을 어떻게 풀어냈으며, 시대적인 상황에 비추어 잘한 것은 무엇이고, 잘못한 것은 무엇인지 가려낼 수 있어야 한다.

제2차 세계대전이 마무리되고 식민지에서 해방된 나라들은 대부분 북한처럼 독재와 빈곤에 시달리고 있다. 그 가운데 우리나라만이 거의 유일하게 선진국이 되었다. 최근에 원조받던 나라에서 원조하는 나라로 바뀐 국가는 우리나라밖에 없다. 우리나라는 세계 10대 무역 강국이 되었으며 세계 일곱 번째로 3050클럽에 들어갔다. 1인당 국민 소득이 3만 달러가 넘고, 인구가 5,000만 명이 넘는 나라들이 모여 있는 클럽에 우리나라가 미국, 일본, 영국, 프랑스, 독일, 이탈리아 다음으로 가입했다. 세계인들은 대한민국의 기적적인 성공을 보고 뜨겁게 손뼉을 치고 있다. 대한민국은 짧은 기간에 위대한 역사를 창조한 것이다.

우리는 현대사를 객관적으로 해석하고 우리나라를 이끈 대통령들의 업적도 공정하게 재평가해야 한다. 진영 논리로 무조건 나쁘게 보거나 맹목적으로 찬사를 보내서는 안 된다. 우리의 현대사는 건국, 산업화, 민주화의 3단계를 거쳐서 발전하였다. 건국기의 대통령은 당시의 어려움을 어떻게 풀었는지 살펴보고, 산업화기의 대통령들은 당시의 어려움을 어떻게 풀었는지 살펴보고, 민주화기의 대통령들은 민주화의 어려움을 어떻게 풀었는지 살펴보고 차분하게 평가해야 한다.

여기서는 우리나라가 걸어온 길을 주제로 산업화 시대의 말기와 민주화 시대의 초기를 다루었다. 부록으로 대통령들에 대한 이야기를 하려고 한다. 다만, 이승만과 박정희 이후의 대통령에 대해서만 이야기 할 것이다. 차분한 시각으로 시대 상황을 살펴보면서, 대통령의 고뇌와 업적을 살펴보자.

전두환(1980~1988, 제11·12대 대통령)

김재규 중앙정보부장이 박정희 대통령을 시해한 10·26사건을 통해서 등장한 사람이 전두환 장군이다. 계엄사령부의 합동수사본부장 자격으로 대국민 발표를 하던 모습은 인상 깊게 남아있다. 권력의 심장이 쓰러지자 계엄사의 합수본이 정보부, 경찰, 검찰과 같은 막강한 권력을 통제하게 되었다. 그는 계엄사령관인 정승화 육군참모총장을 연행하고 권력의 실세로 올라섰다.

박정희 대통령의 서거로 대권을 이어받은 최규하 대통령은 새로운 민주 정부를 구성해야 할 사명을 가지고 있었다. 그러나 그에게는 시대적인 임무를 수행할 능력도 의지도 없었다. 당시에 야권의 유력 정치인이었던 김영삼과 김대중은 자신들만이 새 시대의 대권 주자라고 착각하고 있었다. 여권의 유력 정치인이었던 김종필은 다가오는 위기를 감지했지만 대처할 능력이 없었다. 그렇다고 김영삼·김대중과 연대하여 함께 풀어갈 생각도 없었다.

혼돈의 회오리가 몰아칠 무렵, 시대의 부름에 따를 능력을 갖추고 준비하고 있던 집단이 바로 전두환을 중심으로 뭉친 '하나회'였다. 그들은 신군부로 불리며 정권을 장악했다. 그들은 미국으로부터 냉대를 받기도 했고 국민으로부터 쿠데타 세력이라는 낙인도 찍혔다. 전두환 하면 지금도 군사 독재를 떠올리는 이유가 여기에 있다.

그렇다고 전두환 정권에 과(過)만 있는 것은 아니다. 군부가 정권을 잡았지만 민간 전문가들을 적극적으로 발탁하였다. 똑똑하고 능력 있는 사람들이 참모로 들어가 국정을 운영했다. 그 결과 이른바 '3저 호황'을 계기로 고도의 경제 성장을 이끌어냈고, 꿈에도 잊지 못했던 경상수지 흑자의 꿈도 달성했다. 개방과 자율을 추구하여 자유분방한 시민 사회도 만들어냈다. 88서울올림픽을 유치했으며 6·29선언으로 대통령 직선제 개헌도 받아들였다. 전두환은 뜻밖에 대한민국의 정치 및 경제 발전에 크게 기여했고, 후임자에게 정권을 순조롭게 넘겨주고 물러난 최초의 대통령이 되었다.

노태우(1988~1993, 제13대 대통령)

노태우가 대통령이 되어 88서울올림픽의 개회를 선언하였다. 서울올림픽은 '화합과 전진'이라는 모토로 공산·자유 진영이 모두 참여한 사상 최대의 지구촌 잔치였다. 그는 정무장관으로 서울올림픽 유치를 총괄 지휘했다. 유치에 성공한 뒤에는 조직위원장으로 일하기도 했다.

88올림픽은 6·25로 폐허가 된 땅에서 '복구에 100년이 넘게 걸릴 것'이라던 예상을 뒤엎고, 풍요롭게 발전된 대한민국의 눈부신 모습을 온 세계에 보여주었다. 우리 국민에게뿐만 아니라 전 세계 사람들의 뇌리에 강력한 인상을 심어 놓았고, 모든 개발도상국과 후진국들에게 희망의 복음을 전해주었다. 특히 우리나라를 전쟁으로 폐허가 된 나라, 미국의 앞잡이 정도로만 여기던 유럽 공산국가의 국민에게 크나큰 충격을 안겨주었다.

올림픽이 끝나자, 노태우 대통령은 북방정책으로 우리나라의 활동 공간을 넓혀가기 시작했다. 동구권, 소련 및 중국과 수교를 맺고 북한을 몰아붙였다. 한미동맹도 튼튼하게 만들면서 한반도 문제의 주도권을 잡았다. '한반도 비핵화 선언'을 하고, 북한과 '남북한 기본합의서'를 채택했다. 북한보다 강력한 경제력과 우월한 군사력을 바탕으로 빚어낸 대한민국 외교의 승리였다.

노태우가 재임한 동안, 우리나라의 국민소득은 2,700달러에서 7,000달러로 늘어났다. 국민소득이 올라가자, 스스로 중산층이라고 여기는 국민의 비율도 크게 늘어났다. 중산층이 자유 시민으로 성장하게 되자 민주주의 발전의 토대가 튼튼해졌다. 전국을 반나절 생활권으로 만든 경부고속철도와 서해안고속도로, 그리고 세계 최고로 손꼽히는 인천국제공항 건설 계획을 확정하였다. 수도권의 5대 신도시를 개발하여 당시에 주택 수의 40%에 해당하는 272만 호를 공급하였다. 서민들에게 내 집 마련의 기회를 마련해주고 부동산 가격의 안정도 함께 일구어냈다.

당시에 '물태우'라고 조롱받았지만, 탁월한 사람들의 정책 조언을 흘려듣지 않았던 노태우 대통령은 생각보다 업적을 많이 쌓았다. 당시에는 대한민국의 근대화 프로젝트를 어느 정도 마무리지어야 하는 시대적인 임무를 무리없이 수행했다고 보인다.

김영삼 (1993~1998, 제14대 대통령)

32년 동안 이어졌던 군사 정권에 종지부를 찍고 민간인 신분으로 대통령에 당선되자, 김영삼은 민주 정치의 아이콘이 되었다. 김영삼은 취임사에서 '문민 정부'의 출범을 알렸다. 국민이 새로운 시대가 되었다는 것은 통감하고 환호하였다. 취임 초의 지지율은 83%에 이르렀다. 한국 역사상 최고의 기록이다.

대통령에 취임한 김영삼은 신군부의 모체가 되었던 군 내부의 '하나회'부터 해체하였다. 군부의 요직을 차지하고 있던 '하나회' 출신 장성들은 모두 해임되었다. 앞으로는 군부 세력이 더 이상 정치에 개입하지 못한다는 강력한 경고였다. 그리고 '신한국창조'와 '세계화'라는 기치를 내걸고 국정을 운영했다. 공직자윤리법을 개정하여 공직자의 재산 공개를 의무화했다. 우리 사회에 널리 퍼져있던 이른바 '검은돈'을 뿌리 뽑겠다고 금융실명제와 부동산실명제를 실시했다.

역사 바로 세우기와 과거사 청산이라는 명목으로 5·18을 '민주화운동'으로 정하고, 소급입법으로 '5·18 특별법'을 제정했다. 총독부 건물이었던 중앙청을 폭파하는 퍼포먼스를 선보이면서 '반일 감정'을 자극하기도 하였다. 남북 관계에도 민족주의 노선을 걸었다. '어느 동맹국도 민족보다 더 나을 수는 없다'라는 말로 동맹국인 미국을 놀라게 했다. 김일성과 남북 정상 회담을 기획했지만 김일성의 사망으로 뜻을 이루지 못했다. 김정일의 북핵 개발로 남북 관계가 경색되자 남북 관계의 민족주의 노선은 실패로 돌아갔다.

경제적으로 보면, 1995년에 1인당 국민소득이 1만 달러에 도달했고, 1996년에는 선진국 진입의 관문인 OECD(경제협력개발기구)에 가입하였다. 대한민국의 국제적 위상을 높아지기도 했지만 경상수지와 외채 관리에 실패한 결과 외환 위기를 맞게 되었다. IMF(국제통화기금)에 구제 금융을 요청하자 우리나라의 기업들이 외국의 투자 자본에 싼 값에 팔려나가기도 하였다.

취임 초기에 정치 자금을 받지 않겠다고 선언했다. 깨끗함을 강조해서 높은 지지를 받았지만 측근과 실세들의 정경유착 관계가 밝혀지면서 굴욕을 맛보기도 했다. 특히 '소통령'이라고 불리던 차남 김현철 씨가 대통령의 임기 중에 구속이 되기까지 했다. 불법 비자금을 조성했다는 이유로 전직 대통령 두 명을 구속하고 중형을 선고한 대통령이 비슷한 이유로 아들이 구속되는 모습을 지켜보게 된 것이다. IMF 구제 금융 직전에는 한보그룹과 같은 기업들과 정경 유착된 사실이 드러나면서 '깨끗함'을 강조하던 문민정부는 이미지에 큰 타격을 입고 말았다.

김영삼은 김대중과 함께 민주화 세력을 대표하는 인물이다. 젊은 나이로 국회의원에 당선된 뒤, 그는 정치 인생의 대부분을 박정희와 전두환의 권위주의 정치 체제와의 싸움으로 보냈다. 그래서 그런지 민주 시대는 김영삼 대통령의 취임으로 시작되었다는 신화가 만들어졌다. 정치사적으로는 노태우 대통령 시절부터 시작되었지만 말이다. 그렇지만 안타깝게도 퇴임을 앞두고 국민의 지지도는 차갑게 식고 말았다. 마지막에는 지지율이 6%까지 떨어졌다. 한국 역사상 지금까지 최저의 기록이다.

김대중(1998~2003, 제15대 대통령)

김대중 대통령은 대한민국의 유일한 노벨상 수상자이다. 그는 74세의 나이로 제15대 대통령으로 선출되었다. 취임하자마자 그는 IMF에서 구제 금융으로 지원받은 580억 달러를 갚아야할 임무를 떠안았다. IMF는 정부의 예산을 줄이고 은행의 이자율을 높이라고 요구했다. 은행과 기업의 강도 높은 구조조정도 강요했다.

구조조정 과정에서 기업들은 안타깝게도 줄줄이 도산하거나 외국 자본에 헐값에 팔려나갔다. 기업들이 문을 닫거나 살아남았다 하더라도 강도 높은 인력 감축을 하지 않을 수 없었다. 수많은 실업자가 길거리로 쏟아져 나왔다. 빈부 격차는 심해졌고 많은 사회적 문제가 생겼다. 그렇지만 국민은 나라를 구하겠다는 뜨거운 애국심으로 '금모으기 운동'을 벌였다. 국민은 금을 내다 팔아서 부족한 외화를 확보하려고 했다. 세계 사람들이 보고 놀라기도 했다. 온 국민이 고통을 함께 나눈 결과 3년 만에 IMF로부터 빌린 돈을 모두 갚을 수 있었다.

IMF의 구조조정 과정을 통해서 우리나라의 경제 체제는 큰 변화를 겪었다. 짧은 시간에 구제 금융에서 벗어나기는 했지만, 그동안 많은 대기업이 도산하거나 해체되었다. IMF 구제 금융이 아니었다면 건실하게 커갔을 기업들이 외국 자본에 헐값에 팔려나가기도 했다. 특히 우리나라 금융권은 안타깝게도 높은 비율로 외국 자본에 잠식되고 말았다. 그렇지만 전체적으로 볼 때 IMF의 구조조정은 성공적이었다고 보인다. 김대중 정부의 슬기로운 대처도 높이 평가할 수 있다.

김대중 대통령은 오부치 게이조 일본 총리와 '21세기의 새로운 한·일 파트너십 공동선언'을 발표하고 '일본 대중문화를 개방'하는 등 대일 관계에 유화적이었다. 그러나 남북 관계에서는 김영삼 대통령보다도 더 민족주의의 길을 고집했다. 2000년 6월에 남북 정상이 만나 '6·15남북공동선언'을 했다. 이 선언에서는 대한민국의 헌법이 무시된 채, 북한의 적화 통일 정책일 뿐인 '연방제 통일'안이 담겨있다. 공동 선언을 하는 대가로 북한에 5억 달러까지 보냈다. '6·15남북공동선언'은 '북한에 잘 해주면 북한이 스스로 갑옷을 벗고 평화적으로 나온다'라는 햇볕정책의 결과물이었다.

김대중 대통령은 한국인 최초로 노벨평화상을 수상했다. 높이 평가받은 것은 '민주주의와 인권 신장, 남북한의 화해·협력 관계 발전, 세계 평화를 위한 헌신'이었다. 헌정사상 최초로 남북 정상 회담을 개최하고 햇볕정책과 '6·15남북공동선언'을 통해서 남북 화해 무드를 조성한 것이 눈길을 끌었다. 전쟁의 위협을 줄여주고 세계 평화에 기여했다는 인상을 주었던 것이다.

그런데 당시 북한에 지원된 어마어마한 돈이 북한의 핵개발에 사용되었고 김대중 대통령의 임기 가운데 북한의 핵실험이 이루어졌으며 두 차례나 연평해전이 벌어졌다. 햇볕정책이 허구의 평화 정책이었다는 것을 드러냈다. 심지어 제2연평해전이 벌어졌을 때는 김 대통령이 일본행을 고집해서 빈축을 사기도 했다. 그때 우리나라의 해군 용사들은 서해에서 생사를 넘나드는 사투를 벌이고 있었는데, 국군통수권자인 대통령이 "확전을 방지하라"라는 이해할 수 없는 말만 남기고 떠났던 것이다. 일본에 가서는 월드컵 결승전을 관람하면서 활짝 웃으며 관중에게 손을 흔들었다. 우리 국민에겐 실망스런 모습이었다.

김대중 대통령은 "북한은 핵을 개발한 적도 없고, 능력도 없으니 유언비어를 퍼트리지 마라. 내가 책임지겠다"라는 말로 북한 핵개발설을 누구보다 앞장서서 부인했다. 그러나 북한은 핵을 개발하였고 김대통령은 책임도 지지 않았다. 퇴임한 뒤에는 영국 일간지와 가진 인터뷰에서 "정상 회담이 지속적인 평화를 가져온다면, 북에 대한 1억 달러 비밀 지원은 작은 대가"라고 말하기도 했다. 북한의 실상을 왜곡하고, 돈을 치르고 하는 정상 회담이 어떻게 평화를 가져올 수 있는지 의구심만 남겨 놓았다.

김대중 대통령은 일생 동안 군사 정권과 싸워온 대표적인 민주정치가이다. 대권을 다른 진영에서 평화적으로 넘겨받은 대한민국 역사상 최초의 대통령이었다. 세계인들의 찬사가 쏟아졌다. 그는 외환 위기도 잘 극복하여 국민이 안도의 숨을 내쉬었다. 그러나 민족주의에 너무 기울어 남북 관계를 비정상적으로 운영하였다. 햇볕정책은 걱정하던 대로 북한 핵개발의 길을 열어준 결과를 낳고 말았다. 북한은 수많은 핵무기를 만들게 되었고, 최근에는 선제 핵공격을 법제화까지 하고 있다.

노무현(2003~2008, 제16대 대통령)

밀짚모자와 자전거가 떠오르는 노란색 상징의 대통령이 있다. 당선 과정이 드라마틱하고 사람 냄새 짙게 풍기던 대통령이 바로 노무현이다. 그를 사랑하는 사람이 여전히 많다. '약자의 편에 섰던 사람', '사람 냄새 나는 서민 대통령', '그립습니다', '꽃이 지고 나서야 봄인 줄 알았습니다.' 그의 연설 동영상에 달린 댓글이다. 감상적인 글귀가 즐비하다. 국가의 수장으로 어떤 업적을 남겼는지, 어떠한 성과를 냈는지에는 관심도 없다. 그의 정책 또는 '행동'은 잊힌 채, 그의 '이미지'만 남아 있다.

노무현 대통령의 '이미지'는 그의 죽음으로 더욱 강렬하게 약자이자 피해자로 남게 되었다. 강성 지지층은 그를 기득권과 맞서 싸우다가 검찰의 과잉 수사 때문에 억울하게 죽은 깨끗한 사람으로 여긴다. 친형 노건평과 부인 권양숙, 조카사위 연철호가 뇌물을 받은 이야기에는 아랑곳하지도 않는다. 더욱이 "대선 캠프에서 쓴 불법 대선 자금이 한나라당의 1/10을 넘으면 사퇴하겠다"라고 공언하고서, 당시 그 선을 넘은 것이 밝혀졌어도 사퇴하지 않은 일에 대해서도 눈을 감고 있다.

인권변호사였으면서도 북한 주민의 인권을 얼마나 철저하게 외면했는지 모른다. 평양에 갔을 때, 노무현은 만수대의사당을 찾아 '인민의 행복이 나오는 인민 주권의 전당. 대한민국 대통령 노무현'이라고 방명록에 썼다. 북한에 굶어 죽고 얼어 죽고 맞아 죽는 사람들로 가득한데도 '인민의 행복이 나온다니', 인권에 얼마나 무감각했는지 짐작할 수 있다. 유엔총회에서 EU와 일본이 공동 제출한 유엔 대북 인권결의안이 통과되었는데도 한국은 기권했다. 사전에 북한과 상의했다는 내용이 당시의 외교통상부 장관 송민순의 회고록에 담겨 있다. 미국의 찬성 요청을 받고도 기권한 사실이 주한 미국대사의 외교 전문에 남아 있다.

국익을 우선하겠다면서도 대북 관계에서는 그러지 않았다. 스스로 북한 대변인의 역할을 했다고 떠들기도 했다. 10·4공동선언 하루 전에 노무현은 김정일에게 "그동안 해외를 다니면서 했던 정상 회담에서 나는 항상 북측을 대변하고 변호해 왔는데 얼굴을 붉힌 적도 있다"라는 말까지 했다. 그는 "강자에게 맞서는 것이 용기다"라고 말했지만 주민들을 짓밟고 있는 최고 권력자 앞에서는 끝없이 비굴해졌다. 북한을 대변하고 변호하던 그는 "한국에서도 공산당이 허용될 때 비로소 완전한 민주주의가 된다"라는 말을 남기기도 했다.

노무현은 북한에게 한 마디도 못 하면서, "미국에게는 할 말은 하겠다"라고 공언했다. 지지층의 반미 감정을 실제 대미 관계에서 드러냈던 것이다. 미국의 온건파 국방장관 로버트 게이츠는 회고록에서 노무현을 '반미적이고, 정신나간 인물'이라고 평가했다. 노무현이 그에게 직접 "아시아의 최대 안보 위협은 미국과 일본"이라고도 말했다고 한다. 대한민국 대통령으로서 할 수 있는 말이 아니었고 외교적 결례로도 핵폭탄급이 아닐 수 없다.

임기 내내 노무현 대통령은 일관성을 잃고 우왕좌왕했다. 좌회전 깜빡이를 켜고 우회전한다는 평가를 받기도 했다. 지지층의 반대를 무릅쓰고 한미 FTA를 추진하거나 미국의 요청으로 이라크에 자이툰 부대를 파병하기도 했던 것이다. 돌이켜 보면 때때로 좌파 정치인들에게 없는 국익 감각의 발로였던 듯싶다. 어디로 튈지 모르는 언행도 문제거리였다. 검사들과의 대화에서 "이쯤 되면 막 나가자는 거지요?"라고 하거나 공식석상에서 "대통령 못해먹겠다"라고 투덜대기도 했다. 한 나라의 수장으로서 적절한 언행으로 보기 어렵지만, 털털한 성격의 '사람 냄새' 나는 인간적인 모습으로 기억되기도 한다.

이명박 (2008~2013, 제17대 대통령)

이명박 대통령은 가난하게 자랐다. 장학금을 받고 동지상업고등학교의 야간학부에 다녔다. 졸업한 뒤에도 낮에는 일당을 받고 거친 일을 하고 밤에는 합숙소에서 공부했다. 고려대학교 경영학과에 입학했지만 대학 생활도 여전히 어려웠다. 2학년 1학기를 마치고 군에 입대했는데, 논산훈련소에서 건강 검진에 불합격 판정을 받고 퇴소했다. 고려대학교 3학년 때, 상과대 학생회장으로 한일협정을 반대하는 6·3시위를 주도했다. 체포되어 대법원에서 징역 3년, 집행유예 5년을 선고받고 6개월간 복역했다. 이런 전력으로 취업이 안 되자 박정희 대통령에게 편지를 써서 어렵게 현대건설에 입사했다고 한다. 입사 5년 만에 이사가 됐고, 12년 만에 37세 나이로 현대건설의 사장이 되었다. '샐러리맨의 신화'를 쓴 것이다. 정계에 입문하여 제14~15대 국회의원과 제32대 서울특별시장을 역임했다. 서울시장을 하며 보여준 불도저식 정책 추진 능력으로 일약 대선 후보로 급부상하고 역대 최다 표차로 대통령에 당선되었다.

이명박 대통령은 출범 초부터 '광우병 사태'로 시달렸다. 미국산 소고기를 수입하기로 결정되자, MBC PD 수첩이《긴급취재, 미국산 쇠고기, 과연 광우병에서 안전한가?》를 방영했다. 한국진보연대, 민노총과 같은 좌파 시민단체들도 나서서, '광우병 걸린 소를 먹으면 뇌가 망가진다'라는 괴담을 퍼뜨렸다. 일부 연예인들도 미국산 소고기를 먹을 바에는 '청산가리'를 먹겠다고 호들갑을 떨었다. 촛불 시위가 불타오르자 100일 이상 계속되었다. 촛불 시위는 정권 퇴진 운동으로 확대·변질되었다. 돌이켜 보면, 대선 패배를 수용하지 못한 좌파 군중의 반발이 촛불 시위의 근본 원인이 아니었나 싶다.

2011년 9월에 대법원은 "대한민국 국민이 광우병에 걸릴 가능성이 더 크다는 〈PD수첩〉의 보도"는 명백한 허위 보도라고 판결했다. 〈PD수첩〉 제작진들은 대법원의 판결에 따라 사과 방송을 한 MBC를 상대로 소송을 제기하는 추태를 부렸다. 물론 사과 방송이 적합하다는 최종 판결이 다시 내려졌다. 광우병 괴담은 과학적 근거가 없다는 것이 드러나고 미국산 소고기는 꾸준히 수입되고 있다. 지금 우리나라는 미국산 소고기의 최대 수입국이 되었다.

이명박 대통령은 4대강 사업에서도 시달렸다. 처음보다 많아진 사업비와 건설사 선정 과정의 담합에 대한 문제가 제기되었다. 사업이 끝난 뒤에는 녹조와 같은 환경 오염 문제, 홍수 및 가뭄 방지의 효과에 대하여 논란이 지속되었다. 그러나 감사원의 감사보고서에 따르면, 환경 개선 효과가 컸고 치수안전도도 좋아졌다. 16개의 보 가운데 수질이 개선된 곳이 44%, 수질이 동일한 곳이

42%였지만 악화된 곳은 14%밖에 안 되었다. 여름철에도 수질 지표가 개선된 곳이 33%, 유지된 곳이 52%였고 악화된 곳이 15%밖에 안 된다. 법정 안전도를 채우지 못한 4대강의 구간도 127.7km에서 74km로 줄어들었다. 4대강 사업에 대한 반발도 과학적인 근거가 없다.

이명박 대통령의 집권 초기에 뇌물 수수 혐의로 조사를 받던 노무현 전 대통령은 자살로 생을 마감했다. 노사모와 같은 열성 지지자들은 수사기관에 의한 정치적 타살이라는 주장을 계속했다. 그러나 드러난 것은 아무것도 없다. 최근 노무현을 취조했던 이인규 검사의 회고록에는 '피아제 시계 두 개를 뇌물로 받은 것'은 사실이고, 노 전 대통령이 "밖에 버렸다"라고 말한 것도 사실이라고 한다. 박연차로부터 640만 달러 받은 것도 확인되었고, 미국 주택 구입 자금으로 100만 달러를 받은 것이 심리적 결정타가 아니었나 싶다고 한다. 노무현 대통령의 타계 배후에 이명박 대통령이 있다는 의혹은 터무니없는 것이다.

이명박 대통령 역시 친인척·측근 비리로부터 자유롭지 못했다. 친형 이상득의 저축은행 뇌물 수수 사건, 장남 이시형의 부동산실명제법 위반 혐의로 곤욕을 치렀다. 더욱이 BBK 투자 자금, 도곡동 땅 실소유주 논란, 다스 실소유주 논란으로 빚어진 비자금 조성 및 횡령 혐의, 삼성의 다스 소송비 대납 사건, 국정원 특수활동비 청와대 상납 사건 등으로 구속 기소도 되었다. 결국 상고심에서 징역 17년, 벌금 130억 원, 추징금 57억 8,000여만 원의 원심이 확정되었다. 전직 대통령의 예우도 박탈되었다.

박근혜(2013~2017, 제18대 대통령)

박근혜는 박정희 대통령의 딸이다. 프랑스에 유학을 갔다가 광복절 기념 행사에서 육영수 여사가 문세광의 총을 맞고 사망하자 돌아왔다. 그 뒤 육영수

여사의 빈자리를 채우며 영부인 역할을 대신했다. 박정희 대통령이 김재규의 총탄에 서거하자 청와대를 떠나 동생들과 사저로 들어갔다. 당시에 침착했던 모습이 화제가 되었다.

한국문화재단 이사장을 지냈고, 육영재단 및 정수장학회를 맡아 운영하였다. 언론에 모습을 드러내지 않고 정치적 발언을 최대한 삼갔다. 그러다가 제15대 대선에서 이회창 후보를 지지하며 한나라당에 입당했다. 국회의원 4선을 지내며 정치적 입지를 다졌다. 노무현 탄핵 소추 사태와 차떼기 정치 자금 사건으로 위기에 몰린 한나라당의 임시 당 대표를 맡았다. 잘못을 인정하고 기회를 달라며 천막으로 당사를 옮겼다. 박근혜 대표 시절에 치른 두 차례의 재보궐 선거에서 모두 승리하자 '선거의 여왕'이라는 칭호를 얻었다.

박근혜는 제17대 대선의 한나라당 경선에서 서울특별시장이었던 이명박과 대결했다. 일반 당원, 대의원, 국민선거인단 경선에서 모두 승리했지만 여론 조사에서 뒤져 아슬아슬하게 패배했다. 박근혜는 깨끗하게 승복하여 국민에게 참신한 인상을 주었다. 그 뒤 제18대 대통령 후보로 나서서 '준비된 여성 대통령'을 앞세웠다. 박정희 대통령의 딸이라는 이유로 온갖 네거티브 공세에 시달렸지만 과반이 넘는 지지로 우리나라 최초의 여성 대통령이 되었다.

박근혜는 첫 여성 대통령이었지만 헌정사상 최초로 탄핵된 비운의 대통령이기도 하다. 처음에는 학생들을 태우고 제주도로 수학여행을 떠났던 세월호의 침몰 사건으로 시달리더니, 최순실의 태블릿 PC 사태가 터지자 대대적인 촛불 시위가 일어났다. 결국 2017년 3월 10일에 헌정사상 최초로 탄핵을 당하고 말았다. 탄핵소추안이 국회에서 가결되고 헌법재판소에서 재판관 전원 일치로 파면 결정을 받았다. 헌법재판관 이정미가 발표한 "대통령 박근혜를 파면한다"라는 판결 주문은 국민에게 깊은 인상을 남겼다.

탄핵되고 나서 박근혜 대통령은 전직 대통령 가운데 네 번째로 검찰에 소환되었다. 재판에서 징역 20년, 벌금 180억 원, 추징금 35억 원의 최종 선고를 받고 수감되었다가 제20대 대선을 앞두고 사면되었다. 대통령의 탄핵 사태는 우리 사회를 극심한 좌우 대결의 진영 정치로 끌고 들어갔다.

문재인(2017~2022, 제19대 대통령)

노무현의 친구라고 내세워 대통령에 당선된 문재인은 임기 내내 적폐 청산이라는 명분으로 우파 진영을 궤멸시켰다. 취임사에서 약속한 국민 통합을 시도하기는커녕 편가르기에 몰두하는 진영 정치를 구사하였다. 임기 내내 서울의 광화문 일대에는 지지 세력과 반대 세력이 몰려나와 야단법석을 이루었다.

대일 관계는 'NO JAPAN'의 반일 프레임으로 파탄지경에 이르렀다. 청와대 민정수석이자 법무부 장관 후보자였던 조국은 SNS에 '죽창을 들자!'라는 반일 선동을 공공연히 할 정도였다.

중국과 북한에 대한 태도는 국민에게 피로감을 줄 정도로 비굴했다. 중국 방문에서 "중국은 대국이고 우리는 소국"이라는 망발을 마다하지 않았다. 중국은 우리를 오히려 얕보고 너무나도 굴욕적인 하대를 하였다. 왕이 중국외교부장은 문 대통령의 팔을 툭 치며 아랫사람 대하듯 하였다.

간첩 혐의로 복역한 신영복을 존경한다던 문재인은 현충일 기념식에서 김일성의 오른팔인 김원봉을 국군의 뿌리라고 칭송했다. 제2연평해전과 천안함 폭침 전사자 유족들을 청와대로 초청한 자리에서는 김정은과 손잡고 백두산에서 찍은 사진을 넣은 리플렛을 내놓는 엉뚱한 행태도 보였다. 천안함 사태가 누구의 짓이냐고 물어보는 유가족을 째려보는 영부인의 모습도 연출되었다.

북한을 열심히 섬겼는데도 돌아온 말은 '삶은 소대가리'였다. 국민이 분노했는데도 문재인 대통령은 한마디 대꾸도 못했다. 수없이 발사되던 북한의 미사일을 '미상의 발사체'라고 부르고, 자유를 찾아 귀순한 북한 주민을 강제로 북송해버리기도 했다. 멀쩡한 우리 공무원을 바다 한가운데에서 총살하고 불태웠는데도 북한에게 항의 한마디 못했다. 오히려 엄청난 빚 때문에 월북하다가 사살당한 것이고 둘러댔다.

탈원전 정책을 무리하게 펼치고, 태양광 패널을 설치하려고 멀쩡한 산을 민둥산으로 만들기도 하였다. 탈원전 정책에 대한 산업자원부의 반대 의견을 묵살해버렸고, 원전에 대한 보고서를 조작하고 멀쩡한 원전을 닫아버렸다. 신재생 에너지를 확대한다면서 전남 신안에 수십조 원을 들여 대규모 해상 풍력 발전 단지를 만들었다. 그리고는 지역 주민들에게 대가로 현금을 지급하였다.

주사파라면 전과가 있든 없든 가리지 않고 고위 공직자로 기용하였다. 임수경의 밀입북을 추진하여 징역 5년의 실형을 선고받은 전대협 3기 의장이 대통령 비서실장이 되었다. 쫓아다니던 여성의 도장을 위조하여 혼인신고를 했던 범법자를 법무부 장관으로 기용하려다가 실패하기도 했다. 사노맹 활동의 전력이 있고 비리의 종합 선물 세트로 손색이 없는 사람을 민정수석과 법무부 장관으로 임명했지만 단명했다. 긴급 투입된 여성 장관은 검찰총장과 사상 초유의 전쟁을 벌였다. 국민을 위해서 정책을 제안하고 설계해야 할 청와대 수석은 본인의 집 앞으로 지하철역을 옮기는 비상식적인 행동도 마다하지 않았다. 청와대 대변인은 청와대 관사로 입주하면서 본인 집을 처분한 돈으로 부동산 투기를 하기도 했다.

문재인 정부 시절의 갖가지 사건과 사고들은 국민을 좌절과 피로감에 빠져들게 했다. '민주화' 운동한다고 몰려다니며 김일성의 주체사상을 추종하고 데모를 일삼았던 주사파 '운동권'의 진면목을 보는 듯했기 때문이다. 이들은 6·

25전쟁의 고통을 겪었고, 폐허가 된 나라를 선진국으로 만들어낸 부모 세대와 자유민주주의의 조국에 감사하는 마음이 전혀 없었다. 김일성을 찬양하며 폭력적인 방법으로 불평과 불만만을 쏟아내던 세대가 '586'이다. 이들이 정권을 잡자 '적폐 청산'이라는 이름으로 자유 우파 진영을 궤멸시키는 데에만 안달이었다.

한편, 잊혀지고 싶다고 양산 사저로 내려간 문재인 전 대통령은 여전히 SNS를 통해 공개적인 활동을 지속하고 있다. "(공산당 일당제는) 중국민이 자기네 정서에 맞게 찾아낸 최적의 제도", "중국의 일당제가 비민주주의라고 판단하는 것은 매우 유럽중심주의적인 판단"이라면서, 중국을 옹호하는 친중 서적을 공개적으로 추천하고 있기도 하다. 최근에는 평산책방이라는 서점을 열고 공개적인 행보를 하고 있다. 무임금 자원봉사자 모집으로 불거진 열정페이 논란과 비영리 법인으로 운영한다면서 개인사업자로 등록하는 등 쾌쾌한 논란거리를 만들어내고 있다.

3. 대한민국과 북한의 헌법 비교

대한제국이 멸망하자 한반도에는 두 갈래의 건국 운동이 일어났다. 하나는 독립협회로부터 이어오는 근대민주국가의 건설을 목표로 삼았으며, 다른 하나는 1917년 볼셰비키 혁명에 기원하는 공산주의국가 건설을 목표로 삼았다. 결국 두 갈래의 길은 한반도의 분단을 만들어내고 말았다. 우리나라 대한민국은 자유의 가치를 앞세우는 자유민주주의의 나라가 되었다. 북한은 프롤레타리아 독재를 민주주의라고 우기는 공산주의 국가가 되었다.

자유민주주의에서는 여러 정당이 선거에서 경쟁을 한다. 선거에서 이긴 정당이 정권을 잡는다. 반면에 인민민주주의에서는 공산당이 정권을 독점한다. 정당이 한두 개 더 있기도 하지만 공산당의 지시에 따를 뿐이다. 자유민주주의에서는 여러 명의 후보자가 경쟁하고 그들 가운데서 국민이 대표를 뽑는다. 선거에서 표를 가장 많이 얻은 사람이 대표로 선출된다. 물론 누구의 간섭도 없는 비밀투표 방식이다. 임기도 법적으로 정해져 있다. 심지어 법적 테두리 안에서 탄핵도 가능하다.

인민민주주의에서는 단 한 명의 후보자를 놓고 찬반 투표를 한다. 사실상 공개 투표 방식이다. 북한의 선거 벽보에는 후보자 사진은 없고 "모두 다 찬성 투표하자"라는 선동 문구가 있을 뿐이다. 북한 주민들은 오로지 수령과 당의 지시에 따라 투표한다. 대개 거의 100% 찬성표를 얻고 선출된다. 최고 권력자인 수령은 세습되고 임기도 죽을 때까지다. 현재 북한의 최고 권력자인 김정은은 김정일의 아들이고 김일성의 손자이다.

이처럼 국민 전체가 똑같은 생각과 똑같은 행동을 하게 만드는 정치 제도를 전체주의 독재라고 한다. 인민민주주의는 공산당의 전체주의 독재이다. 이런 사회에서는 생각이 다른 사람이 있으면 안 된다. 공산주의 국가들은 생각이 다른 사람을 골라내기 위해서 서로 감시하게 만들었고, 조금이라도 의심스러운 사람은 정치범 수용소로 끌고 갔다. 그곳에서는 공개 처형이 끊임없이 일어났고 수많은 사람이 죽었다. 북한에는 아직도 정치범 수용소가 많이 있다.

우리나라 대한민국의 헌법과 북한 헌법을 비교해 보자. 비교를 해보면, 과연 어떤 정치 체제가 인류의 보편 가치를 실현하고 있는지 알 수 있다. 대한민국 국민으로서 자부심을 느끼고 국가 발전의 미래 방향도 가늠할 수 있다.

대한민국 헌법

> ### 대한민국 헌법 전문[시행 1988. 2. 25.]
>
> 유구한 역사와 전통에 빛나는 우리 대한국민은 3·1운동으로 건립된 대한민국 임시정부의 법통과 불의에 항거한 4·19민주이념을 계승하고 …… **자율과 조화를 바탕으로 자유민주적 기본 질서를 더욱 확고히 하여 정치·경제·사회·문화의 모든 영역에 있어서 각인의 기회를 균등히 하고, 능력을 최고도로 발휘하게 하며, 자유와 권리에 따르는 책임과 의무를 완수하게 하여 ……** 우리와 우리의 자손의 안전과 자유와 행복을 영원히 확보할 것을 다짐하면서 1948년 7월 12일에 제정되고 8차에 걸쳐 개정된 헌법을 이제 국회의 의결을 거쳐 국민투표에 의하여 개정한다.

헌법 전문은 우리나라의 건국 이념이 3·1운동에서 유래하며, 자유민주주의를 정치 체제로 삼고, 자유와 권리 및 기회 균등을 목적 가치로 삼는다고 선언하고 있다. 3·1운동은 일본의 식민지 지배에 저항하고 우리나라의 독립을 주장한 비폭력 만세 운동이다. 눈여겨 보아야 할 것은 3·1운동이 자유공화국을 목표로 삼고 독립하겠다고 주장한다는 점이다.

3·1독립선언서의 첫 문장을 보자. "吾等은 玆에 我 朝鮮의 獨立國임과 朝鮮人의 自主民임을 宣言하노라." 현대어로 번역하면, "우리는 이제 조선이 독립국이며 조선인이 주권을 가진 사람들이라는 것을 선언한다"라는 내용이다. 첫 구절에서 조선의 독립을 주장하고, 둘째 구절에서 조선 사람들이 주권을 가졌다고 밝히고 있다. 독립된 나라에서 조선 사람은 주권이 없는 신민이 아니라 주권을 가진 자유인이라고 선언한 것이다.

주권은 자유인이 아니면 못 가진다. 선언서는 마지막에 이 점을 분명히 해 두었다. "我의 固有한 自由權을 護全하야 生旺의 樂을 飽享할 것이며." 현대어로 번역하면, "나의 고유한 자유권을 온전히 보호해서 삶의 즐거움을 만끽할 것이며"이다. 독립 공화국이 건설되면 조선 사람들은 주권을 가진 자유인이 되리라고 못 박고 있다. 3·1운동은 새로운 공화국을 세우려는 혁명이기도 했다. 3·1운동의 정신은 상하이 임시정부로 구체화되었다. 임시헌장 제1조에서 "대한민국은 민주공화제로 한다"라고, 제4조에서 "대한민국의 인민은 종교, 언론, 저작, 출판, 결사, 집회, 통신, 주소 이전, 신체 및 소유의 자유를 누린다"라고 밝혔다.

헌법 전문은 대한민국이 민주공화국을 지향한 3·1정신을 계승하고, "자율과 조화를 바탕으로 자유민주적 질서를 더욱 확고히 하여," 모든 국민의 "안전과 자유와 행복을 영원히 확보할 것을 다짐"하고 있다. 민주공화국은 자유민주주의라는 점도 밝혀놓았다.

한마디 해둘 것은, 헌법 전문 전체가 한 문장으로 쓰였는데 너무 길다는 점이다. 글자 수만 341글자, 띄어 쓰면 433자나 된다. 원고지 두 장이 넘는다. 헌법 전문은 학생 시절에 줄줄 외워야 하는데 너무 길어서 읽어내기조차 어렵다. 앞으로 헌법을 개정할 때면 반드시 짧은 문장들로 명쾌하게 재구성해야 한다.

대한민국 헌법의 조문

제1조 ①대한민국은 민주공화국이다.

②대한민국의 주권은 국민에게 있고, 모든 권력은 국민으로부터 나온다.

제10조 모든 국민은 인간으로서의 존엄과 가치를 가지며, 행복을 추구할 권리를 가진다. 국가는 개인이 가지는 불가침의 기본적 인권을 확인하고 이를 보장할 의무를 진다.

제23조 ①모든 국민의 재산권은 보장된다. 그 내용과 한계는 법률로 정한다.

제119조 ①대한민국의 경제질서는 개인과 기업의 경제상의 자유와 창의를 존중함을 기본으로 한다.

전문에서 밝힌 헌법 정신은 헌법 조문에서 구체화되었다. 헌법 제1조는 우리나라가 모든 권력이 국민으로부터 나오는 민주공화국이라고 선언한다. 제10조는 모든 국민이 인간으로서 존엄과 가치를 가진다고 선언한다. 다음 조문부터는 열 개 이상의 다양한 자유권을 열거하면서, 자유권이야말로 인간의 존엄과 가치를 보장하는 기본권이라는 것을 밝힌다. 제23조에서 사유재산권을 보장하고, 제119조에서 우리나라의 경제 질서는 자유시장경제라고 선언하고 있다.

헌법 조문은 대한민국이 자유민주주의와 시장경제를 정치 경제의 이념으로 삼고 있다고 밝히고 있다. 그럼에도 불구하고, 지난 문재인 정권에서는 대한민국의 정치 이념이 자유민주주의가 아니라 '자유'를 뺀 '민주주의'라면서 헌법 개정을 시도했다. 비록 헌법 개정에는 실패했지만 이런 행동은 반 헌법적이고 반 대한민국적인 것이었다는 사실을 여기에서 분명히 해둔다. 이승만 대통령이 말했듯 민주주의에는 자유민주주의와 인민민주주의가 있다. 주사파 정권이나 전교조가 주장하는 민주주의는 과연 어떤 민주주의인지 낱낱이 물어야 한다.

조선민주주의인민공화국 사회주의 헌법

조선민주주의인민공화국 사회주의헌법 서문(2019. 8. 개정)

조선민주주의인민공화국은 위대한 수령 김일성동지와 위대한 령도자 김정일동지의 국가건설사상과 업적이 구현된 주체의 사회주의국가이다.

위대한 수령 김일성동지는 조선민주주의인민공화국의 창건자이시며 사회주의 조선의 시조이시다. 위대한 수령 김일성동지께서는 **영생불멸의 주체사상**을 창시하시고......

위대한 령도자 김정일동지는 위대한 수령 김일성동지의 사상과 위업을 받들어 우리 공화국을 <u>김일성동지의 국가로 강화발전시키시고</u>......**영생불멸의 주체사상을 전면적으로 심화발전시키시고** 온 사회의 김일성주의화의 기치높이 정치사상강국, 핵보유국, 무적의 군사강국으로.......온 사회를 일심단결된 **하나의 대가정**으로 전변시키시였다.

> 위대한 수령 김일성동지와 위대한 령도자 김정일동지께서는 **나라의 통일을 민족지상의 과업으로** 내세우시고......**사상리론과 령도예술의 천재이시고 백전백승의 강철의 령장**이시였으며 위대한 혁명가, 정치가이시고 위대한 인간이시였다.
> 조선민주주의인민공화국과 조선 인민은 위대한 김일성동지와 위대한 김정일동지를 주체조선의 영원한 수령으로 높이 모시고 조선로동당의 령도밑에......**주체혁명위업을 끝까지 완성**하여나갈 것이다.

북한 헌법 서문은 19개의 문장에 글자 수만 1,911자, 띄어 쓰면 2,353자나 된다. 우리 헌법 전문의 여섯 배에 가깝다. 자유민주주의 헌법들의 전문은 짧은데, 사회주의 헌법들의 서문은 대부분 길고 장황하다. 북한 헌법 서문은 처음에 북한이 주체사상의 사회주의 국가라고 밝히고, 다음에는 차례로 김일성, 김정일, 김일성과 김정일의 체제, 마지막으로 북한 인민에 대해서 쓰고 있다.

북한 헌법 서문은 김일성과 김정일을 우상화하고 주체사상을 신격화하고 있다. 공산 중국의 헌법에서 언급되는 마오쩌뚱에 비교가 안 될 만큼 신격화의 농도와 범위가 짙고 넓다. 김일성은 '영생 불멸의 주체사상을 창시'한 '사회주의 조선의 시조'로 찬양되고 있다. 대한민국의 헌법은 3·1정신에 뿌리를 두고 있다면 북한 헌법은 신적인 존재인 김일성에게 뿌리를 두고 있다. 문장들도 존대어법으로 쓰여 있다.

김정일은 영생 불멸의 주체사상을 심화 발전시키고 북한 사회를 김일성화해서, 북한 전체를 김일성의 국가로 만드는 선군정치가로 묘사되어 있다. 여기에서 주목할 바는 북한이라는 국가가 국민의 것이 아니라 '김일성 개인의 것'이라는 주장이다. 공화국은 라틴어로 레스 푸블리카라고 하는데, 그 뜻은 '국민의 것'이다. 북한이 국민의 것이 아니라 김일성 개인의 것이라면 공화국이 될 수 없다. 그것은 왕국일 뿐이다. 그런데도 북한의 공식 이름은 '조선민주주의 인민공화국'이다. 이들의 언어는 모순어법으로 구성되어 있고 거짓을 일삼고 있다.

마지막으로 김일성과 김정일을 함께 묶어서 사상과 예술의 천재이며 백전백 승의 장군으로 찬양한다. 그리고 북한 당국과 북한 국민이 그들을 모시고 주체 혁명을 끝까지 완성하리라고 다짐한다. 북한 헌법 서문은 결국 김일성, 김정일 두 명을 노골적으로 신격화하고, 사이비 종교 집단의 교주를 칭송하는 글처럼 쓰였다.

북한 헌법 조문

제1조 조선민주주의인민공화국은 전체 조선인민의 리익을 대표하는 자주적 인 사회주의국가이다.

제2조 조선민주주의인민공화국은 제국주의침략자들을 반대하며 조국의 광 복과 인민의 자유와 행복을 실현하기 위한 영광스러운 혁명투쟁에서 이룩한 빛나는 전통을 이어받은 혁명적인 국가이다.

…… (후 략) ……

북한 헌법 서문에서 밝힌 주체사상의 권력 구조는 북한 헌법 172개 조문으로 표현되어 있다. 우리 헌법에는 기본권이 곧바로 제2장에 수록되어 있는데, 북한 헌법에는 공민권이 정치·경제체제를 다룬 다음 제5장에 수록되어 있다. 그런 만큼 공민권보다는 정치 경제 체제를 더 중요하게 다루고 있는 셈이다. 공민권에는 신앙의 자유까지 보장되어 우리 헌법과 비교해서 크게 손색이 없

을 정도이다. 그러나 공민원의 조문들은 선전용으로 제시되었을 뿐, 북한의 정치 체제에서 실질적인 의미가 전혀 없다.

우리나라의 헌법과 북한의 헌법을 비교해보면 자유민주주의와 인민민주주의가 어떻게 다른지 너무도 쉽게 알 수 있다. 인민민주주의가 민주주의라는 이름만 가지고 있을 뿐, 실질적으로는 전체주의 독제라는 점도 어렵잖게 알 수 있다.

주석

II. 개념 바로 세우기

1 기업의 종류
- 참여하는 사람 수에 따라 : 1인 기업(개인 사업자), 동업, 회사
- 생산물의 종류에 따라 : 제품 기업(재화를 생산), 서비스 기업
- 국가와의 관계에 따라 : 국내 기업, 외국 기업, 다국적 기업
- 의사 결정을 누가 하느냐에 따라 : 공기업, 사기업

   ※ 기업이 아닌 생산자로는 국가, 지방 자치 단체, 공공 기관, 학교(국방, 행정, 복지, 교육 서비스를 공급)가 있다.

2 산업의 종류 : 생산 방식이 비슷한 재화나 서비스를 생산하는 기업들을 묶어서 산업이라고 한다. 산업은 생산물에 따라 크게 세 가지로 구분한다. 첫째가 농업, 수산업, 임업, 축산업같이 자연 자원을 직접 채취하는 1차산업이다. 둘째가 자연 자원을 가공해서 재화를 생산하는 2차산업(공업, 광업)이다. 공업(제조업)은 다시 최종 소비 제품을 생산하는 경공업과, 다른 산업을 위해 설비나 재료를 생산하는 중공업으로 나뉜다. 광업은 자연 자원인 광석을 직접 채취하는 일뿐만 아니라, 1차 가공하는 활동에까지 걸치므로 2차산업으로 분류한다. 셋째가 교통, 통신, 유통, 금융, 숙박, 식당, 미용, 교육, 연구와 같은 서비스를 제공하는 3차산업(서비스업)이다.

3 자동차 생산 공정 : 자동차는 아주 복잡하고 정교한 공정을 거쳐서 생산된다. 잘 팔리는 차를 만들려면 소비자의 선호에 맞추어야 하므로, 자동차의 모양과 색깔을 디자인하는 설계 과정이 매우 중요하다. 일단 자동차의 설계도가 완성되면 다음과 같은 네 단계를 거쳐서 자동차가 생산된다. 첫째 단계는 프레스 공정이다. 자동차의 설계도에 따라 앞 보닛이나 뒤의 트렁크, 또 옆 문짝을 철판으로 찍어낸다. 둘째 단계는 차체 공정이다. 프레스로 제작된 강판을 차체 구조에 맞게 용접하고 끼워서 차체를 만든다. 셋째 단계는 도장 공정이다. 차체에 색을 입히고 건조시킨다. 마지막으로 네 번째는 최종 조립 공정이다. 자동차 엔진과 각종 라이트, 전기 장치, 타이어, 핸들 등을 끼워 맞추고 각종 부품을 제자리에 단다.

4 암호 화폐 또는 가상 화폐 : 중앙은행이 발행하는 화폐와 달리 암호 화폐는 처음 고안한 사람이 정한 규칙에 따라 가치가 매겨지고, 실제 화폐처럼 교환된다. 화폐로서 일정한 가치가 유지되려면 금이나 은처럼 희소해야 하고 중앙은행이 관리할 수 있어야 한다. 암호 화폐는 이런 기능을 블록체인이라는 기술에 의지한다.
블록체인이라는 기술은 네트워크를 이용해서 모든 거래를 거래 당사자의 양쪽에 모두 기록하는 기술이다. 그래서 '공공거래장부'라고도 불린다. 2008년 10월 사토시 나카모토(실제 어떤 사람인지 아직까지 알려지지 않았다)라는 사람이 암호화 기술 커뮤니티 메인(Gmane)에 "비트코인: P2P 전자화폐시스템"이라는 논문을 올렸다. 그는 비트코인을 "전적으로 거래 당사

자 사이에서만 오가는 전자 화폐"라고 소개하고, 이는 이중 지불을 막는다고 설명했다. 그리고 두 달 뒤인 2009년 1월 3일에 비트코인이라는 가상 화폐를 직접 구현해 보여주었다.

은행 거래의 핵심은 거래 장부이다. 우리가 얼마를 은행에 예금하면, 결국은 통장이라는 은행의 거래 장부에 내 돈이 기록된다. 우리는 은행을 신뢰하기 때문에, 은행의 거래 장부를 믿고 돈을 맡기기도 하고 빌리기도 한다. 은행은 거래 장부를 보호하려고 금고도 만들고 각종 보안시스템을 운영하기도 한다. 그런데 이런 보안을 유지하는 획기적인 방법이 블록체인 기술이다. 거래 당사자마다 양쪽의 장부에 모든 거래를 기록하면 다른 사람이 위조를 할 수도 없다. 실수로 한쪽의 장부가 분실되어도 다른 쪽의 장부에 자동으로 기록되면 안전하게 장부의 기록을 유지할 수 있다.

모든 비트코인 사용자는 P2P 네트워크에 접속해서 똑같은 거래 장부 사본을 나눠 갖는다. 10분에 한 번씩 모든 거래 장부를 최신 상태로 갱신한다. 10분에 한 번씩 만드는 거래 내역을 '블록(BLOCK)'이라고 부른다. 블록체인이란 블록이 모인 거래 장부 전체를 가리킨다. 비트코인은 처음 만들어진 2009년 1월부터 지금까지 이루어진 모든 거래 내역을 블록체인 안에 쌓아두고 있다. 이런 작업은 비트코인 네트워크에 연결된 컴퓨터가 알아서 처리한다. 기존 금융회사에서는 중앙의 집중형 서버에 거래 기록을 보관하지만, 블록체인은 거래에 참여하는 모든 사용자에게 거래 내역을 보내 주고 거래 때마다 대조해서 데이터의 위조를 막는다. 비트코인은 사용하는 컴퓨터마다 10분에 한 번씩 기록을 검증해서, 헤킹을 막는다는 혁명적인 아이디어에서 출발한 것이다.

일반 화폐는 조폐공사가 찍어내고, 중앙은행이 관리한다. 그런데 비트코인은 많은 시간과 컴퓨터 프로세싱 능력을 요구하는 복잡한 수학 문제를 풀면 새로운 비트코인이 생성되어 가질 수 있는데, 이런 행위를 채굴(MINING)이라고 한다. 앞으로 100년 동안 발행되는 비트코인 숫자는 전체 2,100만 개로 제한되어 있으며, 4년마다 통화 공급량이 줄어들어서 2140년에는 통화량 증가가 멈추게 되어 있다.

5 빚(부채) : 소득이나 저축보다 더 많은 지출을 당장 해야 할 경우 다른 사람에게나 은행에서 돈을 빌려야 한다. 이를 빚(부채)이라고 한다. 가계뿐 아니라 기업과 정부도 당장 더 많은 지출을 해야할 때 빚을 지기도 한다.

6 생산 수단 : 생산 과정에서 노동의 대상이나 도구가 되는 모든 생산 요소를 말한다. 토지, 지하자원, 생산용 건물, 교통 및 통신 수단과 같은 것이다.

7 시장의 종말은 바로 도성(都城)의 종말 : 스페인 군대가 벨기에의 안트베르펜(앤트워프) 성을 함락시키려고 대규모로 침공하였다. 싸울 사람이 부족했던 성의 주민들은 모두 성안으로 들어가 항전하기 시작했다. 얼마 안 되어 성안의 식량이 떨어지자, 성안의 장사꾼들이 성 밖으로 몰래 빠져나갔다. 성을 둘러싼 스페인 군대에게 뇌물을 주고, 인근의 마을에서 식량을 구입하였다. 식량을 성 안으로 들여온 장사꾼들이 비싸게 팔아서 큰 이득을 보았다. 이 소문이 당시 성의 대표이자 관리자였던 가톨릭 사제의 귀에 들어갔다. 사제는 하나님의 성경 말씀에 이자를 붙여먹는 것을 금지하고 있다고 선언했다. 장사꾼들을 식량을 싸게 사서 비싼 값으로 파는 고리 대금업자라고 비난하며, 하나님의 말씀으로 모두 잡아 죽이라고 명령하였다. 그런 뒤 성 안의 주민들은 식량을 구할 수 없었다. 그러자 굶주려 싸울 기력조차 없었다. 견고했던 안트베르펜 성은 1주일도 견디지 못하고 무참하게 점령당하고 말았다.- 유동운, 역

사로 배우는 현대 경영, 신세대, 1997

8 공유 자원의 비극 : 미국의 생태학자 개릿 하딘(Garrett Hardin, 1915~2003)이 1968년에 사이언스라는 잡지에 기고한 짤막한 에세이에 나오는 이야기다. 한 마을에 모두가 공유하는 목초지가 있었다. 마을 사람들은 양을 방목하여 풀을 먹였다. 사람들은 저마다 돈을 더 벌려고 키우는 가축의 수를 늘렸다. 그러자 목초지는 황폐해지기 시작했고, 얼마 안 되어 결국 황무지가 되어버렸다. 양을 키우던 집들은 돈을 더 벌려다가 오히려 큰 손해를 입게 되었다. 이것이 공유지의 비극이라는 이야기이다. 개별 주체들이 공유지에서 자신의 이윤을 극대화하려 한다면 공유지는 관리될 수 없어서 파괴될 수밖에 없다는 메시지를 담고 있다.

공유 자원의 비극을 보여주는 사례로는, 캐나다 동부에 있는 뉴펀들랜드 연안의 대구 어장을 들 수 있다. 이곳의 '그랜드 어장'은 대구가 잘 잡히는 곳으로 유명했다. 1960년대와 1970년대에는 기술이 좋아져서 이전보다 더 많은 대구를 잡을 수 있었다. 새로운 기술로 너무 많이 잡다 보니, 1990년대에는 씨가 말랐는지 별로 잡히지 않았다. 그래서 어장이 폐쇄된 곳도 있다.

개인 소유의 자전거라면 그렇지 않을 텐데 공유 자전거 가운데에는 대여 단말기의 액정이 긁힌 곳도 많고, 바구니에는 쓰레기로 가득 차 있기도 하다. 공유 자원의 비극을 보는 듯하다. 공유 자원이 비극에 이르는 까닭은 누구의 것도 아니므로 아껴 쓰지 않는다는 데 있다.

9 기업가정신 : 슘페터(Schumpeter, J. A.)와 혁신 이론. 슘페터는 1883년 오스트리아·헝가리 제국에서 태어났다. 그는 귀족 자녀의 학교인 테레지아눔을 졸업한 후에 1901년 빈대학에 입학했고, 졸업 후에 첫 직업은 이집트 공주의 재정고문이었다. 그는 공주의 농장을 관리하여 수입을 두 배로 늘리고, 세금은 절반으로 줄였다. 이집트에서 돌아온 그는 독일 본대학에서 경제학을 가르쳤는데, 그의 관심은 자본주의 경제를 발전시키는 원동력에 대한 것이었다. 1912년의 『경제 발전의 이론』, 1939년의 『경기 순환론』은 이 문제를 다룬 저서들이다. 슘페터는 계속 경제를 키우는 힘을 연구했고, 그는 해답을 '기업가의 혁신'에서 찾았다. 그는 새로운 발명뿐만 아니라, 새로 시장을 개척하거나 값싼 원료를 새로 발견하거나, 비용이 적게 드는 생산 방법을 찾아 내는 일 모두를 혁신으로 보았다. 그는 기업가의 혁신이 자본주의를 발전시키는 원동력이라고 생각했다. 그는 여기서 만족하지 않고 자본주의가 왜 혁신을 통해 계속 발전하지 않고 불황에 부딪히는지 고민하였다. 그 결과, '그건 기업가의 혁신이 시간에 따라 고르게 나타나지 않고 한꺼번에 나타났다가 사라지기를 반복하기 때문'이라는 결론을 내렸다. 예를 들어, 트랜지스터 텔레비전이 성공하면 이러한 혁신의 결과로 전자 회로와 반도체 분야가 덩달아 발전하게 된다. 그러나 많은 회사가 새 제품을 생산하게 되면 점점 혁신의 효과는 줄어들기 시작한다는 것이다. 슘페터는 이렇게 몇몇 기업가의 혁신과 그 파급 효과에 의해 경제가 물결처럼 파동치면서 호황기, 퇴조기, 불황기, 회복기, 다시 호황기로 순환한다고 생각했다. - 요술피리, 「거꾸로 경제학자들의 바로 경제학」에서 발췌 인용

10 소득과 그에 따른 분위는 빈부 격차 측정 방법이다. 10분위와 5분위 등이 있다. 10분위 분배율을 내려면, 우선 한 나라의 모든 가구를 소득의 크기순으로 순위를 매긴 다음, 이를 10개 집단으로 분류한다. 그리고 소득이 낮은 1등급에서 4등급까지의 소득을 합한 뒤, 소득이 높은 9등급과 10등급의 소득을 합한 것으로 나눈다. 그렇게 해서 나온 수치가 10분위 분배율이다. 완전 평등의 경우에는 분배율이 2가 되며, 완전 불평등의 경우에 0이 된다. 대

체로 0.45 이상이면 공정한 분배가 이루어졌다고 본다.

11 '낙수 효과' : 어떤 경제학자도 학문적으로 설명한 적이 없는 용어가 바로 낙수 효과이다. 시장의 기능과 역할을 지지하지 않는 반시장주의자일수록 낙수효과를 소리 높여 외친다. "재정적 지원과 감세 정책을 통해서 추가적으로 얻게 될 상류층의 물질적 혜택이 시냇물 흐르듯 상류층에서 빈곤층으로 흘러가는 효과"가 있어야 한다는 것이다. 낙수 효과가 미미하기 때문에 국가가 나서서 정의롭게 개입을 해야 한다고 믿기 때문이다.
그런데 경제학에는 '낙수 효과'와 같이 부유층에 대한 직접적인 지원 정책 자체가 빈곤층에게도 혜택이 된다는 이론이 존재하지 않는다. … 중요한 것은, 경제적으로 부유한 계층에게 재정적 지원을 하는 것이 아니라, 시장 안에서 실현 가능한 아이디어가 더 많이 나올 수 있도록 경제 환경을 만들어 주는 것이다. 그렇게 해야 기득권층의 정략 때문에 시장이 경직될 위험에 빠지는 것을 막을 수 있고, 사회 전반에 번영을 가져올 수 있는 경쟁적이고 자유로운 시장 환경이 조성될 수 있다. – 경제교육재단(fee.org), 스티븐 호르위츠(Steven Horwitz)의 글 'There is No Such Thing as Trickle-Down Economics(Saturday, September 24, 2016)'에서 정리
그럼에도 불구하고 현실적으로는 대기업이 대규모 투자를 할 경우, 연계된 중소기업들이 연이어 일자리 창출과 국내 경제 활성화에도 크게 도움이 될 것이라는 분석이 가능하다. 2022년 삼성과 SK, 현대자동차, LG, 롯데 등 5대 그룹과 포스코, 한화, GS, 현대중공업그룹, 신세계, 두산이 발표한 예상 투자액은 총 1,060조 6,000억 원에 달하며, 그중 국내 투자가 80%를 넘을 것이라고 보도되었다.
향후 5년간 국내에서만 360조 원을 투자하고 8만 명을 신규 채용하겠다고 밝힌 삼성전자는 국내 1차 협력 회사만 700여 곳이며 협력 회사 직원은 37만 명, 거래 규모는 연간 31조 원에 달한다. 2차, 3차 협력사까지 더하면 1만 곳이 넘는다. 삼성전자는 투자를 통해 총 107만 명의 고용 유발 효과가 있을 것으로 예상했다.
현대차그룹이 국내 63조 원과 미국 13조 원을 포함해 총 80조 원에 가까운 투자 계획을 밝히면서, 국내 부품업계도 투자의 온기가 전해질 것으로 기대하고 있다. 특히 현대차그룹은 기존 내연 기관 차량의 상품성 개선과 고객 서비스 향상 분야에 가장 많은 38조 원을 쏟아붓는데, 이러한 투자는 미래차로의 전환기 속에서 침체에 빠진 내연 기관차 부품업체들이 미래 성장 동력을 발굴하는 데 도움이 될 것으로 업계는 내다봤다. – 연합뉴스 기사에서 정리(https://www.yna.co.kr/view/AKR20220526151400003)

12 임금을 결정할 때 고려되는 원칙들
• 노동의 질과 양에 알맞은 임금을 지급한다(동일 노동, 동일 임금).
• 노력과 성과에 알맞은 임금을 지급한다(내부적 공정성).
• 사회적 균형을 생각해서 임금을 지급한다(외부적 공정성).
• 인간으로서 살아갈 수 있는 최저생계비를 보장한다.
• 임금은 안정적으로 지급한다.
• 임금은 지불 가능한 범위 안에서 지급한다.

13 「사회적 기업 육성법」 제2조 제1호

14 사회적기업진흥원 홈페이지

15 1995년 ICA-국제협동조합연맹

16 일반적으로 시장 실패라고 부르는 경우는 독과점 문제, 공공재의 공급 부족, 외부 효과의 발생, 경제적 불평등 등의 경우가 있다. 그렇지만 일부 경제학자의 의견이므로 절대적으로 옳다고는 할 수 없다.

17 우루과이라운드 : 1986년 116개국이 우루과이에 모여 세계 각국의 무역 장벽을 없애기 위해 진행하던 다자 간 협정으로 1994년에 타결되었다.

18 유럽 연합 : 회원국 사이의 상품 및 생산 요소의 자유로운 이동까지 허용하여 단일 통화를 사용하는 경제 공동체로 설립되었는데 1999년에 발효되었다.

19 북미자유무역협정 : 미국, 캐나다 및 멕시코의 경제 통합으로 1995년에 발효되었다.

20 플랜테이션은 환금 작물(cash crop)을 전문으로 하는 대규모 상업적 농장이며, 주로 열대, 아열대 기후인 동남아시아와 아프리카 및 라틴아메리카에 분포한다. 선진국의 자본과 열대 후진국의 값싼 노동력이 결합된 기업적 농업이다.

21 1858년까지 일본은 세계 무역으로부터 완전히 고립되어 있었으나, 그 해에 무역 제한 조치를 해제하고 무역을 시작하였다. 무역이 시작되자, 일본은 두 가지 주요 수출품인 면직물과 차(tea)에 특성화하였다. 폐쇄 경제에서는 이들 상품의 가격이 낮았으나 무역이 시작되자 값이 급격히 올랐다. 미국과 수호 통상 조약을 맺은 뒤 무역이 활성화된 결과였다. 일본의 면직물 가격은 26%, 차의 가격은 50% 넘게 오른 반면, 수입품의 가격은 평균 39%나 내렸다. 일본은 개방한지 12년만에, 외국과의 무역이 7,750% 넘게 증가되었다. 외국으로부터 선진 기술을 받아들여 얻은 이익과 수출품의 가격 상승으로 얻은 이익을 합할 경우, 일본의 실질 소득은 65%나 상승하였다. - 이재기, 세계 지역 연구, 2002

22 국제전자제품박람회(CES) 2023 최고 혁신상(Best of Innovation) 수상한 전세계 20개사 중 한국 기업이 절반에 가까운 9개사로 참가국 중 가장 좋은 성과(다음 미국 4개사, 독일과 일본이 각 2개사 순) - [출처] 대한민국 정책브리핑(www.korea.kr) / https://www.korea.kr/briefing/pressReleaseView.do?newsId=156548056
국제전자제품박람회(CES) 2023의 주최사인 미국소비자기술협회(CTA, Consumer Technology Association)는 전 세계 혁신 제품을 대상으로 기술, 디자인, 혁신성을 평가하고 전 분야에 걸쳐 가장 높은 점수를 받은 제품 및 서비스에 최고 혁신상을 수여한다. 올해는 지능형 가전 가구(스마트 홈), 모바일 기기, 건강 등 28개 혁신 분야에서 전 세계 참여 기업 중 최고 혁신상 총 23개 제품, 20개 기업이 선정됐다. 제품 수 기준으로 한국 제품은 개최국인 미국보다 많은 12개(52%)이며, 기업 수 기준으로는 20개사 중 9개사(45%)가 최고 혁신상을 수상하는 쾌거를 이뤘다.
특히, 최고 혁신상을 수상한 한국 기업 9개사 중 벤처·창업기업(스타트업)은 5개사로 엘지(LG)전자, 삼성전자, 삼성전자 아메리카, 에스케이(SK) 등 최고혁신상을 수상한 4개 대기업보다 더 많은 최고 혁신상을 수상했으며, 이는 역대 벤처·창업기업(스타트업)의 최고 혁신상 소상 최대 실적이다. 우리나라의 기업들은 이제 대기업뿐만 아니라 중소기업들도 세계적 수준에 이르렀음을 잘 보여주고 있다.

대한민국 헌법 전문〔시행 1988. 2. 25.〕

유구한 역사와 전통에 빛나는 우리 대한국민은 3.1운동으로 건립된 대한민국임시정부의 법통과 불의에 항거한 4.19민주이념을 계승하고……, 자율과 조화를 바탕으로 자유민주적 기본질서를 더욱 확고히 하여 정치·경제·사회·문화의 모든 영역에 있어서 각인의 기회를 균등히 하고, 능력을 최고도로 발휘하게 하며, 자유와 권리에 따르는 책임과 의무를 완수하게 하여……우리들과 우리들의 자손의 안전과 자유와 행복을 영원히 확보할 것을 다짐하면서 1948년 7월 12일에 제정되고 8차에 걸쳐 개정된 헌법을 이제 국회의 의결을 거쳐 국민투표에 의하여 개정한다.

헌법 전문은 우리나라의 건국 이념이 3·1운동에서 유래하며, 자유민주주의를 정치 체제로 삼고, 자유와 권리 및 기회 균등을 목적 가치로 삼는다고 선언하고 있다. 3·1운동은 일본의 식민지 지배에 저항하고, 우리나라의 독립을 주장한 비폭력 만세 운동이다. 눈 여겨 보아야 할 것은 3·1운동이 자유공화국을 목표로 삼고 독립하겠다고 주장한다는 점이다.

3·1독립선언서의 첫 문장을 보자. "吾等은 玆에 我 朝鮮의 獨立國임과 朝鮮人의 自主民임을 宣言하노라." 현대어로 번역하면, '우리는 이제 조선이 독립국이며 조선인이 주권을 가진 사람들이라는 것을 선언한다.'가 된다. 첫 구절에서 조선의 독립을 주장하고, 둘째 구절에서 조선 사람들이 주권을 가졌다고 밝히고 있다. 독립된 나라에서 조선 사람은 주권이 없는 신민이 아니라, 주권을 가진 자유인이라고 선언한 것이다.

주권은 자유인이 아니면 못 가진다. 선언서는 마지막에 이 점을 분명히 해 두었다. "我의 固有한 自由權을 護全하야 生旺의 樂을 飽享할 것이며." 현대어로 번역하면, '나의 고유한 자유권을 온전히 보호해서 삶의 즐거움을 만끽할 것이며'가 된다. 독립공화국이 건설되면 조선 사람들은 주권을 가진 자유인이 되리라고 못 박고 있다. 3·1운동은 새로운 공화국을 세우려는 혁명이기도 했다. 3·1운동의 정신은 상하이임시정부로 구체화되었다. 임시헌장 제1조에서 "대한민국은 민주공화제로 한다"라고 밝혔으며, 제4조에서 "대한민국의 인민은 종교, 언론, 저작, 출판, 결사, 집회, 통신, 주소 이전, 신체 및 소유의 자유를 누린다"라고 밝혔다.

헌법 전문은 대한민국이 민주공화국을 지향한 3·1정신을 계승하고, "자율과 조화를 바탕으로 자유민주적 질서를 더욱 확고히 하여," 모든 국민의 "안전과 자유와 행복을 영원히 확보할 것을 다짐"하고 있다. 민주공화국은 자유민주주의라는 점도 밝혀 놓았다.

헌법 전문은 전체가 한 문장으로 쓰였는데, 글자 수만 341글자, 띄어 쓰면 433자가 된다.

> **대한민국 헌법의 조문**
>
> 제1조 ①대한민국은 민주공화국이다.
>
> ②대한민국의 주권은 국민에게 있고, 모든 권력은 국민으로부터 나온다.
>
> 제10조 모든 국민은 인간으로서의 존엄과 가치를 가지며, 행복을 추구할 권리를 가진다. 국가는 개인이 가지는 불가침의 기본적 인권을 확인하고 이를 보장할 의무를 진다.
>
> 제23조 ①모든 국민의 재산권은 보장된다. 그 내용과 한계는 법률로 정한다.
>
> 제119조 ①대한민국의 경제질서는 개인과 기업의 경제상의 자유와 창의를 존중함을 기본으로 한다.

전문에서 밝힌 헌법 정신은 헌법 조문에서 구체화되었다. 헌법 제1조는 우리나라가 모든 권력이 국민으로부터 나오는 민주공화국이라고 선언한다. 제10조는 모든 국민이 인간으로서 존엄과 가치를 가진다고 선언한다. 다음 조문부터는 열 개 이상의 다양한 자유권을 열거하면서, 자유권이야말로 인간의 존엄과 가치를 보장하는 기본권이라는 것을 밝힌다. 제23조에서 사유재산권을 보장하고, 제119조에서 우리나라의 경제 질서는 자유시장경제라고 선언하고 있다.

헌법 조문은 대한민국이 자유민주주의와 시장경제를 정치 경제의 이념으로 삼고 있다고 밝히고 있다. 지난 문재인 정권에서는 대한민국의 정치 이념이 자유민주주의가 아니라 '자유'를 뺀 '민주주의'라면서 헌법 개정을 시도했다. 비록 헌법 개정에는 실패했지만, 이런 행동은 반 헌법적이고 반 대한민국적인 것이었다는 사실을 여기에서 분명히 해둔다. 이승만 대통령이 말했듯, 민주주의에는 자유민주주의와 인민민주주의가 있다. 주사파 정권이나 전교조가 주장하는 민주주의는 과연 어떤 민주주의인지 낱낱이 물어야 한다.

24 조선민주주의인민공화국 사회주의 헌법

> **조선민주주의인민공화국 사회주의 헌법 서문**(2019. 8. 개정)
>
> 조선민주주의인민공화국은 위대한 수령 김일성동지와 위대한 령도자 김정일동지의 국가건설사상과 업적이 구현된 주체의 사회주의국가이다.
>
> 위대한 수령 김일성동지는 조선민주주의인민공화국의 창건자이시며 사회주의 조선의 시조이시다. 위대한 수령 김일성동지께서는 영생불멸의 주체사상을 창시하시고.....
>
> 위대한 령도자 김정일동지는 위대한 수령 김일성동지의 사상과 위업을 받들어 우리 공화국을 김일성동지의 국가로 강화발전시키시고......영생불멸의 주체사상을 전면적으로 심화발전시키시고 온 사회의 김일성주의화의 기치높이 정치사상강국, 핵보유국, 무적의 군사강국으로.......온 사회를 일심단결된 하나의 대가정으로 전변시키시였다.
>
> 위대한 수령 김일성동지와 위대한 령도자 김정일동지께서는 나라의 통일을 민족지상의 과업으로 내세우시고.....사상리론과 령도예술의 천재이시고 백전백승의 강철의 령장이시였으며 위대한 혁명가, 정치가이시고 위대한 인간이시였다.

> 조선민주주의인민공화국과 조선인민은 위대한 김일성동지와 위대한 김정일동지를 주체조선의 영원한 수령으로 높이 모시고 조선로동당의 령도밑에.....<u>주체혁명위업을 끝까지 완성</u>하여나갈 것이다.

북한 헌법 서문은 19개의 문장에 글자 수만 1,911자, 띄어 쓰면 2,353자나 된다. 우리 헌법 전문의 여섯 배에 가깝다. 자유민주주의 헌법들의 전문은 짧은데, 사회주의 헌법들의 서문은 대부분 길고 장황하다. 북한 헌법 서문은 처음에 북한이 주체사상의 사회주의 국가라고 밝히고, 다음에는 차례로 김일성, 김정일, 김일성과 김정일의 체제, 마지막으로 북한 인민에 대해서 쓰고 있다.

북한 헌법 서문은 김일성과 김정일을 우상화하고 주체사상을 신격화하고 있다. 공산 중국의 헌법에서 언급되는 마오쩌둥에 비교가 안 될 만큼 신격화의 농도와 범위가 짙고 넓다. 김일성은 "영혼 불멸의 주체사상을 창시"한 "사회주의 조선의 시조"로 찬양되고 있다. 대한민국의 헌법은 3·1정신에 뿌리를 두고 있다면, 북한 헌법은 신적인 존재인 김일성에게 뿌리를 두고 있다. 문장들도 존대어법으로 쓰여 있다.

김정일은 영생 불멸의 주체사상을 심화 발전시키고, 북한 사회를 김일성화시켜서 북한 전체를 김일성의 국가로 만드는 선군 정치가로 묘사되어 있다. 여기서 주목할 바는 북한이라는 국가가 국민의 것이 아니라 '김일성 개인의 것'이라는 주장이다. 공화국은 라틴어로 레스 푸불리카라고 하는데, 그 뜻은 '국민의 것'이다. 북한이 국민의 것이 아니라 김일성 개인의 것이라면 공화국이 될 수 없다. 그것은 왕국일 뿐이다. 그런데도 북한의 공식 이름은 '조선민주주의 인민공화국'이다. 이들의 언어는 모순 어법으로 구성되어 있고 거짓을 일삼고 있다.

마지막으로 김일성과 김정일을 함께 묶어서 사상과 예술의 천재이며 백전백승의 장군으로 찬양한다. 그리고 북한 당국과 북한 국민이 그들을 모시고 주체 혁명을 끝까지 완성하리라고 다짐한다. 북한 헌법 서문은 결국 김일성, 김정일 두 명을 노골적으로 신격화하고, 사이비 종교 집단의 교주를 칭송하는 글처럼 쓰였다.

북한 헌법 조문

제1조 조선민주주의인민공화국은 전체 조선인민의 리익을 대표하는 자주적인 사회주의국가이다.

제2조 조선민주주의인민공화국은 제국주의침략자들을 반대하며 조국의 광복과 인민의 자유와 행복을 실현하기 위한 영광스러운 혁명투쟁에서 이룩한 빛나는 전통을 이어받은 혁명적인 국가이다.(후략)

북한 헌법 서문에서 밝힌 주체사상의 권력 구조는 북한 헌법 172개 조문으로 표현되어 있다. 우리 헌법에는 기본권이 곧바로 제2장에 수록되어 있는데, 북한 헌법에는 공민권이 정치·경제 체제를 다룬 다음 제5장에 수록되어 있다. 그런 만큼 공민권보다는 정치·경제 체제를 더 중요하게 다루고 있는 셈이다. 공민권에는 신앙의 자유까지 보장될 정도로 우리 헌법과 비교해서

크게 손색이 없을 정도이다. 그러나 공민원의 조문들은 선전용으로 제시되었을 뿐, 북한의 정치 체제에서 실질적인 의미가 전혀 없다.

우리나라의 헌법과 북한의 헌법을 비교해보면, 자유민주주의와 인민민주주의가 어떻게 다른지 쉽게 알 수 있다. 인민민주주의가 민주주의라는 이름만 가지고 있을 뿐, 실질적으로는 전체주의 독재라는 점도 어렵잖게 알 수 있다.

25 대통령 관련 헌법 조항

·대통령은 국가의 원수이며, 외국에 대하여 국가를 대표한다. (헌법 66조 1항)

·대통령은 국가의 독립·영토의 보전·국가의 계속성과 헌법을 수호할 책무를 진다. (헌법 66조 2항)

·대통령은 조국의 평화적 통일을 위한 성실한 의무를 진다. (헌법 66조 3항)

·행정권은 대통령을 수반으로 하는 정부에 속한다. (헌법 66조 4항)

26 헌가(위헌법률심판), 헌나(탄핵심판), 헌다(정당해산심판), 헌라(권한쟁의심판), 헌마(권리구제형 헌법소원), 헌바(위헌심사형 헌법소원), 헌사(가처분) 등의 사건을 통해 국민의 기본권을 보장하고 있다.

27 국가의 3요소 : 국가가 성립되려면, 일정한 영토가 있어야 하고, 그 지역에 사는 주민이 있어야 하며, 대외적으로 다른 국가와 대등한 관계를 맺을 수 있는 독립된 주권을 가지고 있어야 한다. 영토, 국민, 주권을 국가의 3요소라고 한다. 최근에는 정부, 다시 말하면 영토 안에서 자국민을 통치할 수 있는 조직을 국가의 네 번째 요소로 여긴다.

28 國 = _ + 口 + 戈 + 口 : 2000년 전의 책, 〈손자병법〉에서 설명하는 국가의 개념 : 나라(國)를 풀이해 보면, 국가란 땅(_: 한 일, 땅의 모습) 위에 사람(口: 입 구, 인구라는 뜻)이 창(戈: 창 과, 무기라는 뜻)을 들고 서서 지키는 영역(口: 에워쌀 위, 담장이란 뜻)을 뜻한다.

29 국제 판결을 무시한 국가 행동 : 헤이그 상설중재재판소(PCA)는 2016년에 중국의 남해 9단선 선포와 필리핀 해역 근처의 산호초 스카보러섬의 점령은 불법이라고 판결했다. 중국은 판결이 나온 날 이를 무시했을 뿐만 아니라, 전 해군에 전투 태세를 명령하고 대규모 해상 훈련을 실시했다. 중국은 국제법을 지키지 않겠다는 의사 표시로 자국의 힘을 과시하는 무력 시위를 강행했다.

30 동맹의 종류와 성격

1. 방어 동맹 : 적국의 침략을 방어하려고 평화 목적으로 맺은 군사 동맹을 말한다. 70년된 한미동맹이 대표적이다.

2. 공격 동맹 : 허약한 이웃 국가를 침략하려고 전쟁 목적으로 맺은 군사 동맹을 말한다. 19세기의 3국동맹(독일, 이탈리아, 오스트리아-헝가리제국)이 대표적이다.

31 파머스턴 경 : 19세기 중반에 외무장관과 수상을 지내며, 영국의 대외 정책을 30여 년 동안 총괄했고, 대영제국의 절정기를 관리하던 정치가이다. [어록 원문] We have no eternal allies, and we have no perpetual enemies. Our interests are eternal and perpetual, and those interests it is our duty to follow.

32 민주 평화론(Democratic Peace Theory) 자유 민주 진영의 국가 사이에는 전쟁이 일어날 가

능성이 없다는 사실을 증명한 이론이다. 칸트의 [영구 평화론]이 철학적 기초로 제공했고, 마이클 도일이(Michael Doyle)이 체계화시켰다.

33 세력균형 이론(Balance of Power Theory) : 케네스 월츠의 대표적인 이론으로, 인접 국가 가운데 약한 나라들이 힘을 합쳐서 주변의 강대국을 견제하고 대항하는 전략이다. 국제 정치의 기본 원칙이다. 현재 동북아 정세로 볼 때, 한국은 일본과 동맹을 맺고 중국에 대항하는 전략이 현명한 국가 안보 정책이다. 두 국가를 모두 적국으로 만드는 정책은 안보의 파탄을 일으킬 것이다. 물론 자유민주주의 국가들 사이에도 예민한 문제가 생기면 갈등이나 마찰이 생길 수 있다. 이런 경우에는 꾸준히 대화와 협상으로 해결하려고 애썼다. 쉽사리 전투 태세로 맞대응하거나 힘의 논리로 약소국을 압박하지는 않았다. 1980년대에 통계 분석을 해보니, 자유민주주의 국가들 사이에는 서로 싸우려 하지 않았다는 사실이 드러났다. 그러나 체제가 다른 독재나 전체주의 국가와는 전쟁을 마다하지 않았다고 한다. 왜 그럴까? 정치 이념과 체제가 비슷하면 전쟁에 호소하지 않아도 평화적으로 갈등을 해소할 수 있었다. 그러나 정치 이념과 체제가 다르면, 갈등을 해소하는 방법으로 전쟁밖에는 다른 길이 없었다. 이런 국제 사회의 특성을 무시하고 경제적 시각에서만 바라보면, 자칫 동맹의 개념에 혼선을 빚을 수 있다. 우리가 공산 중국과 경제 교류의 폭이 아무리 넓다고 해도 동맹 상대로 본다면 큰코 다칠 것이다.

34 지소미아(GSOMIA, General Security of Military Information Agreement) : 일본 정부가 한국을 수출 관리 우대의 대상국인 '백색국가(화이트리스트, 안전보장 우호국)'에서 배제하겠다는 결정을 내리자 한국 정부는 지소미아 파기를 대응책으로 내세웠다. 지소미아는 '군사정보보호협정'의 약자로, 두 나라의 협정으로 맺은 국가 사이에 군사 기밀을 지키고 전달하며 보안을 유지하는 방법을 공유하는 제도이다. 지소미아는 주로 북한의 핵과 미사일 등 2급 이하 군사 비밀 정보의 공유를 주목적으로, 2011년부터 논의되기 시작해서 2016년 11월 23일에 체결되었다. 미국의 극동 아시아 국제 정책 가운데 하나로서, 오바마 행정부 시절에 시작되었고 트럼프 정부 시절에는 더욱 강화되었다. 미국은 외교 정책의 축을 아시아로 옮기고 대중국 방어 전략을 추진한다. 미국이 세계 전략을 짜면서, 아시아의 중요성을 인식하고 주요 관심을 아시아로 옮기고 있다. 미국은 한·미·일의 촘촘한 3자 군사동맹을 바라고 있다. 한·일 양국 사이에 과거사 문제로 감정적 앙금이 남아 있다는 것을 알고, 법적 형식의 실질적인 협정을 밀어붙였다. 지소미아는 한국의 김관진 국방장관과 일본의 기타자와 도시미 방위상 사이에 맺은 협정이다. 양측이 만기 90일 전에 파기 의사를 밝히지 않으면, 1년씩 자동으로 연장된다.

한국도 한·미·일 3국이 공조하는 안보 협력 체제의 하나로서 일본과 지소미아를 지켜왔다. 한국은 탈북자와 중국 국경 지방의 인적 네트워크를 이용한 정보를 전달하고, 일본은 인공위성과 정찰 위성 등 고급 영상 정보를 제공해왔다. 과거에는 미국을 통해서 서로 제공받던 정보 라인이었다. 그것을 한국과 일본이 직접 교류하는 방식으로 끌어올렸던 것이다. 그러나 문재인 정부(2019년) 시절에 '화이트리스트' 사건을 빌미로, 지소미아를 연장하지 않기로 결정했다고 통보했다. 미국 정부가 협정을 연장해야 한다는 입장을 여러 차례 표시하고, 일본 정부 역시 연장의 필요성을 강조했다. 그러나 문재인 정부는 이를 무시했다. 북한의 핵 정보를 일본과 공유하고 싶지 않았던 모양이다. 고노 다로 일본 외무부 장관은 문재인 정부의 발표 세 시간 만에 남관표 주일 대사를 통해 항의했다. 기자들과 만난 자리에서는 "한국 정부의 협정 종료 결정은 현재 동북아지역 안전 보장을 완전히 잘못 판단한 대응의 결과"라고 말했다. 이어 "이번 조치를 수출 관리 재검토와 연결했다는 한국 정부 주장은 잘못된 것"이라며, 경제 분쟁과 안보 문제는 별개라는 점을 강조했다. 아산정책연구원 안보통일센터장은 "잘못된 선택으로 안보 우려와 외교적 고립을 야기하고, 한미 관계 악화를 유발할 수 있다"라고 지적했다.

미 국무부 고위 당국자는 한·미·일 외교장관 회의를 마치고 지소미아 파기 가능성과 관련해서 말했다. "한국과 일본은 미국이 동북아 안보를 유지하기 위해, 그들에게 의존하는 만큼 서로에게 의존하고 있다"라며 "그 가운데 하나라도 잃는 것은 우리의 능력을 떨어뜨릴 것"이라고 했다. 또한 생각을 바꾸고 조약을 연장하라는 성명을 발표하며 한국 정부를 압박하기도 했다. 빈센트 브룩스 전 주한 미군 사령관도 워싱턴에서 열린 포럼에서 "(지소미아 파기에) 분명히 반대" 입장을 전하며, "공유하는 정보는 제한할 수는 있어도 채널 자체를 파괴하는 것은 지혜롭지 못한 처사다"라고 말했다. 아시아 문제 전문가와 학자들을 비롯해, 미국 내에서도 한국의 지소미아 폐기 결정은 잘못된 처사라고 계속 발표했다.

미국 행정부의 설득이 지속됐고, 상원의원 40명의 항의 서한이 문재인 정부에 전달되자, 한·일 지소미아를 유지를 강조해 온 미국의 중재와 압박으로 일단 위기는 모면했다. 문재인 정부는 지소미아 종료 통보의 효력을 정지시키는 공한을 일본에 보냈다. 돌이켜 보면, 정부와 일본의 발표 내용에 차이가 심했고 언론도 사실에 기반한 정보 전달을 제대로 하지 않았다. 국민은 반일 감정으로 치우칠 뿐, 군사 안보에 대한 경각심은 뒷전으로 밀려나 있었다. 반성해보아야 할 대목이다.

35 화이트리스트 : 일본은 2019년 7월에 반도체·디스플레이의 핵심 소재인 불화수소 등 3개 품목의 한국 수출을 규제하고, 그해 8월에는 한국을 화이트리스트에서 뺐다. 화이트리스트는 '믿을 수 있는 국가 명단'이란 뜻으로, 실질적인 의미는 '안보상 수출 심사 우대 국가 명단'이다. 한국은 백색 국가, 이른바 화이트리스트에 들어 있었다. 그런데 불화수소 문제가 불거졌다. 불화수소는 핵무기 제조에 사용되는 광물이다. 한국이 수입한 뒤, 이 품목의 이동 루트가 북한으로 이어지는 정황을 일본 정부가 알아챈 것이다. 일본 측은 수출한 전략물자 세 가지의 행방에 대한 정확한 답변을 한국 정부에 요구했다. 한국이 근거 자료를 제시하지 못하자, 양국 정부의 갈등이 겉으로 드러났다. 당시 언론은 문재인 정부의 잘못과 실책을 분석하지 않고, 일본에 적대적인 감정만 일으키는 편향된 보도를 일삼았다. 그러자 한동안 일본 제품의 불매 운동이 전국을 휩쓸었고 많은 국민이 반일 감정에 휩싸였다. 돌이켜보면, 국가 안보를 위태롭게 만들면서까지, 감정적으로 대응하는 것이 과연 슬기로웠는지 새겨보게 한다.

36 반공 포로 석방 : 1951년 7월 10일 휴전 회담이 시작되고부터 어려움을 겪었다. 1952년 5월에야 의사 진행 일정과 휴전선 확정 문제, 감시위원단 구성 문제 등에 합의하고 포로 송환 문제만 남겨놓게 되었다. 유엔군 측은 포로 송환이 개인의 의사에 따라야 하는 이유로 세 가지를 들었다(자발적 송환 원칙). 첫째 한국군 포로 가운데 많은 수가 학도 의용군으로 북한군에 강제 편입된 사실, 둘째, 북한군 포로 가운데 상당수가 전쟁 중에 강제 징집된 뒤 집단 투항하였고, 셋째, 중국군 포로 가운데에는 자국으로 송환되기를 거부하는 사람이

많았다는 사실이다. 그러나 북측에서는 무조건 전원 송환을 주장하고 유엔군의 방침을 거절하였다(강제 송환 원칙).

휴전 회담이 교착 상태에 빠지고 소규모 전투가 계속되는 동안, 1953년 3월 5일에 소련의 스탈린이 사망했다. 미국에서는 한국전 종전을 선거 공약으로 내세운 아이젠하워가 새로운 대통령으로 당선되었다. 전쟁의 새로운 전환점이 찾아왔다. 4월에 휴전 회의가 다시 열리자, 중공은 포로 송환 문제에 양보와 타협의 의지를 보였다. 송환을 희망하지 않는 포로를 중립국에 넘겨서, 그들의 귀국 문제를 둘러싼 논란을 해결하자고 제안했다. 결국 아이젠하워의 압박 정책에 밀린 공산 측이 양보하고, 6월 8일에 포로의 자발적 송환 원칙에 합의하였다. 휴전 협정은 서명 절차만을 남겨둔 상황이었다.

그런데 문제가 발생했다. 클라크 유엔군 사령관은 "6월 18일 경이면 휴전 협정이 정식으로 체결될 수 있을 것"이라고 발표할 때였다. 휴전을 시종일관 반대해 온 이승만 대통령이 6월 18일 새벽에 북한으로의 귀환을 거부하는 반공 포로를 석방해버렸다. 숫자는 약 2만 7,000여 명이며, 거제도를 제외한 7개 지역의 수용소에서였다.

미군 감시원을 내쫓으면서 밀어붙인 반공 포로 석방 사건은 온 세계에 큰 충격을 안겼다. 유엔군 긴급 회의, 영국의 긴급 내각 회의, 한국전 참전국 회의 등이 열렸다. 휴전을 낙관하던 미국은 이승만의 동의 없이 휴전이 어렵다는 것을 절감하게 되었다. 공산 측은 탈출한 반공 포로들을 전원 재수용할 것을 요구하면서 휴전 협정 체결을 거부했다.

북한과 중공으로 송환되면 반공 포로들은 자동 처형될 운명이었다. 그들은 사상이 오염되었다거나, 포로가 되었다는 이유만으로도 살아남을 수 없었다. 이런 일은 이미 일어났다. 제2차 세계대전이 끝난 뒤, 소련군 포로가 본국으로 송환되자 처형되었던 것이다. 자유와 생명을 원하는 반공 포로들은 이승만의 석방 작전으로 목숨을 구했다. 이 사건은 전쟁사에 길이 남을 명작전일 뿐만 아니라, 이승만 대통령의 빛나는 외교 업적 가운데 하나이다.

반공 포로를 석방한 다음 날인 6월 19일 이승만은 성명을 발표하였다. "나는 나 자신의 책임 하에 1953년 6월 18일 한국인 반공 포로 석방을 명령하였다. 내가 유엔군사령부 및 관계 당국과 충분한 협의를 하지 않고 이렇게 한 이유는 너무도 분명하여 설명을 요하지 않는다. 각도의 지사나 경찰관서에 최선을 다하여 이 석방 포로들을 돌보도록 지시하였다. 우리는 우리 국민과 친구들이 이 조치에 협력할 것이며, 어디에서나 불필요한 오해가 없을 것이라고 믿는다. …… 제네바협약과 인권 정신에 의하여 반공 한인 포로는 벌써 다 석방되어야 할 것인데 …… 국제 관계로 해서 불공평하게 그 사람들을 너무 오래 구속했었다……"(인용 : 이승만 기념관)

이승만의 반공 포로 석방 작전은 치밀했다. 개인적으로 신뢰하는 헌병 사령관 원용덕 장군에게 비밀리에 반공 포로 석방을 지시했다. 1953년 6월 18일 새벽 두 시에 전국의 여러 수용소에 나뉘어 있던 2만 7,000명의 반공 포로는 한국군 헌병들이 쏘는 카빈 총소리를 신호로 일제히 철조망을 뚫고 탈출했다. 포로들은 순식간에 빠져나와 민가에 숨었다. 한국의 공무원이나 경찰은 이들에게 직접 민간인이 입는 옷을 제공했고 민가로 안내까지 했다.

37 한미상호방위조약(Mutual Defense Treaty between the ROK and the USA) : 이승만 대통령의 치적이자 불가분의 관계에 있는 것으로, 국제 외교사에서 이례적인 불평등한 조약으로 평가받는다. 전쟁의 폐허 속에 놓여있는 최빈국이자, 인지도도 없는 동북아시아의 약소국인 대한민국이 세계 최강대국 미국과 대등하게 조약을 맺자 외교가에서는 뒷말이 많았다.

특히 영국은 노골적으로 불만을 나타내며 동맹 체결의 의미와 성과를 깎아내렸다. 조약은 총 6개 조항으로 구성되었다. 이승만 정부는 전쟁 일어나면, 미군이 NATO에서 처럼 '자동 개입'할 것을 요구했지만 관철되지 못했다. 마지막 6조로 말미암아 한국 국회의 비준이 연기되었다가 1954년 11월 18일부로 효력이 발생했다.

38 〈한미동맹의 탄생 비화〉: 6·25전쟁 발발 70주년이자, 한미동맹 체결 67주년을 기념해서 2020년에 발간된 책이다. 한미상호방위조약이 체결된 배경을 알려주고, 미국이 다른 나라와 맺은 조약(NATO)과 차이점과 의미를 설명했다. 또한 동맹 이론에 기초해서 조약을 분석했으며, 조약의 전 과정과 교섭 당사자들의 대화 내용과 협상 전략을 소개했다. 협상의 주역인 이승만 대통령과 아이젠하워 대통령, 덜레스 국무장관 등에 대한 인물 분석도 곁들여져 있다.

39 1953년 10월 1일 워싱턴 D.C.에서 거행된 한미상호방위조약 서명식에서 대한민국의 변영태 외무부 장관과 미국의 덜레스 국무장관은 조약에 서명했다.

40 "한미상호방위조약이 성립됨으로써, 우리는 앞으로 여러 세대에 걸쳐 많은 혜택을 받게 될 것이다. 이 조약이 있기에, 우리는 앞으로 번영을 누릴 것이다. 한국과 미국의 이번 공동 조치는 외부 침략으로부터 우리를 보호함으로써, 우리의 안보를 확보해 줄 것이다"라는 내용을 담고 있다.

41 주한 미군은 한국에 두 번째 주둔하고 있지만 첫 번째 때와 주둔의 성격이 다르다. 첫 번째 주한 미군은 1945년 9월 8일에 점령군의 자격으로 인천에 상륙하였다. 미군은 38도선 이남에 주둔하던 일본군의 항복을 받고 무장을 해제시켰다. 38도선 이북에 주둔하고 있던 일본군의 항복은 구 소련군이 받기로 했다. 주한 미군 사령관 하지(J. Hodge) 중장은 1945년부터 38선 이남 지역에 대한 미군정청의 사령관을 겸임했다. 그리고 1948년에 대한민국 정부가 수립될 때까지 남한을 통치했다. 3년의 주둔 기간을 미군정(美軍政)의 통치 시기라고 한다. 1948년 8월 15일에 대한민국 정부 수립 기념식에 참석한 뒤, 하지 중장은 신생 대한민국의 정부에 통치 임무를 인계하였다. 군사 고문단 500여 명만 남기고, 미군은 1949년 6월 30일에 모두 철수했다. 한반도의 북쪽 지역에서 꾸미는 전쟁 음모의 기미를 알아차린 이승만 대통령이 만류했지만 미군은 끝내 떠나고 말았다. 그 무렵 마오쩌둥이 1949년에 중국 본토를 공산화시켰고, 동·유럽 국가들이 구 소련의 스탈린 손아귀에 들어갔다. 국제적으로 공산주의가 힘을 떨치고 있었다.

두 번째 주한 미군은 6·25전쟁 이후에 들어왔다. 1950년 7월 1일에 유엔군의 이름으로, 500명 규모의 '스미스 부대'가 부산에 처음으로 들어왔다. 구 소련군의 지휘와 중공군의 지원을 받은 북한과 치열한 전쟁을 치른 뒤, 미군은 유엔군의 대표 자격으로 1953년 7월 27일에 휴전 협정을 맺었다. 한국에 온 두 번째 주한 미군은 휴전선 부근의 철책 근무와 의정부 지역의 경계 등을 맡았다. 미 8군과 1978년 11월에 창설된 한미 연합군 사령부는 용산 기지에 거점을 두고 있었다. 2017년 7월에 평택의 캠프 험프리스(Camp Humphreys) 시대가 열렸다. 2022년 11월 15일에 이전 기념식을 마쳤고 현재는 2만 8,000여 명의 미군이 주둔하고 있다.

42 타니샤 파잘 : 미국 미네소타 대학의 정치학과 교수로 〈국가의 죽음(State Death : The Pol-

itics and Geography of Conquest, Occupation, Annexation)〉이란 책에서 제2차 세계대전 뒤의 국가 생존과 소멸을 체계적으로 조사하고 설명했다.

43 20세기에 사망한 국가들의 예 : 1905년에 대한제국은 지구에서 사라졌다. 일본 제국에 합병되어 주권과 국호를 잃었다. 중화민국은 장개석이 이끄는 중국 국민당이 주축이 된 나라이다. 마오쩌둥이 이끄는 중국 공산당에 때문에 타이완섬으로 내쫓겼다. 1971년에 UN에서 상임이사국의 지위 및 '중국' 대표권을 모두 중국인민공화국에게 빼앗겼다. 이어 국제 사회에서 국가 자격을 상실하였다. 1975년 4월 30일에 베트남이 지구에서 사라졌다. 자유주의의 베트남(월남)이 공산주의 월맹과 월남에 있던 간첩 집단 남민전(베트콩)의 협공을 받아 멸망했다. 통일되자, 1976년에 베트남 사회주의 공화국이 건국되었다.

44 브레튼우즈 체제(Bretton Woods System, BWS) : 제2차 세계대전 종전 무렵인 1944년에 연합국 통화금융회의가 열렸다. 미국 뉴햄프셔 주에 있는 작은 도시인 브레튼우즈에 44개국이 참가하였다. 여기에서 국제 통화 제도에 대한 협정을 맺었다. 이 협정에 따라 만들어진 국제 금융 시스템을 브레튼우즈 체제라고 부른다. 여기서 미국 달러를 기축 통화로 삼았다. 브레튼우즈협정에 따라 국제통화기금(IMF)과 국제부흥개발은행(IBRD)이 설립되었다. 통화 가치의 안정과 무역 진흥, 개발도상국 지원을 목적으로 했다. 가장 중요한 목적은 환율을 안정시키는 것이었다.

45 맨체스터 이론 : 영국 산업 발달의 중심지인 맨체스터에서 생겨난 Let's Trade, Not War!의 이론이다. 무역의 상호 의존도가 높아지면 나라들 사이에 평화를 가져온다는 상식적인 주장과 정반대되는 이론이다. 맨체스터 이론은 거래가 많아져서 국가 사이에 이익이 충돌하면 분쟁의 가능성이 많아진다는 주장이다. 무역 거래가 평화 유지에 도움이 되지 않을 수 있다는 주장으로, 세계화의 논리를 부정하고 있는 셈이다(출처: Geoffrey Blainey, Causes of War, 1973)

46 가트(GATT)는 관세 및 무역에 관한 일반 협정이고, 우루과이 라운드(Uruguay Round)는 가트의 문제점을 해결하고 다자간 무역 기구로 발전시키려는 협상이다.

47 〈세계화의 명과 암〉: 세계화의 이론적 근거를 제시한 제프리 프리덴의 책. 자급자족의 경제 시대를 거쳐 세계화를 통해 국제 분업이 이루어지면서 국가와 가정, 공동체는 도시 이전과 인구 밀집화 등으로 해체의 과정을 겪는다. 또한 한 세대의 특정 직업군이 일거리를 상실하며 희생양이 되는 고통을 감수하게 되기도 한다. 그러나 그들의 다음 세대는 부를 누리며 전체적으로는 이전 세대보다 풍요로워진다는 논리다. 한편 2020년에 발생한 코로나 팬데믹을 겪으며 깨달은 바도 있다. 당시 마스크와 수술 장갑, 산소 호흡기 등 의료 및 위생용품의 생산 기지가 전부 중국에 있었다. 때문에 필요한 용품을 구하느라 나라마다 허둥댔다. 외국 의존도가 너무 높으면 몹시 위험하다는 것을 팬데믹이 가르쳐주었다.

48 다국적 기업 : 외국 투자를 주로 하며 생산과 유통 및 판매까지 담당하는 기업이다. 현지 국가의 저렴한 노동력과 세제 혜택 및 입지 조건 등을 이용하여 국제적인 투자를 한다. 현지 국가의 고용 창출과 경제 성장을 돕고, 물론 소득 증대에도 이바지한다. 국제적으로 자원 배분을 효율적으로 하여, 국제 경제의 효율성을 높일 수 있다. 그러나 현지 국가의 자본을 유출시키고 현지 국가의 이익을 무시한 채 자신들만의 이윤을 추구한다는 부정적인 시

각도 있다.

49 '세계화의 반발 세력' : 9·11테러 관련 영화. 납치된 네 대의 민항기 가운데 워싱턴DC로 향하던 United93의 승객들이 용감하게 테러범들과 싸우며 비행기의 기수를 돌린 이야기를 그린 영화이다. 필라델피아의 생스빌 언덕에 추락한 뒤 찾아낸 블랙박스의 기록을 토대로 제작되었다. 이들은 테러범들의 백악관 공격을 막아내고 고귀한 희생을 치렀다.

50 9·11테러
- 사건 발생 개요 : 2001년 9월 11일 화요일 오전 8시 46분부터 10시 28분 사이, 미국에서 발생한 민항기 납치 및 동시다발적인 연쇄 자살 테러 사건이다. 오전 8시 46분에 보잉 767기 한 대가 시속 630Km 속도로 세계무역센터(WTC, World Trade Center) 북쪽 타워 96층 부근으로 날아갔다. 9시 3분쯤 두 번째 비행기가 남쪽 타워로 곡선을 그리며 날아들었다. 남쪽 타워가 10시 5분쯤, 북쪽 타워가 10시 28분쯤, 검은 연기와 화염으로 뒤덮인 채 무너져내렸다. 납치된 비행기 두 대가 폭격기 역할을 하며 세계무역센터의 쌍둥이 빌딩을 폭파시켰다. 1시간 42분 만에 110층짜리 건물이 구름 연기 속으로 사라졌다. 건물 붕괴의 여파로 세계무역센터의 다른 건물도 붕괴되었고 주변 건물도 심각한 피해를 입었다. 세 번째 여객기의 공격으로 워싱턴D.C. 외곽에 있는 국방부 펜타곤도 서쪽 면이 파손되었다. 국회의 사당을 공격하려 했던 것으로 추측되는 네 번째 여객기는 승객들과 납치범들 사이에 벌어진 싸움으로 기수를 돌렸고 필라델피아 벌판에 추락하였다. 승객 전원이 사망했지만 이들의 활약상은 지상에 있는 가족들과 통화한 내용을 토대로 영화 Flight 93(United 93)가 만들어졌다.
- 배후 : 미국이 주도하는 세계 질서인 자유민주주의와 시장경제 시스템에 앙심을 품고 이슬람 과격 테러단체인 알카에다(오사마 빈 라덴이 주도하는 무장 단체)의 소행으로 밝혀졌다.
- 피해 : 9·11테러로 82개국의 3,025명이 사망하고, 2만 5,000명 이상이 부상했다. 역사상 가장 많은 사망자가 가장 짧은 순간에 나왔다. 무너진 건물 잔해를 파헤치며 사망자들을 수습하던 소방관 340명과 법 집행관 72명도 순직하였다. 뉴욕시 주변의 인프라가 파괴되어 최소 100억 달러의 재산 피해가 발생하였다.
- 영향 : 납치된 비행기가 WTC 건물 벽에 내리꽂는 장면을 뉴스를 통해 본 세계인들의 충격은 이루 말 할 수 없었다. 가족과 친지를 잃은 미국인들의 슬픔과 절망은 오랫동안 트라우마로 남아 있다. 납치된 비행기 안에 타고 있던 승객들은 생의 마지막 순간에 지상에 있는 가족들과 휴대전화로 통화했다. 비행기가 추락할 때까지 짧은 시간 동안에 통화한 횟수가 최대치라는 기록을 남겼다. 강대국 미국이 더 이상 안전을 보장받지 못하고 위협에 노출된 상황이라고 인식되었고 미국의 국가 정책이 대전환되는 시점이 되었다. '테러 전쟁'에 대비하던 수동적인 전략이 선제 공격을 감행하는 적극적인 군사 전략으로 바뀌었다. 삶보다 죽음을 찬양하는 테러리스트과는 협상이 불가능하다는 것을 알고, 미국과 자국민에 대한 공격 요인을 제거하기로 방침을 정했다. 그리고 20여 년 동안 '대테러 전쟁(Anti Terror Warfare)'에 들어갔다.
- 그 후 상황 : 세계무역센터의 파괴 현장은 2002년 5월에 정리가 끝났으며, 펜타곤은 테러 1년 만에 재정비를 완료하였다. 옛 세계무역센터를 대신하는 새 건물은 건물이 붕괴되고 남은 터 '그라운드 제로(Ground Zero)'에 세워졌다. 2006년 11월에 공사를 시작하여 2014년 11월 3일에 완공하고 개관식을 했다. 또한 테러 사망자를 추모하는 뉴욕의 내셔널

9·11메모리얼과 뮤지엄, 버지니아 앨링턴군의 펜타곤 메모리얼, 펜실베이니아주 추락 현장의 93편 국립 추모관 등 수많은 추모 및 기념관이 세워졌다. WTC 자리에는 7개 동의 건물이 들어섰고, '프리덤 타워(Freedom Tower)'라는 새 이름을 얻었다.

51 오사마 빈 라덴은 2001년 9월 11일의 테러 행위를 거듭 부인하다가, 마침내 2004년이 되어서 자신들의 소행이라고 알자지라 방송을 통해서 인정하였다. 여러 차례의 범인 신병 인도 요청에도 불구하고 탈레반은 오사마 빈 라덴의 신병 인도를 거부하였다. 2001년 10월에 미국이 아프가니스탄을 폭격하자 탈레반은, 미국이 폭격을 중단하고 빈 라덴의 9·11테러 증거를 보내주면 빈 라덴을 제3국의 법정에 세우겠다고 제안했다. 미국은 '우리는 그가 유죄라는 사실을 안다'라는 한마디로 탈레반의 제안을 거절했다. 2001년 10월 7일에 미국이 아프가니스탄을 공격하면서 반테러 전쟁은 10여 년 동안 이어졌다. 국제 테러리스트 조직인 알카에다의 두목 오사마 빈 라덴은 파키스탄 은신처에 숨어 있다가 2011년 5월 2일 네이비실에 의해 사살되었다.

52 테러리즘과 테러리스트 : '거대한 공포'라는 뜻을 가진 테러는 정치적 반대파에게 극도의 공포감을 주는 공격 방식이다. 전쟁보다는 주로 개인적 원한으로 저지르는 행위인데, 극도의 공포감 속에서 한 사람을 죽인다. 하지만 21세기에 들어서서, 특히 2001년 9월 11일 뒤에 테러 방식이 바뀌고 대상도 확대되었다. 대량 학살을 목적으로 자살 폭탄 테러를 자행하는 형태를 띠고 있다. 세계화의 질서에 편입되지 못하고 반항하는 세력들이 패권국인 미국에 대항하며 전쟁을 실행하는 방식의 하나로 자리 잡았다. 죽음을 성스러운 것으로 받아들이는 테러리스트들과는 정치적 협상이 불가능하다. 미국은 9·11 공격을 당한 뒤 '부시독트린(Bush Doctrine)'을 선포하고, 10여 년 동안 아랍 지역을 대상으로 테러와의 전쟁에 들어갔다. 부시독트린은 테러를 자행하는 나라와 테러국에 협조하는 나라도 포함해서 이란, 이라크, 북한을 악의 축으로 규정하고 선제 공격(First Use)의 당위성을 밝혔다.

53 친중 글로벌리스트 : 세계화에 적극적으로 찬성하며 글로벌리즘이 지속되기를 원하는 집단을 말한다. 세계화 시스템을 통해서 막대한 수익을 올리는 그룹으로서, 기업인, 정치인, 기득권 엘리트가 이에 들어간다. 자국보다 상대적으로 임금이 저렴한 중국의 노동시장을 이용해서 제품을 생산하고, 규모가 큰 중국 시장을 상대로 막대한 이득을 얻는다. 이 그룹은 중국에 정서적 친근감을 가지고 있다.

54 톈안먼[天安門] 사건 : 1989년 6월 4일 후야오방(등소평의 후계자인 당 총서기로 1987년 1월 베이징 학생 시위 책임자)이 중앙정치국 회의에 참석한 뒤 갑자기 사망했다. 이 사건에 대해 진상 규명을 요구하며, 톈안먼 광장에서 시위대와 인민이 반정부 시위를 벌였다. 그러자 중국공산당 정부가 유혈 진압을 했는데, 이것이 유명한 톈안먼 사건이다. 4월 17일부터 인민들이 후야오방의 의심스러운 죽음을 애도하며 시위를 계속했고, 4월 22일의 장례식을 계기로 시안 등지에서 폭력 사태가 벌어졌다. 중국공산당은 이 사건을 정치 풍파라고 규정지었고, 반체제 진영과 서방 세계에서는 톈안먼 광장 저항시위, 톈안먼 광장 도살, 1989년 민주화 운동이라는 여러 가지 이름으로 부른다.
중국의 개혁 개방 뒤 인플레이션이 심각해졌다. 사회 현상에 대한 불만도 겹쳐서, 대규모 시위로 전개되었다. 사상자 숫자도 중국 당국 발표와 해외 매체와는 차이가 많이 났다. 국제적십자협회는 이 시위의 진압 과정에 2,600여 명이 사망한 것으로 발표했으나, 비공식 집계로는 1만여 명의 사망자가 나왔다고 한다. 중국공산당 정부는 중국 안에 있는 톈안먼 관련 영상 자료를 모두 삭제했고, 외국의 사이트를 통해서만 자료를 찾아볼 수 있다. 인민 해방군(PLA)의 교육 현장에서는 이 사건을 전혀 가르치지 않는다. 그래서 사건의 내용을 아는 세대는 극소수에 지나지 않는다. 중국의 공산당은 역사적 사실을 바르게 알리지 않고, 언론을 통제하며 진실 전파를 철저하게 막는다. 시대착오적인 중국 전체주의의 본질이 적나라하게 드러나고 있다.

55 유엔데이 : 우리나라는 유엔 창설일인 10월 24일을 유엔데이로 매년 기념했었다. 그러나 이 행사를 잊고 지낸 지 벌써 오래되었다. 2022년에 윤석열 정부의 정책 기조가 자유민주주의로 확고해지면서 보훈부 주최로 전쟁기념관에서 유엔데이 행사를 갖기 시작했다. 우리나라는 '원조받던 나라'에서 '원조하는 나라'로 바뀌었다. '유엔의 도움을 받던 나라'에서 '유엔에 협조하는 나라'로 역할이 바뀐 것이다. 우리나라의 국제 위상은 높아지자 차츰 유엔 외교와 국제 활동의 영역이 넓어지고 있다. 그런데 요즈음 유엔은 예전 같지 않다. 회원국이 늘어나면서, 국가들 사이에 이해 충돌이 많아지고, 진영 사이에 세력 다툼도 커졌다. 창설기에 비하면, 유엔의 기능과 효율성이 많이 떨어졌다. 그렇지만 유엔 산하의 전문 기구들의 꾸준한 활동으로 세계는 한결 살만한 곳이 되고 있다. 현재 유엔은 15개의 전문 기관을 가지고 있으며, 유엔을 대표하여 세계 각지에서 다양한 활동을 하고 있다.

56 한국의 유엔 평화유지군(Korean UN Peace Keeping Force) : 대한민국은 1950년 6·25전쟁이 일어났을 때, 유엔군의 군사 원조를 받아 나라를 지켜냈다. 그 뒤 한강의 기적을 이루며 세계 10위권의 강대국 반열에 올랐다. 인도차이나전쟁 뒤 1955년부터 남북 베트남이 전쟁을 시작하였고 외국군이 개입하면서 전쟁은 국제전으로 커졌다. 한국도 박정희 대통령 집권 시절인 1964년에 베트남으로 파병하기 시작했다. 1991년에 걸프전이 일어나자 사우디아라비아에 이동 외과 병원을 보냈고, 아랍에미리트에 공군 제53 수송단을 파병하였다. 1993년에 한국은 처음으로 유엔 평화유지군을 소말리아에 파견하였다. 그때부터 한국은 차츰 군사 원조를 하는 나라로 바뀌어 갔다. 2009년에는 소말리아 해적을 소탕하려고 청해부대를 파병하였다. 청해부대는 해군특수전단 UDT, 해병대 소속 특수수색대 SRU, 충무공 이순신급 구축함 한 척으로 구성되었다. 대한민국 해군 창설 64년 사상 처음으로 구축함을 외국에 파병한 사례가 되었다. 2011년에는 UAE군에 대한 전반적인 교육 훈련 지원과 양국 간의 협력 및 우호 증진을 위하여 아랍에미리트에 두 번째로 아크부대를 파병했다. 2013년에는 남수단에 한빛 부대를, 필리핀에는 아라우 부대를 파병했다.

III. 대한민국 이전의 사회

1 조선총독부가 인구 통계 기록을 남긴 것은 1910년부터이지만 최초의 인구 조사는 1925년에 실시되었다. 이에 1910년에 파악된 인구 수에 대해 논란이 많다. 따라서 최초 인구 조사가 된 1925년의 인구 수를 기준으로 하기로 한다.

2 건백서(박영효, 1888년)
제1조 세계의 형세

…… 근세에 아시아주 민족들은 게으르고 부끄러움이 없어 구차하게 목숨을 부지해가고자 할 뿐 과단성있는 기상이 없으니, 이는 백성을 노예와 같이 보아 인의예지로서 그들을 이끌고 문화와 기예로써 그들을 가르치지 않은 정부의 잘못이지, 인민의 잘못이 아닙니다.

제2조 법률을 부흥시켜 나라를 안정시키십시오.(법치주의 원리)

…… 어린이, 어른, 가난하고 천한 자, 부유하고 귀한 자라고 하는 것이 모두 그 몸과 목숨은 하나인 것이니, 일개 가난한 아이로써 해진 옷을 걸친 자라 하더라도, 법으로 보호함에 있어서 제왕의 소중한 영지(領地, 제왕이 지배하는 땅)와도 같게 해야 하는 것입니다. ……

제3조 경제로 나라와 백성을 윤택하게 하십시오.(시장경제의 원리)

…… 매매의 도라는 것은 남는 것과 부족한 것을 고르게 함으로써 사람의 편리를 달성하고, 물품을 바탕으로 세상의 문명 개화를 돕고 사람의 지식과 견문을 넓히며, 인류의 교제를 친밀하게 하여 태평무사한 관계를 보전토록 하는 것입니다.……

제4조 백성을 보살펴 건강하고 번성하게 하십시오.(개인 위생의 중요성)

제5조 군비를 갖추어 백성을 보호하고 나라를 지키십시오.

제6조 백성들에게 재주와 덕행과 문화와 기예를 가르셔서 근본을 다스리십시오.

제7조 정치를 바로잡아 나라를 평정하십시오.

제8조 백성들로 하여금 그들 몫의 자유를 갖게 하여 원기를 배양토록 하십시오.

…… 정부는 어떤 경우에도 개인의 자유와 존엄을 터럭끝만큼이라도 방해해서는 아니 됩니다.

3 척화비(斥和碑)의 내용은 양이침범(洋夷侵犯), 비전즉화(非戰則和), 주화매국(主和賣國)이다. 그 뜻을 풀면 다음과 같다. "서양 오랑캐가 침범하는데 싸우지 말자는 것은 화친을 하자는 것인데, 화친을 하자는 것은 나라를 팔아먹자는 것이다."

4 직공이 5인 이상이거나, 증기나 석유류 등의 원동기를 동력으로 하는 공장

5 출처 : 한국왕복서류

6 출처 : 순종실록

7 1909년 10월 30일 이코노미스트

"일본이 조선의 정부를 장악했을 때, 조선의 재정을 비롯한 국정 상황은 희망이 없는 혼란 상태였다. 조선의 화폐 제도로는 정직한 거래가 불가능했고 정부는 허약하고 부패했다. 사실상 국민은 일할 의욕이 전혀 없었다. 부자가 되면 재산은 모두 헌금이라는 명목으로 강제 몰수된다. 조선은 차라리 외국의 보호를 받으며 근대적인 행정과 화폐 시스템을 도입하는 것이, 조선 사람들에게 궁극적으로 이익이 되리라고 보는 것이 마땅할 것이다. 그리고 조선 사람들이 한 번도 경험해보지 못한 정치적 자유를 얻을 수 있는 길이 될 것이다(When Japan took over the Government, Korean affairs and Korean finance were in a hopeless state of confusion. The monetary system was such that honest trading was impossible; and the Government seems to have been both feeble and corrupt. In fact, a Korean had no stimulus to exertion; for if he became rich his wealth was confiscated in forced "benevolences" to the Court. It may fairly be contended that a period of tutelage, during which sound finance and a modern system of administration are being introduced, will ultimately prove to the advantage of the people themselves, and will enable them to gain a political liberty which they never before enjoyed.)."

1 현대그룹을 일군 정주영 : 현대건설은 20세기 최대의 역사라 불렸던 주베일 산업 항만의 공사를 맡게 되었다. 공사 금액이 당시 우리나라 예산의 절반에 이르는 9억 3,000만 달러나 되었다. 현대건설, 현대자동차, 현대중공업과 같은 한국의 주력 수출 산업은 정주영 회장의 리더십으로 성장했다. 기업가의 성패는 예상하지 못한 각종 도전을 어떻게 창의적으로 극복하느냐에 달려 있다.

현대건설이 처음으로 뜨거운 모래 사막의 중동에 진출하려고 할 때 기업 안에서도 반대가 많았다. 정주영 회장은 "비가 오면 건설을 못하는데 사막이니 얼마나 좋은가? 낮이 더우면 밤에 시원할 때 일하면 된다. 사막은 모래와 자갈이 많으니까 자재 조달도 쉽다. 중동처럼 건설하기 좋은 조건을 갖춘 곳도 없다"라며 직원들을 부추겼다. 그렇게 해서 중동에 진출할 수 있었고, 마침내 주베일 산업 항만의 공사 입찰에 도전하게 되었다.

항만 공사 계획에는 육지에서 12km나 떨어진 깊이 30m의 바다 한복판에 유조선 네 척이 동시에 정박할 수 있는 터미널 공사도 있었다. 첨단 기술이 필요한 공사였다. 입찰 자격을 얻은 건설사는 열 개였는데, 거의 모두 세계에서 유명한 건설업체들이었다. 그런데 이름도 알려지지 않았던 현대건설이 놀랍게도 공사를 따냈다. 20세기 최대의 난공사였는데, 10층 건물 높이에 무게 500t짜리의 자켓을 89개나 만들어서 20m 간격으로 심해에 설치해야 했다. 수심이 30m나 되는 곳에서 파도에 흔들거리면서도, 오차범위 5cm 이내로 자켓을 조립해야 했다. 자켓을 고정시키려고 심해에 박은 쇠말뚝은 직경이 2m에 길이가 65m나 된다. 유명 건설사들은 현대건설이 해내지 못할 것이라고 빈정댔다. 그렇지만 경험이 전혀 없던 현대건설이 정주영 회장의 기상천외한 아이디어로 항만 공사를 성공시켰다. 뿐만 아니라 44개월로 계획되었던 공사 기간도 8개월씩이나 줄였다.

2 삼성의 이병철 회장 : 일제시대에 26세의 청년 이병철은 독립 투쟁 못지않게 국민을 빈곤에서 구하는 일도 시급하다고 생각하고 사업에 투신했다. 집안에 있던 30명의 노비를 해방시킨 후, 아버지로부터 물려받은 300석의 재산으로 마산에 정미소와 운수회사를 차렸다. 큰 돈을 벌어 대지주가 되었다. 그러나 중일전쟁이 일어나 모든 것을 잃게 되었다. 이병철은 이런 경험으로 깨달은 바가 있었다. 기업 경영은 국내외 정세를 냉철하게 분석해야 하며, 무모한 욕심이나 요행을 바라는 투기는 피해야 한다는 것이었다.

이병철은 다시 대구에서 '삼성상회'를 차렸다. 오늘날 삼성그룹의 모체이다. 나라 부강의 원천이 되는 민족자본을 만드는 것이 최우선 과제라고 생각하고 사업 보국의 결의를 다졌다. 해방이 되자, 물자가 부족한 시대에 무역업이 필요하다고 판단하고, 38세에 서울 종로에 삼성물산을 세웠다. 6·25전쟁의 폐허 속에서 외국 원조에 의존하고 있는 물품들을 국내에서 생산하기 위해서였다. 국가 경제의 자립을 위해서 제일모직과 제일제당을 세웠다.

이병철은 사람을 채용할 때는 신중히 하고, 일단 채용하면 대담하게 믿고 맡겼다. 인재 제일의 경영을 사업의 모토로 삼고 기업 경영의 80%를 인재 양성에 쏟았다. 이런 경영 철학으로 오늘날 세계에 한국을 알린 삼성그룹을 키워냈다. 60세가 되던 1969년 1월에 삼성전자를 설립했다. 오늘날 글로벌 기업의 토대를 마련했던 것이다.

3 포항제철의 박태준 회장 : 자동차, 철강, 조선, 가전과 같은 한국의 수출 주력 산업은 제철이 없으면 불가능하다. 산업화 시대를 이끌어가려면 값 싸고 품질 좋은 철을 생산하는 것이

무엇보다 절실했다. 자본이 부족했던 한국은 일본으로부터 36년 동안 입은 피해의 대가로 보상받은 청구권 자금의 51%를 포항제철 건설에 투입했다. 1973년 7월에 103만t 규모의 생산력을 갖춘 제1기 종합제철소가 탄생했다.

포항제철의 성공에 가장 큰 기여를 한 사람이 군인 출신의 박태준 회장이다. 그는 한때 '한국의 상징' 설문 조사에서 정주영, 이병철 회장 다음으로 높은 평가를 받았다. 미국에 강철왕 카네기가 있다면 한국에는 박태준이 있다는 말도 나왔다. 그의 첫 번째 기여는 청구권 자금을 전용할 수 있도록 일본 각료들을 설득했다는 점이다. 뿐만 아니라 설비와 기술을 일본의 신일본제철(야하다 제철과 후지제철의 후신)에서 도입할 수 있게 한 것도 역시 그의 공로였다.

포항 영일만의 박태준 사장실은 '롬멜 하우스'라고 불렸다. 거센 바닷바람에 흩날리는 모래가 시야를 가리고, 모랫바람 속에서 움직이는 불도저와 중장비들이 탱크처럼 보였다. 사장실의 이름은 아프리카 사막에서 탱크 전투를 벌이던 롬멜을 떠올리고 지은 것이다. 박태준 회장은 전격적인 기동 작전을 치르 듯 공장 건설 기간을 1/2로 줄이고, 건설 비용도 2/3로 줄이면서 성공적으로 포항제철소를 건설하였다.

박태준은 "종합제철소 건설에 실패하면 모두 동해에 빠져 죽자"라며 배수진을 친 장군처럼 건설 공사를 독려했다. 포항 제3기 건설 공사에서는 80% 공정이 진척된 상황에서 부실 공사를 발견하고는 폭파를 명령하기도 했다. 철저하게 완벽성을 추구하였기에 포항제철소는 건설되자마자 정밀한 제철 공정을 흠없이 소화할 수 있었다.

박태준 회장은 1987년에 철강업계의 노벨상이라고 불리는 '베세머 상'을 받았다. 1997년에 포항제철은 세계 최대의 철강업체로 올라섰다. 그는 명실공히 세계의 '철강왕'이되었다.

4 우리나라와 북한의 경제력과 생활 수준
  ■ 우리나라 : 기대 수명(2021)-남성 80.6세, 여성 86.6세 / 총인구(2021)-남성 2,585만 명, 여성 2,588.8만 명, 총 5,173.8만 명 / 5세 미만 아동 사망률(2021년, 1,000명당)-남아 2.6명, 여아 2.2명 / 무역액(2022년)-수출 6,839억 달러, 수입 7,312억 달러(총 1조 4,151억 달러) / 국내총생산(2022년, 명목 GDP)-2,150조 원 / 1인당 국민총소득(2022년)-4,220만 3,000원 / 자동차 생산량(2021년)-연간 346만 2,499대 / 등록 대수(2022년)-2,550만 3,000대
  ■ 북한 : 기대 수명(2023년)-남성 67.4세, 여성 74.1세 / 총인구(2023년)-남성 1,258.2만 명, 여성 1,312.6만 명, 총 2,570.8만 명 / 5세 미만 아동 사망률(2020년, 1,000명당)-남아 18.2명, 여아 14.8명 / 무역액(2021년)-수출 0.8억 달러, 수입 6.3억 달러 / 국내총생산(2021, 명목 GDP)-35.9조 원, 1인당 국민총소득(2021년)-142만 3,000원 / 자동차 생산량(2021년)-연간 2,300대 / 등록 대수(2021년)-25만 3,000대
  KOSIS 국가통계포털 탑재 자료 : https://kosis.kr/index/index.do

V. 대한민국이 나아가야 할 길

1 과학(science)은 자연과 사물의 근본 법칙이나 원리를 찾는다는 뜻이다. 기술(technology)은 과학적으로 발견된 원리나 법칙을 활용하여, 우리 생활에 쓸모 있는 시설이나 제품 또는 서비스를 만들어 준다라는 뜻이다.

2 창의력이 돋보이는 발명품 중 하나는 일본의 혼다 오토바이이다. 혼다 오토바이는 어떻게

탄생했을까? 혼다 부부는 젊었을 때 쌀가게를 운영했다. 아내는 자전거로 쌀 포대를 배달하였다. 남편은 아내의 고생하는 모습이 안타까웠다. 좀 더 쉽게 배달하는 길이 없을까 애를 태우다가 갑자기 새로운 생각이 떠올랐다. 자전거에 엔진을 달면 쉽게 다닐 수 있을 것 같았다. 혼다 오토바이는 이런 생각에서 나왔다.

3 인공지능(artificial intelligence, AI)은 인간의 생각이나 학습 능력을 컴퓨터 프로그램으로 실현한 기술을 말한다. 자동 조절 장치 등으로 광범위하게 쓰인다.

4 인공신경망(artificial neural network, ANN)은 기계 학습과 인지과학에서 인간의 신경망에서 영감을 얻은 통계학적 학습 알고리즘이다. 심층 신경망의 방식으로 인간 두뇌의 신경세포를 모방하여 만든다.

5 한 젊은이의 논의 생산성 비교 실험 : 농부의 아들인 젊은 청년이 있었다. 그는 논 한 마지기 (660㎡)에 무엇을 하면, 돈을 더 벌 수 있을까를 고민했다. 당시 논에 벼를 심으면 쌀 두 가마니를 거두던 시절이었다. 그는 시험 삼아 한 마지기 땅에는 벼를 심고, 다른 땅에는 미꾸라지 새끼 1,000마리를 사다 키웠다. 두 땅에 들어간 밑천은 같았다. 가을에 거두어보니 벼논에서는 그대로 쌀 두 가마니가 나왔다. 미꾸라지는 2,000마리로 늘었다. 미꾸라지를 시장에 팔았더니 쌀 네 가마니의 값을 벌었다.

다음 해에 그는 한 논에는 새끼 미꾸라지 1,000마리를 넣어 길렀다. 다른 논에는 미꾸라지를 잡아먹는 메기 20마리를 함께 넣어 보았다. 가을에 거두어보니까 한 논에서는 지난해처럼 미꾸라지 2,000마리가 나왔다. 다른 논에서는 미꾸라지 4,000마리와 메기 200마리가 나왔다. 다른 논의 것을 모두 팔아 쌀 여덟 가마니의 값을 벌었다. 이 청년이 바로 우리나라의 대표적인 기업인 삼성을 일으킨 이병철 회장이다.

6 에너지(energy)는 물리학에서 일을 할 수 있는 능력을 뜻한다. 일반적으로 '석유 에너지', '원자력 에너지'와 같이 '에너지원'이라는 뜻으로도 쓰인다.

7 태양광 사업은 친환경적일까? 문재인 정부는 출범하자마자 대선 공약이었던 탈원전 정책을 밀고 나갔다. 원전이 생산하던 전기를 태양광과 같은 신재생 에너지로 바꾸려고 하였다. 태양광은 햇볕을 받는 곳이면 어디에서나 전기를 만들 수 있다. 발전하고 있을 때는 대기 오염과 같은 환경 파괴가 거의 없다. 하지만 태양광의 패널에는 카드뮴, 납, 크롬과 같은 중금속이 들어있다. 패널을 제작하거나 교체할 때 환경 오염이 생긴다. 또한 태양광 시설이 산지에 설치되므로 산림 파괴도 일어난다. 구체적으로 본다면, 2016~2018년의 2년 동안 축구장 6,000개 규모의 산림이 깎여나갔다. 산에 태양광 패널을 '고정'해놓으려면 땅을 깊게 파고 어마어마한 콘크리트를 부어넣어야 한다. 태양광 패널을 설치하느라 민둥산이 되어버린 산지에서는 산사태가 일어나기도 한다.

8 새마을운동은 1970년대 초 시작되었는데 근면·자조·협동을 기본 정신으로 한다. 새마을운동은 농촌의 근대화, 지역의 균형적인 발전, 의식 개혁을 이루었다.

9 백신의 위험성 : 현재 코로나19 백신은 임상 실험이 끝나지 않은 실험용 약물이다. 우리나라는 다른 나라보다 백신 접종을 늦게 시작했다. 때문에 이미 외국에서 일어난 백신 부작용의 사례를 검토해볼 수 있었다. 그런데도 정부는 전국 초·중·고생들에게 서둘러 접종하라고 권고했다. 당연히 백신 피해자가 발생하였다. 코로나 백신 접종을 하기 전인 2021년 8

월에는 초·중·고 학생 가운데 코로나 사망자는 0명이었다. 코로나 백신 접종을 하고 나서 2022년 10월 현재까지, 공식적으로 조사된 사망자는 15명이고 중증 부작용자는 761명이다.

대한민국은 자궁경부암을 예방하려는 목적으로, 12~13세 여학생에게 무료로 예방 접종을 실시하고 있다. 하지만 백신 부작용으로 조기 폐경, 불임, 유산, 사망의 경우가 나올 수 있다. 백신에 대한 위험성을 국민에게 충분히 알려야 한다. 더욱이 누구나 신체결정권을 가지고 있는 만큼, 백신을 강제 접종해서는 안 된다. 선택 접종하게 해야 한다.

10 지능형 로봇(Intelligent Robots)은 외부 환경을 인식하고, 스스로 상황을 판단하여 자율적으로 동작하는 로봇을 의미한다.

11 4대강 : 우리나라는 1년 강수량의 약 2/3가 6월부터 9월 사이에 몰린다. 10월부터 다음 해 5월까지는 강수량이 적다. 매년 가뭄과 홍수가 번갈아 발생하기 쉽다. 그래서 우리나라는 치수 사업이 매우 필요한 국가이다. 비가 많이 오는 시기에 물을 안전하게 보관했다가 물이 필요할 때 사용할 수 있어야 한다. 비단 농업뿐만 아니라, 국민의 건강과 생활을 위해서도 물의 관리는 매우 중요하다. 그럼에도 불구하고 정부 주도로 방제 활동을 충분히 하지 않았기 때문에, 홍수와 가뭄으로 집과 도로가 잠기고, 사람들이 다치고, 경제적 피해를 입는 일이 거의 매년 반복되어 왔다. 사람들이 모여 사는 도시에는 물의 사용량이 늘어나서 오염되는 물도 많아진다. 하천을 되살려서 오염된 물을 정비하지 않으면 수인성 전염병 등으로 보건 위생에 문제가 생긴다. 또한 우리나라는 좁은 토지 구석구석에 강과 하천이 뻗어 있다. 이러한 얽힌 물줄기를 잘 정비해서 운송로와 관광 수단으로 활용한다면 경제적 효과도 크게 기대할 수 있다.

이러한 이유로 정부 주도의 4대강 사업이 계획되었다. 4대강 사업의 핵심은 강 밑에 쌓인 오래된 토사를 긁어내어 물 수위를 낮추는 홍수 방어 대책, 보의 설치로 수자원(수력 발전 시설) 확보 대책, 강 밑에 쌓인 폐기물과 쓰레기를 깨끗이 치우는 수질 개선 사업, 생태 복원을 통해서 주민과 함께 즐길 수 있는 친수 공간(쉼터)의 조성, 거주와 경제 활동 공간으로서 강 중심의 지역 발전에 있다. 4대강 사업을 계획대로 끝냈다면, 미래 세대들에게 두고두고 환경적, 문화적, 경제적 혜택을 가져다주었을 것이다.

하지만 4대강 사업이 진행될 때, 수많은 환경 단체와 언론 및 일부 인터넷 유저들이 4대강 사업으로 환경이 파괴된다고 주장하였다. 4대강과는 관계없는 '녹조라떼'가 4대강 때문인 것으로 몰아가기도 했다. 결국 4대강 사업은 계획대로 못 하고 일부만 끝내고 말았다. 그 뒤 문재인 정부 때에는 세종보, 죽산보, 공주보와 같이 4대강 때 만든 보를 해체하였다. 그러자 수질과 생태계의 변화로 피해는 고스란히 지역 주민들에게 돌아갔다.
출처 : 심명필(2022). '4대강 사업은 무엇인가'에서 정리(진실과 거짓의 싸움)
https://www.youtube.com/watch?v=WdjJMCrykLo
* 심명필 : 인하대학교 명예교수. 한국수자원학회 회장, 4대강 살리기 추진본부장, 제46대 대한토목학회 회장을 역임했다. 이명박 정부 때 4대강 사업의 총괄 책임을 맡았던 토목공학의 전문가이다.

12 3D산업이란 일하기 힘들고(difficulty), 작업 환경이 지저분하며(dirty), 작업 과정이 위험한 (dangerous) 사업 분야를 말한다.

13 청기와 장수의 우화는 청색을 칠한 단단한 기와(청기와)를 만들어 큰 돈을 번 장수의 이야기다. 청기와 장수는 청기와 제조법이 남들에게 알려질까봐 자식에게도 방법을 알려주지 않았다. 결국 그가 세상을 떠나자 청기와 제작법 전통이 끊어졌다. 이처럼 특정한 기술이나 비법을 타인과 공유하지 않고 독차지하려는 사람이나 기업을 청기와 장수에 비유할 수 있다.

14 미국의 첨단 무기들 : 미국의 핵 보유량은 전 세계 핵의 절반에 가까운 수준이다. 2019년을 기준으로 6,185개의 핵탄두를 가지고 있다고 한다. 특히 미국의 첨단 핵무기들은 중국과 북한의 것보다 크기가 훨씬 작고 정확도가 훨씬 높다. 미국은 열한 척의 핵 추진 항공모함을 가지고 있다. 전 세계 어디에서든지 막강한 힘을 행사할 수 있다. 공산 중국은 두 척의 항공모함을 가지고 있다. 그것도 디젤 엔진의 재래식이다. 미국은 레이더로 관측할 수 없는 B-2, F-35 등 첨단 스텔스 전투기를 여러 대 가지고 있다. 레이더를 피하는 핵심 기술은 특이한 비행기의 겉모습과 표면에 바르는 페인트에 있다고 한다.

15 전쟁 관련 저서 :

클라우제비츠(전쟁론 : On War) : 전쟁이란 다른 수단을 통한 정치의 연속이다.

손자(손자병법) : 병자국지대사(兵者國之大事), 전쟁은 국가의 큰일이다. 지피지기 백전불태(知彼知己 百戰不殆), 적을 알고 나를 알면 백번을 싸워도 위태롭지 않다.

18세기의 프랑스와 19세기의 독일은 전쟁을 잘하는 국민 국가의 대표적인 모습이었다. 대혁명 뒤, 프랑스는 국민개병제를 실시한 최초의 나라였다. 100만 대군을 거느릴 수 있게 된 나폴레옹은 기존의 구체제를 처절하게 유린했다. 5개의 막강한 왕국이 힘을 합쳐, 겨우 프랑스를 제압할 수 있었다. 오늘날의 독일 영토에는 18세기까지도 수백 개의 작은 나라가 있었다. 수많은 나라를 하나로 통일한 사람이 프러시아(현재 독일)의 재상 비스마르크였다. 비스마르크는 전쟁을 통해서 독일제국을 건설했다. 독일제국의 건설은 궁극적으로 프랑스를 격파하지 않고는 불가능한 일이었다. 1870년에 프러시아에 패배한 뒤, 자존심을 구긴 프랑스는 독일한테 복수를 해서 과거의 영광을 찾을 기회를 엿보고 있었다. 1914년에 1차 세계대전이 터지자, 복수의 기회가 왔다고 환호했다.

모든 국가의 기본 조직은 '전쟁을 치를 수 있는 능력을 확보하고 유지하려는' 목표에 집중되어 있다. 현대 국가의 가장 중요한 기능은 조세와 징집이다. 조세를 통해서 전쟁할 수 있는 물질적 능력을 마련하고, 징집을 통해서 전쟁할 수 있는 인적 능력인 군대를 보유한다. 현대 국가는 속성상 전쟁을 하기 위한 조직이며, 또한 그 형태로 유지되고 있다. 조세 능력과 징집 능력이 약한 정치조직은 현대 국가로서 생존할 수 없다.

[출처 : 주간조선((http://weekly.chosun.com)/이춘근 한국해양전략연구소 선임연구위원/2015.08.28.]

16 미국의 영토적 이점 : 20세기 초, 미국에서 20여 년 동안 외교관을 지낸 프랑스 대사 쥐스랑(Jusserand)은 미국의 지정학을 "위로는 허약한 캐나다, 밑으로는 더 허약한 멕시코, (미 대륙의 양쪽으로 접해있는 대서양과 태평양을 일컬어) 왼쪽에 물고기, 오른쪽에도 물고기"라고 말했다. 지정학적으로 유리한 환경을 가진 미국을 잘 표현해 주고 있다.

17 영해와 영공 : 주권 국가의 영토에는 육지뿐만 아니라 바다와 하늘도 들어간다. 영해(territorial sea)는 육지와 같이 주권이 미치는 공간으로서, 영토 주변을 둘러싼 바다를 말한다.

기선에서 12해리(약 22km)까지의 거리를 말하며, 24해리까지 영해의 바깥쪽 바다는 접속 수역이라고 한다. 바다가 가진 무궁무진한 잠재력으로 최근 중요성이 크게 드러난 배타적 경제 수역(EEZ: Exclusive Economic Zone)은 기선으로부터 최대 200해리까지 설정할 수 있다. 대륙붕 수역은 기선으로부터 200해리 또는 350해리까지 설정된다. 육지 영토로부터 자연적으로 이어진 거리가 기선부터 200해리 미만인 경우에는 200해리, 200해리를 넘는 경우에는 최대 350해리까지이다. 바다의 중요성 때문에 해양 영토라고도 불린다. 1982년의 유엔해양법회의에서 영해의 개념이 정의되었다. 영공(airspace)은 영해와 마찬가지로 국제법에서 국가의 주권과 통치권이 미치는 공간이다. 영토와 영해에서 수직으로 선을 그었을 때 나오는 하늘 공간을 말하며, 높이는 대기권까지이다. 제1차 세계대전 뒤, 항공기의 급속한 발달로 오늘날 영공은 국가 안보와 방위에 매우 중요해졌다. – [출처: 한국학중앙연구원(영공(領空))

18 방공식별구역(KADIZ) : 하늘의 영토인 영공에 대해서 더 알아보자. 방공식별구역은 자국의 공군이 국가 안보의 필요성에 따라 영공과 별도로 설정한 공역이다. 세계 최초의 방공식별구역으로는 미국이 제2차 세계대전 당시 진주만에 적의 공습에 대비하여 지정하고 선포했던 것이다. 한국에는 6·25전쟁 중인 1951년에 미국 공군이 이 구역을 설정했다. 전 세계적으로 20여 개국이 방공식별구역을 운영하고 있다. 자국의 영공에 인접한 공해의 상공에 국제법상 자위권에 근거해서 설정한 공역이다. 국가 안보에 위협이 있다고 판단되면 자국 공군기가 출격하여 적국 항공기를 물리치거나 쏠 수 있다. 방공식별구역의 표지에는 국가의 이름을 앞에 붙인다(KADIZ, USADIZ, JADIZ).

19 Si vis Pacem, Para Bellum. '평화의 역설'이라는 뜻의 라틴어 문구. 고대 로마 4세기의 군사 저술가인 F. 베제티우스 레나투스의 어록 가운데 하나이다.

20 무기 제조와 생산 : 탱크는 그 나라의 대표적인 자동차 회사에서 생산하고, 포함은 조선회사에서 생산한다. 무기를 팔려고 전쟁을 일으킨다는 주장은 잘못된 것이다.

21 파리 평화 협정(회담) : 베트남전쟁을 종식시키기 위해서 미국, 남베트남, 북베트남, 베트콩 4자간의 평화협정이 1973년 1월 27일에 파리에서 체결되었다. 평화협정 체결 2년 뒤, 베트남은 공산화되었다. 1975년 4월 30일에 남베트남은 지구상에서 사라지고 사회주의 국가 베트남이 세워졌다.

22 마이클 하워드: 전쟁사를 연구한 영국의 대표적인 역사학자로서 최고의 찬사를 받았고, 영국 왕실에서 작위를 수여 받았다. 킹스 칼리지와 옥스퍼드 대학에서 교수를 지냈고, 2019년 97세를 일기로 세상을 떠났다.

23 Michael Howard, Studies in War and Peace, 1970: War thus in itself inescapably is an evil. But those who renounce the use of force find themselves at the mercy of those who do not.

24 〈다키스트 아워〉는 제2차 세계대전 중, 영국의 윈스턴 처칠이 암담한 정치 상황 속에서 독일과 맞서며 어떻게 국민을 독려하고 위로하며 전쟁을 수행했는지, 그 과정을 그린 영화로 지도자의 결단과 국민의 단결과 애국심이 잘 녹아있다. 영화 〈덩케르크〉와 함께 감상하면 제2차 세계대전 당시 상황을 이해하는 데 도움이 된다.

25 우드로 윌슨 대통령 : 미국의 제28대 대통령이다. 제1차 세계대전이 끝난 뒤 1920년에 국제연맹을 창설했다. 전쟁의 재발을 막고 세계 평화와 민주주의를 지키려는 목적이었다. 프린스턴대학 총장 시절, 대한민국의 건국 대통령 이승만의 은사였다. 자녀의 결혼식에 초청할 정도로 가까웠지만 이승만의 정치 활동에는 도움을 주지 않았다.

26 토마스 홉스와 리바이어던(Leviathan) : "인간이 권력자 또는 국가에 권리를 양도하는 것은 자연 상태의 '만인 대 만인의 투쟁'에서 벗어나 개인의 안전과 평화를 보장받기 위해서다." 리바이어던은 구약성서 욥기에 나오는 괴물이다. 성서에서는 혼돈을 상징하지만 홉스는 빌려다 반대의 개념으로 썼다. 리바이어던은 통치권을 움켜쥐고 질서를 유지할 수 있는 힘의 소유자이다. 하느님의 대리자로서, 인간의 교만함을 억누르고 그들을 복종하게 할 수 있는 존재라는 것이다.

토머스 홉스(1588~1679)가 쓴《리바이어던》은 국가의 필요성을 사회계약설로 밝힌 책이다. 책의 표지 그림은 리바이어던이 무슨 뜻을 가지고 있는지 압축적으로 보여준다. 수많은 사람을 짜 맞추어 만든 거인이 머리에 왕관을 쓰고, 오른손에는 칼을 쥐고 산 너머에 있는 도시를 내려다보고 있다. 거인의 이름은 '리바이어던'으로 인간의 집합으로 만들어졌으면서도 인간의 힘을 뛰어넘는 권력을 가졌다. 저마다 본성에 따라 살아가는 자연 상태에서 사회계약을 통해서 만들어낸 국가를 상징한다. 사회계약은 자신의 권리를 보호받기 위해서 자신의 권리를 국가에게 위임하는 인간들의 약속 행위이다. 국가가 군사력이나 징세권 등 강제력을 갖는 까닭은 어디까지나 개인의 생명과 자유, 재산, 안전을 지켜주기 때문이다. 국가가 이 약속을 어겼을 때는 개인도 자기 방어권을 갖는다는 것이 홉스의 주장이다. 이 주장은 자유 민주주의 국가의 토대를 세우는데 크게 이바지했다. 홉스는 "개인의 동의가 있을 때만 권력이 정당화될 수 있다"라고 주장했다. 이 주장이 자유주의 이론의 씨앗이 되었다고도 헤아려진다. - 어록 : "The condition of Man is a condition of War of everyone against everyone.
[출처:한경, 생글생글]https://sgsg.hankyung.com/article/2020090445821

27 5만 달러의 진실 : 북한에 건넨 5만 달러와 남북 회담 성사로 김대중 대통령은 노벨평화상을 수상했다. 당시 언론은 호의적인 기사를 쏟아냈다. 훗날 상금의 사용처와 비자금 은닉이라는 사실이 밝혀졌으나 수사는 제대로 이루어지지 않았다. 상금은 공익을 위해 사용하겠다고 발표했으나 자손들이 개인적으로 착복했다. 반면 파트너인 김정일은 노벨상을 못 받자 김대중 정부를 강도 높게 비난했다.

28 불상(不詳)발사체: 자세히 알 수 없는 발사체라는 뜻이다.

29 국내총생산(GDP)과 국민총생산(GNP)의 차이 : 대한민국의 경제 활동 규모는 어느 정도일까? 이웃의 다른 나라와 비교해보면, 어떤 결과가 나올까? 그 해답을 얻기 위해서는, 대표적 경제 활동 지표인 국내총생산(GDP)이 필요하다.

- 국내총생산(GDP : Gross Domestic Product)이란 일정 기간(보통 1년) 동안, 한 나라 안에서 생산된 모든 재화와 서비스의 시장 가치를 화폐 단위로 환산하여 더한 값이다. GDP의 개념은 '어느 나라 국적을 가진 사람들이 생산 활동에 참여했느냐'에 상관없이, 그 나라 안에서 만들어낸 모든 것을 합산한다. 국내에 진출한 다국적 기업의 생산 활동은 우리나라 GDP에 계산된다. 반면, 삼성이 베트남 공장에서 생산한 것은 우리나라 GDP에 계산되

지 않고 베트남의 GDP에 계산된다. 외국 모델이 국내에서 활동하는 경우 이는 우리나라 GDP에 계산된다. 그렇지만 손흥민의 프리미어 리그 활동은 영국 GDP에 계산된다. 이처럼 GDP는 국적이 아니라 영토가 기준이 된다. GDP는 총량 개념으로서, 그 나라의 소득분배나 빈부 격차를 알려주지 못한다. GDP가 동일한 나라들 사이에서도 소득 분배 상태는 나라별로 다를 수 있다.

– 국민총생산(GNP : Gross National Product))은 '어느 나라에서 생산했느냐에 관계없이, '일정 기간(보통 1년) 동안' 한 나라 국민'이 국내·외에서 생산한 모든 재화와 서비스의 시장 가치를 화폐 가치로 환산하여 더한 값이다. 국제 교류가 그리 활발하지 않았던 과거에는 GNP와 GDP 사이의 차이가 크지 않았다. 그러나 세계 경제의 국제화가 매우 빠르게 이루어지고, 노동이나 자본가 국경을 넘어서 이동하게 되자, GNP보다는 GDP가 그 나라의 경기 및 고용 사정을 더 잘 알려주게 되었다. GNP는 국적 개념의 지표로서, 한 나라의 국민이 생산을 통해서 벌어들인 소득을 나타내는 지표다. 중동 건설 현장에 파견된 우리나라 노동자들의 생산 활동은 국내총생산에는 포함되지 않지만, 국민총생산에는 포함된다. 따라서 한 나라 국민이 벌어들인 소득을 나타낼 경우, GDP보다 GNP가 더 적합한 개념이라고 할 수 있다. 과거에는 두 가지 지표가 모두 사용되었지만, 세계화와 개방화가 일상이 된 현재 국민총생산(GNP)은 지표에서 사라지고 없다. 지금은 국내총소득(GDP)을 경제지표의 기준으로 더 많이 활용하고 있다.–[출처 : 생글생글 668호 : 2020.06.15.]

30 OECD(경제협력개발기구) : 파리에 본사를 두고 있는 국제기구이다. 주요 목표는 경제 성장, 개발도상국 원조, 무역의 확대이다. 주요 활동으로는 경제 정책의 조정, 무역 문제의 검토, 산업 정책의 검토, 환경 문제, 개발도상국의 원조 문제 논의와 같은 일이다. 자유민주주의와 시장경제를 추구하는 선진국들의 모임으로 볼 수 있다.

31 미래한국 Weekly(http://www.futurekorea.co.kr) & 생글생글 668호

32 강대국과 패권국의 차이
강대국 : 막강한 군사력과 경제력, 그리고 큰 인구를 가졌고, 국제 사회에서 큰 영향력을 행사하고 있는 국가를 가리킨다. 1940년대의 제2차 세계대전 무렵에는 지구상에 다섯 개의 강대국이 존재했다. 그들은 영국, 미국, 구소련, 중국(장개석의 자유중국), 프랑스이다.
패권국 : 세계 질서를 유지하고 세계를 경영하는 국가를 말한다. 패권국가는 절대적 힘을 가지고 1등의 자리를 지키고 있다. 제2차 세계대전이 끝나자 영국의 패권이 미국으로 넘어갔다. 우리는 현재 미국이 패권을 행사하는 팍스 아메리카나의 시대를 살고 있다.

33 국가의 영어 표현
country : 역사 문화적 개념의 국가로 그 나라의 상징물을 인식할 때 사용
motherland : 자연적 개념의 국가
nation : 국민, 인종, 민족을 포함하는 사람이 내포된 개념의 국가 표현
state : 법적 정치적 개념으로 사용할 때의 국가

34 국제화와 세계화 : 국가 사이의 교류라는 공통점이 있으나 교류 주체에 따라 구분되는 용어다.
국제화 : 정부 주도로 이루어지는 국가 간의 교류.
세계화 : 기업과 민간 주도로 이루어지는 국제 교류.

35 민족과 국가 통일 : 민족의 국경선과 국가의 정치적 국경선이 일치할 때 국가 사이에 분쟁
이 없고 안전하다.
One Nation, One State : 일본
One Nation Two State : Korea (대한민국 & 북한)
One Nation Multistates : 아랍권 국가들
Multinations One State : the U.S.A.(미국)

대한민국 사회교과서_참여 저자 및 주요 경력

조윤희   _교사 _1964년생
부산금성고 사회과 교사, 대한민국교원조합 상임위원장, 이화여대 정치외교학사, 부산대학교 교육학 석사, 동아대학교 교육학 석사과정, '올바른 교육을 위한 전국 교사 연합(올교련)' 대표, 비교문화 교과서(2009, 2015 교육과정) 집필, 사회문화교과서와 국제계열 교과서 검정위원, 교육부 정책 자문위원, 2024년 국가교육위원회 특별위원회 위원, 한국교과서재단 이사 등
저서 – 『경쟁 없는 교실엔 경쟁력이 없다』

주은영(필명)   _교사 _1979년생
서울시교육청 소속 교사

최영집   _공인회계사 _1973년생
회계법인 파트너 회계사

박상윤   _교사 _1983년생
고려대학교 교육과정학 박사과정, 대한민국교원조합 사무총장, 2015개정 교육과정 사회과부도 집필, 2023년 경기도 교육청 인성 교과서 집필, 2024년 국가교육위원회 특별위원회 위원, 교육관련 칼럼니스트.
저서 –『그럼에도 우리는 선생이니까』(공저)

이영철   _교사 _1981년생
현 인천광역시교육청 소속 초등교사, 인천대학교 교육행정(리더십) 박사
저서 – 『학교는 없어도 돼』(공저)

박은식(필명)   _교사 _1991년생
경기도교육청 소속 교사

정근형   _교사 _1979년생
경인교육대학교 초등영어교육과 석사 수료, 현 창우초등학교 교사, 2022개정교육과정 초등사회과 교과서 4학년 검토위원, 2015개정교육과정 초등영어과 교과서 6학년 검토위원
저서 – 『그럼에도 우리는 선생이니까』(공저)

민서영   _교사 _1959년생
서울여자대학교 영어영문학사, 동대학원 석사 수료. 상원초(성남시), 신안초(안양시) 영어전담 교사 정년퇴직, 서울올림픽조직위원회(SLOOC) 직원교육 담당, KBS & EBS 프리랜서 MC 및 스크립터.

이경용 _교사 _1963년생

부산교육대학교 교육학사 한동대교육대학원 생물교육 석사, 초등교사 정년퇴직

홍미금 _교사 _1978년생

청주교대 미술교육과 학사, 경인교대 교육전문대학원 미술교육과 석사 수료, 경기도교육청 초등교사, 2018~2025년 사회과 지역화 교재 집필 위원(삽화).
『왕관앵무새 사흘이의 세상만나기』(그림책 저자), 『수상스키 타러간 여우늘보』(그림책 삽화), 『그럼에도 우리는 선생이니까』(공저)

하은정 _변호사 _1971년생

동아대 법학학사, 법무법인 세종(파트너 변호사), 워싱턴대학교 로스쿨, 40회 사법시험, 뉴욕주변호사, 부산고등법원 조정위원, 보건복지부 인체조직안전 관리자문위원회 위원, 법제처 법령해석심의위원회 위원

홍후조 _대학교수 _1961년생

고려대 교육학사, 고려대학교 교육학 석사, 위스콘신매디슨대학교 교육과정학, 한국교육대발원 연구위원, 한국교육과정평가원 연구조정위원, 인하대 조교수, 고려대 사법대학 학과장, 고려대 교직과 과장
저서 – 『최신 교육과정 재구성의 이론과 실제』, 『알기 쉬운 교육과정』, 『교육과정과 교육평가』 등

양일국 _대학교수, 대중문화평론가 _1978년생

한국외국어대학교 정치학박사, 한반도선진화재단 선진통일연구회부회장, 양일국의 컬처&트렌드(자유일보) 칼럼니스트

김철홍 _대학교수 _1962년생

서울대학교 사회학과(B.A), 장로회신학대학원(M.Div), 미국 뉴욕유니온신학교(S.T.M.in Ecumenics), 미국 풀러신학교(신약학 Th. M, Ph.D)

김승욱 _대학교수 _1957년생

중앙대학교 경제학 석사, 조지아대학교 경제사 박사, 중앙대학교 경제학과 교수, 경제사학회 회장, 중앙대학교 명예교수, 한국제도경제학회 회장
저서 – 『제도의 힘』, 『알짬 시장경제』, 『격차 그 지극한 자연스러움』, 『사익론(사익이 세상을 반전시킨다』(공저), 『한국의 자유주의』, 『시장인가? 정부인가?』 등

황승연 _대학교수 _1960년생

경희대학교 사회학과 교수, 독일 University of Saarland 사회학 박사, 독일 자르브뤼켄 대학교 사회학박사, 전 한반도 정보화추진본부 지역정보화 기획단장, 경희대학교 사회학과 명예교수, 굿소사이어티 조사연구소 대표.

장덕주   _대학교수 _1952년생
서울대 경제학과 밴더빌트대 경제학박사, 국민대 경제학 교수

참고 도서

책 제목	출판사	저자	옮긴이	출판 연도
(영한대역) 이승만 대통령 방미일기	이승만 (갈홍기 기록)	이현표	코러스(KO-RUS)	2011
100년전 영국언론은 조선을 어떻게 봤을까?	페이퍼로드	최성락		2019
10대가 맞이할 세상, 새로운 미래직업	미디어숲	김승, 이정아		2017
10월 유신과 국제정치	기파랑	이춘근		2018
1952 부산, 이승만의 전쟁	기파랑	주인식		2018
20년의 위기	녹문당	E. H 카아	김태현 편역	2017
4.19와 5.16 –연속된 근대화 혁명–	기파랑	김광동		2018
Japan Inside Out –The Restored Edition	광창미디어	이승만		2017
KOREA INSIDE OUT – 역사편	가랑비	강휘중		2022
KOREA INSIDE OUT – 현실편	가랑비	강휘중		2022
강대국 국제 정치의 비극	J. 미어세이머	이춘근	김앤김 북스	2017
개인주의와 시장의 본질	지식발전소	배민		2020
건국 대통령 이승만	일조각	유영익 (연세대 이승만연구원학술총서5)		2013
건국 대통령 이승만의 생애	기파랑	안병훈 엮음		2015
건국과 부국	기파랑	김일영		2010
공병호의 대한민국 기업흥망사–실패의 역사에서 배우는 100년 기업의 조건	해냄	공병호		2011
국가 간의 정치 1 & 2	김영사	한스 모겐소	이호재.엄태암	2014
군주론	까치	N.마키아벨리	강정인. 김경희	1994
귀속재산 연구	이숲	이대근		2015
그런 선거는 져도 좋다–전두환의 공을 논함	기파랑	이장규		2022
나라세우기 X파일 이승만 없었다면 대한민국 없다	동서문화사	로버트 올리버	박일영	2008
낭만적애국심	펜앤북스	복거일		2020
다시 근대화를 생각한다 박정희가 옳았다2	박정희대통령기념재단	이강호		2022
대구 10월 폭동 / 제주4·3사건/여·순 반란 사건–축복으로 끝난 비극	백년동안	김용삼		2017
大命(一名정치주먹천하)	문화출판사	유지광		1979
대안교과서 한국근현대사	기파랑	대안교과서포럼		2019
대한교과서 한국 근현대사	기파랑	교과서포럼		2008
대한민국 건국의 기획자들	백년동안	김용삼		2015

책 제목	출판사	저자	옮긴이	출판 연도
대한민국 건국이 성공한 이유 10가지 김일성의 실패와 이승만의 성공	도서출판 미가	이주영		2013
대한민국 역사 –나라만들기 발자취 1945~1987	기파랑	이영훈		2013
대한민국 이야기 –해방전후사의 재인식 강의	기파랑	이영훈		2007
독립정신	비봉출판사	이승만	박기봉	2018
독일 통일의 과정과 교훈	평화문제연구소	염돈재		2010
만주 모던	문학과지성사	한석정		2016
망명노인 이승만 박사를 변호함	비봉출판사	김인서	이주영 엮음	2016
매천야록	허경진	서해문집	황현	2006
미국에 당당했던 대한민국의 대통령들 – 다시 생각하는 이승만.박정희의 벼랑 끝 외교전략	글마당	이춘근		2012
미워할 수 없는 우리들의 대통령 –4.19주역이 말하는 이승만,박정희,전두환	HadA	이영일		2018
미중 패권 전쟁과 한국의 전략적 선택	김앤김북스	이춘근		2016
박정희 새로보기 – 오늘에 되살릴 7가지 성공모델	기파랑	이영훈 외		2017
박정희 –한 근대화 혁명가의 비장한 생애 (전13권)	조갑제닷컴	조갑제		2015
박정희 혁명 1 & 2 쿠데타에서 혁명으로	지우출판	김용삼		2019
박정희, 그리고 사람	미래사	박정희대통령기념재단 편저		2018
박정희가 옳았다	기파랑	이강호		2019
박정희는 어떻게 경제강국 만들었나	동서문화사	오원철		2006
박정희의 옆 얼굴	기파랑	김용삼		2018
반일 종족주의	미래사	이영훈 외5		2019
북한 남침이후 3일간, 이승만 대통령의 행적	살림	남정옥 (살림지식총서534)		2015
분단과 통일	단국대학교 출판부	정용석		1999
비록 평양의 소련군정	도서출판 한울	김국후		2008
빨간수요일	미래사	김병헌		2021
세 번의 혁명과 이승만	타임라인	오정환		2022
시간을 달리는 남자	백년동안	남정욱, 윤서인 엮음		2016
시련은 있어도 실패는 없다	제삼기획	정주영		2001

책 제목	출판사	저자	옮긴이	출판 연도
아 박정희	랜덤하우스코리아	김정렴		1997
양반	너머북스	미야지마 히로시		2014
역사란 무엇인가	까치	E. H 카아	김택현 (개역판)	2015
우남 이승만 연구	역사비평사	정병준		2015
우둥불−철기 이범석 장군 재조명	백산서당	철기 이범석 장군 기념사업회		2016
유신, 50주년 그때 그리고 오늘	박정희대통령기념재단	박정희대통령기념재단		2022
이승만 깨기 −이승만에 씌워진 7가지 누명	백년동안	남정욱, 류석춘 편저		2015
이승만 대통령과 6.25 전쟁	이담Books	남정욱		2010
이승만 평전	살림	이주영		2014
이승만 현대사 위대한 3년 1952~1954	기파랑	인보길		2020
이승만과 기업가 시대 −'성공한 나라' 대한민국의 기초가 닦인 피와 땀의 15년	북앤피플	김용삼		2013
이승만과 김구(전7권)	조선뉴스프레스	손세일		2015
이승만과 대한민국임시정부	연세대학교출판문화원	유영익		2009
이승만과 하와이 한인사회	연세대학교출판문화원	오영섭		2012
이승만과 한국독립운동	연세대학교출판문화원	고정휴		2004
이승만−신화에 가린 인물	건국대학교출판부	로버트 올리버	황정일	2002
이승만의 대미투쟁 1 & 2	비봉출판사	로버트 T. 올리버	한준석	2013
이승만의 생애와 건국 비전	청미디어	유영익		2019
이승만의 위대한 성취	미래사	조남현		2022
이승만의 정치 경제사상	연세대학교출판문화원	김학은		2014
이승만의 하와이 30년	북앤피플	이덕희		2015
이승만이 대한민국이다 대륙문영권에서 해양문명권으로	북앤피플	이주영		2022
이영훈의 대한민국 역사	기파랑	이영훈		2013
인간 국가 전쟁	아카넷	케네스 왈츠	정성훈	2007
일본의 가면을 벗긴다	비봉출판사	이승만	류광현	2015
자유로부터의 도피	휴머니스트 출판그룹	에리히 프롬	김석희	2020
잘! 생겼다 대한민국	기파랑	황인희		2014
전두환 리더십	도서출판 시스템	지만원		2022
전쟁과 국제정치	북앤피플	이춘근		2020

책 제목	출판사	저자	옮긴이	출판 연도
제국의 위안부, 지식인을 말하다	뿌리와이파리	박유하		2018
조선과 그 이웃나라들	집문당	비숍	신복룡	2020
조선왕공족	백년동안	신조 미치히코	이우연	2022
조선을 떠나며	역사비평사	이연식		2012
조선의 망조, 대한제국의 자멸, 대한민국의 위기	박영사	임양택		2021
조선총독부 법제정책	역사비평사	이승일		2008
조선통감부연구	국학자료원	강창석		2004
종말론적 환경주의	어문학사	패트릭 무어	박석순	2021
좌우파 사전	위즈덤하우스	구갑우 외		2010
주식회사 대한민국 CEO 박정희	국일미디어	홍하상		2005
충성과 반역	조갑제닷컴	정안기		2020
통일 패러다임과 북한 재건	NDI	박상봉		2016
평화시대를 여는 통일시민	창비	간우연 외		2022
프란체스카의 난중일기 6.25와 이승만	기파랑	프란체스카 도너 리	조혜자	2010
프란체스카의 난중일기(보급판) -6.25와 이승만	기파랑	프란체스카 도너 리	조혜자	2010
학교는 없어도 돼?	살림터	이영철,신범철, 하승천		2022
한국경제사	일조각	이영훈		2016
한국경제의 기적과 환상	북코리아	경제질서연구회		2020
한국공산주의 운동사	돌베개	로버트 스칼라피노, 이정식	한홍구	2015
한국사교과서 무엇이 문제인가	비봉출판사	정경희		2015
한국사람만들기(1,2,3,4)	에이치프레스	함재봉		2022
한국의 산림 소유제도와 정책의 역사	일조각	이우연		2010
한국의 역사조작 이념사기극	새미래북스	이방주		2022
한국인의 탄생	미지북스	최정운		2013
한미동맹의 탄생비화	청미디어	남시욱		2020
해방 전후사의 재인식(전2권)	책세상	박지향, 김철, 김일영, 이영훈		2006
헨리 키신저의 세계질서	민음사	헨리 키신저	이현주/ 최형익 감수	2016
호암자전 -삼성 창업자 호암 이병철 자서전	나남출판	이병철		2014

참고 자료

인용한 링크	URL
비망록을 통해 본 대한민국 원자력 창업 스토리〈1〉, 월간조선	http://monthly.chosun.com/client/news/viw.asp?ctcd=&n-NewsNumb=201602100019
비망록을 통해 본 대한민국 원자력 창업 스토리〈2〉, 월간조선	http://monthly.chosun.com/client/news/viw.asp?ctcd=I&n-NewsNumb=201603100021
비망록을 통해 본 대한민국 원자력 창업 스토리〈3〉, 월간조선	http://monthly.chosun.com/client/news/viw.asp?ctcd=I&n-NewsNumb=201604100024
비망록을 통해 본 대한민국 원자력 창업 스토리〈4〉, 월간조선	http://monthly.chosun.com/client/news/viw.asp?ctcd=I&n-NewsNumb=201605100049
정부수립과 경제재건(1948-1957), 국가기록원	https://theme.archives.go.kr/next/economicDevelopment/reconstruction.do?page=4&eventId=0014601233
경제개발 3개년 계획(1960-1962), 국가기록원	https://theme.archives.go.kr/next/economicDevelopment/reconstruction.do?page=4&eventId=0014601233
[6.25관련 진실] 이승만 대통령의 전시 피란의 본질, 이승만기념관	http://xn--zb0bnwy6egumoslu1g.com/bbs/board.php?bo_table=tiath&wr_id=17
[6.25관련 진실] 이승만 대통령의 서울 탈출과 한강교 폭파, 이승만기념관	http://xn--zb0bnwy6egumoslu1g.com/bbs/board.php?bo_table=tiath&wr_id=10
자원 없는 폐허의 나라에서 무한한 에너지원을 찾다, 이승만기념관	http://xn--zb0bnwy6egumoslu1g.com/bbs/board.php?bo_table=episode&wr_id=22
봉인 해제된 조봉암 관련 구소련 문서가 던진 질문들, 김학준	http://weekly.chosun.com/news/articleView.html?idx-no=15842
52년 만에 공개된 김일성의 고백, "1956년 조봉암 대선 자금 지원했다"...봉인 풀린 구소련 극비문서, 주간조선	http://weekly.chosun.com/news/articleView.html?idx-no=15697

대한민국 사회 교과서
– 한국인이라면 꼭 알아야 할 대한민국 이야기

초판 2쇄 발행일 2024년 11월 1일

저자 | 대한민국교원조합 교과서 연구회
펴낸이 | 김현중
디자인 | 박정미
책임 편집 | 황인희
관리 | 위영희

펴낸 곳 | ㈜양문
주소 | 01405 서울 도봉구 노해로 341, 902호(창동 신원베르텔)
전화 | 02-742-2563
팩스 | 02-742-2566
이메일 | ymbook@nate.com
출판 등록 | 1996년 8월 7일(제1-1975호)

ISBN 979-11-986702-3-6 03300
* 잘못된 책은 구입하신 서점에서 교환해 드립니다.